KB024827

동네 안의
시민정치

서울대생들이 참여 관찰한
서울시 자치구의 시민정치 사례

동네 안의 시민정치

초판 1쇄 발행 2015년 12월 7일
초판 2쇄 발행 2016년 7월 13일

지은이 김의영 외

펴낸이 김선기
펴낸곳 (주)푸른길
출판등록 1996년 4월 12일 제16-1292호
주소 (08377) 서울특별시 구로구 디지털로 33길 48 대륭포스트타워 7차 1008호
전화 02-523-2907, 6942-9570~2
팩스 02-523-2951
이메일 purungilbook@naver.com
홈페이지 www.purungil.co.kr

ISBN 978-89-6291-301-9 93340

• 이 도서의 국립중앙도서관 출판예정도서목록(CIP)은 서지정보유통지원시스템 홈페이지(http://seoji.nl.go.kr)와 국가자료공동목록시스템(http://www.nl.go.kr/kolisnet)에서 이용하실 수 있습니다.(CIP제어번호: CIP2015031623)

서울대학교 한국정치연구소 한국정치연구총서 • 012

서울대생들이 참여 관찰한
서울시 자치구의 시민정치 사례

동네 안의 시민정치

김의영 외 지음

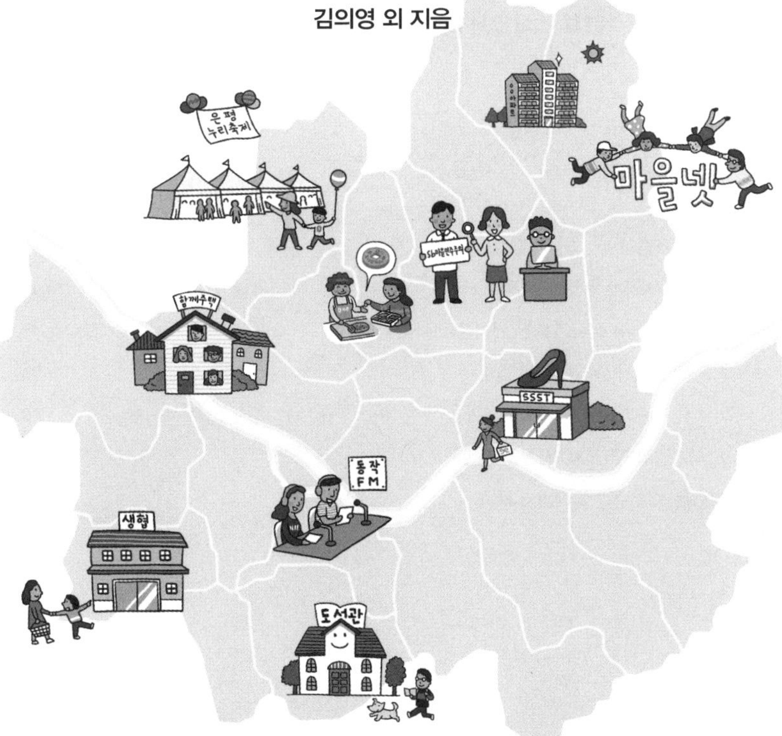

푸른길

차례

제1부_ 서울시 자치구 시민정치 지표 분석

제2부_ 서울시 자치구 시민정치 사례 분석

서문

··기획과 준비

이 책은 서울대학교 정치외교학부 정치전공 과목인 〈시민정치론〉을 수강한 35명의 학부생들과 6명의 대학원 조교들이 2015년 1학기 동안 필자와 함께 연구한 결과물이다. 필자는 2011년부터 매해 이 과목을 개설하여 학부생들에게 시민정치에 관한 개념, 이론과 기존 연구들을 소개하고 기말 리포트를 통하여 실제 사례에 적용·분석하도록 하는 방식으로 가르쳐 왔다. 특별히 2015년에는 수업을 듣는 학생들과 함께 책을 출판하겠다는 '야심(?)'을 가지게 되었는데, 거기에는 몇 가지 이유가 있다.

우선 그동안 학부생들이 팀을 이루어 작성한 기말 리포트들 중에는 매우 흥미롭고 뛰어난 사례 연구들이 있었고, 필자가 보기에 한 학기 리포트로 끝나기에는 아쉬울 정도의 훌륭한 연구들도 많았다. 과목 내용과 형식을 잘 기획하여 학생들을 제대로 교육한다면 모두 충분히 출판 가능한 연구를 해낼 수 있다는 믿음이 있었다. 기본 아이디어는 교실 안에서 주요 관련 이론 및 사례 연구들을 집중적으로 논의한 후, 교실 밖으로 나가 학생들이 직접 참여 관찰을 통하여 서울시 자치구 '동네 안의 시민정치'의 살아 있는 현실을 분석한다는 것이었다.

공교롭게도 필자는 2015년부터 서울대학교 한국정치연구소 소장직을 맡게 되었고, 교수와 대학원생뿐 아니라 학부생들이 참여하여 〈한국정치연구소 총서〉를 출판하는 것도 의미가 있다고 생각하였다. 연구소는 학부 공동의 인프라로서, 학부생들의 참여와 이에 대한 연구소의 지원이 필요하고 바람직하다는 생각이었고, 어떻게든 학부생들이 연구에 동참할 수 있는 기회를 꼭 만들어 주고 싶었다. '동네 안의 시민정치'는 연구소의 2015~2016 주요 연구 어젠다인 '시민정치'와 궤를 같이하는 매우 적절한 주제이기도 했다.

교육과 연구뿐 아니라 실천도 중요한 고려 사항이었다. 원래 〈시민정치론〉 과목은 교육과 연구에 더하여 학생들의 시민의식을 향상시키고자 하는 의도가 있었다. 고등교육기관은 시민교육(civic education) 의무가 중요하다. 이번 '동네 안의 시민정치' 프로젝트를 통해 학생들이 자신들의 삶의 현장에서 살아 꿈틀거리는 시민정치 현상을 실제 보고 배우고 분석하는 과정에서 민주시민으로서의 비판의식과 책임감, 공감과 공공성, 문제해결능력과 효능감 등 시민적 덕성(civic virtue)을 함양할 수 있기를 바라는 마음이 있었다.

또한 책 출판을 통하여 지식과 정보를 공유하고 정책적·실천적 함의를 제공함으로써 미약하나마 보다 폭넓은 사회적 기여를 할 수 있다는 기대도 있었다. 이런 의미에서 이 책을 출판하기 전 중앙일보 지면을 통하여 연구 결과를 기획기사 시리즈로 발표할 수 있었다는 점은 상당한 의의가 있다고 생각한다. 마침 중앙일보는 2015년 어젠다로 "이젠 시민이다"를 제시하였고, 이 프로젝트의 초기 기획 단계에서부터 중앙일보 공동 기획기사 시리즈와 연이은 책 출판을 통하여 보다 임팩트 있는 사회적 기여를 할 수 있기를 희망하였다.

이하에서는 이 책을 출판하기까지의 교육과 연구 과정을 비교적 상세하게 기술하고 있다. 이는 연구 과정과 방법에 대한 투명성을 높임으로써 본 연구 결과의 신뢰성(reliability)을 높이기 위한 일환이며, 다른 한편으로 모든 과정에 대한 기록을 남김으로써 후속 연구를 위한 일종의 매뉴얼을 제공할 수 있다는 기대를 하고 있기 때문이다. 특히 서문의 말미에 이번 〈시민정치론〉 강의계획서, 학생들의 인터뷰와 참여 관찰에 대한 구청과 주민단체 등 관련 기관의 협조를 요청하는 한국정치연구소의 공문, 중앙일보의 공동 기획기사 시리즈, 수업 인터넷 게시판(SNU eTL, Seoul National University electronic-Teaching and Learning) 캡처 사진 등 본 연구 과정을 이해하는 데 유용하다고 판단되는 자료들을 수록하였다.

준비는 과목 개설 전부터 시작되었다. 우선 강의계획서에 처음부터 책 출판 목적을 명시적으로 제시하였으며, 가능한 한 구체적인 내용과 계획을 학생들에게 미리 알려 주려고 노력했다. 필자의 TA 포함 6명의 대학원생들을 과목 조교로 등록시켜 한 학기 동안 담당 학부생들을 지도하고 격려하는 역할을 부여하였다. 이들은 동시에 책의 공동 저자로 참여하였고, 연구 진행 과정에서 필자와 함께 이 책의 1장 "서울시 25개 자치구 시민정치 지표 분석"을 맡아서 집필하였다. 푸른길 출판사를 섭외하여 연구 결과를 서울대 한국정치연구소 총서인 『동네 안의 시민정치: 서울대생들이 참여 관찰한 서울시 자치구의 시민정치 사례』로 출판하기로 하였으며, 출판계약서 사본을 eTL상에 올려 학생들이 보고 목표의식을 가질 수 있도록 하였다. 중앙일보 측과 미팅을 통하여 연구 결과를 기획기사화 하기로 합의했으며, 이 사실 또한 수업 첫 시간부터 학생들에게 알려 자신들의 연구 결과가 기사화될 수 있으며, 이번 프로젝트가 교육과 연구, 실천뿐 아니라 나름대로의 사회적 기여의 의미가 있다는 점을 강조하였다.

수업 첫 시간부터 수업의 내용과 계획에 대한 자세한 설명과 함께 학생들이 담당할 자치구를 선정하기 위한 첫 논의를 시작하였다. 자신들이 담당할 자치구를 조속히 정해야 관련 자료들을 찾아보고 사례 분석 및 인터뷰 대상을 발굴하는 작업을 시작할 수 있기 때문이다. 따라서 첫 시간부터 학생들로 하여금 신문 기사와 온라인 정보 등 각종 2차 자료들을 통하여 자신들이 참여 관찰하고 싶은 자치구를 정하고, 그 자치구의 흥미로운 '동네 안의 시민정치' 사례들을 찾아보도록 하였다. 또한 수강신청변경 기간 후에는 '드롭(drop)', 즉 수업등록취소를 불허한다고 공지함으로써 학생들의 헌신과 책임감을 높이고자 하였다. 같이 책을 출판해야 하고 드롭을 할 수 없다는 이야기에 두 번째 수업에는 첫 수업에 들어왔던 60명 정도의 학생 중 상당수가 보이지 않았다. 결국 35명의 헌신적인 학생들이 남아 성실하게 준비하여 책을 집필하고 마침내 결실을 볼 수 있게 되었다는 점은 다행이라고 생각한다.

첫 3주 동안 학생들은 자발적으로 팀을 꾸리고 자치구를 정했다. 처음에는 학생들의 거주지를 기준으로 가능하다면 25개 자치구를 모두 선정하는 아이디어를 가지고 있었다. 그러나 대다수의 학생들이 관악구에 살고 있었고 해당되지 않는 자치구가 대부분이었기 때문에 결국 학생들의 관심사를 우선순위로 자발적으로 자치구를 정하는 방식을 택하였다. 또한 원활한 조사를 위해 한 팀을 최소 세 명으로 구성하기로 하였다. 그 결과 최종적으로 관악구, 구로구, 노원구, 도봉구, 동작구, 마포구, 성동구, 성북구, 은평구, 종로구 10개의 자치구가 선정되었고, 팀별 담당 대학원 조교가 배정되었다. 서울시의 25개 자치구를 모두 다루지 못한 것은 아쉽지만 현실적인 어려움이 있었기 때문에 나머지 자치구들은 2016년 수업을 통하여 『동네 안의 시민정치 II』로 출판하는 것으로 기약하였다.

물론 자치구 선정 과정에 약간의 개입과 교통정리가 있었다. 예를 들어 필자가 사는 성북구는 구청장을 중심으로 민관 협치와 마을민주주의 계획을 적극적으로 추진해 왔고 학생들이 꼭 다루었으면 하는 생각에서 강력하게 추천하였다. 성미산 마을 등 시민정치의 전통이 강한 마포구도 권유한 경우이다. 노원구의 경우는 팀 보완 차원에서 대학원생 한 명을 아예 팀원으로 보강하였다. 아직 수업을 통하여 시민정치 내용에 대한 본격적인 논의를 시작하기 전이었고, '시민정치'라는 개념이 학생들에게 다소 생소했기 때문에 어느 정도 기본적인 가이드라인이 필요했다. 학생들에게 시민정치라는 것이 결국 자치구 내 공동의 문제를 같이 해결하고자 하는 집합적인 노력이며, 이는 다양한 모습과 방식으로 발현될 수 있음을 강조하였다. 우선 자치구 내 각종 주민자치와 협치 사례(참여예산제 등), 마을만들기 사례, 주민 직접행동 사례(조례 제정, 의정 감시 등), 사회적 경제 사례 등을 폭넓게 찾아보도록 주문하였고, 추후 인터뷰와 참여 관찰을 통하여 사례 선정이 수정·보완될 수 있으며, 더 흥미롭고 새로운 사례들을 만나게 될 수 있다고 격려하였다. 또한 기존 연구의 시각에 매몰되지 말고 20대 대학생의 시각으로 사례들을 바라보기를 요구하였다. 서울연구원 등 기존 전문연구기관에서 나온 많은 연구 결과물들이 있지만 이런 기존 연구들과 달리 젊은 청년의 시각에서 직접 발로 뛰면서 살아 꿈틀거리는 '동네 안의 시민정치'의 현장을 보고 배우고 느끼고 그리고 분석해 볼 것을 권유하였다.

‥교육 과정

첫 8~9주간은 사례 연구에 적용할 수 있는 개념과 이론 그리고 기존 경험적 연구들을 집중적으로 교육하였다. 우선 2주차에는 '시민정치와 참여민주주의'라는 주제하에 시민사회, 시민정치, 참여민주주의, 지역 주민운동, 참여 거버넌스에 관한 개념과 논의들을 접하였다. 제일 처음 공부한 사와드(Saward, 2003)의 글은 슘페터(Schumpeter)와 페이트먼(Pateman) 등 주요 정치 이론가들의 논의를 중심으로 엘리트 민주주의와 참여민주주의의 시각을 대비하고 있다. 슘페터에 의하면 대의민주주의란 본질적으로 중앙 수준에서 정당과 선거를 중심으로 한 정치 엘리트 간의 경쟁을 의미하고, 여기서 시민은 직접 정책을 결정하는 것이 아니라, 마치 시장에서 상품을 구매하듯 자신의 표를 주고 보다 좋아 보이는 '정책 패키지'를 파는 정당과 정치 엘리트를 선택하는 유권자의 역할에 머무른다는 것이다. 반면에 페이트먼, 맥퍼슨(MacPherson), 바버(Barber)와 같은 참여민주주의자들에 의하면 민주주의란 중앙 수준뿐 아니라 지방과 시민사회, 마을과 정당 하부 조직 및 작업장 등 여러 수준의 다양한 장소에서 시민들이 직접 의사결정과 문제해결에 참여하는 것을 의미한다. 여기서 참여는 그 자체가 미덕(virtue)이다. 즉 단순히 경쟁적 엘리트 중 한명을 선택하는 수단으로서의 민주주의와 시민들이 직접 참여하여 결정하면서 그 과정에서 배우고 성장할 수 있는 목표로서의 민주주의가 대비되고 있는 것이다. 시민정치란 바로 이러한 '참여의 미덕'을 살리는 정치를 의미하며, 우리의 연구는 서울시 자치구 내에서 이러한 시민정치의 성공 사례들을 찾아보는 것이라 설명하였다.

물론 사례 연구에 있어 소위 선택 편향(selection bias)의 문제가 있다는 점도 지적하였다. 즉 성공 사례만을 선택하여 살펴봄으로써 시민정치에 대한 편향적인 분석과 과도한 낙관론 내지는 이상론에 치우칠 위험이 있다는 것이다. 따라서 우리의 목표는 서울시 자치구 곳곳에서 꿈틀거리는 시민정치의 움직임들을 있는 그대로 보고 그 성공과 실패 요인을 분석해 보는 것이라는 점을 강조하였다. 필자는 학생들에게 우스갯소리로 '서울시 자치구를 돌아보니 슘페터의 주장이 옳았네요!', '일반 시민들에게 참여의 미덕을 바라는 것은 너무 이상적인 생각인 것 같습니다', '복잡하고 힘든 현실에서 정치는 아무리 내키지 않아도 그냥 전문 정치 엘리트들에게 맡기는 것이 맞는 것 같습니다', '시민정치 공부할 필요 없네요!'라는 이야기만 하지 말아 달라고 부탁했다. 과도한 낙관론도 문제지만 과도한 비관론 혹은 회의론도 문제이기 때문이다.

이러한 시민정치에 대한 현실주의적 해석에 있어 커러더즈(2000)의 글은 짧지만 매우 유용한 정보와 논의거리들을 제시한다. 그는 "시민사회에 대한 오해"라는 제목하에 시민사회에 대한 '장밋빛' 신화(myth)의 허구를 보여 준다. 가령 시민사회가 항상 선하고 공익을 추구하는 것은 아니며, 강한 시민사회가 반드시 경제발전과 민주주의를 보장하는 것도 아니며, 시민사회와 국가 간 관계 또한 복잡·미묘하다는 등의 논의들이다. 이 글을 같이 읽고 학생들에게 언제, 어떠한 조건하에서, 어떤 요인들로 인하여 시민정치의 실현이 가능한가에 대한 변별력 있는 사고가 필요하다는 점을 강조하였다. 신명호(2000)의 "한국 지역주민운동의 특성과 교훈"은 제목 그대로 한국 지역 주민운동의 개념, 특성, 간략한 역사와 사례, 성패 요인과 교훈 등 매우 기본적이면서도 유용한 내용을 담고 있다. 성북구청에서 2013년에 펴낸 『주민과 함께 만드는 참여 거버넌스를 이야기하다』는 시민 참여와 거버넌스 개념을 매우 쉽게 설명하고 있으며, 구청을 중심으로 추진된 실제 사례들을 소개하고 있다. 이 두 글을 읽고 시민정치의 두 방향, 즉 지역주민들의 아래로부터의 움직임과 구청을 중심으로 이루어지는 위로부터의 움직임이 있다는 점을 지적하면서, 학생들로 하여금 각자 맡은 자치구의 주요 지역 주민단체와 운동 사례들을 찾아보는 한편, 구청을 중심으로 추진되고 있는 정책과 제도들에 대하여 알아보기를 요구하였다.

3주차는 '로컬 거버넌스 이론과 사례 I'로서 거버넌스 개념과 이론을 활용하여 지역 시민정치 사례를 분석한 논문들을 공부하였다. 유재원·홍순만(2005)은 대포천 수질 개선 사례에서 대포천 주민 차원의 집합행동과 주민–김해시–환경부를 연결하는 다층적 거버넌스가 어떻게 작동했는지에 대하여 흥미로운 분석을 제시하고 있다. 필자의 성미산 사례 논문(김의영 · 한주희, 2009)은 성미산 지키기 운동이 성미산 만들기 운동으로 승화되는 과정에서 주민들이 활용한 각종 전략들을 분석하고 있다. 필자의 굿 거버넌스 연구 분석틀 논문(김의영, 2011)은 굿 거버넌스를 민주성(참여, 분권, 책임성)과 효율성 및 효과성의 기준으로 개념화하고, 그 성패 요인으로 구조적 · 맥락적 요인, 정부와 시민사회의 역량, 제도 · 정책 · 전략적 요인을 제시하고 있다. 이 논문들을 배정한 이유는 학생들의 자치구 사례 연구에 적용할 수 있는 개념, 이론, 분석틀, 방법론을 예시하는 국문 논문들이기 때문이었다. 그러나 학생들에게는 기존 연구, 특히 담당 교수의 연구를 그대로 적용하지 말고, 각자 자신의 사례에 비추어 이론틀을 보다 창의적으로 응용할 것을 강조하고 주문하였다. 실제 학생들의 사례 연구, 특히 동작구, 도봉구, 노원구 사례를 보면 자신들이 세운 기준에 따라 필자의 굿 거버넌스 연구 분석틀을 독창적으로 개선하여 활용하고 있는 것을 알 수 있다.

4주차 '사회적 자본과 미국 사례'에서는 로버트 퍼트넘(Robert Putnam)의 미국 공동체 복원 사례 연구를 배정하였다(Putnam, 2003). 퍼트넘은 일찍이 이탈리아 지역 정치 사례 연구에서 지자체의 성패를 결정하는 것은 제도가 아니며, 사회적 자본이 얼마나 활성화돼 있고, 이를 통해 시민의 참여가 잘 이루어지는가가 성공의 핵심 요인이라는 점을 보여 주었다(Putnam, 1993). 이후 그는 "혼자 볼링하기(Bowling Alone)"라는 제목으로 미국의 사회적 자본이 전반적으로 쇠퇴하고 있다는 점을 경고한 바 있다(Putnam, 2000). 그러나 4주차에 읽은 *Better Together: Restoring the American Community*에서는 사회적 자본의 쇠퇴 현상을 역전시켜 새롭게 사회적 자본을 축적하여 공동체를 복원시킨 미국 12개 지역의 성공 사례를 분석하고 있다. 학생들은 이 중 텍사스(Texas) 주 리오그란데 계곡(Rio Grande Valley) 지역, 뉴햄프셔(New Hampshire) 주 포츠머스(Portsmouth) 시, 보스턴(Boston) 시 두들리 거리(Dudley Street) 지역, 오리건(Oregon) 주 포틀랜드(Portland) 시, 샌프란시스코(San Francisco) 시의 온라인 커뮤니티인 Craigslist 사례와 사회적 자본 형성을 위한 다양한 성공 요인들을 종합 · 정리한 결론을 공부하였다.

이 책의 장점은 쉬운 영어로 미국 현지 사례들을 생동감 있게 전달하고 있다는 점이다. 각 지역에서 사회적 자본을 형성·축적하기 위하여 활용한 각종 전략에 대한 용어 사용부터 색다르다. '이야기하기(story telling)', '사회적 자본의 재활용(recycling)', '참여 무용(participatory dance)'을 통한 지역 화합, '민속 과학(folk science)'의 활용, '여러 가닥으로 엮인(multi-stranded) 곳'의 중요성 등 흥미로운 전략들이 등장한다.[1] 또한 모든 사례 장들을 보면 딱딱한 학술 연구 논문의 성격이 아니며, 주요 인물들의 실명이 등장할 정도로 친근하고 생동감 있는 방식으로 기술하고 있다. 서울시 자치구의 '동네 안의 시민정치' 사례 분석 또한 꼭 형식적인 학술 논문 포맷을 따를 필요가 없고 퍼트남의 미국 사례 연구처럼 비교적 쉽고 가독성이 있으며 가능한 한 참신하게 전달하는 방식이 바람직할 수도 있다는 이야기를 학생들과 나누었다. 또한 그림과 사진들을 적절하게 사용하도록 권유하기도 했다. 실제 학생들의 자치구 사례 연구 장들을 보면 제목부터 재치 있는 표현을 사용하고 있고 적절히 사진과 그림도 활용하고 있다.

5주차는 '로컬 거버넌스 이론과 사례 II'로서 3주차에 공부한 한국 사례들에 이어 미국 시애틀(Seattle) 시와 시카고(Chicago) 시의 거버넌스 사례를 다루었다. 두 미국 사례를 배정한 이유는 내용이 흥미롭고 자세하게 설명되어 있을 뿐만 아니라, 사례 분석을 위해 제시하고 있는 이론과 분석틀이 매우 유용하다고 판단되었기 때문이다. 시리아니(Siriani, 2009)의 책은 협력적 거버넌스(collaborative governance)를 구현하기 위한 국가의 시민 조력자(civic enabler)로서의 역할에 대한 전반적인 논의를 전개하면서 8가지의 핵심 원칙으로 공공재 공동 생산, 공동체 자원 동원, 전문 지식의 공유, 공공 심의에 대한 지원, 지속적 파트너십 촉진, 거버넌스 네트워크 구축, 조직 문화 개혁, 상호 책임성 확보

1. '이야기하기 전략'은 나의 이야기와 너의 이야기를 우리의 이야기로 승화시키는 심의(deliberation)의 전략을 의미한다. '사회적 자본의 재활용 전략'은 교회와 학교 등 공동체의 기존 조직들이 쌓아 온 사회적 자본을 새로운 공동체 건설을 위하여 재활용한다는 의미다. 포츠머스 시의 이질적인 두 지역 간 화합을 위하여 양 지역의 역사와 삶을 반영한 '참여 무용'을 수년간 함께 기획하여 일종의 지역 축제로 승화시킨 전략도 흥미롭다. 포틀랜드 시 지역의 홍수 범람 문제에 대처하기 위한 정책 수립 과정에서 전문적인 과학적 지식에 의존하여 풀지 못했던 문제를 지역 주민들이 살아오면서 보고 아는 지역 지식(local knowledge)과 '민중 과학'에 힘입어 해결할 수 있었다는 사례도 소개되어 있다. '여러 가닥으로 엮인 곳'이란 도서관, 공원, 주민센터 등 여러 사람들이 모이고 서로 만날 수 있는 곳을 마련하여 사회적 자본이 형성될 수 있도록 하는 전략을 의미한다.

를 제시한다. 나아가 이 기준들을 시애틀 시의 지역 강화 및 계획(neighborhood empowerment and planning) 사례에 자세히 적용하여 분석함으로써 학생들로 하여금 실제 시 지역 단위의 협력적 거버넌스가 어떻게 가능하며, 어떤 제도·정책·전략적 접근이 유효한가에 대하여 배우고 벤치마킹할 수 있는 기회를 제공하였다.

펑과 라이트(Fung and Wright, 2003)의 *Deepening Democracy* 역시 매우 잘 알려진 책이다. 이들은 시민 권력 강화와 참여 거버넌스(Empowered Participatory Governance, EPG) 모델의 세 가지 원칙(실용적 지향성, 아래로부터의 참여, 숙의적 해결 도출), 세 가지 디자인 특성(분권화, 중앙집중적 감독과 조정, 국가 내부로부터의 개혁), 이를 가능케 하는 조건들(enabling condition; 특히 행위자 간 권력 균형)[2]에 대한 이론적인 논의를 제시한 후 네 가지 성공 사례—브라질 포르투알레그리(Porto Alegre) 시의 참여예산제, 인도 케랄라(Kerala) 주의 분권적 계획, 시카고 시의 경찰 및 공교육 개혁, 미국 서식지 보존 계획(Habitat Conservation Planning)—를 분석하고 있다. 학생들은 EPG 이론과 함께 시카고 시 사례를 집중적으로 분석하여 자신들의 사례 연구에 응용할 수 있는 방안을 모색하는 연습을 하였다.

6주차에는 브라질 포루투알레그리 '참여예산제 사례'에 대한 두 연구를 중심으로 논의를 이어갔다. 우선 에이버스(Abers, 1998)의 사례 분석 논문은 특히 흥미롭고 유용하다고 생각한다. 이 글은 사회적 자본과 결사체 민주주의 등 기존 이론에 대한 비판적 논의에 기초하여 '국가 지원을 통한 시민 조직화(state-fostered civic organizing) 전략'을 제시하고, 그 타당성을 증명하는 결정적인 사례로 포르투알레그리 시의 참여예산제를 분석하고 있다. 참여예산제의 도입부터 정착과 성과를 내는 단계에 이르는 과정에 있었던 주요 제도·정책·전략적 요인에 대한 자세한 논의와 함께 시의 주요 지역(district) 에피소드들까지 포함한 생생한 사례 분석의 전범을 보여 주고 있다. 스미스(Smith, 2009)의 책은

2. 진보적이고 전향적인 EPG 정책에 대한 기득권 반대 세력(가령, 관료주의와 신자유주의/시장주의 세력)을 견제할 수 있는 세력(countervailing power)의 중요성을 강조하고 있다.

혁신적인 민주주의 제도들—민중 집회(popular assembly) 혹은 타운미팅형 민주주의, 추첨민주주의, 직접민주주의, 전자민주주의 등—을 분석하고 있는데, 이 중 포르투알레그리 시의 참여예산제를 민중 집회의 대표적인 사례로 제시한다. 특히 참여의 포괄성(inclusiveness), 민주적 통제(popular control), 숙의적 논의(considered judgement), 투명성(transparency), 효율성(efficiency), 전이성(transferability)•[3]을 기준으로 기존의 혁신적인 제도들을 평가·분석한다. 이 기준들은 학생들이 서울시 자치구 사례의 각종 참여민주주의적 제도들을 분석할 때 고민하고 응용할 수 있는 유용한 개념들을 제공하였다.

7주차의 '사회적경제와 시민정치'는 예정에 없던 내용이었다. 학생들은 첫 주부터 자신들의 사례를 찾고 있었는데, 5주차에 제출한 1차 프러포절(연구계획서)을 받아 읽어 본 후 대부분의 학생들이 각 자치구에서 꿈틀거리는 협동조합을 위시한 사회적경제 사례들에 관심이 있는 것을 알게 되었다. 뒤에 학생들이 분석한 자치구 사례들을 보면 사회복지협동조합, 생활협동조합, 의료협동조합, 1인 가구 협동조합과 다양한 사회적기업 혹은 마을기업 형태의 움직임에 대한 내용들이 나오는 것을 알 수 있다. 사회적경제는 정부의 재정 부담을 최소화하면서 복지 및 사회 서비스를 확대할 수 있는 대안인 동시에 지역과 경제 그리고 자치를 결합시킬 수 있는 모델이기도 하다. 지역 주민들이 경제적 가치와 사회적 가치를 함께 추구하는 사회적경제 활동을 통하여 공동의 문제를 함께 풀어나가며 풀뿌리민주주의가 성숙할 수 있는 것이다. 이와 관련하여 우선 노벨 경제학상을 수상한 정치학자인 엘리너 오스트롬의 『공유의 비극을 넘어』를 통해 공유 자원의 관리를 위한 주민자치 모델을 소개하였으며, 사회적경제와 민주주의의 상관성에 대한 일련의 국문 논문들과 원주 지역의 협동조합 네트워크에 대한 사례 분석도 다루었다. 또한 영국 '빅 소사이어티(Big Society)' 정책의 사회적경제 관련 법들을 결사체 민주주의 시각으로 비판한 논문(Smith and Teasdale, 2012)과 협동조합과 민주주의의 문제를 집중적으로 다룬 『생협평론』 6호도 소

3. 여기서 '전이성'은 다른 지역, 특히 스케일이 더 큰 상위 지역과 성격이 다른 정책 영역 및 이슈에도 적용·응용할 수 있는지를 의미한다.

개하였다.

매주 수업은 세미나 형식으로 이루어졌는데, 학생들은 자치구팀별로 주별 내용에 대한 발제와 발표를 담당하였다. 발표팀들에게 배정된 읽을거리를 요약·분석하는 데 그치지 말고 자신들이 맡은 국내외 사례에 대한 추가 조사를 통하여 현황을 업데이트하여 발제하도록 하였고, 특히 자신들이 담당한 서울시 자치구 사례와 주어진 기존 연구의 사례 분석 간 상호 연관성과 응용 가능성을 찾고 자치구별 유사 사례를 발굴하는 등 다양한 시도를 하도록 주문하였다. 가령 포르투알레그리 참여예산제 사례에 기초하여 자신이 맡은 자치구의 참여예산제를 비판적으로 분석하거나, 관심 있는 동네 안의 움직임을 기존 연구에 나오는 분석 개념과 평가 기준에 비추어 보는 식이었다.

주별로 배정된 전문 학술 논문과 서적 외에 필요할 때마다 다양한 참고문헌 및 정보를 소개하였고, 미리 인터넷 게시판의 자료실에 올려 학생들의 교육과 연구에 도움을 주도록 하였다. 첨부 자료의 eTL 캡처 사진이 보여 주듯이 중앙일보의 "이젠 시민이다" 기획기사 시리즈, 경향신문의 "도전하는 도시" 기획기사 시리즈, 오마이뉴스의 "도시의 귀환" 기획기사 시리즈 등 우리 프로젝트와 관련 있는 신문 기사들과 칼럼들을 소개하고 수업 시간에 같이 토론하였다. 여기에는 필자의 칼럼들도 포함된다. 마침 필자는 한국일보에 고정 칼럼을 쓰고 있었고, 매월 가능한 한 시민정치론 수업과 학생들의 연구를 염두에 두고 칼럼 주제를 선정하였다. 가령 "동네 안에 국가 있다", "거버넌스의 시대", "사회적경제의 정치학"과 같은 제목의 칼럼들이 이에 해당한다. 그런가 하면 "서울 지역 풀뿌리단체 현황 조사 보고서"와 "성북구 마을민주주의 계획" 관련 자료, 각종 통계 자료와 관련 보고서 등 학생들이 직접 연구에 활용할 수 있는 1차 자료들도 소개하고 수업 중 같이 공유하였다.

8주차에는 수업 내용을 점검하는 차원에서 중간고사를 실시하였다. 마지막 순간까지 '비밀(?)'로 했던 중간고사 문제는 지금까지 배운 국내외 관련 연구들을 활용해 자신이 속한 자치구팀의 '동네 안의 시민정치' 사례 연구 프러포절을 작성하는 것으로 하였다. 이는 기존 연구들을 단순히 이해하는 것을 넘어 자신들의 연구를 위한 활용 방법과 앞으로의 연구 방향 구상에 도움을 주기 위한 시도였다.

연구와 집필

연구와 집필은 교육 과정과 따로 진행된 것이 아니라 병행되었다. 학생들은 첫 수업 시작부터 담당 자치구 사례를 발굴하기 위한 사전 조사에 들어갔으며, 강의계획서상에 나와 있듯이 첫 3주 이내에 사례를 선정하도록 요구받았다. 또한 앞서 이야기했듯이 수업 시간 중 세미나와 발제/발표, 중간고사 문제 등 모든 교육 내용이 학생들의 연구와 집필에 포커스를 맞추고 있었다.

보다 실질적으로 학생들에게 5주차에 한두 쪽 분량의 프러포절을 제출하도록 했고, 모든 프러포절에 대한 개별 피드백을 제공했으며, 그중 우수하고 흥미로운 내용은 수업 시간에 발표하여 같이 배울 수 있도록 하였다. 8주차 중간고사 후 9주차에는 개조식으로 작성한 2차 프러포절 겸 원고 아웃라인을 제출하도록 하였고, 이 또한 개별 피드백을 주고 함께 공유하는 과정을 거쳤다. 즉 초반에 사례 발굴, 연구 방향 설정, 기본적인 이론 내지는 주장과 가설 제시, 조사 대상 및 인터뷰 대상자 선정 등 제반 준비가 잘 진행될 수 있도록 하였다. 이후 수업의 후반부는 보다 집중적으로 학생들의 참여 관찰과 인터뷰 그리고 실제 집필을 돕기 위하여 계획되었다. 참고문헌과 정보를 제공하고 필요한 교육도 때때로 실시하였으나 주로 학생들의 자치구 현장 연구 내용을 발표하게 하고 연구와 집필 과정을 도왔다. 학생들은 1, 2차 프러포절뿐 아니라 자신들이 찾은 자료와 모든 인터뷰 녹취록을 eTL에 올렸고 서로 배우고 정보를 공유하며 함께 연구를 독려하였다. 13주차에 1차 원고를 제출·발표하는 것으로 하였고, 이후 수정과 첨삭 과정을 거쳐 마지막 16주차에 최종 원고를 제출하도록 하였다. 이 과정은 결코 쉽지 않았으며 여러 가지 웃지 못할 에피소드도 있었다. 그리고 16주로 다 끝난 것도 아니었다.

학생들의 현장 연구를 독려하는 것부터 중요했다. 수업 초반에 모든 학생들에게 1만 원이 충전되어 있는 교통카드를 나누어 주었다. 발로 뛰는 연구가 중요하며 빨리 현장으로 나가라는 일종의 상징적인 제스처였다. 다음으로 학생들의 참여 관찰과 인터뷰를 돕기 위하여 구청 및 주민단체의 협조를 요청하는 한국정치연구소 명의의 공문을 만들어 주었다. 학부생 수준에서 무작정 찾아가 막연한 아이디어와 질문들을 던질 경우 인터뷰 조사가 실패할 가능성이 높을뿐만 아니라, 철저한 사전 준비와 함께 공신력을 높이기 위한 일환으로 서울대학교 한국정치연구소 직인이 찍힌 정식 공문이 유효할 것이라는 생각에서였다. 공문에 필자가 직접 작성한 편지를 첨부하여 보다 개인적인 요청(내지는 호소)의 형식을 띨 수 있도록 조치하기도 하였다.

학생들 스스로 인터뷰 대상과 접촉하여 성공한 경우들이 대부분이었으나, 어려움에 봉착했을 때는 필자가 직접 전화를 걸어 부탁을 하였다. 구청장과의 인터뷰를 잡는 것은 학생들에게 특히 어려운 일이었다. 물론 구로구처럼 학생들 스스로 용케 인터뷰 약속을 잡은 경우도 있으나, 대부분 필자가 직접 구청장실에 전화를 걸어 부탁하는 과정을 거쳤다. '동네 안의 시민정치' 프로젝트의 의의와 중앙일보 기획기사 계획 등을 설명하고, 구청의 입장에서 자치구의 움직임을 홍보하고 기록으로 남길 수 있는 기회임을 강조하며, 학생들의 구청장 인터뷰 스케줄을 잡아달라고 요청하였다. 정 바쁜 경우 학생들이 미리 서면으로 인터뷰 내용을 보내고 잠시 만나서 확인하고 사진이라도 찍는 시간을 만들어 달라는 부탁을 한 적도 있었다. 이런 과정을 거쳐 뒤에 보듯이 10개 자치구 모두 학생들과 구청장과의 면대면 인터뷰를 성사시켰다. 또한 '마을만들기' 담당 공무원 등 구청의 주요 행위자들과의 인터뷰를 통하여 관의 시각과 각종 민관 협력 제도와 정책에 대한 유용한 정보를 얻을 수 있었다.

성북구의 경우 마침 구청이 주최하는 마을민주주의 포럼과 심포지엄에 필자가 발표자와 토론자로 초청받아 구청장 포함 주요 공무원과 성북구 주민단체 대표들을 만나볼 수 있는 몇 번의 기회가 있었다. 성북구를 담당한 학생들이 주요 인터뷰 대상들을 한 자리에서 만날 수 있는 좋은 기회이기도 해서 학생들과 같이 갔으며, 이들은 첫 포럼부터 담당 공무원과 주요 주민단체 대표와 점심을 같이하며 자연스럽게 인터뷰를 할 수 있었다. 이후 구청장 포함 후속 인터뷰 또한 그다지 어렵지 않게 진행되었던 것으로 기억한다. 그러나 성북구는 운이 좋은 경우였고 대부분 어려운 과정을 겪었다. 동작구의 경우 필자와 구청장 비서

실장과의 전화 통화 중 혼선이 있었는지, 학생들과의 인터뷰 당일 필자도 참석하는 것으로 알고 기다렸던 적이 있다. 바로 유선상으로 오해를 풀었지만 당시 미안하고 당혹스러웠던 기억이 있다. 다행히 인터뷰를 마치고 돌아온 학생들로부터 구청장이 자신들에게 충분한 시간을 할애해 주었고 매우 유용한 정보를 얻고 기존 정보를 확인할 수 있는 좋은 기회가 되었다는 이야기를 들었다.

자치구 주민단체 측과의 인터뷰도 쉬운 것은 아니었다. 워낙 바쁘게 활동하는 분들이고, 또 우리처럼 제3자의 입장에서 연구한답시고 찾아와 종종 '괴롭히는' 경우가 있어서 그런지 우선 접촉부터 쉽지 않았다. 공문을 보내고 수차례의 전화를 시도하였고, 심지어 무작정 방문하여 접촉을 시도하는 등 학생들의 많은 노력이 있었다. 필자도 필요한 경우 전화를 걸어 측면 지원을 하였다. 하나의 에피소드로 도봉구 주민 대표 한 분은 학생들의 1차 원고를 미리 보기를 원하였고, 받아 읽어 본 후 관련 사례 부분이 왜곡되었다며 원고에서 뺄 것을 강력하게 요구한 적이 있었다. 필자도 다시 읽어보니 무리한 해석과 오해를 살 수 있는 부분이 보였지만, 이 부분을 뺄 경우 원고의 주요 사례가 없어져 버리고 학생들이 헛수고하게 되는 것도 마음에 걸렸다. 끝내 포기할 수 없어 학생들과 함께 연락을 취하여 수정·보완하여 실을 수 있게 허락해 줄 것을 요청하였다.[4] 학생들의 수차례에 걸친 요청이 있었고, 필자도 전화 통화를 시도하고 문자와 이메일로 연락을 취하여 학생들의 연구 취지와 노력을 감안하여 전면적인 수정·보완 후 게제에 대한 허락을 요청하였다. 다행히 그 주민 대표는 결국 우리의 요청을 받아들였으며, 직접 수정·보완 과정에 대한 도움을 주기도 하였다.

13주차 1차 초안 작성 후 이루어진 피드백 및 수정·첨삭 과정도 쉽지 않았다. 초고부터 주장과 내용이 흥미롭고 완성도도 높은 경우가 있었지만, 그렇지 않은 경우도 많았다. 모든 초고는 최소한 3번의 수정·보완 과정을 거쳐 완성되었

---

4. 당시 자문을 얻기 위하여 서울대학교 본부의 연구윤리 부서에 전화를 걸어 알아보니 다소 퉁명스러운 톤으로 "이런 인간 대상의 연구는 미리 우리 부서와 상담한 후 진행했어야 한다."는 필자가 들어 보지도 못한 본부 규정에 대한 매우 '관료적인' 답이 돌아왔다. 소송을 당할 수도 있으니 빼는 게 좋을 것이라는 식의 이야기도 들었다. 물론 연구윤리도 중요하고 또 전담 부서의 입장도 있겠지만 과연 '연구자들을 도우려는 자세가 있기는 한가?'라는 생각이 들었다. 앞으로 본부 차원에서 미리 홍보도 하고 좀 더 협조적인 자세로 연구자 윤리 문제를 돕기 위한 변화가 있기 바란다.

다. 매번 기본 주장과 내용부터 논지의 흐름, 인터뷰 대상과 내용에 대한 보완·수정 및 추가 인터뷰 대상 발굴, 표현과 용어, 문법과 맞춤법, 그리고 사진과 그림의 위치에 이르기까지 자세하고 꼼꼼하게 보고 고치며 완성도를 높이기 위하여 다 같이 노력하였다. 이 과정에서 필자는 '슘페터가 옳았다는 이야기만은 하지 말아 주기 바란다', '그러나 시민정치의 현실이 장밋빛만은 아니다', '살아 꿈틀거리는 현장을 있는 그대로 보고 가능성과 한계를 분석하라', '자신의 주장의 타당성에 대하여 냉철한 자세로 면밀하게 검토하라', '하지만 20대 대학생 연구자의 눈으로 재미있고 참신한 스토리들을 찾아보라', '연구자의 윤리도 중요하다. 왜곡하지 않도록 조심하고 인터뷰 대상자에게 미칠 영향도 감안하라' 등 까다롭고 때로는 모순되어 보이는 주문을 하면서 학생들의 연구를 독려하였다.

예정대로 16주차에 모든 최종 원고가 들어온 것도 아니었다. 필자는 최대한 성적 부여를 늦추면서 끝까지 필요한 수정·보완을 요구하였다. 이때 대학본부에서 정한 성적 제출 마지막 날, 마지막 순간에 행정적인 실수로 데드라인을 넘겨 모든 학생들이 F 학점으로 기록되기도 하였다. 물론 재빨리 eTL상으로 모든 학생들에게 이메일을 보내 행정적인 실수며 곧 성적이 수정될 것이라 공지하였지만, 몇몇 학생들은 데드라인을 넘긴 지 얼마 지나지 않아 조교에게 학점에 대해 문의해 왔다. 그만큼 학점에 민감했던 것이다. 결국 성적 정정 기간 마지막 날 모든 학생들에게 A+를 수여하였고 이를 이메일로 다시 공지하였다. 서울대학교는 전공과목 성적 부여에 있어 상대평가를 요구하지 않았기 때문에 가능한 일이었다. 필자가 보기에 35명의 학생들 모두 한 마음으로 집단 지성을 발휘하여 좋은 원고를 쓰는 목표로 최종 책 완성을 위해 열심히 노력했다고 판단했기 때문이다. 이 과정에서 학생들은 최대 6차에 걸친 초안 원고 수정·보완을 요구받았으며, 한 자치구팀에게는 심지어 최종 성적을 부여한 후에도 다시 수정을 요구하였다. 이때는 '갑을 관계(?)'가 바뀌어 필자가 요청해야 하는 상황이 되었으나, 다행히 담당 학생들이 성실하게 수정하여 제출하였다.

이 책의 10개 자치구 심층 사례 연구는 이러한 과정을 거쳐 탄생했다. 자치구 사례들을 가나다 순으로 보면, 우선 **"누군가 관악구의 시민정치를 묻거든 고개 들어 세 가지를 보게 하라"**는 작은 도서관, 마을공동체, 의정모니터링의 세 가지 사례에 주목하여 관악구 시민정치에 있어 새로운 거점을 치고, 사회적 자본을 만들며, 공동 목표를 추구해 나가는 모습을 분석하고 있다. **"엄마, 구로를 부탁해"**는 구로구 주부 네트워크의 보육, 교육, 바른 먹거리에 대한 관심에 초점을 두고 구로아이쿱생협의 활동, 학교급식지원 조례와 방사능안전급식 조례 제정 운동, 구 의원실 예산 반대 운동, 그리고 혁신교육지구 선정 민관 협력 사례를 분석하고 있다. **"더불어 사는 공동체를 향한 노원의 도약"**은 지역에서 오랜 역사를 가진 시민단체(노원나눔의집, 함께걸음의료복지사회적협동조합, 마들주민회), 마을만들기 사업을 통해 설립된 주민단체(꿈마을공동체), 그리고 각종 사업을 통해 직간접적으로 공동체 형성에 참여하는 지방정부(노원구청) 사이의 공동체 회복을 위한 거버넌스 사례를 분석하고 있다. **"함께 Green 도봉구"**는 민주성, 협력적 분권화, 효과성, 안정성, 보편적 가치의 다섯 가지 '좋은 환경 시민정치의 속성'을 토대로 초안산을 둘러싼 시민운동, 방학우성2차아파트의 에너지 자립 활동, 그리고 도봉시민햇빛발전사회적협동조합의 사례를 분석하고 있다. **"동작(銅雀)의 새로운 동작(動作)"**은 언론, 에너지, 청소년과 생태, 공간 등의 분야에서 각각 활발한 활동을 하고 있는 동작공동체라디오동작FM, 성대골사람들, 좋은세상을만드는사람들, BLANK의 네 단체 사례에 초점을 두고 개방성, 분권성, 정치성, 홍보성, 재정 상태라는 다섯 가지의 분석틀을 기준으로 동작구 시민정치의 현실을 분석하고 있다.

"혼자 왔니? 같이 가자, 마포"는 민중의집 '독립생활자 모임', 함께주택협동조합, 그리다협동조합, 이웃랄랄라, 아현동쓰리룸과 같은 1인 가구 단체를 중심으로 마포구 시민사회의 넓어진 스펙트럼을 살펴보고, 이들을 통한 사회적 자본의 확장 가능성과 민관 협력적 거버넌스 사례를 분석하고 있다. **"생동하는 성동, 변화의 움직임"**은 지역 경제에 근거한 협동조합 사례인 성동제화협회와 마장축산물시장상점가진흥사업협동조합, 환경단체 그린트러스트, 독특한 소셜벤처 루트임팩트, 그리고 구청을 중심으로 이루어지고 있는 지역 거버넌스 사례를 통하여 변화하는 성동의 모습을 분석하고 있다. **"성북의 마을에는 민주주의가 있다"**는 성북구 마을민주주의 사업의 배경과 사례를 분석하고, 마을민주주의를 구성하는 주체인 성북구청의 공무원과 구 내 지역 활동가를 인터뷰한 내용을 바탕으로 성북구의 시민정치 모델을 구조화해 보고 평가한 후 향후 성북의 마을민주주의 사업과 시민정치가 나아가야 할 방향을 제안하고 있다. **"축제, 너와 나의 연결고리, 이건 은평 안의 소리"**는 함께 축제를 기획하면서 서로 존재도 알지 못하던 은평구 내 여러 단체들이 연대를 통해 지역사회의 문제를 해결하고 공동체 생활을 영위하는 즐거움을 알게 된 흥미로운 사례를 다루고 있다. 마지막으로 **"살아나는 상권, 사라지는 주민–종로구 서촌의 고민"**은 젠트리피케이션으로인해 위기에 처한 서촌의 마을을 다시 살릴 수 있는 방안으로 마을공동체 품애, 마을기업 통인커뮤니티, 종로구청의 참여·자치·협치에 기반한 시민정치의 가능성을 모색해 보고 있다.

이렇듯 10개 자치구 사례 연구 모두 자치구 안에서 살아 꿈틀거리고 있는 흥미로운 분석 거리들을 다루고 있다. 하지만 동시에 모든 사례 연구들은 각 자치구의 시민정치 소사(小史)와 구청의 총체적인 정책 방향 등 보다 일반적인 자치구 현황을 적절하게 소개하고 있기도 하다. 즉 각 자치구에 내장되어 있는(embedded) 대표적인 '동네 안의 시민정치' 심층 사례들을 미시적으로 분석하면서도 자치구 전반의 거시적인 모습 또한 가능한 한 그려 낼 수 있도록 노력하고 있다.

이렇게 10개 자치구 사례의 최종 수정 원고가 들어왔고 가능한 한 빨리 출판을 완료할 계획이었다. 봄 학기가 끝나고 여름 방학 중 책이 출판되면 학생들을 다시 모아 책을 나누어 주고 책거리를 하겠다는 약속도 했다. 하지만 한 가지 아쉬운 점이 더 남아 있었다.

전술했듯이 현실적인 제약으로 인하여 서울시 자치구 중 10개 자치구 사례만을 다룰 수밖에 없었다. 비록 나머지 자치구들에 대한 심층 사례 연구는 빠져 있지만, 서울시 25개 모든 자치구에 대한 일종의 '시민정치 지표'를 제시함으로써 서울시의 전반적인 시민정치 현황을 조망해 보고자 하는 욕심이 생긴 것이다. 이것도 처음에는 기존 지표와 데이터들을 모아 부록에 수록하여 추후 연구에 도움을 주는 정도로 생각하고 시작하였다. 그러나 결국 방학 내내 6명의 대학원생 조교들과 특별히 미우라 히로키 박사(한국정치연구소 연구원)가 함께 '달라붙어(?)' 새로운 장으로 정리하여 출판하기에 이르렀다. 1장에서 확인할 수 있듯이 시민정치의 네 가지 경로 내지는 유형(대의제 정치, 민관 협력, 사회적경제, 사회적 자본)별로 대표적인 지표들을 모아 가능한 한 체계적이고 분석적인 방식으로 서울시 시민정치 현황을 그려 보았다. 물론 엄밀한 방법론이나 본격적인 원인 결과 분석은 결여되어 있지만, 일반 현황과 추세를 파악하고 추후 본격적인 연구를 위한 일차적인 분석을 제시하는 정도의 의미는 찾을 수 있다고 생각한다.

이 책의 연구 과정에서 부가적으로 파생된 의미 있는 연구 결과물들이 몇 가지 더 있다. 우선 중앙일보가 함께 기획한 “이젠 시민이다” 기사 시리즈다. 뒤에 기사 전문을 첨부하였지만 우리의 ‘동네 안의 시민정치’ 프로젝트는 다음과 같이 상중하 시리즈로 중앙일보에 발표되었으며, 기사 작성 과정에서 일부 학생들이 중앙일보 기자들과 현장 취재에 동행·동참하였고, 기사 내용 중 인터뷰 대상으로 등장하기도 하였다.

〈상〉 문제해결 적극 나서는 그들

“임대료 난민 해결한 서촌 사람들”

“치솟는 전·월세에 건물 통째 빌려 공동주거 마포 청년들 달팽이집, ‘애들 먹거리 급식인데’ 안전 먹거리 조례 만든 구로구 엄마 100명”

“시민 참여 문제해결형 민주주의가 답”

“지방선거 투표율 1위 동작구, 사회적기업 많은 은평구 … 모두 시민이 일궜다.”

〈중〉 동네를 바꾼 아이디어

“좋은 약재 쓰는 한의원 … 노원구 주민들 스스로 만들었다”

“서울 10개 구가 강의실 … 서울대 ‘시민정치론’”

“20대 청년, 요코하마 쪽방촌을 배낭족 명소로”

〈하〉 지자체·주민 함께 만드는 변화

“구청이 시설 갖춰주니 … 마을뉴스 방송 만든 성북구민”

“동네 안에 국가 있어 시민·행정 함께해야”

6명의 대학원생들은 필자와 미우라 히로키 박사와 함께 서울시 25개 자치구 시민정치 지표 장을 집필했을 뿐 아니라, 이번 프로젝트 결과의 일부를 지난 8월 25일부터 27일까지 경주에서 열린 '한국정치학회 한국정치 세계대회(World Congress of Korean Politics and Society)' 패널에서 4개의 학술 논문으로 발전시켜 발표하였고, 추후 저명한 정치학 저널에 논문을 게재하기 위해 준비하고 있다. 또한 이 중 2명의 대학원생들과 4명의 학부생들은 9월 21일부터 25일까지 체코 프라하에서 개최된 세계정치학학생회(International Association of Political Science Students)에서 서울시 자치구 사례 일부를 영어 논문으로 발표하기도 하였다.

‥감사의 말

그 누구보다도 필자의 〈시민정치론〉 수업을 듣고 이 책을 함께 집필한 학생들에게 감사한다. 35명의 학부생들은 결코 만만치 않은 수업과 연구와 집필 부담에도 불구하고 끝까지 잘 따라와 주었다. 필자의 동료 교수가 한 이야기지만, 학생들이 보기에 가장 나쁜 선생 부류 중 하나는 '마치 한 학기에 학생들이 자기 수업만 수강하는 줄 알고 과도하게 부담을 주고 요구하는 경우'라는 것이다. 모두에 밝혔듯이 이 책은 필자의 '야심'에서 출발했으며, 학부생에게 이런 수준의 연구와 책 출판을 요구한다는 것은 어쩌면 과도한 욕심이었는지 모른다. 하지만 필자는 잘 기획·준비하고 제대로 교육·훈련시킨다면 이들이 충분히 해낼 수 있으리라는 믿음과 기대가 있었고, 이들은 실로 기대 이상의 성과를 보여 주었다. 필자가 알기로 서울시 자치구 수준의 '동네 안의 시민정치' 사례에 대하여 그동안 기사 내지는 짧게 기술하는 정도의 글은 꽤 있었지만, 이 정도로 분석적이고 심층적이며 '발로 뛴' 사례 연구는 찾기 쉽지 않다.

6명의 대학원 조교들은 매주 학점으로 인정도 되지 않는 학부 수업을 참관하면서 각자 맡은 자치구팀 학부생들과 호흡을 같이 하였고, 교육과 연구 그리고 집필 전 과정을 통하여 중요한 역할을 담당하였다. 적절한 참고문헌과 정보를 찾아 eTL에 올리고, 현장 조사와 인터뷰에 동행·동참하며, 집필 과정에 직접 참여하기도 했으며, 한 학기 동안 최소 3번 이상 사적으로 학생들을 만나 교류하면서 적극적으로 학생들을 격려하고 지도하였다. 앞에서 이미 이야기했지만 이들은 서울시 25개 자치구 시민정치 지표 장을 함께 집필하였고, 한국정치학회 세계대회 발표 논문도 준비하면서 여름방학을 보냈다. 큰 부담이었겠지만 동시에 의미 있는 연구와 집필 경험이 되었기를 바란다.

시민정치 지표 장 집필 과정에서 한국정치연구소 미우라 히로키 박사는 특유의 꼼꼼함과 엄밀함으로 부록 수준의 데이터 모음을 출판 가능한 수준의 분석 장으로 발전시키는 과정에서 큰 도움을 주었다. 프로젝트를 기획하고 준비하는 과정에서 풀뿌리자치연구소 이음의 하승우 박사가 보내 준 격려와 조언에도 감사한다.

10개 자치구의 인터뷰와 참여 관찰 대상자 분들의 참여와 도움이 없었다면 이 책은 나올 수 없었다. 이 책은 그분들의 이야기다. 여기서 일일이 감사드리지 못하는 것에 대하여 용서를 구하며, 이 책에 등장하는 모든 구청장과 구청 공무원 분들 그리고 주민과 주민단체 대표와 활동가 분들에게 심심한 감사의 마음을 전한다. 사실을 왜곡하지 않으려고 애썼으며 책 출판으로 인하여 미칠 수 있는 영향에 대해서도 나름 고민하였다. 하지만 혹시나 다소 사실과 다르거나 조금이라도 마음을 불편하게 할 수 있는 내용과 표현이 있다면 이는 충분히 모니터하고 제대로 지도하지 못한 필자의 잘못이다. 학생들의 교육 과정에서 예기치 않게 일어난 의도하지 않은 실수에 대하여 양해를 바랄 뿐이다.

'동네 안의 시민정치' 중앙일보 기획기사 시리즈와 관련하여 최훈 편집국장, 김남중 사회에디터, 윤석만 기자께 감사드린다. 특히 윤석만 기자의 아이디어와 추진력에 힘입은 바 크다. 전화 통화 한 번에 아이디어 하나만 믿고 이 책의 출판을 흔쾌히 허락해 준 푸른길 출판사 김선기 대표께도 감사한다.

2015년 11월

집필진을 대신하여, 김의영

첨부 자료 | 1 **2015년 1학기 〈시민정치론〉 강의계획서**

시민정치론

2015년 봄학기
담당교수: 김의영
e-mail: euiyoungkim@snu.ac.kr
전화: 02-880-6369

I. 강의개요

1. 『동네 안의 시민정치: 서울대생들이 참여 관찰한 서울시 자치구 사례』 출판
2. 2015년 1학기 〈시민정치론〉 수강생 40여 명+대학원생 조교 4~6명이 집필 참여
3. 수업과 사례 연구 병행: 가능한 자치구 대상 비교 연구
4. 푸른길 출판사를 통하여 한국정치연구소 총서로 출판
5. 중앙일보의 후원(올해 중앙일보의 어젠다 "이제는 시민이다")

II. 내용

1. 자치구의 로컬 거버넌스 및 시민정치 사례 비교 분석
2. 주요 사례와 수강생들의 주소지 등을 참고하여 담당 자치구 선정
3. 각종 지표와 2차 자료에 기초하여 각 자치구의 기본적인 현황 분석(서울시 자치구 마을 공동체 실태 조사, 행정자치부 자료, 각 구청 자료, 기존 연구 논문 등)
4. 각 자치구의 시민 참여 제도·정책·실천 평가: 참여예산제, 마을만들기, 주민자치센터, 사회적경제 등(지난 구청장 선거 공약 평가 가능)
5. 마포구의 성미산 마을과 같은 대표적인 시민자치 모델 분석

6. 이외에도 자치구별 시민들의 각종 자치 사례와 민관 거버넌스 사례 발굴
7. 각종 온라인·오프라인 1차 자료 분석과 수강생들의 참여 관찰 및 인터뷰(구청장과의 인터뷰 포함)
8. 수업 초반부에 시민사회, 사회적 자본, 결사체 민주주의, 로컬 거버넌스, 사회적경제, 참여예산제 등 관련 이론적 논의와 경험적 연구들을 검토
9. 수업 시간과 대학원생 조교와의 정기 모임을 통하여 수강생들의 분석 및 집필 과정 모니터링
10. 수강생들의 사례 분석 및 집필 결과로 성적 부여, 시험 및 리포트 대체(단, 수업 초반부에 다룬 주요 이론적, 경험적 논의에 대한 중간시험 있음)
11. 2015년 6월 초까지 집필 완료

III. 주별 강의계획

＊제1주(3/3): 강의 소개

＊제2주(3/10): 시민정치와 참여민주주의

- Saward, Michael. *Democracy*. Cambridge: Polity Press. Chapters. 2, 3.
- 토마스 커러더즈. 2000. "시민사회에 대한 오해." 조효제 편역. 『NGO의 시대』.
- 신명호. 2000. "한국 지역주민운동의 특성과 교훈." 조효제 편역. 『NGO의 시대』.
- 성북구. 2013. 『주민과 함께 만드는 참여 거버넌스를 이야기하다』 → Skim!

＊제3주(3/17): 로컬 거버넌스 이론과 사례

- 유재원·홍순만. 2005. "정부의 시대에서 꽃핀 Multi-level Governance: 대포천 수질개선 사례를 중심으로." 『한국정치학회보』 제39집 2호.
- 김의영·한주희. 2009. "결사체 민주주의의 실험." 『한국정치학회보』 제42집 제3호.
- 김의영. 2011. "굿 거버넌스 연구분석틀." 『한국정치연구』 제20집 제2호.

⋯▸ 자치구 및 사례 선정

* 제4주(3/24): 사회적 자본과 미국 사례
  - Putnam, Robert. 2003. *Better Together: Restoring the American Community*. New York: Simon and Schuster, 2003. Chapters. 1, 3, 4, 11, 12, conclusion.

  ⋯▸ 자치구 및 사례 선정

* 제5주(3/31): 로컬 거버넌스 이론과 사례 II
  - Siriani, Carmen. 2009. *Investing in Democracy: Engaging Citizens in Collaborative Governance*. Washington, D. C.: Brookings Institution Press. Chapters. 1, 2, 3.
  - Fung, Archon and Erik Olin Wright. 2003. *Deepening Democracy: Institutional Innovations in Empowered Participatory Governance*. London: Verso. Chapters. 1, 4.

  ⋯▸ 팀별 1차 1~2쪽 프러포절 발표 (3/29일까지 제출)

* 제6주(4/7): 참여예산제 사례
  - Abers, Rebecca. 1998. "From clientelism to cooperation: Local government, participatory policy, and civic organizing in Porto Alegre, Brazil." *Politics & Society*. Vol. 26. No. 4.
  - Smith, Graham. 2009. *Democratic Innovations: Designing Institutions for Citizen Participation*. Cambridge: Cambridge University Press. Chapters. 1, 2.

* 제7주(4/14): 중간시험

* 제8주(4/21): 팀별 2차 개조식 프러포절 발표 (4/19일까지 제출)

후반부 수업은 발표·특강·보충강의 등 필요에 따라 유연하게 운영할 계획임.

* 제9주(4/28): 사회적경제와 시민정치

- 박주원. 2007. "한국 민주주의의 또 다른 기원." 『기억과 전망』 17호.
- 오스트롬, 엘리노. 2010. 『공유의 비극을 넘어』 서울: 랜덤하우스. [Ostrom, Elinor. 1990. *Governing the Commons*. Cambridge: Cambridge University Press.]
- 정건화. 2012. "민주주의, 지역 그리고 사회적경제." 『동향과 전망』 가을·겨울호(통권 86호).
- 정규호. 2008. "풀뿌리 사회경제 거버넌스의 의미와 역할-원주 지역 협동조합운동을 사례로." 『시민사회와 NGO』 6권 1호.
- 하승우. 2009. "한국의 시민운동과 생활정치의 발전과정." 『시민사회와 NGO』 7권 2호.
- Smith, Graham and Simon Teasdale. 2012. "Associative democracy and the social economy: exploring the regulative challenge." *Economy and Society* Vol. 41 Issue 2.
- 아이쿱협동조합연구소. 2012. "특집: 민주주의와 협동조합." 『생협평론』 2012 봄(6호).

* 제10주(5/5): 어린이 날

* 제11주(5/12): field report

* 제12주(5/19): field report

* 제13주(5/26): 1차 초고 제출·발표

* 제14주(6/2): 초고 수정·보완

* 제15주(6/9): 초고 수정·보완

* 제16주(6/16): 최종 원고 제출

첨부 자료 | 2 한국정치연구소 협조 요청 공문

"겨레와 함께 미래로"

서 울 대 학 교
한국정치연구소

수신자 [기관명] [부서명]

제목 서울대학교 학부생 <서울시 자치구 사례> 인터뷰 및 참여 관찰 협조 요청

1. 서울대학교 정치외교학부 김의영 교수의 <시민정치론>을 수강하는 40여 명의 학부생들이 <서울시 자치구 사례> 조사를 위하여 귀 조직의 참여관찰 및 인터뷰 조사를 수행할 수 있는 기회를 허락해주시기를 바랍니다. 해당 연구는 『동네 안의 시민정치: 서울대생들이 참여 관찰한 서울시 자치구 사례』라는 책으로 출판이 확정되었으며, 중앙일보의 보도 후원이 있을 예정입니다.

現 서울대학교 한국정치연구소장이자 담당교수인 김의영 교수의 서신을 첨부하오니 많은 관심과 지원을 부탁드립니다.

2. <세부 사항>

- 과 목 명 : <시민정치론> (정치외교학부 전공수업)
- 담 당 교 수 : 서울대학교 정치외교학부 정치학전공 김 의 영 교수 (現 서울대학교 한국정치연구소장)
- 연 구 목 적 : 서울시 자치구 사례 연구를 통하여 한국의 '주민자치와 참여' 현황을 분석하고 나아가 한국 시민정치의 발전방향을 제시하고자 함
- 학부생 활동목적 : 학생들이 직접 선정한 자치구 및 단체를 찾아가 심층적인 참여관찰과 인터뷰를 함으로써 사례에 대한 이해를 고취하고자 함
- 진 행 상 황 : 1) 주민자치와 참여' 에 대한 국내외 주요 문헌 분석 완료
- 2) 학생들이 직접 연구 주제 및 대상 선정
  3) 해당 자치구 사례에 대한 기본적인 1차 조사 완료
- 기 대 효 과 : 귀 조직의 활동과 업적에 대한 기록 및 홍보
- 출판확정 서적명 : 『동네 안의 시민정치: 서울대생들이 참여 관찰한 서울시 자치구 사례』(푸른길 출판사)
  -- 서울대학교 한국정치연구소 총서 제11호
- 홍 보 계 획 : <중앙일보> 사회부, <중앙미디어그룹> 인성교육연구소 보도.

붙 임 1. 김의영 교수 서신.

사회과학연구원 한국정치연구소

★ 담당 조교 김 다 진 010-3302-6498 jinkim92@snu.ac.kr 연구소 조교 유 혜 림 소장 김 의 영

시행 한국정치연구소 2015-1 (2015. 3. 20.) 접수 ( )

우 151-742 서울특별시 관악구 관악로1 (대학동) 220동 511호 /홈페이지 www.ikps.or.kr

전화 02) 880-6314 /전송 02) 886-7221 /전자우편 8806314@hanmail.net / 공개

[붙임 1]

[기관명] [부서명] 담당자께,

안녕하십니까? 저는 서울대학교 정치외교학부 김의영 교수입니다. 현재 서울대학교 한국정치연구소장을 맡고 있기도 합니다.

이번 학기에 제가 가르치는 전공과목인 <시민정치론>을 수강하는 40여 명의 학부생들은 저와 함께 『동네 안의 시민정치: 서울대생들이 참여 관찰한 서울시 자치구 사례』라는 책을 출판하기 위해 열심히 연구하고 준비해왔습니다.

이 학생들은 우선 '주민자치와 참여'에 대한 국내외 주요 문헌들을 분석하고 자신들의 문제의식 하에 연구 주제와 대상을 정한 후 각 팀별 자치구 사례에 대한 기본적인 1차 조사를 마쳤습니다. 이제 이들은 각 자치구의 구청과 지역주민단체 등 자신들이 선정한 사례를 찾아가 2차 심층적인 참여관찰과 인터뷰 조사를 수행하려고 합니다.

여러 가지로 바쁘시겠지만 이들 서울대생들의 인터뷰 요청에 응해주시고 이들이 잠깐이나마 참여하고 관찰할 수 있는 기회를 허락해주시기 바랍니다.

이들의 연구 결과를 묶어 올해 하반기에 서울대학교 한국정치연구소 총서로 출판할 『동네 안의 시민정치: 서울대생들이 참여 관찰한 서울시 자치구 사례』(푸른길 출판사 계약완료)는 귀 조직과 단체의 활동과 업적에 대한 기록과 홍보의 의미가 있으며 '중앙일보'(담당: 사회부, 중앙미디어그룹 인성교육연구소)의 보도 후원 또한 받기로 되어 있습니다.

다시 한 번 우리 학생들의 참여 관찰과 인터뷰에 협조해주시기 부탁드리며 이 프로젝트와 학생들에 대한 문의 사항이 있으시다면 언제든지 제게 연락주시기 바랍니다.

2015년 3월

김의영
서울대학교 정치외교학부 교수
서울대학교 한국정치연구소장
이메일: euiyoungkim@snu.ac.kr
모바일: 010-4723-4632

첨부 자료 | 3 중앙일보 기획기사 〈창간 50 이젠 시민이다〉 시리즈

"애들 먹을 급식인데" 안전 먹거리 조례 만든 구로구 엄마 100명

급식 검사 예산 따내려 구의원 집무실 개조 백지화

지방선거 투표율 1위 동작구, 사회적 기업 많은 은평구 – 모두 시민이 일궜다

창간 50 이젠 시민이다 (하) 지자체·주민 함께 만드는 변화

구청이 시설 갖춰주니 ⋯ 마을뉴스 방송 만든 성북구민

"동네 안에 국가 있어 시민·행정 함께해야"

임대료 난민 해결한 서촌 사람들

〈경복궁 옆 금천교시장〉

창간 50 이젠 시민이다

먹자골목 뜨자 월세 2배로
원조 맛집 떠나며 손님 줄어

상인·건물주 "돈보다 사람"
임대료 인상 자제 협약 맺어
"정치가 못하는 것 직접 해결"

지난 12일 서울 종로구 통인시장(서촌)에서 분식집을 운영하는 김모(52)씨의 얼굴은 오래된 튀김처럼 굳어 있었다. 전날 찾아온 집주인이 70만원이던 월세를 9월부터 110만원으로 올려 달라고 한 탓이다. 그는 2011년 다니던 회사를 그만둔 뒤 받은 퇴직금으로 10㎡ 남짓한 분식집을 차렸다. 그러나 해가 갈수록 임대료가 크게 올랐다. 계약 당시 40만원이 2013년 70만원, 이제는 110만원까지 됐다. 그는 "가게를 내놔야 할지 고민"이라고 말했다.

비단 서촌뿐만이 아니다. 홍익대 입구를 비롯해 삼청동, 신사동 가로수길, 이태원, 경리단길 등 입소문이 나는 곳마다 임대료가 폭등해 기존 주민이 외곽으로 밀려나는 현상이 벌어지고 있다. 이런 현상을 젠트리피케이션(gentrification)이라고 한다. 지역 상권이 뜨면서 임대료가 폭등하고, 그곳에 거주하던 원주민 세입자는 임대료를 감당 못해 떠나는 현상이다.

서울 종로구 내자동에 있는 금천교시장도 젠트리피케이션을 피할 수 없는 상황을 맞았다. 이곳엔 100여 개의 점포가 300여m 좁은 골목길 양쪽으로 늘어서 있다. 2012년 음식문화거리로 지정되고 서촌이 뜨면서 덩달아 먹자골목으로 유명해졌다. 이곳 역시 임대료 상승을 막을 순 없었다. 3.3㎡ 기준 월평균 임대료가 2009년 7만~8만원 정도였으나 2013년엔 15만원까지 뛰었다. 이곳에 있던 원조 맛집 중 일부는 시장을 떠났고 단골손님이 줄기도 했다.

서울 경복궁역 인근 금천교시장 건물주와 세입자 대표들이 19일 한데 모였다. 이들은 지난 4월 지나친 임대료 인상을 자제하자는 '상생' 협약을 맺었다. 오종택 기자

이곳의 세입자와 건물주는 다른 지역 사례를 반면교사로 삼아 2014년 8월 상인회를 결성했다. 임대료 폭등현상을 겪었던 북촌·삼청동의 사정도 관찰했다. 건물 두 곳을 소유한 전승철(51)씨는 "부작용 사례를 보면서 임대료 몇 푼 올리고 전통과 우정을 잃을 순 없다는 생각을 갖게 됐다"고 말했다. 특히 상인회 이사 14명 중 절반은 시장 내 건물 소유주이면서도 동시에 세입자였다. 이곳에서 음식점을 운영하는 한 세입자는 "건물주가 월세를 올리지 않은 덕분에 나도 다른 지역에서 받는 임대료를 올리지 않고 있다"고 말했다. 건물주 대표인 유제신(56)씨는 "상인들 모두 20~30년씩 알고 지낸 사람"이라며 "돈보다 사람을 택하자는 의미에서 상인회를 우정회라고 부른다"고 했다. 특별취재팀

≫ 4면 '임대료'로 계속, 관계시리즈 4, 5면

좋은 약재 쓰는 한의원 ⋯ 노원구 주민들 스스로 만들었다

20대 청년, 요코하마 쪽방촌을 배낭족 명소로

서울 10개 구가 강의실 – 서울대 '시민정치론'

창간 50 이젠 시민이다 〈상〉 문제해결 적극 나서는 그들

치솟는 전·월세에 건물 통째 빌려 공동주거 마포 청년들 달팽이집

'1인 가구' 17명 공동 출자 – "집세 오를 걱정 없어요"

5개 지표에서 각각 1위를 기록한 자치구

시민 참여 문제해결형 민주주의가 답

첨부 자료 | 4 수업 인터넷 게시판 캡처 사진

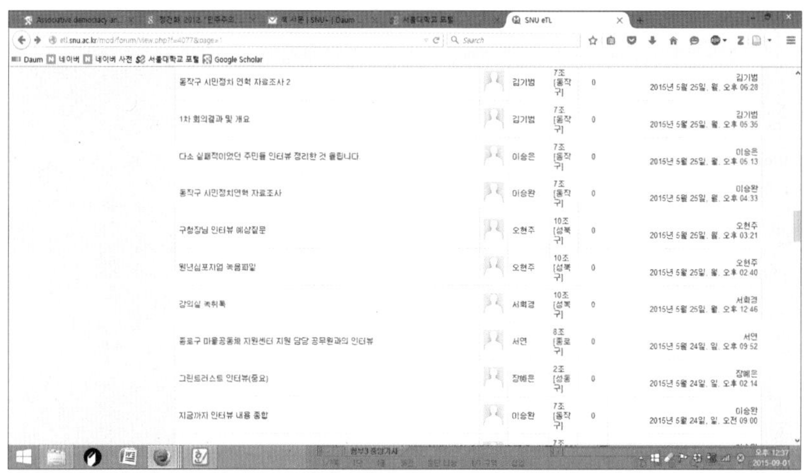

제1부

서울시 자치구 시민정치 지표 분석

도서관
생협
마을넷

함께주택

동작
FM

SSST
은평
누리축제

서울시 25개 자치구 시민정치 지표 분석

김의영, 미우라 히로키, 김다진, 유지연, 연준한, 이경수, 임기홍, 홍지영

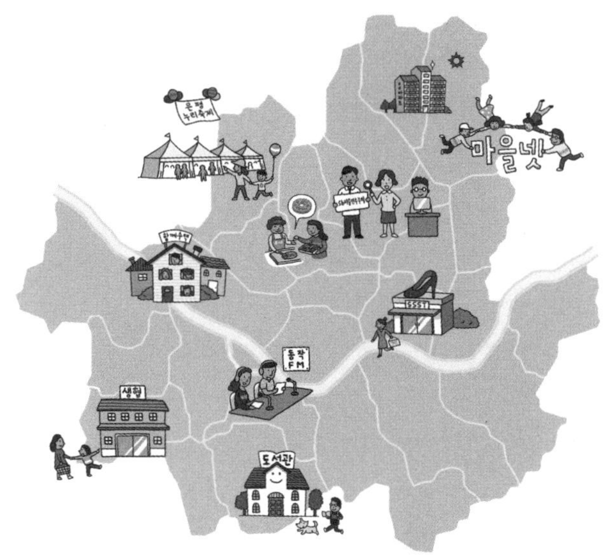

Ⅰ. 들어가면서

대의제 민주주의는 위기에 놓여 있다. 투표율과 정당 가입률은 하락하고 있고, 의회정치는 마비된 상황이다. 정치권에 대한 신뢰도 또한 최하위다. 이는 한국뿐 아니라 전 세계적인 현상이며, 대의민주주의에 있어 대표의 실패 현상에 대한 실망은 자칫 거리의 저항 정치로 나타나기도 한다. 다른 한편으로 지구화, 민주화, 정보화, 복합 위험 시대에 있어 기존 국가 중심의 통치 모델은 한계에 이르렀다. 교육 수준이 높아지고 정보화 기술이 발전함에 따라 식견 있는 비판적 민주시민이 등장했다. 이제 이들은 국가의 통치 대상으로 남아 있기보다 문제 해결 과정에 직접 참여하기를 원하며, 대의민주주의를 넘어 직접행동과 직접민주주의 기제를 선호하기도 한다. 정부 또한 새로운 복잡다기한 문제에 혼자 대처하기 힘들며, 시민사회의 다양한 행위자들의 도움을 필요로 한다. 소위 거버넌스, 즉 민관 협치(協治)의 시대가 온 것이다.

이러한 시대적 배경하에서 시민정치는 시민이 주체가 되어 다양한 참여와 협치 방식을 통하여 문제를 해결함으로써 보다 나은 지역사회를 구축해 나가는 광범위한 정치적 행위와 과정을 의미한다. 이를 '시민정치의 집' 모델로 그려 보면 그림 1.1과 같다. 첫째, 시민정치는 거대 담론보다 자기 지역의 이슈, 생활에 밀접한 문제에 관심을 갖는 문제해결형 민주주의를 지향한다. 둘째, 시민들의 창의적이고 혁신적인 노력 여하에 따라 다양한 시민정치 유형이 가능하나 기본적으로 '대의제 정치', '민간 협치', '사회적경제,' '사회적 자본'의 네 가지 유형이 중요하다. 셋째, 시민정치의 인프라로서 경제, 교육, 복지, 정보화 등 다양한 구조·환경적 요인이 이와 관련된다.

아래에서는 시민정치의 네 가지 유형을 중심으로 서울시 25개 자치구별 주요 관련 지표들을 분석하고 있다. 이는 이 책의 주요 사례인 10개 자치구에 대한 심층 분석과 함께 서울시 시민정치 현황에 대한 전반적인 이해를 돕기 위한 일환이다. 즉 여기서 25개 자치구 지표 분석을 통하여 서울시 시민정치 현황을 조명해 보고, 이어서 10개 자치구의 심층 사례를 통하여 살아 움직이며 꿈틀거리는 '동네 안의 시민정치'의 현실을 분석하고자 하는 것이다. 본격적인 지표 분석에

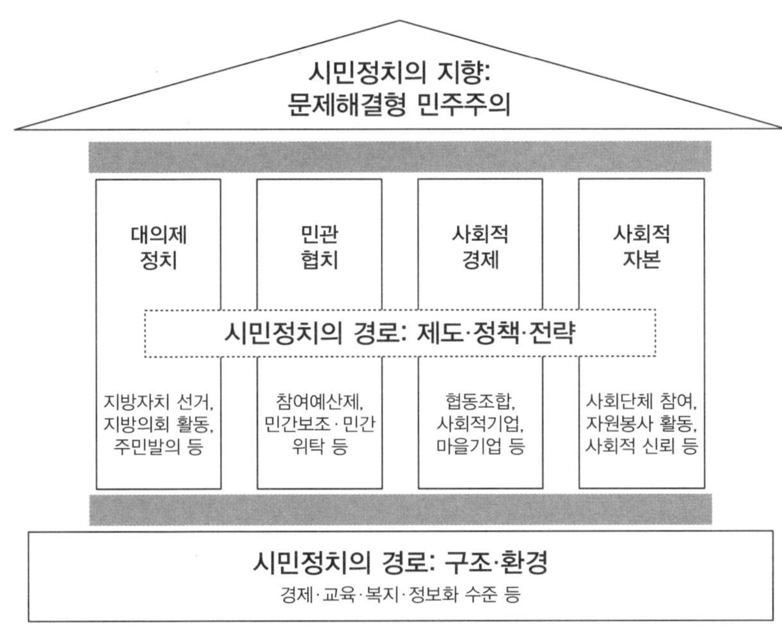

그림 1.1 시민정치의 집: 지향, 유형, 인프라

앞서 각 유형별 특징과 중요성을 간략하게 요약하자면 다음과 같다.

첫째, 시민정치라 해서 대의정치를 무시하는 것이 아니며 시민정치와 대의정치의 상호 상승적 관계를 구축해야 한다. 특히 주민 자신의 삶과 직결된 생활정치 차원에서 지방자치 선거 참여가 중요하며, 아래에서는 대의정치 관련 주요 지표로 각 자치구별 지방선거 투표율을 분석한다. 주목할 만한 사실은 서울시 모든 자치구에서 총선과 대선에 비해 지방선거 투표율이 꾸준히 증가세를 보여왔다는 점이다. 이는 그만큼 유권자들이 지방선거의 중요성을 인식하고 있으며, 동네 안의 생활정치 이슈에 대한 관심이 늘고 있다고 해석할 수 있다. 또한 시민정치에 대한 건전한 지원, 감시, 비판의 역할을 수행할 수 있는 각 자치구별 의회정치 현황에 대한 지표들도 살펴본다.

둘째, 시민정치가 성공하기 위해서는 민관 협력의 정치, 즉 협치(거버넌스)가 중요하다. 여기서는 민관 협치의 대표적인 기제로서 주민참여예산제 현황과 각 자치구별 위원회와 민간위탁 현황 관련 지표들을 살펴본다. 하지만 뒤에 나오는 10개 자치구 사례에서 볼 수 있듯이 민관 협치를 위한 방식은 다양하며, 각 자치구별로 생활정치 이슈들을 해결하기 위하여 구민과 구청이 협력하여 다채로운 제도, 정책, 전략들을 고안하여 활용하고 있다. 하나의 예로 성북구는 2012년 주민과 함께 일궈 낸 구정 사례집을 펴내기도 했는데, 책 제목은 『주민과 함께 만드는 참여 거버넌스를 이야기하다』이다. '기존의 통치나 정부를 대체하여 여러 분야의 다양한 주체들이 함께 참여하여 정책을 만들고 실현해 나가는' 거버넌스의 이름으로 주민참여예산제, 5대 열린 토론회, 위원회와 아카데미 등 각종 주민자치 활동을 추진한다. 성북구는 주민, 비영리단체, 행정이 협력하여 자체적인 마을만들기 중간지원조직을 설립한 몇 안 되는 자치구 중 하나이며 2015년에는 동 단위까지 포함한 마을민주주의 기본계획도 설립한 바 있다.

셋째, 협동조합, 사회적기업, 마을기업 등 사회적경제 조직은 정부의 재정 부담을 최소화하면서 복지 및 사회 서비스를 확대할 수 있는 대안인 동시에 지역과 경제 그리고 자치를 결합시킬 수 있는 모델이기도 하다. 지역 주민들이 사회적경제 안에서 다양한 문제들을 함께 풀어 나가며 풀뿌리민주주의가 성숙할 수 있는 것이다. 여기서는 자치구별 일반 사업체 수 대비 사회적기업, 마을기업, 협동조합, 자활기업 등 사회적경제 조직 설립 현황을 살펴본다. 주지하다시피 2000년대 들어 "사회적기업 지원법"(2006), "협동조합 기본법"(2012), "사회적경제 기본법"(추진 중) 등 주요 사회적경제 관련 법을 도입했고, 사회적경제 조직의 규모와 성장 추세 또한 결코 무시할 수 없는 수준이다. 가령 "협동조합 기본법"이 제정된 후 2013년부터 2년 만에 6,100여 개의 협동조합이 설립되었다. 아이쿱, 한살림 등 4대 소비자생활협동조합은 올해 매출액 1조 원 시대를 열 것으로 기대하고 있다. 또한 고용노동부 인증 사회적기업 수는 2007년 50개에서 2014년 1,251개로, 근로자 수는 2,500여 명에서 2만 6,000여 명으로 증가한 것으로 추산된다. 즉 시민정치의 미래에 있어 사회적경제가 더욱 중요한 축으로 성장할 수 있다는 점이다. 뒤에 살펴보겠지만 10개 자치구 사례에서도 협동조합과 마을기업 등 다양한 사회적경제 활동을 통하여 시민정치의 움직임이 꿈틀거리고 있는 것을 알 수 있다.

넷째, 시민정치에 있어 사회적 자본, 즉 다양한 시민결사체 네트워크와 신뢰와 상호 호혜의 규범을 구축하는 것이 중요하다. 사회적 자본이 생성·축적되면서 시민정치의 역량과 함께 성공 가능성이 높아진다. 잘 알려진 기존 연구로 로버트 퍼트넘(Robert Putnam)의 이탈리아 지역 정치 연구 결과에 따르면 지자체의 성패를 결정하는 것은 제도가 아니며, 사회적 자본이 얼마나 활성화돼 있고, 이를 통해 시민의 참여가 잘 이루어지는가가 성공의 핵심 요인이다(Putnam, 1993). 특히 담합과 님비 등 사익 추구와 차원이 다른 공익적 시민정치를 구현하는 데 있어 사회적 자본은 더욱 중요하다. 여기서는 각 자치구별 사회단체 활동 참여율과 신뢰의 수준 등 관련 지표들을 중심으로 사회적 자본의 수준을 가늠해 본다. 한 가지 우려할 만한 점은 단체 활동에 있어 친목회, 동창회, 향우회 등과 같은 소위 사적 결사체의 참여 수준이 자원봉사단체, 시민운동단체 등 공적 결사체 참여 수준에 비해 월등히 높고, 신뢰에 있어서도 가족과 이웃에 대한 신뢰 수준이 처음 만난 사람과 다른 나라 사람 및 공공기관에 대한 신뢰의 수준에 비해 훨씬 높게 나타나고 있다는 것이다. 즉 신뢰의 범위(radius of trust)가 좁고 끼리끼리의 결속적(bonding) 사회적 자본의 수준이 타인도 아우를 수 있는 연결적(bridging) 사회적 자본보다 높다는 점을 보여 준다. 이는 '동네 안의 시민정치' 구현에 있어 부족하고 취약한 부분이라고 할 수 있다.

마지막으로 시민정치의 인프라, 즉 구조의 문제에 대하여 지적하자면 일견 시민정치의 성패에 있어 각 자치구의 경제, 교육, 정보화, 복지 수준 등 구조적 요인이 중요할 수 있다고 생각할 수 있다. 즉 잘 살고, 많이 배우고, 평등한 곳에서 시민정치가 더 잘 될 것이라는 생각이다. 그러나 시민정치의 성패에 있어 구조의 문제보다는 위 네 가지 시민정치의 제도, 정책, 전략을 어떻게 활용하느냐의 제도와 행위자 차원의 요인이 더욱 중요하다고 볼 수 있다. 퍼트넘의 사회적 자본과 미국 공동체 복원 사례 연구, 엘리너 오스트롬(Elinor Ostrom)의 공유 자원 관리 연구 등 많은 시민정치 사례 연구들은 이러한 행위자 차원의 노력과 실천을 강조하고 있다(Putnam and Feldstein, 2003; 오스트롬, 2010). 즉 시민정치에 있어 객관적 조건이 아니라 민주적 창의와 혁신이 중요하다는 점이다. 2부에서 살펴볼 10개 자치구 사례에서도 열악한 환경하에서 시민들의 창의적이고 혁신적인 노력과 협치를 통하여 문제를 해결한 다수의 사례들을 발견할 수 있다. 오히려 객관적인 조건이 우호적인, '잘 사는' 자치구에서는 시민정치의 꿈틀거림을 발견하기 어렵다는 역설이 가능하다. 양호한 인프라가 시민정치를 활성화시킬 수 있는 반면, 열악한 환경이 시민들의 자발적이고 창의적 활동을 촉발할 수 있는 것이다.

이하에서는 이러한 네 가지 시민정치 유형별 관련 지표들을 보다 구체적으로 분석한다. 또한 끝부분에는 시민정치의 시각에서 25개 자치구의 홈페이지에 대한 일차적인 분석을 시도한다.

Ⅱ. 시민정치 제1유형: 대의제 정치

1. 서울시 자치구별 지방선거 투표율

1990년대 후반에는 중앙정치를 의미하는 대선 및 총선 투표율이 지방선거 투표율에 비해 월등히 높았다. 그러나 대선 및 총선 투표율 변화가 특별한 경향성을 띠고 있지 않은 반면 지방선거 투표율은 2002년 최저점을 지나 지속적으로 증가한 것을 확인할 수 있다(그림 1.2). 2008년 총선 이후에는 지방선거 투표율이 총선 투표율을 역전하는 현상이 나타난다. 이는 대선 및 총선의 경우 선거 당시의 중요한 정치적 이슈, 정당의 대립 구도 또는 후보 정치인의 개인 역량 등에 따라 투표율이 변동하는 데 비해 지방선거의 경우는 선거의 중요성에 대한 인식이 확산되어 왔다고 해석할 수 있다. 이는 1990년대 이전에 상대적으로 주목받지 못했던 동네 안의 생활정치 이슈에 대한 시민들의 관심이 증가한다는 것을 보여 준다.

표 1.1은 1998년에서 2014년 동안 5회에 걸쳐 서울시 25개 자치구의 구별 지방선거 투표율을 보여 준다. 종로구의 경우 2014년 지방선거를 제외하고 매회 구별 투표율이 상위 5개구에 포함되며, 노원구, 서초구, 양천구, 용산구, 중구의 투표율은 3회 이상 상위 5개구에 포함되었다. 반면 지방선거 투표에 소극적인 자치구도 뚜렷한 경향성을 보여 준다. 중랑구, 강북구, 은평구는 5차례 지방선

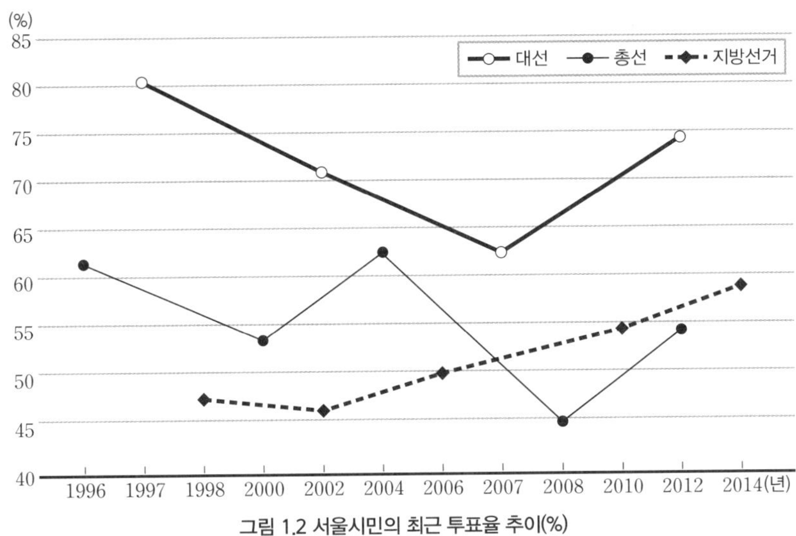

그림 1.2 서울시민의 최근 투표율 추이(%)

출처: 선거관리위원회. 선거통계시스템. http://info.nec.go.kr/

표 1.1 서울시 자치구별 지방선거 투표율 추이(%)

	1998 (제2대)	2002 (제3대)	2006 (제4대)	2010 (제5대)	2014 (제6대)
강남구	46.6	48.0	50.0	51.2	57.8
강동구	47.4	44.5	49.3	54.1	59.1
강북구	44.1	43.9	47.8	51.4	54.7
강서구	46.7	41.6	49.2	53.3	58.2
관악구	47.3	44.9	48.8	53.9	58.0
광진구	46.6	44.5	48.1	52.7	57.4
구로구	46.7	46.2	50.1	55.4	59.9
금천구	47.0	45.3	48.9	52.6	55.6
노원구	44.4	46.1	51.5	56.1	60.3
도봉구	46.4	46.0	50.6	54.6	58.5
동대문구	48.5	47.6	50.3	54.0	58.2
동작구	47.6	46.3	50.7	56.6	61.7
마포구	47.5	44.9	49.4	55.1	60.9
서대문구	45.6	46.9	49.7	55.0	60.0

서초구	49.6	47.5	51.9	54.4	61.5
성동구	48.8	47.1	49.4	54.0	58.2
성북구	46.5	46.2	49.7	53.4	58.1
송파구	45.8	45.3	50.8	54.2	60.3
양천구	48.7	46.4	51.7	56.2	60.3
영등포구	47.4	46.3	50.4	54.8	58.9
용산구	49.6	47.9	51.1	53.0	57.8
은평구	45.1	43.1	47.2	51.3	56.4
종로구	51.8	51.2	52.9	56.0	59.2
중구	51.3	51.7	50.2	55.7	57.7
중랑구	43.7	40.9	46.8	50.1	53.8
평균	47.2	46.0	49.8	53.9	58.5

출처: 중앙선거관리위원회. 선거통계시스템. "역대선거정보" http://info.nec.go.kr/
비고: 강조는 각 선거 연도별 상위 5개 자치구를 의미.

거 모두에서 투표율 하위 5개 구에 포함되었는데, 특히 중랑구의 경우 매 회 가장 저조한 투표율을 나타내었다.

2. 지방의회 조례 등 자치법규 제·개정 건수

지방선거의 중요성에 대한 인식의 확산과 함께 광역 단위가 아닌 지역 수준에서의 생활정치가 실제로 점점 더 활발하게 이루어지고 있다는 것은 지방의회 자치법규 제·개정 건수 증가 추이에서도 확인할 수 있다. 물론 자치법규 제·개정 건수만으로 지방의회 활동을 온전히 측정할 수는 없지만 전체적인 조례 제·개정 건수 증가 추이는 지방자치제도가 뿌리내리면서 지역 정치, 동네정치가 적극적으로 이루어지고 있음을 방증하는 것으로 볼 수 있다.

보다 구체적으로 살펴보면, 1995년 출범한 제2대 지방의회에 비교하여 2006년 구성되어 2010년까지 활동한 제5대 지방의회의 조례 제·개정 건수가 25개 모든 자치구에서 큰 폭으로 증가하였다.

주목할 점은 제2대 지방의회의 조례 개정 건수는 자치구별로 매우 큰 폭의 차이를 보였으나, 제5대 지방의회의 활동 결과를 보면 자치구별 조례 제·개정 건수 차이의 폭이 상당히 줄어들었다는 점이다. 실제로 제2대 지방의회 활동 결과 가장 많은 조례를 제정한 강북구(435건)와 가장 적은 조례를 제정한 도봉구(55건)는 조례 제·개정 건수가 약 8배 차이가 나는 데 비해, 제5대 지방의회에서 가장 많은 조례를 제·개정한 중구(578건)와 가장 적은 수의 조례를 제·개정한 서초구(254건)는 약 2.3배 차이를 보일 뿐이다. 이러한 맥락을 고려하면 지방자치제도 초기에는 지방의회의 활동이 구별로 상당한 차이가 있었지만 시간이 흐름에 따라 상향 평준화되었다는 해석이 가능하다.

표 1.2 서울시 자치구별 자치법규 제·개정 건수 추이(건)

	1998-2002 (제2대)	2002-2006 (제3대)	2006-2010 (제4대)	2010-2014 (제5대)	소계
강남구	139	251	577	443	1,410
강동구	58	135	409	539	1,141
강북구	435	251	351	407	1,444
강서구	89	110	359	559	1,117
관악구	71	62	444	364	941
광진구	56	92	446	288	882
구로구	119	145	328	353	945
금천구	83	114	375	345	917
노원구	442	223	306	474	1,445
도봉구	55	51	245	334	685
동대문구	396	214	487	340	1,437
동작구	406	252	531	341	1,530
마포구	87	90	367	452	996
서대문구	60	87	238	408	793
서초구	339	217	582	254	1,392
성동구	228	315	305	536	1,384
성북구	342	215	418	419	1,394
송파구	56	181	347	530	1,114
양천구	77	121	409	439	1,046

영등포구	351	259	472	485	1,567
용산구	95	77	361	430	963
은평구	127	170	324	559	1,180
종로구	82	161	440	426	1,109
중구	75	125	242	578	1,020
중랑구	68	83	270	277	698
평균	173.4	160.0	385.3	423.2	1,142

출처: 법제처 국가법령정보센터. "자치법규" 항목.
http://www.law.go.kr/ordinSc.do?menuId=2&p1=&subMenu=&nwYn=1§ion=&tabNo=&query=
비고: 각종 자치법규 중 조례, 규칙, 훈령의 합산이며 공포일 기준의 분류임.
각 지방의회가 발행하는 의정 활동 보고와 다를 수 있음.
강조는 각 임기별 상위 5개 자치구를 의미.

보론 : 대의제 정치의 발전 가능성으로서 주민발의

자치법규의 제·개정은 의원 발의 및 지방자치단체장 발의 이외에 주민발의를 통해서도 가능하다. 그러나 지방자치제도의 출범 이후 현재까지 서울시 25개 자치구에서 실제로 주민발의를 통해 조례가 제·개정된 경우는 단 2건에 불과하고, 2015년에 1건의 주민발의 조례 제정이 준비 중에 있다.

1) 서대문구, 구로구 사례

주민발의 제도가 처음으로 결실을 맺은 곳은 서대문구이다. 민주노동당 서대문구위원회와 민주언론운동시민연합 등으로 구성된 서대문보육조례개정운동본부의 적극적인 활동으로 2005년 "영유아보육조례 개정안"이 발의되었다. 개정안은 국공립 보육 시설 대폭 확대, 보육 교사 지위 향상, 구청 보육정책위 강화 및 민주적 운영, 보육위 공개 모집에 따른 시민 참여 보장 등의 내용을 담고 있으며, 당시 주민 8,000여 명의 서명을 받아 제출되었다.*

구로구에서는 "방사능으로부터 안전한 식재료 공급 지원 조례"가 2013년 주민발의 되어 2014년 7월 구의회를 통과하였다. 이 조례는 식재료 방사능 안전과 관련한 최초의 주민발의이다. 구로 민중의집 등 구로 지역 시민단체와 생활협동조합, 학부모 등 지역 주민들이 모여 만든 '구로구 방사능으로부터 안전한 우리 아이 급식 지킴이'를 주축으로 추진되어 약 8,000여 명의 주민이 서명에 동참하였다. 조례는 방사능 수치 검사의 인력과 장비 마련, 검사 대상과 횟수 명시, 정기적 검사, 결과 공표 등을 명시하고 있다. 구로구는 2015년 조례에 따라 어린이 급식 시설 식재료에 대한 방사능 안전 관리 체계를 마련하였고, 식재료 방사능 검사 결과는 분기별로 구정 소식지, 구 홈페이지를 통해 공포한다.

서대문구와 구로구의 두 사례가 공통적으로 특정 사안에 대한 조례를 제·개정하기 위해 자치구 내의 시민단체 조직들이 네트워크를 구성하여 핵심 그룹을 형성하였고, 이를 중심으로 일반 시민들의 동의를 얻어 냄으로써 조례 제·개정에 성공했다는 특징을 보인다.

위 두 사례에서 볼 수 있듯이 주민발의를 통한 조례 제·개정은 시민들이 시급하고 중요하다고 느끼는 현안에 대해서 시기적절하게 그 필요를 반영할 수 있다는 강점을 가지고 있다. 그럼에도 불구하고 서울시 자치구에서 주민발의 제도의 활용도가 매우 낮아 현재 주민발의 제도는 사실상 유명무실한 상태이다. 시민의 필요를 보다 직접적이고 구체적으로 담아내는 조례 시행을 위해서는 보다 적극적인 민관 양자의 고민이 필요할 것으로 보인다.

* 본 조례 개정안은 2006년 6월 27일 서대문구의회 제130차 정례회의에서 일부 항목들이 수정되고 삭제된 수정안으로 의회에서 가결 통과되어 조례안 발의에 참여한 시민들이 이에 반발하였다. 최연희. "알맹이 빠진 보육조례 개정안." 서대문사람들. 2006년 7월 6일자.

2) 종로구 사례

주민발의 제도의 장점을 살리고 한계를 극복하고자 하는 지방정부의 노력은 최근 종로구의 행복증진 조례 추진 과정에서 찾아볼 수 있다. 종로구에서는 2015년 행복증진 조례를 주민발의로 제정하기 위한 노력이 진행 중이다. 역사와 문화, 경제, 주거 환경의 회복이라는 총체적인 도시 재생을 추진하고 있는 종로구가 행복드림 프로젝트라는 지방정부의 정책에 발맞추어 행복증진에 관한 조례를 주민발의로 제정하겠다는 것이다. 종로구의 사례는 조례를 발의하는 과정에 있어 지방정부가 주민들의 직접 참여를 주도적으로 이끌고 있다는 점에서 앞서 소개한 주민발의 사례와 다른 양상을 보인다. 일반적으로 주민발의는 주민들이 주도적이고 자율적으로 조직이나 네트워크를 구성하여 정치적 의견을 모으고 전달하는 데 비해, 종로구의 경우 지방정부의 지원으로 행복증진 조례의 내용을 논의하는 핵심적인 조직이 구성되었다. 종로구의 행복이끄미는 자발적으로 참여하는 25명의 주민을 포함하여 종로구에서 추천하는 전문가 및 관련 공무원, 구의원 등 총 37명으로 구성되어 주민의 행복을 직접 정의내리고 행복 관련 정책 및 행복지표 개발을 논의한다. 행복이끄미의 논의 결과는 일반적인 주민발의와 마찬가지로 인구에 비례하는 최소 주민 동의 요건을 충족시키기 위한 주민들의 서명을 받아 의회에 제출될 예정이다. 이러한 주민의 직접 참여가 추상적인 행복증진이라는 목표를 실제 주민의 삶을 개선할 수 있는 구체적인 정책으로 형상화하는 데 크게 기여할 것이라는 것이 종로구의 기대이다.

종로구는 행복이끄미가 조례 제정뿐 아니라 정책의 이행을 평가할 수 있는 행복지표를 같이 개발하도록 지원하고 있다. 이러한 종로구의 노력은 수평적 파트너십을 기반으로 한 민관 협력을 통해 지역에 필요한 정책에 주민들의 의사가 반영되어 입안되도록 함으로써 지금의 주민발의 제도를 보완하는 기능을 할 수 있다는 점에서 매우 의미 있는 노력으로 평가된다.

Ⅲ. 시민정치 제2유형: 민관 협치

1. 각종 위원회 운영

지역 수준에서 민관 협력을 강화하기 위해서 25개 자치구는 시민들이 직접 참여하여 자치구 정부의 의사결정에 영향을 미치는 각종 행정위원회를 구성하여 운영하고 있다. 담당 업무 분야에 따라 부서별로 민간이 참여하는 위원회, 협의회, 심의·심사·조정위원회 등이 구성되어 있는데 각 위원회는 서울시 조례, 자치구 조례 등을 설치 근거로 한다. 위원회의 운영은 민간위탁, 참여예산제 등과 더불어 민간의 참여가 제도화된 부문으로서, 2015년 기준으로 자치구별 행정위원회의 운영 현황은 표 1.3과 같다. 위원회와 관련된 정보는 구 홈페이지 등을 통해 공개하기도 하지만 의무 사항이 아니라 위원회의 구성이나 활동에 대한 정보 공개는 구별로 상당한 편차를 보인다.

위원회가 구성된 것은 이들의 활동을 뒷받침하는 자치구 또는 시의 조례가 마련되어 있다는 것을 전제로 하기 때문에, 지역정치에 대한 시민의 참여 채널이 제도적으로 확보된 예로 간주할 수 있다. 또한 위원은 각 자치구 행정에 자문, 심의, 협의 역할을 담당하기 때문에 위원 수로 구정에 시민이 참여하는 폭을 어느 정도 가늠할 수 있다. 표 1.3에서 확인할 수 있듯이 마포구, 성북구는 위원 수와 위원회 수 모두 다른 구보다 많아 위원회 제도가 잘 정착된 사례로 볼 수 있다.

그러나 위원회가 지방정부 임의로 구성되어 그 형평성을 담보하지 못하거나 그 운영이 형식적인 수준에 그치는 경우도 많기 때문에 위원회 수 및 위원 수의 총합과 같은 양적 데이터만으로 시민정치의 수준을 단정하기는 어렵다. 자치구별 위원회의 활동으로 시민의 지역 정치 참여를 판단하기 위해서는 개별 위원회 구성에서 위촉 방식 및 당연직과 위촉직의 비율, 위원회 내부의 의사결정 구조, 활동 범위 및 실질적 권한 책임, 운용 및 재정 지원 수준 등을 총체적으로 고려하는 정교한 정성적 연구가 필요할 것으로 보인다.

이를 표 1.4에서 보다 자세히 살펴보면 가장 많은 위원회를 운영하고 있는 마

표 1.3 서울시 자치구별 위원회 운영 현황(2015)

	위원회 수	위원 수
강남구	83	1,110
강동구	104	1,436
강북구	106	1,180
강서구	86	1,043
관악구	94	1,202
광진구	80	1,077
구로구	80	1,094
금천구	68	848
노원구	92	1,172
도봉구	89	1,058
동대문구	82	987
동작구	93	1,243
마포구	111	1,457
서대문구	98	1,010
서초구	92	1,228
성동구	82	1,063
성북구	107	1,345
송파구	83	1,228
양천구	90	1,163
영등포구	87	1,037
용산구	82	1,032
은평구	98	1,207
종로구	78	969
중구	81	1,159
중랑구	85	1,016
평균	89.2	1,135

출처: 각 자치구 홈페이지에 대한 조사 결과임.
비고: 강조는 각 항목에서 상위 5개 자치구를 의미.

포구는 35개 부서에서 총 111개 위원회를 운영하고 있다. 위원회가 가장 많은 기획예산과의 경우 주민참여예산위원회를 비롯하여 총 14개의 위원회가 있다. 다양한 업무를 맡고 있는 총무과나 자치행정과에는 각각 7개와 8개의 위원회가 포함되어 있고, 자치구 주민의 복지 및 삶의 질과 직접 관련된 가정복지과, 교육청소년과에 7개와 9개의 위원회가 포함되어 있다. 공직자윤리위원회를 비롯한 13개 위원회에서는 외부 위원이 위원장을 맡고 있다.

표 1.4 마포구 위원회 현황(2015)

	관리 부서	위원회명	위원 수	위원장
1	공보담당관	인터넷방송운영자문위원회	7	국장
2	감사담당관	공직자윤리위원회	5	외부 위원
3		민원조정위원회	41	부구청장
4	총무과	공적심사위원회	9	부구청장
5	총무과	인사위원회	20	부구청장
6		사전재해영향성검토위원회	21	국장
7		안전관리위원회	18	구청장
8		안전관리실무위원회	15	부구청장
9		재난관리기금심의위원회	9	부구청장
10		남북교류협력위원회	12	구청장
11	자치행정과	주민투표청구심의회	11	부구청장
12		구민상심사위원회	2	부구청장
13		명예구민증수여심사위원회	5	부구청장
14		살기좋은마을만들기위원회	15	부구청장
15		기부심사위원회	11	구청장
16		지명위원회	6	부구청장
17		사회단체보조금심의위원회	9	부구청장
18		공유촉진위원회	10	부구청장
19	문화관광과	관광산업활성화위원회	17	부구청장
20	민원여권과	기록물평가심의회	5	국장
21		정보공개심의회	7	국장

22	전산정보과	정보화전략위원회	12	부구청장
23	기획예산과	마포미래성장자문단	23	외부 위원
24		제안심사위원회	7	부구청장
25		제안심사실무위원회	7	과장
26		업무성과평가위원회	11	부구청장
27		재정계획심의위원회	14	부구청장
28		지방재정공시심의위원회	12	외부 위원
29		예산성과금심사위원회	8	부구청장
30		주민참여예산위원회	18	외부 위원
31		지방재정투자심사위원회	12	부구청장
32		민간투자심사위원회	14	부구청장
33		통합관리기금 운용심의위원회	14	부구청장
34		지방보조금심의위원회	13	외부 위원
35		조례규칙심의회	7	구청장
36		규제개혁위원회	15	부구청장
37	지역경제과	물가대책위원회	7	부구청장
38		마포비즈니스센터운영위원회	8	국장
39		유통기업상생발전협의회	9	부구청장
40		중소기업육성기금운용심의회	6	국장
41	일자리진흥과	일자리창출위원회	15	구청장
42		사회적기업육성위원회	11	부구청장
43		공공근로사업추진위원회	10	국장
44	재무과	계약심의위원회	9	국장
45	세무1과	지방세심의위원회	19	외부 위원
46	세무2과	세입공적심사위원회	6	국장
47	복지행정과	긴급지원심의위원회	9	구청장
48		지역사회복지협의체	47	구청장
49		주민소득지원및생활안정기금운용위원회	6	국장
50	생활보장과	자활기관협의체	10	국장
51		의료급여심의위원회	5	구청장
52		생활보장위원회	11	구청장

53	어르신복지 장애인과	노인복지기금운용심의위원회	10	부구청장
54		장애인복지위원회	16	구청장
55		장애인편의시설설치전문심의위원회	8	국장
56		장애인활동지원수급자격심의위원회	8	외부 위원
57		장애인활동지원이의신청심의위원회	6	과장
58	가정복지과	보육정책위원회	15	국장
59		성평등위원회	20	부구청장
60		성평등기금심의운용위원회	7	부구청장
61		아동 · 여성안전지역연대	15	부구청장
62		아동급식위원회	9	국장
63		지역아동센터운영위원회	7	국장
64		아동위원협의회	32	외부 위원
65	교육청소년과	교육발전자문위원회	13	구청장
66		교육경비보조금심의위원회	9	국장
67		급식지원심의위원회	13	부구청장
68		학교폭력대책지역협의회	19	부구청장
69	교육청소년과	청소년육성위원회	9	부구청장
70		청소년지도협의회	15	외부 위원
71		청소년통합지원체계운영위원회	14	국장
72		평생교육협의회	12	구청장
73		평생교육실무협의회	15	국장
74	청소행정과	재활용품판매대금관리기금운용심의회	6	국장
75		자원회수시설관련기금운용심의위원회	18	부구청장
76		폐기물처리시설설치기금운용심의위원회	9	부구청장
77		환경미화원자녀학자금대여기금운용심의위원회	6	국장
78		생활폐기물수집,운반대행업체평가위원회	9	부구청장
79	중앙도서관 추진단	마포중앙도서관및청소년교육센터건립기금운용심의위원회	10	부구청장
80	주택과	분양가심사위원회	9	외부 위원
81		도시분쟁조정위원회	10	부구청장
82		공동주택지원심의위원회	13	부구청장

83	도시계획과	도시계획위원회	25	부구청장
84		도시건축공동위원회	25	부구청장
85	도시경관과	도시디자인위원회	29	부구청장
86		미술작품선정위원회	95	비공개
87		광고물관리및디자인심의위원회	11	국장
88		옥외광고정비기금운용심의위원회	10	부구청장
89	건축과	건축위원회	27	국장
90	환경과	환경위원회	15	국장
91	공원녹지과	도시농업위원회	9	부구청장
92		산사태취약지역지정위원회	9	국장
93	교통행정과	교통유발부담금경감심의위원회	9	국장
94		교통안전정책심의위원회	13	구청장
95		버스노선조정위원회	9	부구청장
96	교통지도과	교통민원신고심의위원회	9	국장
97	건설관리과	미불용지보상심의위원회	12	부구청장
98	토목과	도로관리심의회	23	부구청장
99		도로굴착복구기금운용심의회	10	부구청장
100	부동산정보과	공유토지분할위원회	9	외부 위원
101		도로명주소위원회	9	부구청장
102		부동산평가위원회	15	부구청장
103		지적재조사위원회	9	구청장
104		경계결정위원회	10	외부 위원
105	보건행정과	지역보건의료심의위원회	12	부구청장
106		안전한마포구만들기운영위원회	14	부구청장
107	위생과	식품진흥기금운용심의회	9	국장
108	지역보건과	건강생활실천협의회	10	국장
109		정신보건심의위원회	10	국장
110		자살예방및생명존중위원회	11	부구청장
111	의약과	저소득층아동치과주치의사업지역협의체	7	외부 위원

출처: 마포구 홈페이지 행정 정보 자료를 바탕으로 저자 작성.
비고: 강조는 공무원이 아닌 외부 민간인이 위원장을 맡은 위원회.

2. 주민참여예산제

서울시의 참여예산제는 크게 두 가지로 나눌 수 있다. 먼저 각 자치구별로 조례를 마련해 실시하는 '구 주민참여예산제'가 있고, 서울시 차원에서 시행하는 '시 주민참여예산제'가 있다. 구 주민참여예산제는 2011년 지방자치법 개정 이후 참여예산제가 의무화되면서 서울시 대부분의 자치구에 도입되었고, 서울시 주민참여예산제는 2012년 운영 조례가 제정, 공포되면서 2013년부터 본격화되었다. 참여예산제는 브라질 포르투알레그리에서 주민들이 직접 예산편성 과정에 참여하는 모델로 등장해 "정부의 예산편성 권한을 주민과 공유해 주민의 의사와 의견을 반영하는 것으로, 주민자치 이념을 재정 분야에서 구현하는 참여민주주의 실현의 주요 수단"[1]으로 평가된다.

먼저 시 참여예산제를 살펴보면 참여예산에 배정된 예산은 500억 원으로 각 자치구 지역회의(자치구 참여예산위원회)와 시민이 직접 시에 제안한 사업을 분과위 검토와 총회를 통해 결정한다. 2014년의 경우 4월 7일부터 5월 9일까지 한 달여 동안 1,460개 7,560억 원의 사업 제안이 접수되었고, 이후 6월 5일까지 지역회의별로 예비 심사를 거친 사업 889개를 선정했다. 지역회의에서는 60억 원을 상한선으로 사업 우선순위를 정해 총회에 제출할 수 있도록 하고 분과위 심사를 거쳐 총회에 상정하는 사업 560개를 선정했다.

특히 2014년부터는 참여예산위원회 외에 구별 100명씩 2,500명 규모의 시민참여단을 추가로 구성해 일반 시민들의 의견을 보다 적극적으로 반영하기 시작했다. 7월 25일에서 26일 '참여예산한마당'을 열어 주민참여예산위원과 시민참여단이 참여해 최종적으로 352건, 500억 원 규모의 사업을 선정해 2015년 서울시 예산에 반영했다. 2015년에는 2,740건, 4조 251억 원 규모의 사업이 제안되어 지난해보다 사업 제안 건수 및 사업비가 크게 증가했다.[2]

서울시는 전체 서울시민을 대상으로 주민참여예산위원을 모집하는데, 163명

---

1. 서울시 참여예산 홈페이지. "주민참여예산제 소개". http://yesan.seoul.go.kr/intro/intro0101.do
2. 서울시 참여예산 홈페이지. http://yesan.seoul.go.kr/pb/pbsi.do?menuId=10104

공모에 976명이 신청해 6:1이 넘는 경쟁률을 보여 서울시민들의 높은 관심을 보여 주었다. 또한 보다 적극적으로 예산 만들기에 참여할 수 있도록 예산학교를 운영하고, 예산위원과 시, 구청 공무원, 시의원이 참여하는 참여예산포럼을 개최해 지난해 운영을 평가하고 향후 대안을 제시할 수 있는 장을 만들어 참여예산제를 뒷받침하고 있다.

구 주민참여예산제는 자치구별 조례 제정을 통해 이루어지는데, 그 운영 양상과 시행 결과는 매우 상이하다. 예컨대 은평구는 서울시 최초로 2010년 주민참여 기본 조례를 작성한 데 이어 2012년에는 전국 최초로 주민제안사업 모바일 투표를 실시하는 등 여러 실험을 거듭한 반면, 중랑구의 경우는 제대로 운영되지 못 하다가 조례를 새로 정비하고 24명이던 주민참여예산위원회 위원 수를 64명으로 대폭 확대해 2015년 처음으로 본격적인 운영에 돌입했다. 같은 해 구로구 역시 40명이던 위원 수를 100명으로 늘려 그 폭을 더욱 확대했다.

다음 표 1.5 및 그림 1.3은 자치구별 참여예산제 예산액 규모와 추이를 정리한 것이다. 예산 규모에 관해서는 자치구별로 적지 않은 편차를 보인다. 강남구, 동대문구처럼 2013년 예산액이 대폭 줄어든 자치구가 있는 반면 강동구, 강북구, 성동구 등은 매년 꾸준히 예산액이 증가하였다. 특히 2012년 이후 감소한 폭이 큰데, 이는 서울시 참여예산제가 2012년 시행되면서 구 참여예산제 운영에 변화를 가져온 것일 수 있다.

시행 방식도 차이를 보인다. 은평구는 서울시 참여예산제와 동일한 체계를 취해 동별로 지역회의를 설치해 지역회의가 제안 사업을 수렴, 심사하는 한편, 인터넷 설문조사 등을 통해 자치구가 직접 주민 의견을 수렴한다. 이후 참여예산위원회에서 심의 및 주민총회 상정 사업을 선정하고 참여예산 주민총회를 개최해 사업을 최종 결정한다. 예산(안) 확정 직전 민관예산협의회를 개최하는 점도 특기할 만하다. 은평구 외에도 상당수 자치구가 동 지역회의(동별 회의, 동별 예산협의회)를 운영한다. 다만 동대문구는 주민자치위원회가 동별 회의 역할을 하도록 한다. 동 지역회의가 없는 경우에도 여러 채널을 통해 주민 제안을 수렴하고자 한다. 강북구의 경우는 찾아가는 주민설명회를 운영하고, 강서구는 이와 함께 주민참여예산위원회 구성 시 동별 1명씩 위원이 배정되도록 원칙을 정했다.

표 1.5 서울시 자치구별 '구 참여예산제' 예산액 추이(백만 원)

	2012	2013	2014
강남구	27,927	3,000	1,124
강동구	547	1,100	1,139
강북구	150	180	610
강서구	916	1,220	618
관악구	3,146	1,600	824
광진구	1,942	1,241	588
구로구	5,061	1,200	1,046
금천구	1,021	732	822
노원구	617	625	600
도봉구	3,344	2,119	921
동대문구	15,107	420	401
동작구	–	2,800	987
마포구	–	2,688	2,937
서대문구	15	1,250	1,576
서초구	2,475	1,300	1,980
성동구	–	296	960
성북구	6,484	5,191	810
송파구	765	910	307
양천구	–	1,000	1,044
영등포구	2,205	1,940	499
용산구	2,334	263	251
은평구	819	650	989
종로구	2,153	1,100	1,269
중구	5,872	730	242
중랑구	–	–	–
평균	4,145	1,398	939

출처: 2014년은 각 자치구 홈페이지 및 담당자 전화 조사 결과임.
2012년 및 2013년은 서울시 내부 자료로 송창석. 2013.『주민참여예산을 통한 지역공동체 만들기: 서울특별시 참여예산제도 운영을 중심으로』. 서울: 희망제작소, pp.5-6에서 재인용.
비고: 중랑구는 2015년부터 진행. 강조는 연도별 상위 5개 자치구를 의미.

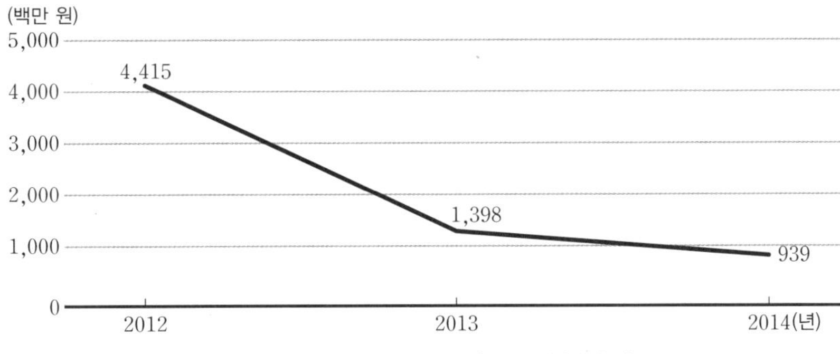

그림 1.3 서울시 '구 참여예산제' 평균 예산액 추이

출처: 2014년은 각 자치구 홈페이지 및 전화 조사 결과임. 2012년 및 2013년 서울시 내부 자료로 송창석. 2013. 『주민참여예산을 통한 지역공동체 만들기: 서울특별시 참여예산제도 운영을 중심으로』. 서울: 희망제작소, pp.5-6에서 재인용.

도봉구, 마포구, 양천구, 영등포구, 용산구, 송파구 등도 동 지역회의를 두지 않는다.

몇 가지 흥미로운 사례를 별도로 살펴보면 다음과 같다. 관악구의 경우는 참여예산위원 100명에 더해 동별로 50명, 전체 21개동 최대 1,050명으로 지역회의를 운영해 전국적으로 가장 큰 규모에 속한다. 성동구는 현장 투표를 통해 보다 다양한 계층의 참여를 유도하는 대목이 두드러진다. 2014년의 경우 이틀간 현장 총회에서 2,027표(1인당 15표)를 얻는 등 현장, 인터넷, 모바일 투표를 합해 총 9,290표를 집계해 참여예산사업의 우선순위를 결정했다. 한편 노원구, 금천구, 서대문구, 성북구, 종로구는 부서별 예산위원회나 분과위원회를 두어 실질적으로 주민들이 제안에 그치지 않고 실질적인 심의 역시 맡도록 해 참여를 보다 활성화한다(송창석, 2013).

참여예산제는 자치구별로 정해진 예산액 내에서 운영되고, 서울시 참여예산제 중 자치구별 할당 예산도 60억 원으로 정해져 있다.[3] 자치구별 전체 예산액도 편차가 커서 자치구의 참여예산제 활성화 정도는 전체 예산 대비 참여예산

3. 2012, 2013년의 경우는 자치구별 예산이 일률적으로 배정되지 않아 은평구 40억 원, 서초구와 강남구 0원(자치구 평균 17억 원)으로 자치구 간 불균형이 크다는 점이 문제로 지적되었으나, 이후 시 참여예산제를 개편해 각 구별로 예산액을 배정한다. 김찬동·이정용. 2014. 『지방자치시대 주민참여 제도화방안』. 서울: 서울연구원. pp.58-59.

제 비율을 통해 살펴본다(표 1.6).

이 편차도 적지 않아 가장 비율이 높은 마포구와 가장 비율이 낮은 송파구의 차이는 14배 이상이다. 비율이 높은 구는 마포구, 서초구, 서대문구, 종로구 순으로 각각 6.44%, 4.57%, 4.36%, 3.92%인 반면 송파구, 용산구, 중구는 각각 0.57%, 0.81%, 0.72%로 전체 예산 대비 참여예산제 비율이 1%가 채 되지 않는다.

한편 서초구를 제외하면 상위 5개 자치구를 비롯해 평균 이상의 상위권은 모두 강북에 위치한다. 이는 참여예산제 운영에 사용된 비용이 강북은 풍성한 반면 강남은 미미하다는 기존 연구의 분석 결과와도 비슷한 흐름을 보인다.[4]

한편 각 자치구에서 어떻게 제도를 운영하느냐 뿐만 아니라, 각 구민들이 참여예산제에 얼마나 적극적으로 참여하고 있는지도 동시에 검토했다(표 1.6). 즉 시와 구 참여예산제에 대해 각 구민들이 공식적으로 제출한 '주민 제안'의 건수를 조사하여 비교한 것이다. 이 항목에서도 각 구별로 적지 않은 편차가 드러난다. 특히 구 참여예산제에 대한 제안 건수 및 시 참여예산제에 대한 지역회의의 제안 건수에서 자치구별 차이가 크다. 이는 동일한 참여예산제라도 시민들이 구보다는 시 수준의 참여를 선호하는 때문일 수 있다.

구 참여예산제 제안 건수는 서대문구, 도봉구, 성동구, 구로구 순으로 각각 209건, 143건, 128건, 113건으로 많으며, 강남구와 강북구 16건, 용산구 17건으로 하위권이다. 주민 제안 건수 차이가 최대 13배를 기록한다.

시 참여예산제에서는 구민이 시에 직접 제안한 수는 동대문구, 강동구, 성동구가 각각 90건, 89건, 72건을 기록해 상위이며, 중구, 영등포구, 서대문구가 각 11건, 13건, 18건으로 하위를 차지한다. 지역회의 제안 건수는 강동구 147건, 광진구 97건, 관악구 94건인 반면 10건 미만인 자치구도 적지 않아 역시 구별

---

4. 주민참여예산제 예산액이 아닌 실제 운영에 사용된 비용을 기준으로 살펴보면, 은평구가 6,249만 원으로 1위, 성북구가 4,845만 원으로 2위를 차지했다. 가장 적은 서초구 369만 원, 용산구 520만 원로 나타났다. 강남 3구(서초구, 강남구, 송파구)의 참여예산 지원 총액은 1,977만 원에 불과했다. 한편 같은 연구에 따르면 사회적경제 지원 부문은 양천구 6억 9,698만 원, 성북구 5억 1,988만 원, 구로구 3억 7,573만 원 순으로 높으며 강북구 1,978만 원 중랑구 2,562만 원으로 지원 금액이 가장 적다(나라살림연구소, 2014).

표 1.6 서울시 자치구별 참여예산제 운영 현황(2014)

	구 참여예산제 운영 현황			주민참여 수준			
	참여예산 위원회 위원 수(명)	참여예산 금액 (백만 원)	총예산 대비 참여예산 비율(%)	구 주민 제안 건수	시 주민 제안 건수	시 지역회의 제안 건수	주민 제안 건수 합계
강남구	39	1,124	1.79	16	28	9	53
강동구	50	1,139	2.61	33	89	147	269
강북구	48	610	1.49	16	29	29	74
강서구	30	618	1.06	23	24	32	79
관악구	100	824	1.80	87	66	94	247
광진구	35	588	1.65	80	40	97	217
구로구	95	1,046	2.44	113	35	34	182
금천구	100	822	2.62	50	47	60	157
노원구	50	600	0.98	41	25	11	77
도봉구	45	921	2.47	143	49	42	234
동대문구	26	401	1.00	74	90	23	187
동작구	40	987	2.73	45	71	8	124
마포구	18	2,937	6.44	31	25	38	94
서대문구	44	1,576	4.36	209	18	29	256
서초구	43	1,980	4.57	51	44	40	139
성동구	50	960	2.64	128	72	48	248
성북구	58	810	1.69	61	46	44	151
송파구	27	307	0.57	22	43	–	65
양천구	48	1,044	2.24	43	23	15	81
영등포구	30	499	1.16	32	13	13	58
용산구	20	251	0.81	17	27	14	58
은평구	36	989	2.01	32	52	10	94
종로구	20	1,269	3.92	68	18	59	145
중구	50	242	0.72	84	11	11	106
중랑구	68	–	–	–	24	–	24
평균	46.8	939.0	0.22	62.4	40.3	36.2	136.7

출처: 구 참여예산위원회 위원 수 및 구 참여예산 배정 현황, 구 주민 제안 건수는 2014년 각 자치구 홈페이지 및 전화 조사 결과임. 시 주민 제안 및 지역회의 제안 건수는 서울특별시 참여예산제 홈페이지 참조.

비고: 강조는 각 항목에서 상위 5개 자치구를 의미.

차이가 크다.

구와 시 참여예산제를 합쳐 검토하면, 상위권을 차지하는 구는 관악구, 광진구, 구로구, 금천구, 서초구, 성동구, 성북구 등이다. 특히 관악구, 구로구, 금천구, 서초구, 성동구 5개 구는 참여예산제 비율이 상대적으로 높은 편이라, 민과 관 모두에서 참여예산제 활성화에 적극적인 모습을 보여 준다.

3. 민간보조 및 민간위탁

자치구와 협력해 각종 공공 정책을 수행하거나 서비스를 제공하는 것 또한 시민이 할 수 있는 중요한 참여 방식이다. 이는 정책 집행의 측면에서 시민의 역할을 검토하는 것으로, 본 절에서는 자치구 회계 자료에서 재정 지출에 관한 분류 항목 중 하나인 '민간이전경비'을 활용해 민관 협치의 동향을 자치구별로 비교한다.•5

민간이전경비에는 자치구 사업 중 일부를 민간이 수행하도록 하는 소극적 성격의 민간위탁 대행 사업과 민간이 주도적으로 시행하는 사업에 경비 일부를 지원하는 적극적 의미의 민간지원 성격 두 가지가 포함된다(조기현·하능식, 2008). 모두 공공 부문과 민간이 상호 협력해 서비스를 공급함으로써 자원 이용의 효율성을 높이고, 사업 성과를 제고하는 긍정적 역할을 한다. 또한 그 과정에서 지역 내 사회적 자본 축적에 기여해 지역의 자조적 발전 능력을 향상시키는 한편, 민간의 정책 집행 참여를 이끌어 내 건전한 파트너십 구축에 기여한다는 장점이 있다(강태구, 2007; 조민경·김렬, 2007). 특히 민간의 참여 및 자조적 발전에 기여한다는 측면에서 시민정치와 연관된다.

---

5. 행정자치부장관 훈령 제204호 "지방자치단체 세입 세출예산 과목 구분과 설정 구분"에 따르면 민간 이전경비는 01 의료 및 구료비, 02 민간경상보조, 03 사회단체보조금, 04 민간행사보조금, 05 민간위탁금, 06보험금, 07 연금지급금, 08 이차보전금, 09 운수업계보조금으로 나뉘며, 이 중 01, 06-09는 개인에 지급되는 소모성 경비다. 다만 행정학에서 민간이전경비는 넓게 보면 민간이전과 민간자본이전, 좁게 보면 민간경상보조, 사회단체보조, 민간행사보조, 민간자본보조로 나뉜다. 이는 사무 중 일부를 민간에 위임, 위탁하는 민간위탁금, 민간대행사업비 또는 의료 및 구료비, 보험금 등 개인에게 주어지는 보상적 경비와는 다른 성격을 내포한다(문광민, 2011).

먼저 소극적 민간지원 활동인 민간위탁 및 대행 항목은 자치구의 사업 경비 성격을 지닌다. 각 자치구가 행정 업무에 대해 민간 활동을 '이용'한다는 관점에서 계약을 체결한 기업 등에 업무를 위탁하며, 쓰레기 수거, 학교 급식, 요금 징수 등 비교적 단순하고 정형화된 업무나 조사 연구, 정보 처리 등 전문 정보를 요하는 사무 등을 위탁하는 경우가 많다. 비용을 절감하는 동시에 행정 서비스 품질을 개선하기 위해서 민간위탁이 시행된다. 여기서 최종 비용 부담과 관리 책임은 각 자치구가 지며 민간은 서비스 생산, 전달 기능만 수행한다. 반면 민간 대행사업은 특정 사업에 대해 계약을 맺어 민간이 대행하도록 하는 것을 의미한다.

적극적 민간지원 활동인 민간보조는 공공기관이 아닌 법인 또는 단체, 개인을 보조하는 것을 뜻한다. 각 자치구는 조례를 통해 "민간 등이 자율적으로 수행하는 사업에 대해… 정부가 정책상 또는 재정 사정상 특히 필요하다고 인정할 때"[6] 보조금을 지급한다. 민간경상보조금, 민간행사보조, 사회단체보조, 사회복지보조, 민간자본보조 등이 여기에 포함된다. 각 보조금은 "지방재정법"에 따라 법령에 따른 한도 내에서 편성되며, 심의위원회 심사를 거친다. 과거에는 사회단체보조금 지원관리 조례가 별도로 존재하였으나 2015년부터 지방보조금 지원 조례에 통합되었다. 여기서 지칭하는 사회단체는 "영리가 아닌 공익 활동을 수행하는 것을 주목적으로 하는 법인 또는 단체"[7]를 지칭하며 운영비 및 사업비 등을 지원한다. 민간보조금은 재정 지원을 통해 민간의 참여를 활성화하는 역할을 한다.

민간보조 항목만 살펴볼 경우 강남구, 성동구, 성북구, 양천구의 예산액이 모두 중간값을 기준으로 상위권에 속하지만, 민간위탁·대행을 같이 검토하면 강남구만 상위권에 포함된다. 그러나 이를 전체 예산 대비로 살펴볼 경우 강남구의 전체 예산 대비 민간보조금액과 민간보조 및 위탁 관련 전체 금액은 오히려 하위권에 속한다. 전체 예산 대비 민간보조 및 위탁 예산 비율이 높은 자치구는

6. 법제처 국가법령정보센터. "지방재정법" 제21조. http://prc.law.go.kr/

7. 법제처 국가법령정보센터. "서울특별시 동대문구 사회단체 지방보조금 지원 조례" 제2조. http://prc.law.go.kr/

표 1.7 서울시 자치구별 민간보조 및 위탁 예산액(2013, 백만 원)

	민간경상 보조금	민간행사 보조	민간 위탁금	사회단체 보조금	민간자본 보조	민간대행 사업비
강남구	7,125	1,918	157,579	808	3,898	1,415
강동구	2,400	420	18,671	619	1,599	3,588
강북구	3,127	539	20,267	600	1,096	2,739
강서구	2,087	1,501	32,858	600	1,719	505
관악구	3,355	456	17,933	520	843	–
광진구	3,805	761	7,165	436	674	67
구로구	1,911	213	13,016	557	877	3,087
금천구	2,185	254	7,098	386	76	119
노원구	4,457	18	16,879	691	992	1,001
도봉구	2,182	833	18,654	502	799	2,324
동대문구	1,843	517	14,042	450	997	201
동작구	4,488	295	16,447	500	1,362	1,108
마포구	6,340	520	21,770	505	373	1,852
서대문구	2,819	749	12,560	390	694	1,018
서초구	2,241	768	31,018	620	101	1,013
성동구	3,692	733	12,785	565	1,980	247
성북구	3,651	775	12,144	547	3,295	1,563
송파구	1,955	1,086	20,558	515	993	1,167
양천구	3,667	942	33,073	666	2,352	917
영등포구	5,560	798	16,771	555	442	1,158
용산구	3,630	714	15,175	500	444	202
은평구	2,088	487	17,853	497	1,428	343
종로구	2,171	1,265	10,374	459	1,541	290
중구	3,633	399	21,582	500	5,434	–
중랑구	1,519	91	9,523	400	618	941
평균	3,277	682	23,031	535	1385	1,074

출처: 행정자치부. "자치구 일반회계 세출예산분석" (각 년).

표 1.8 서울시 자치구별 민간보조 및 위탁 예산액 분석(2013, 백만 원, %)

	민간보조·위탁 예산(합계)	총예산 대비 민간보조·위탁 예산 비율	총예산 대비 사회단체 보조금 비율	총예산 대비 민간위탁금 비율
강남구	172,743	2.75	0.0129	2.51
강동구	27,297	0.63	0.0142	0.43
강북구	28,368	0.69	0.0146	0.49
강서구	39,270	0.67	0.0103	0.56
관악구	23,107	0.50	0.0114	0.39
광진구	12,908	0.36	0.0123	0.20
구로구	19,661	0.46	0.0130	0.30
금천구	10,118	0.32	0.0123	0.23
노원구	24,038	0.39	0.0113	0.28
도봉구	25,294	0.68	0.0135	0.50
동대문구	18,050	0.45	0.0112	0.35
동작구	24,200	0.67	0.0138	0.45
마포구	31,360	0.69	0.0111	0.48
서대문구	18,230	0.50	0.0108	0.35
서초구	35,761	0.83	0.0143	0.72
성동구	20,002	0.55	0.0155	0.35
성북구	21,975	0.46	0.0114	0.25
송파구	26,274	0.48	0.0095	0.38
양천구	41,617	0.89	0.0143	0.71
영등포구	25,284	0.59	0.0130	0.39
용산구	20,665	0.66	0.0160	0.49
은평구	22,696	0.46	0.0101	0.36
종로구	16,100	0.50	0.0142	0.32
중구	31,548	0.94	0.0149	0.64
중랑구	13,092	0.30	0.0092	0.22
평균	29,986	0.65	0.0126	0.49

출처: 행정자치부. "자치구 일반회계 세출예산분석" (각 년).

비고: 민간보조·위탁 예산(합계)은 민간경상보조금, 민간행사보조, 민간위탁금, 사회단체보조금, 민간자본보조, 민간대행사업비를 의미함. 강조는 각 항목에서 상위 5개 자치구를 의미.

구로구, 동작구, 영등포구 순이다.

몇 가지 눈에 띄는 부분을 세부적으로 살펴보면 다음과 같다. 용산구(0.016%)와 성동구(0.0155%)는 전체 예산 대비 사회단체보조금 비율이 다른 구보다 특히 높다. 사회단체보조금 지급은 특정 관변 단체 지원, 친소 관계에 따른 지원 등으로 지속적으로 문제 제기되어 온 항목이지만, 최근 들어 시민 감사 등이 강화되었다. 사회단체보조금 지원 조례의 원래 취지대로 '공익 활동 지원'에 충실하게 이루어졌다면, 의미 있는 수치로 볼 수 있다.

대부분의 자치구가 예산 대비 민간위탁 비율이 평균 0.55% 부근인데 반해 강남구의 경우는 2.81%로 압도적으로 높다. 이는 효율성 증진을 위해 정책적으로 업무를 민간위탁한 데 따른 것으로 2002년 민선 2기 시장 취임과 더불어 본격화된 특징이다. 당시 위탁된 업무가 현재까지 유지되는 중이나, 신규 사업의 위탁은 많지 않다(강남구 기획예산과, 2014).[8]

한편 전체 민간보조·위탁 예산 중 가장 큰 비중을 차지하는 것은 민간위탁, 민간경상보조 순이다. 두 예산액은 지속적으로 증가하다가 2010년 전후 다소 삭감되었는데, 이는 같은 해 국민권익위원회가 '지방자치단체 위탁운영 합리화 제도 개선'을 권고한 이후 각 자치구에서 조례 개정이 이루어지고, 2011년 민간이전경비(민간경상보조+사회복지보조금+민간행사보조금)에 대해서 보조금 예산 한도액 기준을 설정한 데 따른 것으로 풀이된다.[9] 그러나 전체적으로는 행정 효율화, 전문화 추세와 맞물려 증가세를 보인다.

민간위탁이 전체 중 차지하는 비율이 높은 만큼 이를 보다 상세히 살펴보면, 표 1.9과 같이 현재 운영 현황을 파악할 수 있다. 양천구와 성동구가 70건 이상의 민간위탁사업을 추진했으며, 강남구, 송파구, 종로구, 강동구, 강서구, 마포

---

8. 강남구 기획예산과 담당자. 강남구는 『구정백서』를 통해서도 행정 업무 아웃소싱을 주요 정책으로 추진해 왔음을 강조한다. '아웃소싱'은 용역과 위탁을 포괄적으로 아우르는 개념으로 엄밀한 의미의 민간위탁만 의미하지는 않는다(강남구 기획예산과, 2014).

9. 행정자치부 훈령 제206호. 지방자치단체 예산편성 운영기준(전문). p.16. 보조금 한도액은 민간자본보조를 제외한 지난해 민간이전경비×예산액×(1+해당 자치구 최근 3년간 자체 수입×평균 증감률)로 설정된다. 단, 사회단체보조금은 2004년부터 상한제가 도입된 바 있다. 이외에도 성과 평가 및 3년 후 일몰제 적용이 신설되어 무분별한 보조 및 경비 지출을 관리하고자 했다. 행정자치부 훈령 제201호, 제206호 참조.

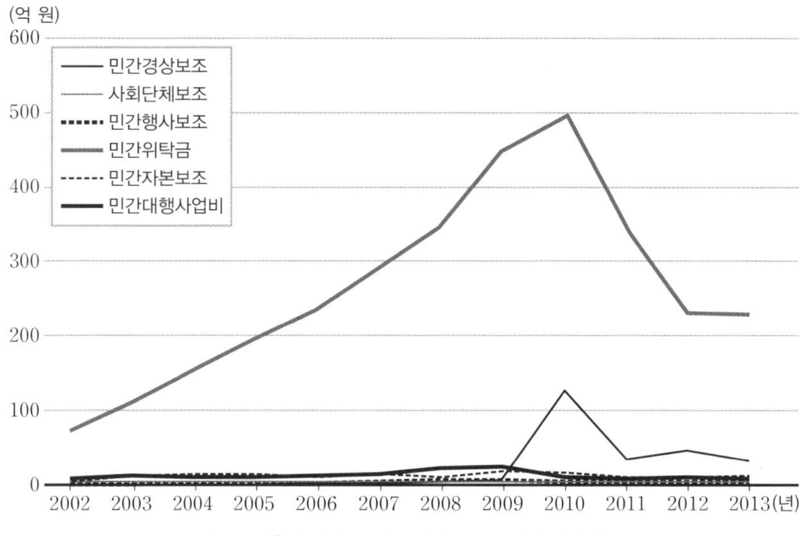

그림 1.4 서울시 자치구 평균 민간보조 및 위탁 예산 추이

출처: 행정자치부. "자치구 일반회계 세출예산분석" (각 년).

구도 다른 자치구에 비해 상대적으로 많은 민간위탁사업을 운영한 것으로 나타났다. 이에 비해 민간위탁사업 건수가 상대적으로 적은 자치구는 동대문구, 광진구, 구로구 등이 있다.

민간위탁사업을 운영하기 위한 제도적 근거가 되는 지자체 조례와 사업 조례의 숫자는 각 자치구의 민간위탁사업이 얼마나 체계적으로 운영되는지에 대한 척도가 될 수 있다. 일반적으로는 자치구 조례나 사업 조례보다는 법에 근거해 사업을 운영한다. 다만 강서구, 마포구, 양천구가 다른 자치구에 비해 상대적으로 많은 조례를 제정해 사업을 뒷받침했으며 강남구, 종로구는 사업 조례를 통해 민간위탁의 기반을 마련한 측면이 두드러진다. 광진구, 금천구, 동대문구 등은 자치구 조례를 거의 제정하지 않았다.

한편, 민간위탁사업에 대한 성과 평가를 실시하는지의 여부에 대해서도 서울시의 각 자치구가 적지 않은 편차를 보였다. 강동구, 송파구, 양천구, 종로구 등이 민간위탁 운영에 대한 성과 평가를 시행하는 경우가 많지만 전체적으로도 50% 이상의 사업에 대해서 성과 평가를 시행하고 있다. 민간위탁의 효율적 관

표 1.9 서울시 자치구별 민간위탁 운영 현황(2014, 건)

	민간위탁 사업 수	법적 근거			성과 평가 실시 여부
		법	지자체 조례	사업 조례	
강남구	51	8	3	16	–
강동구	51	25	12	14	33
강북구	42	20	12	5	29
강서구	48	12	19	4	20
관악구	36	13	3	3	24
광진구	15	10	1	1	4
구로구	16	6	–	7	5
금천구	22	11	1	6	9
노원구	24	8	2	5	9
도봉구	31	15	9	2	21
동대문구	12	8	1	3	8
동작구	38	18	8	2	29
마포구	49	17	18	7	30
서대문구	29	8	2	5	11
서초구	32	12	10	4	23
성동구	70	24	13	8	18
성북구	23	9	4	3	12
송파구	52	25	7	7	42
양천구	85	51	13	1	34
영등포구	26	17	9	–	23
용산구	40	8	9	3	27
은평구	33	13	9	2	21
종로구	52	19	8	11	31
중구	32	14	2	6	11
중랑구	37	16	4	8	16
평균	37.8	15.4	7.4	5.5	20.4

출처: 배성기. 2015. 『민간위탁 현황분석 I: 전국지방자치단체』. 서울: 한국민간위탁경영연구소. p.65.
비고: 강조는 민간위탁 사업 수 상위 5개 자치구를 의미.

리를 위한 노력이 이루어지고 있음을 확인할 수 있는 대목이다.

Ⅳ. 시민정치 제3유형: 사회적경제

사회적경제 조직은 시민이 일자리나 금융 서비스, 안전한 먹거리 등 자신의 필요를 해결하기 위해 자발적으로 결성한 조직인 동시에, 일자리 창출, 취약 계층 보호, 마을공동체 활성화 등의 측면에서도 중요한 역할을 한다. 시민정치 측면에서는 자치 능력과 공적 시민의식을 배양할 수 있는 기회를 제공한다는 점이 특히 중요하다. 특히 협동조합과 마을기업은 지역사회 기여 및 공동체 활성화를 목적에 명시하고 있다는 점에서, 자활기업은 협동조합 원리를 따르는 동시에 취약 계층의 자발적 참여를 강조한다는 점에서 시민정치의 중요한 측면이다. 사회적경제는 서울시가 역점을 기울여 육성하려는 분야 중 하나로 최근 들어 각종 제도가 정비되어 조직 수와 종사자 수가 급격히 증가하는 등 적지 않은 변화를 보이는 부문이다.

사회적경제는 다양하게 정의될 수 있으나 서울 사회적경제지원센터는 "이윤 극대화가 최고의 가치인 시장경제와 달리 사람의 가치를 우위에 두는 경제활동"으로 이를 설명한다. 여기서는 대표적인 사회적경제 조직 유형인 자활기업, 마을기업, 사회적기업, 협동조합을 중심으로 각 자치구의 사회적경제 현황을 살펴본다.[10]

자활기업은 자활근로사업을 통해 습득한 기술을 바탕으로 1~2인 이상의 수급자나 저소득층 주민들이 생산자협동조합이나 공동 사업자 형태로 운영하는 기업을 뜻한다. 2014년 말 기준으로 서울시 전체에서 31개의 지역자활센터가 운영되고 있는데, 각 자치구별 1개 이상(강서구, 관악구, 노원구는 3개, 구로구는 2개)의 센터를 운영하면서 자활근로사업을 진행하는 한편 자활기업도 지원한다.

---

10. 서울특별시 사회적경제포털(http://sehub.net) 참조. "서울시 사회적경제 기본 조례"(2014. 5. 14.)는 대표적 유형 외에도 중증장애인 생산품 생산시설, 공유경제·공정무역 등 기준에 따라 사회적 가치 실현을 주된 목적으로 하는 기업 및 비영리법인 비영리민간단체까지 포함한다.

마을기업은 마을공동체에 기반을 두고 있으며, 주민들의 자발적 참여와 협동을 통해 주민의 필요와 지역 문제를 해결하고자 한다. 서울시 마을기업은 협동조합 원리를 적용하며, 5인 이상의 주민이 참여하고 플랫폼에 등록하는 절차를 밟도록 규정하고 있다. 시민들이 플랫폼에 스토리를 등록하는 것이 첫 시작이며, 이후 인큐베이팅 상담 및 지원을 받아 마을기업을 설립한다.

사회적기업은 사회적 목적을 추구하는 동시에 경제활동을 수행하는 기업을 뜻한다. 사회적기업은 노동부의 인증을 받아야 하나, 서울시(예비) 사회적기업은 노동부 요건에는 못 미치지만 사회적 목적 실현, 성장 가능성이 높은 경우 서울시가 지정한 기업이나 단체를 의미한다.

협동조합은 재화나 서비스의 구매, 생산, 판매, 제공 등을 통해 조합원 권익 향상과 지역사회에 공헌하는 사업 조직을 뜻한다. 공동의 목적을 가진 5인 이상의 구성원이 조직한 사업체로 출자 규모와 무관하게 1인 1표라는 민주적 원칙으로 의사를 결정한다. 농협, 수협, 신협, 생협 등은 개별법에 근거해 설립, 운영되고 있으나 2012년 "협동조합 기본법"이 만들어져 소비자, 생산자, 직원, 다중이해관계자, 사회적협동조합 등 다섯 가지 유형의 협동조합 설립이 가능해져 협동조합 수가 급격히 늘고 있다.

각 조직 유형별로 2013년~2014년을 기준으로 조직 수라는 공통적인 범주를 통해 서울시 및 각 자치구의 특성을 살펴본다.

사회적경제 조직 수를 평균을 기준으로 구분했을 때, 표 1.10에서 파악되는 것처럼 자치구별로 각 조직 유형의 분포에 차이가 있다. 예컨대 서초구의 경우 협동조합은 132개로 두 번째로 많지만 자활기업은 없고, 마을기업도 2개밖에 없다. 한편 관악구, 구로구, 서대문구는 조직 유형과 무관하게 조직 수가 모두 평균 이상의 상위권이라 다양한 사회적경제 조직이 일정 수준 이상 분포하고 있음을 파악할 수 있다.

강서구, 관악구, 노원구, 구로구에서는 1개 이상의 지역자활센터가 운영되고 있어 자활기업 설립이 다른 구보다 용이한 조건일 수 있다. 취약 계층만을 대상으로 하는 자활기업을 제외하면 관악구, 구로구, 금천구, 마포구, 서대문구, 영등포구, 종로구의 조직 수가 평균 이상 범주에 포함된다. 자활기업을 제외한 나

표 1.10 서울시 자치구별 사회적경제 조직 현황(2014, 개)

	마을기업	자활기업	사회적기업	협동조합	사회적경제 조직 수	사업체 1만 개 당 조직 수
강남구	2	4	19	168	193	30.82
강동구	3	8	11	50	72	24.20
강북구	3	9	7	11	30	15.59
강서구	4	27	6	55	92	28.73
관악구	3	13	25	72	113	42.95
광진구	2	7	11	51	71	28.77
구로구	7	15	13	72	107	30.27
금천구	5	6	15	63	89	31.33
노원구	3	29	12	37	81	32.18
도봉구	3	4	6	24	37	20.89
동대문구	2	4	5	49	60	18.77
동작구	5	5	7	31	48	23.96
마포구	10	5	33	127	175	53.37
서대문구	6	9	12	68	95	49.45
서초구	2	0	17	132	151	35.21
성동구	4	7	12	47	70	28.22
성북구	5	6	20	44	75	29.91
송파구	4	3	15	82	104	23.91
양천구	1	5	15	33	54	21.00
영등포구	4	5	38	98	145	34.40
용산구	8	3	10	50	71	35.38
은평구	3	6	10	73	92	38.41
종로구	3	6	24	97	130	33.06
중구	2	1	19	81	103	15.88
중랑구	2	6	4	23	35	12.73
평균	3.8	7.7	14.6	65.5	91.7	29.57

출처: 서울시. 2014. 『2013 마을기업 백서』; 서울광역자활센터. 2014. 『자활 in 서울』; 기획재정부. "협동조합 통계"; 서울시. "사업체보고서."

비고: 사회적기업은 서울시 소재 인증 사회적기업, 지역형 예비 기업, 부처형의 합계임. 마을기업 및 전체 사업체 수는 2013년 기준. 강조는 각 조직 유형에서 상위 5개 자치구를 의미.

머지 사회적경제 조직만 살펴보아도 관악구, 구로구, 서대문구는 모두 상위권에 속해 전체 사회적경제 조직 수가 많음을 다시 한 번 확인할 수 있다.

사회적경제 조직 숫자가 많은 자치구를 순서대로 보면 강남구, 마포구, 서초구, 영등포구 순으로, 협동조합 수가 상대적으로 많다. 한편 구별 전체 사업체 수 대비 사회적경제 조직 수를 살펴보면 마포구, 서대문구, 관악구, 은평구, 용산구 순으로 단순 조직 수 합계와는 큰 차이를 보인다.•11 협동조합 수가 전체 숫자 중 비중이 두드러지므로, 이를 제외한 나머지 세 개 조직만 합하면 마포구, 영등포구, 노원구 순으로 역시 마포구의 비중이 높다.

위의 여러 측면을 검토할 때, 전체 사회적경제 조직 유형 중 협동조합 조직 숫자가 차지하는 비중이 높다는 점이 분명히 드러난다. 마포구, 서대문구는 전체 사업체 수 대비 사회적경제 조직 수가 상대적으로 많아 사회적경제 조직이 활발히 설립, 운영 중임을 확인할 수 있다. 또한 관악구, 구로구는 네 가지 조직 유형 모두에 걸쳐 사회적경제 조직 수가 일정 수준 이상이어서, 다양한 조직 유형이 존재하고 있음이 확인된다.

V. 시민정치 제4유형: 사회적 자본

퍼트넘은 사회적 자본(social capital)을 "신뢰(trust), 규범(norm), 수평적 네트워크(horizontal network)로 이루어진 공공재(public goods)이며, 협력적 행동을 촉진함으로써 사회의 효율성을 향상시키는 것"으로 정의한다. 사회적 자본이 축적되면 자발적인 결사체 참여가 증가하고 시민사회가 성숙해지며, 민주주의가 지속적으로 발전할 것이라고 전망된다(송경재, 2013). 실제 사회적 자본은 지역

---

11. 사업체(establishment)는 각각의 상점, 사업소, 작업장 등 '일정한 물리적 장소에서 단일 소유권 또는 단일 통제하에 경제활동을 하는 개별 경제 단위'를 말한다. 한 기업이 여러 장소에서 활동할 경우 각각 별개의 사업체로 본다. 통계청은 매년 농림어업(개인 경영), 국방, 가사 서비스업, 국제 및 기타 외국 기관을 제외한 전 사업체를 조사해 기초 자료를 제공하고 있다. 통계청. "전국사업체조사." http://kostat.go.kr/survey/saup/index.action

사회에 영향을 미치는 독립변수 중의 하나로도 인정받고 있다. 가령, 사회적 자본과 지역 내 거버넌스 능력 간에는 밀접한 관련이 있고, 사례에 따라 사회적 자본은 지역 시민정치 및 지방정부의 역량에도 영향을 미치고 있다(김순은, 2014).

사회적 자본과 관련한 국내외 연구는 다음과 같이 사회적 자본의 구성 요소를 제시하고 있다. 먼저 퍼트넘(1995)은 "지역사회 또는 조직 생활, 공공 참여, 자원봉사, 비공식적 사회성, 사회신뢰" 등을 사회적 자본의 구성 요소로 꼽았으며, 나라얀과 캐시디(Narayan and Cassidy, 2001)는 "신뢰, 규범, 집단의 성격, 협력, 사회성, 이웃과의 관계" 등을 제시했다. 세계은행(World Bank, 2002)의 경우 "집단, 네트워크, 신뢰와 단결, 집단적 활동과 협력, 정보와 의사 전달, 사회적 응집성과 포용력, 권한과 정치활동" 등을 구성 요소로 제시했고, 삼성경제연구소(2009)는 "신뢰, 사회규범, 네트워크, 사회구조"를, 한국보건사회연구원(2008)은 "사회적 신뢰, 참여, 네트워크, 호혜성"을 사회적 자본의 구성 요소로 보았다. 특히 최근에는 기부 경험이 사회적 자본 형성에 큰 영향을 미친다는 연구 결과가 제시되고 있다(진관훈, 2012). 또한 경제협력개발기구(OECD, 2001)는 사회적 자본을 "집단 간의 협력을 도모하는 공통의 규범과 가치 및 이해와 함께하는 네트워크"라고 정의하고 있고, "정치적 참여, 공동체의 소속, 비공식적 네트워크 그리고 신뢰, 규범, 제재" 등을 그 구성 요소로 구분하고 있다.

본 절에서는 사회적 자본의 구성 요소를 크게 규범적 가치의 측면과 단체 활동의 측면으로 단순화하고자 한다. 규범적 가치와 관련된 지표로는 '사회적 신뢰', '기부 경험률' 등을, 단체 활동의 수준을 알기 위해서는 '자원봉사 참여율', '사회단체 참여율', '비영리민간단체 등록 수'를 활용해 자치구를 비교한다.

1. 자원봉사 참여율

통계청이 주관하는 '사회조사'에 따르면 단체를 통해 활동한 15세 이상의 자원봉사자 비율은 1999년 13%에서 2009년 19.3%까지 상승하다 2011년에 와서 17.6%로 하락했다.[12] 그러나 표 1.11과 같이 행정자치부의 집계에 따르면,

2008년 이후 참여율은 증가 추세에 있다.

이처럼 조사 기관과 조사 방식에 따라 자원봉사 참여율이 차이를 보일 수 있기 때문에 서울시 자원봉사 참여율에 대한 해석에 신중을 기할 필요가 있다.

서울시가 매년 실시하는 '서울서베이'의 조사 결과에 따르면 서울시 자원봉사 참여율은 감소 추세에 있다.•13 그러나 서울시의 전반적인 감소 추세와 달리 2003년에서 2014년 동안 시 평균치를 상회하는 자치구들이 존재한다. 서초구(9회), 용산구(9회), 강서구(8회), 강남구(7회), 마포구(7회), 서대문구(7회) 등이다. 반면 강동구, 강북구, 도봉구, 성북구, 영등포구, 중구, 중랑구의 경우 평균치를 상회한 경우가 3회에 불과했다.

한편, 연도별로 자원봉사 참여율의 변화 추이를 살펴보았을 때, 대부분의 자치구에서는 증가세와 감소세가 해에 따라 다르게 나타나고 있다. 그러나 그림 1.5의 자치구들은 2010년 이후 지속적으로 자원봉사 참여율이 감소하는 추세를 보이고 있다.

표 1.11 서울시 자원봉사 참여 현황 추이(천 명, %)

	2008	2009	2010	2011	2012	2013	2014
총 성인 인구수	37,618	38,038	38,931	39,377	39,832	40,287	40,747
자원봉사 참여 성인 인구수	3,294	3,879	4,634	5,077	5,823	6,666	7,169
참여율	8.7	10.2	11.9	12.9	14.6	16.5	17.6

출처: 통계청, "자원봉사 참여율."

12. 행정안전부. 2013. 『자원봉사활동 진흥을 위한 제2차 국가기본계획(2013-2017)』.
13. 서울시는 2003년에 정책 지표를 개발하여 최초로 서울서베이를 실시하였으며, 2013년에는 그동안 축적된 자료를 보다 상세하게 분석하기 위하여 서울의 안전과 기회 구조, 공동체와 관련한 문항을 대폭 확대하는 한편, 서울의 1인 가구, 베이비부머, 중·장년층, 청년층 등 계층별 분석을 통해 가치관, 의식의 변화와 사회적 태도를 분석해 왔다. 서울서베이의 정책 지표는 12분야, 42개 영역, 217개 지표를 포괄하고 있다. 담당과는 서울특별시 정보공개정책과이며, 조사 기관은 ㈜메트릭스코퍼레이션이다.

표 1.12 서울시 자치구별 자원봉사 참여율 추이(%)

	2004	2006	2008	2010	2012	2014
강남구	17.6	12.2	25.7	29.3	15.0	14.1
강동구	14.1	6.4	10.6	16.7	21.9	15.6
강북구	11.1	14.2	19.3	18.9	14.7	8.3
강서구	15.7	14.3	22.7	20.3	19.6	15.9
관악구	9.4	11.9	16.2	27.0	30.4	17.1
광진구	9.4	9.8	22.8	23.7	28.2	6.6
구로구	13.9	9.5	26.8	17.8	21.6	10.4
금천구	13.9	14.5	14.6	16.0	26.1	13.1
노원구	13.2	9.1	15.3	19.6	14.8	15.2
도봉구	9.4	16.1	17.5	33.2	22.0	8.0
동대문구	10.0	6.7	12.0	23.4	22.1	18.1
동작구	11.0	15.0	29.0	19.8	20.7	19.2
마포구	19.8	15.1	14.2	23.0	28.6	18.1
서대문구	20.0	15.2	22.6	23.1	22.1	19.2
서초구	17.2	15.4	31.2	30.1	18.0	18.6
성동구	17.6	15.7	16.8	25.2	25.5	5.70
성북구	13.3	11.8	13.2	36.9	24.1	11.5
송파구	18.0	15.0	16.4	15.0	26.9	13.6
양천구	14.5	12.3	17.7	21.8	16.9	15.7
영등포구	11.8	11.1	23.3	29.6	21.3	8.2
용산구	16.6	8.1	9.2	32.2	27.2	13.5
은평구	16.3	15.5	40.7	22.4	20.0	9.6
종로구	14.0	10.4	27.3	21.6	33.0	14.8
중구	18.0	8.3	13.8	36.5	20.8	15.5
중랑구	11.5	15.0	17.0	16.1	37.7	8.0
평균	14.1	12.5	20.0	24.6	22.7	13.4

출처: 서울시. 『서울서베이』 (각 년).

비고: 1년 동안 자원봉사에 참여한 시민의 비율임. 강조는 연도별 상위 5개 자치구를 의미.

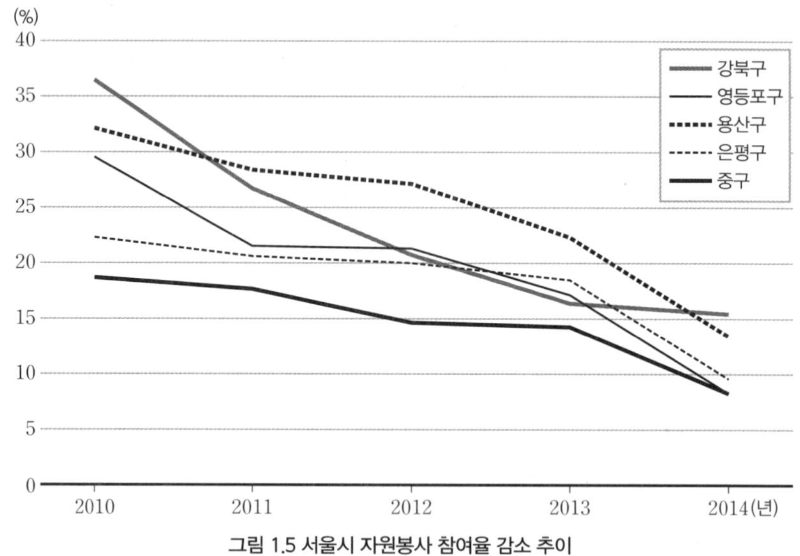

그림 1.5 서울시 자원봉사 참여율 감소 추이

출처: 서울시. 『서울서베이』 (각 년).

2. 사회적 신뢰

서울서베이에서 다루는 사회적 신뢰 항목에는 다음과 같은 다섯 가지의 세부 항목이 포함되며, 각 항목의 최저값은 0, 최고값은 10이다. '가족', '이웃', '처음 만난 사람', '다른 나라 사람', '공공기관'에 대한 신뢰도를 조사하고 있으며, 이를 종합하여 각 자치구의 사회적 신뢰를 발표하고 있다. 조사 기간인 2010~2014년 동안 서울 평균치를 제일 많이 상회한 자치구는 양천구(4회)이다. 영등포구(4회), 중구(4회), 중랑구(4회) 등이 뒤를 이었다.

사회적 신뢰를 항목별로 보면, '가족에 대한 신뢰'는 증가 추세인 반면, '이웃, 처음 보는 사람, 외국인에 대한 신뢰'는 하락하고 있고, '공공기관에 대한 신뢰' 역시 하락하고 있다. 특이한 것은 양천구의 경우, 유일하게 2010년보다 2014년에 공공기관에 대한 신뢰가 증가(+0.46)했으며, 조사 기간 동안 양천구, 은평구만이 신뢰도 평균치를 세 차례 상회했다. 반면, 서초구(−1.55)와 중랑구(−1.48)의 경우 2010년에 비해 2014년에 공공기관에 대한 신뢰의 감소 폭이 매우 컸으며, 이 때문에 전제적인 사회적 신뢰 역시 크게 감소했다.

표 1.13 서울시 자치구별 사회적 신뢰 추이(10점 만점)

	2010	2011	2012	2013	2014
강남구	5.96	5.62	5.38	4.60	5.08
강동구	6.16	5.34	5.09	4.98	5.11
강북구	5.48	5.12	5.28	5.47	5.07
강서구	5.39	4.60	5.45	5.23	4.85
관악구	5.88	5.18	5.11	5.67	4.97
광진구	5.24	5.22	4.93	5.38	5.12
구로구	5.92	5.46	5.1	4.67	4.9
금천구	5.25	4.94	4.71	5.07	5.11
노원구	5.51	5.14	5.63	5.83	5.12
도봉구	5.56	5.08	5.29	5.85	5.44
동대문구	5.65	5.32	5.12	4.97	4.99
동작구	6.11	5.68	5.08	4.77	5.38
마포구	5.37	4.72	4.91	5.01	5.21
서대문구	5.47	5.15	4.73	5.21	5.02
서초구	5.97	5.53	5.06	4.32	4.96
성동구	5.83	4.64	4.37	4.86	4.94
성북구	5.54	5.26	4.96	5.41	5.31
송파구	5.90	5.22	5.11	5.01	5.16
양천구	5.51	5.82	6.05	5.97	5.52
영등포구	5.74	5.03	5.31	5.30	5.24
용산구	5.52	5.38	4.65	5.22	4.76
은평구	6.10	5.11	5.1	5.48	5.26
종로구	5.42	5.09	5.2	4.9	5.33
중구	6.10	5.34	6.25	5.01	5.21
중랑구	5.94	5.36	5.23	5.69	4.75
평균	5.70	5.21	5.16	5.19	5.11

출처: 서울시, 『서울서베이』(각 년).
비고: 가족, 이웃, 처음 만난 사람, 다른 나라 사람, 공공기관에 대한 각 신뢰도 조사(10점 만점)의 평균치임.
강조는 연도별 상위 5개 자치구를 의미.

표 1.14 서울시 자치구별 공공기관에 대한 신뢰 추이(10점 만점)

	2010	2011	2012	2013	2014
강남구	6.08	5.48	5.38	4.61	4.82
강동구	6.07	5.14	4.81	4.83	5.14
강북구	5.50	4.56	5.15	5.80	4.41
강서구	5.27	4.62	5.42	5.02	4.57
관악구	5.92	5.26	4.90	6.21	5.16
광진구	5.31	5.02	5.46	5.91	4.78
구로구	6.05	5.65	5.2	4.45	5.04
금천구	5.27	4.71	4.85	5.21	5.15
노원구	5.17	4.80	5.32	5.55	5.42
도봉구	5.29	4.64	5.30	5.96	5.14
동대문구	5.56	5.86	4.95	4.94	4.71
동작구	6.11	5.40	5.17	5.19	5.62
마포구	5.42	4.67	5.57	5.59	5.48
서대문구	5.12	5.28	4.58	5.35	4.98
서초구	6.17	5.31	5.28	4.98	4.62
성동구	6.26	4.52	3.7	4.47	4.90
성북구	5.73	5.78	5.21	5.6	4.97
송파구	5.78	4.93	5.42	5.03	5.00
양천구	5.53	5.11	6.00	5.88	5.99
영등포구	5.77	5.59	5.75	4.95	5.21
용산구	5.47	5.35	4.56	4.83	4.61
은평구	6.22	5.03	5.35	6.11	5.62
종로구	5.36	4.93	5.82	4.98	5.46
중구	6.02	5.50	6.35	5.04	5.08
중랑구	6.44	5.40	4.97	5.56	4.96
평균	5.71	5.14	5.21	5.28	5.07

출처: 서울시, 『서울서베이』 (각 년).
비고: 강조는 연도별 상위 5개 자치구를 의미.

3. 기부 경험률

국세청에 신고된 개인과 법인의 기부총액은 2012년 11조 8,400억 원으로 2006년(8조 1,400억 원) 대비 약 1.5배 증가했다. 이는 GDP의 약 0.9% 수준으로, 미국(약 1.8%)보다는 낮은 수준이다. 1년 동안 기부한 경험이 있는 서울 시민의 비율, 즉 기부 참여율은 36.5%를 기록했다(통계청, 2014).

25개 자치구의 평균 기부 경험률은 지속적으로 증가했다. 2012년과 2013년 잠시 감소했던 것을 제외하면 2003년의 33.5%에서 2014년의 46.9%로 13.4% 포인트 증가했다. 가장 큰 증가세를 보인 자치구는 중랑구(28.5→55.4%)이며, 종로구(33.4→58.6%), 동작구(29.4→50.9%), 동대문구(28.9→49.7%), 서초구(38.5→57.7%)가 그 뒤를 이었다. 반면, 도봉구(31.7→29.7%)와 영등포구(35.3→34.7%)는 기부 경험률이 감소했다.

2004년에서 2014년 사이의 연도별 조사 결과에서 평균치 이상을 다수 기록한 자치구는 강남구(11회), 강서구(11회), 서초구(10회), 송파구(10회), 마포구(9회), 동작구(8회)이다. 소득수준이 높은 서초구, 강남구, 송파구 이외 지역에서도 기부 문화가 활성화된 구가 있음을 알 수 있다. 성북구, 노원구, 은평구, 강동구는 기부 경험이 다른 구에 비해 전반적으로 저조했다.

표 1.15 서울시 자치구별 기부 경험률 추이(%)

	2004	2006	2008	2010	2012	2014
강남구	41.8	39.3	59.3	48.0	53.7	52.5
강동구	32.5	20.0	38.1	34.3	50.4	45.3
강북구	36.3	38.7	43.3	38.1	27.0	54.4
강서구	44.1	35.4	47.1	53.2	33.3	47.5
관악구	29.3	37.0	45.7	45.1	43.2	48.2
광진구	20.6	21.8	58.1	48.1	45.9	42.1
구로구	35.1	33.3	46.1	50.0	32.4	44.7
금천구	42.4	33.8	39.4	28.7	44.9	37.8
노원구	34.9	28.5	36.7	48.1	28.9	49.0

도봉구	29.5	37.6	46.9	53.0	46.0	29.7
동대문구	32.9	32.6	37.9	48.4	43.4	49.7
동작구	36.4	40.4	48.9	51.2	34.5	50.9
마포구	45.9	40.7	37.5	50.6	36.7	52.5
서대문구	50.0	33.4	31.5	41.8	38.6	47.0
서초구	46.3	37.9	50.8	45.1	42.6	57.7
성동구	47.7	41.9	41.8	42.5	36.3	48.0
성북구	34.3	32.8	37.4	37.0	39.4	45.9
송파구	47.8	37.4	36.5	48.8	35.5	47.0
양천구	41.1	23.9	33.9	47.9	12.3	47.1
영등포구	38.8	36.1	48.1	61.4	34.5	34.7
용산구	34.6	20.7	25.6	44.6	38.4	41.8
은평구	32.3	29.4	57.4	37.0	32.9	39.6
종로구	48.8	30.3	41.5	38.9	40.4	58.6
중구	46.8	32.6	41.4	48.0	25.3	40.7
중랑구	36.3	35.4	38.3	41.2	48.8	55.4
평균	38.0	33.5	43.3	45.8	37.8	46.9

출처: 서울시. 『서울서베이』 (각 년).

비고: 1년 동안 기부한 경험이 있는 시민의 비율을 나타냄. 강조는 연도별 상위 5개 자치구를 의미.

4. 사회단체 참여율

서울서베이는 각종 사회단체에 대한 시민의 참여 여부를 조사하고 있으며, 구체적으로는 복수응답 방식으로 다음 10가지 형태의 조직이 조사 항목에 포함된다. ①친목회/친목계 ②동창회/동창모임 ③지역모임/향우회/종친회 ④인터넷 커뮤니티 ⑤각종 동호회 ⑥자원봉사단체 ⑦시민운동단체 ⑧노조 및 직능단체 ⑨정당 ⑩종교단체이다.

우선, 2008년과 2014년 사이 사회단체 참여율의 자치구별 증가율(%, 포인트)을 보면 성북구(+18.9), 강남구(+15.3), 은평구(+13.7), 중구(+12.5), 서대문구(+11.9), 강북구(+10.4)에서 크게 증가했다. 반면, 종로구(−12.2), 용산구(−8.4),

표 1.16 서울시 자치구별 사회단체 참여율 추이(%)

	2008	2009	2010	2011	2012	2013	2014
강남구	71.2	73.4	62.6	84.8	68.7	77.2	86.5
강동구	76.8	74.7	77.2	74.2	73.2	73.0	83.7
강북구	68.0	72.2	73.3	78.6	90.5	83.5	78.4
강서구	68.9	72.9	73.4	76.9	79.2	64.7	82.9
관악구	65.4	74.5	80.0	70.6	83.1	86.4	68.2
광진구	70.4	72.3	73.0	73.3	56.3	72.0	81.3
구로구	77.4	88.1	83.7	68.7	77.8	67.5	76.7
금천구	66.0	61.1	58.5	75.6	75.0	73.4	76.7
노원구	65.9	74.7	74.0	66.7	77.0	69.2	69.9
도봉구	73.0	82.3	80.5	78.6	83.1	87.8	84.4
동대문구	71.7	70.5	73.4	67.3	73.7	74.8	70.4
동작구	79.7	78.4	94.2	86.1	79.7	69.7	75.7
마포구	77.9	74.4	75.8	80.2	88.4	79.2	82.3
서대문구	70.8	79.9	80.8	71.5	82.3	85.0	82.7
서초구	82.4	83.2	77.9	79.3	83.6	88.1	85.4
성동구	70.7	76.6	70.4	69.4	82.8	81.4	75.9
성북구	65.3	70.2	81.8	74.1	72.5	82.9	84.2
송파구	76.4	76.9	76.9	58.5	74.4	81.3	70.7
양천구	73.3	82.0	75.0	77.3	68.7	89.1	79.5
영등포구	75.5	71.3	81.1	93.2	74.8	83.5	80.0
용산구	81.3	68.7	69.9	77.9	74.9	76.5	72.9
은평구	77.3	72.3	80.8	81.9	90.4	84.1	91.0
종로구	79.9	79.4	78.3	66.7	82.8	79.0	67.7
중구	73.5	80.6	76.2	77.3	73.8	76.4	86.0
중랑구	66.5	69.9	62.5	77.3	74.0	80.0	76.8
평균	73.0	75.2	75.6	75.4	77.6	78.6	78.7

출처: 서울시. 『서울서베이』 (각 년).

비고: 1년 동안 각종 형태의 모임 또는 단체 활동에 대한 참여 여부를 묻는 질문에 대한 복수응답의 결과임.
강조는 연도별 상위 5개 자치구를 의미.

송파구(−5.7), 동작구(−4), 동대문구(−1.3), 구로구(−0.7)에서는 참여율이 감소했다. 또한 조사 기간 동안 사회단체 참여율이 서울시 평균을 상회한 구는 5개 구이다. 서초구(5회), 도봉구(3회), 동작구(3회), 마포구(3회), 은평구(3회) 등이다.

위의 표에서 알 수 있듯이 사회단체 참여율은 전반적으로 증가 추세에 있다. 그런데 표 1.17과 표 1.18에서 확인되는 것처럼 사회단체의 기능에 따라 그 변화의 양상은 다르다. 즉 조직 내부 활동에서 회원들이 흥미나 만족을 추구하는 경우(표출적 결사체)와 조직 활동을 수단으로 하여 조직이 추구하는 어떤 이익이나 가치를 달성하고자 하는 경우(도구적 결사체)가 있을 때,•14 전자와 후자의 변화 양상이 다른 것이다.

구체적으로 친목회·친목계, 동창회·동창모임, 지역모임·향우회·종친회, 인터넷 커뮤니티, 각종 동호회, 종교단체를 포함한 표출적 결사체 참가율이 증가하고 있는 반면, 자원봉사단체, 시민운동단체, 노조 및 직능단체, 정당을 포함한 도구적 결사체에 대한 참가율은 2010년 이후 감소 추세에 있다.

다른 모든 구들에서 도구적 결사체 참가율이 감소한 반면, 2008년에서 2014년 사이 강서구(+2.8), 금천구(+2.6), 양천구(+2.1), 강북구(+1.9), 강동구(+1.8), 용산구(+0.8), 성북구(+0.5), 송파구(+0.5), 마포구(+0.4)의 경우 도구적 결사체 참가율이 증가했다.

---

14. Gordon and Babchuk(1959)에 따르면 결사체는 기능에 따라 표출적, 도구적, 도구-표출적 결사체로 구분된다. 표출적 결사체는 "그 조직 자체 내에서의 자기만족적인 활동을 통해 회원들의 직접적인 흥미나 만족을 추구하는 결사체"이다. 대표적인 결사체는 취미나 친목단체이다. 도구적 결사체는 "그 조직 활동이 회원들의 표출적인 욕구를 만족시킬 수도 있으나, 조직 활동을 수단으로 하여 조직 외부를 대상으로 어떤 다른 목적을 추구하는 결사체"이다. 전문직 단체나 이익집단이 대표적인 사례이다. 마지막으로 도구-표출적 결사체는 위의 두 가지 기능을 함께 가진 결사체로서, 금주단체나 재향군인회 등이 이에 속한다(류태건·차재권, 2014).

표 1.17 서울시 자치구별 표출적 결사체 참여율 추이(%)

	2008	2009	2010	2011	2012	2013	2014
강남구	120.8	129.4	103.0	115.5	143.3	147.3	112.4
강동구	123.3	116.9	120.2	113.8	117.7	138.7	113.7
강북구	101.3	124.1	115.9	102.3	131.7	105.2	107.3
강서구	124.3	123.5	119.8	103.8	171.5	179.4	122.4
관악구	110.5	130.3	132.0	124.2	125.8	130.0	134.4
광진구	117.3	114.2	124.8	97.6	145.6	145.7	104.9
구로구	149.9	162.4	150.0	106.0	120.6	146.3	151.4
금천구	102.8	99.7	87.1	84.9	129.3	144.2	99.9
노원구	102.0	122.4	118.9	106.7	126.1	121.3	105.1
도봉구	123.6	142.1	129.6	116.2	133.3	137.9	167.9
동대문구	122.0	99.3	118.4	128.3	77.0	124.8	164.5
동작구	148.1	131.7	172.0	156.5	122.6	156.1	146.6
마포구	124.0	116.6	133.3	107.3	125.7	155.0	130.4
서대문구	117.5	127.8	120.8	126.1	160.2	114.3	137.6
서초구	142.7	147.0	133.5	133.9	166.1	148.9	168.5
성동구	114.6	129.8	99.8	125.0	135.7	116.6	151.5
성북구	98.3	107.7	121.6	115.8	134.1	111.9	128.3
송파구	130.9	129.1	129.2	120.8	124.0	135.4	158.6
양천구	123.0	143.2	142.8	164.2	182.0	205.7	226.9
영등포구	126.2	118.9	142.3	119.5	115.4	167.4	128.2
용산구	139.2	125.4	111.6	137.1	169.6	134.6	127.1
은평구	144.0	129.5	126.8	135.4	142.6	106.7	118.1
종로구	137.3	135.7	111.0	139.3	118.0	139.2	161.5
중구	121.1	135.5	110.7	107.4	128.1	127.2	142.1
중랑구	111.0	120.5	90.3	103.4	130.7	109.8	123.4
평균	122.6	126.6	124.0	119.7	135.7	139.0	136.6

출처: 서울시. 『서울서베이』 (각 년).

비고: 사회단체 중 친목회·친목계, 동창회·동창모임, 지역모임·향우회·종친회, 인터넷 커뮤니티, 각종 동호회, 종교단체에 대한 참여 여부(복수응답)의 합계임.

강조는 연도별 상위 5개 자치구를 의미.

표 1.18 서울시 자치구별 도구적 결사체 참여율 추이(%)

	2008	2009	2010	2011	2012	2013	2014
강남구	6.1	9.2	5.9	3.6	1.5	4.5	5.8
강동구	2.5	3.2	3.7	2.1	6.2	2.2	4.3
강북구	2.6	10.2	7.3	5.2	1.5	4.6	4.5
강서구	5.7	6.6	7.8	7.8	2.8	5.2	8.5
관악구	6.5	6.8	5.7	3.6	5.9	1.7	1.8
광진구	7.3	6.0	12.0	3.7	6.0	9.6	1.9
구로구	4.5	3.7	7.0	3.4	5.7	2.3	3.0
금천구	4.5	4.4	2.2	1.9	4.6	7.2	7.1
노원구	7.4	6.9	6.7	6.1	0.5	1.2	2.3
도봉구	5.8	3.3	7.3	2.4	3.5	2.6	0.6
동대문구	3.1	5.7	5.4	4.6	2.9	7.6	3.1
동작구	8.6	7.2	8.5	3.8	1.9	3.6	1.9
마포구	3.8	7.2	8.5	6.6	3.1	4.2	4.2
서대문구	5.9	5.8	4.7	3.9	2.5	2.3	4.6
서초구	4.8	4.8	5.8	2.1	2.4	5.5	3.0
성동구	6.1	5.6	2.7	3.3	3.9	2.5	3.8
성북구	3.2	6.0	4.6	2.1	3.4	2.3	3.7
송파구	2.9	5.5	9.0	6.0	4.5	3.5	3.4
양천구	4.7	2.9	6.2	3.4	5.2	4.5	6.8
영등포구	7.0	5.4	2.8	2.3	2.1	3.9	1.0
용산구	1.0	7.4	7.6	3.7	11.7	3.9	1.8
은평구	12.2	7.4	5.3	1.8	2.3	2.8	1.2
종로구	6.0	4.2	9.1	4.5	4.2	8.4	2.7
중구	3.9	3.6	4.6	2.5	6.4	3.0	1.5
중랑구	6.8	2.9	5.7	3.9	5.5	5.5	3.2
평균	5.5	5.9	6.4	3.9	3.8	4.1	3.6

출처: 서울시. 『서울서베이』 (각 년).

비고: 사회단체 중 자원봉사단체, 시민운동단체, 노조 및 직능단체, 정당에 대한 참여 여부(복수 응답)의 합계임. 강조는 연도별 상위 5개 자치구를 의미.

5. 비영리민간단체 등록 현황

행정자치부는 상시 구성원 수가 100명 이상이고, 최근 1년 이상 공익 활동 실적을 지닌 비영리민간단체의 등록 현황을 1년에 네 차례 공개한다.•15 등록 현황에 근거해 중앙행정기관과 각 시, 도에 등록된 비영리민간단체를 서울시의 각 자치구 단위로 분류해 보았다.

서울시의 각 자치구 내에서 시민정치를 이끄는 중요한 주체 중 하나인 비영리민간단체의 현황을 분석하면, 자치구별로 편차가 매우 큰 것을 알 수 있다. 단체들이 가장 많이 위치한 종로구를 비롯하여, 영등포구, 마포구, 중구, 서초구, 강남구에서는 상대적으로 많은 수의 비영리민간단체들이 활동하고 있다. 반면, 중랑구와 도봉구, 금천구에서는 비교적 적은 수의 비영리민간단체들이 활동하고 있다.

2008년부터 2015년까지의 비영리민간단체 등록 현황을 살펴보면 서울시 내의 비영리민간단체는 그 숫자가 꾸준히 증가하는 추세를 보인다. 특히 최근 6년간 등록된 비영리민간단체의 성장세는 매우 가파르다. 2009년에 총 1,824개였던 단체들의 수가 2015년에 2,988개로 약 64% 증가한 것으로 나타났다. 이는 서울시 각 자치구의 시민정치에서 비영리민간단체들이 담당하는 역할과 기능이 지속적으로 확대되고 있음을 의미한다.

한편, 전반적으로 서울시 내의 비영리민간단체의 규모가 커지고 있지만, 그 성장의 속도는 각 자치구별로 차이를 보이는 것으로 나타났다. 종로구, 마포구, 영등포구, 강남구, 송파구의 비영리민간단체의 수가 다른 자치구에 비해 눈에

---

15. "비영리민간단체 지원법"은 영리가 아닌 공익 활동을 수행하는 것을 주된 목적으로 하는 민간단체로서 다음 각 호의 요건을 갖춘 단체를 비영리민간단체로 정의한다. 1. 사업의 직접 수혜자가 불특정 다수일 것; 2. 구성원 상호 간에 이익 분배를 하지 아니할 것; 3. 사실상 특정 정당 또는 선출직 후보를 지지·지원할 것을 주된 목적으로 하거나, 특정 종교의 교리 전파를 주된 목적으로 설립·운영되지 아니할 것; 4. 상시 구성원 수가 100인 이상일 것; 5. 최근 1년 이상 공익 활동 실적이 있을 것; 6. 법인이 아닌 단체일 경우에는 대표자 또는 관리인이 있을 것.
비영리단체법 제4조에 따르면, 이 법이 정한 지원을 받고자 하는 비영리민간단체는 그의 주된 공익 활동을 주관하는 장관, 특별시장·광역시장 또는 도지사에게 등록을 신청하여야 하며, 등록 신청을 받은 주무장관 또는 시·도지사는 그 등록을 수리하여야 한다.

표 1.19 서울시 자치구별 비영리민간단체 등록 현황 추이(누계, 개)

	2008	2009	2010	2011	2012	2013	2014	2015
강남구	149	112	129	139	159	177	187	189
강동구	29	29	35	37	41	52	53	64
강북구	41	43	48	52	55	50	52	63
강서구	48	39	40	44	52	54	59	72
관악구	58	43	46	62	70	83	89	102
광진구	50	43	49	49	58	66	69	71
구로구	36	34	34	40	44	51	63	68
금천구	12	14	19	18	27	33	40	42
노원구	31	30	33	36	38	46	49	53
도봉구	27	24	27	30	32	36	39	41
동대문구	69	58	62	68	65	64	59	72
동작구	59	59	63	61	70	82	98	101
마포구	170	140	163	182	208	234	260	282
서대문구	100	86	89	93	94	104	112	103
서초구	166	125	135	148	160	170	183	206
성동구	44	39	45	49	54	62	66	68
성북구	52	45	51	56	61	64	83	77
송파구	101	76	84	94	107	124	132	133
양천구	41	36	39	42	44	53	65	64
영등포구	176	133	144	162	184	201	224	247
용산구	117	101	107	117	123	136	154	158
은평구	52	43	45	51	59	67	76	90
종로구	470	330	359	381	403	432	426	481
중구	203	151	163	172	184	203	213	233
중랑구	16	18	18	21	22	22	31	35
평균	92.6	74.0	81.0	88.1	96.5	106.6	115.2	124.6

출처: 행정자치부. 『비영리민간단체 등록 현황』(각 년, 매년 3월 기준임).
비고: 서울시 또는 중앙정부 부처에 등록한 단체를 소재지를 기준으로 분류한 것임.
강조는 연도별 상위 5개 자치구를 의미.

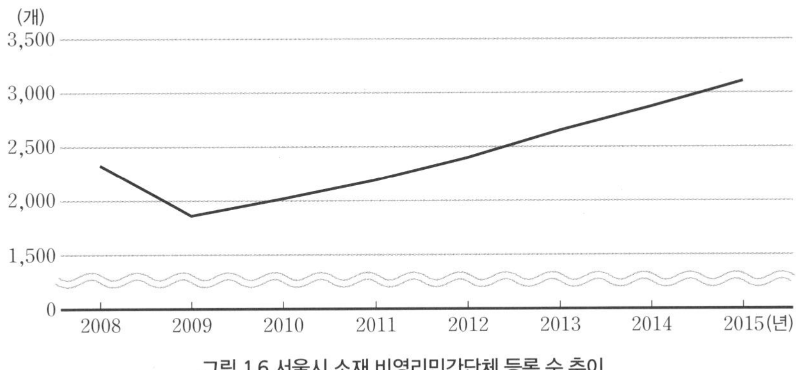

그림 1.6 서울시 소재 비영리민간단체 등록 수 추이

출처: 행정자치부. 『비영리민간단체 등록 현황』 (각 년).

띄는 큰 성장세를 이루었으나, 이에 비해 동대문구, 강북구에 위치한 비영리민간단체 숫자는 최근 6년 동안 큰 변화를 보이지 않았다.

보론: 자치구별 홈페이지 분석

사회의 구성이 더없이 복잡해지고, 시민들의 정치 참여 욕구 또한 날로 심화되어 가는 가운데 전자정부(e-government)는 시민과 제도 정치를 매개하는 새로운 소통의 채널로서 그 규모와 영향력을 확대해 가고 있다. 전자정보 시스템의 발전을 토대로 하는 정치·행정 패러다임의 변화는 비단 중앙정부 차원뿐 아니라 지방자치 수준에서도 이루어지고 있다. 이러한 흐름의 저변에는 전자정부가 시민사회와 정책 결정 행위자들 간의 쌍방향 의사소통을 가능케 하며, 이를 바탕으로 정책 결정 과정에서 높은 수준의 민주성을 담보하고 산출되는 정책의 효율성을 증진시킬 수 있는 기제라는 인식이 자리 잡고 있다. 즉 오늘날 많은 논자들은 대의제의 한계를 보완하고 보다 직접적인 형태의 민주주의를 실현시킬 도구로서 전자정부를 보고 있는 것이다(민병익·이시원, 2009; 김찬곤, 2007). 이러한 맥락에서 서울시 자치구들 또한 그들 각자의 구청 홈페이지를 통해 각종 행정 서비스를 제공하고 다양한 형태로 구정 운영 정보를 공개, 민원을 처리하는 등 적극적으로 전자정부의 흐름에 동참하고 있다.
여기에서는 시민정치와 관련된 보완적 분석으로서 25개 서울시 자치구들이 전자 민주주의(e-democracy)의 실현을 위해 기울이는 노력들을 개괄적인 차원에서 살펴보고자 한다. 이를 위한 분석 대상은 시민 참여에 관련된 사안들의 구청별 소개 방식, 그리고 그들의 정보공개의 수준이다.

전자 민주주의의 지향이 시민의 참여 및 협업의 확대와 투명하고 책임감 있는 정부의 구축에 있다면(황주성, 2015), 사용자들의 접근 용이성(accessibility)과 밀접한 관련성을 지니는 프로그램 소개 방식을 평가함으로써 참여의 확대를 위한 토대의 구축 정도를, 정보공개가 이루어지고 있는 방식 및 내용을 파악함으로써 행정의 투명성과 책임성을 가늠할 수 있을 것이다. 더불어 구청 홈페이지에 개설된 시민참여 채널들에 대한 사용자의 활용도를 살펴봄으로써 전자정부 구현을 위한 구청의 노력이 어떤 결실을 맺고 있는지도 짚어 보고자 한다. 이러한 내용을 구체적으로 보여 주는 사례들을 찾아 소개하는 가운데 오늘날 전체적인 전자정부의 흐름을 파악할 수 있을 것이다.

1) 프로그램 소개 방식

구청별 홈페이지 구성 중 눈에 띄는 차이점은 시민참여 사업들을 소개하는 방식이다. 대표적으로 시민의 참여를 요구하는 주민참여예산제 사업의 경우 모든 자치구에서 운영되고 있는 만큼 25개 구청의 홈페이지에서 전부 소개되고 있다. 그러나 개별 홈페이지상에

그림 1.7 은평구청의 참여예산 홈페이지 첫 페이지(별도 홈페이지 운영)

서 참여예산제가 소개되고 운영되는 방식은 다양하다. 상당수의 구청 홈페이지는 참여예산제를 시민참여의 대표적인 프로그램으로 소개하여 메인 페이지에서 소개 페이지로 한번에 들어갈 수 있도록 홈페이지를 구성해 놓았다. 소개 페이지에는 프로그램의 운영 방식에 대한 전반적인 소개와 더불어 예산 건의를 할 수 있는 게시판이나 운영회 모집 게시판, 그리고 참여예산제에 관련된 각종 공지를 한번에 볼 수 있는 게시판 등이 포함되어 있는 경우가 많았다. 특히 은평구청 홈페이지의 경우에는 주민참여예산을 위한 별도의 웹사이트를 운영하여 프로그램에 대한 상세한 소개와 더불어 참여예산위원회, 정책기획위원회, 구정평가위원회의 활동을 적극적으로 소개하고 있었다.

반대로 홈페이지를 통한 주민참여예산제 소개에 소극적인 구청들도 있었다. 강남구청 홈페이지의 경우, 주민참여예산 소개 페이지가 뚜렷하게 분류가 되어 있지 않아 찾아 들어가기 어려웠다. 또한 다른 구청과 다르게 주민참여예산제의 이전 기록이나 현재 공지사항을 찾아볼 수 있는 게시판이 마련되어 있지 않았으며, 제도의 목적과 의의에 대한 소개 역시 누락되어 있었다.

구청 홈페이지별로 차이를 보이는 또 다른 대표적인 프로그램은 사회적경제이다. 사회적

그림 1.8 강남구청의 참여예산 페이지

경제 프로그램은 주민참여예산만큼 모든 자치구가 시행하고 있는 사업은 아니지만, 적어도 19개 이상의 구청 홈페이지는 사회적경제나 그와 유사한 사업을 소개하고 있었다. 상이한 것은 마찬가지로 사회적경제 프로그램을 소개하는 방식이다. 사회적경제를 지역경제라는 상위 분류하에서 소개하거나, 사회적경제 자체를 지역경제 활성화의 상위분류로 소개하는 구청이 있는가 하면, '공유경제'나 '공유도시'라는 개념을 사용하여 사회적경제를 소개하고 있는 홈페이지도 있었다.

2) 활성화 정도

주민참여예산제 신청 게시판 외에도 구청 홈페이지에는 구민들이 직접 글을 올리고 구정에 참여할 수 있는 공간들이 마련되어 있다. 20개가 넘는 대다수의 구청 홈페이지는 주민들이 구청의 정책에 대해 자유롭게 토론할 수 있는 정책토론 게시판을 가지고 있다. 주민이 직접 정책 아이디어를 구청에 제시할 수 있는 정책제안 게시판은 모든 자치구 홈페이지에 마련되어 있다. 그 외에도 대다수의 구청 홈페이지가 주민들이 자유롭게 아무 글이나 올릴 수 있는 자유게시판 공간을 구축해 놓고 있다. 이처럼 양적 지표만 보았을 때 대다수의 구청 홈페이지는 구민의 참여에 대해 개방적인 공간이라 볼 수 있을 것이다. 하지

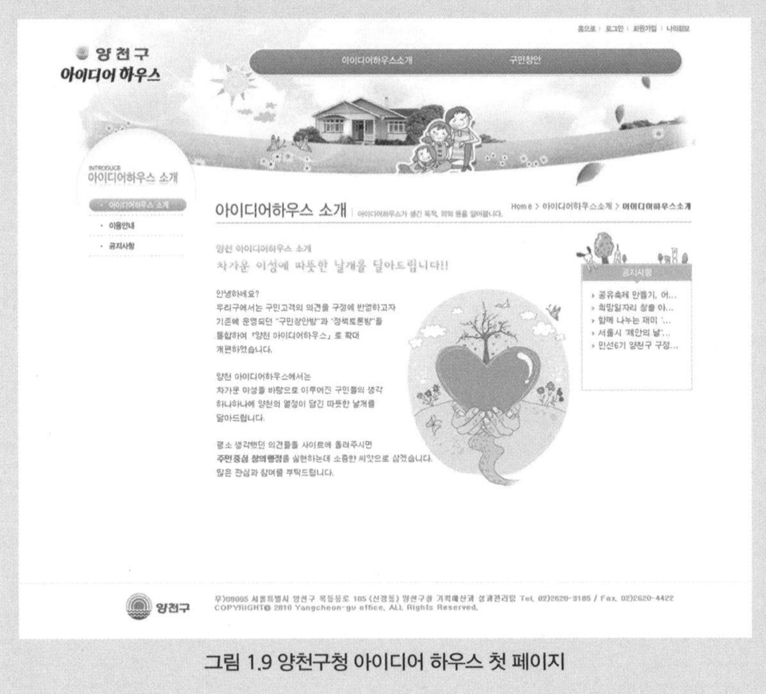

그림 1.9 양천구청 아이디어 하우스 첫 페이지

만 정책제안 항목은 만들어 놓고 정작 게시판이 존재하지 않는 경우나, 구청 자체의 서비스가 아닌 중앙정부의 정책제안 서비스를 연계해서 시민이 구정에 직접적으로 참여할 수 있는 채널이 제한된 홈페이지도 종종 있었다.

물론 구청에서 이러한 서비스를 적극적으로 홍보하는 경우도 있었다. 양천구청의 경우 '아이디어 하우스'라는 자체 플랫폼을 제공하고 하위 분류를 세분화해 정책의 제안부터 반영에 이르기까지의 과정을 편하게 볼 수 있게 해 두었다. 또한 게시글의 구성을 '현황', '문제점', '개선 방법', '기대 효과', '첨부 파일'로 세분화시켜 보다 명확한 의사 개진이 가능하게 했으며, 이에 대한 답변을 일반에 공개함으로써 상호작용의 반응성, 투명성을 높였다. 회의자료 공개와 제안심사 결과를 수시로 업데이트하는 것 또한 같은 맥락에서 이해할 수 있다. 노원구청의 경우 구청장과의 만남부터 시작해 자유게시판 및 지역 정보 공유까지 각종 주민참여를 하나의 분리된 홈페이지에서 통괄해서 관리한다. 이는 주민들의 접근을 보다 쉽게 함으로써 참여의 양적 확대를 추동하는 요인으로 작용한다고 볼 수 있다. 금천구청의 경우 아이디어 및 민원 수렴에 있어 통장 참여마당이라는 섹션을 만들어 일반 주민과 구청을 잇는 가교로 통장 제도를 활용하고 있다.

3) 정보공개 정도

기존의 많은 연구들은 정보공개의 투명성을 전자정부의 핵심적인 특성 중 하나이자 가장 근본적인 요소로 제시했다(김혁. 2010; 변미리. 2005; 윤성이. 2007). 조직의 업무 현황을 비롯해 추진 계획, 각종 법규 및 통계, 그리고 예산 현황 등에 대한 광범위한 정보공개를 통해 정부는 시민들의 알 권리를 보장함과 동시에 조직 운영의 질을 향상시킨다. 나아가서는 시민과의 실질적이고 지속적인 소통의 토대를 제공한다. 서울시 자치구 홈페이지의 투명성 정도를 일차적으로 보여 주는 지표는 서울시에서 측정하는 자치구별 정보공개 현황이다. 서울시 25개 모든 구청들은 2015년 4월에 이르러 행정 업무의 투명성과 책임성을 강화하기 위한 방편으로 결재 문서 원문을 인터넷 플랫폼을 통해 공개하기 시작했다. 이와 더불어 서울시는 전자정부 구현의 한 방편으로 각종 시정 데이터를 제공하는 '서울 열린데이터 광장' 홈페이지(http://data.seoul.go.kr)를 개설했다. 이 사이트는 시 차원의 정보 제공뿐만 아니라 모든 서울시 자치구의 공공 데이터 공개 사이트 정보를 종합적으로 제공함으로써 시민들의 정보 접근성의 확대를 도모하였다.

결재 문서 및 공공 데이터 공개와 별개로 구청 홈페이지에서 제공하는 정보의 종류만을 놓고 보았을 때에도 모든 구청의 정보 공개 수준은 전반적으로 높은 편이다. 모든 자치구들이 최신의 구정백서 및 중장기 계획 공지를 통해 구정 현황의 큰 비전을 제시하고 있으며, 주요 시책 및 정책 문서를 공개함으로써 정책이 추진되는 전 과정을 대외적으로 비교적 상세히 알리고 있다. 업무 현황에 대해서 자치구들은 공통적으로 업무 추진 현황에 상응하는 항목을 통해 전통적인 게시판의 형식으로 정보를 제공하고 있다. 한편 이러한 형태의 업무 현황 공개는 낮은 수준의 정보 접근성을 가진다는 비판에 취약하다(윤성이, 2007). 이러한 문제점을 해결하고자 오늘날 많은 자치구들에서 새로운 플랫폼의 도입을 통해 시민들의 정보 접근성을 높이기 위한 노력들 또한 눈에 띄는데, 그 대표적인 예로 웹진, 온라인 방송을 비롯한 사회관계망서비스(SNS)를 통한 상시적인 구정 정보 공개를 들 수 있다.

다음으로 대부분의 서울시 자치구들은 크고 작은 회의들의 진행 내용을 회의록의 형태로 공개하고 있다. 오늘날 민관 협력의 중요성이 날로 증가하면서 그 대표적인 플랫폼으로서의 위원회 또한 양적으로 증가하고 있다. 하지만 이들이 명목상의 위원회로 전락하는 것을 막기 위해서는 위원회가 수행하는 역할에 대한 투명한 정보제공이 필요하다. 한편 공개하는 회의의 종류와 회의록의 수준은 자치구별로 차이를 보이고 있으며, 특히 회의 내용 공개 수준의 경우 동일한 자치구 내에서도 회의를 주관하는 부서, 그리고 회의의 성격에 따라 큰 차이를 나타내고 있다.

그림 1.10 서울 열린데이터 광장

마지막으로 예산공개는 정보공개의 핵심 부분인 만큼 모든 자치구에서 하위 항목을 세분화해 상세하게 자료를 제공하고 있다. 성북구의 경우 예산자료실 항목하에 현재년도 예산 현황, 분야별 주요 투자 내용을 비롯해 연도별 사업 예산서, 세입·세출 결산서, 그리고 지방 공기업의 연도별 업무 현황 정보를 제공하고 있으며, 청렴성북이라는 신고 제도를 운영해 구정 운영의 투명성을 지키기 위해 노력하고 있다.

이상으로 정보공개와 관련해 전반적으로 발견할 수 있는 추이와 문제점을 정리하면 다음과 같다. 전자정부의 확대는 서울시 자치구들로 하여금 다양한 행정 업무 현황을 대중에 공개하도록 추동하였다. 구정 운영 공개에 있어서 단순히 많은 정보를 전달하는 데 그치지 않고, 새로운 방식을 통해 많은 정보를 효율적으로 전달하는 것에 치중하는 점은 전자정부가 점진적인 질적 확대를 경험하고 있다는 사실을 방증한다. 그럼에도 불구하고 문제점은 제공되는 정보에 대한 접근 경로가 때때로 난해하다는 점과 이로 말미암아 시민들의 실질적 정보 접근이 저해된다는 점이다. 자치구별로 공개되는 회의의 경우 그것을 찾기 위해 여러 경로를 거쳐야 하고, 회의록이 형식적으로 작성되어 있어 대중적 접근이 폭넓게 이루어지고 있지 않다. 이러한 문제를 해결하기 위해서는 현재 기울이고 있는 공개되는 정보의 접근성을 높이기 위한 다각도의 노력이 필요해 보인다.

제2부

서울시 자치구 시민정치 사례 분석

생협

도서관

마을넷

함께주택

마을민주주의

SSST

은평
누리축제

누군가 관악구의 시민정치를 묻거든 고개 들어 세 가지를 보게 하라

강바다, 이병호, 정예진, 홍준석

Ⅰ. 관악구와 관악구의 시민정치
Ⅱ. 분석틀과 접근 방향
Ⅲ. 도서관으로 거점치기
Ⅳ. 마을공동체에서 다양한 목표 만들기
Ⅴ. 의정모니터링으로 공동 목표 다시 만들기
Ⅵ. 나가며

요약

도심재개발 사업과 상습수재지역 주민 강제이주 정책으로 형성된 관악구에는 무허가 주택 거주민들이 다수 분포해 있었다. 1980년대 중반에 들어서면서 정부는 재개발 사업에 불을 지피기 시작했고, 관악구는 집중 조명을 받을 수밖에 없었다. 하지만 재개발 사업이 시작되었을 때, 돈이 없어 무허가 주택에 살고 있었던 사람들이 옮겨 갈 수 있는 곳이 있을 리 만무했다. 이들을 보호하고 결집해야 한다는 필요성이 제기되었고, 기존의 시민 활동가들을 중심으로 한 세입자대책위원회가 구성되었으며, 이것이 관악주민연대로 발전하게 되었다. 이후 관악구의 시민정치는 관악주민연대를 중심으로 이루어졌다.

하지만 21세기에 들어 참여의 편재성, 기존 거점들의 역할 축소, 공동 목표의 상실로 인해 관악구의 시민정치는 난항을 겪었다. 그럼에도 불구하고 이러한 세 가지 문제들에 대응하여 다양한 형태로 시민정치의 싹이 꿈틀대고 있는데, 작은도서관, 마을공동체, 의정모니터링 등이 바로 그것이다. 관악구 구민들은 작은도서관을 새로운 거점으로 마련하여 사회적 자본을 축적하고 있으며, 마을공동체 만들기 활동과 의정모니터링이라는 두 가지 방향의 활동을 통해 사라진 공동 목표의 빈자리를 채우고 있다. 이 글은 인터뷰와 문헌 자료에 기반하여 이러한 활동들이 실제로 어떻게 전개되고 있는지를 분석하고 있다. 그리고 이러한 분석을 토대로 각각의 활동이 긍정적으로 상호작용할 가능성을 타진하고 있다.

Ⅰ. 관악구와 관악구의 시민정치

1. 관악구 소개

도심 속 쉼터 관악산이 있어 서울시민의 사랑을 받는 곳이자, 서울대학교가 위치하여 수도권 교육특구로 도약하고 있는 곳! 서울특별시 관악구는 동·북·서쪽으로 각각 서초구·동작구·구로구·금천구에 접하고, 남쪽으로 관악산을 경계로 안양시·과천시와 접하고 있다.

해방 이전 지금의 관악구 지역은 행정상으로 경기도 시흥군 동면에 속하였다. 그러다가 1963년, 서울시 행정구역이 확장되면서 영등포구로 편입되었고, 그 행정 처리를 위해 출장소가 설치되었는데, 당시 출장소의 명칭이 지금의 관악구라는 이름을 있게 한 '관악출장소'였다. 5년 후, 관악출장소는 폐지되어 영등포구의 직할동으로 편입되었다.

그러나 이후 폭발적으로 늘어나는 인구로 구 간(區間)의 불균형이 심화되자, 1973년 영등포구에서 다시금 분리되어 '서울특별시 관악구'가 비로소 탄생하였고, 1980년에 북부 지역이 동작구로 분리되면서 현재의 모습을 갖추게 되었다. 현재 관악구는 남현동, 봉천동, 신림동 3개의 법정동을 다시 세분화하여 은천동, 성현동, 청룡동, 난곡동, 삼성동, 미성동, 보라매동, 청림동, 행운동, 낙성대동, 중앙동, 인헌동, 서원동, 신원동, 서림동, 신사동, 신림동, 난향동, 조원동, 대학동, 남현동 등 21개의 행정동의 이름으로 나뉘어 있다.

남부순환로가 구의 중앙을 동서로 관통하며, 각각 봉천동과 신림동을 지나 상도동에서 합해지는 관악로와 신림로가 간선도로를 이룬다. 이 도로들 연변에 형성된 상가와 시장을 제외한 거의 전역이 주택지이며, 제조업은 일부 섬유제조업을 제외하면 거의 분포하지 않는다.

원래 골프장으로 조성될 계획이었던 관악산 사면에 자리 잡은 서울대학교, 『삼국사기』에서부터 그 이름을 찾아볼 수 있는 관악산, 그리고 강감찬 장군의 생가로 유명한 낙성대는 구민뿐만 아니라 서울시민이 즐겨 찾는 휴식처이다. 또한 1984년 지하철 2호선 완공과 맞물려 관악산 일대의 그린벨트를 제외하고는 개발이 진전되어 구 전체 인구밀도가 높은 편이기도 하다.

본래 봉천동 고지대 및 난곡 일대에는 1960년 이후 외지에서 전입한 인구에 의해 형성된 불량 주택이 많았다. 물론 현재는 상당 부분 재개발되어 중산층의 단독주택이 밀집해 있지만, 이 지역 세입자의 생존권을 지키기 위한 오랜 투쟁의 경험과 기억은 관악구 시민정치의 역사적 배경이 되었다.

2. 관악구의 시민정치사[1]

1) 1970년대 이전: 시민정치의 시발

1970년대 이전, 이곳은 달동네였다. 산업화에 따른 이촌향도 현상으로 서울 도심에 넘쳐 나던 무허가 주택 거주민들을 서울시에서 외곽으로 집단 이주시켰는데, 그들이 모여든 곳 중 하나가 지금의 관악 지역이었다. 이주민들은 이곳에서도 크게 다섯 개의 동네에 나뉘어 무허가 주택에 살거나 세입자 신세를 면치 못하는 빈자들이었다.

이때 이들을 지원하기 위한 종교단체, 사회운동단체 활동가들이 있었다. 막노동 임금으로는 부족한 혹은 그 일자리마저도 없던 상황에서 어머니들이 생계를 꾸려야 했기 때문에, 활동가들은 탁아 활동을 시작으로 시래기를 주워 판매하는 시래기사업단, 어머니학교, 야학 등을 조직해 나갔다. 이것이 곧 관악 시민정치의 첫 시작이었다.

2) 1980년대~1990년대: 시민정치의 만개

1980년대 이후, 관악 시민정치 발전에 큰 영향을 가져다 준 것은 아이러니하게도 주민들을 오랜 기간 괴롭혔던 재개발 이슈였다. 중동에서의 건설 붐이 끝난 이후 새로운 이윤 창출 도구를 찾아 헤매던 건설 자본, 지저분한 지역을 번듯한 아파트 단지로 세우고자 했던 정책 입안자들, 그리고 주민들의 터전인 집을

1. 이하의 내용은 곽충근 관악주민연대 사무국장(인터뷰 일자: 2015. 4. 1)과 이종환 서울마을기업사업단 관악구 인큐베이터(인터뷰 일자: 2015. 5. 12)와의 인터뷰를 토대로 작성하였다.

돈벌이 수단으로만 여기던 가옥주들의 이해관계가 맞아 떨어져 1980년대 중·후반 동시다발적인 재개발이 시작되었던 것이다.

재개발 과정에서 피해를 보는 것은 세입자들이었다. 정부는 소액의 이사비[2]를 쥐어 주면서 주민들을 몰아내기 시작했고, 주민들은 생존권을 위협받는 사태에 대항하여 공동으로 투쟁할 필요를 느끼게 되었다. 기존 시민사회 활동가들의 주도하에 세입자대책위원회가 탄생한 것은 이 때문이었다.

한편, 1991년 지방자치제도의 시행도 시민정치 활성화에 크게 기여하였다. 한편으로 이는 구의회 및 구청장이 지역사회 생활상에 직접 관심을 갖도록 유도하였고, 다른 한편으로는 이전까지 개별 집단으로 움직이던 다섯 개 달동네들이 막강한 권한을 갖게 된 구청장을 상대하기 위해 자신들만의 통합 세력을 구축할 필요성을 느끼게 된 것이다.

이러한 복합적인 상황에서 '**관악주민연대**'라는 비영리 풀뿌리단체의 탄생은 필연적이었다. 관악주민연대의 창립 목적은 풀뿌리 주민자치공동체를 건설하고 소외된 계층의 권리와 이익을 옹호하여, 관악구를 참여와 진보를 지향하는 살기 좋은 지역으로 만드는 것이었다. '연대와 책임' 그리고 '더불어 사는 삶'이라는 기치를 내건 관악주민연대는 사회적 약자를 지원하고 주민의 참여와 자치를 활성화하며 건강한 주민공동체 문화를 만들기 위한 활동을 펼쳐 나가기 시작했다. 이들은 재개발이 진행되는 3~4년 동안 임시로 거주할 수 있는 주택을 지어 달라는 주민들의 요구를 정부 당국에 전달하였고, 관철시켰다(한국도시연구소, 2001).

한편, 세입자들의 철거투쟁운동이 끝난 이후에도 주민들의 역량 강화를 위한 마을활동은 난곡주민도서관 '새숲', '자활복지' 등의 형태로 계속 이어지고 있다. 그리고 관악주민연대라는 든든한 울타리 안에서 이후의 관악 시민정치 활동은 해당 시기에 가장 약자였던 사람들이 누구인지, 또 주민들의 삶에 영향을 끼쳤던 사회현상이 무엇인지에 따라 다양하게 탈바꿈해 왔다.

---

2. 곽충근 관악주민연대 사무국장은 1995년 난향동에서 친구 세 명과 함께 보증금 300만 원, 월세 30만 원인 방에서 자취를 했었는데, 고작 300만 원정도의 이사비와 함께 이주를 요청받았다고 한다. 곽충근 관악주민연대 사무국장. 인터뷰 일자: 2015. 4. 1.

3) 1990년대 말~2000년대 초: 시민정치의 다양화 그리고 시민정치의 위기

1990년대 말 대부분의 지역이 철거된 결과, 원래 거주민들이 산발적으로 퍼져서 거주하게 되었다. 그러면서 이들이 복지의 사각지대로 내몰리게 되었는데, 이때 엎친 데 덮친 격으로 IMF 외환 위기가 관악 지역을 강타했다.

외환 위기의 가장 큰 피해자는 영세 자영업자와 건설업계였다. 관악구 주민들 대부분이 건설일용직에 종사하고 있었기에, 지역의 실업률은 순식간에 30%까지 치솟았다. 이에 실업이 경제적 위기, 나아가 가정 해체로까지 이어질 수 있다는 우려하에 관악주민연대를 비롯한 지역단체는 '실업 극복 한 가족 운동'이라는 이름의 실업가정 지원 사업을 시작하였다. 이는 직접적으로 생계비를 지원하거나 공공근로사업을 위탁받는 등의 활동이었다.

이와 더불어 무료 집수리 사업과 무료 간병 사업도 시행되었다. 이는 실업자들의 기술을 활용해서 집수리를 하고, 파출부/아줌마 등 대인 서비스 기술을 활용해 간병을 하는 것이었다. 이렇게 관악주민연대를 중심으로 3~4년 간 이루어진 실업 관련 시민정치는 지역의 실업자들을 구제하고 가정 파탄을 막는 데 어느 정도 기여하였다(양준영, 2005).

비슷한 시기에 또 다른 중요한 이슈는 재개발 완료 후 시작된 임대아파트 입주였다. 이로써 많은 거주민들이 흩어지는 한편, 외지에 살던 저소득층이 관악 지역으로 유입되기까지 했다. 이는 자연스레 입주자로서의 권리 행사가 불가능한 상황으로 이어졌다. 국가 소유의 임대아파트에 세입자로서 거주하는 주민이 대부분인데다가 권리 보장의 법적 장치들이 없는 상황에서 이러한 경향은 빠른 속도로 심화되었다.

이에 관악주민연대를 중심으로 한 지역 활동가들은 '임대아파트 주민자치 역량강화 사업'이라는 이름으로 입주자들을 조직하는 활동을 시작하였다. 즉 임대아파트 차원에서 '마을공동체 활동'을 시도한 것이다. 그들은 주민대표기구를 만들고 여기서 활동할 주민 대표를 교육하는 한편, 축제 등 각종 활동을 조직하면서 아이들, 주부들이 일상적으로 교류할 수 있는 공간을 마련하였다.

그러나 당시의 시민정치 활동은 뜻하지 않은 위기를 맞게 되었다. 아이러니하게도 여야 정권 교체 이후 민간 활동에 대한 정부 지원이 대폭 강화된 것이 화근이었다. 정부 지원이 없던 상황에서 지역 활동가들은 민간 차원의 후원을 받기 위해 똘똘 뭉쳐야 했다. 하지만 민간 후원의 중요성이 감소하면서 일부 지역 활동가들은 연대의 필요성을 더 이상 느끼지 않았고, 결국 관악주민연대와의 연결 고리를 끊기 시작했다. 이렇게 관악구의 시민정치는 한편으로 그 종류가 다양화되면서도, 다른 한편으로 그 동력이 소진되고 구심점을 상실해 가고 있었다.•3

이러한 상황에서 2000년대 중반부터 활동가들은 임대아파트 사업에 대한 직접적인 영향력 행사를 중단하였다. 지역 활동가들 간의 노선 차이가 생긴데다가, 한편으로는 자신들이 이미 형성해 둔 거점을 중심으로 주민들 스스로 활동을 계속해 나갈 것이라는 믿음이 있었기 때문이었다. 하지만 이러한 판단은 시기상조였다. 공동의 목표가 없어져 버린 상황에서 주민들은 건전한 주민 대표를 육성해 내지 못하였고, 그 여파로 시민정치의 핵심이었던 임대아파트 마을공동체 활동마저 쇠락의 길을 걷게 되었다.

휘청거리던 시민정치에 타격을 덧입힌 것은 2008년 수입쇠고기파동이었다. 원래 관악주민연대를 비롯한 시민단체의 재정 자원은 상당 부분 정부가 발주하는 공모 사업을 통해 마련된다. 그런데 이들 단체가 수입쇠고기파동 시위에 참가함으로써 '촛불단체'로 각인되어 공모 사업 지원이 중단된 것이다. 때 아닌 재정난으로 인해 관악 지역의 시민정치는 허우적거릴 수밖에 없었다.

3. 현재 관악구 시민정치의 문제점

이와 같은 풍파를 겪어 온 관악구의 시민정치는 현재 몇 가지 문제점을 안고 있다.

---

3. 사회 환경 변화나 정부의 정책 변화 등의 외부 조건이 시민정치에 큰 영향을 미치는 것은 사실이다. 그러나 재개발 사업이 결과적으로 시민정치 세력의 형성에 기여했던 점, 그리고 정부 지원이 오히려 시민정치의 응집력(cohesiveness)을 저해할 수 있다는 점을 감안하면 외부 요인이 결정적인 것은 아니다. 시민정치 세력이 환경 변화를 어떻게 인식하느냐에 따라, 그리고 어떻게 대처하느냐에 따라 지역 시민정치의 양상은 달라질 수 있다. 이 글에서는 이러한 관점하에 관악 시민정치를 분석하고 있다.

가장 근본적인 문제는 시민정치를 주도하거나 이에 참여하는 세력이 특정 계층에만 한정되어 있다는 점, 즉 **참여의 편재성**이다. 시민정치의 근본 원칙은 시민 스스로가 그 필요성을 깨닫고 그를 위해 자체적으로 조직화를 이루는 데 있다. 이를 위해서는 다양한 구성원들이 포괄적으로 참여해야만 한다. 그러나 관악구의 시민정치에 실제로 참여했던 주요 집단은 중산층의 주부들이었다. 아이들이나 주부들을 대상으로 하는 조직화 활동들은 많았던 반면, 중·장년층 남성을 대상으로 하는 활동은 거의 전무했다.

둘째, 만남의 장소를 제공하고 교육을 통해 시민 역량을 강화하는 등의 정치적인 기능을 수행하던 기존 구심점들의 역할이 축소됨에 따라 야기된 **거점의 부재** 역시 문제점으로 꼽힌다. 전통적으로 존재했던 대표적인 거점은 작게는 지역 내 공부방에서부터 크게는 관악주민연대 그 자체였다. 이 중에서도 공부방은 지역 내 아이들의 교육이라는 소소한 접점에서부터 시작하여 학부모 주민들을 조직화하고, 나아가 그들로 하여금 임대아파트 내 마을공동체 활동을 하게끔 유도하는 역할을 수행했다. 그러나 현재 공부방의 활동 영역은 단순한 아동교육으로 축소되었고, 국가의 보조금을 받는 지역아동센터로 지위가 전환되었다. 국가의 보조금을 얻기 위해서는 여러 가지 행정 업무를 처리해야만 했고, 따라서 기존에 진행해 왔던 다른 사업들을 수행할 여력이 소진되었다. 결국 공부방들은 시민정치적 거점으로서의 정체성을 상실하고 단순히 교육 서비스를 제공하는 장소가 되었다. 한편, 관악주민연대 역시 과거에 비해 주민들의 교류를 만들어 주는 중심적인 연결 고리의 기능을 충분히 수행하지 못하고 있다.

세 번째 문제점은 시민정치적 추동력 약화를 초래하는 **공동 목표의 상실**이다. 이전에는 도움이 필요한 사회적 약자들이 한곳에 모여 있었기 때문에 접근이 용이했고, 이들이 당면한 문제 역시 동일하면서도 명확했기에 해결 방안을 비교적 쉽게 마련할 수 있었다. 하지만 주민들의 문제의식, 필요, 경제적 배경 등이 점차 다양화됨에 따라 시민정치의 주체 역시 다양한 계층의 이질적인 구성원들로 확장되었다. 이로 인해 시민정치 활동의 범위는 넓어질 수 있었지만 활동의 집중도는 오히려 떨어질 수밖에 없었다. 이제 관악구 시민정치의 대상은 임대아파트와 같은 가시적인 장소로부터 마을이라는 추상적인 집단으로 옮겨

갔으며, 명확한 대상에 대한 통일된 목표하에서 발휘될 수 있었던 응집력은 더 이상 유지될 수 없었다.

따라서 본 글은 이러한 세 가지 문제점을 관악구의 주민들이 어떻게 해결해 가고 있는지를 중심으로 관악구의 시민정치를 살펴볼 것이다.

Ⅱ. 분석틀과 접근 방향

관악구에서는 앞서 언급한 문제점들을 해결하기 위한 다양한 형태의 시민정치적 맹아가 싹트고 있으며, 이를 꽃피우기 위한 노력 역시 지속적으로 경주되고 있다.

일찍이 미국의 정치학자 퍼트넘(Putnam)이 지적한 바와 같이, 거점은 시민들을 한데 모아 '시민정치를 위한 자원'으로 육성하는 기반이다. 퍼트넘은 거점을 물리적 공간에만 제약된 것이 아닌, 주민 누구나가 거쳐 갈 수 있는 추상적인 중심지로 이해하면서, 그 예시로서 공원, 커뮤니티센터, 지역신문, 도서관, 인터넷 공간 등을 제시한다. 그는 거점을 통해서 주민들의 만남과 교류가 증대되고 주민 간의 신뢰, 이웃 간의 애정 등 '**사회적 자본**(social capital)'이 성장한다는 점에서 거점이 사회적 자본 형성의 '**구조적 배경요인**(background structural factor)'이 될 수 있다고 보았다(Putnam and Feldstein, 2003).

앞서 언급했다시피, 관악구에서는 전통적으로 공부방과 관악주민연대가 거점의 역할을 수행해 왔지만 이들의 기능은 점차 축소되어 왔다. 특히 공부방은 지역아동센터 이상의 기능을 더 이상 해내지 못하고 있다. 그러나 최근 거점으로서 주목할 만한 특징적인 요소가 발견되고 있는데, **도서관**이 바로 그것이다. 전직 국회도서관장이었던 유종필 구청장이 취임한 이후 도서관은 새롭게 지역 거점으로서의 역할을 수행할 것이라 기대되고 있다.

한편, 공동 목표가 사라진 상황에서 이에 대응하는 두 가지 다른 방향의 움직임이 나타나고 있다는 점이 흥미롭다. 변화의 한 방향은 마을공동체 활동을 통해 나타난다.•4 과거에는 관악구민의 구성이 동질적이었고, 이들 전체의 이해

관계가 연결되어 있어서 하나의 공동체로 여겨질 수 있었다. 그러나 시간이 흐르면서 관악구에도 매우 다양한 계층의 사람들이 살게 되었다. 이해관계가 복잡해졌고, 공동의 위기 상황이 사라지면서 단일한 공동체로 부르기가 어려워졌다. 마을공동체 활동은 이렇게 다양해진 이해관계를 포괄하고 축소된 공동체들의 모습을 살리려는 새로운 차원의 시민정치를 장려하고 있다. 현재 관악구에서는 소규모의 주민들로 이루어진 수많은 마을들이 탄생하여 다양한 활동들을 펼치고 있다. 마을 중에는 수십 년의 역사를 자랑하는 기존의 공동체들도 있지만, 시와 구 정부의 재정적 지원 아래 새롭게 마련된 마을들도 있다. 과거 세입자 생존권 확보라는 다소 묵직한 '공동 목표'는 해체되었지만, 소소하고 일상적인 요구와 작은 마을들의 목표들이 어우러져 하나의 다발을 이루는 새로운 형태의 '공동 목표'가 형성되고 있는 것으로 보인다.

관악주민연대의 주도로 시작된 **'의정평가단'**은 마을공동체 활동과는 다른 방향의 움직임을 보여 준다. 의정평가단은 그 활동 목표가 소규모 집단에 한정되지 않는다. 이들은 구민 전체의 이익을 활동 목표로 삼고, 제도권 정치에 대한 감시자의 역할을 자청하고 있다. 주민들은 의정평가단 활동을 통해 구의원들의 의정 활동을 직접 모니터링하여, 구정(區政)에서 세금이 어떻게 사용되고 있는지, 어떤 의원이 성실하고 열정적으로 일하고 어떤 의원이 그렇지 않은지를 파악하고 이를 관악 주민들에게 알리는 역할을 하고 있다. 이는 관악구민 전체를 대변하는 '공동 목표'를 가진 활동이라는 점에서 마을공동체 활동과는 대비된다. 즉 기존의 공동 목표가 사라진 상황에서 개별적인 목표를 가지고 다양한 모습으로 공동 목표의 빈자리를 메우고 있는 마을공동체 활동과 구 전체 차원에서 공동 목표를 만들고자 하는 의정평가단 활동이 병존하고 있는 것이다.

이 글에서는 관악구 시민정치의 위기 상황에서 도서관 사업이 새로운 거점을 만들어 내는 역할을 하고 있는 점, 마을공동체 활동과 의정평가단 활동이 두 가지 다른 방향으로 공동 목표의 빈자리를 채우는 역할을 하고 있다는 점에 주목

---

4. 박원순 서울시장은 취임 이후 시 주도의 마을공동체 사업을 본격화함으로써 주민들의 이익을 반영하면서 그들의 주체적 활동을 증진시키는 주민자치 사업에 활기를 불어넣고 있다.

하여 이 세 가지 활동을 분석해 보고자 한다. 하지만 **참여의 편재성**의 문제를 해결할 만한 새로운 움직임은 딱히 존재하지 않으며, 이들 활동에서도 편재성의 문제는 여전히 나타나고 있다. 따라서 구체적으로 어떠한 지점에서 참여의 편재성이 나타나며, 이를 어떻게 해결할 수 있을지에 대해서도 논의하고자 한다.

나아가 글의 말미에서는 관악구에서 나타난 시민정치의 세 가지 문제점이 완전히 독립적이지 않으며, 한 가지 문제를 해결하는 것이 다른 문제의 해결에 도움을 줄 것이라는 가정에 근거해서, 새로운 거점의 탄생과 목표의 출현이 긍정적인 상호작용을 하는지, 또한 이러한 요소들이 참여의 편재성을 극복하는 원동력이 될 수 있을지를 비판적으로 검토해 볼 것이다.

Ⅲ. 도서관으로 거점치기

최근 관악구 시민정치와 관련하여 우선적으로 고려할 수 있는 대상은 작은도서관 사업이다. 기존 거점들의 기능이 축소되고 있는 시점에서 작은도서관이 그 바통을 넘겨받고 있기 때문이다. 실제로 관악구의 도서관 이용객은 2010년에 비해 두 배 가까이 늘어났다. 또한 작은도서관 사업을 진행하는 과정에서 발생한 여러 행위자 간의 협력은 사회적 자본(social capital)의 형성뿐 아니라 시민정치 역량의 조성에 기여하기도 했다.

1. 도서관에서 구청장을 보다

2010년 지방선거에서 유종필 구청장이 당선되면서 관악구에는 새로운 바람이 불기 시작했다. 국회도서관장으로 재직한 경력이 있는 유종필 당선인이 관악구의 지식복지를 활성화하기 위한 수단으로 작은도서관을 제시했던 것이다. 그는 지식복지를 다음과 같은 비유로 설명한다.

"해가 뜨면 누구나 햇빛을 볼 수 있는 것처럼 지식의 혜택을 누구나 받을 수 있게 하자는 거지요. … 밥을 먹음으로써 육체가 유지되는 것처럼, 지식을 흡수하지 않으면 정신이 공허해지잖아요?” – 유종필 관악구청장[5]

유 구청장에 따르면 도심재개발 사업과 상습수재지역 주민 강제이주 정책으로 인해 형성되었던 관악구에는 사회기반시설이 충분히 갖춰져 있지 않았고, 관악구 전체 면적의 약 60%가 공원녹지였기에 개발 가능한 토지 역시 부족했다. 따라서 산업시설을 유치해 지역 경제를 부흥시키는 것은 요원한 일이었다. 결국 주민들의 객관적 여건을 개선시키기보다는 삶의 질을 향상시킬 수 있는 방안이 필요했고, '걸어서 10분 거리 도서관 사업'이 지식복지 사업의 일환으로 시작되었다.

지난 4년 동안 추진한 도서관 사업의 성과는 괄목할 만하다. 2010년 5개에 불과했던 구립도서관이 2014년에는 43개로 늘어났다. 도서관 회원 역시 14만 명이 되었고, 대출 권수도 93만 권, 이용자도 183만 명 이상에 이르게 되었다.[6] 특히 관악구에서 독특하게 추진하고 있는 '지식도시락 배달 사업'[7]을 통해 배달된 책은 2014년 한 해 동안 27만 권에 달했는데, 배달된 책을 전부 쌓으면 관악산 높이의 9배가 될 정도로 많은 책이다.

주목해야 할 것은 관악구 작은도서관들이 도서 대출 서비스를 제공하는 것에 그치지 않고, 지역별 특성을 반영한 다양한 문화 프로그램을 기획하고 실행한 점이다. 현재 작은도서관에서는 독서토론, 도서관 1박 2일, 창의력 교실 등 200개가 넘는 독서 진흥 프로그램들이 운영되고 있고, 북 콘서트, 인문학 강좌, 명예 사서 교육, 다문화 프로그램, 리빙 라이브러리 등의 문화 사업 역시 펼쳐지고 있다. 또한 현재 210개가 넘는 독서 동아리가 등록되어 있는데, 구청에서는 각 동아리에 연간 50만 원 정도를 지원하고 있다.

---

5. 인터뷰 일자: 2015. 5. 27.
6. 2010년과 비교했을 때 2014년에 작은도서관은 5개에서 43개로, 도서관 회원은 73,092명에서 138,622명으로, 대출 권수는 480,117권에서 935,746권으로, 이용자 수는 989,285명에서 1,837,493명으로, 독서 문화 프로그램은 47개에서 248개로, 독서 동아리는 74개에서 211개로 각각 늘어났다.
7. 지식도시락 배달 사업은 관악구의 통합도서관망에 등록되어 있는 40개 도서관에 소장되어 있는 도서들을 인터넷 홈페이지나 스마트폰 어플리케이션을 통해 신청하여 택배로 받을 수 있도록 만든 것이다.

물론 작은도서관 사업이 순탄하게 진행된 것만은 아니다. '먹고 살기도 힘든데 무슨 도서관이냐?', '도서관 사업에 너무 많은 예산을 사용하는 것이 아닌가?', '도서관은 배운 사람을 위한 것이고 서민들에게는 그림의 떡이지 않냐?'는 등의 적지 않은 비판이 쏟아져 나왔다. 이에 대해 유종필 구청장은 다음과 같이 말했다.

2014 한 도서관 한 책읽기

도서관에서 1박2일

- 일시 : 8월 11일(월) 15:50 ~ 12일(화) 09:00
- 장소 : 관악문화관도서관 대강의실(주간), 어린이열람실(야간)
- 대상 : 초등학생 3, 4학년
- 인원 : 15명
- 접수기간 : 7월 20일~ 선착순
- 접수방법 : 관내 11개 구립도서관 방문 접수
- 문의 : 887-6890(506)
- 일 정

날 짜	시 간	내 용	장소
8월 11일(월)	15:50~16:20	입교식	대강의실
	16:20~18:20	개똥아~ 노올자~ (전통놀이)	
	18:20~19:00	저녁식사	어린이열람실
	19:00~19:30	책속보물찾기	
	19:30~20:30	청사초롱 만들기	
	20:30~21:30	인문학 독서 토론	
	21:30~22:30	한밤 야식	
	22:30~23:00	세면, 취침 준비	
	23:00~24:00	잠자리 그림책 읽기, 편지쓰기	
	24:00~01:00	영화 보기	
8월 12일(화)	07:00~08:00	기상, 세수 및 간단한 식사	어린이열람실
	08:00~08:30	아침 독서	
	08:30~09:00	퇴교식	

관악문화관도서관

그림 2.1 2014년에 진행된 도서관 1박2일의 계획표

"청사 앞에 구두 닦는 부부가 있어요. 그 사람들이 책을 이만큼 쌓아 놓고 있더라고요. 그게 뭐에요? 하니깐 구청 1층 작은도서관에서 빌린 거라고 하는 거예요. 그런데 옛날에 도서관이 멀리 서울대학교에 있을 때에는, 언제 구두 닦고 또 언제 책을 빌리러 가겠습니까. 가까이 있으니까 가서 빌려 보는 거지요. 또 여기 없는 것은 배달까지 해 주니까. 또 내가 길을 가는데 요구르트 파는 아줌마가 아이고 청장님 하면서 똑같은 얘기를 하는 거예요. 멀리 있을 때는 언제 요구르트 장사하다가 책 빌리러 가겠습니까. 집 가까이 있으니깐 빌리러 갑니다, 하는 거예요. 식당 아줌마들도 그렇고."

– 유종필 관악구청장

구두 닦는 부부가, 요구르트 파는 아줌마가, 식당 아줌마까지도 책을 자주 빌려 본다는 사실 자체가 작은도서관 사업이 배운 사람들만을 위한 사업이 아니냐는 비판에 대한 대답이 될 수 있다는 것이다. 또한 관악구청 통계연보에 따르면 2010년에 5개소에 불과했던 작은도서관을 현재의 43개소까지 늘리는 데 소요된 구 예산은 약 30억 원인데, 2013년 관악구의 총예산이 4,500억 원이었다는 사실을 감안한다면 작은도서관 사업 때문에 정작 필요한 다른 활동들을 하지 못했다는 비판 역시 적절치 않아 보인다.

적은 예산을 투입하고도 38개의 작은도서관을 만들 수 있었던 데에는 여러 가지 요인들이 작용했다. 첫 번째 요인은 기존의 공간을 '재활용(recycling)'했다는 점이다(Putnam and Feldstein, 2003). 가령, 청사 1층에 있는 '용꿈 꾸는 작은도서관'은 민원실로 사용되던 공간을 축소해 만들었고, 국내 최초로 시(詩)를 전문적으로 다루어 주목받았던 '관악산 시도서관'은 더 이상 사용하지 않던 관악산 매표소를 재활용했다. 물론 퍼트넘이 말한 재활용은 '버려진 채로 사용되지 않던 기존의 네트워크 및 공동체를 활용하는 것'이지만, 필자들은 이를 공간으로 확장하여 적용할 수도 있다고 판단했다. 우선 기존의 자원을 활용한다는 점에서 유사한 측면이 있고, 또한 조직의 재활용이 시간의 효율성을 증대시켜 준다면 공간의 재활용이 비용의 효율성을 제고해 준다는 점에서 사회적 자본의 형성 기제로서 재활용을 꼭 조직 재활용으로 한정할 이유는 없을 것이기 때문이다.

두 번째 요인은 바로 시민들의 자발적인 참여이다. 도서관 사업에 있어서 시민들의 참여는 '새마을문고'를 중심으로 펼쳐져 왔다. 1970년대 새마을운동의 일환으로 만들어진 새마을문고는 본래의 취지와는 다르게 지역 네트워크의 구심점이 되기보다는 폐쇄적인 모임이 되어 버렸다. 보관된 장서들 역시 제대로 관리가 되지 않아 이끼까지 끼어 있는 상황이었다. 하지만 새마을문고는 각 동의 주민센터에 위치해 있기 때문에 누구든지 쉽게 접근할 수 있다는 장점을 지니고 있었다. 이것은 작은도서관 사업의 취지와도 잘 맞아떨어지는 것이었기에 구청 직원들과 새마을문고 관악구 지부 회원들이 협력할 수 있었다. 이러한 협력을 통해 새마을문고는 작은도서관으로 새롭게 단장할 수 있었다.[8]

2. 도서관에서 민관 협력을 보다

관악구 청룡동에 있는 숯고을작은도서관은 제34회 국민독서경진대회에서 운영 부문 우수상을 수상했다. 국민독서경진대회는 새마을문고의 지부들이 모여

---

8. 글에서도 밝혔다시피 새마을문고는 현재 작은도서관으로 전환된 상태이다. 하지만 여타 작은도서관과의 구별을 위해 의도적으로 새마을문고라 칭하였다.

1년 동안의 활동에 대한 평가를 하는 것으로 숯고을작은도서관은 새마을문고 회원들의 자원봉사만으로 운영된다는 점을 높이 평가받아 우수상을 수상할 수 있었다.

새마을문고 관악구 지부 회원들이 열성적으로 활약할 수 있었던 원동력은 민과 관의 협력에 있었다. 애초에 유종필 후보가 작은도서관을 중심으로 한 공약을 제시했을 때, 새마을문고 측은 존폐의 기로에 놓였다는 위기의식을 느꼈다고 한다. 그러나 유종필 구청장은 다음과 같이 상생의 기본 원칙을 밝힌 후에 수차례의 간담회를 가지면서 신뢰를 쌓아 나갔다.

> "여건이 어려웠던 시절에 여러분이 했던 노고와 성과에 대해서 충분히 인정합니다. 그것을 인정하는 바탕에서 상생할 수 있게 도서관 사업을 하는 것이 나의 기본 방침입니다. 슈퍼마켇이 구멍가게를 몰아내는 것은 바람직한 방향이 아닙니다. 나를 믿으세요. 당신들을 홀대하지 않을 것입니다." – 유종필 관악구청장

양측은 지속적인 대화를 통해 새마을문고 발전에 관한 방안을 마련했다. 구청 측에서는 새마을문고를 리모델링하고 장서를 새로 구입했으며 관악구 전체의 도서관 시스템 안으로 새마을문고가 들어올 수 있도록 배려했다. 이 과정에서 구청은 새마을문고 회원들의 자율성을 존중했고 조직으로서의 새마을문고에 대한 간섭을 최대한 배제했다. 다만 새마을문고라는 이름은 작은도서관으로 대체할 것을 요구했다.

이렇게 새마을문고 회원들은 짧게는 1개월에서 길게는 4개월 동안, 적게는 3,000권에서 많게는 8,000권에 달하는 도서를 자발적으로 정리하기 시작했다. 책 한 권 한 권마다 라벨을 붙이고 전산망에 도서 정보를 입력했다. 현재까지도 회원들은 스스로 도서관을 운영하며 여러 가지 프로그램을 이끌어 오고 있다. 구청 측에서는 도서 구매비나 운영비 등을 지원하여 자발적 운영을 장려하고 있다.

새마을문고에 기반하지 않은 작은도서관에서도 민과 관의 만남은 이루어지고 있다. '도림천에서용나는도서관'에서는 '도림천을만드는주민모임' 등의 시민

사진 2.1 유종필 관악구청장과의 인터뷰 모습

단체들과 구청이 연계하여 하천 생태 체험 프로그램, 도림천 영상제, 교육 프로그램, 도깨비 마을학교 등을 진행해 왔다. 난곡주민도서관 새숲, 관악주민연대의 꿈마을도서관 등 사립도서관과도 마을공동체 사업을 통해 연계가 형성되고 있다.

특히 최근에는 도서관 개관 시간을 오후 6시에서 8시로 연장하는 프로젝트가 추진 중인데, 이미 5개의 도서관에서 구청의 제안을 자발적으로 수용했고 야간 개장을 실시하고 있다. 바로 새마을문고 회원들의 열정이 만들어 낸 일이라고 할 수 있다.

3. 도서관에서 주민과 주민의 만남을 보다

관악구에는 공립도서관뿐만 아니라 사립도서관들도 있다. 그중에서도 특히 주목할 만한 도서관은 바로 관악주민연대의 사무실이 위치해 있는 꿈마을도서관과 난곡동에서 25년간 주민들의 복지에 기여해 온 난곡주민도서관 새숲이다.

꿈마을도서관은 본래 관악주민연대 자체의 예산으로 운영되었고, 서울시에서는 200만 원의 도서 구입비만을 지원받았다. 하지만 구청과는 별다른 연계를 맺지 못하고 있었다. 그러던 중 2013년 서울시 마을북카페 지원 사업에 선정되면서 관악구와 협약을 체결하였고, 공간 리모델링을 위한 비용과 주민들을 위한 프로그램을 진행할 수 있는 비용을 지원받게 되었다. 본래 네트워크 형성을 위한 거점 기능을 염두에 두고 만들어졌던 꿈마을도서관은 이로써 더욱 쾌적한 환경에서 주민들의 모임을 주선할 수 있게 되었다. 하루에 30명 정도의 이용자가 방문하고 있으며, 2014년 총 대출 권수는 7,000권 정도로 인근 주민들의 많은 관심을 받고 있다. 진행 프로그램에는 초등학교 고학년 학생들을 대상으로 하는 꿈마을 서당, 중학생들이 만든 동아리, '꿈꾸는 인문학, 행동하는 시민' 등이 있다.

새숲도서관은 1994년에 만들어진 유서 깊은 사립도서관이다. 도서관학을 전공하는 학생들이 모여 남부국민고등학교에 공공도서관을 만들 당시의 새숲도서관은 5평 남짓한 공간에 3,000권 정도의 장서를 모은 정도에 불과했다. 그러던 1997년 외환 위기의 여파로 새숲도서관은 전환점을 맞게 되었다. 사람들이 생계를 위해 더 많은 일을 해야 했지만 아이들을 맡길 수 있는 시설이 부족했는데, 주변 공부방과 연계하여 새숲도서관에서 그 역할을 받아들였던 것이다. 이명애 새숲도서관장은 다음과 같이 증언한다.

사진 2.2 꿈마을도서관의 내부 모습

"난곡동은 외환 위기의 영향을 직격탄으로 받은 동네였어요. 아이들은 갈 곳을 잃었고 가정은 해체되기 시작했죠. 그렇기 때문에 저희가 가진 책들이 정말 유용해졌어요. 아이들이 갈 곳이 있는 거잖아요." – 이명애 새숲도서관장[9]

이렇게 몰려드는 아이들을 대상으로 새숲도서관은 지역단체들과 함께 무료급식 사업을 진행했다. 일자리를 잃어 급하게 도움이 필요해진 사람들을 위한 상담까지 도맡아 했고 실업 자금을 모금하여 직접적인 도움을 주기도 했다. 이러한 활동을 통해 지역사회에 공헌한 바가 크다고 평가받아 새숲도서관은 2000년에 대통령상을 수상했다.

하지만 점차 확대되어 오던 새숲도서관은 2011년에 전성기를 맞이한 이후 내리막길을 걷기 시작했다. 2011년 당시 도서관의 크기는 20평 정도로 확대되었고 보관 장서도 1만 권이 넘을 정도였다. 이용자가 너무 많아지자 도서관은 더 이상 쾌적할 수 없었고, 사람들이 발길을 끊기 시작했다. 주5일 수업제가 시행되면서 학생 이용자들도 덩달아 줄어들었다. 대응책을 강구하던 새숲도서관 관계자들은 결국 이사를 결심했고, 지금의 서울시 공공건물에 새롭게 둥지를 틀었다. 그런데 이사를 하는 과정에서 새숲도서관은 특별한 경험을 하게 된다.

"그때 엄마들이 매일 7~10명 정도가 나와서 작업을 같이했어요. 한 달 내내 했죠. 이사한 날에는 지역단체에서 자원봉사를 오신 분들도 계셔서 80명이 함께했어요. 이 일을 실무 활동가와 저 두 명이서는 할 수 없었죠. … 그러니까 맨날 밥도 해 먹으면서 굉장히 많이 친해졌어요. 그분들이 지금도 자원봉사 활동을 해 주세요. 청소나 책 정리 같은 것도 도서관에서 중요한 일이잖아요."

– 이명애 새숲도서관장

이 과정에서 형성된 신뢰와 연대는 이후 도서관을 운영해 나가는 과정에서도 큰 힘이 되었다. 특히 이사를 도왔던 주민들 중 많은 사람들이 2011년에 진행된

9. 인터뷰 일자: 2015. 5. 15.

사진 2.3 새숲도서관 3층에는 주민들의 만남을 위한 카페가 있으며, 동아리 활동을 위한 부대시설도 갖춰져 있다.

'아이의 마음을 읽는 책 읽기' 강좌를 통해 서로 이미 알고 있었고, 이들은 '생생수다'라는 이름의 책 모임을 꾸려서 이후로도 만남을 지속해 오고 있었다. 새숲도서관에서 진행되는 프로그램을 통해 시민들은 서로를 만나고, 관계를 형성하고 있었던 것이다.

관악구청이 작은도서관 정책에 비해 사립도서관에 큰 관심을 가지고 있지 않은 것은 사실이다. 하지만 마을공동체 사업을 통해 사립도서관은 구청과의 연계를 맺고 있으며 특히 자체적인 활동 과정 속에서 주민과의 네트워크를 지속적으로 유지해 나가고 있다. 특히 사립도서관은 공립도서관과는 달리 도서 제공 서비스에 그치는 것이 아니라 시민 네트워크를 형성하고자 하는 목적의식을 더 강하게 갖고 있어 시민정치의 훌륭한 거점이 될 수 있다.

4. 도서관에서 시민정치를 보다

이렇듯 도서관을 통해 주민들은 책을 빌려 보기도 하고, 책 모임에 참가하기도 하며, 인문학 강좌를 듣기도 한다. 새마을문고 회원들은 작은도서관의 운영 활동에 자발적으로 참여하고 있다. 특히 작은도서관은 지리적 접근성을 위주로 설치되고 주변 주민들을 주요 대상으로 하기 때문에 도서관을 자주 이용하는 주민들은 서로 접촉할 수 있는 기회를 더욱 많이 갖게 된다. 또한 낙성대공원 작은도서관이나 관악산 시도서관처럼 기존의 공간을 재활용했을 경우에는 기존에 주민들이 찾아가던 공간에 도서관이 생긴 것이므로, 주민들이 더욱 거부감 없이 도서관을 방문할 수 있게 된다. 이러한 점들을 고려해 본다면 관악구의 작은도서관은 거점으로서의 기능을 적절하게 해낼 수 있을 것으로 보인다.

관악구의 작은도서관은 주민들 사이의 만남을 중개하는 것 이상의 역할을 수행한다는 점에서 더 큰 의미를 지닌다. 먼저, 민관 협력이 지속적으로 이루어졌다. 새마을문고 관악구 지부와 관악구청은 자칫 잘못하면 갈등과 경쟁으로 비효율을 야기할 수 있었던 문제들을 협의를 통해 해결함으로써 새마을문고를 작은도서관으로 변신시키는 데 성공했다.

둘째, 주민들 사이의 협력이 성공적으로 이루어졌다. 올해 초 새숲도서관의 이사 과정에서는 '생생수다'를 통해 인연을 맺은 주민들이 큰 기여를 했다. 새마을문고를 작은도서관으로 전환하는 과정에서는 평균 6,000권의 장서를 정리하는 데 두 달 이상이 소요되었지만, 새숲도서관 이전 시에는 주민들의 도움으로 약 15,000권의 도서를 한 달 안에 정리할 수 있었다. 또한 주민들은 사단법인인 새숲도서관의 운영 과정에 직접적으로 참여하지는 못하지만 문화 프로그램 등을 통해 의사를 표현하고 있으며, 도서 정리나 청소 등의 운영 업무를 지속적으로 도와주고 있다. 사립도서관 역시 주민들 간의 협력을 지속적으로 유지해 나가는 데 일조했다고 볼 수 있다.

셋째, 도서관은 주민들을 위한 민주주의의 학교 기능을 수행하고 있다. 독서 과정에서 성장한 시민의식은 시민정치 역량의 강화로 이어질 수 있다. 또한 지속적인 독서 동아리나 책 모임 활동 등을 통해 상호 간의 신뢰가 형성될 수 있고, 타자(他者)에 대한 이해심을 기름과 동시에 심의(deliberation)를 습관화할 수 있다.

하지만 도서관이 거점으로서 제 역할을 할 것이라고 섣불리 전망할 수는 없다. 먼저, 도서관은 대여 서비스를 중심으로 발전할 가능성이 크다. 독서 동아리나 문화 프로그램 등이 진행되고 있지만 그것에 참여하는 주민들은 일부에 불과하다. 특히 지식도시락 배달 사업의 경우 주민들의 면대면 만남을 배제하기 때문에 사회적 자본의 형성에 있어서 오히려 부정적인 영향을 미칠 수도 있다.

보다 근본적인 문제는 주민들이 책 모임이나 인문학 강좌 등에 참여하는 유인이 바로 사적인 것이라는 점이다. 도서관 프로그램에 등록하는 주민 대다수가 시민정치를 실현하거나 사회적 자본을 형성하려는 공적인 목표를 갖고 있다고 보기는 어렵다. 실제로는 지식 습득이나 친목 활동이라는 사적인 이익을 충족시키기 위해 도서관을 찾을 개연성이 높다. 따라서 거점으로서의 도서관은 시민정치의 실현을 위한 필요조건일 수는 있지만 충분조건이 되지는 못한다.

> "수강을 신청한 이후에 강좌만 듣고 집으로 훅 가게 되면 소통할 시간이 없잖아요. 그런 분들이랑은 관계를 가지려야 가질 시간이 없는 거잖아요. 강좌가 끝나고 차라도 한 잔 하고 수다를 떨면서 일상적인 대화를 가져야 그 뒤로도 같이 만나게 되죠. 강좌는 하나의 매개일 뿐이에요." – 이명애 새숲도서관장

결국 작은도서관이 진정한 시민정치의 거점으로 거듭나기 위해서는 보다 다양한 프로그램을 마련할 필요가 있다. 현재 관악구에는 하나의 동에 두 개 이상의 작은도서관이 갖춰져 있어 주민들이 도서관에 접근할 수 있는 기반은 마련된 상태이다. 따라서 주민들이 도서관에서 '일상적인 대화'를 가질 수 있게 하는 유인만 주어진다면 도서관을 통해 면대면 만남이 형성되는 것 역시 가능할 것이다. 또한 문화 프로그램에 참가하려는 주민들 역시 도서관을 이용할 수 있다는 점에서 파급 효과가 발생할 수도 있다. 이렇게 대여 서비스 이상의 것들을 제공할 수 있다면 도서관은 시민정치의 거점이 될 수 있을 것이다.

Ⅳ. 마을공동체에서 다양한 목표 만들기

2012년 서울시에서 '마을공동체'란 이름이 재탄생했다. 2012년 3월 제정된 "서울특별시 마을공동체 만들기 지원 등에 관한 조례"에 따르면 주민 누구나 모

여서 '마을'을 기반으로 교육, 육아, 안전, 예술, 기업, 미디어, 에너지 등에 관한 사업을 제안하거나 공모하여 지원받을 수 있다. 또한 시에서 총괄하는 것과 별도로 각 자치구에서도 마을공동체 사업을 운영하도록 위탁했다. 서울시가 발표한 기본 계획에 따르면 이러한 마을공동체 사업의 3대 과제 중 하나가 '마을지향 민관 협력 거버넌스' 만들기다(서울시특별시, 2013). 즉 주민이 주도하는 민관협력 체계, 현장 밀착형 마을 인프라, 마을 지향적인 행정 시스템을 구축 및 정착하는 것이다. 여기서는 키워드인 '주민 주도', '인프라', '행정 시스템'을 중심으로 마을공동체 사업이 어떻게 서론에서 언급한 '공동 목표의 빈자리'를 해결해 주고 있는지 살펴본다.

1. 주민 주도의 마을공동체

관악구의 기존 지역 풀뿌리단체들의 활동은 마을 크기의 지역공동체를 타깃으로 한 것이었기 때문에 말 그대로 마을공동체적인 활동이었다. 그러나 재개발, 외환 위기, 임대아파트 등 주민들의 이해관계를 하나로 묶어 줄 가시적인 요인이 사라진 상황에서 마을공동체적 활동을 이끌 공동의 목표는 사라졌다. 이와 관련하여 서울시의 마을공동체 사업은 다음과 같이 다원화된 이익의 영역이 모두 꽃피우도록 장려하여 공동 목표의 공백을 대신 메우고 있는 것으로 보인다.

서울시와 관악구에서는 다양한 영역을 설정해 해마다 주민들에게 사업을 공모받고 심의위원회에서 사업 필요성, 공익성, 지속가능성, 파급 효과 등을 중점으로 심사하여 지원 여부를 결정하고 있다. 관악구의 공모 부문은 부모 커뮤니티, 다문화 마을공동체 활성화 지원 사업, 마을공동체 공동육아 활성화 사업, 에너지자립마을, 마을예술창작소, 마을미디어, 아파트 마을공동체, 기타 자율 의제의 주민 제안 사업 등을 포괄한다.

해마다 평균 20개 내외로 선정되는 사업들 중 2013년 사업부터 올해 2015년까지 지속된 사업은 난곡예술창작소 '달달한동네'와 '책, 꿈, 맘'이 있으며, 그 외 구청에서 우수 사례로 선정한 마을공동체 22개가 홈페이지에 게시되어 있다.

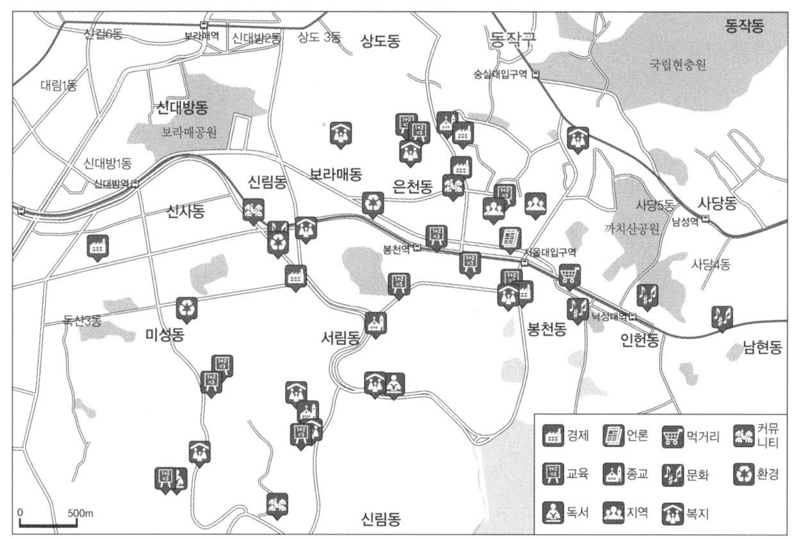

그림 2.2 관악구 내 다양한 마을공동체의 분포 현황을 보여 주는 관악구 공유지도

아래에서는 관악주민연대와 함께 오랜 기간 관악구의 풀뿌리단체로 존재해 온 사단법인 관악사회복지의 이웃사랑방과 비교적 신생 공간인 미루카페를 살펴보았다.

1) 마을공동체 공간 지원 사업 1: 아름다운다락방미루카페

2013년 관악구의 마을공동체 공간 지원 사업으로 선정된 아름다운다락방미루카페는 다양한 모임, 강좌, 창작 활동이 일어나는 문화 공간이다. 미루카페에서는 지금까지 마을 신문 만들기, 책 읽는 라디오 팟캐스트, 축제 기획 등 문화예술 관련 전문가 네트워크를 이용해 다양한 마을 단위의 문화예술 교육을 펼쳐 왔다. 직접 프로그램을 운영하기도 하지만 마을 활동가나 지역 청소년 또는 교육 프로그램 운영자들에게 활동 공간을 제공하는 것 또한 미루카페의 큰 역할이다.

그 역할을 보여 주는 대표적인 사례가 서울시에서 진행한 CPTED(Crime Prevention Through Environmental Design) 프로젝트에 참여한 일이다. 범죄 예

사진 2.4 밖에서 바라본 미루카페의 모습

방을 위해 환경 디자인을 바꿔야 할 동네로 행운동이 선정되었는데, 선정 지역 내에 마침 미루카페가 위치하고 있어 서울시에서 주민들을 위한 프로젝트 설명회를 부탁했던 것이다. 미루카페는 범죄예방 사업에 대한 취지를 설명하고, 교육 자료를 배포하고 지역 축제에서 범죄예방거리 만들기 캠페인까지 진행했다. 이에 대해 허성기 미루카페 대표는 자부심을 가지고 있다.

> "저희(미루카페)가 있었기 때문에 주민 독려나 참여를 높일 수 있었다고 생각해요. 타 지역(행운동 외 CPTED 대상으로 선정된 지역)에서는 이런 거점 공간이 없어요. 거점에 구심체적인 마을활동팀이 없는 거예요. 하드웨어적인건 돈을 들여서 다 범죄예방거리를 만들어 냈는데, 그거를 컨텐츠적으로나 커뮤니티적으로 풀어내는 데가 없었어요."
>
> – 허성기 미루카페 대표•10

이렇듯 미루카페는 지역 주민들뿐만 아니라 정부에게도 주민들을 만나는 소통의 장이 되어 준다. 그러나 미루카페와 같이 수익을 운영 목적으로 두지 않는 비영리단체는 자금난 때문에 단체를 유지하는 것 자체가 늘 위기에 놓인다. 허

---

10. 인터뷰 일자: 2015. 5. 26.

성기 대표는 그래서 서울시의 마을공동체 지원이 미루카페와 같은 단체들에게 활동의 안정적인 기반을 마련해 준다고 한다.

"비영리단체를 하면서 목적 사업을 하는 비용도 없는 상태에서 사람들 모으는 것도 일이고 돈이에요. 처음에는 모일 수 있지만 지속성을 생각했을 때 마중물이 없으면 안 돼요. 이 마중물 역할을 하는 게 서울시에서 생긴 거죠."

– 허성기 미루카페 대표

2) 마을공동체 공간 지원 사업 2: 이웃사랑방 3호점, 쉼표

2002년 사단법인 관악사회복지와 주민들의 출자로 문을 연 이웃사랑방 1호점은 주민 활동가 모임을 가졌고, 재활용 생활용품 나눔 및 마을복지 사업을 시작했다. 2009년 난곡동에 3호점이 열렸고, 2014년 난곡예술창작소 '달달한동네', 마을 연예 기획사 '놀자엔터테인먼트'와 협력하여 확장 이전해서 지금의 쉼표가 탄생했다. 현재 이웃사랑방은 주민들의 자발적 참여와 활동으로 운영되며 도서관, 재활용 매장, 공동 부엌, 연습실, 마당과 무대가 있는 쉼표는 주민들의 복합 문화 공간의 모습을 갖추고 있다. 도서관은 이웃사랑방 3호점이 이전하기 전 판매하던 책과 기부받은 책을 모아 공간을 만든 것이고, 재활용 매장은 주민들이 중고 생활용품을 교환, 판매, 구입, 기부하는 곳이다. 여기서 생기는 수익은 교복 지원과 장학 사업으로 환원된다. 공동 부엌에서는 한 달에 한 번 음식을 만들어 이웃과 나누어 먹는 활동이 이루어진다. 또 마당과 무대에서 주민들이 재능을 펼치는 전시와 공연이 이루어지며 방음 연습실은 주민 누구에게나 대여할 수 있도록 열려 있다. 이외에도 쉼표는 충분히 먹을 수 있지만 버려지는 동네 빵집, 분식점과 마을 가게의 음식들을 수거해 필요한 저소득층 어르신들에게 전달하는 복지 사업인 푸드뱅크의 배분처로 기능하고 있다.

이런 쉼표가 탄생할 수 있었던 것은 '이웃사랑방', '달달한동네'와 '놀자엔터테인먼트'가 연대하여 공간을 기획한 것을 바탕으로 '마을공동체 공간 지원 사업'의 지원이 있었기 때문이다. 이웃사랑방이 속한 사단법인 관악사회복지는 정부의 후원을 받지 않고 회원들의 회비로 운영되기 때문에 마을공동체 사업의 지

사진 2.5 쉼표 내부 도서관과 재활용 매장의 모습

원비가 위의 사업을 지속적으로 운영하는 데 중요한 역할을 한다.

2. 공동의 목표를 위한 인프라

미루카페 허성기 대표가 언급한 것과 다른 의미에서, 미루카페와 쉼표는 사회적 자본 구축의 '거점'이 된다. 물론 두 공간은 모두 1차적으로 주민들의 문화적 욕구를 충족시키는 생활 공간이라는 성격이 강하다. 그러나 중요한 것은 이러한 거점이 공동체적 기반을 만들어 준다는 점이다. 즉 모임의 목표는 개인적인 이익에서 출발하더라도 모임이 발전하여 공동의 문제를 해결할 수도 있다. 예컨대 쉼표에 책 읽으러 오는 주민, 재활용 매장에서 자원봉사 하는 주민, 소모임으로 찾아오는 주민은 각각 쉼표를 찾아온 목적은 다르지만 같은 공간에서 자주 마주치다 보면 대화를 나누고 그 속에서 쉼표나 지역 등에 대한 공감대를 가지게 된다. 공감대 형성은 관계를 맺는 시발점이고 그만큼의 신뢰는 퍼트넘이 강조하듯 장차 관계의 강화 및 확장으로의 연계를 촉진하는 네트워크로 발전할 수 있다. 결국 거점에서의 면대면 접촉은 일종의 시민정치적 인프라로 발전하는 데 필요한 기반으로 볼 수 있다. 공감대가 공동체적 목표의식으로 발전한다면 시민정치적 연대 또한 기대해 볼 만하기 때문이다.

그러나 서울시에서 이렇게 개별 공동체를 지원하는 시스템은 지역 차원의 관계망 형성에 오히려 독이 된다는 역설이 존재한다. 충분한 재정적 기반으로 자급자족 활동 여건이 갖춰지면 주민들에게는 오히려 연대의 필요성이 없어지기 때문이다. 이러한 역설적 상황에 대해 곽충근 관악주민연대 사무국장은 다음과 같이 설명한다.

"구청은 마을공동체 사업과 관련해서 중요한 '돈'이라는 도구를 가지고 있어요. 시민단체는 자본이 부족하기 때문에 가지고 있는 다른 도구가 '관계의 확장'입니다. 풀뿌리단체가 가지고 있는 가장 강력한 도구가 사람들 사이에서 소통시킬 수 있는 촉매의 역할이나 관계의 확장과 같은 것인데. 이러한 관계망이 한 번 만들어지면 시민단체는 빠져도 상관없습니다. 반대로 '돈'은 자생력이 없다는 측면에서 '관계'와 다릅니다. 행정에서 돈을 통해 만들어지는 공동체는 (금전적 지원이 중단될 경우에 언제든지 없어질 수 있다는 우려가 있습니다."

– 곽충근 관악주민연대 사무국장•11

곽충근 사무국장이 지적하듯 현재 관 주도의 마을공동체 사업은 '관계'가 아닌 '돈'으로 만들어진 공동체에 가깝다. 그렇다면 장기적으로 마을공동체 사업에 대한 열기가 떨어질 경우에 현재 존재하는 마을들이 지속력을 가지지 못할 것이라는 우려가 충분히 가능할 것이다.

3. 마을 지향적 행정 시스템: 마을만들기지원사업단

위에서 설명한 문제를 구조적으로 보완하는 역할을 하는 것이 마을만들기지원사업단(이하 지원단)이다. 지원단은 원활한 민관 협력을 위해 민과 관을 잇는 다리가 되도록 서울시에서 각 구에 위탁한 조직인데, 관악구의 경우 지원단이 생긴 계기가 특별하다. 관악구가 다시 마을공동체 중심으로 성장하길 바라며 28개의 풀뿌리단체와 10명의 개인이 연대해 관악마을마당을 창립했는데, 이들이 서울시의 '자치구 마을공동체 생태계 조성 사업'에 응모하여 2014년 4월부터

11. 인터뷰 일자: 2015. 5. 21.

마을만들기 지원 사업을 진행하기 시작했다.[12] 이들은 직접 사업을 꾸리지 않고 마을공동체 만들기의 기획, 교육, 지원, 컨설팅, 홍보 등 실무 지원을 담당하며 현재 구청의 마을공동체지원팀과 함께 마을공동체위원회를 구성하고 있다.

지원단은 마을공동체 활동가들을 교육하고 모임을 개최하며 단발적인 재정 지원을 넘어선 관계망을 만들어 마을의 지속성을 높이는 역할을 수행하고 있다. 또한 지원단은 현재 만들어진 관계망에 속하지 않은 주민들도 개별적으로 새로운 마을을 만들 수 있도록 그들이 스스로 모일 동기를 부여해 주고 있다. 민과 관 사이에서 실무를 전담하는 지원단의 존재는 기존 풀뿌리단체들의 마을공동체 활동과 차별화되는 관 주도 마을공동체 사업만의 특징이라 할 수 있다.

지원단 교육팀에서는 해마다 마을공동체 활동가, 일명 '마을지기'의 체계적인 발굴 및 양성에 힘을 쏟고 있다. 교육팀은 다양한 교육·홍보 활동으로 '마을공동체 인식 확산'에 기여한 것을 인정받아 서울시로부터 '마을공동체 육성 분야' 최우수상을 받기도 했다(박병국, 2012). 2014년에는 입문자를 위한 마을 의제 발굴을 돕는 마을학교가 총 4회 열렸으며, 마을리더 아카데미 6회, 심화 과정 10회, 마을공동체 촉진 교육 5회, 1박 2일 일정의 마을사업지기 촉진 교육 워크숍이 이루어졌다. 마을리더 양성과 역량 강화 교육인 마을리더 아카데미에서는 초청된 마을 활동가들이 그들의 경험과 갈등 해결 과정을 들려주며 직접 마을공동체 현장을 찾아가면서 관점을 정리하고 내적인 동기를 끌어내기도 했다.

> "교육을 통해 즉각적인 효과가 나기를 기대하는 것은 무리입니다. 사람이 한 번에 변하나요? 물론 교육을 통해 변화의 단초를 얻을 수 있지만, 변했다고 하는 것은 그 사람의 구체적인 실천의 과정에서 검증되고 영향을 주고받는 과정에서 어느 날 되돌아보면 '이만큼 왔구나'라는 생각이 드는 것이라고 생각합니다. 마을 활동에서 시민사회는 주요한 역할을 차지합니다. 다만 단체 주변의 묶인 주민들을 넘어 어려워하는 부분을 사업단에서 지원해 주고 있습니다."
>
> – 이종환 관악마을마당 활동가[13]

---

12. 『2015년 관악마을마당 총회 자료집』, p.3.

지원단의 교육 대상은 주로, 이미 마을 사업에 대한 경험이 있거나 마을교육을 받지는 않았지만 동네에서 마을 활동을 하고 있는 통반장들 및 주민 리더들이다. 이들은 오랫동안 주민센터를 통해 동 자치회, 방범대 등의 활동을 해 온 주체들이지만 지역의 시민정치와는 접촉면이 크지 않았다. 오랜 활동 경험이라는 자본을 가지고 있는 이들에게 지원단은 마을리더 교육을 통해 마을만들기의 동기부여 및 관계 형성을 지원하고 있는 것이며, 이는 어느 정도 성과를 보이고 있다.

예를 들어 교육 마지막 과정에 주민들로 하여금 마을공동체 사업을 계획하고 계획서를 직접 작성하여 실제 사업에 지원하도록 하는 프로그램이 있는데, 그 결과 2014년에는 교육받은 다섯 팀 중에서 한 팀이 실제로 지원 사업에 선정되기도 했다. 교육은 강의실에서만 이루어지는 것이 아니다. 주민이 요청하는 장소로 직접 찾아가 마을공동체에 대한 기본 개념 및 사업 제안서 작성법을 알려주는 마을상담도 마련되어 있다.•14 이와 같은 서비스는 관의 적극적인 지원 없이 민간 자체적으로 진행되기는 어려웠을 것이다.

교육과 함께 지원단 활동의 다른 한 축인 '모임'은 교육을 통해 성장한 '사업지기'들끼리의 관계 지속성을 강화하는 활동이다. 2014년 지원단은 사업지기 전체 모임을 주도해 사업지기들이 서로 사업을 공유하는 시간을 가지도록 했고 이를 계기로 그 후 공간, 문화 등 주제별 모임이 두세 차례 자체적으로 진행되었다. 또 올해는 난곡, 중앙동, 삼성동-대학동에서 권역별 모임을 진행 하고 있으며, 더 많은 권역들의 모임도 계획 중이다. 이러한 모임은 개별 사업의 이익을 넘어 에너지, 육아, 다문화 등 주제별 공동 목표 또는 권역별 지역의 공동 목표를 형성하고 이룰 네트워크를 형성하고 있다.

---

13. 인터뷰 일자: 2015. 6. 15.
14. 찾아가는 마을상담 서비스는 2014년 총 30회 진행되었다.

4. 마을공동체 사업의 양면성: 목표의 다양성과 참여의 편재성

마을공동체 사업의 장점인 이익 반영의 다양성이란 앞서 언급했듯 주민 주도의 마을만들기와 기존 풀뿌리단체의 인프라가 지원단 행정 시스템의 뒷받침하에 시너지 효과로 나타나는 것이다. 마을만들기 지원단의 홍보, 교육과 모임 아래 주민들은 먼저 기존 시민정치의 장에 한정되지 않고 자신들의 목소리를 직접 내는 방법을 터득한다. 또한 교육과 모임을 통한 관계망 구축 장려는 주민들의 사업이 재정 지원을 위한 단발적인 것으로 그치지 않도록 지속성을 길러 준다. 주민들의 목소리는 기존 단체들을 통해 간접적으로 반영되기도 한다. 상대적으로 불안정한 개별 사업들과 달리 오랫동안 기반을 길러 인프라가 구축된 이러한 단체들의 지속성을 보장해 주는 것도 행정 시스템이다.

한편 목표의 다양성을 장려하는 차원에서 사업의 의제와 분야를 서울시에서 먼저 직접 제시함으로써 다문화 의제처럼 사회적 약자에 대한 관심을 환기시켜 주기도 한다. 예컨대 '열린다문화키친'은 결혼이주여성을 대상으로 요리와 한글을 알려 주는 사업인데, 서울시의 다문화 마을공동체 활성화 사업이 아니었다면 결혼이주여성이 우리 사회에서 차지하는 전반적인 위치를 고려했을 때 쉽게 결집되기 힘들었을 것이다. 다문화 마을공동체 활성화 사업은 2013년부터 관악구, 구로구, 금천구와 같이 외국인 밀집 지역을 특별히 겨냥하여 외국인의 생활환경을 개선하고 내·외국인의 화합과 공존을 목표로 추진되고 있다.

그러나 이러한 장점이 어디까지나 특정 계층에 편재되어 있다는 점에서 분명한 한계를 가진다. 다문화와 같이 별도의 부문으로 인식되지 않는 이상 소수 집단의 소외가 일어나기 쉽기 때문이다. 예술창작소, 미디어, 에너지 등 기존 의제들은 중산층을 겨냥한 것이 대부분이다. 그중에서도 2014년과 2015년 부모 커뮤니티 분야의 사업 지원이 압도적으로 높은 것에서 알 수 있듯이 중산층 주부들의 참여가 가장 활발한데, 진정한 마을공동체 구축을 위해서라면 세대, 계층의 다양성을 어떻게 포괄할 것인지, 특히 여유와 유인이 비교적 적은 빈곤층의 참여를 어떻게 이끌어 낼 것인지가 관건이다.

"지금(의 시민정치)은 아주 다양한 주민들과 함께 뭔가를 같이 만들어 가는 운동으로 변화했으니까 조금 다른 거죠. 확장되었다고 할 수도 있고, 주민들과의 만남이 그만큼 이슈가 단일하지 않다는 것이기도 하고요. … 그런 측면에서, 어쨌든 조금 더 쉽게 조직되고, 조금 더 쉽게 목소리를 낼 수 있는 분들이 마을을 만들어 가게 될 수는 있겠죠. 그러한 과정에서, 기회의 측면에서 소외되기 쉬운 주민들이 만들고 싶은 마을, 함께 살아가는 마을에 대해서는 관점을 계속 유지해야겠죠."

– 홍선 관악사회복지 대표[15]

홍선 대표가 지적하듯 참여의 편재성 문제는 시, 구와 시민단체가 함께 풀어나가야 할 숙제다. 마을공동체 사업이 몇 년 되지 않은 이 시점에서 지금까지의 평가들을 내놓는 것은 시기상조일지도 모른다. 그럼에도 불구하고 마을공동체가 사라진 '공동 목표'의 자리를 대신하여 시민정치에 활기를 더해 줄 것이라는 기대는 충분히 해 볼 수 있다. 마을공동체 사업은 주민 공동의 이익을 대변하던 시민단체들의 활동이 축소되고 있는 상황에서 주민들이 직접 자신의 다양한 이익을 반영하고 주체적으로 문제를 해결할 수 있는 기제를 마련해 준다. 즉 마을공동체 사업은 주민 개인의 역량을 강화할 뿐만 아니라 기존 단체들에게도 안정적인 디딤돌을 마련해 줌으로써 주민들의 다양한 활동을 보장해 준다. 정치가 공동체에서 발생하는 공동의 문제를 해결하는 것에 기원을 두고 있다는 점을 생각해 본다면 마을공동체 사업은 당사자인 주민들에게 시민단체나 정부 조직에 속하지 않고도 직접 자신의 문제를 해결할 수 있는 기반을 제공한다고 할 수 있다.

V. 의정모니터링으로 공동 목표 다시 만들기

공동의 목표가 부재하는 상황에서 마을만들기는 하나의 큰 목표가 아닌, 주민

15. 인터뷰 일자: 2015. 5. 22.

들의 보다 다원화되고 다양한 목표들에 집중했다. '마을을 만들자'라는 느슨한 연결 고리 아래에서 다양한 공동 목표들이 제시되고 실현되었다. 의정모니터링은 이와는 다른 방향으로, 활동의 주체 및 목표 대상이 '마을'이 아닌 '관악구민 전체'로 설정되어 있는 활동이다.

관악주민연대는 2013년부터 의정모니터링 활동을 진행했다. 주민들로 구성된 의정평가단은 이 활동을 통해서 관악구 의회의 본회의, 상임위회의에 직접 참여하여 구의회 의원들이 어떤 일을 하는지를 직접 관찰하고 의원들의 활동을 평가하였다.

1. 의정평가단 활동의 목적과 의의

관악주민연대에서 발행한 『제6대 관악구의회 의정 활동 평가 보고서』에서는 의정모니터링 활동의 의의를 크게 다음의 세 가지로 보고 있다. 첫 번째는 생활정치에 대한 주민들의 참여를 이끌어 내어 풀뿌리 민주주의의 자양분으로 삼을 수 있다는 것이고, 두 번째는 의정 활동과 시민사회 간의 건강한 긴장 관계를 만들 수 있다는 것, 그리고 마지막으로는 시민사회의 자치 역량을 강화할 수 있다는 것이다. 이러한 목적은 관악주민연대의 곽충근 사무국장의 말에서도 잘 드러난다.

> "주민들의 일상생활에 가장 큰 영향력을 미치는 결정들은 구의회와 구청에서 일어납니다. 의정모니터링 활동은 주민의 눈으로 주민의 생활에 영향을 주는 정책결정 과정을 지켜보고 참여하는 '생활정치활동'이라고 할 수 있죠. … 정치적인 욕구는 주민들의 다양한 욕구 중 하나로, 이 욕구는 단순히 권력 획득의 욕구라기보다는 권력 기득권을 견제하고, 비판하고, 감시하고 싶어 하는 욕구라고 할 수 있어요. 의정모니터링 활동은 이러한 정치적 욕구가 모여서 이루어진 것이라 할 수 있어요."
>
> – 곽충근 관악주민연대 사무국장

직접 의정평가단 활동에 참가한 이들도 활동 참가의 동기를 묻는 질문에 비슷

사진 2.6 의정모니터링에 참가한 의정평가단의 모습

한 대답을 했다.

"관악구 의원들의 의정 활동과 관악구청의 행정이 올바르고 공정하게 집행되는지 감시와 견제의 역할을 하기 위해 참여하게 되었습니다."

– 고석군 1기·2기 의정평가단원•16

"생활정치라는 말을 하고는 있지만 정작 내 주변 삶의 가장 밀접한 영향력을 가지고 있는 구의회가 어떻게 진행되고 있는지 궁금했어요. … 우리는 정치인을 뽑아 놓고 어떤 활동을 하는지 관심을 가지고 있지 않잖아요. (유권자들은) 적극적으로 참여해서 (정치인들이) 어떤 일을 하고 있는지 감시하고 평가해서 (정치인들이) 스스로 잘할 수 있도록 만드는 책임을 가지고 있어요. 이러한 유권자로서의 역할과 책임을 다하기 위해서 활동에 참여하게 되었습니다."

– 이미자 1기·2기 의정평가단원•17

---

16. 인터뷰 일자: 2015. 5. 29.
17. 인터뷰 일자: 2015. 6. 5.

여기서 보듯, 의정평가단의 활동은 마을만들기와는 그 활동 범위가 다르다. 의정평가단이 추구하는 목표는 관악구 모든 주민들에게 혜택을 준다. 이는 주거 지역이나 관심사에 따라서 묶인 작은 집단들을 기본 단위로 하는 마을만들기와는 분명히 구분되는 부분이다. 또한 의정평가단이 관심을 가지는 대상은 국회가 아닌 지방의회라는 점도 특기할 만하다. 이들의 관심사가 중앙 정치가 아니라 그들의 생활과 가장 직접적으로 연관되는 일상적인 결정들임을 보여 주기 때문이다. 즉 의정평가단의 활동은 '생활정치' 참여를 통해 관악구 주민들의 공공복리를 증진시킨다는 공동 목표를 가지고 있다고 할 수 있다.

2. 의정모니터링의 효과와 한계

관악구 시민정치의 위기 속에서 나타난 의정모니터링은 그 역할을 제대로 수행하고 있을까? 이를 평가하기 위해 의정평가단의 활동을 '주민들의 참여'와 '활동의 파급력'이라는 두 개의 측면으로 나누어 분석하고자 한다. 이는 '참여의 편재성'이 우려되는 현재의 상황에서 의정평가단 활동이 양과 질적으로 풍부한 주민의 참여를 유도하고 있는지, 이러한 주민의 참여를 바탕으로 추구되는 '공동목표'가 평가단 활동에 참여하지 않은 주민들에게까지 확장될 수 있는지를 검토하기 위함이다.

1) 참여의 두 얼굴

의정평가단원 모집은 불특정 다수를 대상으로 한 홍보를 통해 이루어졌다. 예컨대, 1기 의정평가단원을 모집할 때에는 2호선 지하철역인 서울대입구역과 신림역에 의정평가단원을 모집한다는 플래카드를 붙여서 단원을 모집했다. 의정모니터링 활동 자체가 관악주민연대의 주도하에 이루어지는 것이기 때문에 관악주민연대의 활동에 원래 관심을 가지고 있던 주민들이 의정평가단원으로 활동하게된 것은 불가피하지만, 관악주민연대와 큰 접점을 가지고 있지 않은 주민들 역시 의정평가단 활동에 관심을 가지고 참여하였다. 특히 생업에 종사하는 것으로도 바쁜 중·장년층 남성들이 관심을 가진 것은 고무적인 부분이었다.

이들 중·장년층 남성이야말로 다른 어떤 지역 활동들을 통해서도 드러나지 않았던 계층이었기 때문이다.

> "2013년에 현수막, 게시판 등의 방법을 통해 불특정 다수의 사람들에게 의정평가단원 모집을 홍보했어요. 그리고 지원자들을 모아서 이들의 면면을 보았는데, 마을공동체 활동에서는 잘 드러나지 않았던, 중·장년층 남성들이 꽤 모여 있더라고요." – 윤지민 관악주거복지지원센터 팀장[18]

이는 의정평가단 활동이 '정치'에 대한 욕구를 가지고 있는 중·장년층 남성들에게 흥미 있게 다가갔음을 잘 보여 준다. 그러나 이것만을 가지고 의정평가단 활동이 참여의 편재성을 극복했다고 말하기는 힘들다. 의정평가단의 규모 자체가 한 기수에 수십 명 남짓으로 작은 편이기 때문에 구민들의 참여가 양적으로 충분하지 않다는 문제 제기가 가능하다. 또한 구의회 회의들이 직장인들의 근로 시간대인 평일 오후에 열리기 때문에 의정평가단의 구성이 주부나 은퇴한 장년층 혹은 비교적 근로시간이 자유로운 자영업자로 한정될 수 있다는 문제 역시 존재한다. 흥미롭게도, 의정평가단 활동은 지역 활동에 적극적으로 참여하지 않았던 중·장년층 남성의 참여를 유도하는 데는 성공했지만, 오히려 이전까지 지역 활동의 중심이 되었던 주부들의 참여가 저조했다는 특징을 가진다.

> "적극적인 참여와 활동의 문제를 해결하는 면에서 본다면 주부들이 적극적으로 활동을 해 주면 좋을 것 같은데 현실은 그들이 내 자식 키우는 것에만 목숨 걸고 이쪽에는 관심을 기울이지 않는 것 같았어요. 주부들을 참여시킬 수 있는 방법을 찾아보는 것도 우리의 역할일 것 같아요." – 이미자 1기·2기 의정평가단원

이렇듯 의정평가단 활동은 양적으로도, 질적으로도 충분한 수준의 참여를 이끌어 냈다고 보기는 어렵다. 하지만 참여를 유도하기 어려웠던 중·장년층 남성

18. 인터뷰 일자: 2015. 5. 27.

들의 참여를 일부 이끌어 내는 데는 성공했다. 또한 구의회가 존속하는 한 의정평가단 활동 역시 지속될 수 있다는 점에서 의정모니터링은 앞으로 보다 폭넓은 계층의 참여를 유도할 수 있을 것으로 보인다.

2) '공동의 것'이 되지 못한 의정평가단의 공동 목표

위에서 보듯, 의정평가단 활동에 참여하는 주민은 전체 주민의 극히 일부에 불과하다. 따라서 의정평가단의 목표가 달성되기 위해서는 주민들의 참여를 늘리는 것을 넘어서, 활동의 결과를 지역 주민들과 적극적으로 공유할 수 있어야 한다. 이러한 '공유'의 과정이 오히려 의정평가단 활동 그 자체보다 더 중요할 수 있는 것은, 우선 앞에서 보았듯 실제 의정평가단 참여자가 수적으로도, 계층적으로도 한정되어 있기 때문이다. 의정평가단이 단순히 평가단으로 활동하는 사람들의 성장이나 자기만족으로 끝나지 않기 위해서는 평가단의 활동 결과를 구민들과 공유하여 교육 효과를 나누어야 한다. 또한 '공유'의 과정은 의정평가단의 활동이 구의원들을 비롯한 정치인들에게 실질적인 영향력을 행사하기 위한 중요한 조건이 된다. 의정 활동을 모니터링 하는 유권자의 수가 늘어날수록, 의원들이 더 신경 쓸 것은 명백하기 때문이다.

그러나 이 지점에서 현재 의정모니터링 활동의 한계가 가장 많이 드러나고 있다. 의정평가단의 활동과 그 평가 보고서가 지역 언론을 중심으로 많이 보도가 되고, 이것이 지역사회에 어느 정도의 반향을 불러일으킨 것은 부정할 수 없는 사실이다. 그러나 애초에 지역 언론을 접하는 주민의 수가 적은 상황에서 의정평가단의 활동이 더 큰 단위의 중앙 언론에서까지 보도되지는 못하였기에 평가단의 활동이 더 큰 물결을 일으키지 못하고 '찻잔 속의 태풍'으로 끝나 버린 것이 아닌가 하는 우려가 존재한다.

"(의정평가단이) 가장 중요한 효과를 발휘하지 못했어요. 우리들의 역할은 의회의 활동을 주민들과 함께 공유하고 나누어서 의정 활동이 잘 이루어지게끔 하는 것이었는데, 주민들에게 의정 활동들이 알려지지 않았어요. … (어떤 의원이) 의정 활동을 얼마나 잘하고 있는지 직접 보고 느꼈던 우리들이 주민들에게 그들의 활

동을 전달하지 못했고 공유하지 못한 거죠. 의정평가단의 역할이 꼭 선거에 어떤 영향력을 행사하는 것은 아니더라도, 유권자에게 최소한 선택의 폭과 기준을 만들어 줄 수는 있었어야 했는데, 그것조차 이루지 못했어요. 그것이 우리의 한계점이라고 생각해요." – 이미자 1기·2기 의정평가단원

1기·2기 의정평가단으로 활동했던 고석군 단원 역시 이러한 문제를 지적하고 더 많은 주민들에게 의정평가단의 활동을 알리기 위해서 우편으로 의정평가 결과를 각 가정에 보내거나, 전단지를 만들어 주요 지역에서 배포하는 방식 등 다양한 방식의 홍보가 필요하다고 지적하기도 했다.

이렇듯 의정평가단의 활동이 지역 주민들에게 제대로 전달되지 못했고, 의정평가단이 의도했던 결과를 내고 있지 못하다는 자조적인 평가들이 존재하는 것은 사실이다. 이는 의정평가 활동이 이제 2년이 되었다는 점을 감안한다고 해도 아쉬운 부분이다. 그러나 관악주민연대와 의정평가단원들이 '공유'의 중요성을 인식하고 있고 방안을 모색하고 있다는 것 역시 틀림없는 사실이기에, 개선의 여지를 기대해 볼 수 있다.

3) '지속적인 것'이 되지 못한 의정평가단의 효과

의정평가단 활동은 시민사회와 의회정치 사이에 건전한 '긴장 관계'를 형성하는 것을 중요한 목표로 삼고 있고, 이것이 의정평가단의 근본적인 존재 의의라고 할 수 있다.

"주민들이 구의원들이 하고 있는 회의를 지켜보고 있다는 그 긴장감만으로도 구의원들의 결정 과정에 영향을 미칠 수 있습니다. 구의원들이 더 긴장감 있게 준비하고 회의하게 만드는 것이죠." – 곽충근 관악주민연대 사무국장

또한 2014년에 의정평가단 활동을 주도한 윤지민 관악주거복지지원센터 팀장은 2014년 2월 발간한 의정평가단 보고서가 2014년 각 당의 공천 과정에 일부 영향을 주었다고 말한다.

“당시 민주당, 새누리당 공천에도 상당히 영향을 줘서 실제로 새누리당 쪽 구의원들이 대폭 물갈이되기도 했어요. … 어쨌든 거대 양당의 공천에 영향을 준 것은 사실인 것 같아요.” – 윤지민 관악주거복지지원센터 팀장

그러나 이러한 효과들은 실증적으로 측정되고 계량되기는 힘든 측면이 있다. 『제6대 관악구의회 의정 활동 평가 보고서』에서도 이러한 어려움이 언급되어 있고, 실제 활동을 주도한 관악주민연대의 활동가들도 이러한 효과 측정의 어려움을 인식하고 있다. 또한 이런 효과들이 어떠한 방법으로 측정될 수 있는가의 여부를 차치하더라도, 실제로 의정모니터링이 이러한 효과를 내고 있는 것은 맞는지, 그 자체에 대해서 회의적인 입장도 있다.

“일개 지역 시민단체의 ‘의정평가단’이다보니, 구의원들이 본회의 때나 행정 사무감사 때와 같은 회의 중에만 (의정평가단을) 약간 의식하는 정도이며, (의정모니터링이 의원들에게) 그렇게 큰 정신적인 부담감으로 작용하지는 않는 듯해요.”

– 고석균 1기·2기 의정평가단원

또한 이러한 긴장 관계가 존재한다고 하더라도, 이것이 선거 기간에만 형성되는 것처럼 보이는 것 역시 고민거리다. 의정평가단 활동이 2014년 지방선거에 어떤 방식으로든 영향을 주었고, 그에 따라 지역 언론들의 주목을 받았던 것은 사실이지만 이러한 영향력이 비선거 기간에도 지속된 것은 아니기 때문이다. 이는 의정평가단 활동을 ‘생활정치’의 측면에서 규정하고, 그것을 표방하고 있는 의정평가단으로서는 달갑지 않은 문제다. 이미자 단원 역시 의정평가단 활동이 “우리 사회가 가지고 있는 정당 중심, 지역 중심의 선거 프레임이 우리 구에서도 그대로 적용되었다.”며 아쉬움을 표현했다. 관악주민연대에서도 이러한 문제를 인식하고 다양한 방안을 모색하고 있다. 곽충근 관악주민연대 사무국장은 구의회, 지역 시민사회단체와 업무 협약을 맺어 의정평가단을 운영하는 방안, 일상적으로 구의회 활동에 참여할 수 있는 소통 창구로 의정모니터링을 재규정하고 운영하는 방안 등 다양한 고민을 하고 있으며, 이는 앞으로 풀어 가야

할 과제라고 말하고 있다.

4) 더 나은 의정평가단을 위한 제안

그렇다면 의정평가단 활동을 더욱 발전시키면서도 지속가능하게 만들기 위해서는 어떤 방책이 필요할까? 먼저, 평가단의 규모를 확대함으로써 양적인 측면의 참여를 제고해야 한다. 현재 의정평가단 활동은 관악주민연대의 주도로 진행되고 있다. 하지만 더 많은 주민들의 참여를 유도하기 위해서는 지역 내 다른 단체뿐 아니라 구청 측과의 협력을 꾀할 필요가 있어 보인다.

둘째, 회의를 인터넷으로 중계하거나 회의 현장을 녹화하는 등의 방법을 통해 의정평가단 활동에 참가하지 못하는 계층의 참여를 유도해야 한다. 의정평가단이 비교적 다양한 계층의 사람들로 구성되어 있기는 하지만 근로자나 저소득층이 참여하기에는 제한적인 구조로 되어 있다. 지금도 회의가 인터넷으로 생중계되어 원격 시청이 가능하지만 화면이 고정되어 있어 의원들의 모습을 모두 볼 수 없으며, 생중계되는 시간을 놓치게 되면 더 이상 방송이 되지 않아서 직장인들에게 실질적인 접근성이 보장되지 않는다. 따라서 의회와의 협의를 통해 회의가 촬영되는 범위를 확대하고 회의 장면을 녹화하여 현장에 없는 사람들과 생중계를 시청할 수 없는 사람들의 사후 모니터링을 가능하게 만든다면 참여자의 계층이 더욱 다양해질 수 있다.

셋째, 의정평가단원의 역량을 강화하기 위한 교육을 보다 전문화하고 단원들을 각 분과별로 나누어 배정한다면 더 효과적인 모니터링이 가능할 것이다. 의회 회의들이 평일에 진행되고 회의의 항목들도 매우 다양하다 보니 의정평가단원들이 모든 회의를 참관하는 것은 현실적으로 불가능하며, 설사 이것이 가능하다 하더라도 비효율적이다. 평가단 한 명 한 명이 모든 회의에 참가한다면 단원의 전문성이 떨어질 뿐 아니라, 모니터링에 대한 평가단원 개인의 책임감이 저하되어 결국 전체적인 평가의 밀도 역시 떨어질 것이다. 평가단을 각 분과별로 배정하여 팀을 만들고, 각 팀 단위로 해당 분과에 대한 전문적인 교육을 실시하여 회의에 투입한다면 전문성이 확보될 뿐 아니라 책임감 또한 강화되어 더 효과적인 의정평가 활동이 가능할 것이라 기대할 수 있다.

넷째, 보다 적극적인 홍보가 필요하다. 평가단원들을 모집하는 것뿐만 아니라, 그 활동과 평가 내용을 보다 활발하게 홍보할 필요가 있다. 모집 홍보를 위한 다양한 채널을 마련하는 것도 중요하지만 무엇보다도 의정평가단의 지속가능한 활동을 위해서는 활동 실적, 즉 구의회에 대한 평가 내용을 구민들에게 전달할 필요가 있다. 의정평가단 활동이 무의미하다는 평가가 고착되면 사람들은 점점 발길을 끊게 될 것이다. 하지만 앞서 언급했던 것처럼, 평가 결과를 우편으로 발송하는 등의 방법으로 의정모니터링 활동을 홍보한다면, 사람들은 의정모니터링의 실효에 대한 믿음을 가질 수 있고, 그렇게 믿음을 가지는 것 자체가 역으로 의정모니터링 활동을 더욱 효과적으로 만들어 줄 수 있다. 더 많은 관객들을 거느리게 된 의정모니터링에 대한 구의원들의 관심이 더욱 높아질 것이기 때문이다.

3. 의정모니터링으로 시민정치를 보다

의정모니터링은 지역적 접근성, 즉 그저 같은 지역에 속해 있다는 것으로 규정되는 '주민'을 '시민'으로 새롭게 태어나게 해 준다. 의정모니터링에 참가한 주민들은 남의 일로만 여기던 정치가 실제로는 자신의 생활에 밀접하게 연관되어 있다는 것을 깨닫게 된다. 이러한 의식의 변화를 통해 주민들은 자신의 문제를 남이 아닌 자신의 손으로 해결될 수 있다는 것을 알게 되고, 주체적인 시민으로 탈바꿈하게 된다. 또한 의정모니터링은 '마을만들기'만으로는 형성될 수 없었던 공동 목표를 만들어 낼 수 있다는 점에서 특히 고무적이다. 즉 의정모니터링이 대상으로 삼고 있는 구의회는 구민 전체의 이익을 대변하는 기관이며, 이를 감시하는 것은 구민 전체의 이익을 증진시키는 것이라는 점을 감안할 때 의정모니터링은 공동 목표를 지향하고 있다고 할 수 있다.

이는 공동 목표의 상실이라는 문제점에 대한 마을공동체와는 다른 차원에서의 해결책이 된다는 점에서 또 하나의 가능성을 보여 준다. 물론 현재 의정평가단의 모습은 완벽하지 않다. 우선, 의정평가단의 활동이 구의회에 대해 지속적인 영향력을 행사하기 어렵다는 한계가 있다. 또한 중·장년 남성층의 참여를 어느 정도 이끌어 내긴 했지만, 활동 시간 등의 현실적인 한계 때문에 여전히 편재적인 참여를 보였다. 이는 의정평가단 활동도 서론에서 서술한 관악구 시민정치 전반의 한계를 극복하지 못하고 있음을 시사한다. 지속적으로 구의회에 영향력을 미칠 수 있는 방안과 보다 근본적으로, 다양한 계층에 있는 구민들의 실질적 참여를 이끌어 낼 수 있는 방안이 강구된다면 의정평가단은 더욱 의미 있는 활동을 해 나갈 수 있을 것이다. 이를 통해 궁극적으로 의정평가단이 관악구 시민정치의 밑거름이 되기를 기대해 본다.

VI. 나가며

서론에서 살펴본 것처럼, 관악구 시민정치는 참여의 편재성, 거점의 부재, 공동 목표 상실이라는 세 가지 문제를 가지고 있다. 본 글은 이들 문제 중 두 가지와 관련된 **거점**과 **공동 목표**의 새로운 방향을 제시하는 세 사례 **작은도서관, 마을공동체, 그리고 의정모니터링을 중심으로** 관악구의 시민정치를 소개하였다.

먼저 구청 주도의 도서관 사업에서 개발한 작은도서관들은 지역적 접근성이 높아 주민들이 찾아가기 쉬우면서도 기존에 주민들이 활용하던 공간을 재활용했다는 점에서 거점으로서 사회적 자본의 형성에 기여할 수 있는 바가 크다고 보았다. 그러나 도서관에서 일어나는 주민들의 만남은 친목 활동이나 문화 프로그램에 가깝다. 즉 그것은 단순히 주민들 스스로의 욕구를 충족시키기 위한 것이기 때문에 시민정치의 구현이라고 보기 어렵다.

도서관 사업이 거점을 제공하는 정도에 머물렀다면, 마을공동체 활동은 거점을 제공할 뿐만 아니라 과거와는 다른 형태의 '공동 목표'를 제시하고 있다. 마을공동체 사업은 에너지, 육아, 교육, 예술 등 다원화된 이익을 중심으로 주민이 직접 주도해서 사업을 꾸려 나갈 수 있도록 금전적 지원을 할 뿐만 아니라 교육과 모임으로 지속가능한 인프라를 구축하고자 한다. 그러나 그 지속가능성은 아직 시간을 두고 지켜봐야 할 문제이다.

의정모니터링 활동은 구정 감시라는 새로운 공동의 목표를 제시한다. 구의회에서 결정되는 사안들이 관악구 주민 전체에 영향을 미친다는 점에서 마을만들기 사업보다 훨씬 큰 범위의 공동 목표를 제시하고 있으며, 의정모니터링 활동이 활발해질수록 관악구민 전체의 공익도 증대될 것이다.

빈민 운동 이후 기존 거점들이 사라지고, 새로운 공동 목표로서의 구심점이 제시되지 못한다는 문제를 겪고 있던 관악구의 시민정치는 작은도서관 사업, 마을공동체 사업, 그리고 의정모니터링을 통해 새로운 바람이 일고 있다고 할 수 있다. 물론 여전히 참여 계층이 제한적이라는 문제는 해소되지 않았다. 하지만 거점의 형성과 공동 목표의 설정이 시민정치 역량 전반을 강화시키는 데 기여할 수 있다는 점으로 미루어 볼 때, 앞으로의 관악구의 시민정치에서 참여의 편재성과 그로 인해 양산되는 이차적인 문제들은 차츰 완화될 수 있을 것이다.

엄마, 구로를 부탁해

김준영, 송지원, 이수한, 장요한

Ⅰ. 구로공단에서 구로디지털단지까지: 구로 시민정치의 역사

Ⅱ. 구로 시민정치를 이끄는 주부들의 눈과 손

Ⅲ. 활짝 꽃핀 시민정치를 향해

요약

구로구의 시민정치를 다루는 본 글에서는 탄탄한 주부 네트워크와 함께 주부 네트워크-관 사이의 민관 협력을 살펴볼 것이다. 구로구의 다양한 시민단체는 보육, 교육, 바른 먹거리에 대한 관심을 표방한다. 노동운동 세대 이후(1990년대~2000년대 초반)에 구로구에 자리 잡은 활동가들(1세대 활동가)은 교육과 보육에 관심을 가져왔다. 1세대 활동가들의 운동은 교육과 보육의 필요성을 가진 일반 주부들의 참여를 이끌었다. 일반 주부들은 학교운영위원회에서 1세대 활동가들과 만나기도 하고, 활동가 단체에서 제공하는 보육 프로그램에 아이를 맡기면서 1세대 활동가들과 만나게 되었다. 또한 구로아이쿱생협의 설립으로, 바른 먹거리를 고민하는 주부들과 환경운동가들이 만나게 되었다.

보육과 교육, 바른 먹거리에 관심을 가졌던 일반 주부들은 1세대 활동가의 운동 방향에 공감하고 그것에 적극적으로 참여하면서 2세대 활동가로 거듭났다. 그들을 2세대 활동가라고 부를 수 있는 이유는 그들이 예산 감시 활동에 참여하기도 하고, 서명운동을 통해 조례 제정에 영향력을 행사하기도 했으며, 직접 구로아이쿱생협의 이사장이 되기도 했기 때문이다. 우리는 1세대 활동가에 대해 공감하면서 나름대로의 네트워크를 꾸려 가고 있는 2세대 활동가와 그들의 모임 혹은 네트워크에 대한 관심을 가지고 있다. 1세대 활동가와 2세대 활동가의 만남 속에서 2세대가 습득한 시민정치의 경험, 이후 2세대의 자생적인 성장, 나아가 2세대 활동가들이 대거 참여한 민관 협력 사례인 '혁신교육지구 사업'에 대해 살펴볼 것이다. 나아가 2세대 활동가들의 주부 네트워크가 성공적인 민관 협력 체제를 이끌었다고 주장할 것이다.

Ⅰ. 구로공단에서 구로디지털단지까지: 구로 시민정치의 역사

도로를 따라 늘어서 있는 커다란 패션 아웃렛 건물들, 깔끔한 모습으로 우뚝 솟아 있는 첨단 아파트형 공장들. 요즘 구로구 하면 대부분의 젊은이들에게 떠오르는 이미지가 아닐까 싶다. 하지만 이렇게 화려한 건물들로부터 멀지 않은 곳에 수많은 이주노동자들이 '벌집'이라 불리는 쪽방에서 살고 있다. 주민들이 '가리베가스'라고도 부르는 가리봉시장과 그 주변 지역이다. 다른 한편에는 재래시장의 모습을 간직한 구로시장이 있다. 수십 년 전 여공들이 저임금 장시간 노동을 견디며 일했던, 그러나 지금은 디지털단지가 되어 버린 구로공단이 주변 지역에 남긴 흔적들이다.

구로공단은 1966년 시작되었다. 산업 역군이라는 이름 아래 가혹한 노동환경이 펼쳐진 곳이었고, 그만큼 노동자들의 권리를 지키기 위한 노동운동이 활발했던 곳이기도 하다. 대우어패럴, 효성물산, 선일섬유 등 당시 여러 회사에서 어용노조에 대항하고 민주노조를 설립하기 위해 노동자들이 투쟁했고, 민주노조가 설립된 이후에도 노조 탄압이 계속되자 1985년 구로동맹파업이 발생하기도 하였다. 이처럼 1990년대 전까지 구로구 시민의 정치적 활동은 노동운동이 대표하고 있었다.

사진 3.1 구로디지털단지를 걷다 보면 마주치게 되는 에이스테크노 타워

하지만 시대의 흐름은 변화를 요구했다. 1990년대에 이르자, 구로공단을 중심으로 펼쳐지던 노동운동은 그 무대가 흔들리기 시작했다. 공단에 있던 공장들이 저렴한 지가와 노동력을 찾아 밖으로 빠져나가거나 공장 자체가 폐쇄된 것이다. 이후 디지털산업이 그 자리를 대신하기 시작하면서 기존 구로공단은 점차 해체의 길을 걷게 되었다. 또한 민주노총이 창립되면서 노동운동을 하던 활동가들은 자신의 역할에 대해 새롭게 고민해야만 했다. 1991년 소련과 동구권의 붕괴가 미친 영향도 무시할 수 없을 것이다. 구로공단에서 일하며 노동운동을 하다가 구로구의 주민으로 정착한 구은정 씨는 『우리들의 구로동 연가』에서 당시의 상황에 대해 "사람들이 휘발된다고 표현할 정도로 노동운동을 떠나는 사람들이 많았다."라고 말한다(구은정, 2009).

구로 지역이라는 나무에서 구로공단이라는 뿌리 부분이 떨어져 나가고 잎사귀였던 노동운동이 흩어져 버리자 가려져 있던 가지 부분, 다른 사회 영역들이 부각되기 시작했다. 구로공단이 지역 시민정치에 남긴 흔적은 시간이 흘러가면서 새로운 생태계 속으로 녹아들어 갔다. 공단 출신 노동운동가들은 여러 분야에서 시민운동가들이 되었고, 구로공단에서의 경험을 자신의 새로운 분야에 녹여냈다.

그러나 구로공단 여공 출신의 활동가들이 현재까지 다양한 분야에서 일하고 있음에도 공단 해체 이후 지금까지 10년도 더 넘는 시간의 격차는 구로구의 정치적 환경에서 공단의 직접적인 영향을 찾아보기 힘들도록 만들어 버렸다. 구로공단 속에서 자랐던 구로구의 시민정치는 이제, 구로디지털단지라는 새로운 땅을 딛고 자라난 공단 후 세대들이 마을만들기 사업을 통해 키워 나가고 있다.

20년이 넘는 역사 동안 구로구에 적지 않은 영향을 주었던 것이 구로공단이라면, 짧은 시간이지만 구로구의 시민정치에 현재까지도 뚜렷한 흔적을 남긴 일은 1987년 '구로구청 농성 사건'이라고 할 수 있다. '구로구청 사태'라고도 불리는 이 사건은 6·29 선언 이후 실시된 13대 대선에서 구로구청 밖으로 부재자 투표함이 반출되는 것이 목격되자 이를 투표함 바꿔치기로 간주한 학생들과 시민들이 구로구청에 모여 부정 선거 타도와 민주주의 수호를 외치면서 시위했던 일을 말한다. 일부 학생들과 시민들은 구로구청 안으로 들어가 며칠간 농성을 벌였지만, 결국 폭력적인 진압으로 부상자가 발생하고 1,034명이 연행, 208명이 구속되면서 종결되었다.

하지만 이 짧은 사건은 구로 시민정치의 또 다른 시발점이 되었다. 1997년 창립되어 현재까지 구로 지역운동을 대표하고 있는 '구로시민센터'의 사람들이 바로 구로구청 농성 사건에서 모였던 사람들이기 때문이다. 기존 사회운동에서 지역 시민운동으로의 전환을 고민하는 사람들이 모여 설립한 구로시민센터는 대중참여형 사업을 통한 구로 시민들의 정치 세력화를 목표로 내걸고 구로구의 여타 자생적 시민단체들과 함께 일하며, 때로는 진보정당과도 협력하며 지방자치, 교육, 환경, 문화, 복지, 통일 등 다양한 영역에서 구로구의 시민정치를 활성화하기 위한 노력들을 전개해 왔다(구로시민센터, 2007). 현재 구로구의 마을공동체 만들기 사업에서도 구로시민센터는 구로구청의 가장 큰 협력 파트너이자 지지자로서, 때로는 건강한 감시자로서, 그리고 사업의 주도자로서 활동하고 있다. 이처럼 구로구청 사태를 통해 결집한 사람들로부터 구로 시민운동의 구심체가 다시금 생겨날 수 있었다.

구로 시민정치에 다시 한 번 변화의 바람이 일어난 것은 비교적 최근의 일이다. 이번에는 관청 쪽에서였다. 2011년 박원순 서울시장의 당선과 마을만들기 사업의 추진이 바로 그것이다. 서울시의 정책에 마을공동체 사업과 함께 참여

표 3.1 구로시민센터 설립 취지와 주요 활동

설립 취지	- 참된 주민자치의 실현 - 민주와 통일에 기여	- 더불어 살아가는 지역공동체 건설 - 열린지역 시민단체
주요 연혁	1997 창설, 대표 취임 1997 부설 구로녹색가게 개장 2000 부설 다우리학교 개교 2003 구로시민생활협동조합 창립 2014 비영리법인 설립	
규모	- 정회원 106명 - 후원 회원 118명 - 총회원 수 2,694명	- 기관 회원 1,281명 - 자료 회원 1,189명
주요 활동	- 구로의정참여단 - 구로구 업무평가위원회 참여 - 환경축제	- 공정선거 감시 활동 - 학교운영위원회 참여 -지역자활센터 운영

예산제 등 거버넌스 개념이 도입되었고, 구로구청도 여기에 발맞추어 구로 시민정치를 가꾸고자 노력하기 시작했다.

구로구청은 시민과 '협치'하고 마을공동체를 조성하기 위해 마을상담가를 양성함과 동시에 시민의 인적 역량 강화와 주민 간 네트워크 형성을 위한 방법을 고민하고 있다. 2013년 뉴타운 지정에서 해제된 가리봉동을 개발하는 현안에서도 주민들 간 갈등을 막고 마을공동체를 되살리기 위해 마을 일꾼을 모집하고 그들과 지속적으로 대화하는 협력적 방식을 택하여 문제 해결에 접근하고 있다. 비록 관청의 태도와 행동 등이 형식적이고 미숙하다는 비판도 적지 않으나, 구로구청이 시민들을 향해 문을 열고 거버넌스로 발을 내딛은 이상 지역 시민정치에 다양성과 함께 새로운 활력을 불어넣을 것이라는 기대도 있다.

1990년대부터 혹은 그 이전부터 현재에 이르기까지 구로 시민정치에는 이처럼 다양한 참여자들이 등장해 왔다. 구로 시민정치의 줄기가 되었다고 할 수 있는 공단 출신 시민 활동가들과 구로시민센터, 여타 시민단체들의 노력이 있었고, 서울시와 구로구청도 때로는 객체로서 또 때로는 조력자로서 시민정치라는 생태계 속에 포함되었다. 그중에서도 시민정치에서 가장 중요한 참여자이자 주체는 바로 '시민'이다. 그러나 구로라는 공간과 인구 구성이 변한 탓일까. 아니면 민주화운동, 노동운동 중심에서 변화된 시민운동이 가진 짧은 역사와 이를 주도하는 활동가들의 협소한 인원수 때문일까. 아래로부터 노동자들과 함께 성장했던 구로공단 시대의 시민운동과는 달리 구로디지털단지 시대의 시민정치는 '시민'의 참여와 역할이 흐릿하게 보이는 것 같다.

잘 드러나지 않았던 시민의 모습 속에 나름의 선명함과 역동성을 보여 왔던 주체가 있다면, 그건 바로 구로구의 주부들이다. 과거 시민 활동가들과 함께하기도 하고, 지금은 관청과 소통하기도 하며 오랜 시간 동안 구로구를 다양한 시민활동으로 채워 나갔던 사람들의 대다수가 주부들이기 때문이다. 구로구의 시민정치를 찬찬히 들여다본다면, 곳곳에 남아 있는 그들의 소중한 흔적들을 쉽게 찾아낼 수 있다.

Ⅱ. 구로 시민정치를 이끄는 주부들의 눈과 손

구로 시민정치를 이끌어 가는 위치에 주부들 혹은 엄마들이 있다고 할 수 있는 이유는 무엇일까. 얼핏 들으면 '주부'와 '정치' 사이에는 괴리감이 느껴질 수도 있다. 가족들을 위해 시장에 나가 식재료를 고르고, 정성들여 음식을 마련하는 주부의 모습에서 '정치'라는 단어를 떠올리기란 쉽지 않다.

하지만 대부분의 지역 시민단체 회원들 중 가장 높은 비율을 차지하는 계층은 30~40대 주부들이다. 자기 계발, 사회적으로 의미 있는 일에 대한 욕구와 함께 시간적, 정신적 여유를 가진 사람들이 30~40대 주부들 중에 가장 많기 때문이다(신명호, 2000). 주민 모임, 동호회 활동, 사회봉사와 같은 주부들의 평범한 활동들이 지역 주민운동의 기반이 되고 있는 셈이다.

2000년 1월에 창간되어 지금까지 구로구의 주민들을 위해 헌신하고 있는 지역 언론 구로타임즈의 김경숙 대표이사는 15년 동안 취재해 왔던 경험들을 돌아보며 시민정치에서 주부들이 갖는 중요성을 강조했다.

> "주부들이 중요해요. 주부들의 모임이 아빠들의 참여로 이어지거든요. 구로시장에 젊은 주부들이 조그만 가게를 빌려서 뜨개질도 하고, 옷을 만들기도 했어요. … 그러다 한 명이 마을에 관심을 갖게 되고 마을사업단에 참여하게 됐어요. 관심의 영역이 나와 가족에서 동네 주민들로 확장된 거죠. 마을에 대한 관심, 다른 사람들과의 교류는 네트워크가 되고, 다시 옛날과 같은 마을 개념의 네트워크가 만들어지는 거예요. 이러한 경험들, 내가 지역 혹은 동네에서 이웃들과 무엇을 함께한다는 것을 통해 방사능 급식 문제, 예산 문제에도 관심을 가지게 되는 것이죠. … 지역 커뮤니티를 통한 의식의 발아, 그것이 시민정치로 갑니다."
>
> – 김경숙 구로타임즈 대표이사 겸 발행·편집인[1]

평범한 주부의 모임이 가족의 모임이 되고, 가족의 모임이 공동체가 되고 마

1. 인터뷰 일자: 2015. 5. 16.

을이 된다. 공동체 속에서 타인과 함께 하는 경험은 정치적 참여를 위한 바탕과 힘이 된다. 어디에나 있는 모임이기에, 어디에나 마을공동체의 가능성이 있고 시민정치의 가능성이 있는 것이다.

주부들의 모임이 특별히 구로구의 시민정치에서 큰 역할을 하게 된 데에는 구로시민센터와 여공 출신 시민 활동가 등 1세대 활동가들의 역할이 있었다. 노동운동을 떠나 풀뿌리 지역 시민운동에서 새로운 길을 모색하던 1세대 활동가들은 사회의 기본 조직인 '가정'에 주목했고, 가정에서 중요한 요소인 교육과 보육을 도우며 지역 주부들을 만나려는 계획을 세웠다.

1세대 활동가들을 대표해 왔던 구로시민센터는 '다우리어린이집'과 '다우리어린이전문서점', 책 읽기 교실, 방과 후 교실 등을 통해 엄마들과 만나고 소통하고자 했다. 아이들을 중심으로 모인 엄마들의 관심은 점차 내 아이에서 구로의 아이 모두로, 내 가정에서 구로구 전체로 확장되었다. 어디에나 있는 엄마들의 모임이 구로구의 1세대 활동가들과 소통하면서 환경운동으로 이어지기도 했고, 학교운영위원회와 학부모회 참여 등으로 이어지기도 했다.

그래서일까. 구로구민은 서울시 자치구 중에서도 유독 교육과 환경에 대해 남다른 관심을 보여 왔다. 가장 대표적인 사례는 다음에 자세히 다룰 학교급식지원 조례 제정 운동이다. 학교에서 자녀들이 먹을 급식에 우리 농산물이 사용되었으면 좋겠다는 생각에서 출발한 학교급식지원 조례 제정 운동은 수년간 구로구 주민 1만여 명이 서명하고 구청에 접수한 끝에 서울시 자치구 중 처음으로 주민발의를 조례로 만든 사례가 되었다(김경숙, 2007).

활동가들과 함께 참여의 경험을 쌓아 가던 엄마들은 이제 한발 더 앞으로 나아가 구로 시민정치를 스스로 이끄는 주체로 성장했다. 1세대 활동가에 이은 2세대 활동가가 된 것이다. 그렇기에 서울시의 다른 자치구들에서는 발견할 수 없는 '구로구 엄마들'의 역량과 역할에 주목하지 않고서는 구로구의 시민정치를 말할 수가 없다.

이후 살펴볼 구로아이쿱생협의 활동, 학교급식지원 조례 제정 운동, 구의원실 예산 반대 운동 그리고 혁신교육지구 선정 등은 구로구 주부들의 힘이 여실히 발휘된 대표적 사례들이다. 이는 구로 시민정치라는 커다란 그림의 일부분이겠

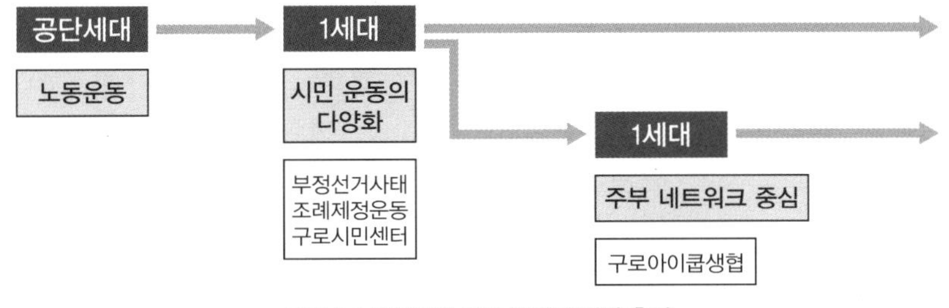

그림 3.1 구로구의 주요 행위자 변화 추이

지만 그 모습과 특색을 스케치하는 데 도움이 될 것이다.

1. 먹거리에서 시민정치로: 구로아이쿱생협

주부는 힘이 세다. 내 아이를 위해, 내 가족을 위해 궂은일도 척척 해내는 사람들이 바로 주부요, 엄마다. 구로 시민들에게 커다란 도전이 닥쳐 올 때에도 주부들은 강력한 힘을 보여 주었다. 이 힘은 결코 혼자서는 낼 수 없다. 다 같이 모여서 목소리를 내고 자그마한 일이라도 함께 실천할 때에야 비로소 큰 힘이 만들어진다. 참여를 위한 동기와 시민으로서의 의식을 깨닫도록 곁에서 이끌어 주는 사람의 존재가 중요한 이유는 이 때문이다.

구로아이쿱생협(이하 구로생협)과 구로시민센터 등 1세대 활동가들은 지역 주민들에게 다가가 그 역할을 충실히 수행했다. 특히 구로생협은 지역 시민운동을 표방하는 단체가 아니었음에도 주부들 간의 연대와 조직 형성에 기여하며 주부들의 정치적 역량을 성장시킨 핵심적인 단체였기에, 구로 시민정치에서 고유한 가치와 기능을 담당했다고 할 수 있다.

구로생협은 2001년 창립되었다. 1997년 생활협동조합들이 모여 '서민에게도 친환경을'이라는 모토로 조직한 아이쿱생협사업연합회의 뜻을 구로구에도 실현하기 위함이었다. 구로생협의 1세대 활동가들은 지역 주민들에게 안전한 먹거리를 제공한다는 사명감을 갖고, 그야말로 맨바닥부터 사업을 시작했다. 많지 않은 조합원 수였지만, 꾸준한 온라인 상품 판매를 통해 사업을 확장하고 체계를 갖춰 나갔다. 친환경 먹거리에 관심을 가진 주부들이 하나둘 모여들기 시작했고, 그들과 함께 천천히 힘을 모은 구로생협은 10년의 활동 끝에 신도림에 오프라인 매장을 확보하는 단계까지 성장했다. 현재는 2,000여 명의 조합원이 구로생협과 함께 하고 있다.

구로생협의 조합원들은 대부분 자녀를 키우는 주부들이다. 주부들 사이에 연대와 시민의식, 조합원으로서의 정체성이 구로생협과 일반 할인마트를 구분하는 지점이다. 아무리 많은 사람이 생협 매장을 이용하더라도 그 속에 공동체 의식과 시민의식이 없다면 시장경제적 가치라는 파도에 휩쓸릴 수밖에 없다.

구로생협의 기틀을 닦았던 1세대 활동가들의 생각도 이와 다르지 않았다. 조합원들이 모일 수 있는 마을모임을 구성해 나간 것도, 구로생협이 시민정치와 사회적경제의 진정한 주체로 바로 설 수 있는 체계를 갖추기 위함이었다. 마을모임마다 '마을지기'라는 리더를 1명씩 두어 기본적인 식사 소모임을 진행하는 것과 함께 조합원, 주로 주부들의 흥미를 조사하여 그에 맞는 동아리들을 만들어 가도록 하였다. 마을지기는 이러한 아래로부터의 연대 형성을 도울 뿐 아니라 이사회의 의견을 조합원들에게 전달해 조합원들과 이사회가 서로 소통할 수 있도록 하는 중간 역할을 담당하기도 했다. 정치학자 로버트 퍼트넘(Robert Putnam)이 말했듯이, 이러한 연방제적 체계는 주부들 간의 연대와 조직된 힘을 동시에 달성할 수 있도록 하는 틀이다(Putnam and Feldstein, 2003).

구로생협은 연방제적 조직이라는 내적 기틀을 다지는 한편, 대중 강좌를 통해 밖으로 나가 주민들과 소통하려 노력했다. 오프라인 매장을 개설한 이후에는 매장을 찾는 손님들과 직원들이 서로 대화하며 사업을 홍보하고 캠페인에 참여하도록 독려하기도 한다.

이처럼 구로생협의 활동가들은 마을모임과 동아리, 대중 강좌와 매장에서의 대화를 적극 활용함으로써 생협의 확장과 조합원들의 참여를 이끌어 낼 수 있었다. 무엇보다도 많은 주부들이 새로운 리더십으로서 성장할 수 있었다.•[2] 앞

---

2. 일반인을 새로운 리더로서 성장시키는 모습은 퍼트넘이 언급한 미국의 텍사스 주의 Valley Interfaith 사례에서도 나온다. 이 사례에서는 안건을 상정할 때 지도자(organizer)와 일반 구성원들은 일대일 대화를 통해 일반 구성원들의 사적 문제를 안건 상정 과정에 포함시켰다. 이는 안건 상정 과정에서 일반 구성원의 자율적인 행동을 적극적으로 보장했으며, 일반 구성원들이 새로운 지도자로서 성장하는 결과를 낳았다. 일반

사진 3.2 신도림에 위치한 구로생협 매장 내부 모습

서 말한 바와 같이 주부 중심의 '2세대 활동가'가 등장한 것이다. 현재 구로생협의 박기일 이사장도 처음에는 평범한 주부였지만 구로생협을 통해 적극적인 활동가가 되었다고 한다.

"1세대들은 노동운동을 했던 사람들인데 2세대는 다들 주부 출신들이에요. 나도 우리 애가 아토피에 걸려서 먹거리를 가려 먹여야 해서 생협에 가입했고, 이후 무미건조했던 삶이 깨진 거죠. 새로운 것들을 고민하는 사람이 모여 있고, '아 나도 쓸모 있는 인간이구나' 하는 생각이 들었어요. … 이름 있는 학교에 가지 않은 사람들은 실패자로 낙인찍히고 낙담하게 되잖아요. 그러나 생협에 오니 나같이 미약한 인간도 사회에 보탬이 되고 도움이 되는구나, 사람으로서 존중받고 대우받는 기분이 들어서 재밌으니까, 에너지를 (이 활동에) 쓰고 있어요. 희망이 있고 대안이 있잖아요."

– 박기일 구로생협 이사장[3]

구성원이 집단 내에서 주체가 되어 가고 새로운 리더십으로 성장한다는 모습이 구로생협 사례와 유사하다 (Putnam and Feldstein, 2003).

3. 인터뷰 일자: 2015. 5. 26.

사진 3.3 2015년 구로생협의 이사장을 맡은 박기일 이사장은 주부 출신 2세대 활동가이다.

이처럼 시민 활동가들의 리더십과 헌신, 그리고 주부들의 참여라는 역량을 갖고 구로생협은 오랫동안 구로 시민정치의 주역으로 자리매김해 왔다. 2000년대 학교급식지원 조례 제정 운동과 학교급식법 개정 운동부터 2013년 방사능안전급식 조례 제정 운동까지, 구로생협은 지역을 위해 활발히 목소리를 내왔다. 2014년 구의회의 특정 예산안을 주민의 반대 운동으로 저지시킬 수 있었던 것도 구로생협을 빼놓고 이야기할 수 없다. 또한 구로구의 시민 활동가들 중 많은 사람들이 구로생협의 조합원이기도 하다. 구로생협은 구로 주부들의 네트워크를 만들어 가는 중요한 존재인 동시에 구로 시민단체 네트워크에서도 핵심적인 단체인 것이다.

구로생협은 기본적으로 친환경 먹거리에 중점을 두는 생활협동조합이기 때문에 드러내 놓고 정치를 말하지는 않는다. 그러나 구로생협을 통해 주부들이 함께 모이고 이야기하면서 생활에 대한 관심이 자연스레 정치적 관심으로 이어지고, 이것은 다시 정치적 역량과 영향력으로 발현된다.[4] 주부들은 구로생협

---

4. 2005년 우리쌀지키기 1만인대회 및 구의회, 구청 방문 행사, 2006년 한미 FTA 반대 활동, 2008년 광우병 쇠고기 반대 촛불집회 참석 및 광우병 반대 현수막 달기, 구로구 감시단 활동, 2009년 수요집회 참석 등이 먹거리에서 시작한 관심사가 점차 확대된 대표적 사례로 볼 수 있다. 이러한 활동 외에도 윤리적 소비 홍보, 우리밀 알리기 등의 사업, 조합원 대상 각종 대중 강좌도 꾸준히 진행하고 있다. 구로아이쿱생협 홈페이지 조합원마당 참조. http://guroicoop.or.kr/ (검색일: 2015. 6. 7)

표 3.2 구로생협 설립 취지와 주요 활동

설립 취지	- 안전한 먹거리 나눔 확대, 지역사회 윤리적 소비, 식품안전체제 구축 - 교육, 문화 영역에서 조합원 생활 전반 삶의 질 향상과 도시공동체로서 역할 - 어려운 이웃과 함께하고 삶의 질을 높이는 지역사회복지에 기여
주요 연혁	2001 설립, 초대 이사장 선출 2003 제1회 어린이 식품 안전캠프 2009 구로생협 법인 창립 2013 방사능 안전 급식 지킴이 발대
규모	조합원 2,000여 명
주요 활동	- 안전한 먹거리 나눔 - 소식지 발행 - 동아리 활동 - 다양한 행사(산지 견학, 주민 강좌, 조합원 교육 등)
의사결정기구	- 마을지기회의-운영위원회-이사회-총회 - 위원회(식품안전급식위원회, 물품위원회, 마을모임위원회, 문화위원회, 홍보위원회, 생활자치위원회) - 마을모임

과 함께함으로써 구로 시민정치를 이끌어 나가는 손이 될 수 있었다.

2. 주부의 손으로 지역의 변화를 – 학교급식지원 조례와 방사능안전급식 조례 제정[5]

단합된 구로구 주부들의 힘은 지역의 변화를 실질적으로 이끌어 내는 원동력이다. 이 사실을 보여 주는 핵심적인 성공 사례는 앞서 말한 학교급식지원 조례 제정과 방사능안전급식 조례 제정이다. 두 조례 모두 주민발의에 의한 조례 제정이었다. 대의제하에서 직접민주주의, 참여민주주의 제도가 작용하여 아래로부터의 개혁이 이루어진 것이다. 따라서 학교급식지원 조례 제정은 시민들의 사소한 요구와 바람이 법안 제정까지 이어지고 기존에 주어진 환경을 시민이 원하는 환경으로 바꾼다는 점에서 시민정치의 힘을 보여 주는 사례라고 할 수 있다.

5. 이영원. 2009 참조.

구로구의 학교급식지원 조례 제정은 대부분의 학교 급식이 위탁 업체에 의해서 이루어지기 때문에 발생하는 문제점들을 해결하기 위해 이루어졌다. 당시 대부분의 학교에서 위탁 업체가 급식을 제공하였는데, 위탁 업체들은 이윤을 창출하기 위해 식품의 질을 낮게 유지하고 있었다. 당시 위탁 급식의 식중독 발생률이 직영 급식 경우보다 높았을 뿐만 아니라 값싼 인스턴트 식품과 수입 식자재를 이용했던 점, 심지어 유통기한이 지난 제품까지 학교 급식에 사용한 점들이 문제로 대두되었다.

이런 상황에서 주부들은 자녀들에게 안전한 먹거리를 보장해 주기 위해서 연대하기 시작했다. 먼저 2003년 9월에 구로구 운동본부가 출범하여 학교급식지원 조례 제정을 위한 움직임을 보였다. 이후 이들은 학교급식지원 조례 제정을 두고 구청과 협의하는 과정에서 다른 시민단체들과 연대해 나갔다. 그 과정에서 학교운영위원회와 구로생협의 역할이 컸다.

이들은 먼저 주민발의 조례 제정을 위해서 구로구 내의 유권자들로부터 서명을 받았다. 90일이라는 짧은 시간 동안 8,000여 명의 서명 인원이 필요함에도 1만 1,000여 명의 서명을 받아내 학교급식지원 조례를 구의회 안건에 상정시켰다. 그러나 구의회에서 찬성 4 반대 5로 조례안이 부결되며 좌절하게 된다. 안건이 부결되었지만 시민단체들과 주부들은 구로구의 아이들을 위한 활동을 포기하지 않았다. 1인 시위, 선전전, 구청, 구의회 게시판에 의견 올리기 등 다양한 방식으로 구의회 결정에 반대하는 목소리를 냈으며, 제2차 주민발의 조례 제정을 위해서 다시 서명운동에 들어가게 된다.

제2차 주민발의 조례 제정을 위한 서명을 성공적으로 마친 후, 해당 조례 안건이 다시 구의회에 심사 대상이 되었다. 이때 이들 단체는 구의회 논의 과정에 참관하면서 구의회에 조례 제정을 적극적으로 요구했으며, 결국 만장일치로 조례 제정안이 통과되었다. 4년 만에 거둔 성과였다. 학교급식지원 조례를 통해 학교 급식을 직영으로 운영했으며, 우리 농산물을 학교 급식으로 들여오는 데 성공했다. 서울시 자치구 중 최초로 만들어진 급식 조례이자 최초로 주민발의로 제정한 조례라는 점에서 의미가 크다.

나아가서 이들은 2012년 구로생협과 주부들의 학교급식운동네트워크를 기

사진 3.4 방사능안전급식 조례 제정을 위해 주민 서명을 접수하는 모습 (구로타임즈 제공)

반으로 하여 방사능안전급식 조례안을 가결시키는 데에도 성공한다. 당시는 일본 후쿠시마 현에서 방사능 유출 사고가 발생해 방사능에 노출된 식자재에 대한 불안감이 감돌던 때였다. 특히 바다에 유출된 방사능으로 인해, 방사능 오염 가능성에 노출된 어패류 식자재들이 문제로 대두되었다. 여기에 구로구 시민단체는 방사능에 오염된 식자재를 아이들에게 공급하는 것을 원천 차단하기 위해 학교 급식에 방사능이 오염된 식자재를 들여오지 못하도록 하는 것을 골자로 하는 조례안을 구의회에 상정하였다. 당시에도 시민들의 서명을 적극적으로 받았으며, 조례안 제정을 위해서 구의회에 참관하는 등의 노력을 기울였다.

해당 조례 제정과 안전한 먹거리를 위한 시민들의 협력적 움직임은 어디서 온 것일까. 당시 방사능안전급식 조례 제정에 주도적인 역할을 했던 박기일 구로생협 이사장은 인터뷰에서 다음과 같이 말했다.

"우리는 구로타임즈, 민중의집, 구로생협 셋이서 잘 연결되어 있어요. 시민 조직 네트워크 연결망이 촘촘하게 연결되어 있고, 그것이 학교급식조례 제정을 위한 학교급식 네트워크에도 촘촘히 들어가 있었죠. 그래서 학교급식 운동이라든가 학교 매점 협동조합 만드는 것, 운영위원회, 주민참여예산제 등에 활발하게 참여하고 있어요. 또한 당시 학교급식조례 제정 때에는 먹거리라는 주제가 사람을 결집시키는 매우 공통된 주제로 작용했어요. 집단 내 정치색은 여러 가지로 다양할지라도 말이죠. 이런 공통 관심사를 갖는 것이 시민정치 네트워크의 핵심인 것 같아요. 우리의 안전한 삶을 추구해 간다는 것, 이것이 시민정치적 역량으로까지 연결되는 것 같습니다."
– 박기일 구로생협 이사장

아이들의 안전한 먹거리를 위한 주부들의 활동이 적극성을 갖고 성과를 낼 수 있었던 까닭은 이런 주제들이 이념이나 정치색에 얽매이지 않는 공통의 관심사에 기반을 두었기 때문이다. 구로구의 전체 학교 중 두 곳을 제외한 95%의 학교가 급식을 시행하던 상황에서, 대다수의 엄마들이 자녀들에게 안전한 급식을 먹이고 싶어 했을 것임은 당연한 일이다.

그러나 내 자녀를 위한 일이 모두의 자녀를 위한 일로 확장되기 위해서는 공동체 정신과 연대라는 사회적 자본이 필요하다. 이러한 가치들을 만들어 나가는 큰 힘은 서로의 이야기를 공유하는 것에서 나온다. 퍼트넘 역시 집단 구성원들의 원활한 참여와 신뢰를 위해 흥미로운 이야기를 만드는 것이 중요하다고 지적한 바 있다. 구로구 주부들이 강한 연대의식을 형성할 수 있었던 힘 역시 안전한 학교 급식이라는 '우리 이야기'를 통해서였다(Putnam and Feldstein, 2003). 이런 공통의 관심사를 바탕으로 주부들의 참여가 분산되지 않고 시민운동에서 으레 있을 법한 분열을 겪지 않았기 때문에 조례 제정까지 이어지는 원동력을 확보할 수 있었던 것이다.

한편 이 사례에서 주목해야 할 또 하나는 바로 학교급식지원 조례 제정 이후에도 학교급식 네트워크가 지속적으로 구로구에 영향을 미치고 있다는 것이다. 학교급식지원 조례 제정 운동에 참여했던 집단들이 맺은 연대가 다른 현안에서도 '재활용'되면서, 기존의 사회적 자본이 선순환 고리를 따라 착실하게 축적되고 있다(Putnam and Feldstein, 2003). 학교급식지원 조례 제정 이후, 방사능안전급식 조례가 구로구에서 최초로 제정된 것도 같은 맥락일 것이다. 또한 학교급식 지원 조례 제정 당시 힘썼던 구로생협이 학교 매점 협동조합을 개설하여 학교 내 매점에 안전한 먹거리를 제공하려는 노력도 학교급식지원 조례 제정의 연장선으로 볼 수 있다.

정치학자 조지프 슘페터(Joseph Schumpeter)는 민주주의의 속성을 '경쟁하는 엘리트', '정치적 결정을 위한 제도적 장치' 등으로 정의한 바 있다. 정치라는 단어를 들으면 막연하게 국회와 국회의원들, 정당, 선거를 떠올리는 우리는 아직 슘페터가 주장한 민주주의 개념에 익숙하다. 그러나 그것과는 다른 혹은 그것보다 더 큰 정치가 있다. 시민의식을 일깨우고 시민들의 잠재력을 끌어올려주는 민주주의 자체가 곧 목적이 되는 참여민주주의가 바로 그것이다(Saward, 2003).

안전한 먹거리를 아이들에게 먹이고 싶어 하는 주부들의 마음은 참여민주주의를 통해 구로구에서 실현되고 있다. 구로구 주부들은 단순히 선거철에 투표하는 것에만 만족하지 않고, 주민발의라는 직접민주주의 제도를 통해 자치 조례를 만들어 냈다. 그리고 구의회를 직접 참관하거나 공청회에 참가하기도 하며 구의회 의원들과도 직접적으로 소통한다. 기존 환경에 갖는 불만에서 멈추거나 좌절하지 않고 불만 없는 새로운 환경으로 나아가기 위해 함께 활동하는 것이다. 정치를 말하지 않아도, 행동이 곧 시민의 힘이 되고 정치력이 된다. 주부들의 힘이고, 참여민주주의의 힘이다.

3. 주부의 힘으로 거둔 시민의 승리: 구의원 개인 의원실 예산을 저지하다

구로구의 주부 네트워크는 실생활에 대한 관심에서 지역 정치에 대한 관심으로 확장해 지역구의 특정 예산안을 저지하는 활동에서도 큰 역할을 수행했다. 아이와 가족을 위해 여러 가지를 고민하던 주부들의 모임이 더 좋은 구로구를 만들려는 노력으로 이어진 것이다. 교육과 보육 운동에 집중한 1세대 활동가들과 주부들이 함께 이야기하고 경험하면서, 구의 예산 책정과 같은 정치적 결정이 중요하다는 사실을 학습한 결과이기도 하다.

2014년 11월, 구로구의회는 구의원 개인 집무실을 만들겠다며 3억 4,000만 원의 예산을 책정했다. 개인 의원실을 설치함으로써 민원인과 원활하게 소통할 수 있다는 것이 이유였다. 하지만 책정된 예산은 결코 적지 않은 금액이었다. 당시 구로구에서 문제가 제기되었음에도 예산 부족을 이유로 해결이 미루어졌던 문제들, 예를 들면 중학교의 노후화된 책걸상 교체 문제나 적은 액수만 배정된 방사능안전급식 예산 등의 확대를 가능케 하는 액수였다.

구로 시민의 복지를 희생하는 불합리한 예산을 보고만 있을 수 없었던 지역 언론 구로타임즈[6]와 구로 시민단체들이 먼저 발 벗고 나서기 시작했다. 구로타임즈는 보도를 통해 개인 의원실 예산에 대해 문제를 제기했다. 구로구 시민단체들의 연합체인 '구로지방자치시민연대'[7]는 개인 의원실 예산책정반대 서명운동을 벌이고, 의원들을 직접 만나 개인 의원실 예산 삭감

사진 3.5 주부들이 구의원들에게 직접 나누어 준 장미꽃 (구로타임즈 제공)

6. 2000년 1월 '공유-정의-복지'를 창간 정신으로 내걸고 출발한 구로타임즈는 지금까지 주민들의 이야기를 공유하거나 정치인들을 비판적으로 감시하면서 주민 간 연대와 공론을 만들어 낸 공간인 동시에, 로버트 퍼트넘이 제시한 지역 언론의 역할을 충실히 실현해 온 구로 시민정치의 또 다른 힘이다. 한편 구로타임즈는 구로생협, 우꿈사, 열린사회구로시민회, 전국민주공무원노조 구로구 지부, 구로동화읽는어른모임, 문火공간 등 구로구 내 시민단체 활동을 하는 사람들로 지면평가위원회를 만들어 편집 방향에 있어 구민들의 의견을 직접 반영하고 있다. 2013년 기준, 발행부수는 4,285부이며(한국 ABC협회 추산) 성과와 자생력 확보 노력, 언론 윤리 실천 등을 평가받아 2005년부터 2013년까지 문화관광부 산하 지역신문발전위원회 우선지원대상으로 9년 연속 선정되기도 했다.

7. 구로지방자치시민연대는 2007년 구로시민센터를 비롯 구로구를 중심으로 활동하는 시민단체와 진보정당이 모여 설립한 단체로 공공기관 비리 척결, 주민참여예산학교 운영 등 구로구, 서울시 주민참여예산, 구로구의회 감시, 부정부패 감시, 구민감사 주민소송 등 다양한 활동을 벌이고 있다. 특히 구로구 예산학교를 위탁받아 운영하는 한편, 구로구청장 자문 기구인 '구정공동위원회' 활동을 통해 민관 협력을 일구고 있다. 홈페이지 참조. http://cafe.daum.net/gurog (검색일: 2015. 6. 7.)

의 필요성을 설득하는 활동을 펼쳤다. 나아가 예산 통과를 결정하는 본회의에 참가하도록 주부들을 독려하기도 했다.

지역 언론과 지역 시민단체들이 본격적인 활동을 시작하자, 더 좋은 동네를 만들고 싶다는 생각을 가진 주부들을 중심으로 많은 구민들이 예산안 반대운동에 적극적으로 참여하기 시작했다. 2세대 활동가들의 노력을 통해 개인 의원실 예산안 책정에 문제가 있다는 인식이 주민들 사이에 널리 퍼진 까닭이다. 특히 주부들의 참여가 반대 운동에서 큰 역할을 담당하였다. 주부들은 기꺼이 구로 시민들의 눈이 되어 구의원들을 지켜보기로 했다.

개인 의원실 예산안을 최종 통과시키는 본회의가 열리는 날, 구로지방자치시민연대의 주도로 많은 주부들이 본회의 방청인으로 참가했다. 본회의를 방청하며 의원들에게 싸늘한 시선을 보냄으로써 그들이 함부로 예산안을 통과시킬 수 없게 하자는 의도였다. 본회의에 참관한 김경숙 구로타임즈 대표이사의 말에 따르면, 너무 많은 주민들이 본회의 방청을 원해서 애초에 준비된 좌석 외에 예비 의자를 놓았음에도 이마저도 부족해 많은 주민들이 서서 본회의를 방청했다고 한다. 이렇게 많은 구민들이 본회의를 방청한 것은 처음 있는 일로, 아주 놀라운 '사건'이었다.

그뿐만이 아니었다. 주부들은 시민단체들과 함께 작은 퍼포먼스를 준비해 왔다. 본회의 시작 직전에 구의원들과 공무원들 한 명 한 명에게 장미꽃을 나누어 준 것이다. 꽃 하나하나에는 주민들이 달아 놓은 리본이 있었다. '사무실 공사보다 교육, 안전, 복지를'이라는 글이 쓰여 있는 리본이었다(박주환, 2014).

결국 구의원들은 본회의에서 개인 의원실 예산을 포기했다. 구 예산은 구의원들이 온전하게 심의권을 가지고 있기에 원칙적으로는 구의원 마음대로 할 수 있고, 본회의 전 의사결정 단계인 구의원 운영위원회나 정례회에서도 별다른 문제없이 개인 의원실 예산이 통과된 상태였다. 이 흐름을 시민들이 막아 낸 것이다. 2008년 구로구 시설관리공단 이사장 인사 비리 사태[8]에서 시민들이 승

---

8. 2008년 11월 5일 구로지방자치시민연대가 기자회견을 열어 구로구 시설관리공단 이상운 이사장의 비리 의혹을 제기하며 불거진 사건이다. 구로지방자치시민연대는 공단 직원의 30% 이상이 구청 직원, 시의원, 구의원 등과 인맥이 닿아 있는 사람들로 채워져 있음을 밝히며 인사 비리 의혹을 제기했다. 이사장의 사퇴와

리를 거둔 이후, 다시 한 번 단합된 시민의 힘을 보여 준 쾌거였다.

승리의 선봉에는 이처럼 구로의 주부들이 있었다. 주부들은 추운 날씨 속에서도 아이의 손을 잡고 혹은 유모차를 끌고서 본회의를 방청하며 구의원들을 감시하는 시민의 눈이 되었고, 꽃을 나누어 주는 손이 되었다. 우리가 발견한 사실은 구민들이 시민단체에서 제공하는 교육이나 여가 프로그램에 참여하는 것 혹은 구로생협의 조합원이 되는 것이 단순히 시민단체의 프로그램과 서비스를 향유하는 데에만 그치지 않는다는 것이다. 시민 활동가들과 함께하며 구에 대한 관심을 갖게 되는 것 자체가 주부들이 시민의식을 갖고 역량을 성장시킬 수 있는 귀중한 시간이다.

주부들이 그러한 역량을 발휘하여 구의원들에게 승리한 경험은 구로 시민정치의 발전에 중요한 발판이 될 것이다. 나와는 상관없어 보이던 정치라는 영역에서 자신감을 갖게 되었을 뿐만 아니라 시민들이야말로 결코 무시할 수 없는 정치적 역량을 가진 존재임을 정치인들에게 다시 한 번 각인시켰기 때문이다.

4. 구로 시민정치의 또 다른 가능성 – 혁신교육지구[9] 거버넌스

구로생협의 활동과 학교급식지원 조례 제정 운동, 구의원 개인 의원실 예산 반대 운동 등의 시민정치 활동들 속에서 구로의 주부들은 지역 시민정치를 이끄는 시민의 손이자 제도 정치의 불합리성과 비효율을 감시하는 시민의 눈이었다. 또한 모임을 통해 사회적 연대를 만들어 내고 지역공동체를 형성하는 주요 행위자였다.

구청장의 사과를 요구하는 대대적인 주민 서명운동이 벌어졌고, 이상운 이사장은 결국 2009년 2월 말 자진 사퇴했다.

9. 혁신교육지구는 이름 그대로 낡은 방식의 교육 시스템을 개선하여 혁신된 방식의 교육 시스템을 도모하기 위해 실시하는 사업의 일환을 말한다. 각 교육청마다 다른 방식으로 진행되고 있지만(예를 들면 '서울형 혁신교육지구'), 기본적인 목표는 교육 시스템의 개선이라는 점에서 동일하다. 서울형 혁신교육지구는 기관 간 문턱을 없애 서울시와 서울시교육청, 자치구청이 협력해 균등한 교육을 제공하는 데 초점을 맞추고 있다. 자세한 내용은 '서울교육소식' 사이트 참조. http://enews.sen.go.kr/index.do http://seouleducation.tistory.com/1822 (검색일: 2015. 6 .7).

구로 시민정치의 발전에 있어서 소중한 가치를 지니는 주부들의 활동에서 한 가지 아쉬움이 있다면, 참여는 활발했지만 시민과 관청이 서로 협력하기보다는 분리될 수밖에 없었다는 점이다. 그동안 관의 분권화가 드물었기 때문이다. 이에 따라 관청과 주민 등 다양한 주체들이 한자리에서 지속적으로 의논하며 함께 정책과 제도를 만들어 나가지 못하고, 한쪽이 무언가를 제시하면 다른 쪽이 사후적으로 반응하는 관계 속에서 서로 소통의 어려움을 겪었던 것으로 보인다. 그렇기에 정부와 시민사회 행위자 간 네트워크와 파트너십을 통해 문제를 해결하는 '거버넌스'는 구로 시민정치의 갈증을 해소해 줄 수 있는 또 다른 가능성인 것이다(김의영, 2011).

구로구의 시민, 특히 주부들이 갖고 있는 귀중한 역량들이 관청과의 파트너십 혹은 거버넌스 속에서 발휘될 수 없었던 것은 관청에서 문을 닫고 있었던 탓이 크다. 하지만 앞서 말했던 바와 같이 박원순 서울시장의 당선으로 서울시에 변화가 일어나면서 구로구청도 거버넌스를 모색하는 발걸음을 내딛기 시작했다. 관청이 문을 열고 시민과 공무원이 함께 앉아서 정책을 만들게 되었다. 아직은 그 수가 많지 않고 과정이 형식적일지라도 말이다.

구로 시민정치의 영역이 거버넌스로 확대되는 것을 가장 잘 보여 주는 사례는 2012년부터 추진된 혁신교육지구 사업이다. 서울시가 몇몇 자치구를 선정하여 막대한 교육 예산을 지원해 주는 이 사업은 평소 혁신교육지구의 구상을 그리고 있던 곽노현 전 교육감이 취임하면서 본격적으로 추진되기 시작했고, 곽노현 전 교육감이 퇴임한 이후에도 역시 진보적 성향을 가진 조희연 교육감이 새로 당선되면서 기본 아이디어를 유지한 채 2기로 들어서게 되었다(송희정, 2012). 구로구는 1기와 2기 사업에서 혁신교육지구로 선정되어 긍정적인 성과를 거두었다는 평을 듣고 있다(송희정, 2013a). 이는 혁신교육지구의 준비 과정부터 사업 추진 전반에 이르기까지 주민과 관청이 거버넌스라는 틀 속에서 서로 협력한 결과이다.

구로구청은 평소 시민정치의 대상이었지 참여자는 아니었다. 하지만 혁신교육지구 사업을 추진하면서 구청이 주민들에게 문을 열고 함께 협력하는 주체로서 활동했고, 시민들의 제안을 정책에 반영하여 참여의 지속성과 안정성을 보장해 주었다. 2013년에 발족한 '구로구 혁신교육지구 민관 협력 교육지원단'은 구청 공무원, 학부모 대표, 시민단체, 교사 등 여러 주체들의 의견을 수렴하고 혁신교육지구 사업을 평가·조율하려는 관청의 노력이라고 볼 수 있다(송희정, 2013b). 이성 구로구청장 역시 2014년 재선 후 구로타임즈와의 인터뷰에서 교육 환경 개선 문제를 구로 지역의 핵심 문제로 생각하고 있다고 직접 말하며, 시민들과의 협력을 통해 구로구의 교육 문제를 해결하고 혁신교육지구 사업을 성공적으로 수행하겠다는 자세를 보이기도 했다(김경숙, 2014).

이러한 관청의 자세 변화와 참여, 조력자로서의 역할이 시민정치의 발전에 중요한 요소임은 정치학자 시리아니(Siriani)가 지적한 바 있다(Siriani, 2009). 하지만 시민의 적극적인 참여가 없다면, 거버넌스는 그저 관청이 주민을 동원하는 껍데기로 전락해 버린다. 거버넌스를 완성하기 위해서는 관청의 노력과 시민의 참여가 모두 필요하기 때문이다.

혁신교육지구 사업에서 구로구가 허울뿐인 민관 협력을 피하고 거버넌스로 나아갈 수 있었던 이유는 바로 구로구 엄마들의 적극적인 참여 덕분이다. 구로타임즈의 한 기사가 보여 주듯, 혁신교육지구 사업과 관련한 문제들에 대해 고민하고 해결책을 제시하려고 노력하는 사람들은 주로 주부들이다(성태숙, 2015). 엄마들은 원래 자식들의 교육 문제에 대해 관심이 많은 사람들이다. 부모라면 누구나 '나는 못살았지만, 내 자녀는 더 좋은 환경에서 살게 해 주겠다'는 마음을 가지고 있기에, 자식들에게 더 좋은 환경을 만들어 줄 수 있는 방안 중 하나인 '교육'에 대해 관심을 가질 수밖에 없다.

교육에 대한 구로구 주부들의 적극적인 관심과 참여가 본격화된 것은 1세대 시민 활동가들이 활약하던 시절로 거슬러 올라간다. 지역 주민들의 필요에 맞는 활동을 하고자 했던 시민 활동가들은 구로구에서 가장 수요가 많은 것으로 보이는 교육과 보육에 힘을 쏟았고, 구로구 엄마들도 이들과 함께 하며 교육 분야에서 다양한 경험과 역량을 쌓아 왔다. 이 흐름이 지금까지 이어지며 교육 시민단체의 전문화와 주부들의 경험 축적에 기여했고, 혁신교육지구 사업에서 굿 거버넌스를 위한 토대를 마련했다. 관청에서 문을 열고 시민과 협력하기 시작하자, 주부들의 참여가 더욱 활성화되어 그동안 쌓아 왔던 다양한 경험과 아이디어들을 지속적으로 제도화시킬 수 있게 된 것이다.

이러한 모습을 잘 보여 주는 것이 바로 혁신교육지구 지원단(송희정, 2013b)과 2015년 출범한 '온마을 교육회의'다(박주환, 2015b). 혁신교육지구 지원단과 온마을 교육회의는 관청과 시민 측의 다양한 주체들이 모여 서로의 의견을 교환하고 구로구의 혁신교육지구 사업의 성공을 위해 협력하는 거버넌스의 장이다. 관청이나 시민단체만의 공간이 아니라 학교운영위원회에서 경험을 쌓아 온 학부모 대표들도 함께 참여하는 공간이며, 구로구 부모들의 지역적 지식과 의견 등이 제도로 연결되어 정책의 효율성과 정당성을 높일 수 있는 민관 협력의 장이다. 특히 온마을 교육회의를 시도하는 것은 구로구가 유일해 그 활동에 더욱 관심이 쏠렸다.

물론 민관 거버넌스가 항상 성공을 보장한다는 장밋빛 미래만을 그릴 수는 없다. 정부가 시민을 통제하려는 생각에서 벗어나 조정자로서의 역할을 감당하고, 시민은 계속적인 관심으로 정부의 행동에서 시선을 떼지 않아야만 민관 거버넌스가 긍정적인 결과를 가져올 수 있다.[10] 한편 시민 측에서도 다양한 시민들의 의견이 반영될 수 있도록 민주성을 높이려는 노력을 해야 한다. 이런 점에서 혁신교육지구 사업의 의사결정 과정에서 소외될 수 있는 학생들을 참여시키려는 '학생참여예산제도'는 큰 의미를 가진다고 할 수 있다(박주환, 2015a).

한국에서 거버넌스의 역사는 그리 길지 않다. 구로구의 거버넌스도 싹을 틔우려는 시기나 마찬가지다. 이 싹이 잘 자랄지는 구로 시민들의 손에 달려 있기에 지금으로서는 분명히 알 수 없다. 그럼에도 긍정적인 전망을 가질 수 있는 이유는 혁신교육지구 사업에서 구로구의 엄마들이 거버넌스에 활발히 참여하며 자신의 경험을 녹여내는 모습 때문이다. 엄마들의 손에서 자라나는 구로구의 민관 거버넌스는 앞으로 구로 시민정치에 더 큰 기회와 가능성을 줄 것이다.

---

10. 이와 관련해 펑과 라이트는 협력적 거버넌스에 적합한 대항권력의 창출이 중요하다는 점을 지적한다. 협력 과정이 권력이 강한 이들의 이해관계에 종속되거나, 정부 뜻대로 좌지우지되는 상황을 보다 방지하기 위해서다. 이러한 대항권력은 정부/관을 적대시하는 성격이 아니라, 대중적 참여, 실용적 조점, 지속적 숙의와 개입을 원활히 해 나갈 수 있는 성격을 가져야 한다(Fung and Wright, 2003).

Ⅲ. 활짝 꽃핀 시민정치를 향해

구로공단이라는 땅에서 처음 자라난 구로 시민정치는 세월의 변화를 거친 후 새로운 토양에서 다시 한 번 꽃을 만개하기 위해 인내하고 있다. 그 속에는 화려함을 마다하고 스스로 줄기를 자처한 시민 활동가들의 헌신이 있고, 더 좋은 구로구를 만들겠다는 생각으로 자발적인 시민운동을 주도하며 든든한 뿌리를 키워 낸 시민들의 힘이 있다.

구로 시민들의 헌신과 노력은 언제나 구로타임즈라는 지지자가 곁에 있었기에 더 큰 빛을 발할 수 있었다. 구로 시민들의 이야기를 담아내며 공통된 정체성과 연대를 만들어 가는 이야기꾼으로서, 시민들을 보호하는 파수꾼으로서 그리고 지역의 공론을 형성하는 공간으로서 구로타임즈는 오랜 시간을 시민들과 함께 해 왔다.

이제는 관청 역시 '거버넌스'라는 새로운 방식으로 시민정치에 합류하기 시작했다. 구로 시민들의 힘으로 만들어 낸 뿌리 깊은 나무등걸에 새순이 돋기 시작한 가지와 줄기를 더하게 된 것이다. 제도권 밖의 시민활동과 제도권 속의 거버넌스는 모두 시민정치의 귀중한 토대이자 자산이며, 서로의 한계를 보완해 주기 때문이다. 이성 구로구청장도 관청의 변화와 함께 시민정치의 다양성과 역량이 한층 성장할 것임을 긍정적으로 바라보고 있다.

"이런 (거버넌스적) 흐름은 박원순 시장이 퇴임한 뒤에 정치 구도가 어떤 방식으로 바뀌든 다시 옛날로 돌리기는 어려울 겁니다. 공동체 운동, 마을만들기 운동 예산을 없애고 다시 관 주도의 통치 방식으로 가기는 어려울 테죠. 이것도 일종의 민주화운동이에요. 한번 민주화된 것을 되돌리기는 어렵거든요. 앞으로 정치 구도가 어떻게 바뀌어도 분명히 마을운동, 시민운동의 폭이 더 넓어지고 다양해질 것이라고 생각합니다."

– 이성 구로구청장[11]

11. 인터뷰 일자: 2015. 5. 7.

사진 3.6 이성 구로구청장의 모습. 이제는 구로구청도 거버넌스의 틀 안에서 시민정치의 주체가 되어 가고 있다. (구로구청 제공)

구로 시민정치가 보다 깊숙이 뿌리내리고, 더 튼튼하게 성장해 가는 과정에서 그 누구보다 큰 힘을 주었던 사람들은 바로 구로구의 주부들이었다. 안전한 먹거리에서 시민정치로, 내 아이의 교육에서 민관 거버넌스로 나아가는 구로구 주부들의 힘이 없었더라면 구로 시민정치는 지금과는 사뭇 다른 모습으로 서 있지 않았을까?

더불어 사는 공동체를 향한 노원의 도약

나정환 · 심중호 · 연준한

Ⅰ. 서론

Ⅱ. 행위자별 분석

Ⅲ. 공동체 복원 거버넌스에 대한 평가

Ⅳ. 지역공동체 복원 활동과 시민정치: 그 의의와 가능성

요약

본 연구에서는 오늘날 다양한 지역사회 행위자들의 집합적인 노력을 통해 이루어지고 있는 노원구의 공동체성 복원 운동에 대한 포괄적인 이해를 얻고, 이로부터 운동이 나아가야 할 방향을 생각해 보고자 한다. 이를 위해 공동체 복원 운동을 지역사회가 가지고 있는 중층적(multi-layer)으로 결합된 문제들, 이를테면 복지, 주거, 환경, 교육 문제 등을 다양한 지역사회 자원을 동원해 해결하고자 하는 노력의 총체로 정의하고, 여기에 관여하는 행위자들의 특성을 민주성과 사회성이라는 기준을 토대로 분석한다. 분석 대상이 되는 조직들은 오랜 역사를 가진 지역 시민단체(노원나눔의집, 함께걸음의료복지사회적협동조합, 마들주민회), 마을만들기 사업을 통해 설립된 주민단체(꿈마을공동체), 그리고 각종 사업을 통해 직간접적으로 공동체 형성에 참여하는 지방정부(노원구청)이다. 이어서 행위자별 분석 결과를 바탕으로 공동체 복원을 둘러싼 거버넌스의 양상을 파악한다. 종합적인 평가는 다음과 같다. 오늘날 노원구의 공동체 복원 거버넌스는 지역단체들의 꾸준한 활동과 사회적 관심 증가로 인해 질적, 양적 확대를 경험하고 있다. 다양한 연계 활동이 이루어지고 있으며, 민과 관 사이의 협력 또한 점차 늘어나고 있다. 그러나 이러한 활동은 질적인 면에서 종종 행위자 간 업무 방식의 차이, 상호 신뢰 부족으로 인해 어려움에 직면하기도 한다. 이러한 문제들을 해결하기 위해서는 거버넌스 참여 행위자들 간의 신뢰 관계 형성에 기여할 수 있는 제도를 구축하고, 이를 바탕으로 협력적이고 동질적인 문화를 형성할 필요가 있다.

Ⅰ. 서론

1. 시민정치로서의 마을공동체 복원 운동

바야흐로 '시민정치'의 시대이다. 사회의 구성과 가치가 나날이 복잡해지고 다원화되어 가는 가운데 국가는 그것이 기존에 누려 온 통치 주체로서의 독점적 지위를 더 이상 향유하지 못하는 상황에 이르렀다. 이것은 단순한 수사가 아니다. 최근 일련의 대규모 재난 사태에 대한 정부의 대응 양상만 보아도 이를 알 수 있다. 이러한 상황 속에서 시민들은 자신들의 삶에 직간접적으로 영향을 미치는 사회적 사안들에 대해 침묵하기보다 목소리를 냄으로써 스스로를 통치의 주체로 탈바꿈한다. 이처럼 시민들의 참여에 의해 이루어지는 통치 행위야 말로 시민정치에 다름이 아니다. 그것은 비단 특수한 상황에서뿐만 아니라 매일의 삶 속에서도 일어난다. '민관 협력', '거버넌스'와 같은 말들이 매우 일상적으로 사용된다는 점은 그러한 사실을 방증한다. 일상에서 수행되는 시민정치의 대표적인 사례를 꼽자면 지역사회의 공동체성 복원 운동을 들 수 있다. 그것은 지역 주민들 스스로가 자신들의 삶의 터전인 지역사회의 운명을 국가나 행정의 손에 맡기는 것이 아니라 참여를 통해 직접 만들어 나가는 활동을 의미한다. 주민들이 직접 나서 위축된 연대의 가치를 되찾고, 지역사회의 미래를 결정하는 주권자로 스스로를 부각시킨다는 점에서 마을공동체 복원 운동은 매우 일상적인 형태의 시민정치라고 할 수 있다.

한편 지역공동체를 복원하는 일은 오늘날 매우 중요한 사회적 사안이다. 그 이유는 공동체성 복원 운동이 지역이라는 공간적 범주 내에서 발생하는 다양한 사회문제들을 해결하기 위한 노력들을 포괄하고 있기 때문이다. 복지, 주거, 환경, 교육 문제 등의 개별적 사안들은 공동체 복원 운동이라는 활동 안에서 유기적인 관계를 맺는다. 이를테면 지역 내 뉴타운 개발로 인해 철거민이 된 이들의 주거 문제는 의료와 복지, 나아가 교육에 관한 사안들과 밀접한 연관성을 가진다. 즉 지역공동체성 복원 운동 혹은 지역공동체 복원 운동이 오늘날 중요한 이유는 중층적(multi-layered) 사회문제에 대한 종합적 접근을 가능케 하기 때문이다. 이러한 인식하에 우리는 다양한 행위자들의 참여를 바탕으로 서울시 노원구에서 이루어지고 있는 지역공동체 복원 활동들을 포괄적으로 살펴보고자 한다.

공동체 복원 운동을 노원구 시민정치 사례로 선정한 까닭은 그것이 구의 역사와 관련해 중요한 의미를 지니기 때문이다. 노원구는 1988년 도시재개발 사업 과정에서 만들어졌다. 기존 거주지들은 재개발 사업 과정에서 '정리'되었고, 대규모 아파트 단지들이 그 자리를 대신했다. 한편 서울 올림픽을 계기로 정부가 급격하게 추진한 재개발 사업은 노원구에는 두 가지 문제를 야기했다. 하나는 재개발이 이루어지기 전 지역에 거주하고 있던 이들의 거주 및 생계의 문제였으며, 다른 하나는 노원구로 대규모 인구가 유입되면서 발생한 인한 공동체 해체의 문제였다. 노원구의 시민정치는 이러한 문제를 타개하고자 시작되었다. 이를 주도한 대표적인 지역단체인 노원나눔의집은 1980년대 후반부터 지역 빈민 운동, 노동운동에 앞장섰다. 한편 교육과 의료 등을 포괄하는 보다 넓은 범주의 지역공동체 구축 활동으로서의 시민정치는 1990년대에 들어 서서히 이루어지기 시작했다. 1992년 마들주민회의 전신인 상계어머니학교가 지역 교육 활동을 수행하기 시작했으며, 1998년에는 함께걸음의료복지사회적협동조합 건립에 관여한 의사들이 무료 진료 사업을 개시했다. 2000년대에 접어들어 공동체 복원 운동은 새로운 전기를 맞았다. 삶의 질에 대한 대중적 관심 확대가 공동체 복원 운동에 새로운 추동력을 제공한 것이다. 노원구청도 각종 마을만들기 사업을 비롯해 위탁, 지원 사업을 통해 직간접적으로 이러한 흐름에 동참했다. 구청은 다양한 장(場)을 통해 주민들이 보다 쉽게 공동체 복원 운동에 참여할 수 있도록 하는 계기를 마련하였다. 오늘날 왕성한 활동을 펼치고 있는 꿈마을공동체도 이러한 흐름 속에서 만들어졌다.

정리하면 오늘날 노원구의 공동체 복원 운동은 지역에서 잔뼈가 굵은 시민단체들을 비롯해 정부 지원에 힘입어 만들어진 신생 주민단체들 그리고 구청의 참여로 이루어지고 있다. 우리는 구체적으로 이들 단체들이 어떻게 생겨났고, 어떤 활동을 해 왔으며, 나아가 오늘날 어떠한 역할을 수행하고 있는지 알아보고자 한다. 그리고 그들의 특징을 다음의 행위자 분석틀을 통해 보다 심층적으로 살펴볼 것이다. 개별적 분석이 끝나면 그 결과를 바탕으로 '공동체'라는 큰 틀 안에서 이루어지는 노원구 마을 거버넌스에 대한 종합적인 평가를 해 보고자 한다. 이러한 포괄적인 접근을 시도함으로써 우리는 노원구의 공동체 복원 활동을 보다 심화시킬 수 있는 방안까지도 도출해 낼 수 있을 것이라고 생각한다.

2. 분석틀

우리는 공동체 복원 활동에 참여하고 있는 단체들이 어떤 방식으로 사회성과 민주성이라는 가치를 현장에서 구현하고 있는지 살펴보고자 한다. 두 분석 기준은 김의영(2011)의 분석 기준인 참여성과 심의, 분권화, 효율성 및 효과성을 선별적으로 재정립한 것이다. 참여성과 심의, 분권화를 하나의 기준으로 통합하여 민주성을 분석하기로 하였고, 효율성 및 효과성을 참고하여 그 안에서 행위자의 활동에 의해 발생하는 공익적 가치를 추출하고자 하였다. 이를 통해 우리는 개별 행위자들이 공동체성 복원에 어떤 방식으로 기여하고 있는지, 나아가 어떤 과제를 안고 있는지 알아볼 것이다.

1) 사회성

공동체를 복원하고자 하는 노력은 필연적으로 사회성을 확대시키려는 노력 안에 포함된다. 여기서 사회성이란 개인의 이익보다는 공공의 이익을 지향하고, 파편화된 관계보다는 넓은 연대를 중시하며, 공동체가 직면한 문제를 개별적인 노력이 아닌 공동의 노력을 통해 해결하는 것을 선호하는 가치를 의미한다. 어떤 단체가 공익은 무시한 채 그것의 이득만을 챙기려 한다면 그 조직은 사회성을 결여했다고 봐도 무방하다. 그러나 그와 반대로 공동체 복원을 나름의 언어를 통해 규범화하고, 이를 위한 구체적인 노력을 기울이고 있다면 그 단체는 사회성을 가진 단체로 간주할 수 있다. 이러한 배경에서 우리는 사회성을 크게 두 가지 차원으로 나누어 생각해 보고자 한다. 첫 번째는 규범적 차원이다. 이 글에서 다루는 행위자들은 모두 공동체 복원이라는 이념적 지향을 가지고 있다. 그러나 구체적으로 어떠한 규범적 가치를 근거로 공동체성을 사유하고 활동에 임하는지는 행위자들마다 상이하다. 예를 들어 노원나눔의집과 같은 경우 '영성'이라는 개념을 조직의 핵심 가치로 내걸고 이에 맞춰 조직을 운영하며 활동을 수행, 평가한다. 같은 맥락에서 함께걸음의료복지사회적협동조합은 '건강'을, 마들주민회는 '마을'을 그들의 핵심 규범이 담긴 언어로 사용한다. 다음으로 실천적 차원은 사회성의 다른 한 축을 이룬다. 이는 조직이 그것의 핵심 가치에 근거해 무엇을 문제로 보고 있으며, 이를 해결하기 위해 현실에서 어떤 노력들을 기울이고 있는지에 대한 것이다.

2) 민주성

여기서 민주성을 조직 외부적인 것과 내부적인 것으로 구분한다. 전자는 관을 비롯한 다양한 단체들로 구성된 지역 네트워크 내에서 해당 조직이 얼마나 수평적이고 협력적으로 다른 행위자들과 소통하는지를 그 내용으로 한다. 공동체 운동이란 한 지역 내에서 발생하는 다양한 문제들에 대한 총체적인 해결을 목표로 한다. 문제들은 서로 밀접하게 연결되어 있고, 그만큼 다양한 행위자들의 공동의 노력이 절실하게 필요하다. 이를 효과적으로 수행하기 위해서는 개별 행위자들이 상호 수평적이고 협력적인 관계가 전제되어 있어야 한다. 한편 외부적 민주성과 관련해 특히 주목해야 할 점은 관, 즉 구청과의 상호작용이다. 지역의 당면한 문제를 효과적으로 해결하기 위해서는 관료적 지식이 아닌 현장의 지식을 적극 활용해야 한다. 오늘날 참여를 중시하는 행정 패러다임이 전통적 패러다임과 본질적으로 구분되는 부분도 바로 민관 관계에 있어서의 상향성(bottom-up)이다. 그렇기에 관과의 상향적 소통을 얼마나 효과적으로 수행하는지는 조직이 가진 외부적 민주성의 정도를 판단하는 유효한 기준이 될 수 있다. 조직 내부적 민주성 또한 공동체 복원에 중요한 요인이다. 주민들은 조직에 들어와 활동에 참여함으로써 지역에 대한 애착심과 주인의식을 갖게 되며, 지역사회가 당면한 문제를 해결하는 과정에서 시민적 덕목도 함양한다. 그런데 이것이 가능하기 위해서는 우선 조직에 참여할 수 있는 기회가 열려 있어 지역 주민들이 쉽게 조직 활동에 동참할 수 있어야 하며, 조직 내에 민주적인 의사 수렴 구조가 갖춰져 있어 구성원들이 충분히 참여할 수 있어야 한다. 이러한 맥락

표 4.1 개별 행위자 분석틀

사회성	
규범성	실천성
- 어떤 이념을 바탕으로 공동체성 복원 운동을 이해하는가?	- 조직이 파악하고 있는 지역사회의 공익을 해치는 문제는 무엇인가? - 이를 극복하기 위해 기울이는 노력은 무엇인가?

민주성	
외부적 민주성	내부적 민주성
- 얼마나 수평적으로 다른 행위자들과 소통하는가? - 관(구청)과의 소통은 얼마나 수평적으로 이루어지는가?	- 조직 참여는 얼마나 개방적인가? - 조직 내 의사 수렴은 얼마나 수평적으로 이루어지는가?

에서 조직 참여가 얼마나 개방되어 있는지, 그리고 조직 내에서 의사 수렴이 얼마나 수평적으로 이루어지는지는 단체의 내부적 민주성의 구성 요소라고 할 수 있다.

조직들이 가진 고유한 특성을 분석하기 위한 틀을 표로 정리하면 표 4.1과 같다. 이 분석틀을 통해 행위자의 속성을 파악하고, 나아가 전체 마을공동체 복원 거버넌스에 대한 총체적인 이해를 도모하고자 한다.

II. 행위자별 분석

이 장에서 우리는 오랜 기간 노원구를 기점으로 활동을 해 온 시민단체 세 곳과 정부 사업을 통해 근래 만들어진 주민단체, 그리고 각종 사업을 통해 직간접적으로 공동체 복원 운동에 참여하는 관청의 활동에 대해 구체적으로 알아볼 것이다. 여기서 대상의 선정은 인터넷을 통한 사전 자료 조사 및 인터뷰 과정에서의 소개를 바탕으로 이루어졌다. 또한 평가의 근거가 되는 주된 자료로는 해당 단체의 대표 또는 그에 상응하는 실무자와의 인터뷰 자료를 활용하였다. 그들은 오랜 기간 실무를 맡아 온 경험을 바탕으로 조직이 어떠한 과정을 통해 발전해 왔는지를 상세하게 말해 주었다. 물론 다수의 활동가들과 대화를 하지 못한 것에 대한 아쉬움이 남지만 대표자들의 오랜 경험에서 우러나오는 말들은 양적인 한계를 보완할 풍부한 자료를 제공해 주었다.

1. 노원나눔의집

1) 역사

1986년 상계동에 둥지를 튼 노원나눔의집은 달동네 주민들을 대상으로 빈민운동을 시작했다. 초기에는 청소년 야학, 청소년 공부방 등 빈민 청소년 교육이 주된 활동이었다. 그러한 와중에 1990년 상계어머니학교 개원은 단체의 활동 영역 확장을 알리는 신호탄이었다. 이후 노원나눔의집은 봉제생산협동조합 '실과바늘'을 만들어 시혜적 지원에서 벗어나 자활 중심의 지원 활동을 전개하였고, 1996년 노동자문화센터를 창립해 노동자들의 교육과 시민의식 함양에 이바지했다. 노원나눔의집의 활동은 2000년대에 접어들면서 더욱 다양화되었다. 그리고 그것의 범위 또한 사회적 약자 보호를 넘어 지역공동체성 복원으로 보다 확대되었다. 1997년 '살기 좋은 임대아파트 만들기를 위한 주민학교', 1999년 저소득 취약 계층의 경제 자립 운동의 일환이자 주민참여형 협동조합 방식으로 이루어진 '나눔건설', 2000년 세탁 공동체 '늘푸른세탁마을'이 대표적인 사례이다.

2) 활동 내용

노원나눔의집은 오늘날 가정 결연을 비롯한 각종 위탁 사업, 지역 연계 등을 통해 지역공동체 복원에 기여하고 있다. 사업 영역으로 보면 단체 활동은 아동·청소년 활동, 지역공동체성 복원 활동, 사회경제적 활동 등 총 세 가지로 나뉜다. 아동·청소년 지원은 지역아동센터, 대안학교인 나우학교, 나우청소년지원센터, 청소년 자활지원센터를 통해 이루어진다. 흥미로운 점은 이들 중 많은 수가 정부위탁사업 등을 통한 민관 연계 활동으로 진행된다는 것이다. 상계3, 4동 독서아동돌봄은 나눔의집 내 공부방으로 운영하던 것을 지자체로부터 공간을 지원받아 주민센터 내로 확장 이전한 경우이다. 위탁형 대안학교인 나우학교는 공교육 과정에 잘 적응하지 못해 위기에 몰린 아이들에게 대안적인 교육 서비스를 제공한다. 지역사회 중·고등학교와 협약을 맺어 대안 수업을 이수한 학생들에게 일반 중·고교 졸업장을 수여함으로써 학생들의 진로를 돕는다. 이 사례에서 또한 협력이 중요한 기제로 작용한다. 구청은 공간 제공을 포함한 각종 행정적 지원을 실시하고, 교육청은 학교의 재정을 지원하며, 나우학교는 사례관리를 통해 학생들의 원만한 사회 진출을 돕는다. 이와 같은 협력의 경험은 연계 활동에 참여하는 행위자들 간의 상호 신뢰를 확대시키고 더 큰 협력을 추동한다. 상상이룸센터라는 이름의 지역 청소년 진로지원센터가 그 대표적인 예이다. 이는 저소득층 청소년 지원을 위해 나눔의집이 지자체로부터 위탁받아 운영해 온 청소년 자활지원센터 모델이 그 효과성을 인정받아 일반에까지 확대 적용된 경우이다. 상상이룸센터는 교육부로부터 예산을 지원받고, 지자체로부터 공간을 지원받아 활발히 활동을 진행하고 있다.

한편 앞서 언급했듯이 지역사회 내의 문제들은 독립적으로 존재하지 않는다. 노원나눔의집의 활동이 빈민 운동에서 지역공동체 복원 운동으로 그 이름을 바꾸고 범주를 확장하게 된 계기도 이러한 사실과 무관하지 않다. 단체가 실시하는 공동체성 복원 활동의 중심에는 가정 결연 활동이 있다. 노원나눔의집이 처음 활동을 할 때에는 복지 시스템의 부재로 어려운 상황에 처한 사람들이 많았다. 이들을 돕기 위해 나눔의집은 가정 결연 공동체를 만들어 회원을 모집하고, 회원과 어려움에 처한 주민들을 연계하는 활동을 전개했다. 지역 주민들은 나눔의집의 가정 결연 네트워크를 통해 병원 동행, 청소 및 식사 봉사, 후원금 기부 등 여러 방식으로 생계가 어려운 이들을 도울 수 있었다.

나아가 건강한 공동체의 핵심 조건 중 하나로 안정적인 물적 토대가 있어야 한다는 인식하에 노원나눔의집은 단체의 지원을 받는 이들이 경제적으로 홀로 설 수 있게끔 돕는 활동을 꾸준히 전개해 왔다. 봉제생산협동조합 '실과바늘'은 이러한 흐름 속에서 만들어진 고용과 생산을 매개로한 주민자활공동체였다. '공동 출자, 민주적 운영을 통한 경영 참여, 공동 노동, 공동 분배'라는 급진적인 원칙들을 바탕으로 한 실과바늘의 모험은 비록 가시적으로는 종료되었으나 그 유산은 남아 오늘날 새로운 실험들에 동력을 제공하고 있다. 이를테면 중계동 9단지 주민들과 사회적기업 형태로 식당을 창업한 일도 같은 맥락에서 이해할 수 있다. 이처럼 노원나눔의집은 지역사회에서 오랜 기간 다각도로 공동체성 복원 운동을 전개해 왔다. 그리고 그러한 활동들은 다른 지역 시민단체들에게도 긍정적인 평가를 받고 있다.

> "노원나눔의집은 오래된 데다가 활동도 엄청 광범위하게 하잖아요. 신부님도 굉장히 열정이 있고. 그만큼 지역사회에 노원나눔의집이 기여하는 바가 크죠."
>
> – 강봉심 함께걸음의료복지사회적협동조합 상임이사

> "지역에서 발생하는 문제를 해결하는 데 노원나눔의집의 도움은 결정적이에요. 밖에도 많이 알려졌지만 무상급식 때도 그랬고, SSM 때에도, 그리고 얼마 전에 있었던 노점상 문제에도 나눔의집이 적극 개입한 걸로 알고 있어요."
>
> – 이지현 마들주민회 대표

이렇듯 대외적으로 긍정적인 평가를 받고 있는 노원나눔의집의 특성과 활동에 대해 서론에 소개한 분석틀을 적용해 보다 상세히 파악하고자 한다.

3) 분석

① 규범성

먼저 사회성의 측면에서 노원나눔의집의 성격은 어떠한가를 살펴보자. 규범적인 면에서 노원나눔의집의 두드러지는 특징은 '영성'이라는 개념을 통해 공동체성 복원 활동을 전개한다는 점이다. 나눔의집 홈페이지에 쓰인 설명에 따르면 영성이란 나눔의집의 설립 취지와 목표에 해당하는 것으로서 총 여섯 가지 원칙으로 구성되어 있다.[1] 핵심을 요약하면 '가난한 사람들의 구체적인 삶의

---

1. 노원나눔의집. "정신(나눔의집 영성)." http://www.nowonnanum.org/soul (검색일: 2015. 06. 10).

현장' 속으로 들어가(제1원칙), '속도와 경쟁과 자기 확장의 삶에 몰두하지 않고'(제2원칙), '노동하는 사람의 신성함을 증거하고 회복하며'(제3원칙), '복음이 가르치는 공동체'를 만들고(제4원칙), '불의에 투쟁하며'(제5원칙), '자발적 가난'을 통해 섬기는 삶을 실천하는 것(제6원칙)이다. 영성은 나눔의집이 공동체를 이해하는 방식을 비롯해 조직 내부 문화 및 조직 운영 방식 그리고 활동의 내용을 규정한다. 일례로 오상운 신부는 노원나눔의집의 사업 평가와 향후 사업 방향 설정에 있어 영성이 중요한 기준이 된다고 말했다.

> "(활동에 대한) 평가를 할 때 그냥 제출용 평가가 아니라 우리의 활동이 나눔의집의 영성에 맞춰서 이루어지고 있나, 거기에 비춰 우리가 활동을 제대로 하고 있나, 나눔의집 정신과 가치와 영성에 맞는 활동을 해 왔는가, 이런 걸 평가하는 거예요. … 우리가 공유하는 가치와 정신과 비전을 바탕으로 평가 계획을 세우는 일은 우리에게 중요한 과제라고 할 수 있어요." – 오상운 신부 노원나눔의집 대표[2]

관을 비롯한 외부 행위자들과의 협력을 진행할 때에나 실무자를 선발할 때에도 영성은 포기 할 수 없는 기준이 된다.

> "그러면 우리가 여기(관의 실적 중심의 평가)에만 머물러 있을거냐라고 한다면 아니죠. 실무자를 뽑을 때부터 나눔의집 가치나 비전을 이야기하면서 할 수 있겠느냐라고 물어봐요. … 힘들어하죠. 이거(양적 기준을 맞추는 일) 하기도 힘든데 더 요구하니까. … 그래도 나눔의집은 (이러한 가치들을) 놓칠 수 없어요."

오상운 신부는 그럼에도 관과의 협력 과정에서 외부의 가치가 내부의 가치를 대체하는 현상이 발생하기도 한다는 점을 지적하였다. 이를 방지하기 위해 나눔의집은 한 달에 한 번씩 실무자 전체가 참여하는 친교 및 교육 모임을 비롯해 구성원들 간의 공유되는 가치를 재확인하는 공동체 모임을 지속적으로 전개해

2. 이하 이 절의 인용문은 오상운 신부와의 인터뷰에서 발췌한 것이다. 인터뷰 일자: 2015. 4. 10.

오고 있다. 또한 센터 간 사업 공유와 나눔의집 전체 사업에 대한 인식 공유를 통해 사업의 연대를 이뤄 내고 있다. 결과적으로 이러한 맥락을 종합적으로 고려했을 때 영성이라는 규범은 나눔의집 활동에 고유성을 부여하며, 활동의 방향을 규정하는 중요한 잣대라고 할 수 있다.

② 실천성

영성이 나눔의집을 지탱하는 규범이라면, 그것은 실천적 차원에서 어떻게 구현되는가? 나눔의집은 빈곤, 복지, 주거, 교육, 경제 등의 영역에서 폭넓은 활동을 펼친다. 구체적인 내용에 대해서는 활동 내용 부분에서 언급했으므로, 여기서는 대표적 사례로 뉴타운 반대 운동을 소개하고자 한다. 2005년 무허가 판자촌들이 즐비하던 상계 일부 구역이 뉴타운 지구로 선정되었다. 사업 초기 낙후된 지역을 개발하는 데 지역 주민 절반 이상이 찬성했으나 2009년 부동산 경기의 급격한 침체로 인해 사업 수익성이 불투명해지자 이에 반대하는 목소리가 커졌다. 나눔의집은 뉴타운을 반대하는 편에서 운동을 주도했다. 무허가촌에 사는 사람들을 비롯해 분담금을 감당할 수 없는 이들이 거리로 내몰리게 될 것이기 때문이었다. 결과적으로 제3구역에서는 조합원 50%의 해산 동의서 서명을 받고 사업을 무산시켰다. 나눔의집이 중립성의 원칙을 버리고 이 일에 뛰어든 것도 조직의 핵심 가치인 영성과 무관하지 않다.

"… 섣불리 어느 한쪽의 입장에 섰을 때 구와의 관계뿐만 아니라 주민들의 관계도 그렇고, 나눔의집은 전통적으로 어느 편에 서기보다는 중재하고 조정하고 그런 역할을 해 왔는데 … 그래서 이걸 하는 순간 문제가 있지 않겠느냐. (그럼에도) 제가 성서를 보면 재물을 택할 거냐 하느님을 택할 거냐라는 게 있다, 어느 순간에 나눔의집은 택해야 한다(고 했죠). 그래서 의논을 통해서 반대 활동을 조직적으로 할 것을 결의한 거죠."

"(구청은) 제가 중재를 해 줬으면 좋겠는데 어느 한편의 대표가 되니까 (구청과) 부딪히게 되는 거죠. 그럼에도 어쨌든 (조직이) 꾸려지면서 주민 분들을 많이 만나고, 고충도 듣고, 그래서 어떤 성과 중에 하나는 어느 구역이 취소가 되고 … 그 분들이 삶을 극복해 나가는 게 제일 보기 좋았던 거 같아요."

여기서는 중립성을 버리고 관과의 관계를 희생하면서도 자체적 규범을 추구하는 나눔의집의 모습을 볼 수 있다. 즉 단체가 생각하는 공동체의 가치를 위해서라면 투쟁적인 일에도 개입하는 것이다. 이러한 점에 비춰 봤을 때 노원나눔의집은 공동체에 대한 명확한 나름의 문제 인식과 지향, 그리고 실천성을 가지고 있는 것으로 평가할 수 있다.

③ 외부적 민주성

다음으로 민주성을 살펴보자. 노원나눔의집의 활동 내용을 보면 주민센터, 구청, 심지어는 중앙정부 부처들과 협력하는 내용들이 많다. 이러한 양상은 적어도 표면적으로는 높은 외부적 민주성을 나타낸다고 할 수 있다. 왜냐하면 다수의 협력 내용들은 단체가 추구하는 목표와 수행하는 활동들을 비롯해 이를 통해 현장에서 구현해 내는 가치들에 대해 노원나눔의집이 관의 지지를 성공적으로 끌어내는 것으로 읽히기 때문이다. 그렇다면 관을 비롯한 다른 지역 행위자들과의 협력의 질은 어떠한가? 협력의 질은 양적으로 포착되는 높은 민주성의 수준의 실상이 어떠한지를 알 수 있게 해 준다. 노원나눔의집 대표 오상운 신부는 긍정적인 협력의 예로 노원구 복지협의체를 들었다.

"다른 자치구와 달리 노원구에는 동 단위의 복지협의체가 존재하고 또 그 아래에는 실무협의체가 존재해요. 관에서 마련한 자리지만 주민들도 참여하고 우리 실무자도 들어가죠. 복지협의체는 동별로 복지 사각지대에 있는 사람이 누군지를 파악하는 사례 관리 업무도 담당해요. 여기서 나눔의집은 시스템에 잡히지 않는 사람들이 누군지를 파악해 도움을 주고 있어요. … 복지협의체에 참여하는 사람들이 회의를 열고 사례를 파악해요. 우리 내부적으로 가정 결연 실무자들과 협의된 내용을 여기서 다시 이야기 하는데, 충돌되는 부분이 있다면 조정도 해요. … 그렇게 함께 하는 거죠."

여기서 확인할 수 있는 부분은 복지협의체라는 제도가 관청과의 정례적인 소통 창구로 기능하고 있으며, 노원나눔의집의 요구가 이 자리를 통해 관 차원의 정책 결정에 반영되고 있다는 점이다. 복지협의체가 일상적인 문제에 대한 협력 사례라면, 사건을 중심으로 지역의 행위자들과 문제 해결을 위한 공동의 노력을 기울이는 경우도 존재한다. 최근 노원구의 노점상 철거 문제를 두고 시민단체, 노점상, 관이 상생협의회를 통해 사안을 해결하려고 한 것도 이러한 맥락에서 이해할 수 있다. 하지만 소통에 있어 어려움도 존재한다. 특히 노원구에서 활동하는 시민단체 및 주민단체들 사이의 교류와 상호 이해를 강화하기 위해 만들어진 '노원마을네트워크'(노원마을넷)의 대표를 지낸 오상운 신부는 민과 민 사이에서 발생하는 난제들에 대한 고민을 토로했다.

> "… 이쪽(기존 단체)은 거리감을 두고 있고, 또 이쪽(신생 단체)은 왜 마을만들기에서 자기들을 전폭적으로 만나 주지 않느냐 하는 불만이 있는 거죠. … 여기(신생 단체)에서 보면 여기(기존 단체)는 세월호 때 보면 맨날 데모하고, 좌 편향으로 보고 있는 거고, 여기(기존 단체)는 너희 정말 건강하냐, 프로젝트 만드니까 친목 도모 정도로 하는 거 아니냐. 극단적으로 표현하면 그래요. 서로 인정은 하지만 아직은 못 만나는 거죠."

오랫동안 노원구에 거점을 두고 공동체 복원 운동을 해 온 노원나눔의집은 최근 관의 마을만들기 사업을 통해 생겨난 신생 단체들과의 상호작용에 있어 그 필요성과 중요성은 인정하면서도 동시에 공동체 복원이라는 공동의 목표를 달성하기 위한 파트너로 모든 신생 단체들을 쉽사리 인정하지 못했다. 이러한 그의 입장은 노원나눔의집이 다른 지역 단체들과 수평적으로 협력하는 데 있어 어려움이 있다는 점을 잘 드러낸다. 나아가 표면적으로 활발히 이루어지고 있는 관과의 협력에 있어서도 고민이 없는 것은 아니다. 그 고민은 나눔의집이 활동을 통해 추구하려는 가치, 그리고 일하는 방식이 충분히 관에 전달되고 고려되며 현장에서 존중되는지 여부와 관련된다.

"위탁사업이 많아지니까 초창기의 자활성이나 헌신성은 많이 무너지고, 복지 전달 체계 전달자로만 머무는 형태에 대한 우려도 많아요. 초창기의 공동체성도 많이 약화되었죠. 지금 인원도 많고 영향력은 있다고 하지만 초기의 주체성과 자율성과 사회적 참여, 이런 것들이 많이 약화되었어요. 그나마 노원(나눔의집)은 그러한 것의 원형을 가지고 있는 편이기는 하지만, 자기반성을 함께 가지고 있어요."

관과의 협력은 나눔의집의 역량만으로는 할 수 없는 일을 가능케 하고, 조직의 성장을 추동하는 계기로 작용하기도 한다. 그러나 나눔의집은 관과의 협력 과정에서 자신들이 추구해 오던 가치 그리고 조직의 운영 방식을 잃어버리고 단순한 서비스 전달자로 전락하는 것을 우려한다. 이미 초기의 가치가 많이 약화되었다는 그의 말은 단순히 질적인 차원의 외부적 민주성이 겉으로 보이는 협력의 수준과는 상이하다는 것을 의미한다.

④ 내부적 민주성

다음으로 살펴볼 부분은 내부적 의사 수렴 구조의 수평성과 조직 참여의 개방성으로 측정되는 조직의 내부적 민주성이다. 노원나눔의집이 30여 년간 지속되어 왔지만, 앞으로도 건강한 조직으로 살아남기 위해서는 구성원의 꾸준한 참여가 있어야 하고 개방적 구조에 바탕을 둔 참여성이 뒷받침되어야 한다. 구성원들의 참여는 크게 두 층위에서 이루어지는데, 하나는 총회이고 다른 하나는 운영위원회이다. 총회는 내부적 민주성을 지키기 위한 나눔의집의 대표적인 제도이다. 조직의 활동과 관련한 모든 중대 결정이 총회에서 이루어지도록 내부 구조를 만들어 조직의 운영을 보다 투명하고 민주적으로 할 수 있게 하였다. 한편 운영위원회는 한 달에 한 번 있는 회의를 통해 총회 결정 사항을 실천으로 옮기기 위한 계획을 세운다. 구성은 당연직과 비당연직으로 이루어진다. 위원회의 절대 다수를 차지하는 비당연직은 총회에서 선출한다. 회원은 누구라도 운영위원이 될 수 있다는 점에서 내부적 민주성을 높게 평가할 수 있다. 노원나눔의집은 또한 구성원을 모집하는 데 있어서도 개방되어 있다. 이를테면 나눔의집의 구성원이 되고자 하는 사람들은 금전적 후원(회비) 없이도 자원봉사를 통해 구성원이 될 수 있다. 그 결과 오늘날 실무자를 제외하고 약 90여 명의 회원이 활동을 하고 있다. 그러나 외부인에게 열려 있는 구조임에도 불구하고 지역 주민들의 참여는 저조하다. 지역 주민들이 (회원이 아니기에) 총회에 참석하지 못하는 부분은 조직의 내부적 민주성과 관련해 고민해 봐야 할 부분이다.

2. 함께걸음의료복지사회적협동조합

1) 역사

함께걸음의료복지사회적협동조합(이하 함께걸음)은 1993년 의사들이 평화복지관과 연계하여 수서, 중계동에 방문 진료, 무료 진료를 하는 활동에서부터 출발했다. 처음에는 의사들의 시혜적 진료가 주된 활동 내용이었다. 하지만 이에 부족함을 느낀 의사들은 2000년부터 한 걸음 더 나아가 주민들과 함께 지역 복지를 달성할 수 있는 방안을 고민하기 시작했고, 그 결과로 의료협동조합을 설립하게 되었다. 2004년 이 단체는 함께걸음이라는 이름으로 노원구에 정착, 공식 활동을 시작했다.

2) 활동 내용

'누구나 차별받지 않고 건강할 권리가 있다'라는 생각에서 출발한 함께걸음은 건강한 지역 복지공동체를 만들자는 취지 아래 의료 사업과 지역 복지 사업으로 분야를 나눠 활동한다. 의료 사업은 회원들의 출자금을 통해 만들어진 의료기관을 통해 수행하는데, 여기에는 마을치과, 함께걸음한의원, 재가장기요양센터 세 곳이 있다. 의료 분야는 서비스가 표준화되어 있지 않기 때문에 서비스를 이용하는 환자들은 대부분 신뢰에 의존해 병원을 선택한다. 함께걸음은 주민들이 신뢰할 수 있는 병원을 만들어 지역의 복지를 강화하는 데 기여한다. '주민들이 만든 치과'로 유명한 마을치과는 2014년 9월 조합원들과 주민 1,200여 명이 모은 돈으로 세워졌다. 비싼 의료비와 과잉 진료의 문제를 해결하기 위해 지역 주민들이 직접 행동에 나선 것이다. 2008년 개원한 함께걸음한의원도 동일한 문제의식하에서 같은 방식으로 만들어졌다. 한편 함께걸음이 주민들과 함께 만든 병원들은 단순히 의료 서비스를 제공하는 장소에 그치지 않고 주민들을 대상으로 건강 강좌를 개설하는 등 의료 지식을 전달하는 공간이자 주민들이 서로 소통하는 공간으로 기능한다. 마지막으로 한의원과 같은 연도에 개원한 재가장기요양센터는 장기요양보험제도에 따라 등급 판정을 받은 지역 주민들을 대상으로 돌봄 서비스를 제공한다. 현재 약 20명을 대상으로 서비스를 제공하고 있으며, 높은 서비스의 질을 구현하고 통합적인 돌봄 서비스 체계를 구축한다는 목표하에 차별화에 노력하고 있다.

다음으로 지역 복지기관 관련 사업에는 장애우가족지원센터, 함께걸음행복드림센터, 주민참여형 보건지원 사업이 있다. 먼저 장애우가족지원센터에서는 장애인의 여가 활동, 권익 보호를 지원하는데, 흥미로운 부분은 이런 활동을 독자적으로 하는 것이 아니라 지역 복지 의료기관과 연계하여 활동한다는 것이다. 함께걸음행복드림센터는 빈곤의 위험에 있는 어르신들을 대상으로 하는 봉사단체로 방문 의료 서비스나 생활을 도와주는 행복드리미 제도를 운영하고 있다. 주민참여형 보건 지원 사업의 경우 상계보건지소를 중심으로 평생건강관리사업과 지역밀착형 건강관리 사업을 하고 있다. 평생건강관리 사업은 만성질환을 예방하는 등의 '예방적' 활동이다. 그에 반해 지역밀착형 건강관리사업은 기초 건강검진 등의 상담 서비스를 제공한다. 사업의 내용은 주민참여회의를 통해 선정한다. 함께걸음은 이러한 활동들을 통해 직간접적으로 지역 복지 사안들을 해결함에 있어 주민을 조직화하고, 지역 자원 네트워크를 구축하는 일에 힘을 쏟고 있다.

3) 분석

① 규범성

함께걸음은 '건강'을 매개로 지역공동체 활동에 임한다. 즉 건강한 개인과 건강한 공동체가 서로 떨어질 수 없는 관계에 있다고 보는 것이다.

"내가, 그리고 우리 가족이 건강한 삶을 살기 위해서는 주변의 많은 환경이 건강해야 해요. 그걸 위해 통합적 차원에서 접근하니까 마을을 보게 되는 거죠."

– 강봉심 함께걸음 상임이사[3]

건강한 공동체를 지향하는 함께걸음의 가치는 조직의 목표, 비전 그리고 가치에 소상하게 나타나 있다. 함께걸음의 목표는 구성원이 주인인 의료기관을 통해 건강을 지키고, 건강한 마을을 꿈꾸며, 서로에 대한 관심을 통해 함께 건강해지며, 예방 차원에서 건강을 관리하는 것으로 요약된다.[4] '구성원의 … 건강' 그리고 '건강한 마을'과 같은 표현에서 단체가 개인과 공동체의 건강을 함께 고려하고 있음을 단적으로 알 수 있다. 한편 건강과 공동체의 관계는 조직 비전에 보다 명시적으로 나타나 있다. 비전문을 살펴보면 함께걸음은 건강과 나눔을 함께하는 '건강한 공동체', 건강할 때 건강을 지키는 '건강 예방 공동체', 의료와 건강의 문제를 협동의 힘으로 해결하는 '건강 협동 공동체', 그리고 개인의 영리를 목적으로 하지 않는 '건강 비영리법인체'를 지향한다. 여기서도 건강이 의미하는 바가 단순히 개인의 질병 치료 및 예방에만 머무는 것이 아니라 보다 추상적인 수준에서 지역사회의 건강까지도 포괄한다는 점을 확인할 수 있다.[5] 건강한 공동체는 건강한 개인이 있기 위한 조건이며, 나아가 건강한 개인들은 공동체를 한층 더 건강하게 만드는 요인이다. 함께걸음이 건강을 사회 전체적 차원에서 논할 수 있는 이유는 이처럼 개인과 공동체의 건강을 서로 별개의 사안이 아니라 연결되어 있는 것으로 보기 때문이다.

② 실천성

건강한 개인과 공동체라는 규범을 바탕에 둔 함께걸음은 조합원 및 지역사회 주민들의 질병을 치료·예방하고, '상호 협동, 사회 안전망 구축 그리고 지역 민주주의에 기여'하기 위한 다양한 사회적 활동들을 펼친다.[6] 주민 건강과 관련해 흥미로운 점은 함께걸음이 치료 못지않게 예방을 중요하게 간주하고 예방

---

3. 이하 별도의 표기가 없는 한 이 절의 인용문은 강봉심 상임이사와의 인터뷰에서 발췌한 것이다.
4. 함께걸음의료복지사회적협동조합. "4대 지향목표." http://www.healthcoop.or.kr/ (검색일: 2015. 6. 10).
5. 함께걸음의료복지사회적협동조합. "비전과가치."http://www.healthcoop.or.kr/ (검색일: 2015. 6. 10).

을 위한 환경을 조성하기 위해 힘쓴다는 점이다. 여기에는 치료 중심의 의료 체계에 대한 문제의식이 자리 잡고 있다. 즉 현 시점에서 필요한 것은 단순히 아픈 사람을 치료하는 의료 체계가 아니라, 애초에 개인이 아프지 않고 건강한 삶을 영위할 수 있게끔 하는 사회적 환경이라는 것이다. 이렇듯 질병 예방에 대한 강조는 단체의 관심과 활동 영역을 자연스럽게 공동체로 확대시킨다. 요양센터, 장애인 주간 보호, 자살 예방, 취약 계층 지원 사업 등 함께걸음이 꾸준히 수행해 온 지역 복지 활동들은 이러한 맥락에서 이해할 수 있다. 나아가 예방적 차원의 건강에 대한 고려는 단기적인 성과가 나오지 않더라도 단체로 하여금 지속적으로 업무를 추진할 수 있도록 하는 동력을 제공한다. 왜냐하면 그들은 예방을 위한 공동체성의 구축이 하루아침에 이루어지지 않는다는 점을 알고 있기 때문이다. 그 일례로 요양센터를 들 수 있다. 수요가 한정된 상태에서 협동조합인 함께걸음이 탄탄한 자본력을 바탕에 둔 지역 내 민간 요양센터들과 경쟁하기란 결코 쉬운 일이 아니다. 그럼에도 함께걸음은 경영 측면에서 '마이너스'인 요양센터의 운영을 단체의 주요 사업 중 하나로 이어 나가고 있다. 이유는 무엇인가? 그것은 바로 지역 인프라와 연계한 통합적인 돌봄 서비스를 시도하고 나아가 그것의 필요성을 지속적으로 지역사회에 제기하기 위함이다.[7] 정리하면 예방에 대한 단체의 강조는 개인에 대한 단체의 관심을 사회로 확장시키며, 이와 더불어 시간이 걸린다는 점을 감안해서라도 지역사회의 근본적인 체질을 바꾸는 데 노력하자는 지향을 만들어 낸다.

③ 외부적 민주성

한편 건강한 지역공동체를 만들기 위한 실천적 노력들에 있어 협력은 필수적이다. 관과의 협력은 물론이고 여타 지역 행위자들과의 협력은 복잡한 복지 문제를 '예방'할 뿐만 아니라 '치료'하는 데에도 효과적이기 때문이다. 이를테면 앞

---

6. 위와 동일.

7. "'돌봄'이라는 게 보다 통합적이어야겠다라는 생각을 해요. 다시 말해서 유치원처럼 데이케어 서비스도 필요하고, 요양원도 필요한 거죠. 우리는 계속 지역사회에 그 화두를 던지려고 하는 거에요." (강봉심 상임이사 인터뷰)

서 살펴본 복지협의체는 구청을 포함한 폭넓은 참여를 바탕으로 복지 사각지대에 놓인 이들을 찾아내고 문제를 해결한다. 그렇다면 우선 함께걸음이 관과 어떻게 협력하고 있으며, 또 어떠한 과정을 통해 그 관계를 발전시켜 왔는지 살펴보자. 강봉심 상임이사는 인터뷰에서 정부와 함께 일하는 것을 '파트너십을 맺는 것'으로 표현했다.[8] 파트너십의 사전적 정의는 '둘이 짝이 되어 협력하는 관계'이다. 동반자로 번역되는 이 표현은 관계의 수평성을 강하게 전제하고 있다. 그러나 결론부터 말하면 함께걸음이 관과 맺고 있는 관계는 복합적이다. 즉 협력적인 면과 조율이 필요한 면이 공존한다. 가장 대표적인 관과의 협력 사례라고 할 수 있는 것은 주민참여형 보건지소 지원 사업이다. 함께걸음은 이 사업에서 지역 주민들의 건강 증진을 위한 보건지소 활동 계획을 수립한다. 또한 관에서 만든 복지협의회 활동에도 관여함으로써 동 수준의 복지 전달 과정에서 일부 역할을 수행하고 있다. 한편 제도적으로 보이는 협력보다 중요한 것은 협력의 질일 것이다. 여기서도 긍정적인 면은 존재한다.

> "(구청장이 바뀐 이후로) 공무원들도 협동조합, 사회적경제와 관련해 많이 교육을 받고, 의식 있는 공무원들 일부가 조합원으로 가입해서 총회도 와 보고 하면서 우리 상황을 아는 거죠. 이 사람들이 구청에서 교육받고 자치센터로 발령을 받는 거예요. 그럼 이제 말이 되기 시작하는 거예요. 그럼 우리 조합원 공무원들이 절 불러서 이렇게 되는 거예요. 저도 놀라는 중이에요. 주민자치위원들과 만나고 있어요. 이게 원래 굉장히 오래 걸리는 활동인데 … 확실히, 달라지긴 달라졌어요. 공무원들도 많이 찾아오고, 부탁하고, 서로 대화하려고 하는 게 … 구와 시의 경우에는 제가 10년 동안 일해 오면서 느꼈던 중에 가장 호의적인 상황이라는 거죠."

인터뷰 내용에서 알 수 있듯이 구청장이 바뀐 이후로 관과의 관계는 점차 수평적이 되어 가고 있다. 공무원들이 조합원으로 가입해 함께걸음의 활동에 참

---

8. "… 지역사회 공익을 증진시키기 위해 국가가 우리와 파트너십을 맺는 것이라면 당연히 국가의 역할을 나누는 거 …." (강봉심 상임이사 인터뷰)

여하는 것은 수평적인 관계에 가깝다고 볼 수 있다. 나아가 서로 알고자 하고 소통하고자 하는 의지가 커졌다는 것은 분명 환영할 만하다. 특히 이러한 변화는 단체 활동 초기 관과의 관계가 매우 멀었던 것과 비교하면 더욱 놀랍다.[9] 그러나 고민이 없는 것은 아니다. 인터뷰에서도 간접적으로 언급되었듯이 이러한 변화가 일어난 것은 구청장이 바뀐 이후로서 불과 1, 2년 전이다. 가장 큰, 그리고 고질적인 문제는 오랜 시간을 들여서라도 사회 제반을 구축하려는 함께걸음과 단기간 안에 가시적인 실적을 내야 하는 관 사이의 갈등이다.

> "관에서는 빨리하려고 하고 실적을 내려고 해요. 그런데 우리는 그런 방식으로 일하지 않거든요. '실적'이 아니라 우리는 관계성, 지속가능성, 진득함 이런 게 우선순위인데…."

어쩔 수 없는 행정의 속성은 이해하더라도 주민참여형 보건지소 운영에 있어 이런 인식의 차이에서 오는 갈등은 장기적이고 근본적인 해결책을 찾으려는 시도를 매우 어렵게 만든다.

> "우리가 6개월간 주민참여형 보건지소의 위탁을 맡았는데, 이게 기계 놔두고 운동하고 가는 그런 게 아니에요. 주민들이 함께 참여해서 지역의 보건의료 문제를 해결해 보자 이런 건데 모델이 없잖아요. 우리가 만들어야 한다는 말인데…. 관 쪽에서는 빨리하라고 하고, 우리는 아예 처음부터 모델을 만들려고 하고, 그런 층위의 차이가 있는 거죠."

강봉심 상임이사와 인터뷰 당시 우연히 보건지소 사업을 총괄하는 조합원과 대화할 기회를 갖게 되었는데, 그와의 대화에서 또 다른 관과의 협력의 어려움을 들을 수 있었다.

---

9. 강봉심 상임이사에 따르면 한의원을 만들기 전까지 관과의 관계가 전혀 없었으며, 초창기에는 보건소도 함께걸음을 이상한 단체로 보고 견제했다고 한다.

"(관이) 만약에 이 날 회의를 하자고 하면 해야 하는데 … 무슨 일이 있으면 너무 쉽게 미뤄져요. 지금 사업이 거의 끝나 가는 시점에서 앞으로 어떻게 할지에 대해 이야기해야 하는데 이번에도 미뤄졌어요." −○○○ 함께걸음의료협동조합 조합원

원활한 협력 관계를 맺기 위해서는 상호 신뢰가 전제되어야 한다. 그러나 회의가 관에 의해 일방적으로 미뤄지는 사태 등으로 인해 조합원의 관에 대한 신뢰도는 그다지 높지는 않은 것으로 보인다. 또한 이러한 일방적 통보는 양자가 수평적인 관계를 맺고 있다고 말하기 어렵게 만든다. 이러한 문제 외에도 담당자가 너무 자주 바뀌고, 처음에 짜 놓은 틀 속에서 계획을 실현하려고 한다는 불만이 제기되었다.[10] 이러한 난제들은 소통의 어려움을 가중시키고 높은 수준의 협력을 어렵게 하는 요인으로 작용한다.

함께걸음은 관과의 협력 외에도 지역 행위자들과의 연계 활동에도 참여한다. 여러 지역 행위자들과의 협력적 관계 형성은 함께걸음의 중요한 과제이지만 그 중에서도 함께 지역 의료 서비스를 제공하는 지역 의사단체와의 관계는 특히 더 중요하다고 할 수 있다. 강봉심 상임이사는 현재 함께걸음이 '노원구좋은의료인'들과 도움을 주고받는 관계에 있다고 말했다. 그러나 관계가 처음부터 좋았던 것은 아니다. 지역 의료 봉사활동을 이미 노원구 내에서 실시하고 있었던 노원구좋은의료인들은 아무런 연고도 없는 노원구로 갑작스럽게 들어온 함께걸음을 의심하고 견제했다.

"저항이 있었죠. 노원의 기존 의사 집단이 우리를 적으로 보는거죠. 여기 '좋은의료인 네트워크'가 있었어요. 방문 진료도 하고, 모금도 하고…. 그런 상황에서 우리를 그 정도로 본 거죠. 의사들이 선한 일을 하는 정도로. 이미 인프라가 구축되어 있는 상황에서 의료생협은 경쟁자로 인식된 거죠."

10. "주민참여 보건지소 같은 경우에는 그동안 담당자도 많이 바뀌었어요. 많이 바뀌니까 대화가 안 되는 거예요. 그 사람들은 보건소만 보던 사람들인데, 주민참여의 개념부터 다시 알려 줘야 하잖아요. 그런 걸 이해시키고 할 만하다 보면, 또 어디 가 버리죠. 제일 중요한 건 그러니까 민하고 관하고 말이 통하는 사람들이 붙어야 하는데, 대부분 관은 틀에 짜여진 관점만 있고 …. 그런 게 답답한 거죠." (강봉심 상임이사 인터뷰)

그럼에도 함께걸음은 조합원들을 모아 병원을 설립하는 데 성공했다. 그러나 그것은 그들만의 힘으로 이루어 낸 것이 아니었다.

"사람들을 처음 모을 때는 뭘 보고 우리를 믿겠어요. 기존에 지역에서 신뢰받고 있던 조직들의 도움을 받아서, 그 사람들의 연줄을 활용해서 조합원을 받아 이게 파급이 된 거죠. 그리고 실제로 그 과정에서 병원이 만들어지면서 100% 신뢰하게 된 거죠. 그런데 아무 것도 없는 상황에서는 뭘 보고 우리를 믿겠어요. 외지에서 왔는데. 우리가 알려진 것도 없고. 신뢰하는 그룹들이 우리 취지에 공감하니까, 그분들이 우리를 운동성으로 봐줬기 때문에 도와줬죠. 그분들이 없으셨으면 굉장히 힘들었을 거예요."

이처럼 함께걸음이 노원 지역사회에서 처음 활동을 시작했을 때 지지를 표명한 지역 조직들의 도움은 함께걸음의 발전에 결정적인 역할을 수행하였다.

④ 내부적 민주성

마지막으로 내부적 민주성과 관련해서 우리는 참여를 어떻게 독려할지에 대한 함께걸음의 고민을 들을 수 있었다. 조합원들을 모집하는 방식은 다른 단체들의 도움에 의존했던 초창기에 비해 다각화되었다. 지역 주민들은 병원을 통해 가입하거나, 지인의 소개를 받거나 혹은 스스로 정보를 찾아서 조합에 가입한다. 이에 더해 마을만들기에 대한 관심이 증대하면서 참여가 늘고 있다. 그러나 함께걸음에게는 하나의 고민이 있다.

"… 어찌 되었건 교육이 꾸준히 있어야 하는데, 교육에 참여하는 게 20~30% 밖에 안 돼요. 또 우리가 교육을 하더라도 한 달에 한 두 번 하는데 시간이 안 맞을 수도 있고. 협동조합의 관건은 교육이에요."

이를 해결하기 위한 방안으로 함께걸음은 다양한 장(場)을 열어 놓았다. 조합원들을 바둑, 산행, 독서 등 취미 생활을 매개로 한데 어우러지게끔 만드는 것이

사진 4.1 강봉심 함께걸음 상임이사와의 인터뷰 모습

다. 관계가 더욱 강조되는 협동조합이기에 조합원을 단순히 모집하는 것이 아니라 교육을 통해 양성하는 것이 함께걸음에게는 중요한 문제였다. 이들을 연결하는 고민은 함께걸음의 향후 과제가 될 것으로 보인다.

3. 마들주민회

1) 역사

상계3, 4동은 1990년대까지 노원구에서 철거 대상 빈민들이 밀집한 지역이었다. 마들주민회의 역사는 바로 여기에서 시작된다.[11] 1990년 상계어머니학교란 이름으로 활동을 시작한 마들주민회는 상계3, 4동 지역의 빈민 여성들을 대상으로 문해(文解) 교육을 실시했다. 인문학을 포함한 포괄적 문해 교육을 통해 그들이 당면한 처지와 관련한 사회적 인식을 높이고, 여성들이 시민으로서 지역에서 함께 활동하게 하는 것이 목적이었다. 동일한 맥락에서 마들주민회는 상계동주민협의회, 상계동주민신문 발간 등 지역 주민 활동에도 활발히 참여하였다. 하지만 1997년 현재의 위치로 단체를 옮겨 오면서 빈민 여성을 대상으로 하던 야학을 접고 노원 전 지역의 여성을 대상으로 한 교육 활동을 시작했으며,

---

11. "상계 3, 4동은 원래 철거 지역으로 철거민을 비롯한 많은 어려운 분들이 살던 곳이었어요. 그래서 저희는 공부와 지원을 하는 양면의 활동을 시작하게 되었어요. 대학생들과 지역에서 의미 있는 활동을 지속하자는 뜻 아래서, 하던 야학을 상계어머니학교로 확장하게 되었지요." (이지현 대표 인터뷰)

아이들과 함께 하는 엄마들의 나들이모임, 소공원한마당 등을 개최하는 등 지역공동체 활동도 함께 벌여 나갔다. 이후 1998년 지역 저소득 아동을 대상으로 마들창조학교를 개교하고, 1999년에는 저소득 소외 아동들을 대상으로 하는 급식 및 방과 후 학습 사업을 시작하였다. 한편 이렇게 활동의 영역을 확장해 가면서 상계어머니학교라는 조직으로는 주민 활동을 벌이는 데 한계가 있다고 판단한 단체 관계자들은 학교 구성원 이외에 지역 활동에 참여했던 여성들과 더불어 회원 조직인 '마들주민회'를 창립하였다.[12]

마들주민회는 기존해 진행해 오던 교육 사업을 비롯해 소모임 및 주민자치 활동을 지속하는 한편, 지역사회의 당면 과제를 해결하기 위한 네트워크 활동에도 적극 참여하기 시작했다. 2002년에는 광범위한 지역 연대를 통해 수락산과 불암산 관통 도로 저지 지역 주민 결의대회를 열어 300일이 넘는 현장 농성을 이끌었으며, 2005년에는 의정참여단을 구성하여 예산 감시 활동 및 사회단체 보조금 사업비에 대한 주민감사청구운동에도 참여했다. 2007년에는 노원 지역 26개 단체와 함께 '노원친환경급식 네트워크'를 결성하여 학교급식개선운동을 벌였고 학교급식 조례 제정까지 이끌어 냈다. 2011년에는 여성들의 자립과 연대의 터전으로 경제공동체를 지향하며 자원 순환 카페 '자연터'를 개소하여 현재 상계2동을 중심으로 다양한 활동을 벌이고 있다.

2) 활동 내용

단체 정관에 따르면 마들주민회는 '교육에서 소외된 여성과 저소득 가정의 청소년들에게 시민교육의 기회를 제공하고 평등하고 행복한 삶을 살아갈 수 있도록 지원', '지역 주민의 자치와 공동체 실현'이라는 목적을 이루기 위한 활동을 수행한다.[13]

구체적으로 활동은 크게 소모임 등의 회원 사업, 마들여성학교를 비롯한 부설기관 사업, 노점 철거 문제와 같은 지역 현안 등을 다루는 지역 주민 사업으로

---

12. 마들주민회. "마들주민회 역사." http://cafe.daum.net/madlejumin (검색일: 2015. 6. 1)
13. 마들주민회. "마들주민회 정관." 제2조 http://cafe.daum.net/madlejumin (검색일: 2015. 6. 1)

나뉜다. 여기에 더해 단체 활동들을 조직 내·외부에 알리기 위해 마들주민회는 계간지 '마주보기'를 발행한다.

각각의 활동 내용을 보다 세부적으로 살펴보면 다음과 같다. 우선 주민 자치 및 역량 강화 활동에는 대표적으로 교양교육 사업, 소모임 활동 등이 있다. 교양교육 사업의 일환으로 이루어지는 인문학 강연은 회원들로 하여금 독립된 개인으로서, 또 함께 더불어 사는 공동체의 구성원으로서 보다 높은 질의 삶을 향유할 수 있도록 돕는다. 나아가 텃밭 가꾸기 모임, 글쓰기 모임, 육아와 영어 공부를 매개로 하는 어머니 모임 그리고 풍물패 등의 다양한 종류의 소모임들은 회원들에게 자기 계발과 함께 어울릴 수 있는 장을 제공할 뿐만 아니라 단체의 활동을 외부에 알리는 역할까지도 수행한다. 이를테면 10년 넘게 활동을 지속해온 마들주민회 소속 풍물패 '한소리'는 그 실력을 대내외적으로 인정받아 노원구의 지역 행사에서는 물론 외부 지역의 행사에도 초청받아 공연을 하고 있다.

다음으로 대표적인 부설기관 사업으로는 상계역 부근에 위치한 마들창조학교와 마들여성학교가 있다. 우리는 이곳 중 마들여성학교에 직접 방문해 어떻게 활동이 진행되는지 살펴보았다.•14

우리가 찾아갔을 때 아주머니, 할머니들은 공부에 매진하고 있었다. 수업은 숫자를 다루는 기초 교과였지만 실생활에 꼭 필요한 내용이었다. 이런 수업 내용에 대해서 할머니들은 매우 만족해했다. 어떤 할머니는 어렸을 형편이 어려워 제때 못한 공부를 지금에나마 할 수 있어서 매우 기쁘다고 말했다. 할머니들의 증언에서 교육을 통해 인간으로서의 자존감을 회복시키고자 하는 단체의 목표가 이루어지고 있음을 알 수 있었다. 또한 근처에 위치한 '자연터'도 부설기관 사업에 포함된다. 자연터는 크게 카페와 리폼 의류를 판매하는 공간으로 나뉜다. 카페는 마들주민회 회원들의 만남의 공간이자 각종 소모임 공간으로 활용된다. 운영위원회도 이곳에서 진행되는데, 운영위원회가 끝나면 일일주점을 열어 회원들, 나아가 지역 주민들은 함께 먹고 마시며 교감을 나눈다. 다른 한 공간은 리폼한 옷가지들을 판매하는 장소로서 저렴한 가격에 양질의 물건을 판매

14. 방문은 2015년 5월 27일에 이루어졌다.

사진 4.2 마들주민회 소속 풍물패 '한소리'가 자연터 개소식에서 공연을 하고 있다. (서울타임즈 제공)

해 회원들은 물론 마을 주민들에게 폭넓은 인기를 누리고 있다.

마지막 활동 분야로는 지역 주민 사업을 들 수 있다. 지역 주민, 단체들과 연대하여 진행한 친환경 급식 운동, SSM 반대 운동 그리고 최근에 있었던 노점상 철거 대책 협의체 참여 등이 대표적인 활동 사례이다. 일련의 활동 내용을 종합하면 마들주민회는 지역 주민들의 교류를 촉진하고, 역량을 강화하며, 나아가 그들이 지역사회의 주인으로 설 수 있게 돕는 단체라고 할 수 있다.

3) 분석

① 규범성

마들주민회 정관에서는 조직의 목적을 두 가지로 기술하고 있다. 하나는 사회적 약자에 대한 교육과 행복의 기회 제공, 다른 하나는 노원 지역의 공동체와 자치 구현이다. 전자는 상계어머니학교에서 시작된 전통이다. 1990년대 당시에 노원 지역에 있던 철거민들이 거주하는 지역사회의 문제들을 해결하기 위한 활동에서 유래했다. 후자는 상계어머니학교가 마들주민회로 변화되는 과정에서 나타난 문제의식, 학교라는 틀 안에서 하는 활동들의 한계를 느끼고 이제 주민과의 공동체성 복원을 위해 조직의 형태를 바꾸어야 한다는 생각이 반영된 것이다.

② 실천성

사회적 약자에 대한 교육과 공동체의 회복이라는 두 가지 목적하에 마들 주민회는 다음의 활동을 수행한다.[15]

1. 주민자치를 위한 풀뿌리 역량 강화 사업
2. 마을공동체 사업
3. 지자체 예산참여와 의정, 구정감시 사업
4. 여성을 위한 교양, 교육 사업
5. 소외 계층 여성을 위한 공동체 사업
6. 저소득, 소외 계층 청소년을 위한 교육 및 공동체 사업
7. 지역 내 사회적 약자를 위한 연대 사업
8. 기타 주민자치와 공동체를 위한 각종 사업

이지현 마들주민회 대표는 조직이 수행하는 활동들이 서로 밀접한 연관성을 지니고 있다고 말한다. 이를테면 공동체성의 복원이 경제적인 문제와 떨어질 수 없다는 것이다.

> "지역 주민 삶은 공동체 활동이나 문화에 떨어져 있다기보다는 복잡한 형태로 구성되어 있어요. 아무래도 경제가 가장 큰 변수로 작용합니다. 우선, 경제적으로 편안한 안정감이 있어야 (공동체 활동을 비롯한) 다른 활동이 가능하겠지요."
>
> – 이지현 마들주민회 대표[16]

이러한 맥락에서 마들주민회는 원자화된 개개인들을 공동체 구성원으로 만

---

15. 마들주민회. "마들주민회 정관." 제4조.
16. 이하 이 절의 인용문은 이지현 마들주민회 대표와의 인터뷰에서 발췌한 것이다.

들기 위해 마들여성학교, 마들창조학교에서 시민교육을 수행하고, 회원을 대상으로 인문학 수업을 연다. 다른 한편으로 사회적경제의 중요성을 인식하여, 자연터를 만들고 그곳에서의 활동을 통해 사회적경제에 대해 학습한다. 이러한 활동은 모두 지역사회에서 문제가 되는 요소들을 해결하려는 노력이라고 할 수 있다.

③ 외부적 민주성

모든 지역 이슈에 마들주민회 혼자 나서는 것은 불가능하다. 그래서 이런 문제의식을 가진 사람, 단체들과 힘을 모아서 공동으로 대처한다. 노원공동행동이 그 대표적인 예인데 마들주민회도 여기에 가입해서 활동한다. 시민단체들과의 협력 사업이나 행동을 진행할 때는 각자 내부 구조에서 먼저 '이것이 우리가 행동하기에 적절한 부분인지'를 확인하고, 결정이 되면 공동의 장에 모여서 시행한다. 즉 다른 단체와의 관계에 있어서 마들주민회와 여러 단체들은 서로의 내부적인 결정을 존중하는데, 이는 참여하는 단체들의 관계가 그만큼 수평적임을 뜻한다. 이러한 관계가 잘 구현된 사례가 친환경 급식 운동이다. 2005년경에 노원의 한 고등학교에서 식중독 사고가 일어나자 마들주민회를 비롯한 다른 단체들은 이 사건의 원인을 급식 재료의 문제라고 생각하고 학부모들과 네트워크를 결성해 공동으로 사안에 대처했다. 이런 사례를 보면 지역 이슈에 관해 마들주민회는 다른 단체와의 활발히 소통하며 협력적이고 수평적 관계를 형성하고 있는 것으로 여겨진다. 하지만 구청과의 관계에 있어서는 다른 부분이 있다. 마들주민회에서도 구청과의 협력할 것이 있다면 협력하겠다는 뜻은 갖고 있다. 하지만 현재 마들주민회는 앞서 언급한 마을넷과 복지협의체에서 나온 상태이다. 마들창조학교, 마들여성학교도 구청이나 지방 교육청의 충분한 재정적 지원을 받아 운영할 수도 있었으나 이를 거부한 채 현재 회비를 걷어서 운영하고 있다. 근본적인 이유는 공동체를 재건하는 데 있어서 바라보는 시각의 차이 때문이다.

"2012년 총회에서 마들주민회가 하는 사업은 지원을 받지 말자고 저희끼리 결의를 했어요. 그럼 어떻게 하느냐? 바로 우리가 필요한 주민운동을 할 때, 주민과 회원들이 회비를 모아서 하는 방향으로 잡았습니다. 이유는 시민단체의 성격 강화보다는 주민운동의 관점 차이 때문이에요. 우리는 주민들이 어떤 공간에서 모이고, 서로 논의하는 과정을 중시해요. 그에 비해서 구청에서는 결과를 좀 더 중시하는 거 같아요. 몇 명을 모아 달라, 언제까지 끝내 달라. 그래서 이렇게 간섭받으면서 하는 것 보다 회원과 주민들이 힘을 모아서 해 보자 한 거죠."

따라서 마들주민회는 구청으로부터 독립적이라고 판단된다. 서로 협력하는 부분이 많지는 않고, 복지협의회처럼 상설화된 소통 창구도 없기 때문이다. 그럼에도 친환경 급식 운동이나 노점상 철거 문제와 같은 지역 전체의 이슈에 있어서는 소통을 하는 편이다. 즉 독립적인 형태는 유지하되, 이슈에 따라 유연하게 대처를 하고 있다고 봐야 할 것이다.

④ 내부적 민주성

조직 운영과 관련해서 두드러지는 부분은 회비에 크게 의존한다는 점이다. 마들여성학교, 마들창조학교는 회비를 받아 자체적으로 운영을 한다. 구청 등 공공 조직으로부터 지원 제의가 없던 것은 아니다. 오히려 상당히 적극적으로 지원을 해 주겠다고 하는 쪽에 해당한다. 가령, 마들여성학교가 다른 학교 시설(초등학교, 중학교)에 이전하여 교육청이 실질적으로 위탁하게 된다면 운영비의 전부를 지원하겠다는 것이다. 물론 외부로부터의 도움이 아예 없는 것은 아니다. 비(非)물질적이지만, 마들여성학교를 졸업하면 교육과정을 이수한 것으로 인정받게 되는데, 이는 교육청의 도움 없이는 불가능한 일이었다. 금전적인 지원은 거절하고 있는 편이다.

한 가지 더 흥미로운 사실은, 이렇게 회비가 있음에도 입학 대기자 명단은 항상 꽉 차 있다는 사실이다. 노원여성학교의 운영이 매우 잘되고 있는 이유에 대해 이지현 대표는 마들주민회가 구성원과 주민의 필요를 잘 수용하기 때문이라고 말한다.

"지역 주민이 관심 있어 하는, 원하는 지점에서 출발해야 한다고 생각해요. 본인이 해결할 수 없는 사안이고, 누군가의 도움이 필요할 때 그런 것을 저희가 알아내서 도와주고요. 마들주민회가 그동안 해 왔던 행동이 어떤 사안이든 간에 조력자로 같이 옆에 있어 주고, 함께 간다고 생각을 했고요. 사실 이런 점 때문에 회원을 모집하는 활동을 따로 하지 않으려 해요. 만약 그분들이 필요하고, 저희가 하게 되면 자연스레 회원이 모이니까요. … 자금이 설사 부족해도 필요하면 회비가 자동적으로 모입니다. 본인들이 원하기 때문에 이런 부분에 있어서 자발적 모금이 활발한 편이죠."

주민들이 폭넓은 자발성을 가지고 활동하기 위해서는 조직의 구조가 개방적이고 민주적이어야 한다. 다음의 정관을 통해 마들주민회의 내부 민주성을 살펴보자.

제6조 [자격] 주민회의 목적에 동의하는 사람으로 가입 신청서를 제출하면 회원으로서의 자격을 얻는다.

제7조 [권리] 주민회 회원은 다음과 같은 권리를 가진다.

1. 모든 활동에 참여할 권리를 가진다.
2. 주민회의 운영에 대해 알 권리를 가진다.
3. 총회에 참석할 수 있고 의견을 개진할 수 있으며, 의결권· 선거권· 피선거권을 가진다.
4. 총회에 참석하지 못할 경우 위임할 수 있다.[17]

정관에 나와 있듯이 모든 회원은 총회에 참석할 수 있고, 집행부 선거권을 가지며, 의견을 자유롭게 개진할 수 있다. 주민들이 회원에 가입하는 조건은 제6조에 나와 있듯이 특별한 제한은 없다. 제7조를 통해 마들주민회에서 중요한 의사결정은 총회에서 이뤄진다는 것을 짐작할 수 있다. 이는 실제 정관에서도 드

17. 마들주민회. "마들주민회 정관." http://cafe.daum.net/madlejumin

러난다.[18] 사안에 따라 운영위원회 혹은 회원 1/3의 요청에 따라 열리는 임시총회와 운영위원회에서 회계연도가 끝나기 2개월 전에 개최하는 정기총회가 있다. 그러나 조직의 모든 의사결정이 총회로만 되는 것은 아니다.

평상시에는 운영위원회에서 조직의 의사결정을 담당한다. 운영위원회는 회원들 다수가 참여하는 총회에 비해서는 권한이 상대적으로 적은 편이지만, 주민회의 개최나 모임 결성과 같이 중요한 일도 담당한다. 운영위원회에 참여하는 인원은 특별히 정해져 있지 않지만 조건은 비교적 까다로운 편이다. 6개월 이상 가입해야 하고, 주민회의 목적 실현에 의지가 있어야 한다. 이런 조건들은 운영위원회의 중요성을 말하기도 하는 동시에 몇몇 회원의 참가를 막고 있지만, 그렇다고 해서 개방성이 부족하다고 단정 지을 수는 없다. 여전히 회원 가입에는 특별한 제한 조건이 없으며, 이런 장벽도 시간이 지나면 자연히 해소되는 부분이기 때문이다.

종합하자면 마들주민회는 되도록 주민들의 필요나 의사를 실제 운영에 반영하려고 노력한다. 마들여성학교, 마들창조학교처럼 일정의 비용이 필요함에도 구성원들이 모이고, 자금 사정에 있어서 자유로운 이유이다. 주민들의 필요나 의사를 반영하기 위해 정관에서는 조직이 개방적 구조라는 것을 밝히고 있으며, 회원의 가입 조건이나 총회라는 제도를 통해 개방성을 확보하려 한다. 그리고 총회에서 누구에게나 동일한 발언권이 보장되기 때문에 총체적으로 내부적 민주성이 보장되어 있다. 운영위원회의 같이 비교적 조건이 까다로운 하부 조직이 있지만, 이것도 특별한 자격 조건이 아닌 시간적 조건만 있기 때문에 개방적이지 않다고 보기는 어렵다.

18. 제13조 [지위와 구성] 총회는 주민회의 최고의결기구로서 주민회의 회원으로 구성한다.
제14조 [권한 및 의결] 총회는 회원 1/3 이상의 참석과 참석 인원 과반 이상의 찬성으로 다음 사항을 의결한다. 1. 대표의 선출 2. 감사 선출 3. 고문, 자문위원 위촉 4. 기관장 인준 5. 주민회의 활동 방향과 사업 계획의 심의 및 의결 6. 예·결산 심의 및 승인 7. 운영위원 선출 및 해임 8. 기타 중요 사항

4. 꿈마을공동체

1) 역사

꿈마을공동체는 앞서 소개한 단체들에 비해 비교적 최근에 조직된 주민단체이다. 비록 2012년에 조직되었지만 주민들의 결속력은 그 이전부터 서서히 공고화되어 왔다. 1990년대에 공릉동에 아파트 단지가 건설되면서 입주한 주민들은 대체로 비슷한 나이대로, 자녀의 교육 문제라는 공통된 이슈에 공감하고 있었다. 그리고 교육 문제로 주민들이 결집한 사건이 2007년 태릉성당 납골당 반대 투쟁이었다. 납골당의 설치가 자녀들의 교육 환경에 악영향을 끼칠 것을 우려한 학부모들은 반대투쟁위원회를 조직하여 등교 거부 운동을 펼치고 주민 공청회와 집회를 주도하였고, 법정 공방까지 오간 결과 2009년에 최종적으로 승리하였다. 이를 계기로 주민 사회의 응집력이 강화되었고, 주민들 대다수가 가시적인 마을공동체의 탄생을 염원하게 되었다. 2011년 공릉청소년문화정보센터가 설립되면서 마을공동체의 출범이 현실로 다가오게 되었다. 기존의 주민단체나 주민들이 마을공동체를 조직하는 데 공릉청소년문화정보센터가 우물터의 역할을 해 줄 것을 기대하면서 청소년센터에 공동체 조직을 제의하였고, 제의가 수용되면서 2012년에 꿈마을공동체가 공식적으로 탄생했다. 2012년 이후 2015년 현재에 이르기까지 꿈마을공동체는 마을 축제를 주최하고 마을 여행을 기획하는 등 마을 관련 행사에 주력하고 있다.

2) 활동 내용

2012년 공릉동 마을 축제를 계기로 형성된 꿈마을공동체는 주민과 단체들의 비교적 거대하고 느슨한 조직이다. 꿈마을공동체에는 다수의 주민단체들과 주민들이 소속되어 있으며,[19] 공릉동 전체를 아우르는 공동체를 지향한다. 또한

19. 꿈마을공동체에 속한 조직은 다음과 같다. 도서관일촌, 극단 즐거운사람들, 노원나눔연대, 꿈마을풍물패, 사단법인 나우온, 나누우리, 두루모아공예협동조합, 착한바느질, 행복중심생협 공릉점, 마을과마디, 아름다운가게 공릉점, 공릉동지역학부모회, 녹색어머니회, 서울YWCA노원여성인력개발센터, 든든한이웃, 전통연희연구소 예천, 아스피린센터, 자연주의모임, 노원도시농업네트워크, 공릉종합사회복지관, 노원문화원, 노원

이 조직에는 대표가 없고 조직 활동을 위한 사무실도 부재하여 단체들과 주민들 간의 강력한 결속보다는 자유로운 연결을 추구하고 있다. 이를 통해 마을공동체의 복원을 목표로 하고 있다. 꿈마을공동체의 주된 활동은 마을 축제나 행사를 주최하는 것이다. 5월이면, 공릉동 근린공원에서 축제가 열린다. '공릉동 꿈마을 어린이 큰잔치', 일명 와글와글축제이다. 마을 주민 조직인 '든든한이웃'이 어린이장터로 시작한 일이 마을을 대표하는 잔치가 되었다. 어린이와 청소년들이 가면을 쓰고 동네를 도는 마을퍼레이드가 열리고, 축제 현장에서는 지역의 시민단체와 사회적기업들이 다양한 문화 체험 부스를 열어 아이들을 맞이한다. 야외무대에서는 청소년 문화 동아리들과 동네 극단의 공연이 펼쳐지고, 이동로를 따라 끝없이 이어진 좌판에서는 아이들이 보던 책과 갖고 놀던 장난감들을 늘어놓고 장터를 벌인다. 한쪽에서는 공릉동 인근의 초·중등학교 학부모들이 부지런히 부침개를 굽고 음료를 나른다. 가을에는 '꿈나르샤 축제'가 열린다. 공릉청소년문화정보센터가 지역의 학교, 기관, 단체에 제안해서 함께 준비하는 이 축제는 '청소년의 꿈을 지역사회가 응원한다'는 생각으로, 청소년 축제와 마을 축제를 결합시킨 것이다. 여느 행사처럼 여러 문화 행사가 열리기도 하지만, 마을 주민들이 진로 상담 멘토로 참여하기도 하고, 학교와 센터, 길거리 곳곳에서 청소년들을 위해 강의를 펼치기도 한다. 아이들은 다양한 일을 하는 어른들과의 만남을 통해 미래의 꿈을 그리고 마을을 알아간다(꿈마을공동체, 2011).

꿈마을공동체 사람들은 이 두 차례 축제를 준비하는 일 외에도 마을 걷기, 새해 떡국잔치, 꿈마을 풍물패, 실버 연극과 주민 연극 활동, 송년 감사의밤, 마을 재활용 매장과 북카페 운영, 손 마사지 자원봉사, 마을 사람들을 소개하고 연결하는 백인백색 등의 다채로운 활동을 펼치고 있고, 여러 활동을 준비하고 진행하기 위해 꼭 한 달에 한 번은 공동체 구성원들이 모이는 마을회의를 개최하고 있다.[20]

건강가정센터, 노원다문화지원센터, 공릉청소년문화정보센터, 어린이책시민연대 노원지회, 마을여행해설사 모임, 공릉지역청년모임, 나도꽃, 청소년휴카페꽃다방, 북카페다락, 한살림, 시작된변화 청소년, 청소년 동아리, 육아모임, 아빠모임.

20. 꿈마을공동체. "마을여행 공동체 조직 소개." http://cafe.daum.net/dreammaeul (검색일: 2015. 6. 14)

사진 4.3 '꿈마을 축제, 꿈나르샤'로 북적이는 마을의 모습 (공릉청소년문화정보센터 제공)

3) 분석

① 규범성

꿈마을공동체는 사회성을 추구하는 공동체이다. 꿈마을공동체는 어떠한 소규모의 단체 하나만을 위한 것이 아니라 공릉동이라는 광범위한 지역을 포괄하는 마을공동체이기 때문이다. 보다 거시적인 면에서 보았을 때 꿈마을공동체가 노원구에서 나아가 대한민국에서 사회성에 기여할 만한 존재인가라고 묻는다고 해도 꿈마을공동체는 얼마든지 그러한 존재라고 답할 수 있다. 먼저 꿈마을공동체는 공릉동 주민만의 이익을 추구하는 이기적 이익집단이 아니다. 공릉동 주민의 이익과 행복을 추구하지만 그것이 다른 지역의 이익과 충돌하거나 위배되는 일은 없다. 오히려 꿈마을공동체에서 보여 준 마을 복원의 과정이 공동체성 복원이 절실한 현대의 사회에 모범이 될 수 있을 것이다.

또 한 가지 꿈마을공동체는 교육으로서의 사회성을 가지고 있다. 여타의 주민단체와 마찬가지로 꿈마을공동체는 참여하는 사람들을 참여의 과정에서 각성시킬 수 있다. 예를 들어 심의 과정에 참여하는 구성원은 그 과정에서 민주적 시민으로서의 소양을 배양할 수 있고 정치 참여의 역량을 기를 수 있다. 그것이 과정으로서의 교육이라고 한다면, 마을의 분위기를 개선시킴으로써 마을의 본래 목적인 교육을 복원시키는 것은 결과로서의 교육이라 할 수 있다. 과정에 있어 사람들은 중간 결과물을 통해 각성하고 역량을 증진하지만, 결과에 있어서는 그 자체로 완성된 결과이기 때문에 가장 강력한 각성을 촉진하고 역량의 증대 면에 있어서도 가장 큰 폭의 증가를 기대할 수 있다. 그러한 점에서 꿈마을공동체는 마을의 소기 역할인 학교로서의 역할을 강조하고, 마을공동체의 복원을 통하여 주민들이 마을 속에서 인문학, 과학, 문화, 예술 등의 교육을 받을 수 있도록 하고 있다.

② 실천성

꿈마을공동체는 특정한 분야의 활동에 천착하거나 마을 속에 또 다른 공동체를 형성하기보다는 기존의 마을을 유지하면서 이미 형성된 마을공동체의 결속력을 더욱 강화하는 방식을 기조로 삼고 있다. 요컨대 꿈마을공동체는 마을 주민들이 교류할 수 있는 공간을 제공함으로써 마을공동체가 건강하게 존속될 수 있도록 하는 것이다.

"꿈마을공동체는 마을 주민들과 단체들의 연합체예요. 공릉동에 사는 주민들이 우리 아이들을 함께 잘 키워 보자. 사람들이 개인적인 꿈은 있지만 공동체의 꿈은 없잖아요. 마을이라는 공동체도 꿈을 가져 보자는 거죠. 청소년들에게 경쟁하라고 말하지만 아빠도 엄마도 슈퍼마켙 아저씨도 아무도 꿈꾸지 않는 세상이잖아요. 아파트 평수 늘리는 것도 중요하지만 마을의 분위기, 마을의 공기 흐름을 좀 더불어 살아가는 세상으로 만들어 보자. 그래서 그 뜻에 동의하는 사람들과 단체들이 모인 공동체라고 보시면 되는데, 저희 공동체는 아주 강력한 규정이나 규약이나 형식적인 연결 고리가 있는 건 아니에요. 그냥 우리의 비전 우리의 약속, 그런 것들을 소중히 여기는 느슨한 공동체예요."

– 이승훈 공릉동청소년문화정보센터장[21]

단체가 설립되면 적지 않은 경우 주민들은 거기에서 서비스를 제공받을 생각만 할 뿐 주체적으로 콘텐츠를 생산할 생각을 하지 않는다. 그러나 꿈마을공동

21. 이하 이 절의 인용문은 이승훈 공릉동청소년문화정보센터장과의 인터뷰에서 발췌한 것이다. 인터뷰 일자: 2015. 5. 11

체는 주민을 소비자에서 생산자로 바꾸려는 전략을 취함으로써 마을 복원이라는 목표에 한 걸음 더 다가가고 있다. 예를 들어 독서 모임이나 육아 모임, 뜨개질 모임 등의 활동과 청소 활동, 마을 벽화 그리기 등의 활동이 공동체 내에서 진행되고 있다. 이런 소모임 활동에 있어서 꿈마을공동체는 공간을 제공할 뿐 자신이 원하는 소모임을 조직하고 가입해 활동하는 것은 순전히 주민들의 몫이다.

③ 외부적 민주성

꿈마을공동체 또한 앞서 서술한 단체들과 같이 정부와 협력해 사업을 진행한다. 그중 대표적인 것이 꿈마을여행이라는 공릉동 마을 여행 사업이다. 꿈마을여행은 서울 속 마을 여행 사업의 일환으로서 지방정부의 자금 지원을 받지만 여행 코스나 여행 일정 등에 있어서 꿈마을공동체는 최대한의 자율성을 확보한다. 여기서 발견할 수 있는 단체의 특징 중 하나는 관의 지원을 꺼리지 않는다는 것이다. 앞의 세 단체들은 자립성과 조직력의 약화를 우려하여 정도의 차이는 있지만 관의 지원에 대하여 경계하는 편이다. 그러나 처음부터 느슨한 형태의 조직을 형성한 꿈마을공동체는 조직력 약화를 걱정할 필요가 없어 경제적 지원을 큰 부담 없이 수용한다. 이러한 점은 기존에 존재하던 시민단체들이 관과 맺는 관계와 다르다고 할 수 있다. 또한 공릉동청소년문화정보센터는 본래 관변단체이지만 꿈마을공동체 내에서 민의 입장으로 활동하며 거기에 관의 목소리도 대변하는 반관반민적인 성격을 띠고 있다.

"복지관이나 도서관이나 우리 사회에 투여되어 있는 공공 서비스들이 얼마나 많은데, 그런 기관들도 마을과 좀 만날 필요가 있는 거죠."

우리는 꿈마을공동체의 경우 구청과의 관계에서 소위 주도권을 두고 빚어지는 갈등이 상대적으로 다른 단체들에 비해 적다는 점을 특징으로 보았다.

④ 내부적 민주성

꿈마을공동체는 심의 과정에 있어서는 부족한 부분이 있는 것으로 보인다. 매달 정기적인 회의가 열리지만 공동체 구성원이나 마을 행사의 참여자의 수에 비해 심의 과정에 참여하는 수는 상당히 부족한 편이다. 기존의 주민단체들처럼 더 체계적인 단체의 경우에는 운영위원회와 총회를 별도로 개회하여 기본적인 안건에 관하여 운영위원회에서 다루고 총회에는 운영위원회에서 논의한 사항을 전달하거나 정말 중요한 사항에 관해서 결정하지만, 꿈마을공동체는 그러한 체계화가 이루어지지 않았기 때문에 심의 과정에서 부족한 면이 있다. 또한 운영위원회의 부재는 총회의 진행 시간을 장기화시켜 심의에 참여한 주민들을 쉽게 지치게 한다. 그뿐만 아니라 운영위원회는 총회보다 잦은 만남을 통해 안건에 대하여 지속적인 피드백을 진행하여 정제된 결과물을 총회에 제시하지만 운영위원회가 없는 총회는 정제되지 않은 안건을 다루어 차후에 여러 가지 문제점을 발생시킨다.

결국 대표가 없고 공동체의 중심이 없는 느슨한 형태의 연결은 쉬운 참여를 가능하게 하지만 공동체에 더 애정을 가지고 심의 과정에 참여하도록 하는 데에는 부정적인 요소로 작용하는 것이다. 소속 회원에게는 각자가 기존에 속해 있던 주민단체가 있을 것이고 주민들은 꿈마을공동체라는 실체가 희미한 단체보다는 자신의 공간과 체계화된 조직도를 갖춘 주민단체에 더욱 애착을 가지고 해당 단체 내에서 심의 과정에 참여하기가 더 쉬운 것이다. 물론 하위 조직의 심의 과정에 참여하는 것이 꿈마을공동체라는 거대 조직의 심의에 참여하는 것과 큰 차이가 없다면 이 조직의 심의 역시 우수하다고 평가할 수 있을 것이다. 그러나 꿈마을공동체와 하위 조직이 다루는 안건은 현저한 차이를 보이기 때문에 마을 전체를 포괄하는 이슈를 다루는 꿈마을공동체의 심의 과정에 주민들의 참여가 저조하다는 것은 시민정치 심의에 있어 부족할 수밖에 없다.

그럼에도 불구하고 꿈마을공동체라는 거대한 조직의 전체적인 구상을 벗어나 하위에 존재하는 소모임 및 단체와 관련해서는 수평적이고 민주적인 관계를 맺고 있다고 할 수 있다. 구성원들은 각자가 하고 싶은 일이나 할 수 있는 일을 찾아서 그에 맞는 모임을 찾아가거나 새로운 모임을 만들 수 있다. 또한 하위조직으로서 단체들은 꿈마을공동체 내에서 상당한 권한을 행사할 수 있는데, 이는 그러한 단체들이 꿈마을공동체에서 파생된 단체가 아니라 단체들의 연합을 통해 꿈마을공동체가 탄생되었기 때문이라고 할 수 있다.

5. 노원구청[22]

1) 역사

2012년 시행된 서울시의 마을만들기 사업에 따라 노원구 역시 마을공동체 복원 사업에 지원을 시작하였다. 그러나 노원구는 그 이전부터 구정에 대한 주민의 참여를 요하는 정책을 실시하고 있었다. 2008년부터 2011년까지 노원구청의 주요 업무계획을 보면 주민참여행정이 업무의 일환으로 설정되어 있음을 알 수 있다. 2008년부터 주부모니터와 구민창안제도를 실시하여 노원구민들이 구정을 감시하거나 구정에 참여할 수 있도록 하였고, 2011년 전후로 주민참여예산제를 실시하여 구민들이 예산을 설정하는 데 일정 정도 영향력을 행사할 수 있도록 하였다.[23] 하지만 이러한 주민참여는 주민 주도의 정치 참여라기보다는 지방정부의 하위에서 구민이 일정 정도만의 영향력을 행사하는 미약한 수준의 주민참여라고 할 수 있다. 본격적으로 노원구가 주민자치 사업에 뛰어든 것은 박원순 시장이 취임하여 마을만들기 사업을 주문한 이후이다. 노원구는 2012년 이후로 현재까지 마을만들기 사업에 따라 주민자치 조직들이 성장할 수 있도록 지원하고, 주민복지협의회를 동별로 설치하는 등 주민자치에 노력을 기울이고 있다.

2) 활동 내용

노원구청은 외부 행위자로서 마을공동체 복원 활동을 지원한다. 구청이 직접 마을공동체를 건설하는 것이 아니라 주민 스스로가 마을공동체를 복원할 수 있

---

22. 구청의 경우 역사와 활동 내용을 마을만들기 활동을 중심으로 기술한다.

23. 노원구청. "노원구 주요업무계획." http://www.nowon.kr/new/nowon/nowon.jsp?mid=570601 (검색일: 2015. 6. 10.)

도록 지원하는 것이 노원구청의 전략이다. 따라서 구청은 일정의 가이드라인이나 약간의 경제적 지원을 제공할 뿐 마을공동체 내부의 구체적인 내용에 대해서는 크게 관여하지 않는다. 그러나 경제적 지원에 대해서는 주민단체들과 마찬가지로 노원구청 역시 자생적 조직에 대한 지원이 조직의 자발성과 조직력을 약화시킬 것을 우려하고 있다. 그러나 소규모의 신생 단체들은 관의 지원을 통해 활기를 찾았다는 점에서 경제적 지원을 마냥 부정적으로 보기만은 어려울 것이다.

"사업비를 씨앗자금으로 지원한다고 했잖아요. 그게 잘 쓰여서 긍정적인 효과로 나타나는 부류가 있는 반면, 씨앗자금만을 받기 위한 형태로 그 사업의 목적이 처음에 자기들이 생각했던 목적이 우리가 파악했던 목적과는 다르게 운영이 되고 단기적으로 1년 만에 모임이 끝나 버리는 부류가 있는 거죠. 씨앗자금을 지원받아서 자생력을 잃어버릴 수 있는 것이 부정적인 부분이라고 볼 수 있죠."

– 이상수 노원구 자치행정과 마을공동체지원팀 주무관[24]

구청뿐만 아니라 구의회에서도 조례를 제정하여 노원구가 마을만들기를 지원할 수 있는 법적 근거를 제공하고 있다. 다음은 노원구의 마을공동체 관련 조례이다.

서울특별시 노원구 마을공동체 만들기 지원 등에 관한 조례

제2조(정의)

이 조례에서 사용하는 용어의 정의는 다음 각 호와 같다.

1. "마을"이란 주민이 일상생활을 영위하면서 경제·문화·환경 등을 공유하는 공간적·사회적 범위를 말한다.
2. "주민"이란 서울특별시 노원구(이하 "구"라 한다)에 주소를 가지거나, 구에 소재한 사업장 등에 근무하거나, 학교 등에 재학하는 사람을 말한다.

---

24. 인터뷰 일자: 2015. 6. 10

3. "마을공동체"란 주민 개인의 자유와 권리가 존중되며 상호 대등한 관계 속에서 마을에 관한 일을 주민이 결정하고 추진하는 주민자치 공동체를 말한다.
4. "마을공동체 만들기"란 지역의 전통과 특성을 계승 발전시키고 지역의 인적·물적 자원을 활용해 주민의 삶의 질을 높이는 활동을 말한다.•25

또한 노원구청은 주민복지협의회를 주민센터마다 설치하여 노원구 행정의 주요 사안인 복지에 대하여 복지 예산과 정책을 결정하는 데 주민들의 참여를 더 넓게 확장한다. 주민복지협의회에서 결정된 각각의 사안은 구청의 주민복지협의회에 입안되어 재논의를 거쳐 최종적으로 기존의 복지 정책에 반영된다. 서울시 내 다른 구의 경우에는 주민복지협의회를 설치하되 그것을 구청 내로 국한시키지만, 노원구의 경우에는 지역 내에서 복지라는 행정 부분이 특별히 중요하기 때문에 주민참여를 동 단위로 확산시킨 것이다. 이러한 복지협의의 과정에 함께걸음이나 노원나눔의집과 같은 지역단체들도 참여한다.

3) 분석

① 규범성

노원구청은 관청이라는 점에서 그 활동이 사회성과 분리될 수 없다. 노원구청은 노원구 전체의 이익을 대변하면서 동시에 대한민국 정부의 산하기관으로서 대한민국 전체의 이익에도 기여하기 때문이다. 노원구청의 마을만들기는 노원구민 전체의 이익과 나아가 대한민국 국민의 이익을 위하여 '안전한 마을만들기'라는 측면에서 마을공동체의 복원이 도움될 것으로 보고 있다. 마을공동체의 복원을 통하여 범죄율과 자살률이 감소할 수 있다는 것이다.

---

25. 이 점은 꿈마을공동체와 모순된다. 꿈마을공동체는 공릉동 전체를 아우르는 마을공동체의 조직을 지향하는데 이 조항에 따르면 꿈마을공동체는 마을공동체가 될 수 없다. 하지만 꿈마을공동체는 구청으로부터 많은 지원을 받고 있다. 이에 대하여 구청 직원과의 인터뷰에서 조례와 관련하여 마을의 단위가 행정동보다 작을 수도 있고 클 수도 있다는 설명을 들을 수 있었다. 꿈마을공동체는 공릉1동과 공릉2동을 모두 포괄하는 단위인데 이 역시 마을이 될 수 있다는 설명을 들을 수 있었다. 하지만 여전히 이러한 설명도 조례와 모순되기 때문에 조례를 개정할 필요가 있어 보인다.

"자살 예방 사업 같은 경우에도 결국에는 마을 단위에서 이웃에 누가 사는지 알면 외롭지 않을 거 아니에요. 노인이 혼자 살면 외로워서 죽는 거잖아요. 그러면 이웃들이 그 사람들을 찾아갈 수 있게 공동체성 복원이 되면 그게 자살을 예방하고 마을이 살기 좋아지는 거 아닌가. … 내가 옆에 누가 사는지 잘 알고 한 동네가 서로를 전부 다 안다고 하면 낯선 사람이 들어오면 '어 저 사람 누구지?' 하면서 그 사람을 주시하게 되죠. … 평상을 놓아서 어르신들을 거기서 놀게 하는 거죠. 놀다 보면 누가 지나가는지 알 거 아니에요. 그런데 낯선 사람이 배회하면 눈에 띄면 '누구지?'이러면서 범죄 예방에도 기여하고 그게 어떤 공동체성에도 기여를 하는 거죠."

– 유재혁 노원구청 자치행정과 마을공동체지원팀장•26

마을만들기나 마을공동체의 복원은 주민들의 행복을 목표로 하고 있다. 주민의 행복을 보장하기 위해서는 우선 주민의 안전이 전제되어야 한다. 범죄와 자살이 빈번하게 발생하는 지역에서 주민들은 안심할 수 없고 행복할 수 없다. 노원구는 마을공동체의 복원이 주민의 신변을 보호하는 데 기여할 수 있다는 점에서 마을만들기의 또 다른 가치를 발견하였다. 특히 현 구청장의 취임 이후 자살이나 범죄에 대한 문제의식은 더욱 활발히 제기되었고, 자치구 단위에서 처음으로 자살 예방 사업에 나서게 되었다.

② 실천성

주민의 자발적 활동에 방점을 찍고 있는 노원구이지만 노원구청에서 별도로 마을공동체 복원을 위해 추진하고 있는 사업도 존재한다. 마을공동체 복원을 위한 다섯 걸음의 인식확산운동을 통해 안전한 마을만들기를 위한 사회적 자본을 배양하기 위해 노력하고 있다. 인식확산운동의 첫 걸음은 '안녕하세요!'라는 인사하기 운동이다. 인사하기 운동은 2012년부터 시작된 사업으로 마을 주민들이 서로 인사를 하며 친밀도와 신뢰도를 제고함으로써 마을공동체 복원을 위한 사회적 자본을 축적하는 데 도움을 주고 있다. 두 번째 걸음은 '나누면 행복

---

26. 인터뷰 일자: 2015. 6. 10.

사진 4.4 구청 공무원과의 인터뷰 모습

해집니다!'라는 나눔 운동이다. 나눔을 통해 이웃 간에 신뢰와 협력을 증진하여 마을공동체를 복원하는 데 일조하고 있다. 이 활동은 네 가지 활동으로 세분되는데, 헌혈, 기부, 자원봉사, 장기 기증으로 구분된다. 세 번째 걸음은 '마을이 학교다!'라는 교육 사업이다. 이 사업은 말 그대로 마을을 학습의 장으로 환류시켜 마을의 역할을 한층 더 강화한다. 노원구는 이 사업을 통해 노원구를 꿈 있는 마을, 책 읽는 마을, 즐거운 마을, 건강한 마을, 안전한 마을로 만들 것을 지향한다. 마을학교를 설립하고 도서 사업을 확장하며, 청소년 문화 활동을 지원하고 청소년의 건강과 안전을 위한 사업을 시행한다. 네 번째 걸음은 '사람이 우선입니다!'라는 생명 존중 운동이다. 이 운동은 2014년 세월호 참사와 관련한 사업으로 사람이 물질보다 우선되어야 한다는 기조를 가지고 진행되고 있다. 주로 자살 예방 사업과 복지 사업, 치안이나 재난 예방과 같은 안전 사업을 진행하고 있다. 다섯 번째 걸음은 '녹색이 미래입니다!'라는 환경 운동이다. 화석연료나 원자력 에너지의 사용을 줄이고 대체 에너지 사용의 비중을 늘리기 위한 노력 활동을 진행한다. 뒤에 두 가지는 마을공동체 복원과는 조금 맥락이 다르지만 살기 좋은 마을공동체를 만들기 위해서는 생명 존중과 환경이 무엇보다 중요하다는 점을 상기할 때, 반드시 필요한 사업이라고 볼 수 있다.

③ 외부적 민주성

사실 관청의 활동에서 주목해야 할 부분은 내부적인 민주적 절차보다는 주민과의 관계에서 주민들의 민주적 역량이 성장할 수 있도록 지원함에 있다. 그러나 관청의 주민단체에 대한 지원은 하향식보다는 상향식을 추구한다. 금전적인 지원을 하되 추상적인 형태로든 구체적인 형태로든 주민단체에 사업 구상을 제시하기보다는 주민단체가 구상하고 있는 사업을 검토해 보고 구체적인 형태로 제언을 한다거나 구체적인 사업 구상이 제시된 경우에는 역시 검토해 보고 지원을 결정하는 것이다. 이러한 업무 처리 과정이 주민단체를 관청의 하부 조직이나 예속된 단체로 보이게 할 수도 있다. 그러나 관청은 검토를 통하여 단지 주민자치에 부합하는 사업을 지원하고자 함이지 주민단체를 예속화하려는 의도는 있지 않다. 관청의 기본적인 입장은 어디까지나 마을만들기와 같은 주민자치는 관청의 주도가 아니라 주민의 주도로 이루어져야 한다는 것이기 때문이다.

"마을만들기의 핵심은 주민 주도예요. 관에서 가능하면 이끌어 가지 않는 것, 주민이 스스로 하게 하는 것, 관에서 지원하는 것도 최소한으로 하는 것, 그게 마을만들기 공동체 회복의 기본적인 입장이에요."

– 유재혁 노원구청 자치행정과 마을공동체지원팀장

주민 주도를 위해서는 무엇보다 주민의 많은 참여가 확보되어야 한다. 관청이 아무리 주민자치를 위해 지원을 아끼지 않는다고 해도 주민의 참여가 전제되지 않으면 주민자치는 불가능하다.

"요즘 스웨덴이 주민자치와 관련해서 어려움을 겪고 있다고 해요. 제도와 법률은 잘 갖추어져 있는데 사람들이 참여를 안 한다고 해요. 그래서 스웨덴 정치인들이 고민이 많다고 합니다."

– 김성환 노원구청장

따라서 노원구는 주민의 참여를 독려하기 위해 주민자치 사업에 대한 금전적 지원을 시행하고 있다. 노원구의 경우에는 연간 5,000만 원을 주민 사업 지원에 투자하고 있는데 한 사업 당 200~300만 원이 필요하기 때문에 20개 안팎의 사업에 지원할 수 있다. 또한 위에서도 언급했듯이 마을공동체 복원을 위한 다섯 가지 인식확산운동도 펼치고 있다.

④ 내부적 민주성[27]

구청의 업무에 있어 특히 마을만들기나 마을공동체 업무의 경우에 내부적으로 다소 민주적인 절차를 거치고 있다. 보통 관료 조직의 의사결정 과정은 수직적일 것이라고 생각하나 수직적인 시스템 내에서도 상향적인 의사 전달은 크게 반영된다. 구청장과 같은 상위 행위자가 추상적인 가이드라인을 제시하면 구체적인 사업의 구상은 하위 실무자들에게서 도출되기 때문이다. 실무 처리 단계에서 비교적 수평적 관계인 실무자들은 회의를 통하여 최종적인 안건을 결정한다. 일반적으로 관료제는 비효율성으로 비난받지만 관료제가 정말로 비효율적이었다면 사회 대부분의 조직들이 관료제를 유지하지 않았을 것이다. 관료제의 의의는 수직적이고 수평적인 분업화를 통하여 주어진 업무를 효율적이고 안정적으로 해결한다는 데 있다. 반면 수직적 전달 과정이 지체되면서 신속성이 떨

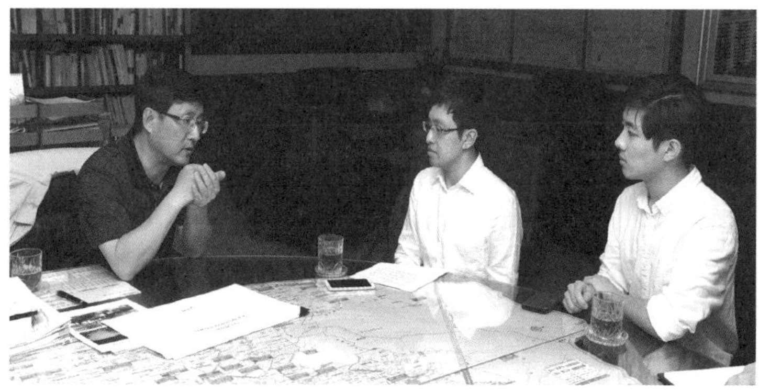

사진 4.5 김성환 노원구청장과의 인터뷰 모습

27. 본래 내부적 민주성은 주민단체를 대상으로 하고 있어, 구청 내부의 의사결정 과정을 다루는 것은 시민정치를 연구하고자 하는 취지와 맞지 않지만 글의 통일성을 위해 분석하였다.

어질 수도 있다는 한계도 존재한다.

이러한 관료 조직은 관청에만 존재하는 것이 아니다. 다수의 주민단체들도 조직의 규모가 커짐에 따라 관료 조직을 설치한다. 따라서 '관료제=관청의 제도'라는 도식을 절대화하는 것은 부적절하다고 할 수 있다. 즉 관청과 주민단체를 관료제를 통해 이분법적으로 완전히 분리할 수 없는 것이다. 물론 경향성은 존재한다. 관청의 직원들은 모두 관료 조직 내에 포함되어 있지만, 주민단체의 경우에는 모든 구성원이 관료 조직에 속해 있지 않기 때문에 관청이 관료제적인 성격이 더 강한 것은 당연하다. 또한 관료 조직 내부에서도 관청은 주민단체에 비하여 구성원들 간에 고정적인 지위 관계를 가지고 있기 때문에 하향 전달이 상향 전달에 비하여 강력하다고 볼 수 있고, 주민단체의 경우에는 구성원 간에 지위라는 개념이 모호하기 때문에 관료 조직 내에서도 의사 전달은 수평에 보다 가깝게 일어난다고 볼 수 있다. 따라서 정도의 차이가 클 뿐이지 관청과 주민단체는 상호 모순적인 조직은 아니다. 이러한 점을 고려할 때 관청 역시 민주적 가치를 실현할 수 있다는 것은 결코 모순이 아니다.

Ⅲ. 공동체 복원 거버넌스에 대한 평가

지금까지 우리는 행위자들이 개별적으로 어떠한 공동체 복원 활동을 수행하고, 시민정치적인 특성이 이 안에서 어떻게 구현되는지를 살펴보았다. 이 장에서는 개별 행위자에 집중시켜 온 연구의 초점을 공동체 차원으로 확대시켜 보고자 한다. 이를 위해 우리는 앞서 소개한 개별 단체들의 공동체에 대한 이상과 그것을 이루기 위한 활동들을 포괄적인 관점에서 정리하는 방식으로 논지를 전개해 나갈 것이다.

1. 공동체 상(像)에 대한 행위자들의 이해

노원나눔의집, 함께걸음, 마들주민회, 꿈마을공동체, 노원구청 각 행위자는 양태에 있어서 약간의 차이를 보이지만 공통적으로 비슷한 공동체의 상을 목표로 한다. 각 행위자들은 모두 마을의 복원을 목표로 하고 있다. 그것은 과거 이웃과 소통하고 상부상조하며 마을의 일을 마을 구성원들이 함께 결정하던 향촌사회의 마을의 공동체성을 회복하는 것이다.

> "공동체 만들기는 새로운 게 아니에요. 예전부터 우리 안에 있어 왔던 것을 되살리자는 거에요. 우리가 과거에 가져 왔던 가치들을 재조명하는 거죠."
>
> – 오상운 신부 노원나눔의집 대표

> "우리 동네 사람들은 원래 잘 모여요. … 마을 속에 또 다른 마을을 만들고자 하는 생각은 없어요. 마을의 문화를 바꾸고자 하는 거고, 마을이라는 공동체 안에는 다양한 사람이 존재하는 거죠. 저희는 마을 속에 또 다른 분리된 섬 같은 또 어떤 공동체의 마을을 만들고자 하는 게 아니고 원래 있었던 마을, 옛날부터 있었던 마을을 재조직하려고 하는 거죠. 그래서 우리가 옛날 마을의 우물터와 같은 역할을 하는 거예요."
>
> – 이승훈 공릉동청소년문화정보센터장

> "옛날 전통 시대에 있었던 서로 돕고 서로 이야기하던 마을로 돌아가 보자는 거죠. 마을만들기는 그런 마을의 회복을 목표로 하고 있어요."
>
> – 이상수 노원구 자치행정과 마을공동체지원팀 주무관

이와 같이 기존 시민단체, 신생 주민단체, 그리고 관은 공동체에 대한 유사한 인식을 가지고 있다. 즉 그것은 오래 전부터 우리 안에 있어 왔기에 노력을 통해 다시금 복원해 낼 수 있다는 것이다. 다시 말해 마을공동체의 성립은 단지 이상이 아니라 마을 주민의 노력과 정부의 협력을 통해 얼마든지 실현 가능한 의제인 것이다. 그렇기에 공동체 복원은 낭만주의자들의 몽상이라기보다는 오히려 현실주의자들의 구체적인 구상이라고 하는 것이 적절하다. 그럼 이러한 인식의 동질성을 바탕으로 어떻게 연계가 이루어지고 있는지 살펴보자.

2. 공동체 복원 거버넌스의 양상: 노원공동행동과 복지협의체 사례

앞서 우리는 노원구에서 민간단체, 공공기관, 구청 등 행위자 간의 여러 협력 사례를 살펴보았고, 이를 통해 다양한 협력 양상을 확인할 수 있었다. 친환경 급식 운동과 같이 지역 안에서 이슈가 부각되면서 민간단체 간의 협력이 이루어진 비일상적 협력의 경우도 있었고, 복지협의체와 같이 지역이 가진 고질적인 문제를 해결하기 위한 일상적인 협력도 있었다. 여기서는 앞서 제시한 협력의 사례를 보다 구체적으로 서술함으로써 노원구의 거버넌스가 민·민 간의 관계, 그리고 민관 사이의 관계 속에서 어떻게 구현되는지 보고자한다.

특수한 사안을 중심으로 거버넌스 기제가 작동하는 대표적인 경우로 노원공동행동(이하 공동행동)을 들 수 있다. 이지현 마들주민회 대표가 언급했듯이 공동행동은 민의 협력을 돕는 장(場)으로서 민주적인 방식으로 운영된다.[28] 여기서 도출할 수 있는 민·민 관계의 특징은 첫째, 지역 이슈 중심으로 행동하고, 관계가 형성된다는 점이다. 공동행동과 같이 상설적인 모임은 있지만, 관계가 발휘되는 협력은 '지역 문제가 무엇인가?' 하는 것에서 시작한다. 마찬가지로 친환경 급식 운동은 노원구 고등학교의 식중독 사태에서, SSM 반대 운동은 지역 소상공인의 반대에서 시작되었다. 둘째, 관계를 구성하는 행위자들이 자율적이라는 점이다. 단, 여기서 자율적이란 말은 전체 활동의 이탈을 뜻하는 것이 아닌, 내부적 민주성에 바탕을 두고 협력적 관계를 맺는다는 의미이다. 우리가 관찰한 민간단체는 모두 내부적 민주성을 어느 정도 갖추고 있었다. 그리고 이런 민주성은 공동행동을 비롯한 협력적 관계에 참여하는 데 적용되고, 이 과정에서 각 단체는 자율성을 갖는다.

한편 노원구 복지협의체는 일상적인 영역에서 민관의 참여를 통해 이루어지는 거버넌스 사례라고 할 수 있다. 대표협의체와 실무협의체로 구성된 복지협

28. "민간 조직끼리 협력 사업을 진행하는 경우를 들면, 지금 우리가 만나는 지역의 민간 조직의 경우 각자의 내부 구조가 존재하죠. 그리고 연대 사업의 주체, 즉 각 민간 조직의 대표자들이 모여 있는 회의가 있습니다. 여기서 논의가 되면, 그걸 다시 조직 내로 가져오게 돼요. 조직 내부에서 이 사업을 하기로 결정하면 대표자 회의 피드백을 준 다음 각자의 동의를 얻어 공동 사업을 진행하게 됩니다." (이지현 마들주민회 대표 인터뷰)

의체는 나눔의집, 함께걸음을 비롯해 구청과 지역 운동가들이 참여하는 기구이다. 이런 형태의 협의체는 다른 자치구에도 존재하지만, 노원구는 고유한 특징을 가지고 있다. 동(洞) 복지협의회가 그것이다. 주민센터에 설치된 복지협의회는 동(洞) 행정구역 안에 있는 취약 계층 등 복지 서비스가 필요한 이들을 위해 서비스 전달이 원활하도록 하는 역할을 맡는다. 참여하고 있는 이들이 여러 단계의 협의를 걸쳐 의사를 결정하는 시스템은 수평적인 관계를 지향하는 민관 협력의 방향성을 잘 구현한다. 상호 이해에 근거한 협력의 확대가 연대의 기본 방향으로 제시되고 있으나 질적 차원에서 과제가 없는 것은 아니다. 앞선 인터뷰에서 구청은 좀 더 결과 지향적이고, 명확한 과정, 목적 달성의 정시성이라는 관료제적 특성을 보이는 반면, 민간단체는 비교적 여기서 자유로운 편이라는 양자 간의 차이를 확인할 수 있었다. 이러한 점을 포괄적으로 고려해 봤을 때 민관 협력에 대해 다음과 같은 점을 지적할 수 있다. 첫째, 공식화된 제도의 제도화 수준은 높다. 복지협의회는 제도적으로 민간단체의 구성원 참여를 보장한다. 참여의 내용적 측면에 있어서도 수평적 관계를 지향한다는 점이 부각된다.[29] 둘째, 그럼에도 조직 문화와 속성에 근거한 운영 방식의 차이가 협력을 저해하는 요인으로 작용한다. 마들주민회가 구청과의 관계에서 독립성을 확보하기 위해 자체적인 활동에 집중하는 것도 이러한 맥락에서 이해할 수 있다. 그렇다면 이러한 조건에서 보다 높은 수준의 협력을 추동하기 위해서는 어떤 노력을 해야 할까? 다음에서 이에 대해 살펴보도록 하자.

Ⅳ. 지역공동체 복원 활동과 시민정치: 그 의의와 가능성

누차 강조하였지만 지역 내 시민정치가 온전히 자리 잡기 위해서는 지역 시민

29. 제8조(회의 및 의사) ① 각 협의체의 위원장은 해당 협의체 회의를 소집할 수 있으며, 각 협의체 재적위원 3분의 1이상으로부터 요구가 있을 때에는 지체 없이 회의를 소집하여야 한다.
제11조(의결사항의 처리) 구청장은 협의체의 의결사항에 대하여 상당한 이유가 있는 때를 제외하고는 이를 시책에 반영하도록 노력하여야 한다. (서울특별시 노원구 지역사회복지협의체 운영 조례)

사회의 자발적 응집이 필요하다. 또한 그러한 응집을 추동하기 위해 국가의 지원이 필요하다. 그러나 앞서 말했듯이 이런 상황에서 시민사회와 국가의 갈등이 발생하기도 하는데, 그러한 갈등을 조정하고 협력의 유지를 공고히 하는 과정이 필요하다. 행위자 간의 복잡한 관계와 각자의 상황에 대한 이해가 완벽하지 않다는 점에서 다소 조심스러운 부분이 있으나 인터뷰 내용을 바탕으로 민과 관의 협력을 증진하는 방법에 대하여 몇 가지 구상을 그려 보고자 한다.

관의 경우에는 지금보다 더 주민 중심적으로 정책을 지원할 필요가 있다. 물론 지금도 주민단체의 자립성을 키워 주기 위하여 가능한 한 직접적인 간섭을 지양하는 제도적·인식적 조류는 존재한다. 구청 관계자와의 인터뷰에서도 확인할 수 있지만 구청에서도 주민들의 자발적인 참여가 중심이 되도록 정책을 지원하고 있다. 그러나 여전히 여러 주민단체의 입장에서는 선출제 아래 관료제의 특징인 단기적 성과주의의 행태가 구청과의 소통 과정에서 두드러지는 것으로 보인다. 시민정치가 장기적인 과정을 통하여 사회 저변에 뿌리내린다는 점을 고려할 때 지방정부 역시 장기적인 관점에서 주민단체의 성장을 참고 기다릴 필요가 있다. 단기적인 성과에 집중하여 주민단체를 채근하다 보면 장기적인 성과가 만족스럽지 못할 수도 있다. 물론 구청 역시 장기적인 안목으로 마을만들기 사업을 진행하려고 하지만 선출제의 특성상 중간 결과물을 원하는 것은 불가피한 것으로 보인다. 이러한 민과 관의 근본적인 인식의 차이는 구조적인 문제에 기인하는 것이기 때문에 제도적 장치 없이는 쉽게 개선할 수 없을 것이다. 따라서 구청과 주민단체가 역할 전환을 제도적 장치로 도입하여 구청 공무원이 주민단체에서 특정 기간 근무하도록 하는 것이 하나의 방법이 될 수도 있다.•30 공무원은 주민단체에서 몸소 일해 보고 단기적 성과의 어려움과 주민단체의 장기적인 구상을 체감해 볼 수 있다. 주민단체에 금전적 지원을 하는 구청 입장에서 인력의 소요까지 겪어야 한다면 억울한 측면이 있겠지만, 시민정치의 건전한 성장이 구청의 절대적 목표인 이상 주민단체에 더 큰 배려를 하는 것은 목표에 다가가는 데 보탬이 될 것이다.

30. 함께걸음에서 노원구청에 제안한 내용이다.

민의 경우 관의 개입을 경계하는 단체는 경계를 완화해야 할 것으로 보인다. 구청은 어디까지나 마을만들기의 성공적인 집행을 위하여 주민단체의 성장을 지원할 뿐이지 주민단체를 장악하고 단체의 자립성을 흔들어 놓을 의도는 없다. 결과론적으로 관의 개입이 주민단체의 자립성에 위험이 된다고 해도 양자가 그러한 점을 인식하고 경계한다면 그것은 충분히 저지할 수 있을 것이다. 주민단체는 보다 관의 지원을 긍정적으로 받아들일 필요가 있다. 거국적인 시각에서 국가의 지원이 시민사회의 정치적 역량을 증진하는 데 도움이 될 것이라고 인식을 전환할 필요가 있다. 국가의 중앙집권적 행정에서 벗어나 마을자치를 꿈꾸는 마을 복원 사업이 국가의 협력이 있어야만 성공할 수 있을 것이라는 주장은 분명히 모순으로 들린다. 그러나 여기서 의미하는 마을자치는 국가 권력과 완전히 유리되어 마을의 모든 행정, 입법, 사법 등을 독자적으로 처리하는 자치가 아니다. 그러한 완전한 자치는 국가 권력이 건재한 이상 이룰 수도 없는 일이고 마을과 마을 주민 스스로도 원하지 않는 일일 것이다. 다만 마을 속에서 마을 주민들이 스스로 처리할 수 있는, 그리고 순수하게 마을과 관련된 일들을 주민들이 직접 나서서 해결하고자 하는 것이 마을 복원과 자치의 목표인 것이다. 그러한 상황에서 국가 권력의 협조를 구하는 것은 지극히 당연하다. 마을은 국가로부터 협력적 분권화를 얻어야 하고, 새로 생겨 자립성이 부족한 주민단체의 경우에는 정부로부터 금전적 지원도 받아야 한다. 오랫동안 노원구에 자리 잡고 있던 주민단체들이 정부의 지원이 단체의 자립성을 흔들어 놓을 것을 두려워하는 것은 당연한 일이지만, 기반이 튼튼하지 못한 단체가 정부의 지원 없이 성장하기란 극히 어려운 것이다. 단체의 자립성도 중요하지만 이 시대에 튼튼한 기반을 가지고 성장할 수 있는 주민단체가 얼마나 있을까? 우선은 국가의 지원을 받아 노원구 전체에 마을자치의 씨앗을 뿌려 성장하게 하는 것이 급선무라 할 수 있다. 그러한 과정에서 지원금만을 노려 조직되는 단체가 생길 가능성도 배제할 수 없다. 하지만 그러한 시행착오는 건전한 주민단체의 성장을 위해 감안해야 할 사항이다. 물론 그러한 불건전한 단체의 수가 비정상적으로 많다면 제재해야 함은 당연하다. 그러나 그러한 단체는 소수에 불과하고 건전한 주민단체들이 다수를 형성하여 마을을 적극적으로 조직해 자립성을 키워

간다면 정부가 지속적으로 지원하는 한 노원구 전체에서 지속가능한 마을이 복원되는 것은 소원한 일이 아닐 것이다.

함께 Green 도봉구

강동혁, 김소라, 김한울, 조현서

요약

본 연구는 민주성, 협력적 분권화, 효과성, 안정성, 보편적 가치의 다섯 가지 '좋은 환경 시민정치의 속성'을 토대로 도봉구의 환경 시민정치를 분석한다. 환경 문제는 도봉구에서뿐만 아니라 전 지구적으로 해결이 긴요하며, 시민정치는 이에 있어서도 유효한 방식을 제공해 줄 수 있기 때문이다. 이러한 문제의식에 기초하여 우리는 도봉구 환경 시민정치의 사례로 초안산을 둘러싼 시민운동, 방학우성2차아파트의 에너지 자립 활동, 도봉시민햇빛발전사회적협동조합을 선택했다.

우리는 초안산의 골프장 건립 반대운동과 생태공원 조성 과정을 통해 정부와 시민이 어떻게 사유재산권과 생태적 지속가능성의 딜레마를 해결해 나가는지를 살펴보았다. 더불어 생태주의적인 의도가 없는 행동들도 훌륭한 환경 시민정치를 이끌어 낼 수 있다는 사실을 보았다. 방학우성2차아파트의 에너지 자립을 위한 노력, 특히 서울시 에너지자립마을 사업 참여 과정을 살펴보면서 중앙에 의해 조율된 분권화로 어떻게 에너지 문제라는 전 지구적 문제가 해결될 수 있는지를 살펴보고자 했다. 보다 효과적인 협력적 분권화를 위해 사업 디자인에 어떤 한계와 개선점이 있는지를 고민해 보았다. 도시햇발의 사례를 통해 에너지 문제를 어떻게 사회적경제라는 기제로 해결하고자 노력했는지를 보았으며, 이 과정에서도 협력적 분권화가 시민들의 자발적 문제 해결 노력을 보조하기 위한 중요한 수단임을 확인하였다.

Ⅰ. 들어가며

도봉구 쌍문동 주민 중에는 정치인도, 연예인도, 운동선수도 아니지만 전 국민에게 사랑받고 있는 유명인사가 하나 있다. 바로 둘리다. 애니메이션 '아기공룡 둘리'에서 둘리는 쌍문동 고길동 씨 집에 얹혀사는 신세다. 그러면서도 사고를 치고 다녀 눈칫밥을 먹기는 하지만, 결국 고길동 씨의 배려와 동네사람들의 인심을 바탕으로 별 탈 없이 잘 지낼 수 있게 된다. 애니메이션 속 동네 쌍문동은 둘리라는 사고뭉치까지도 품어 주고 보듬어 주는 따뜻한 공동체인 것이다. 이는 만화 속의 이야기만이 아니다. 둘리를 만든 김수정 작가는 실제로 쌍문동 주민이었으며, 만화를 위한 아이디어를 그의 주변에서 찾았다고 고백한다. 이처럼 도봉구 시민사회는 옛날부터 사람 냄새 나는 곳이었다. 그렇다면 현실 속 도봉구의 시민사회 모습은 어떠할까?

우리는 도봉구 시민사회 전반에 대해 알기 위해 여러 차례 현장을 방문하였고, 도봉구 내 다양한 계층의 사람들을 만났다. 다양한 주민들과 활동가들을 만날 수 있었는데, 특히 도봉구청장 정책 특별보좌관으로부터 도봉구 시민사회에 대해 의미 있는 이야기를 많이 들을 수 있었다. 인상 깊었던 점은 도봉구에 집성촌과 장기 거주민이 많다는 사실과 그동안 한국 시민운동의 한 획을 그은 사람들이 도봉구에 많이 살았다는 것이었다. 장기 거주민과 집성촌의 존재를 통해서 시민사회 발달을 위한 사회적 신뢰와 자본 형성이 용이했으리라는 생각이 들었다. 또 한국의 노동운동을 상징하는 전태일 열사, 「풀」을 쓴 김수영 시인, 민주화 운동에 앞장섰던 고 김근태 의원 등이 바로 나의 이웃이라는 사실이 도봉구 시민들로 하여금 시민사회와 시민정치 활성화에 앞장설 수 있는 동기를 주었으리라고 추측이 가능했다.

이런 요인들 덕분인지, 실제로 도봉구의 시민정치사를 검토해 본 결과, 인상 깊은 부분을 많이 발견할 수 있었다. 특히 1992년 한국여성민우회의 서울 동북지부가 출범한 이래로 도봉구의 시민단체 활동이 활성화되었다. 이후 도봉푸른청년회, 여성민우회, 한살림 도봉 지부 등 도봉구의 주요 시민단체들은 일일이 언급하기도 힘들 만큼 다양하고 의미 있는 활동을 진행해 왔다. 특히 이들이 도봉시민단체협의회라는 연대체를 꾸려 운영해 나갔다는 점이 주목할 만했다. 그리고 이에 그치지 않고 도봉문화기획단 등의 연대 활동을 지속해 나간 것도 시민단체 영역에서 도봉구의 역량을 볼 수 있는 부분이었다.

그뿐만 아니라 제도권 정치와 관련된 시민 활동도 활발히 이루어졌다. 1995년부터 시민사회 진영에서는 구의원 선거에 후보를 출마시키고 당선시켜 왔다. 이들 당선자들을 중심으로 시민단체들이 공동으로 구청 예산집행에 대한 감시운동을 전개하기도 했다. 2010년 이동진 구청장과 2011년 시민사회에 우호적인 박원순 시장의 당선은 도봉구의 시민정치에 있어서 새로운 분기점을 제공했다. 민선5기에 이르러 구청 및 시청 주도로 주민참여 거버넌스가 적극적으로 도입된 것이다. 주민참여 기본 조례 제정이나 마을공동체 사업의 부문의 선진적 운영과 같은 성과는 이런 분기점을 바탕으로 앞으로 도봉구의 시민정치가 더욱 밝아질 것이라는 점을 시사한다.

이렇게 도봉구 시민정치 전반을 훑고 나니, 연구 진행에 있어 막막함이 밀려왔다. 시민정치 영역이 활발한 것은 분명 훌륭한 일이지만, 워낙 다방면으로 성과가 많아 어떤 식으로 접근해야 도봉구의 지역 거버넌스를 의미 있게 분석할 수 있을지 막막했던 것이다. 그러던 중 생태적 여건이 우수하고, 그에 따라 시민들이 환경 의식도 높은 도봉구의 특색을 살려 보자는 의견이 제시되었다.

실제로 도봉구에서 환경이 주요한 이슈이다. 우선 녹지와 하천이 많아 주민들이 생태에 관심을 가지기 쉬운 조건을 가지고 있다. 한편으로는 산업화 시절, 공장 매연이나 버스, 택시 차고지 밀집 때문에 주민들이 환경오염에 민감해졌는데, 이 역시 도봉구에서 환경이 주요 이슈가 되는 데 영향을 미쳤다. 도봉구의 환경에 대한 관심은 지방정부의 환경 네트워크인 ICLEI 가입, 그린스타트 네트워크 운영, 환경 관련 다양한 시민단체 활동 등 여러 가지 모습에서 드러난다.

따라서 '환경'이라는 주제를 도봉구 시민정치에서 어떻게 다루고 있는지 분석해 보는 것이 의미 있으리라고 결론 내렸다. 친환경적인 도봉구의 특색을 잘 드러내 줄 뿐만 아니라, 환경문제 해결이 주요 화두로 부각되는 현대 정치에 함의를 줄 수 있으리라는 생각이 들었기 때문이다. 오늘날 우리는 후쿠시마 원전 사고 등으로 인해 환경 및 지속가능한 발전이 더 이상 추상적인 이야기가 아니라는 공감대를 가지고 있다. 그렇기에 지역 단위에서 환경문제가 시민정치적으로 해결되는 방식을 연구해 보는 것은 도봉구라는 지역을 넘어 보편적인 함의를 줄 수 있다고 생각한다.

Ⅱ. 분석틀

1. 사례 선정 이유

본 연구는 세 가지 사례를 중심으로 도봉구의 환경 시민정치를 살필 것이다. 다음은 각 사례와 그 선정 이유이다.

1) 초안산 생태공원: 시민운동과 거버넌스

자유민주주의 국가의 기본 원리 중의 하나는 사유재산권을 보호하는 것이다. 가진 자는 자신의 재산을 임의로 처분할 권리를 가진다. 토지와 토지에서 나오는 자원 역시 기본적으로는 재산의 범주에 포함된다. 이 때문에 사유재산권과 생태적 합리성은 근본적으로 모순 관계에 놓이게 된다. 환경보호를 위한 규제가 사유재산권을 침해할 여지가 있기 때문이다. 법 체계는 사유재산권이 환경을 파괴하는 방식으로 무절제하게 활용되는 것을 막고자 하지만, 사유재산권은 근대 국가의 근간을 이루기에 언제나 다루기 쉽지 않다. 이 어려운 문제를 어떻게 정부와 시민이 해결하고 생태공원을 조성했는지를 알아보기 위해 사례로 선정했다.

2) 방학우성2차아파트의 에너지 자립 활동

환경 거버넌스에서는 주요 역할들이 시민에게 돌아가는, 즉 권력이나 역할의 분권화가 중요하다. 또 분권화만으로는 현실적으로 사안이 지속되기 힘들기에 중앙의 협력적 지원이 수반되어야 한다. 에너지자립마을 사업에서는 서울시의 관리·감독하에 권한을 부여받은 지역 주민들이 에너지 자립을 실현해 나간다.

따라서 분권화와 협력이라는 두 영역의 작동을 살피기 좋은 사례이다. 이런 맥락에서 도봉구에 위치한 공동주택인 방학우성2차아파트의 에너지자립마을 사업에서 관의 협력적 지원과 민의 분권화를 통해 에너지 자립 문제를 어떻게 해결해 나갔는지를 볼 것이다.

3) 도봉시민햇빛발전사회적협동조합

사회적협동조합은 자본주의의 대안으로 각광받고 있는 사회적경제의 대표적인 모델이다. 도봉시민햇빛발전사회적협동조합(이하 도시햇발)은 기존 자유시장의 집약적이고 환경 파괴적인 에너지 생산을 대체하기 위해 지속가능한 방식으로 에너지를 생산하면서 조합원들이 자발적으로 비용을 충당하고, 수익은 지역 내 빈곤이라는 또 다른 사회문제의 해결에 투자한다. 이처럼 시민들이 사회적경제가 시민정치적 기제를 통해 에너지 분야의 환경성 추구와 지역사회 공헌이라는 부분까지도 이루어 낸 사례라는 측면에서 분석의 가치가 있다.

2. 분석틀 소개

각 사례들은 언뜻 보면 평범한 동네 이야기 같다. 그러나 사실 그 속에는 사례를 이루는 수많은 요소들이 숨어 있다. 사례에서 목표를 추구하기 위해 쓰인 전략이나, 사례에 영향을 준 제반 환경 등을 그러한 요소들의 예시로 들 수 있겠다. 우리는 사례 분석을 위해 이런 요소들을 성공적이었던 것들과 아쉬웠던 것들로 나누어 살필 것이다. 그렇다면 어떤 기준으로 성공과 아쉬움을 나눌 것인가가 중요해지는데, 우리의 경우 '좋은 환경 시민정치의 속성들'을 기준으로 삼기로 했다. 좋은 환경 시민정치가 일반적으로 지니는 속성에 부합한다면 그 요소는 성공적일 것이고, 부합하지 않는다면 아쉬운 부분으로 볼 수 있을 것이다.

이하에 제시될 좋은 환경 시민정치의 속성들은 환경 시민정치가 긍정적으로 평가받기 위해서 적어도 포함되어야 할 필수 조건들이다. 물론 이 속성들이 좋은 환경 시민정치를 모두 포괄하지 못할 수는 있겠지만, 적어도 우리가 선택한 각 사례를 분석하는 데 있어서는 충분히 유용하리라고 여겨진다.

1) 민주성

좋은 환경 시민정치에서 민주성이라는 속성은 대의민주주의에서 의미하는 그것과는 거리가 있다. 단지 대중이 투표권을 행사할 수 있다는 사실만으로는 사례가 민주적이라고 볼 수 없다는 의미다. 그보다는 참여민주주의 맥락에서의 '시민정치적인 민주성'에 가깝다. 시민정치적이라는 것은 시민들이 주체적으로 참여하고, 사례 전반의 투명성이 높으며, 다양한 이해관계의 시민들이 모두 포괄되고, 숙의가 잘 이루어진다는 것을 의미한다. 정치학적으로 이는 슘페터의 협소한 민주주의관을 기각하고, 참여민주주의의 타당성과 시민 참여의 가능성을 인정하는 것이다(Saward, 2003).

민주성에는 여러 측면들이 존재한다. 예를 들어 민주적 혁신(democratic innovation)의 미덕으로 포함된 의사결정의 포괄성, 숙의된 결정, 투명성 등은 참여민주주의적 기제를 민주적으로 평가하기 위한 중요한 요소들이다(Smith, 2009). 참여 자체도 중요한 민주성의 지표일 것이다(김의영, 2011).

민주성이 좋은 환경 시민정치의 속성인 이유는 두 가지이다. 먼저, 우리가 주목하는 것이 환경을 '시민정치'적으로 해결한 사례들이기 때문에 좋은 시민정치에 있어 필수적 속성인 민주성이 포함되어야 한다. 둘째, 민주성이 있으면 실제로 환경문제가 효과적으로 해결되기도 하기 때문이다. 민주성 증대를 통해 다양한 이해관계가 반영되면 생태계가 주민들에게 보내는 신호들을 잘 포착하여 그에 유연하게 대응할 수 있다(Dryzek, 1987). 나아가 개인의 생태주의적 관심과 참여, 책임감을 증진하여 결과적으로 생태주의적 시민의 자질을 기를 수 있다.

2) 협력적 분권화

협력적 분권화라는 속성은 기본적으로 시민들이 실질적인 권한을 획득 혹은 부여받고 활동하는 과정이다. 하지만 분권화는 중앙의 협력과 함께 이루어져야 한다. 요컨대, 사안 해결을 위해 시민에게 특정 권한과 역할을 맡기되, 중앙이 협력과 피드백을 함께하는 것이 협력적 분권화이다.

참여민주주의에 있어 중앙의 역할이 얼마나 필요한지에 대해서는 이견이 있을 수 있다. 관이 참여민주주의를 주도할수록 시민들의 참여는 떨어질 수 있지만, 시민들에게 의사결정을 전적으로 맡기는 것 역시 효과적이지 않을 수 있기 때문이다. 펑과 라이트(Fung and Wright)는 EPG(Empowered Participatory Governance)의 제도적 디자인으로 분권화, 그리고 중앙화된 감시와 조정을 이야기한다(Fung and Wright, 2003). 이러한 논의들이 지적하고자 하는 바를 협력적 분권화라는 속성에 담아냈다.

그렇다면 협력적 분권화는 왜 좋은 환경 시민정치의 속성일까? 우선 분권화가 환경 시민정치에 있어서 중요한 이유는 앞서 설명한 민주성의 가치와 효과들이 충분한 분권이 전제되어야 실현 가능하기 때문이다. 그뿐만 아니라 분권화는 시민들의 생태적 책임의식을 키우고, 지역적 환경 사안부터 효과적으로 대응하게 할 수 있다는 측면에서도 중요하다. 그러나 분권화는 그 자체로 끝날 것이 아니라 관 차원의 협력, 피드백이 함께 있어야 한다. 분권화된 민 자체적으로는 역량이 충분치 않아 목표 달성이 힘든 경우가 많기 때문이다. 또 지대 추구의 우려와 환경문제의 광범위함으로 인해 지역 간 역할 조율이 관에 의해 이루어져야 할 수 있기 때문이다. 이런 의미에서 협력적 분권화를 좋은 환경 시민정치의 속성으로 판단하였다.

3) 효과성

효과성에는 두 가지 세부 항목이 있다. 첫째는 직접적 효과성으로, 시민정치의 과정을 통해 이 사례가 목표하던 바를 얼마나 잘 이루었는지를 보는 부분이다. 둘째는 간접적 효과성으로, 여기서는 사례를 통해 정치적 효능감 증진, 학습효과, 신뢰와 사회적 자본 구축 등의 시민정치적 효과가 부수적으로 일어났는지를 본다. 특히 간접적 효과성의 경우, 김의영(2011)의 '효과성' 항목을 참고하였다.

좋은 환경 시민정치의 속성으로 효과성을 제시한 이유는 기본적으로 목표가 달성되어야 환경 시민정치의 과정이 바람직한 것으로 볼 수 있기 때문이다. 게다가 환경문제를 시민정치적으로 접근하면서, 환경 사안의 해결뿐만 아니라 참여자들에게 위에 제시한 시민정치적 효과를 가져올 수 있다면 더욱 바람직한 사례로 평가할 수 있다.

4) 안정성

안정성은 시민정치적 기획들이 어떤 외부 조건의 변화에도 안정적이고 지속적으로 이루어질 수 있는지의 여부를 보는 것이다. 이를 검토하기 위해 지속성을 유도하는 제도적 설계나 기제가 존재하는지, 시민들 스스로가 꾸준히 참여할 유인이나 태도 변화가 존재하는지 등을 살펴볼 수 있다.

일반적인 시민정치 기획들도 마찬가지지만, 특히 환경문제의 경우 안정성이 중요하다. 환경 분야의 특성상 문제가 일시적으로 해결되기 어렵기에, 이를 해결하고자 하는 기획은 견고함과 유연함을 동시에 갖추고 안정적으로 기능해야 한다(Dryzek, 1987). 이런 이유로 안정성을 좋은 환경 시민정치의 속성으로 판단했다.

5) 보편적 가치

보편적 가치라는 속성은 환경 시민정치의 과정이 주민들 스스로의 이해관계만이 아닌, 환경 일반이나 공공 영역에 대한 보편적인 가치를 함께 반영한다는 의미를 담는다. 이런 맥락에서 보편적 가치에는 공공성과 생태적 합리성이라는 두 가지 세부 항목이 있다. 공공성은 환경 시민정치의 과정이 지역사회나 공동체를 위해서도 이롭게 기능하는지 여부를 보는 부분이다. 드라이젝(Dryzek, 1987)의 연구에서는 생태적 합리성과 민주주의의 관계가 논의된다. 우리는 그가 사용한 '생태적 합리성'의 개념을 보다 한정적이고 단순한 의미로 사용하기로 한다. 즉 환경 시민정치 과정에서 발견되는 생태적 지속가능성을 증진시키는 모든 측면들을 생태적 합리성으로 본다.

환경 시민정치의 주요 속성이 분권화를 통한 자율성 부여임을 고려하면, 자칫 그 과정에서 주민들이 스스로의 이해관계만 추구하는 부작용이 발생할 수도 있다. 공익에 대한 고려 없이 사익만을 추구한다면 그것은 바람직한 시민정치와는 거리가 멀다고 할 수 있기 때문에 이런 부분은 지양되어야 한다. 그렇기에 사익이 아닌 보편적 가치라는 속성이 환경 시민정치의 맥락에서 가치를 갖는 것이다.

3. 연구 방법

우리는 문헌 연구와 인터뷰를 주요 자료 수집 방법으로 사용하였다. 문헌 연구의 경우, 인터넷에서 수집한 관련 기사와 보고서들 그리고 관련 인물로부터 받은 다양한 책자 및 단행본 등을 활용하였다. 특히 선행 연구 검토는 거의 전적으로 문헌 연구에 의존하였다. 구체적인 1차 자료 수집은 관련 인물들과의 인터뷰를 통해 이루어졌다.

관련 인물들: 김낙준(활동가, 공무원, 전 시의원), 김연순(활동가, 서울동북여성민우회), 김용석(정치인, 현 서울시의원), 김정수(활동가, 방학우성2차아파트 입주자 대표), 두호균(활동가, 해등나누미 단장 및 도시햇발 이사장), 이동진(정치인, 현 도봉구청장), 창동 주공3단지 주민, 서울시 에너지시민협력과 공무원, 도봉구 공원녹지과 공무원 등.

인터뷰는 주로 지금까지 어떤 일이 있었고 어떤 활동을 해 왔는지에 대해 이야기를 듣는 방식으로 진행되었으며, 동시에 대상자의 가치관과 인식 역시 살펴볼 수 있었다. 지역 활동의 경우 상세한 문헌 자료가 남아 있지 않은 경우가 많아 인터뷰는 선택할 수 있는 거의 유일한 자료 수집 방법이었다. 이외에 해등나누미의 봉사 활동에 직접 참여하기도 했다.

사진 5.1 해등나누미 봉사단 참여 관찰 모습

Ⅲ. 사례 1: 초안산 생태공원, 시민운동과 거버넌스

'도봉구의 허파'라는 별명의 초안산은 아름다운 생태계를 지닌 산이다. 뻐꾸기와 개구리가 울고 다람쥐가 다니던 평화로운 산이 도봉구의 대표적 갈등 공간으로 변모한 것은 1990년대 골프 붐이 불면서였다. 1990년대 말, 주공4단지 아파트와 바로 인접한 초안산 부지에 골프연습장이 들어서기로 결정이 난 것이다. 이에 분노한 주공4단지 주민들은 여러 시민단체와 함께 투쟁했다. 그 결과 2000년대 초반에 골프연습장 계획이 무산되었는데, 이것이 1차 초안산 골프연습장 반대운동이었다.

문제는 주공4단지에서 이런 일이 벌어지는 동안, 바로 인근 주공3단지 주변에서도 별도의 사업주가 골프연습장 건립 추진을 시작했다는 것이다. 이에 대한 주공3단지 주민들의 반대 투쟁이 또 일어났는데, 이것이 2차 초안산 골프연습장 반대운동이었다. 여기서 짚고 넘어가야 할 점은 1차 반대운동과 2차 반대운동은 별개의 운동이었다는 것이다. 본 연구에서는 2차 반대운동만을 다룰 것이다.

2차의 경우 1차에 비해 더 길고 고된 여정을 걷게 되었는데, 그 시작은 토지의 원소유주였던 최모 씨가 토지의 스포츠센터 사업권과 토지 자체를 곽모 씨에게 파는 시점으로 거슬러 올라간다. 곽모 씨는 보유한 사업권 내용을 스포츠센터에서 골프연습장으로 바꾸는 데 성공했다. 당시 동 대표 회장이 주민 의견 수렴 없이 임의로 골프장 변경 건의서를 구청에 제출했고, 담당 공무원이 이를 묵인해 주었다. 이렇게 동 대표와 담당 공무원의 월권 행사로 공사가 시작되었다. 그리고 골프연습장이 야기할 소음, 조명 피해와 초안산 생태계 파괴에 격분한 주민들이 격렬한 시위를 전개했다. 그들은 용역업체 직원들에 맞서 온몸으로 공사 현장을 저지하고, 구청 측에 불만을 전달하였다. 또 당시 구청장의 반응이 우호적이지 않자, 당시 지역구 국회의원이었던 고 김근태 의원에게 이 문제를 호소하기도 하였다.

그러던 1998년 무렵, 곽모 씨 측에서 공사를 잠정적으로 연기하였다. 주민들의 심한 반대와 이에 우호적인 진보적 성향을 지닌 새로운 구청장의 당선, IMF

까지 겹쳐 공사를 진행하기 어려웠던 것이 그 이유였다. 그러나 골프연습장 건립 허가 자체에 대해서는 주민, 구청 측과 곽모 씨 측이 계속적인 사법 분쟁을 겪었고, 법원은 사유재산권을 이유로 번번이 곽모 씨의 손을 들어주었다.

그러다 2006년 곽모 씨가 사업권과 부지를 조모 씨에게 팔면서 문제가 다시 수면 위로 떠올랐다. 조모 씨가 골프연습장 공사를 재개했기 때문이다. 주민들은 다시 격렬한 전면 투쟁에 돌입했다. 새로운 사업주를 상대로 사법 투쟁도 계속 진행하였으나, 역시 법원은 소유주의 입장을 들어주었다. 결국, 법적으로는 문제 해결이 힘들다고 판단한 주민과 구청은 부지를 관 차원에서 공원 부지로서 매입하여 주민 피해와 생태계 파괴를 막는 대안을 추진하기 시작했다. 이 과정에서 구의원, 국회의원, 구청장 등이 주민들의 투쟁에 자극을 받아 적극적인 정치적 지원을 하였다. 그 결과, 서울시에서 공원 부지 매입을 위한 예산을 지원받고, 골프장 부지를 공원 부지로 도시 변경 계획하는 것에 대한 인가를 받아 골프장 건립을 막아 낼 수 있었다.

하지만 초안산 시민운동은 이제 시작일 뿐이었다. 공원조성 과정에서도 시민정치가 활발하게 일어나기 시작했다. 골프연습장 건립 반대운동 과정에서 공원을 조성해 달라는 주민들의 요청이 있었던지라, 구청은 곧 초안산 생태근린공원 사업을 시작했다. 흥미로운 점은 구청에서 이것이 주민이 투쟁하여 얻어 낸 공원이라는 생각을 가지고 있었다는 것이다. 이런 생각을 바탕으로 공원녹지과에서는 주민들의 의견을 수렴하는 과정을 21차례 가졌으며, 이를 공원조성에 최대한 반영하였다. 그리고 이 과정에서는 주민과의 소통, 과정의 투명성을 위해 웹사이트가 매우 적극적으로 활용되었다. 주민참여와 의견을 기반으로 사업을 추진하다보니 우여곡절도 있었지만, 결국 공원조성안이 차츰 완성되어 2012년 4월 6일, 초안산 생태근린공원이 완공될 수 있었다.

공원이 완공되기 직전, 그때까지의 초안산 시민운동 과정이 확산되어 주민 차원의 단체가 하나 탄생한다. 바로 '해등나누미 봉사단'이라는 주공3단지 주민들의 자율적 봉사단체였다. 해등나누미에는 그동안의 초안산 시민운동에 열성적으로 참여한 주민들이 회원인 경우가 많았다. 게다가 해등나누미의 주요 사업 자체가 초안산 생태근린공원을 정화하는 것으로 그동안 구청과 공식적인 계약을 맺고 공원의 완공식 때부터 함께 활동해 왔다. 물론 해등나누미의 활동은 초안산 정화 사업에 국한되어 있지는 않다. 일례로, 주민들과 함께 천연 수세미나 비누 만들기 프로그램을 진행하고 동네 녹색장터를 열어 수익금을 기부하는 활동 역시 해등나누미의 주요 사업이다. 그러나 해등나누미는 초안산 정화 사업을 통해 단체의 기반을 다져 왔으며, 단체 구성원의 측면부터 초안산 공원과 그 시작을 함께 해 왔기에 결국 초안산과 떼려야 뗄 수 없는 관계이다. 이런 맥락에서 해등나누미를 초안산 시민운동이 확산되는 단계의 활동 주체라고 할 수 있다.

정리하자면, 초안산 생태근린공원 시민운동은 크게 세 가지 과정으로 나눌 수 있다. 첫 번째는 주민들이 초안산에 골프연습장이 생긴다는 것을 알고 본격적으로 투쟁하기 시작했을 때부터 관의 부지 매입으로 골프연습장 건립이 무산되기까지의 반대운동 과정이다. 두 번째는 주민과 구청이 협력하여 공원을 조성한 과정이다. 마지막은 이 일련의 시민운동 과정이 확산되어 등장한 주민 자생적 봉사단체인 해등나누미 활동 과정이다.

따라서 제시한 분석틀에 의거하여 각 과정의 환경 시민정치 요소를 검토해 보

사진 5.2 초안산 생태근린공원 (한국조경신문 제공)

고자 한다. 특기할 만한 점은 세 과정별로 특히 부각되는 속성이 있다는 것이다. 이는 각 과정의 목표, 진행된 시기, 참여 주체 등이 다르기 때문으로 보인다.

1. 민주성

골프연습장 건립 반대운동 과정은 주민들의 자발적, 지속적인 참여가 목표를 쟁취하는 데 있어 결정적인 요인으로 작용했다는 점만으로도 민주성이라는 속성에 부합한다. 특히 주민들의 치열한 노력을 기반으로 목표를 달성했다는 측면에서 주체성을 높이 평가할 수 있다.

> "갈등 해소의 결정적 요인은 주민들의 가열찬 투쟁이었어요. … 이 사람들은 아파트 위에서 보면 다 보이니까, 공사 시작한다고 하면 관리사무소 찾아가서 방송하게 하고, 또 대책위원회를 자기들끼리 만들었어요. 현장에서 드러눕고 싸우고 하는 거죠. 구청에, 경찰서에 연락하고, 현장에서 부딪치는 거죠. 자발적이고 자생적이게 … 이런 투쟁들은 사실 절박함에서 나오는 것이니까."
>
> – 김용석 서울특별시의회 의원•1

하지만 시위 과정에 특정 사회계층이 주로 참여했다는 점은 다양한 계층의 의사를 포괄하지 못했다는 한계로 제시될 수 있다. 시위가 주로 공사가 진행되는 낮 시간대에 이루어졌기 때문에 이에 참여하는 계층은 대부분 중·장년층 여성으로 국한되는 경우가 많았다.

또한 주민들 간의 협력을 수렴하여 시위를 효과적으로 이어 나가기 위해 아파트 단지 내 대책위원회가 구성되었지만, 이는 체계성이 있는 조직이라기보다는 시위 전개를 목적으로 한 임시적인 조직에 가까웠다. 비민주적이고 임의적인 대표 선출 방식이 이를 방증한다.

---

1. 인터뷰 일자: 2015. 5. 19.

"남자가 하나도 없으면 되겠냐, 여자들끼리 뭐가 되겠냐. 그래서 뽑은 거지."

– 이춘자 해등나누미 단원[2]

조직이 체계적이지 못한 상황에서 대책위원회에서의 숙의 과정도 부족하였다. 문제 해결에 대한 근본적 접근보다는 시위 방법에 중점을 두었고 어떻게 골프연습장 건립 취소를 유도할 것인가보다는 어떻게 시위해야 하는가가 주요 논의 사항이었다. 위원장을 중심으로 구청과 의원들에게 연락을 취하는 등의 노력이 이루어졌지만 주민들 간의 숙의 과정을 거쳐 검토되었다고 보기는 힘들다. 단체 차원뿐 아니라 대책위원회에 속한 주민들 개인적 차원에서도 이 투쟁이 갖는 함의 등에 대한 숙의가 충분하지는 않았다. 물론 현실적으로 투쟁에 집중할 수밖에 없는 상황이었음이 분명하지만, 정치적인 과정에 대한 보다 폭넓은 고민이 같이 이루어졌더라면 훨씬 이상적인 상황이었을 것이다.

공원조성 과정 전반에서는 민주성에 기여하는 요소가 많았다. 우선, 21차례의 주민 의견을 반영하는 과정을 거쳤다는 사실이 사례의 숙의성을 보여 준다. 동시에 이 과정에서 주민과 직접 소통하고 사업 내용을 공개한 점은 투명성 측면에서 긍정적 요소였다. 정보 공유는 현장에서뿐 아니라 해당 웹사이트를 통해서도 이루어졌다. 직접 참석하기 어려운 주민들을 위해서는 웹사이트를 통해서 회의 결과를 투명하게 공개하였고, 이 게시판을 통해서 주민들은 활발한 의견을 개진하였다. 다만 이러한 주민 협의가 이루어진 지 6개월 정도가 지난 후 일괄적으로 회의 결과와 고시 등을 게시했다는 점은 다소 아쉬운 점이다. 주민과의 소통 과정 이외에도, 구청에서 주민 공사감독관을 위촉하여 주민들이 직접 공사 현장을 수시로 점검하게 한 것은 참여성과 투명성을 증진시킨 요소로 작용했다.

해등나누미 활동에서도 민주성은 뚜렷하게 드러난다. 우선 해등나누미 회원이 강조하는 활동의 주체성에서 그를 찾아볼 수 있다.

---

2. 인터뷰 일자: 2015. 5. 16

"내가 데모해서 공원을 만들었으니까 내가 깨끗이 치우자. 책임감 같은 게 있어요. … 우리는 구청에서 10원도 안 받았어요. 물도 하나 안 받았고."

– 이춘자 해등나누미 단원

봉사 활동에 대해서 직접적인 인센티브가 주어진 것은 아니다. 단지 투쟁 과정에 적극적으로 가담했다는 사실이 공원에 대한 책임감으로 이어져 주체적이고 자발적으로 활동하는 것이다.

해등나누미 운영 과정에서도 민주성을 확보하는 기제들이 존재한다. 봉사단 차원에서 사업을 진행할 때에는 결과를 반드시 공개하고, 결재란에는 회원 모두의 서명을 받아 투명성 증진을 도모하고 있었다.

다만 두호균 단장을 중심으로 단체가 운영된다는 점은 단체 내 민주성과 다소 대립되는 측면이다. 단체를 운영하다 보면, 리더에게 필요한 단호한 결단력과 모두의 의견을 듣는 민주적 자세가 현실적으로 함께 달성되기 어려울 때도 많다고 한다. 그럴 때는 단장 중심의 체제가 어쩔 수 없는 비민주성을 야기할 수도 있다는 것이다. 물론 현실적으로 단체의 유지를 위해 택해야 하는 길이라는 점을 유념할 필요가 있다.

이 사례는 전반적으로 민이 주도하여 문제 해결이나 목표 달성에 앞장섰다는 측면에서 민주성이 뛰어나다. 그러나 개요에서 밝혔듯이 애초에 공무원과 대표자들이 자행한 월권 행사라는 비민주성이 주민 주도의 민주적 참여로 비화되었다는 점이 주목할 만하다.

2. 협력적 분권화

반대운동 과정은 초안산 지키기라는 공동의 목표를 위해서 관과 민이 상호 피드백을 주고받으며 역할이 자연스럽게 나누어졌다. 바로 이런 측면이 반대운동의 협력적 분권화를 보여 준다. 민의 경우 투쟁과 서명운동을 맡고, 관은 정치적, 행정적 역할을 맡았다. 여기서 협력적 분권화가 자연스럽게 이루어질 수 있었던 주요 요소는 정치인들의 적극적인 의지였다. 주민들의 투쟁에 자극을 받은 덕분에 당시의 구청장, 국회의원과 구의원 들은 주민과 관을 잘 매개하는 동시에 정치적, 행정적 지원에 힘썼다. 그리고 이는 문제의 원활한 해결에 상당히 기여했다.

이렇듯 반대운동에서 정부가 적극적으로 협력과 지원을 한 것으로 볼 수도 있다. 그러나 반대운동 초기 1990년대에는 구청장이 주민의 민원 투쟁을 받아들여 주지 않았다. 이런 점을 보면 관이 항상 협력적이었던 것은 아니라는 것을 알 수 있다. 게다가 기억할 점은 애초에 관에서 부정한 방법으로 골프장 건립에 유리한 행정을 해 주었던 비리 사태 때문에 문제가 촉발되었다는 것이다. 따라서 반대운동 과정에서 이루어진 협력적 분권화에 대해서는 신중히 접근할 필요가 있다.

공원조성 과정에서도 마찬가지로 협력적 분권화 측면에서 긍정적인 시도가 많이 보였다. 총 21차례의 공청회를 통해 주민이 의견을 개진하면 관에서 이 내용을 대부분 적극적으로 반영하려고 했기 때문이다(이성일, 2011). 주민과 소통을 위해 사용한 웹사이트를 보면 주민의 제안을 대부분 반영했다는 자료를 확인할 수 있다. 하지만 이 과정에서도 구체적인 사안에 대해서는 협력적 분권화의 한계가 드러났다.

주민 협의 과정에서 가장 큰 화두는 화장실 건립 여부였다. 주공3단지 주민들은 초안산 생태근린공원에 화장실을 설치할 것인지의 여부를 놓고 관과 마찰을 빚었다. 주민들의 기본적 입장은 공원에 화장실을 설치하지 말자는 것이었다. 과거 동네 화장실에 주변 택시기사들이 와서 소음을 유발하고 화장실 물로 세차를 하며 피해를 준 적이 있다는 것이 그 이유였다. 그러나 관에서는 화장실 설치를 추진했다. 최대한 주민 의견을 수렴하려던 관이 어째서 화장실 설치에 대해서만 주민들과 마찰을 빚은 것이었을까?

그 이유는 주민 의견 수렴 과정에 문제가 있었기 때문이었다. 구청에서는 화장실 문제에 대해 대표성이 없는 주민들을 대표로 인식하고 그들의 의견을 반영했다. 그래서 민관 사이에 의도치 않은 마찰이 발생했던 것이었다. 비록 의도하진 않았더라도, 대표성이 부족한 주체에게 분권화되었다는 측면에서 이 부분은 협력적 분권화에 있어 아쉬운 요소이다.

공원이 조성된 후 해등나누미 활동 과정에서도 협력적 분권화에 문제가 있었다. 공원 정화 활동을 하다 보니, 해등나누미가 초안산 공원의 화장실 청소까지 맡게 된 것이다. 이로 인해 해등나누미 구성원들은 불만을 가지게 되었으나, 자신들의 입장을 구청에 전달하여 민관의 영역을 분명하게 함으로써 갈등은 원만히 해결되었다. 화장실 청소의 영역까지 민에게 분권하는 것은 협력적 분권화가 다소 잘못 적용된 사례로 볼 수 있다. 이 경우 주민들이 자신들의 참여가 협치의 차원이 아니라 무료 노동력 제공 일환으로 비춰진다고 받아들일 여지가 있었기 때문이다.

하지만 전반적으로는 관과 해등나누미의 협력적 분권화가 잘 이루어지고 있다. 애초에 해등나누미는 서울시의 자생단체 활성화 노력과 맞물려 탄생했다. 또한 도봉구와도 일상적으로 협력적 분권화를 실천하고 있다. 예를 들어 해등나누미는 자원봉사 계획과 공원관리 계획을 구청에 제출하고 매 활동 내역을 공개하여 공원 관리를 더 수월하게 해 나가고 있다. 또 해등나누미에서는 쓰레기를 줍고 바닥을 쓰는 등의 기본적인 청소를 하고, 구청은 청소 도구나 쓰레기 봉투 등을 제공하는 조력적인 역할을 수행한다. 이와 더불어 주민 차원에서 해결하지 못하는 시설 고장 등의 문제가 발생할 경우 주민은 구청에게 알림으로써 즉각 대응할 수 있도록 한다. 즉 민과 관이 주어진 책무를 다하며 협력을 하는 협력적 분권화가 이루어지는 것이다.

이처럼 공원이 조성되기까지 민의 참여와 더불어 관이 결정적인 역할을 해 왔고, 관이 민의 의견을 적극적으로 수렴하여 전반적으로는 협력적 분권화가 잘 이루어졌다. 이는 공원조성 이후 환경 관리를 맡고 있는 해등나누미의 경우에도 마찬가지다. 물론 잘못된 분권화로 민과 관의 대립이 표면화된 적도 있었다. 그러나 이 부분도 민의 적극적 대응으로 시정이 되었다는 의의가 있다.

3. 효과성

반대운동 과정은 주민들이 지속적인 시위를 펼친 끝에 골프연습장 건립 반대라는 목표를 달성하였으므로 직접적 효과성 측면에서 높이 평가할 만하다. 초안산을 지켜 낼 수 있었던 가장 큰 원동력은 주민들의 활발한 참여였는데, 이를 유도한 요인들이 상당히 흥미롭다. 기본적으로 시위 참여를 독려하는 공지가 반복적으로 이루어졌다. 이와 더불어 한 아파트 단지의 경우 시위에 참여하지 않으면 벌금을 거두는 방법을 통해 주민들의 참여를 유도하였다. 이러한 직접적인 유인 외에 간접적인 유인도 존재했는데, 주공4단지를 중심으로 전개되었던 1차 투쟁이 성공했다는 사실이 3단지 주민들의 투쟁 의욕을 고취시켰다.

하지만 문제가 전혀 없었던 것은 아니다. 골프연습장 바로 맞은편에 위치해 직접적인 피해를 받는 동 주민들은 투쟁에 적극적으로 임했지만 멀리 떨어진 동의 주민들은 상대적으로 소극적이었다. 다음 인터뷰들은 주민들의 참여를 유도하는 데 겪었던 고충을 단적으로 드러낸다.

> "우리 3단지 사람들은 진짜 안 나왔어요. 막 꽹과리 쳐도 안 나와. … 사람 불러내는 게 너무 힘들었어요."
>
> – 이춘자 해등나누미 단원

> "아파트만 해도 엄청나게 큰 곳인데 골프장으로 인해서 피해를 입는 동이 있고, 저기 뒷동네는 아무런 피해가 없어요. 사실은 그런 사람들은 나설 이유가 없는데, 그래도 직접적 피해를 보는 사람들 위주로 지치지 않고 싸웠기 때문에…."
>
> – 김용석 서울특별시의회 의원

즉 집단행동의 딜레마가 아파트 단지 인근의 골프연습장 건립 저지라는 목적 달성을 저해하는 배경 요소로 작용한 것이다.

주민들 간의 협력이 전제가 되어 반대운동 과정이 이루어짐에 따라 간접적 효과성이 발현되기도 했다. 투쟁에 함께했던 주민들 중 일부는 해등나누미를 통해 교류를 이어 나가고, 일면식이 있는 주민들끼리 소통을 지속하기도 한다. 즉 반대운동에 동참하면서 사회적 신뢰가 형성이 되었다고 볼 수 있는 것이다. 하지만 공원이 조성된 이후 주민들이 교류할 사회적 공간이 해등나누미로 제한되었기 때문에 대부분은 서로의 근황을 잘 모르는 상황이다. 사회적 신뢰가 지속적인 결속으로 이어지지 못한 점에서 신뢰의 기반이 다소 미진했다고 볼 수 있는 부분이다.

공원조성 과정에서도 골프연습장 부지에 공원을 조성한다는 목적이 성공적으로 달성되었다. 더불어 2011년 9월 공원조성 공사 착공식이 진행되었을 때 착공 기념 현수막도 주민들이 직접 거는 등 적극적으로 행사에 임한 사실은 일련의 과정들에서 성과를 거둔 점이 정치적 효능감 증진으로 이어졌다는 걸 방증한다.

해등나누미는 자발성을 바탕으로 한 활동들에서 높은 평가를 받아 여러 차례 수상하였는데, 이러한 실적이 해등나누미 활동의 직접적 효과성을 증명한다고 할 수 있다. 또 해등나누미에서도 간접적 효과성이 잘 드러나는데, 대표적으로 단체 활동을 통한 주민 간의 사회적 신뢰 형성을 들 수 있다. 예컨대 해등나누미 단원은 활동 이전에는 옆집 위주로만 알고 지냈는데, 활동에 참여하면서 인사하지 않는 아파트 주민들이 거의 없어졌을 정도라고 말했다.

해등나누미 활동 과정에서 한 가지 흥미로운 점은 그들이 생태계 보호라는 거시적 목적만을 가지고 활동하지는 않는다는 것이다. 그럼에도 불구하고 지역의 사안을 해결하는 과정에서 결과적으로는 초안산 생태 환경 영역에서 괄목할 만한 성과를 내고 있다. 결국 이들을 통해 환경 활동이라는 것이 전문적 지식과 원대한 목표 없이도 상당한 성과를 얻을 수 있는 분야임을 알 수 있다. 내 주변의 사안부터 차근차근 해결해 나가는 활동의 중요성이 크기 때문이다.

이처럼 세 과정 모두 목표를 체계적으로 수행하였기 때문에 직접적 효과성이 높았으며, 사회적 신뢰 형성, 정치적 효능감 증진 등 간접적인 측면에서도 상당한 의의가 있었다.

4. 안정성

골프연습장이 들어서는 것을 막고 공원을 조성한 일련의 과정은 정권이 서너 차례 교체될 정도로 장기간에 걸쳐 진행되었다. 정권이 교체되어 정책의 지속성이 보장될 수 없는 상황 속에서도 안정적으로 운동이 지속된 데에는 주민들의 열렬한 참여가 배경 요인으로 작용했기 때문이라고 할 수 있다.

이와 동시에 두 과정에서 추구했던 목표의 구체성이 안정성에 기여했다. 골프연습장 건립 반대와 공원조성은 인근 주민들의 생활과 밀접한 관계가 있었기 때문에 다른 보편적인 사안보다 주민들의 관심도가 높았고 그러한 관심이 참여로 이어진 것이다. 펑과 라이트는 목표가 실용적일 때 EPG가 잘 작동할 수 있다고 주장하는데, 이것이 바로 그 내용에 부합하는 실제 사례라 할 수 있을 것이다(Fung and Wright, 2003).

해등나누미의 경우 그 안정성을 긍정적으로 평가할 만한 요소들이 많았다. 특히 초안산 생태근린공원이 공동 공간(common space)으로 구성원 간의 접촉 기회를 제공하였다. 구성원들 간 교류가 잦아지면서 유대감이 형성되었는데, 이 또한 활동의 안정성에 기여했다고 할 수 있다. 신뢰가 형성되면 구성원들 간에 갈등 요소가 줄어들어 단체가 안정적으로 유지될 수 있는 것이다.

더불어 가족 단위의 참여자가 많은 것도 안정성에 기여하는 요소라고 볼 수 있다. 가족 행사의 일환으로 해등나누미 활동을 즐길 수 있게 되어 참여의 지속성이 보장되고, 구성원들이 서로 유리되어 있지 않고 가족 단위로 결속되어 있어 단체의 안정성이 제고되기 때문이다. 우리는 해등나누미 봉사 활동 현장을 직접 확인하고자 봉사 활동에 참여해 보았다. 공원 청소에 참여 관찰하면서 느낀 점은 가족 단위 봉사자들이 눈에 띈다는 것이었다. 실제로 대화를 주고받았던 봉사자의 경우도 자녀가 봉사 활동을 시작하면서 온 가족이 주말마다 청소를 함께 한다고 전하였다.

이렇게 안정성에 있어서 구성원들 간의 관계도 중요하지만 해등나누미에서 특히 주목할 만한 점은 두호균 단장의 리더십이었다. 반대운동을 통해 형성된 사회적 자본에 두호균 단장이 해등나누미라는 정체성을 부여하며 비로소 견고해질 수 있었다. 그는 단체 관리를 위해 대단히 많은 시간과 노력을 투자하였다. 개인적으로 자원봉사 상담사 교육을 받으며 단체의 안정적 운영 방안을 모색하였다. 이러한 고민과 더불어 회원들의 참여를 끊임없이 독려하였다.

하지만 단체 유지에 있어 내부 갈등은 발생하기 마련이다. 두호균 단장은 이런 상황을 타개하기 위해 갈등이 표면화될 경우 양측의 입장에 공감하며 중재자의 역할을 효과적으로 수행했다. 또 오랫동안 단체 유지를 심각하게 저해하는 구성원들을 배제하는 단호한 결정을 내리기도 하였다. 물론 배제의 단계까지 가지 않기 위해 갈등 조율 과정에서 피나는 노력이 있었고, 그러한 결정을 내리는 데에도 상당한 시간과 고민이 수반되었다. 완벽히 민주적이라고 할 수는 없지만 이는 단체 유지를 위한 가장 현실적인 결정이라고 할 수 있다.

구성원들 간의 관계 형성과 두호균 단장의 리더십이 수반되었기에 해등나누미는 각종 기관에서 수상을 할 수 있었다. 수상 경력들이 작은 승리(small win)가 되어 주민들의 참여 의지가 더욱 고취되고 단체에 다시 기여하는 요소로 작용했다고 볼 수 있다.

해등나누미 사례에서 또 하나 특기할 점이 있다. 공동체 유지의 안정성을 논할 때 자생력, 특히 경제적인 자생력이 중요하다고 생각하는 경우가 많다. 그러나 해등나누미의 경우 오히려 경제적으로 자생하지 않고 공모 사업을 통해서 활동비를 마련한 점이 안정성에 기여하였다. 자생적 봉사단체라는 특성상, 단체 자체가 수익 구조를 갖추고 자금이 생기면 이것이 오히려 내분의 씨앗이 되어 단체 활동의 안정성을 저해할 수 있기 때문이다

5. 보편적 가치

반대운동의 목표 자체는 골프연습장의 건립을 저지하여 동 주민들의 생활권을 보장한다는 측면에서 공공성을 지향했다. 하지만 투쟁에서 모든 주민이 공공성을 추구했다고 보긴 힘들다. 골프연습장에서 멀리 떨어진 아파트 주민들의 참여율이 상대적으로 저조했기 때문이다. 결국 이 사례에서 아파트 전체의 사안에 대해 관심을 가지는 공적 의식은 다소 부족했다고 볼 수 있다.

더불어 주민들의 참여 의도가 생태적 합리성에 부합한다고 보기 힘든 측면도 있다. 처음에 이곳에 스포츠센터 건립 계획이 세워졌을 때는 주민들이 큰 거부감을 갖지 않았다. 하지만 골프연습장이 들어선다고 하자 반대가 격렬해졌다. 이는 골프에 대한 수요가 적은 주민들 입장에서 골프연습장보다 스포츠센터가 훨씬 접근성이 좋았기 때문이었을 것이다. 결국 주민 입장에서 편의가 중요했던 것이지, 초안산을 보존한다는 생태적 의식이 활동의 주요한 기조는 아니었

다고 평가할 수 있다. 그렇지만 생태적 합리성이 아예 결여되었다고 단언할 수도 없다. 1990년대 후반에 들어서 환경 보존에 대한 논의가 이루어지기 시작한 시대적인 흐름이 골프연습장 반대운동 과정에 어느 정도 기저는 이루었다고 보는 것이 적절할 것이다.

지금까지 생태적 합리성을 기준으로 삼아 살펴보았지만, 이에 근거한 평가가 현실적인 투쟁의 절박함보다 우선시되어야 하는지는 물론 고려되어야 한다. 우리는 흔히 어떤 특정한 철학이나 당위로부터 나온 투쟁만이 숭고하다고 생각할 수 있지만, 실상 대부분의 투쟁은 이기적인 동기에서 비롯된다. 그러나 개인의 이해관계가 정말로 심각하고 부당하게 침해된 경우라면, 그리고 그들의 이해관계가 공익과 맞닿은 경우라면, 그들의 이기적인 투쟁은 보다 나은 사회를 만들 수도 있다. 초안산 시민운동이 바로 그런 경우이다.

공원조성 과정의 목표는 주민들의 쉼터가 될 만한 공원이 많지 않은 상황 속에서 이를 조성하는 것이었다. 때문에 이 역시 목표 자체는 공공성에 잘 부합한다고 볼 수 있다. 하지만 원시적 생태 보존이 아니라 인위적인 공원조성을 목표로 했다는 점에서 생태적 합리성 측면의 한계가 보인다. 그럼에도 불구하고 공원조성도 궁극적으로는 생태의 부분적 유지를 지향한다는 점에서 생태적 합리성이 완전히 결여되었다고는 평가할 수는 없다.

마지막으로 해등나누미의 경우, 봉사단체라는 정체성 그 자체가 공공성에 부합한다고 할 수 있다. 동네를 위해 할 수 있는 작은 일들이 무엇일까에 대한 고민으로부터 시작하여 활동을 전개해 나갔고, 실제로 이곳에서 행하는 활동 자체도 공익을 추구하기 때문이다.

해등나누미의 명시적인 목표가 환경적인 가치 추구는 아니다. 오히려 직접적인 목표는 초안산 정화 사업을 통한 지역사회 공헌에 있다. 하지만 한 가지 주목할 점은 이 목표가 결국 자연스럽게 구성원들의 생태적 합리성 고양에 영향을 준다는 것이다. 주민들은 가장 가까운 곳의 환경부터 신경을 쓰고 보호하는 활동을 통해서 생태적으로 합리적인 의식을 키울 수 있게 된다.

요컨대, 보편적 가치 측면에서 초기의 목표가 보편적 가치에 부합하지 않는 측면도 존재했지만, 결과적으로 이들의 행동이 보편적 가치에 부합하는 방향으로 이어졌다는 점이 흥미로웠다.

Ⅳ. 사례 2: 방학우성2차아파트의 에너지 자립 활동[3]

방학우성2차아파트는 도봉구 방학동에 위치한 다섯 동(101~103동, 105~106동) 558세대의 아파트이다. 도봉산과 북한산 자락에 위치한 이곳은 2012년 서울시의 에너지자립마을 사업에 선정되어 3년 동안 지원을 받고 작년 사업을 '졸업'한 곳이다.

앞서 말했다시피 본 연구에서는 에너지자립마을 사업으로부터 전략적인 분권화를 통한 민관 협력을 살펴볼 수 있기를 희망했다. 하지만 실제로 방학우성2차아파트의 에너지 자립 노력은 에너지자립마을 사업 이전부터 자체적으로 이어져 오고 있었다. '아름다운 숲속마을'이라는 별칭처럼, LED 교체 사업과 개별난방 전환, 창호 개선 등 다양한 에너지 효율화 노력이 있어 왔다. 이 중심에는 김정수 입주자 대표가 있었다. 그는 환경운동연합에서 20년 이상을 활동하였으며, 현재 환경안전건강연구소장으로 재직 중인 잔뼈가 굵은 환경운동가이다. 또 현재까지 약 8년간 동 대표를 연임하며 에너지 문제에 대한 관심과 지식을 바탕으로 에너지 절약과 효율화를 위한 다양한 제안들을 해 왔다. 그 이전에도 관리비 절감을 위한 에너지 효율화 사업이 있었지만, 그가 취임한 이후로 그러한 노력들이 가속화된 것은 분명하다.

이와 함께 공동체 문화와 민주주의적 의사결정 방식 역시 존재한다. 관리동 2층에는 '반딧불이작은도서관'이라는 주민 공간이 있다. 2007년 서울시의 지원금을 받아 건립된 이 도서관은 특히 어린이들과 그 부모들이 애용하며, 영화 상영과 같은 문화 활동이나 에너지 강연과 같은 아파트 전체 행사의 장소로도 사용된다. 아파트 부녀회 역시 오래전부터 지역 봉사와 공익 캠페인 등을 활발히 추진해 왔다. 퍼트넘과 펠드스타인은 공동의 공간을 만드는 것이 중요하다고

3. 인터뷰 자료와 함께 김정수 외(2014)를 참고하였다.

사진 5.3 방학우성2차아파트 주민들의 에너지자립마을 활동

지적했으며(Putnam and Feldstein, 2003), 이 논의에 따라 공동체적 활동이 이루어지는 고정된 공간과 지속적 조직이 있다는 사실은 방학우성2차아파트의 중요한 사회적 자본이다.

또한 방학우성2차아파트의 의사결정 과정은 상당히 민주적이다. 수년 전에 난방 방식 변경에 있어 대표들을 비롯한 주민들 사이에 상당한 잡음이 있었는데, 당시 의사결정 방식의 투명성을 높여 추후에 불필요한 갈등을 방지하기 위해 중계 장비를 설치하여 운영했다고 한다. 몇 년 후에 도봉구청 시설지원비 공고에 응모하여 화질과 음질을 개선하여 현재에 이르고 있다. 중계 장비를 통해 입주자대표회의의 전 과정이 각 세대에 중계된다. 제도화를 통해 불신을 극복하고 민주주의의 증대를 이루어 낸 것이다. 논의될 안건들에 대한 정보들과 논의 결과 공고는 엘리베이터와 우편함, 플래카드 등을 통해 철저히 홍보되고 있다.

이러한 배경 속에서 2012년 방학우성2차아파트는 서울시 에너지자립마을 사업에 공모하여 공동주택 부문 일반 지원 마을로 선정되었다. 에너지자립마을 사업은 다른 지역에서 실험되고 있던 에너지자립마을 모델을 서울시에서 '원전 하나줄이기' 사업의 일환으로 도입한 것이다. 기존의 마을공동체 사업과 연계하여 에너지 절약–효율화–생산 과정을 통해 마을 단위에서 에너지 자립을 이루어 내는 것이 이 사업의 목표이다. 이 과정에서 마을 주민들은 자발적으로 에너지 문제를 배우고 경험하고 실천하며, 생태적인 의식과 책임감을 기를 수 있다. 현재 서울시 에너지시민협력과 주도로 보조금 지급, 전문가 컨설팅, 주민·활동가 네트워크 구성 등의 지원 활동을 하고 있으며, 마을공동체종합지원센터 역시 다양한 도움을 제공하고 있다. 지원 기간은 최장 3년이며, 주기적으로 중간 평가를 거쳐 갱신된다.

에너지자립마을 선정 이후 방학우성2차아파트는 최초 107세대의 에너지자립마을 회원을 모집하고 관련 강연 개최 및 내부 토론회, 우수 사례 견학, 에너지 절약 장려 및 홍보, 에너지 절감 우수 세대 선발, 태양광 전지 설치 등의 활동을 해 왔다. 기존에 이어져 오던 방학우성2차아파트만의 에너지 효율화 사업도 지속되어 LED 전구 보급, 창호 개선 등을 추진했다. 이는 개별 주민과 아파트 전체 차원의 성과로 이어졌다. 2012년 '지식경제부 주관, 에너지관리공단 주최 1만 우수 가구 선발대회'에서 방학우성아파트는 조명 시설 에너지 절약 시설 개선 노력 등으로 공동 부문 3등을 수상했고, 개인 부문에서는 아파트 입주민이 우수상을 수상하였다.

결국, 방학우성2차아파트의 효율화 노력과 서울시 차원의 활동들이 어우러져 성공적인 에너지 자립률을 이루어 냈다. 2014년 전기 자립률 28.3%, 도시가스 자립률 25.8%라는 성과는 서울시가 '에너지살림 도시, 서울'의 목표치로 설정한 2020년 전력 자립률 20%(현 4.2%)를 이미 달성한 것으로, 매우 우수한 성과다. 이제 이런 성과를 올린 방학우성2차아파트의 사례 전반을 5개의 속성을 통해 심층적으로 분석해 보기로 한다.

1. 민주성

우선 방학우성2차아파트의 의사결정 과정은 투명성이 매우 높다. 다섯 명을 기본으로 하는 입주자대표회의의 과정은 전 가구에 생중계되고, 원하는 사람은 회의의 녹화본을 요구할 수 있다. 대체로 회의 일정은 정례화되어 있고, 회의를 통해 결정된 사안들은 엘리베이터나 아파트 홈페이지를 통해 주민들에게 공고된다. 입주민은 TV를 통해 회의를 시청하고, 필요하면 관리사무소를 통하여 민원을 제기하여 해당 안건을 다음 회의에서 논의하는 방식으로 의사결정 과정에 참여할 수 있다. 비용이 소모되는 중요한 안건의 경우에는 관련 자료를 각 세대에 보급하고, 주민 투표를 거쳐 2/3 이상의 동의를 받았을 시에만 이행하게 된다. 각 자치단체에는 "공동주택관리법"이 있어 모든 아파트들이 일정 부분 이러한 민주적 의사결정 절차를 따르게 되지만, 이를 감안해도 방학우성2차아파트의 투명성은 매우 뛰어난 편이다.

공식적으로 정식 입주자가 아닌 세입자는 이 과정에 참여할 수 없다. 법에 따라 소유자만이 투표권을 가지기 때문이다. 그러나 관련 자료를 보급하고 논의가 이루어지는 과정에서는 세입자들에게도 발언권이 주어진다. 회의와 투표를 통해 결정된 사안이 당연히 세입자에게도 큰 영향을 끼칠 것이므로, 이는 자칫 간과될 수 있었던 의사결정의 포괄성을 달성했다고 할 수 있을 것이다.

다만 포괄성의 측면에서 의사결정 과정 일반을 긍정적으로 평가하기에는 다소 무리가 따른다. 우선 105동과 106동의 경우에는 세대 수가 다른 동의 절반 정도밖에 되지 않아, 구조적으로 과대 대표될 위험이 따른다. 그리고 현재 동 대표 중 한 명은 사퇴하고 한 명은 후보자가 나오지 않아 세 명으로 입주자대표회의가 이루어지고 있다. 이는 물론 표면적으로는 일시적인 문제이지만, 결국에는 일반적으로 동 대표직이 얻는 것에 비해 큰 희생을 감수해야 하는 구조에 기인한다고 볼 수 있을 것이다. 이렇게 자원자가 한 명도 나오지 않는 동의 경우에는 의사가 대표되기 힘들 것이고, 이는 근본적으로 대의적 의사결정 구조를 가지고 있는 아파트로서 불가피한 한계들이다.

숙의성의 측면에서는 방학우성2차아파트의 의사결정 과정을 역시 긍정적으로 평가할 수 있었다. 김정수 대표에 따르면 비록 에너지 자립 관련 안건이나 아이디어는 대부분 자신이 제시하지만, 다른 동 대표들은 적극적으로 관련 정보를 찾아보고 비판을 제기하는 등 꼼꼼히 사안을 검토한다고 한다. 이를 바탕으로 입주자대표회의에서 사안이 공개적으로 충분히 논의된 후 결정이 이루어진다. 전문가인 김정수 대표가 제안한 환경 관련 아이디어들이 부결되는 경우들도 있음은 물론이다. 대표적으로 그가 제안한 카셰어링 사업은 토의 중 주차 문제가 부각되어 결국 부결되었다. 따라서 숙의 과정을 거쳐 결정을 내린다고 할 수 있다.

참여성의 측면에서는 주민들이 에너지자립마을 사업을 비롯한 아파트 공동체의 사안들에 비교적 적극적이었다고 볼 수 있다. 2014년 558세대 중 137세대가 에너지자립마을 회원으로 가입하여 사업에 직접적으로 참여하고 있었으며, 이는 자립률 증대라는 가시적인 성과를 냈다는 점에서 긍정적으로 평가할 수 있다.

2. 협력적 분권화

협력적 분권화는 정부가 민간에 분권화하여 사안을 추진하되, 정부와의 지속적 협력을 그 분권화의 전제로 하는 것이다. 기본적으로 방학우성2차아파트의 사례는 협력적 분권화의 사례로 볼 수 있다. 방학우성2차아파트는 에너지자립마을 사업 이전부터 회의 중계를 위한 장비 설치, 지하 주차장 LED 교체, 도서관 건립에 있어 다양한 경로를 통해 공적인 지원금을 받아 왔다. 특히 LED 교체 지원은 도봉구에서 환경 측면의 협치를 위해 전략적으로 활용하고 있는 정책이다.[4] 이런 부분은 이 사례의 협력적 분권화의 역사가 오래되었음을 시사한다. 또 에너지자립마을 사업과 별개로, 각종 공모전에서 입상하여 상금을 받은 것 역시 협력적 분권화의 일환으로 볼 수도 있을 것이다.

물론 에너지자립마을 사업은 그 자체가 협력적 분권화를 추구하도록 디자인된 프로그램이니 이론의 여지가 크지 않다. 실제로 방학우성2차아파트는 개요

---

4. "아파트 공간은 사적 공간이어서 강제할 수는 없어요. 다만 주민들이 의견을 모아서 어떤 방향으로 해 보자라고 집단적 의지를 모아 가는 과정에서 우리가 역할을 하는 거죠. 예를 들면 지금 우리가 권장하고 있는 게 지하 주차장의 경우 LED로의 전환이에요. 이런 것들을 교육과 아파트 동대표회의 때마다 찾아가서 권유하고 그렇게 했을 때 어떤 지원이 있는지, 그런 노력들을 계속해 나가고 있어요. 그런 사례들이 하나씩 축적되면서 '이게 좋은 일이구나'라는 인식이 확산되고 있죠. 우리 목표는 거의 모든 아파트 지하 주차장의 전등을 LED로 전환하는 것이에요. 지금은 상당한 수준으로 확대되어 있어요." 이동진 도봉구청장. 인터뷰 일자: 2015. 5. 22.

에 언급된 서울시와의 협력적 분권화를 통해 아파트 공용 부문과 개인 부문에서 모두 좋은 성과를 보여 주었다. 하지만 시청과의 구체적인 협력 방식 이외에도 다양한 기관과의 협력적 분권화가 존재했다. 서울시 정책 싱크탱크인 서울연구원과의 연계를 통해 에너지 자립률에 대한 협력, 해외 사례 등에 대한 정보교류 등을 진행한 경험은 방학우성2차아파트 에너지자립마을 사업의 전문성 제고에 도움을 주었다. 또한 도봉구청과도 사례 홍보 등에 있어 협력했다. 마지막으로 김정수 대표가 활동해 온 시민단체인 서울환경운동연합에서도 강연자를 보내는 등의 협력이 이루어졌다.

흥미로운 점은 에너지자립마을 사업의 방향성에 대해서 김정수 대표와 사업본부 사이에 이견이 존재했다는 점이다. 상기했듯이 에너지자립마을 사업은 원전하나줄이기 사업의 일환으로 추진되는 것으로서, 에너지 문제에 대한 마을공동체 차원의 해결책을 모색하고자 한다. 따라서 그 기반으로서 작게는 친환경 비누 만들기, 소등 행사 같은 활동들에서부터 크게는 에너지협동조합 설립과 같은 공동체적 활동을 중시해 왔다.

그러나 김정수 대표는 그로 인하여 사업의 방향성이 모호해졌다는 비판을 제기한다. 김 대표에 의하면, 마을공동체를 전제한 에너지자립마을 사업은 결과적으로 '마을만들기'와 '에너지 자립'의 두 상이한 영역이 혼합되었다는 것이다. 그리하여 그는 에너지 자립을 위해 추진되었어야 할 이 사업이 자칫하면 다른 마을만들기 활동과 차별성을 가지지 못할 수도 있다는 우려를 가졌다고 한다.

따라서 김 대표는 방학우성2차아파트의 에너지자립마을 사업을 추진함에 있어 일차적으로 마을만들기보다는 에너지 자립 활동에 초점을 맞추었다고 한다. 그는 그러한 기본적 기조하에 타 지역의 햇빛발전소 방문, 에너지 강의, 평가회의 등의 공동체 활동을 전개했으며, 이를 통해 주민들의 참여와 협조를 이끌어냈다. 단지 내 일련의 에너지 절약 성과와 태양광 전지 설치와 같은 성과들을 설명함에 있어 이러한 공동체 활동이 빠질 수 없는 것은 사실이다.

다만 더 많은 공동체 활동을 원했던 사업 본부에서는 방학우성2차아파트의 이러한 판단에 다소 부정적인 평가를 내렸으며, 그로 인해 사업 토론회나 보고회와 같은 자리에서 두 주체 간의 마찰이 있었다고 한다. 이는 단순한 의견의 충돌 이상의 함의를 가지는 문제이다. 한편으로 이것은 관이 진정으로 지향하는 바가 무엇이어야 하는가에 대해, 또 한편으로는 그 지향하는 바를 달성하기 위한 정책 설계가 어떻게 이루어져야 하는가에 대한 고민을 요한다. 에너지 문제의 '시민정치적'인 해결을 달성하기 위한 협력적 분권화의 노력은 어떤 방식으로 이루어져야 할 것인가? 본 연구를 통하여 우리가 그 구체적인 답을 내릴 수 있었던 것은 아니지만, 몇 가지 큰 시사점은 도출해 낼 수 있었다. 이는 결론에서 다시 논의될 것이다.

3. 효과성

직접적 효과성의 측면에서 방학우성2차아파트의 에너지 자립 노력은 지속적으로 성과를 냈다고 볼 수 있다. 조명을 LED로 교체하고, 난방 방식을 개별난방으로 전환하고, 창호 개선을 통해 단열 효과를 보는 것 등은 모두 에너지 효율화에 효과적이었을 것이다. 그리고 상술했듯이 에너지자립마을 사업을 통해서 에너지 자립률의 측면에서 의미 있는 성과를 얻었다. 이에는 적극적인 리더 및 동대표들과 환경문제 해결에 호의적인 주민들이 모두 배경 요소로서 기여한 것으로 보인다. 특히 '아름다운 숲속마을'이라는 브랜드가 정착된 상태에서 플래카드와 유인물을 통해 성과를 홍보하고, 에너지 절감 우수 세대를 입주자대표회의에 초청하여 절약 노하우를 공유하며, 태양광 에너지 생산량을 측정하는 계량기를 정문 근처에 설치한 것 등은 모두 효과성 증대를 위한 긍정적인 참여 인센티브로서 작용한 것으로 보인다.

다만 직접적인 효과성의 측면에 있어 아쉬운 배경 요소도 존재한다. 난방 방식 전환이 논의될 당시 김정수 대표의 제안에 의해 지열 난방이 검토되었으나, 히트펌프에 사용되는 전력에 누진세가 적용되어 비용 문제로 폐기되었다. 사실 그 전력을 태양광 전지로 충당한다면 누진세 문제에 대한 우려가 해소될 수 있었으나, 당시 지열 난방 사업자들이나 태양광 사업자들은 모두 그러한 방식에 대해 잘 알지 못했다. 만약 두 방식을 결합한 난방 방식이 가능했다면 혹은 대안적 난방 방식에 대한 규제가 덜했다면, 방학우성2차아파트의 에너지 자립률은 훨씬 더 높았을 것이다. 제도 및 전문성의 미비와 같은 요소들이 효과성을 떨어뜨리는 배경으로 작용한 것이다.

간접적으로도 시민정치에 긍정적인 효과들이 있었을 것으로 기대된다. 우선 투명한 의사결정 과정을 통해 대표체에 대한 신뢰성이 증진되고, 이것이 다시 공동체 내의 갈등을 줄이고 사회적 신뢰 형성 전반에 도움이 되었으리라 추측할 수 있다. 또한 심의의 과정을 직접 시청하고 의견을 개진함으로써 민주적 문제 해결 과정에 대한 학습 효과가 이루어졌을 것으로 추측할 수 있다. 그리고 에너지자립마을 사업을 하면서 추진되었던 공동체적 에너지 문제 해결 과정 역시 주민들 간의 공동체 의식과 참여 정신을 자극시켰을 것으로 생각된다.

4. 안정성

안정성의 측면에서 방학우성2차아파트의 에너지 자립 활동은 다소 한계를 지닌다. 기존 "공동주택관리법"에서는 동 대표의 무제한적 연임이 가능했다고 한다. 그러나 최근에 법이 개정되어 최대 2회 연임으로 제한되면서 오랫동안 방학우성2차아파트의 에너지 자립 활동을 주도해 온 김정수 대표는 올해 9월이면 대표직에서 물러나야 한다. 앞서 협력적 분권화의 측면에서 논했듯이 이곳에서는 상당한 역량과 전문성을 가진 김정수 대표에 대한 의존도가 높은 편이다. 물론 그가 입주자 대표로 활동하기 이전에도 '아름다운 숲속마을'이라는 이름하에 다양한 친환경 사업이 이루어져 온 것은 사실이다. 그러나 김정수 씨가 대표를 맡으면서 사업은 보다 적극적으로 추진되어 왔다. 이런 그가 대표직을 더 이상 수행하기 힘들다는 점은 방학우성2차아파트 에너지 자립 활동의 안정성에 아쉬움을 남긴다.

그럼에도 불구하고 단지의 공간적 거점인 반딧불이작은도서관에서는 자원봉사자 공동체가 활발히 활동하고 있다. 따라서 이런 기존의 활동이 주민 차원의 에너지 자립 활동으로 뿌리를 내릴 여지도 충분히 존재한다. 또한 에너지자립마을 사업의 일환으로 구입한 기후 변화 관련 도서가 반딧불이작은도서관에 비치되어 있어 이용자들에게 정보를 전달하는 역할을 하고 있다. 이 정보 전달 과정이 주민들의 에너지 자립 활동에 대한 관심으로 이어지고, 이것이 사업 자체를 공고히 하는 데 영향을 줄 것으로 기대된다. 반딧불이작은도서관은 지역사회에 열린 도서관이라는 측면에서 에너지 자립 활동에 대한 관심이 인근 지역으로 확장될 수 있는 가능성도 열려 있다.

이외에도 제도적으로 갖춰진 투명성은 사업 추진에 큰 정당성을 부여한다. 입주자에 비해 세입자가 적고 오랫동안 거주한 가구의 비율이 높다는 사실은 주민 공동체를 꾸준히 유지시키는 데 기여하고, 이는 다시 사업의 안정성에 기여한다. 또한 김정수 대표가 "기본적으로는 아파트에 거주하는 사람들의 생각이 있는 것이죠. 홍보만 한다고 해서 되지는 않을 거예요."라고 표현하듯이, 주민들 스스로가 어느 정도 환경문제에 대한 자각이 있는 것으로 보인다.

5. 보편적 가치

전기 절약은 가치의 측면에서 상당히 복합적인 행위이다. 한편으로 전기를 절약하면 전기료가 절감된다. 중산층 이하의 가정에서 전기료 절감은 상당히 반가운 소식이다. 이는 전기 절약을 위한 이기적인 동기로 볼 수도 있을 것이다. 그러나 또 한편으로는 전기를 절약함으로써 현재의 지속가능하지 않은, 집약적이고 자원 소모적인 전기 생산에 대한 의존을 줄일 수 있어 생태적으로 합리적이다. 마지막으로, 일괄적인 전기료 절감 노력은 '에너지 복지'의 측면에서 공공적인 가치를 갖는다. 노인 가구와 같은 저소득층은 상대적으로 전기료의 부담이 더 크게 체감되기 때문에, LED 전구 교체나 단열 향상과 같이 공동체 전체의 전기 사용을 절감하는 노력은 이들에게 복지와 같은 효과를 제공해 주는 것이다. 결과적으로 이기적인 유인이 생태적으로, 그리고 공공적으로 긍정적인 효과를 불러일으킨다.

그러나 이것의 효과는 제한적이다. 전기료 혹은 관리비를 통한 전기 절약만으로는 생태적으로 합리적인 사회를 만들 수 없다. 에너지자립마을 사업을 통해 추구되는 것이 바로 그러한 지점이다. 단순한 에너지 절약뿐만 아니라 석유 에너지로부터 벗어나 지속가능한 에너지의 생산, 그를 통한 에너지 자립을 추구하는 것이다. 김정수 대표 역시 그러한 철학을 공유하고 보편적 가치를 추구했다. 에너지자립마을 사업을 하며 김정수 대표가 가장 주력했던 사업 중 하나는 태양광 전지 설치와 관련 내용 교육이었으며, 이것은 생태적 합리성을 다른 주민들에게 배양하기 위한 긍정적 노력으로 해석된다.

V. 사례 3: 도봉시민햇빛발전사회적협동조합

2014년 11월 20일, 전국 최초 주민참여형 도봉시민햇빛발전소가 준공식을 가졌다. 이후 도봉문화정보센터에 설치된 도시햇발의 태양광 발전 1호기는 도봉구 민관 협치의 새로운 상징이 되었다.

이 모든 것을 앞장서서 이루어 낸 주역은 앞서 언급한 해등나누미의 두호균 단장이었다. 그가 해등나누미 단원들 및 다른 봉사단체 단장들과 모여 '지역사회에 더 공헌할 게 없을까?'에 대해 고민하다가 시작한 프로젝트였다고 한다. 해등나누미와는 별개의 사업이지만, 해등나누미 활동을 통해 쌓아 온 네트워크나 신뢰가 도시햇발의 성공적 출범에 큰 도움을 주었다는 점이 인상 깊은 대목이었다.

도시햇발은 사회적협동조합이다. 사회적협동조합이란, 일반 협동조합과 동일하게 조합원들이 함께 운영하여 수익을 창출하는 일종의 기업체이다. 다만, '사회적' 협동조합이기 때문에 사회에 공헌하는 공공성을 가져야 한다. 도시햇발의 경우는 주민들로 이루어진 조합원들이 함께 출자금을 모아 태양광 발전기를 건립했고, 발전기가 만들어 내는 전기를 한국전력공사에 판매함으로써 수익을 창출한다. 이렇게 창출된 수익은 사회적협동조합이라는 정체성에 걸맞게 지역사회 공헌에 쓰인다. 도시햇발의 대표적인 사회 공헌 사업으로는 에너지 취약 계층에 대한 지원 사업과 에너지 관련 교육 사업이 있다.

아직은 초기 단계의 사업이라서 많은 수익을 내지 못하고 있다고 한다. 그러나 2호기와 3호기를 추진할 계획이 진행 중에 있고, 민관 네트워크가 잘 구축되어 있는 상황이기 때문에 앞으로의 역할이 매우 기대된다. 도시햇발의 정체성 자체가 생태적으로 합리적인 동시에 지역사회에 공헌하는 것이며, 민관의 협력적 거버넌스를 기반으로 탄생한 것이라는 측면에서 사례 연구의 가치와 중요성을 찾아볼 수 있다.

1. 민주성

도시햇발은 전반적으로 민주성에 있어 긍정적인 요소들이 많았다. 이는 기본적으로 시민들이 주체적으로 사업을 이끌어 나갔기 때문이다. 우선 도시햇발의 사업 정체성 그 자체에서 주체성이 잘 묻어난다. 대기업이나 정부에서 시혜적으로 복지 기금을 받아서 복지 사업을 진행하는 것이 아니라 주민들이 직접 돈을 모아 자생력 있는 단체를 만들고 그곳의 수익을 통해서 복지 사업을 진행하기 때문이다. 그러나 관의 지원이 아예 없는 것은 아니었다. 노원수소연료전지발전소 관련 특별지원금 2,900만 원이 구청을 통해 도시햇발 건립의 종잣돈으로 지원된 사실이 있지만, 그럼에도 나머지 출자금은 주민들이 1만 원에서 100만 원까지 십시일반 돈을 모아 마련했다는 점에서 주체성을 확인할 수 있다.

높은 숙의성과 투명성을 보이는 요소들을 통해서도 민주성을 확인할 수 있었다. 우선 도시햇발은 "협동조합 기본법"에 의거해 민주적 의사결정 과정, 회의 과정을 지키게 되어 있다. 따라서 어떤 사업을 할 것인지, 어떤 사업에 돈을 얼마나 투자할 것인지 등의 중요한 내용은 독단적인 결정이 아닌, 여러 사람의 참여와 고민을 반영해 만든다. 물론 이 과정에서 리더의 주도적 역할이 드러나기는 하지만, 그럼에도 숙의적 시스템 자체가 민주성에 있어 긍정적 요소이다. 또한 법에 근거하여 세무사를 통해서 법인 결산을 꼼꼼히 하고 공개를 해야 한다는 측면에서 투명성도 제고된다. 이런 맥락에서 사회적협동조합에 대한 법적 규정이 이 사례의 민주성에 긍정적 영향을 준 배경 요소로 작용했다고 볼 여지도 있다.

도시햇발의 여러 요소들이 민주성에 있어 뛰어나지만 한 가지 아쉬운 요소는 의사결정 과정에서 조합원 대의원의 선출 방식이었다. 의사결정을 담당하는 40명의 대의원들은 투표를 통해 선출되지 않는다는 한계가 있다. 물론 하려는 사람이 없다보니 당연하게 그리 되었겠으나, 투표가 아닌 자원자들로 대의원이 꾸려진다는 사실은 대표성 측면에서 아쉬운 부분을 보여 주었다.

마지막으로 한 가지 짚고 넘어가야 할 부분이 있다. 그것은 사업이 추구하는 목적이 이상적이고, 아직 수익도 미미해 갈등이 일어날 소지가 별로 없다는 점이다. 이 사실은 우리가 갈등을 통해 민주적 기제를 확인할 수 있는 가능성을 낮추었다. 따라서 이런 측면에 있어서는 우리의 민주성 분석에 한계가 존재할 수 있다.

2. 협력적 분권화

도시햇발은 여러 측면에서 협력적 분권화가 잘 이루어진 사례이다. 우선 사업 자체를 놓고 봤을 때, 지역의 '복지' 와 전 지구적 '환경문제 해결'에 대한 분권화가 제대로 이루어졌다. 도시햇발 조합원들이 스스로 지역 에너지 소외 계층 지원이나 에너지 교육을 맡으면서 복지 역할이 자연스레 이들에게 분권되었다. 또 도시햇발 사업 내용인 신·재생에너지 자체가 지역 차원에서 자체적으로 에너지를 생산하자는 분권적인 기획이다. 에너지 문제라는 지구적 문제의 해결을 지역으로 분권화하여 해결하고자 하는 것이다.

이런 분권화 과정은 구청과의 협력을 통해 제대로 이루어질 수 있었는데, 구청은 재정을 지원해 주지는 않았지만, 행정적 지원이나 홍보 측면에서 도시햇발과 활발히 협력했다. 예를 들어 구청은 문화재청, 공원녹지과, 도시계획과 등 여러 행정 분과의 허가를 필요로 했던 이 사업을 행정적 절차의 측면에서 적극적으로 도와주었다. 나아가 구청은 비영리단체인 도시햇발에 세금 혜택이 존재한다는 법적 조항을 찾아 주는 등의 법률적 지원을 하기도 했다. 또 도봉구의 아파트와 각종 공공기관에 도시햇발에 대해 활발히 홍보해 주는 역할을 맡기도 하였다.

이동진 도봉구청장의 증언은 도시햇발과 관련해 협력적 분권화가 어떤 방식으로 일어났는지를 단적으로 드러내고 있다.

“기본적으로 시민참여형 신·재생에너지의 생산이라고 하는 것을 구청에서 방향을 잡고, 그 방식으로 사회적협동조합을 제안했고, 주민들이 그런 제안에 참여하게 된 것이죠. 그래서 교육도 하고, 장소 제공, 그러니까 관공서의 설치 장소 제공. 이런 것들을 우리가 다 안내했죠. 다만 그걸 주도해 나가는 것은 민간한테 맡긴 것이죠.”

– 이동진 도봉구청장•5

흥미로운 점은 이렇게 분권화가 ‘협력적’으로 이루어질 수 있었던 배경 요소가 민과 관 사이에 이미 구축되어 있던 신뢰였다는 점이다. 두호균 이사장을 비롯한 도시햇발의 주축 멤버들은 해등나누미 공익 활동을 통해서 관청과의 긍정적 관계, 신뢰 관계를 형성하고 있었다. 이렇게 평소에 긍정적 관계를 맺어 왔던 것이 도시햇발에 큰 도움을 주었다는 점은 신뢰라는 요소가 협력적 거버넌스에 매우 도움이 된다는 일반적 함의를 담고 있기도 하다.

마지막으로 협력적 분권화에서 언급할 부분은 구청의 작은 협력적 태도도 민 차원에서는 큰 의미로 받아들일 수 있다는 점이다. 인터뷰 요청을 했을 때 구청 공무원 측에서는 자신들은 행정적인 것만 도와주었다며 겸손한 모습을 보였지만, 실제로 활동가가 느낀 체감도는 매우 컸다고 한다. 결국 관의 협력적 태도가 민관 협치에 있어 성패를 가를 수 있다는 점을 뜻하는 것이다.

3. 효과성

도시햇발 사업은 아직 초기 단계라 그 규모가 작은 편이다. 하루에 많으면 100kW를 생산하는 수준이고, 이것이 쌓이면 일 년에 500만 원 정도의 수익을 내는 정도에 그친다. 결국 사업 수익을 많이 내서 지역사회에 공헌하고자 하는 목표가 아직은 확실히 달성되지 못한 걸음마 단계로 볼 수 있다. 그러나 지금은 사업이 초기 단계라는 것을 고려해야 하며, 앞으로 향후 사업 계획과 도시햇발의 역량을 볼 때 직접적 효과성은 점차 상당한 수준에 도달할 것으로 예상된다.

---

5. 인터뷰 일자: 2015. 5. 22.

현재 수준에서도 직접적 효과성의 측면에서 긍정적으로 평가될 수 있는 요인이 하나 있다. 그것은 바로 도시햇발이 적은 수익을 극복하기 위해 따로 공모 사업을 벌여 자금을 마련하고 사회 공헌을 진행하고 있다는 점이다. 에너지 관련 학교 운영과 에너지 절약 실천 사업이 그 구체적인 내용인데, 도시햇발이 사회 공헌이라는 목적을 보완적인 방식을 통해서라도 추구한다는 점이 매우 인상적이다.

사례 조사 과정에서 도시햇발 참여에 대한 사기를 고취시키고 긍정적인 이미지를 홍보하여 사업의 효과성을 증진시킨 요소도 발견할 수 있었다. 구청에서 도봉구 도서관에 도시햇발 조합원들의 이름을 새긴 현판을 걸 수 있도록 지원한 것이다. 많은 주민들이 애용하는 도서관에 공개적, 공식적으로 도시햇발 조합원들에 대한 감사를 표함으로써 도시햇발에 대한 긍정적 홍보 효과가 이루어졌을 것으로 보인다. 실제로 두호균 이사장은 이 현판이 2호기 사업을 추진하는 데 있어서도 소중한 자원이라고 밝혔다.

간접적 효과성 측면에서 보면, 아직 초기 단계라 뚜렷이 드러나지는 않지만 시일이 지나면 그 효과가 더 클 것으로 보이는 요소들이 있었다. 먼저 지역사회 공익을 추구하는 과정에서 지역사회의 사회적 신뢰가 쌓이게 될 것으로 예상되었다. 그뿐만 아니라 지역 주민들인 조합원들이 사업을 통해 직간접적으로 지역사회에 공헌할 수 있게 되면서 공동체 의식, 연대의식이 배양되는 효과가 나타날 수 있을 것으로 판단했다.

4. 안정성

안정성 측면에서는 먼저 "협동조합 기본법"의 발효가 긍정적 환경을 조성했다고 평가할 수 있다. 법에는 사회적협동조합이 손익분기점을 넘기지 못하면 조합원들이 환급금을 찾아갈 수 없도록 하는 조항이 있다. 환급금이란, 조합원들이 처음에 낸 출자금을 돌려받는 돈이다. 손익분기점을 넘기기 전, 특히 사업 초기에 갑자기 출자금이 환급금 형태로 빠져나가면 사업 자체가 좌초될 가능성이 높아진다. 이는 사업 안정성에 있어 치명적인 타격을 줄 수 있는 부분인데,

이런 일종의 약점에 대한 제도적 보장이 도시햇발 사업의 안정성에 긍정적 영향을 준 것이다.

그러나 아쉬운 부분도 있었다. 가장 중요한 것은 도시햇발의 운영이 두호균 이사장이라는 리더의 역량에 의존하는 편이며, 그 리더의 활동도 급여를 받는 형식이 아니라 봉사 활동의 형태로 이루어지고 있다는 점이다. 이는 안정성에 있어 문제를 가져오는 부분인데, 두호균 이사장이 어떠한 이유로든 활동에 지장이 생긴다면 도시햇발 전체의 운영이 매우 곤란해질 것이기 때문이다.

도시햇발뿐만 아니라 사회적경제는 일반적으로 안정적이기 힘든 경우가 많다. 비영리적인 정체성을 가지기 때문이다. 따라서 이런 부분은 향후 정부의 지원을 통해 해결되어야 할 것으로 보인다.

5. 보편적 가치

도시햇발은 그 정체성 자체에서 보편적 가치라는 속성을 이상적으로 추구한다. 우선 공공성 측면에서 접근하자면, 사회적협동조합으로서 교육 복지, 에너지 빈곤층 지원을 한다는 요소가 공공성에 부합하며, 에너지 빈곤층 지원을 할 때 비정규직이기는 하지만 지역 노동력을 고용하기 때문에 일자리 창출에도 기여한다.

사진 5.4 두호균 도시햇발 이사장과의 인터뷰 모습

생태적 합리성이라는 보편적 가치의 측면에서는 도시햇발이 해등나누미와 비슷한 함의를 가진다. 초기 사업 추진자들은 생태주의적 인식을 가지고 사업을 시작한 것은 아니었다. 두호균 이사장은 도시햇발 참여자들이 생태주의적 운동이 아니라 자원봉사 측면의 목적의식으로 사업에 임한다고 밝혔다. 그러나 도시햇발의 생태적 합리성은 결과적으로 결코 무시할 수 없는 수준이다. 대체 에너지 생산을 통해 환경문제 해결에 분명히 기여하기 때문이다.

도시햇발은 태양광을 통해 수익을 생산한다는 방식에서도 생태적으로 합리적이지만, 그 수익을 지역에 공헌하는 방식에 있어서도 생태적 합리성에 부합한다. 지역사회 공헌이 에너지 절약 실천 사업이나 에너지 관련 학교 운영과 같이 환경 이슈에 관련된 형태로 이루어지기 때문이다. 결국 지역 주민들의 생태인식 교육에 긍정적인 영향을 미친다는 점에서 도시햇발의 생태적 합리성을 다시 한 번 확인할 수 있다.

Ⅵ. 결론 및 제언

1. 초안산 생태공원: 시민운동과 거버넌스

우리는 사유재산권을 우선시하는 경직된 사법 체계와 생태계 보전의 충돌이 어떻게 시민정치적으로 해결되었는지를 알아보기 위해 초안산 시민운동 사례를 선택했다. 사전 조사에서 알아본 것과 같이, 초안산 사례에서는 주민의 적극적인 요구에 의해 관이 나서 토지주에게 보상금을 지불하고 골프연습장 건설을 저지했다. 그리고 주민의 의견을 적극적으로 수렴하여 생태공원을 조성했다. 주민들의 적극적인 요구가 없었다면 관에서 절대 적극적으로 나서지 않았을 것이며, 관의 자금력과 협상력이 없었다면 주민들의 요구는 관철될 수 없었을 것이다. 사법 체계의 틀 내에서 이 두 주체의 적극성이 협력적으로 구현되었을 때 딜레마의 극복이 가능했던 것이다. 그뿐만 아니라 우리는 추가 조사를 통해 이렇게 확보된 공원을 주민들이 자발적으로 관리하며 책임 있는 시민의식을 보여 주고 있음을 알 수 있었다.

앞서 살펴보았듯이, 초안산 사례에는 일정한 한계들이 존재한다. 하지만 시민정치의 경험이 일천하고 시민정치가 성공하기 어려운 정치적, 사회적 현실이 반드시 그와 함께 고려되어야 한다. 예컨대 사업의 확장이나 자립은 우선 사업이 안정적으로 지속될 수 있다는 것을 전제로 한다. 하지만 현실적으로 32동짜리 대규모 아파트 단지인 주공4단지에서 대단히 큰 실패 가능성을 안고 이루어지는 공동체적인 활동에 그러한 것들을 기대하기는 힘들다. 해등나누미는 이러한 한계에도 불구하고 활동 지속에 매우 성공적일뿐만 아니라, 봉사자 간에 회의가 이루어지고 예산을 공동으로 의결하고 있으며, 소속감과 공동체 의식을 만들고 사회적 자본을 쌓아 나가고 있다. 따라서 현재의 주어진 여건 속에서 평가했을 때 초안산을 둘러싼 시민운동과 거버넌스가 훌륭하고 모범적인 시민정치라고 할 수 있다.

또한 우리는 여기에서 오히려 환경 시민정치의 중요한 가능성이 입증되었다고 생각한다. 사실 초안산 반대 투쟁의 근본적 계기는 초안산이라는 생태계의 보전이라기보다는 소음 공해, 빛 공해라는 실질적이고 가시적인 불이익의 가능성이었다. 만약 골프장이 아닌 스포츠센터가 들어선다고 했을 때에도 이러한 투쟁이 가능했을지는 매우 불투명하다. 해등나누미의 경우도 마찬가지이다. 활동가는 자신들은 환경운동을 하는 것도 아니고 '정치적'인 활동을 하는 것도 아니라고 못을 박는다. 뜻깊은 활동을 찾다 보니 봉사를 하게 되었고, 이웃들과 교류하는 기회를 가지게 되었다는 것이다. 하지만 이렇듯 '생태적으로 합리적'이지 않은 목표하에서 시작된 활동들이 결과적으로는 모두 훌륭한 환경 시민정치가 되었다.

투쟁 과정 속에서 주민들은 자신들의 생태계인 마을 뒷산에 대한 관심을 가지게 되었다. 또 다시 정부와 자본이 자신들의 삶에 침범하는 것을 막기 위해서라도 공원 건립을 위해 개최된 21차례의 주민회의에서 주민들은 생태공원 건립을 위한 의견을 아끼지 않고 개진했다. 해등나누미의 경우에도 명시적으로는 단순히 지역 봉사만을 목표했지만 단순히 봉사를 하기 위해 선택했던 초안산 생태공원 관리라는 활동은 자신들의 주위 환경에 대한 애착과 배려로 이어졌다. 이들이 의식했든 의식하지 못했든 이들의 삶의 질과 생태적 지속가능성은 분리되어 있지 않았던 것이다.

사실 사람들은 스스로 의식하지 못할지라도 자신의 주변에서 일어나고 있는 생태계의 변화에 민감하다. 그리고 주민들의 의견과 역량을 반영하고자 하는 시민정치는 의사결정 과정에서 대의민주주의보다 이러한 민감성을 훨씬 잘 반영한다. 앞으로 환경문제는 더욱 중요한 사안이 될 것이며, 그와 동시에 시민들의 생태적 관심과 감수성도 증대될 것이다. 그만큼 주민들의 의견을 반영하는 시민정치가 생태적으로 합리적인 결과를 가져오는 경우는 더욱 빈번해질 것으로 보인다.

2. 방학우성2차아파트의 에너지 자립 활동

우리는 방학우성2차아파트의 에너지 자립 마을 사례를 통해 환경문제 해결이 분권화를 통해 어떻게 이루어지고 있는지를 알아보고자 했다. 방학우성2차아파트는 나름의 방식으로 에너지 사용 감축을 적극적으로 이루고 있었으며, 나아가 지속가능한 에너지 생산을 꾀하고 있었다. 또한 추가 조사를 통해 서울시가 주관하는 에너지자립마을 사업 이외에도 자체적으로 시민사회와의 연계를 통해 혹은 다른 관의 지원 경로를 통해 다양한 방식으로 에너지 자립을 위한 노력을 하고 있음을 확인할 수 있었다. 구체적으로 이 노력을 평가하면서, 협력적 분권화의 관점에서 사례의 의의 및 한계와 함의를 모색할 수 있다.

장기적인 관점에서 에너지 자립이 성공하려면 지역 주민이 주체가 되고 지역 주민의 자발성이 동력이 되어야 한다. 에너지 자립의 정치적 의의는 마을 주민들을 생태적으로 합리적인 시민으로 변모시킴과 동시에 이들의 참여와 아이디어를 통해 에너지 문제의 새로운 실마리를 만들어 나가는 것이기 때문이다. 따라서 전등 끄기, 친환경 비누 만들기 등의 공동체적 활동을 통해 주민들이 스스로 생태적 체험과 자각을 할 수 있도록 하는 것은 중요한 의미를 지닐 수 있다. 그것을 가능케 할 활동가의 양성 또한 중요한 과제일 것이다.

그렇다면 방학우성2차아파트의 에너지 자립 노력에서 이를 위하여 어떤 함의를 도출해 낼 수 있을까? 한편으로는 사업이 진정으로 추구하고 지향하는 바와 일치하는 지표의 개발이 더욱 활발히 연구되고 토론되어야 할 것이다. 원론적인 차원에서 정책의 목표가 뚜렷하고 실행 주체들을 위한 유인이 적절히 배치되어 있을 때 그 효과가 극대화될 수 있다. 이렇듯 구체적인 정책 실행에 대한 평가와 개선은 보다 전문성을 갖춘 후속 연구를 통해 모색될 수 있을 것이다.

그러나 한편으로 관료적으로 이루어지는 현재의 협력적 거버넌스는 다소 구조적인 한계를 가진다. 방학우성2차아파트의 사례에서 관과 김정수 대표의 마찰은 사업 목표에 대한 상이하지만 모두 일정 부분 타당한 관점들이 충돌했기 때문에 발생한 것이다. 마을공동체 활동과 에너지 자립은 모두 중요한 목표들이며, 특히 중장기적인 관점에서 생태적 시민을 육성하기 위해서는 두 개념이 합치되어야 한다. 그러나 이 사례에서 그 둘이 대립하는 것처럼 보이는 이유는 결국 3년이라는 짧은 기간 안에 두 영역 모두에 대하여 일정한 지표를 활용하여 사업을 평가하고 차등적으로 보상을 지급해야 했기 때문이다. 어떤 기준으로 어떤 지표를 사용하는지의 문제일 수도 있지만, 애초에 지표를 사용하여 평가하는 것 자체가 문제일 수 있다.

특히 시민정치의 관점에서 에너지 자립 활동의 공동체적 측면을 지표를 활용하여 평가하는 것이 가능한지에 대해 의문을 제기할 수 있다. 관련 공무원과의 인터뷰에서 우리는 그에 대한 지표를 개발하는 것이 대단히 어려운 과제임을 확인할 수 있었다. 공동체의 신뢰 형성, 사회적 자본 축적, 생태적 합리성 증대와 같은 효과들은 분명히 민주적이고 생태적으로 합리적인 시민을 만들어 내는 데 있어 중요하다. 하지만 이러한 측면들은 장기간에 걸쳐 드러나고, 본질적으로 주관적이기에 계량적으로 측정하기 어려운 것들이다. 설사 지표를 개발한다고 하더라도 이러한 요인들로 인해 시의회나 언론에서 언제든지 지표의 타당성에 대해 문제를 제기할 수도 있다. 김정수 대표의 문제 제기도 부분적으로는 에너지 자립에 어떤 공동체적 활동이 도움이 되고 어떤 활동이 도움이 안 되는지에 대한 명확한 합의가 존재하지 않았기에 발생한 것이다.

따라서 환경 시민정치, 나아가 시민정치 일반의 성공을 위해 관과 시민사회는 지금보다 더 확고한 철학과 신뢰를 가져야 한다. 관은 성과 중심적 사업 운용 방식을 넘어 지금보다 훨씬 더 긴 호흡을 가지고 마을 수준의 문제 해결에 장기간에 걸쳐 지원을 해야 한다. 이를 위해서는 다시 납세자인 시민들이 먼저 스스로의 문제 해결 역량을 확보하고자 하는 자각과 정부에 역량을 요구하는 노력이 있어야 할 것이다. 요컨대 시민정치와 관련된 정책 기조의 본질적 변화가 필요한 것이다.

물론 이 사례 역시 시민정치의 경험이 일천한 역사적 배경이라는 맥락과 분리해 생각할 수 없다. 김정수 대표의 경우에는 환경문제 일반에 대해서는 탁월한 전문성을 가지고 있었으나, 마을공동체나 사회적경제와 같은 다른 기획들에 대해서는 경험이 부족했다. 이러한 측면을 보완해 줄 다른 활동가들을 양성하는데 있어 정부가 수행할 수 있는 역할은 한계가 있다. 리더는 결국 시민사회가 배출하는 것이고, 시민사회로부터 더 많은 활동가를 길러 내기 위해 필요한 가장 확실한 해결책은 결국 성공의 경험과 그 확산이다. 에너지 자립 마을과 같은 혁신적 시도들로부터 시민사회가 성공을 경험하고, 다시 그 성과를 보완하고 보급함으로써 더 많은 이들이 환경 시민정치의 가능성을 인지하고 활동력을 획득하는 과정이 필요한 것이다.

3. 도봉시민햇빛발전사회적협동조합

우리는 많은 민주적, 생태적 부작용을 안고 있는 자본주의의 대안적 모델로 등장한 '사회적경제'를 도시햇발의 사례를 통해 살펴보고자 했다. 재생 가능한 에너지는 그 자체로 정치적인 의제이다. 에너지 문제에 대해서는 환경에 대한 경각심을 가진 정부가 중앙집권적으로 신·재생 에너지로의 전환을 추진할 수도 있을 것이고, 탄소 배출권 거래와 같이 자유시장 기제를 활용할 수도 있을 것이다. 그러나 이를 사회적협동조합이라는, 시민들이 주도하고 명시적으로 공익적인 목표를 추구하는 방식으로 해결하고자 하는 노력은 그 자체로 중요한 시민정치적 함의를 지닌다.

도시햇발은 생태적 합리성, 대안적 경제 모델 모색, 그리고 공공성을 모두 추구하고자 한다. 태양광 전지를 통해 전력을 생산하여 한국전력에 판매하는 자립 구조를 추구하고, 정부의 보조금보다는 시민들의 자발적인 조합원 가입을 통한 비용 충당을 목적으로 한다. 이들은 또한 여기에 그치지 않고 지역사회를 위한 다양한 공익적 사업을 병행한다. 이 사례는 환경문제를 해결하기는커녕 오히려 그 주범이 되고 있는 자유시장 경제와 그것을 해결하기에는 너무나 비대하고 둔감한 중앙집권적 관료 조직을 극복하고, 시민들이 나서서 환경문제 해결에 일조할 수 있는 가능성을 보여 준다.

물론 사례의 함의는 여기에 그치지 않는다. 우리는 환경 시민정치에 있어서 중앙의 역할이 중요함을 지속적으로 강조해 왔다. 사전 조사에 따르면 도시햇발의 사례는 관에서 적극적으로 돕고 홍보해 온 것이었다. 활동가의 증언에 의해 이는 사실로 입증되었다. 행정 측에서는 사소하다고 생각할 수 있는 도움들도 활동가에게는 가뭄의 단비와도 같은 존재인 것이다. 결국 태양광 전지가 설치된 장소 역시 공공기관 건물의 상부였다. 또한 애초에 "협동조합 기본법"이라는 제도적 여건이 마련되지 않았다면 사회적협동조합의 존립은 지금보다도 훨씬 위태로웠을 것이다. 이처럼 우리는 민관민 협력을 통한 환경 시민정치의 또 다른 문제 해결 방식의 등장을 사회적경제의 모습으로 목격하고 있다.

지금까지 살펴본 도봉구 환경 시민정치의 세 사례들은 각기 다양한 성과를 내왔으며, 앞으로의 환경 시민정치에 대한 시사점과 가능성을 동시에 보여 준다. 마지막으로 우리는 도봉구의 환경 시민정치가 지금의 성공을 유지하고 더욱 발전할 수 있을지에 대해 생각해 보고자 한다.

> "공무원들도 과거의 관 주도 방식의 행정에 매우 익숙해져 있어요. 그리고 일반 주민들 같은 경우도 행정에서 다 해 주는 것으로, 수동적으로 그동안의 행정을 바라봤는데 두 개의 영역이, 관과 민이라는 두 영역이 협치라는 데까지 오기는 상당한 정도의 과정이 필요해요. … 행정이 협치라는 관점에서 시작된 게 오래되지 않았습니다. 민선 5기, 2010년부터, 제가 구청장이 되면서 그런 노력이 시작되었습니다. 아직 갈 길이 멀죠."
>
> – 이동진 도봉구청장

이동진 구청장의 인터뷰 내용에서도 볼 수 있듯이, 도봉구의 시민정치는 이제

사진 5.5 이동진 도봉구청장과의 인터뷰 모습

막 그 발걸음을 내딛었다고 평가할 수 있다. 그러나 그 미래는 긍정적인 편이다. 정부 차원에서는 적극성과 일관된 철학을 가지고 거버넌스 문제를 접근하는 구청장과 시장이 있으며, 시민사회 차원에서는 1990년대 초부터 육성된 시민단체 활동의 전통과 역량이 존재한다. 또한 이들은 우리의 초점이었던 환경문제에 있어서도 문제의식을 충분히 가지고 있다. 환경문제를 정치적으로 해결하고 지속가능한 사회를 만들기 위해 이들은 열정적으로 협력하고 있으며, 그 노력은 앞으로 더욱 발전할 것으로 기대된다.

동작(銅雀)의 새로운 동작(動作)[1]

김기범, 김윤정, 이승완, 이승은

1. 글에 들어가기에 앞서 인터뷰에 기꺼이 응해 주신 동작공동체라디오동작FM 양승렬 국장과 김학규 운영위원, 성대골사람들의 김소영 에너지슈퍼마켙 대표, 좋은세상을만드는사람들의 박신연숙 사무국장, 이창우 동작구청장, 강명석 마을공동체 담당 사무관께 감사의 말씀을 전한다.

요약

동작구는 그 역사가 채 40년이 안 되어 지역 정체성을 형성할 시간이 부족했고, 주민들의 거주 이전율이 높은 탓에 2000년대 초반까지는 시민정치적 움직임이 크게 보이지 않았다. 그러나 2000년대 초반 희망나눔동작네트워크를 시작으로 각종 시민단체들이 활발하게 활동하기 시작했으며, 최근에는 박원순 시장의 마을공동체 사업을 기점으로 새로운 단체들이 더욱 생겨나면서 동작구의 시민정치는 새로운 활기를 띠고 있다.

이 글에서는 새롭게 등장하고 있는 동작의 시민정치적 움직임을 조사하기 위해 언론, 에너지, 청소년과 생태, 공간 등의 분야에서 각각 활발한 활동을 하고 있는 동작공동체라디오동작FM, 성대골사람들, 좋은세상을만드는사람들, BLANK의 네 개 단체를 문헌 조사와 현장 조사를 통해서 분석하였고, 동작구청장과 마을공동체 담당 사무관을 직접 인터뷰하며 거버넌스에서 관의 움직임 또한 파악하였다.

개방성, 분권성, 정치성, 홍보성, 재정 상태라는 다섯 가지의 분석틀을 기준으로 각 시민단체들의 활동을 좀 더 심층적으로 분석하였으며, 이를 통해 각 단체들이 활발히 활동할 수 있는 요인과 활동에서 부족한 점을 파악하였다. 또한 네 단체의 관계자들과 구청과의 인터뷰를 바탕으로 거버넌스의 두 주체가 바람직한 거버넌스에 대한 생각에 약간의 차이가 있음을 파악하고, 더 나은 거버넌스를 위해서 민관 양쪽이 갖추어야 할 점에 대해서 고민해 보았다.

결론에서는 동작구 시민정치의 전체적인 양상을 개괄적으로 파악하고 동작 시민정치의 더 나은 미래를 위해 시민단체들 간의 연대를 바탕으로 의제 확대를 통한 참여의 확대, 시민정치를 명분보다 실제로 만들려는 행정의 노력, 거버넌스에 대한 민관의 인식 변화와 적극적인 참여를 통한 소통의 증대라는 세 가지를 제시하였다.

Ⅰ. 들어가며: 동작의 새로운 동작

바야흐로 시민의 시대이다. 서울시는 박원순 시장이 취임한 이후 마을공동체 사업을 추진했다. 이에 따라 모든 구에는 마을공동체 지원팀이 생겼고, 지역에 있는 시민결사체를 파악, 지원하고 거버넌스에 그들의 의견을 수용하고자 노력하고 있다. 나아가 서울시 각 자치구에서는 참여예산제를 시행한다. 참여예산제는 시민들이 직접 심의해서 예산의 일부를 결정할 수 있는 제도이다.

그런데 정말 시민의 시대가 열렸는지에 대해 회의적인 목소리도 있다. 시민들이 정부에서 하는 여러 지원 사업을 이해하고, 자신의 목소리를 효과적으로 조직해서 전달하고 있는가? 정부의 시민정치 장려 정책이 단지 홍보를 위한 것은 아닌가? 시민적 특성을 살리기보다는 성과주의에서 벗어나지 못한 채 정부의 계획을 강요하지는 않는가? 참여자나 지역, 의제 편향성은 없는가? 이런 질문을 던져 볼 때 시민정치는 과거에 비해 성장한 것은 사실이지만 아직은 출발 단계에 있는 것으로 보인다.

동작구의 시민정치도 마찬가지이다. 동작구에서도 새로운 동작(動作)이 나타나기 시작했다. 행정구역이 영등포에서 관악으로, 관악에서 동작으로 수차례 변한 탓에 동작구는 서울시 내에서도 특히 지역 정체성을 형성할 시간이 부족했다. 동작구에 뿌리를 둔 지역 시민단체의 출발도 다른 지역보다 느렸다. 그러던 중 2000년대 초반 희망나눔동작네트워크의 의정 감시를 선두로 동작구에서도 지역 시민정치가 나타나기 시작했다. 최근에는 박원순 시장의 마을 살리기 사업, 민선 6기 이창우 구청장의 취임에 힘입어 동작구에서도 64개 이상의 크고 작은 지역 결사체가 활동하기에 이르렀다. 요컨대 동작구 시민정치는 다소 늦게 시작했으나 최근 박차를 가하며 긍정적인 전망을 보이고 있다.

이 글은 먼저 동작구 시민정치의 지형을 조명한다. 동작구의 시민정치에는 어떤 특성이 있고, 거버넌스에 대해서는 어떤 고민을 하고 있는지 알아본다. 현재 동작구에서는 다양한 의제를 다루는 수십 개의 단체가 활동한다. 그중 대부분이 시작하는 단계에 있는 단체이다. 우리는 그중에서도 제도화를 이루고[2] 방향이 뚜렷하며 수 년 이상 성공적으로 활동을 지속해 온 대표적인 시민단체

네 군데, 동작공동체라디오동작FM, 성대골사람들, 좋은세상을만드는사람들, BLANK를 선정해서 이야기를 들어보았다.

시민단체에 대한 분석은 크게 두 가지 층위에서 진행한다. 우선 개방성, 분권성, 정치성, 홍보성, 재정 상태 다섯 가지 측면에서 동작구 시민정치의 현 주소를 조명했다. 기존 연구의 이론적 틀에 동작구의 상황을 대입하는 대신, 동작구만의 특징을 더 잘 들여다보기 위해 이 다섯 가지 키워드를 선정했다. 나아가 이들 시민단체와 구청의 협력적 거버넌스 현황 및 전망을 분석했다. 동작구 시민단체들은 전반적으로 구청과의 협력이나 구청의 지원에 대해서 필요하다는 입장과 자립성, 자율성을 훼손할 수 있다는 우려를 동시에 표명했다. 그러나 의제의 성격에 따라서 각기 다른 거버넌스의 모습을 지향했다. 작년 7월 1일부터 민선 6기 구정을 연 이창우 구청장은 과거 시민정치에 관심을 기울이지 않았던 구정과 차별화해서 시민들의 참여 공간을 보장하는 한편, 구정을 펼칠 때 시민단체에 의지하는 거버넌스를 지향하는 것으로 나타났다. 새 출발을 하는 동작구의 시민정치와 거버넌스에 대해 알아보자.

Ⅱ. 동작의 우여곡절: 동작구 시민정치사 개괄

동작구는 서울특별시의 중남부에 위치한 자치구로서 41만 815명(안전행정부, 2014)이 거주하고 있으며 북으로는 한강을 끼고 용산구, 동으로는 서초구, 남으로는 관악구, 서로는 영등포구, 서남단으로는 구로구와 접하고 있다. 관할 행정구역은 노량진본동 및 1~2동, 상도1~4동, 흑석동, 동작동, 사당1~5동, 대방동, 신대방1~2동이다.

중앙대학교, 숭실대학교, 총신대학교 등 세 개의 사립대학과 더불어 100여 개의 학원가가 밀집해 있는 동작구는 옛날부터 노들나루를 중심으로 교통과 상업

---

2. 폴스비(Nelson Polsby)는 제도화의 기준으로 다른 조직과의 구분(boundary)이 있는 것과 구성원(membership)이 정해져 있는 것을 들었다. 이 글에서도 같은 맥락에서 시민단체의 제도화를 평가한다.

의 중심지 역할을 하였다. 국립 서울 현충원과 사육신묘, 장승배기 등의 문화유산을 가지고 있는 곳이기도 하다.

그러나 행정구역으로서 동작구는 1980년에 관악구에서 분리되어 생긴 자치구로 그 역사가 40년도 되지 않은 비교적 신생 자치구이다. 그러다보니 주민들에게 각 동에 대한 애착은 있었지만 동작구민이라는 정체성은 크게 성장하지 않았다. 또한 주민들의 주거 이동이 잦기 때문에 해당 지역에 애착을 가지는 경우도 흔치 않았다. 이런 복합적인 이유로 1980~2000년대까지 동작구 시민정치에 뚜렷한 움직임은 보이지 않았다. 진보 정당을 중심으로 지역 정치를 활성화하고 참여를 촉구하는 것이 전부였다.

2002년, 서울여성플라자가 대방동에 설립된 것을 계기로 여성단체들이 활성화되면서 동작의 시민정치에 변화가 나타나기 시작했다. 서울여성플라자의 공간 지원으로 NGO센터에 입주하는 여성단체들이 점점 증가했다. 동작구 시민정치의 본격적인 움직임이 나타난 것은 2004년 '희망나눔동작네트워크'(이하 희망동네)가 설립되면서부터였다. 희망동네는 2004년 3월 이웃 간의 나눔과 연대의 가치를 내걸고 희망동네만들기 프로젝트를 시작했다. 2005년에는 서울여성의전화 회원들과 이들의 지역 활동을 접하고 참여의 주체가 된 지역 여성들의 모임인 '동작구평화마지'가 출범했고 평화마을만들기 운동을 시작했다.

희망동네의 규모는 점점 성장했다. 2006년 10월에는 동작주민페스티벌을 열어 주민들과의 적극적인 소통에 나섰다. 이 페스티벌은 이후에도 매년 열리면서 다양한 시민단체가 참여하는 장으로 발전해 나갔다. 성대골과 더불어 상도동을 중심으로 시민단체들이 성장해 갔고, 2007년 4월에는 동작구지역단체협의회가 출범함으로써 지역단체 간 연대를 강화했다. 2007년 11월부터는 의정감시단이 출범하여 시정에 대해 비판적인 목소리를 내며, 거버넌스에도 적극적인 모습을 보이기 시작했다. 2009년 초에는 동작구평화마지 주체로 평화마을축제가 열리며 시민운동의 움직임은 더욱 넓어졌다.

2010년 1월에 동작구평화마지를 이어받아 여성, 환경, 청소년에 관한 문제를 다루는 '좋은세상을만드는사람들'이 출범했다. 같은 해 10월, 창립희망동네는 활동 초기부터 시민들이 스스로 만드는 도서관을 만들기 위해 노력했고, 그 결과로 시민 200여 명이 월 5,000~20,000원 회비를 납부하면서 운영되는 순수 시민 자치적인 성대골어린이도서관이 탄생했다. 성대골어린이도서관을 거점으로 성대골 내 시민 활동이 활발해지기 시작했다.

2011년에는 후쿠시마 원전 사고를 계기로 핵에너지의 위험성에 대해 시민들이 각성했다. 특히 성대골에서는 성대골어린이도서관을 거점으로 10여 명의 시민들이 에너지 자립 마을 운동을 시작하였다. 성대골 마을장터를 통해 시민들에게 에너지 문제에 대한 관심을 촉구하였다. 그 노력의 결과 12월에 성대골어린이도서관에 성대골 절전소를 짓는 데 성공했다.

2011년까지 동작구 초기 시민단체 활동이 시민들의 후원과 노력으로 일군 것이 대부분이었다면, 2011년 10월 박원순 서울시장이 당선된 이후부터는 민관 협력 시민단체가 활동을 시작했다. '마을공동체 지원 사업'이라는 형태로 관 차원에서 시민단체들을 지원하고 연계하는 노력이 나타나기 시작한 것이다. 2012년 3월에는 동작구 차원에서 주민참여예산제를 시행하기 위하여 29명으로 이루어진 주민참여위원회를 발족하여 관 차원에서의 노력은 더욱 강화되었다.

관이 지원하는 각종 공모전과 지원 사업을 통해 새로운 시민단체들이 등장했다. 2012년 8월, 지역에서 소규모로 활동하던 활동가들을 중심으로 10여 명의 주민들과 함께 첫 주민미디어 교실을 준비하던 동울림은 9월에 서울시에서 진행하는 마을미디어 지원 사업에 응모하여 선정되면서 교육을 본격화하였다. 그리고 관악FM 등 다른 단체들의 지원을 받아 아마존 프로젝트(아줌마, 아저씨들이 마이크 잡고 좋은 말을 하자)를 시작했다. 이러한 교육을 바탕으로 하여 2013년 1월에 정식으로 동작FM이 출범하면서 마을 방송국을 개국하였다.

또한 관의 지원을 통해 외부에서 유입되어 안착된 단체도 있었다. 2012년 8월 김동리, 문승규, 한재성 씨는 서울시 '살기 좋은 마을만들기' 공모전을 계기로 BLANK 팀을 만들었고 금상을 수상했다. 2013년 3월에는 사회적기업 육성 사업 3기로 선정되고 '함께 나눌 수 있는 공유 부엌'이라는 구상이 서울시 '주민 제안 사업'에 선정되면서 정식으로 '청춘플랫폼'이 문을 열었다.

동작FM과 BLANK 외에도 각종 시민단체들이 마을공동체 지원 사업 등 각종 정책을 기반으로 성장하였다. 현재 구청이 확인하고 있는 단체의 수는 64개에

달한다. 대부분이 신생 단체이지만 동작구 마을공동체들은 의제도 다양하고 참여도 활발하다.

그러나 한계도 있다. 첫째, 시민단체가 특정 지역에 편중해 있다. 동작구는 크게 신대방 권역, 상도동 권역, 노량진 권역, 흑석동 권역, 사당동 권역, 대방동 권역의 6개 권역으로 나눌 수 있는데, 동작구 시민단체의 45%가 상도 권역에 있다. 신대방, 흑석동 권역에는 시민단체가 적은 데 비해서 절반가량이 상도동에 집중되어 있는 것이다. 둘째, 동작구 시민정치는 박원순 시장 1기에 탑승하지 못했다. 박원순 시장 1기에 새로 생긴 단체들이 많았는데, 당시 시민단체의 수가 많지 않았던 동작구는 마을공동체 사업 초기에 적극적으로 참여하지 못했다. 셋째, 각종 재정난으로 인해서 마을공동체 지원 사업비가 25개 자치구 중 23위라는 낮은 순위였기에 구청 수준에서 많은 지원이 이루어지지 못하고 있었다.

이러한 한계에도 불구하고 최근에는 다양한 단체들이 관심 분야에서 활성화되고 있고, 동작구에서도 마을공동체 지원 예산을 늘릴 계획이라고 전한다. '관악동작맘모여라'[3] 같은 경우에는 8,000명가량의 회원들이 온라인으로 모여서 육아, 교육, 살림이라는 이슈에 대해 소통하고 있다. 교류 업체들을 지정하고, 온라인상에서의 다양한 정보를 공유하면서 유대를 형성하고 있었는데, 최근에는 오프라인으로 나오려는 노력을 보이고 있다. 또한 아파트 중심으로 주민 커뮤니티 공간이 확충되고 어린이 도서관 설립을 위한 마을공동체들이 등장하는 등의 움직임도 보이고 있다.

이처럼 동작구의 시민정치적 움직임은 그 역사가 오래되지 않았고, 다양한 제약 요인들이 존재하지만, 그럼에도 불구하고 최근 활발하게 진행되고 있음을 알 수 있다. 관의 개입이 적었기에 오히려 자생적인 모습을 보이면서 관에서 다루지 않는 의제를 포괄하려는 다양한 단체들이 적극적으로 활동하고 있다. 또한 관의 지원이 확대됨에 따라 신생 단체들이 성장하고 있으며, 이를 통해 새로운 변화의 계기를 맞고 있다.

---

3. 관악동작맘모여라. http://cafe.naver.com/weddingworld1.

Ⅲ. 동작의 각양각색: 동작구의 주요 시민단체 활동 현황

동작구에는 현재 64개의 마을공동체를 비롯해 다양한 시민단체들이 존재한다. 각 단체들마다 서로 다른 선호와 관심을 가지고 활동하는 분야도 조금씩 다르기는 하지만, 동작구의 주민단체들은 다른 구에 비해 비교적 구의 지원을 적게 받으면서 동네 안에서 자신 주변의 작은 변화를 이끌어 내고자 하는 주민들이 자발적이고 적극적으로 만든 단체들이다. 동작구 내 많은 시민 단체들 중에서도 여기서는 네 개의 단체, 즉 동작공동체라디오동작FM, 성대골사람들, 좋은세상을만드는사람들, BLANK에 대해 이야기한 뒤 시민단체들이 구청과의 연계 속에서 어떠한 활동을 하고 있는지, 또한 구청은 어떤 방식으로 거버넌스에 참여하고 있는지를 밝힐 것이다.

1. 동작공동체라디오동작FM

동작공동체라디오동작FM(이하 동작FM)은 양승렬 국장을 중심으로 동작구 주민들이 직접 만들고 함께 나누는 마을라디오이다. 서울시 동작구 노량진로 8길 46 지하 1층에 위치한 동작FM의 역사는 2012년 8~9월로 거슬러 올라간다. 동작구에 오랫동안 거주하면서 지역단체 활동, 정당 활동, 소모임 활동을 통해 맺은 네트워크를 중심으로 초기 인원 10명이 서울시 마을미디어 지원 사업에 응모해 선정된 것이 시초가 되었다. 이후 서울시의 재정 지원과 주변 관악구의 관악FM 등 다른 구 미디어 공동체의 도움으로 본격적인 동작FM 활동을 시작했다. 동작FM은 실제 동네에 거주하는 주민들이 자신들의 목소리를 통해 이야기하자라는 취지에서 설립되었다. 초기 프로젝트로는 '아줌마, 아저씨들이 마이크를 잡고 좋은 말을 하자'라는 뜻의 아마존 프로젝트가 있다. 당시 이러한 프로젝트를 진행하기 위해 만든 단체명이 동울림이었는데, 2012년 말 10명의 초기 인원들이 자체적으로 주민 DJ들을 교육하기 시작하면서 활동을 본격화했다.

2013년부터는 본격적인 라디오 방송을 시작하면서 이름을 동울림에서 동작FM으로 바꾸었다. 동작FM은 기존의 네트워크를 활용하여 점점 지인들에게 방송을 소개하면서 후원도 받고 주민 DJ도 모을 수 있게 되었다. 동작FM의 교육 프로그램은 지금도 꾸준히 진행 중이며, 7~10주차의 기본적 방송 장비 및 라디오 방송을 위한 교육 과정을 수료하면 주민 DJ로 데뷔가 가능하다.

2013년 1월 개국한 동작FM에서는 현재 양승렬 국장과 윤주홍 PD 등 2명의 상근자와 25명의 주민 DJ가 일주일에 8편의 라디오 방송을 진행한다. 프로그램마다 8명가량이 팀을 이루어 역사, 청소년 등 자신의 취미, 관심사, 전공, 직업 기호에 맞는 방송 주제를 정해 직접 자료와 대본을 준비해서 10~20분 정도의 방송을 진행한다. 동작FM은 주민 DJ들이 본인의 일상과 삶에 관련된 이야기들을 함께 나누면서 모두가 즐기는 방송을 만들고 있다. 활동의 특성상 라디오 방송 대본을 작성하기 위해 지속적인 만남과 시간이 필요한 만큼 주부들이나 주변 중앙대학교, 숭실대학교 학생들이 참여의 주축을 이루고 있다.

또한 성대골사람들, 좋은세상을만드는사람들, 동작역사문화연구소 등 동작구 내 다른 단체에서 활동 중인 주민들이 자신의 단체를 알리기 위해 동작FM의 주민 DJ를 맡기도 하고 역으로 동작FM의 DJ 활동을 하는 중 관심이 생겨 동작구 내 다양한 시민단체에 참여하는 등 다른 단체들과 상호 연결도 활발하다. 동작FM의 방송을 듣는 방법은 스트리밍과 다운로드 두 가지이다. 이 중에서 청취자의 수는 다운로드 기록 횟수를 통해서만 알 수 있다. 다운로드는 팟캐스트와

사진 6.1 동작FM 녹음실

표 6.1 동작FM 프로그램 내용

아라라 일본	윤주홍 PD 포함 8명의 DJ가 일본의 문화 소개
노량진 봉숙씨의 메탈 헤븐	일상생활 속에서 사람들과의 만남 및 일화 소개
낭만과 전설의 동작구	동작구의 역사를 소개하는 동작FM 최장수 프로그램
딴따라(딴 데서 하니까 따라하는 라디오)	동작구 주민이 아닌 DJ가 진행하는 대중음악 평론
동작사랑방 수다 만만세	구청장, 동네 사장 등 동네 주민들 초대 및 토론
친절한 영화씨	영화관 없는 구 특성을 반영, 아트9의 색다른 영화 소개
돈이 궁금해	공인기관 '서울금융복지상담기관'에서 금융 지식 전달
하이파이브 1040	좋은세상을만드는사람들의 40대 DJ가 청소년을 초대해서 같이 이야기

아이튠즈 스토어에서 가능한데, 다운로드의 횟수는 느리지만 꾸준히 증가해서 최근에는 1,000회가 넘는 다운로드를 기록한 방송도 있었다. 스트리밍으로 듣는 청취자까지 합하면 최소한 두 배 이상의 사람들이 방송을 들을 것으로 추정된다. 표 6.1은 현재 진행 중인 동작FM 프로그램에 대한 간략한 소개이다.

2. 성대골사람들

성대골사람들은 동작구의 가장 대표적인 시민단체 중 하나이다. 성대골은 동작구 상도4동의 다른 이름이다. 이곳은 지난 2014년 12월 서울시가 추진하는 서울형 도시재생 시범 사업에 응모해 선정되었으며, 올해 5월에는 국민안전처가 주관하는 '안전마을만들기 사업'에 선정되어 3억 원을 지원받게 되었다. 2만 9,000여 명의 인구가 살고 있는 성대골은 아파트 비율이 0.6%에 불과하고 건물의 약 66%가 20년 이상 되었을 정도로 노후 건물이 많은 동작구의 대표적인 저소득층 주거지이다. 하지만 주민 10명 중 7명은 10년 이상 거주하고 있을 정도로 주민 정착 비율이 높고, 동작구 내 마을공동체 64개 중 28개가 성대골에서 활동하고 있을 정도로 주민들의 참여가 많은 곳이다. 동작구청에서도 상도4동 주민센터에 도시재생지원센터를 마련하는 등 성대골사람들은 동작구 시민정치의 선두 주자라고 할 수 있다.

성대골의 28개의 마을공동체들 중에서도 대표적인 곳은 성대골어린이도서관과 성대골에너지자립마을이라고 할 수 있다. 상도4동은 2만 9,000여 명의 꽤 많은 인구가 거주하고 있음에도 불구하고 65세 이상 고령 인구와 7세 이하 아이들의 비율이 높아 초등학교가 없다. 이러한 가운데 자녀를 둔 학부모들이 '한 명의 아이를 온전히 키우기 위해 온 마을이 필요하다'라는 생각을 가지고 '성대골어린이도서관'을 구상했다. 상도3, 4동 주민과 동작구 마을공동체의 초석이라 할 수 있는 희망동네가 2년간의 긴 구상과 1년여의 주민 홍보와 모금을 통해 지원하여 2010년 10월 22일 성대골어린이도서관을 개관했다(정예빈, 2011). 동작구 성대로12길 1에 위치한 이 도서관은 김소영 초대 관장을 비롯해 3명의 운영위원이 있었으나, 최근에는 월세 부담이 커져 서울시에서 월세를 지원하고 도서관 사서 및 운영은 성대골 주민들이 맡기로 하였다.[4]

성대골의 또 다른 대표적인 마을공동체인 성대골에너지자립마을은 후쿠시마 원전 사고를 계기로 설립되었다. 김소영 에너지슈퍼마켙 대표는 후쿠시마 원전 사고에 대한 경각심과 인식이 일회성으로 끝나지 않도록 성대골어린이도서관을 아지트로 삼아 10여 명의 주민과 에너지 자립 마을 운동을 시작했다. 그중 에너지슈퍼마켙이라는 협동조합은 단순히 에너지 전문 상점이라는 혁신적인 아이템이 아닌 동네 생활권의 에너지 자립과 전환을 이끌고자 한다. 참여는 동작FM과 비슷하게 대부분 초등학교 고학년의 자녀를 둔 30대 후반에서 40대 초반의 주부들이 주축을 이루고 있다. 관과의 연계에서는 서울시와 연대해서 시민들이 '서울시 에너지 절약 빅데이터'의 에코 마일리지 프로그램을 통

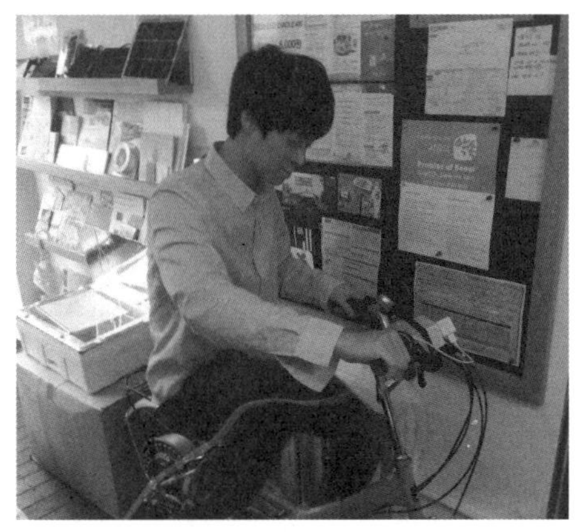

사진 6.2 '에너지슈퍼마켙'에서 자전거 발전기로 휴대전화를 충전하고 있는 필자 중 한 명인 김기범.

4. 김소영 에너지슈퍼마켙 대표. 인터뷰 일자: 2015. 5. 7.

해 얻은 인센티브를 에너지슈퍼마켙의 온라인 쇼핑몰에서 사용할 수 있도록 하는 유인책을 마련했다. 더불어 박원순 서울시장은 세계기후도시협약에서 발언할 때 성대골을 소개하기도 하고 외국 손님들이 방문했을 때 성대골에 데려오기도 하는 등의 지원도 하였다.

3. 좋은세상을만드는사람들

좋은세상을만드는사람들(이하 좋은세상)은 자연친화적 가치와 지역 주민자치 및 공동체 실현을 목표로 하는 동작구의 풀뿌리단체이다. 좋은세상은 2008년부터 박신연숙 사무국장과 강미연, 홍경의 공동대표를 중심으로 동작구에 거주 중인 십대 자녀를 둔 소규모 어머니 모임으로 시작되어 그 안에서 지속적인 관계를 맺으며 자신의 관심사를 공유하던 것이 발전해 2010년 2월 탄생했다. 특히 구성원이 십대 자녀를 둔 학부모라는 점에서 좋은세상은 가출 십대 청소년들을 위한 쉼터 제공, 자연친화적 생태 환경 조성 등을 주요 목표로 삼는다. 좋은세상은 동작구 상도동 성대골 마을에 사무실을 두고 근처에 '카페나무'라는 십대 가출 청소년들을 위한 쉼터를 운영하고 있다.

조직도에서 볼 수 있듯이 좋은세상은 총회, 사무국, 운영위원회를 중심으로 한 중앙위원회, 거리상담팀 · 동네한바퀴팀 · 비폭력배움어팀 · 그린이웃실천단 등으로 구성된 활동팀과 풀씨모임 · 민들레모임 · 무지개모임 등을 중심으로 한 소모임을 통해 구성원들 간 면대면 관계를 지속적으로 구축해 나가고 있다. 2010년 창립 이래 꾸준히 규모가 증가해 정기 후원이 약 150여 명 정도이기는 하지만, 아직 구성원의 수가 많지 않아 여러 가지 모임에 중복적으로 참여한다. 이러한 과정에서 각 소모임들 간 네트워크가 강화되고 결속력이 강해질 수 있었다. 좋은세상의 다양한 활동 중 대표적 활동은 '십대 가출 청소년들을 위한 쉼터 제공'과 '생태 환경 조성'이다.

위에서 언급한 바와 같이 십대 자녀를 둔 어머니들로 구성된 좋은세상은 자연스레 본인의 자녀들과 비슷한 또래의 학생들에게 관심을 가지게 되었다. 그 과정에서 2010년 4월부터 신림역에 위치한 쇼핑센터인 '포도몰' 앞에서 책상을 펴

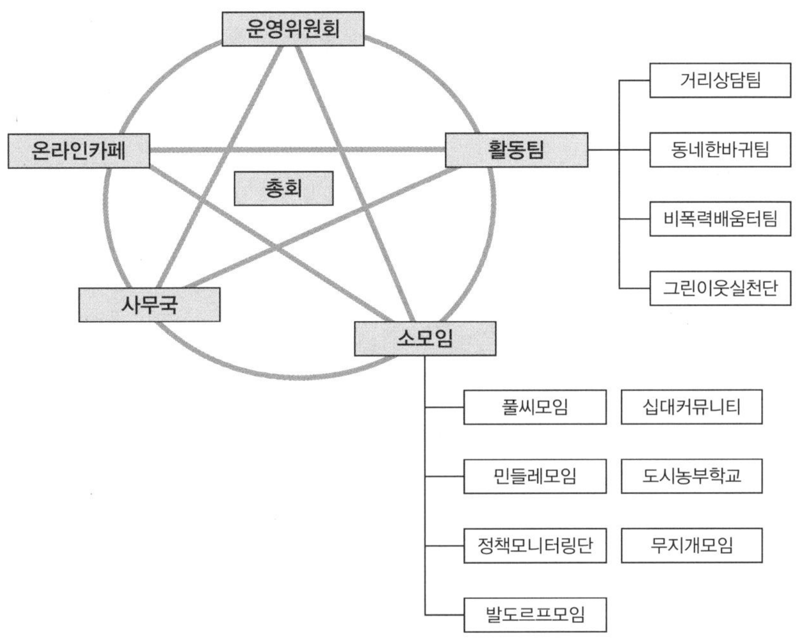

그림 6.1 좋은세상을만드는사람들 조직도

고 가출 청소년들을 접하게 되었다.

2010년 이래 5년간 매주 목요일이마다 같은 장소에서 어떤 날은 2명, 어떤 날은 10명의 좋은세상 구성원들이 청소년을 만나며 그들의 이야기를 듣게 되었다. 처음에는 십대 가출 청소년들, 그중에서도 여학생들을 위한 쉼터를 마련했으나 쉼터의 특성상 부모님께 연락을 드려야 하고 여러 규칙들이 많다보니 청소년들의 발걸음이 점점 줄어들었다. 이를 해결하기 위해 좋은세상 구성원들은 카페를 운영하자는 결론을 내렸다. 박신연숙 사무국장은 "한 번 오면 계속 오고 싶은" 공간을 만들고자 했다.•5 그리고 카페 위에는 2개의 옥탑방을 마련해 가출 청소년들이 편안하게 자고 씻을 수 있는 공간을 두었다. 카페를 운영하기 위해서는 건물이 필요하고 건물을 빌리기 위해서는 보증금과 월세라는 금전적인 부분을 해결할 필요가 있었다. 이 과정에서 좋은세상 구성원들은 주변 사람

5. 박신연숙 좋은세상 사무국장. 인터뷰 일자: 2015. 5. 21.

사진 6.3 좋은세상이 운영하는 '카페 나무' 내부 전경

들에게 후원도 받고 지인들을 설득하며 조금씩 자금을 마련해 카페를 임대하였다. 초기에는 바리스타를 자원을 받아 카페를 운영했지만 2014년부터는 시급제로 10대부터 30대 주부까지 다양한 바리스타를 고용하고 있다.

이처럼 좋은세상은 같은 지역에 사는 주민들이 '십대 자녀와 여성'이라는 공통 관심사와 더불어 지속적인 신뢰와 꾸준한 만남으로 지역에 영향력을 행사하는 단체로 거듭날 수 있었다. 좋은세상 구성원들은 동작구청에서 새로운 현안에 대한 이야기를 나눌 때 직접 참여해 의견을 내기도 한다. 또한 단순히 주민들이 모여 시간을 보내는 것이 아니라 매년 총회를 통해 총회록을 발간하고 한 해 활동보고, 지역 연대 활동, 결산보고, 다음 해 활동계획을 발표하면서 실제 지역 변화를 위해 힘쓰는 자생적인 풀뿌리단체의 모습도 보이고 있다.

4. BLANK

BLANK는 동작구에서 내부 활동의 밀도를 높이는 동시에 보다 다양한 주민과의 소통을 위한 공간을 디자인하는 단체이다. 2012년 8월, 서울대학교 건축학 석사 과정에 재학 중이던 문승규, 김동리, 한재성 씨는 '제3회 서울시 살기 좋은 마을만들기 공모전'에서 금상을 수상했고, 이를 시작으로 마을 내에 주민들이 편하게 오갈 수 있는 공간들을 고민하게 되었다. 당시 3명의 BLANK 운영위원들은 동작구에 거주하지 않았지만 2013년 3월, 사회적기업 육성 사업 3기로 선정되어 같은 해 4월에는 사업 대상 지역 중심에 위치한 1층짜리 건물(보증금 1,000만 원에 월세 30만 원)에서 처음 활동을 시작했다. 연이어 청년허브와 마을공동체종합지원센터로부터 동네 나눔 부엌 진행과 관련된 제안, 그리고 지역에서 왕성하게 활동하는 청년회로부터 공간 공유와 관련된 제안을 받았고, 이를 통해 청춘플랫폼을 구체화해 2014년 10월 '청춘플랫폼'을 오픈했다.

이후 2014년에는 앞에서 언급한 동작구 내 대표적 시민단체인 성대골사람들이 기획한 에너지슈퍼마켙의 설계 및 시공을 담당했다. 그리고 2014년 7월부터 '마을공동체종합지원센터 마을살이 작은 연구 공모 사업'을 진행하며 마을아카데미를 기획하고 이후 계속해서 동작청년마을대학 '공간공유학과'를 개설하고 진행하는 등 동작구 내 청년들의 활발한 시민정치 참여를 끊임없이 독려하고 있다.

BLANK의 취지는 공간에 대한 다양한 욕구를 충족시키는 것이다. 문승규 대표에 따르면 우리 사회의 공간과 생활은 천편일률적이다. 그는 최근에는 1인 가구가 많아지고 있고, 사람들의 성향도 개인화되어 전통적인 이웃 공동체는 해체되었다고 본다. 이웃과의 교류를 번거롭게 여기는 추세도 있다. BLANK는 이런 흐름에도 불구하고 마을 공간에서 다른 사람과 상호작용하고 싶어 하는 욕구가 여전히 남아 있다고 파악했고, 여러 공간을 중심으로 하는 네트워크를 만들면 "재미있는 것들이 파생"될 것이라고 기대했다.[6] 현재 BLANK가 운영하는 대표적인 두 공간은 하나는 2012년부터 운영 중인 청춘플랫폼이고, 다른 하나는 2015년 3월 1일에 새로 입주한 청춘캠프이다. 청춘플랫폼은 동작구 성대로 10길 23에 위치하며 마을 사람들이 함께 모여 요리를 하고 반찬을 나누며 평소에는 카페로 운영되는 곳이다. 주 대상이었던 청년들과 여유 시간이 많은 주부들이 주로 참여하지만, 아이들을 중심으로 동네를 돌아다니면서 알아가는 '마을

6. BLANK 문승규 대표. 인터뷰 일자: 2015. 5. 21.

사진 6.4 주민들이 요리를 나누는 청춘플랫폼

사진 6.5 마을아카데미가 진행되는 청춘캠프

수집' 등 다양한 연령대가 참여하는 프로그램도 운영한다. 동작구 성대로 80 2층에 위치한 청춘캠프에서는 동작구청의 마을공동체지원팀과 연계해서 마을아카데미를 진행한다. 4월 30일부터 6월 25일까지 매주 목요일 7시부터 9시까지 진행된 마을아카데미는 동작구 내 청년들 중 마을만들기에 관심이 있는 청년들에게 우리나라 곳곳의 성공적인 마을만들기 사례를 소개하고 마을 사업이 무엇인지 교육하는 프로그램이다.

5. 시민들의 동작구 의정 참여: 구청과의 연계 활동

앞서 언급한 네 개의 주요 단체들을 비롯해 동작구의 많은 시민 단체들은 구청과의 연계 활동도 하고 있다. 그중 주민참여예산제와 청소년의회를 소개하고자 한다.

동작구의 주민참여예산제는 2011년 9월 구의회가 서울시의 주민참여예산제 운영 조례를 제정하면서부터 시작했다. 이러한 조례를 바탕으로 2012년 3월에 29명으로 이루어진 주민참여위원회를 발족하였다. 당시 주민참여위원회에 부여된 편성권은 구 예산총액(2,850억 원)의 1%(2012년 기준 28억 원)였다(동작구청, 2013). 2013년 주민참여위원회에 부여된 편성권은 민간이전, 투자 사업 관련 경비의 약 10%(2013년 기준 22억 원)였으나, 사업 실적은 8개 분야 44개 사업의 5억 4,170만 원에 그쳤다. 민선 6기 이창우 구청장이 취임한 뒤에는 주민참여예산제를 수정해서 2014년 주민참여위원회는 전년 대비 260% 증가액인 35억 원을 확보했다. 동작구 참여예산제는 마을 주민이 참여하지 않으면 예산을 확보하지 못하는 제도를 운영한다. 그런데 이창우 구청장에 따르면 주민센터의 동장이나 공무원들이 주민참여예산제를 주민센터 개보수 등을 위한 예산을 확보하는 수단으로 활용하는 경향이 있었다.[7] 이를 해결하고자 2014년 겨울부터 동작구는 15개의 동에 개별적인 특성화 전략을 수립하고, 그에 따른 사업 계획을 제출하는 방식으로 운영 방안을 수정했다. 실제로 구 참여예산이 10억 원에서 20억 원으로 증가했으며, 이 중 10억 원은 구 차원에서 동 별로 균등하게 배정하고 나머지 10억 원은 동별 특성화 전략에 사용한다. 과거에는 1,000~3,000만 원 단위의 참여 예산이 2~3억 원으로 증가함에 따라 주민센터별로 지역단체와 주민들이 열심히 사업을 구상한다.

청소년의회는 청소년들이 어릴 때부터 자체적으로 의회를 구성해 민주주의에 필요한 교육을 의회 활동을 통해 받게 하자는 취지에서 시작했다. 작년에 서울시와 서울시 교육청의 주관으로 '마을에서 아이들을 키우자'는 모토로 자치단체 공모 사업 '혁신교육지구 선정 사업'을 진행했다. 이 사업은 서울시 25개 자치구 중 혁신교육지구가 7개, 교육우선지구 4개를 선정하는 사업인데 이 중 동작구가 교육우선지구에 선정되어 예산을 지원받게 되었다. 이때 동작구에서 공모 사업에 제출한 사업제안서 프로그램 중 하나가 '청소년의회'이다. 청소년의회는 실질적인 결정 권한은 없다. 그러나 청소년의회의 목적은 청소년들이 의회를 구성해서 사업을 구상하고 계획을 수립하는 과정을 거쳐서 민주시민으로 성장할 수 있는 기반을 제공하는 데 있다. 청소년의회에서 좋은 제안이 나올 경우 구청에서 사업으로 반영할 수 있는 가능성도 가지고 있다. 동작구는 이러한 청소년의회를 발전시킬 계획을 하고 있다.

---

7. 이창우 동작구청장. 인터뷰 일자: 2015. 6. 1.

Ⅳ. 동작 Zoom-in: 활동 내용 분석

앞서 동작FM, 성대골사람들, 좋은세상, BLANK의 활동 내용을 살펴보았다. 이들은 서로 다른 이슈에 방점을 두고 활동하면서도 닮은 구석이 있다. 이 단체들이 벌이는 활동의 중요한 단면을 보다 자세하게 들여다보기 위해 개방성, 분권성, 정치성, 홍보성, 재정 상태의 다섯 가지 분석 기준을 마련했다.

첫째, 개방성은 외적 참여성을 보는 기준이다. 김의영·한주희(2008)는 마포연대와 성미산 지키기 운동을 분석하는 연구에서 모든 주민들이 시설을 이용할 수 있는 측면과 전입자에 대한 개방적인 분위기가 형성되는 정서적인 측면을 포괄해서 마포연대의 특성 중 하나로 개방성을 꼽았다. 이 글에서도 유사하게 시민단체의 활동에 동작구 시민들이 쉽게 접근할 수 있는지를 평가한다. 구체적으로는 두 가지를 보는데, 먼저 활동 내용이 보통 사람이 알고 있는 것보다 더 높은 전문성을 요구하는지, 전문성이 필요하다면 진입 장벽을 낮추기 위해 어떤 노력을 하고 있는지를 들여다본다. 다음으로는 다양한 사람들에게 활동이 열려 있는지를 평가한다. 동작구 시민단체에 참여할 때에는 각 시민단체의 특성보다는 참여할 여유가 있는지가 더 결정적인 변수였다. 그래서 시간적 여유가 있는 가정주부가 참여자의 대다수를 이루는 현상이 관찰되었다. 퍼트넘이 도시의 팽창이나 맞벌이 가정의 복잡한 일과는 네트워크 전략에 걸림돌이 될 수 있다고 지적한(Putnam and Feldstein, 2003) 것처럼 본업이 아닌 시민단체 활동에 참여할 때 시간적인 제약이 있기 때문에 시간적 여유는 더 강한 변인으로 작용하고 있다고 본다.

둘째, 분권성은 내적 참여성을 평가하는 기준이다. 김의영은 굿 거버넌스의 목표 중 하나로 분권화를 말한다. 여기서 분권화는 주민들이 어느 정도 권한을 행사하는지, 주민들의 실질적인 권한과 영향력은 어떠한지를 내용으로 한다(김의영, 2011). 마찬가지로 동작구 시민단체의 분권성을 분석할 때에도 조직 운영이 민주적인지를 확인하고, 행위자들 사이의 관계는 수평적인지, 각 참여자에게는 어떤 지위가 부여되며, 각자의 발언권이 보장되는지를 살펴본다.

셋째, 정치성은 동작구 시민단체 활동에서 시민정치적이라고 볼 수 있는 점을

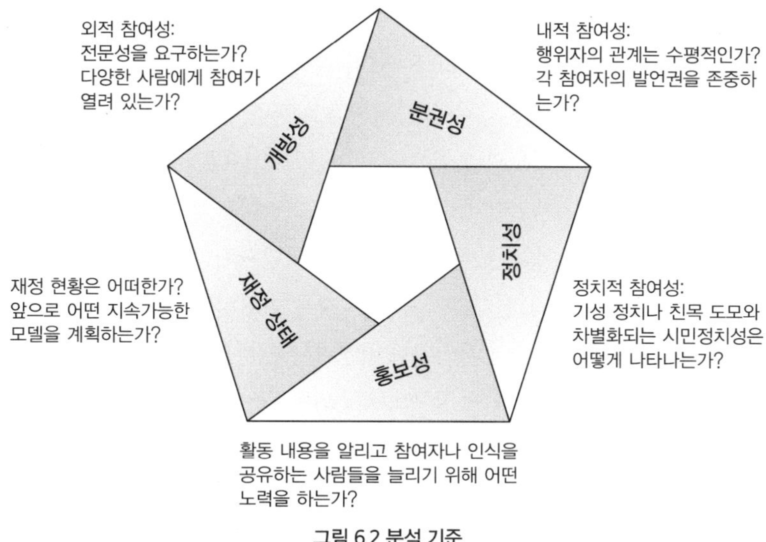
외적 참여성:
전문성을 요구하는가?
다양한 사람에게 참여가
열려 있는가?
내적 참여성:
행위자의 관계는 수평적인가?
각 참여자의 발언권을 존중하
는가?
개방성
분권성
정치성
재정 상태
홍보성
재정 현황은 어떠한가?
앞으로 어떤 지속가능한
모델을 계획하는가?
정치적 참여성:
기성 정치나 친목 도모와
차별화되는 시민정치성은
어떻게 나타나는가?
활동 내용을 알리고 참여자나 인식을
공유하는 사람들을 늘리기 위해 어떤
노력을 하는가?

그림 6.2 분석 기준

조명한다. 여기서 시민정치성은 두 가지 다른 활동과 구분된다. 먼저, 지역 시민정치는 정당 중심의 기성 정치와 차별화된다. 참여의 주체가 일반 시민이라는 점에서 선출직, 행정직 정치인이나 정당을 중심으로 이루어지는 정치와 다르다. 또한 시민정치는 단순한 친목도모 활동과도 다르다. 시민정치의 이러한 정의는 신명호가 한국 지역 주민운동을 규정한 것과 비슷하다. 신명호는 지역 주민운동을 "일정한 지리적 공간 안에 거주하는 주민들이 주체가 되어 자신들의 공통된 문제를 해결하고자 벌이는 사회운동"으로 정의한다(신명호, 2000). 동작구의 경우 동작FM, 성대골사람들, 좋은세상, BLANK는 각기 다른 의제에서 자신만의 정치적인 함의를 전달한다.

넷째, 홍보성은 인지도를 높이기 위해서 시민단체들이 하고 있는 노력의 내용과 한계를 알아보는 기준이다. 홍보는 오프라인 홍보, 온라인 홍보, 관과의 연계를 통한 홍보 세 가지로 나누어서 볼 수 있다. 김의영·한주희(2008)는 성미산 지키기 운동에서 마포FM 등을 소개하면서 인터넷과 라디오 방송이 면대면 접촉에 제한이 있는 젊은 직장인을 참여시키는 데 기여했다고 말한다. 면대면 접촉이 어려운 상황에서 페이스북, 트위터, 카카오톡 페이지, 홈페이지 등 사회관계망서비스(SNS: Social Networking Services)와 라디오 방송이 홍보성과 참여성을 높일 수 있는 것은 사실이다. 그러나 동작구의 시민단체에서는 온라인 홍보를 통해 다가갈 수 있는 시민은 소수에 불과하다고 한다. 그래서 포스터나 면대면 접촉 등 오프라인 홍보로 보완할 수 있는 방안을 고민했다.

다섯째, 재정 상태는 시민단체가 재정 수익을 조달하고 있는 현황과 앞으로의 계획을 분석하는 항목이다. 재정 상태는 특히 시민단체의 지속가능성과 깊은 관련이 있다. 시민단체가 영리를 추구하는 것은 아니지만 최소한의 운영비는 필요하기 때문이다. 자본주의 사회에서 비영리시민단체의 입지는 작고, 동작구 시민단체들도 예외는 아니다. 동작구의 시민단체들은 시민들의 후원이나 공간 대여, 장비 대여 등을 통한 수익 창출로 수익을 충원하고 있었다. 또한 정부의 예산을 지원받기도 한다. 동작구 시민단체에게 정부의 지원은 대개 동전의 양면을 의미했다. 임대료나 인건비 조달이 어려운 상황에서 필요한 지원이면서도 자율성이나 자립성을 해칠 우려가 있기 때문이다. 이 기준에서는 시민단체들의 이러한 딜레마를 다룬다.

1. 개방성

이 분석 항목에서는 시민단체의 진입 장벽을 조명한다. 개방성은 동작구 주민들이 얼마나 쉽게 활동에 참여할 수 있는지를 알아보는 기준이다. 시민단체의 개방성은 크게 두 가지 측면에서 볼 수 있다.

첫 번째는 활동에 참여하기 위해 필요한 전문성을 평가하는 것이다. 어떤 단체의 활동 내용이 보통 사람이 알고 있는 것보다 높은 수준의 전문 지식을 요구한다면, 단체의 개방성은 낮게 평가될 것이다. 예를 들어 에너지슈퍼마켙에 대해 알고 에너지 절약 상품을 구매하거나, 동작FM에서 라디오 방송을 진행하기 위해서는 어느 정도의 전문성이 필요하다. 성대골사람들과 동작FM에서는 진입 장벽을 낮추기 위해 각각 홍보 활동과 교육 활동을 하고 있는 것을 확인했다.[8]

---

8. 성대골의 홍보 내용은 뒤의 '홍보성' 항목에서 다루겠다.

동작FM에서는 전문성이 필요하기는 하지만 큰 진입 장벽이 아니다. 첫째, 라디오는 누구나 할 수 있는 '말'을 소재로 한다는 점에서 영상이나 사진보다 접근성이 높다. 게다가 기술적인 역할은 양승렬 국장과 윤주홍 PD가 도와주기 때문에 부담이 적다. 둘째, 동작FM에서는 교육 프로그램을 통해 새로 참여하는 사람들에게 도움을 준다. 교육 프로그램에서 참여자들은 생소할 수 있는 '마을공동체라디오'에 대한 설명을 듣는다. 마을공동체라디오는 소수 엘리트나 자본이 독점하고 대중은 수용하던 기성 미디어와 달리 주민이 주인이 되는 라디오이다. 이어서 참여자들은 방송 소재를 정하는 데 있어서 도움을 받는다. 양승렬 국장에 따르면 새로 참여하려는 사람이 있을 때 "기획 단계가 가장 오래 걸리는데, 본인이 즐기면서 오랫동안 방송을 하기 위해서 취미, 관심사, 전공, 직업, 기호, 소속 등 삶과 일상에서 소재를 끄집어 낼 수 있도록 유도"한다.

다음은 참여자의 다양성이다. 얼마나 다양한 사람들이 각 시민단체와 관계할 수 있는지를 알아보는 기준이다. 예컨대 아테네의 민주정치는 시민권을 가진 성인 남성의 참여에 국한되었다. 이 경우는 참여자의 다양성 측면에서 볼 때 개방성이 낮은 것이다. 동작구 시민단체를 관찰했을 때 참여의 다양성은 시간적 여유가 있느냐에 크게 좌우되는 것으로 나타났다. 따라서 많은 단체에서 주부들의 참여가 높은 것으로 나타났다. 양승렬 국장에 의하면 동작FM에서 방송을 맡고 있는 사람들 중에서 주부의 비율은 70~80% 정도이다. 대학생이나 직장인도 방송 진행을 한 적이 있었지만 본업에 치우쳐 떠난 사람도 있었다. 올해 초까지도 중앙대학교에 다니던 학생들이 방송하는 프로그램이 있었으나 어학 연수, 취업, 시험이나 아르바이트 등으로 시간이 녹록지 않아 39회를 끝으로 중단해야 했다. 성대골어린이도서관의 경우에도 마찬지로 아이를 키우는 어머니들이 대부분이다. 빙수골공원에 있던 한 주민은 아이들이 주변에 도서관이 많이 없다 보니까 시설 이용 차 찾아갔다가 도서관에 대해 알게 됐다고 말했다. 아이가 없는 노령 인구는 도서관이나 마을학교를 접할 기회가 적은 것이다.

한편 참여자의 다양성을 평가할 때 좋은세상이나 BLANK는 주부들의 참여가 높다는 특징이 있는 동시에 특수한 점도 가지고 있었다. 배타적이진 않더라도 어떤 특정한 대상을 염두에 두고 시작한 활동이기 때문이다. 좋은세상의 활동은 여성, 청소년, 생태 세 키워드로 소개할 수 있다. 그리고 이들은 누구든지 잠깐 들를 수 있는 쉼터를 구상하고 카페를 운영하고 있다. 초기 멤버나 현 운영진에 중년 여성이 많기는 하지만, 타깃으로 했던 '청소년'을 본다면 정부에서 제공하는 쉼터보다 더 넓은 폭의 청소년, 가령 가족 문제를 겪고 있는 학생이나 길거리에서 생활하는 청소년에게 제약이 적은 쉼터를 제공하고 있다는 점에서 개방성과 다양성을 높이 살 수 있다. 또한 BLANK는 운영하고 있는 공간인 청춘플랫폼, 청춘캠프의 이름에서도 볼 수 있듯 청년층을 주 대상으로 활동을 시작했다. 동작구 안에서 놀고, 먹고, 일할 수 없었던 청년들의 입지를 다지려고 한 것이다. 하지만 BLANK도 최근에는 참여의 편향을 문제로 파악하고 이를 개선하기 위해서 다양한 연령대가 어우러지는 프로그램을 구상하고 있다. 문승규 대표는 어린이들을 위해서 동네를 돌아다니면서 마을에 대해 배우는 '마을수집'이라는 프로그램을 진행하고 있고, 청년과 주부들을 대상으로 요리를 하고 반찬을 나누는 프로그램이 있다고 소개했다.

2. 분권성

두 번째 분석 기준은 분권성이다. 개방성이 단체 외부에 있는 시민들이 얼마나 쉽게 단체에 참여할 수 있는지를 보는 기준이라면, 분권성은 단체에 참여하고 있는 시민들의 민주성이 얼마나 보장되는지를 보는 기준이다. 참여하는 사람들 사이 관계가 수평적인지, 참여자 개개인에게 부여되는 지위는 어떠한지, 리더의 역할과 비중은 얼마나 큰지가 이 항목에서 주목하는 주된 내용이다. 동작구의 시민단체에서는 분권성이 전반적으로 높은 것으로 나타났다.

동작FM은 기본적으로 주민 개개인의 목소리를 중시한다. 인터뷰에서 양승렬 국장은 단 한 명이라도 말할 거리가 있으면 동작FM이 힘, 채널, 커뮤니티를 무조건 제공하는 것을 지향한다고 말했다. 힘없는 소수의 목소리라도 동작FM에서는 존중하는 것이다. 조직을 운영하는 데 있어서도 동작FM은 8명 정도의 시민들로 구성된 운영위원회를 두고 있다.

성대골사람들에서는 리더와 운영진에서 분권성을 볼 수 있었다. 성대골어린이도서관의 초대 관장을 지낸 김소영 에너지슈퍼마켙 대표는 주민운영회에 관장직을 넘겨주었다. 현재는 운영위원들이 돌아가면서 관장을 맡고 있다. 마을학교에서도 김소영 대표는 단지 아이디어를 낸 리더로만 남았다. 운영위원회 조직이 직접 운영하고, 결정 권한을 가지게 한 것이다.

좋은세상은 민주적인 조직을 가장 중요한 활동 강령 중 하나로 삼았다.

> "어떠한 한 명의 리더가 주도하기보다는 멤버들 각자가 가진 '무엇을 하고 싶은지', '무엇을 해야 하는지'에 대해서 공감대를 찾아 나가고, 이를 통해 개별의 활동가들이 성장하고, 이분들이 협력해 나가는 조직의 운영을 중시합니다."
>
> – 박신연숙 좋은세상 사무국장

좋은세상은 한 사람 한 사람이 각기 다른 능력을 가지고 있고, 시민단체를 운영할 때 서로 다른 영역에서 빛을 발휘할 수 있다고 본다. 예컨대 단체를 처음 만들 때 누군가는 디자인에 재능이 있었고, 다른 누군가는 조직력에서 두각을 나타냈으며, 또 다른 누군가는 아름다운가게에서 프로젝트를 따낼 능력을 가지고 있었다. 박신연숙 사무국장에 따르면 좋은세상은 처음부터 설립 멤버 각자의 역량이 조화를 이루었기에 만들어질 수 있었다고 한다.

단체의 내부적인 분권성뿐 아니라 단체들 간의 분권성도 나타났다. 이 글을 쓰기 위해 인터넷으로 사전 조사를 한 뒤에 각 단체를 직접 찾아가서 인터뷰를 하는 방법으로 조사를 진행했다. 일차적으로 사전 조사를 한 뒤에는 동작구에 대표적인 큰 규모 단체가 있고 일종의 연방제적 조직으로 그 산하에서 시민들과 더 밀접하게 접촉하는 소규모 단체가 서로 다른 의제를 다루면서 활동할 것이라고 예상했다. 그리고 큰 단체 아래에서 소규모 단체들이 계속해서 의제를 생산하여 활동이 선순환 구조를 이루고 있는 모습을 떠올렸다. 그러나 실제로 방문 조사를 한 결과, 의제에 따라 다양한 단체가 활동하고 있는 모습은 확인했지만, 거대 단체 아래에 소규모 단체가 속해 있는 모습은 없었다. 또한 단체들끼리 교류하는 정황은 있었으나, 오히려 시민단체들은 조직화, 구조화되어 있다기보다는 여러 단체가 산발적으로 활동하였고, 그들 간의 관계 역시 수평적이고 분권적으로 나타나는 모습을 볼 수 있었다.

동작FM의 양승렬 국장은 '이합집산', '각양각색'이라는 표현을 썼다. 에너지슈퍼마켙의 김소영 대표는 '세포 분열'이 자연스러운 모습이라고 했다. 김 대표는 BLANK 활동 초기에 동작구에 대한 기본적인 정보를 알려 주고 조언해 주었지만 "자신이 BLANK를 '인큐베이팅'했다."는 표현은 좋아하지 않았다. 그녀는 한두 개의 중심 단체가 있는 것보다 동작구 내에 다양하고 분권적인 시민단체들이 서로 다른 이슈를 중심으로 활동하는 것이 오히려 자연스럽고 지향해야 하는 모습이라는 의견을 피력했다.

3. 정치성

다음 항목은 정치성으로, 동작구의 시민정치를 조명하는 가장 중요한 분석 기준이 될 수도 있다. 정치성은 꼭 필요한 분석 기준이다. 동작구에서 시민이 모여서 벌이는 활동 중에서 어떤 점이 '시민정치적'인지를 알아보는 것이기 때문이다. 동작FM의 김학규 운영위원은 시민정치를 단순한 친목도모와 구분했다.[9] 이렇듯 시민정치는 정당 중심의 기성 정치와는 다르면서도 나름대로 각 단체가 전달하려고 하는 메시지가 있었다. 이들의 정치성은 구체적인 활동을 전개하면서 나타나는 경우도 있었고, 사회의 기존 흐름과 다른 메시지를 표현하거나 지역 시민들의 욕구를 활동에 반영하면서 드러나기도 했다.

1) 동작공동체라디오동작FM

동작FM의 모토는 '주민이 주인 되는 마을방송'이다. 동작FM은 자본이나 소수가 장악하지 않고 주민이 중심이 된다는 점에서 기성 방송과 차별화하고, 동작구 시민들을 위해서 확성기 역할을 함으로써 여러 의사소통 상황에서 시민이 불리한 힘의 불균형을 해소하는 것을 목표로 한다. 먼저, 동작FM은 시민들에게 목소리를 낼 기회를 준다. 소수의 사람들이라도 할 말이 있으면 그것이 가능하

---

9. 인터뷰 일자: 2015. 5. 19.

게 해야 한다는 것이 동작FM의 생각이다. 이와 더불어 동작구 주민이 직접 방송을 하는 것은 지역 정체성 제고에도 기여한다. 예를 들어 김학규 운영위원은 본인의 한국사 전공과 관심사를 살려서 동작구 지역의 역사를 새로 발굴해서 청취자들에게 전달하는 '낭만과 전설의 동작구' DJ를 맡고 있다. 그는 행정적 편의에 따라 임의로 자치구가 나뉘고 이사가 잦은 탓에 동작구민으로서의 정체성이 취약한데, 지역 역사에 관심을 가지는 것은 정체성을 형성하는 데 도움이 될 것으로 기대했다.

"서울은 자치구가 인위적으로 만들어졌어요. 그래서 자치구에 대한 인식이 약해요. 서울 시민으로서의 자기 정체성은 있어도 동작구민으로서의 정체성은 없는 것 같아요. … 동작구 사람들 중 일반 주택지에 있는 사람들은 오래 산 사람들이 많아요. 여기도 마찬가지로 이주율이 상당히 높아요. 최근에는 서울 전반이 낮아지고 있기는 한데, 잠만 자고 그런 식이었고 동네 신경은 안 썼어요. … 지역공동체 활성화 측면에서 보면 라디오 방송이 재미있겠다, 이런 생각도 들고요. 개인적으로는 동네 역사에 관심이 많았는데 라디오 방송에서 동네 역사를 소재로 하는 방송을 하면 지역공동체성을 강화하는 데, 지방자치 활성화에 도움이 될 거라고 생각했어요. 동네에 대한 자부심이 있어야 관심, 애정도 높아지는 건데 역사를 잘 알면 관심이 높아지지 않겠느냐라는 구상…" – 양승렬 동작FM 국장

나아가 동작FM은 지역 언론의 역할을 담당한다.

"동작FM과 동작구청은 상호 견제해야 하는 사이에요. 어쨌든 동작구 시민사회는 동작구청을 비판, 견제, 감시해야 하는 역할을 하고 있기 때문이에요."

– 양승렬 동작FM 국장

동작FM은 실제로 동작구 내에서 사회적인 사안을 공론화하기도 있다. 지난 지방자치단체장 선거를 앞두고 전 구청장이 내세운 천문대 공약의 허구성을 파헤친 것이 그 예이다. 전 구청장이 동작구 재정 상황이 어려운 상황에서 민자(民

資)를 유치해서 노량진에 천문대를 짓겠다는 사업을 홍보하고 있다는 사실을 알게 된 동작FM은 천문대가 도심에서 효과를 발휘할 수 없다는 것을 다른 지역 천문대를 예시로 들면서 방송했다. 또한 '낭만과 전설의 동작구'에서는 동작구에 있는 성남고등학교가 친일파에 의해 설립되었다는 사실과 성남고등학교 교가가 욱일승천기를 연상시키는 문제를 고발했다. 양승렬 국장은 41만 명 동작구민 중에 얼마나 많은 사람이 동작FM의 말을 들었을지는 미지수지만 동작FM이 공론화한 사안이 수차례 프레시안, 미디어오늘, 오마이뉴스 등 다른 언론사 보도로 이어졌다고 말했다. 동작FM은 지역 언론의 역할을 하고 있다고 자부했으며, 양승렬 국장은 동작구의 다른 시민단체들도 동작FM이 있어서 자신감을 가진다고 전했다.

2) 성대골사람들

성대골사람들은 시민들이 주도해서 새로운 영역을 만드는 동시에 그 영역을 제도권이 흡수해야 한다는 입장을 가지고 있다. 성대골어린이도서관 초대 관장이자 현 에너지슈퍼마켙의 대표인 김소영 씨는 도서관장으로 있을 때 '학교 세우기'나 '무상급식' 관련 운동을 했다. 이후 마을학교를 만들어서 운영할 것을 제안해서 지금은 성대골에서 마을학교가 열린다. 그리고 현재 김소영 대표는 마을의 에너지 자립, 에너지 주권을 확산시키기 위해 힘쓰고 있다. 이런 사업은 일부 정부의 지원을 받아서 운영한다.

그러나 인터뷰에서 김 대표는 에너지 자립이나 학교 만들기는 국가의 책임 영역에 속한다고 말했다. 그에 따르면 그동안은 "주거 환경이 자본과 시장에 던져져 있었다." 그나마 마을공동체 사업을 비롯해서 예산을 지원하고 시민들의 조직을 장려하는 정부의 사업도 공공의 책임 영역을 개인의 책임, 시민의 영역으로 전가하고 있다는 통찰이었다.

> "주거 환경이라는 이름으로 적은 돈을 주고 주민들의 자발성을 통해 일대를 변화시키려고 하는 거예요. 그런 것들이 패러다임의 변화, 공동체 기관 시설 확충, 공동체를 살리고 그 지역의 역사와 문화를 살린다고 하지만, 한창 뉴타운 하던 시절

에 역사, 문화가 없었던 게 아니잖아요. 지금 그렇게 변화하면서 국가는 굉장히 적은 돈을 투자해요. 마을만들기 사업도 주민들 네다섯 명이 모여서 동네 아이들까지 돌본다면 200만 원 정도 사업비를 줘요. 그 돈으로 마을 아이들 돌봄까지 챙기게끔 하는 거죠. 시민운동을 하는 입장에서 정치를 바라볼 때 불신이라기보다는, 그렇게 눈 가리고 아웅하는 식의 꼼수나 사소한 땅콩을 던져 주고 큰 효과를 내라고 해요. 투자되는 비용에 비해 주민들의 품이나 이런 게 동원되고, 자발성, 자원봉사 이런 걸로 포장돼서 많은 성과나 사회문제를 해결하려는 꼼수가 있어요. 이런 걸 봐야 해요. … 참여하는 시민이 많아지면 마을만들기 운동을 통해 이것이 좋다는 걸 알게 되고 많은 사람들이 등장해요. 이에 맞게 공간도 자본도 많아져야 한다고 봐요."

– 김소영 에너지슈퍼마켙 대표

김 대표는 시민들이 정부에서 턱없이 부족한 예산을 지원하고 사실상 시민의 자원봉사를 동원하는 식의 지원 사업을 하는 것을 제대로 읽어 낼 수 있는 능력을 길러야 한다고 보았다. 그래서 성대골사람들에서는 시민이 나서서 국가가 이행하지 못하고 있는 책임을 대체하려는 노력과 학생 공모전에 응모해서 도서관 지원을 받으려는 등 "제도권 내에서 방법을 찾으려는" 노력을 병행하고 있다.

3) 좋은세상을만드는사람들

좋은세상의 정치성도 두 측면에서 볼 수 있다. 하나는 제도화된 정치와 구분되는 일상화된 정치를 추구한다는 점이다.

"시민의식이란 자기 삶의 주인으로 사는 것, 주민들이 스스로 자각하고 자신의 일상의 삶에 결정을 높이는 것, 좋은세상에 참여한 주민들은 이 부분에 주목해요. 내 삶의 중심을 나로부터 생각하게 된 거죠. 결혼과 동시에 아이를 낳고 살다 보면 자기가 무엇을 하고 싶은지보다는 살림을 중심으로 살게 돼요. … 저는 시민으로서 자각하고 주인의식을 갖고 그것을 직접 행동하는 것, 이것이 시민정치라고 생각했어요. 그렇기에 제도화된 정치보다 일상화된 정치가 되게 중요하죠. 풀뿌리 활동이 매력적인 이유는 이웃과 관계를 형성하고 그런 행동들이 모이는 과정 속에서 삶이 다른 의미를 갖는다는 거예요." – 박신연숙 좋은세상 사무국장

박 사무국장은 시민의식은 "자기 삶의 주인으로 사는 것"이라고 표현했으며, 시민정치는 "시민으로서 자각하고 주인의식을 가지고 그것을 직접 행동하는 것"이라고 했다. 그리고 좋은세상은 삶의 중심을 '나'로부터 보는 것에 주목하면서 만들어졌다고 설명한다. 좋은세상은 일상에서 자기 삶에 주인의식을 가지고 스스로를 위한 결정을 내리는 것을 추구하며, 활동에 참여하는 사람들에게 여타 조직에서도 주체성과 주인의식을 가지고 적극적으로 참여할 것을 주문한다.

다른 한 측면은 정부가 제공하지 못하는 새로운 쉼터를 제공한다는 점이다. 관 주도 쉼터에는 청소년들이 찾아가기를 꺼려한다. 이러한 현실에 대해 박 사무국장은 가족 문제 때문에 길거리로 나오고, 쉼터를 찾는 청소년이 많은 현실에도 불구하고 쉼터에서 집에 연락을 하는 등 적실한 쉼터를 제공하지 못하기 때문이라고 진단한다.

"이렇게 하다 보니까 일반 교복 입은 청소년들도 만났지만 거리에서 먹고 자고 하는 친구들도 만나게 되었어요. 우리는 다양한 청소년들에 대한 지원 시스템이 있었지만, 이들에게 쉼터를 안내하고 만약 이들이 쉼터의 집단생활이나 규칙이 맞지 않는다든지, 집에서 나와서 살고 싶은데 다시 쉼터가 집에 연락을 한다든지 하는 점 때문에 쉼터를 방문하지 않죠. 그러한 친구들이 자유롭게 드나들고 한 번 오면 또 오고 싶은 공간으로 만들고 싶은, 단지 쉼터가 아니라 누군가가 일하다가 쓱 와 보고 싶은 공간으로 만들고 싶어요. 그런 생각 속에 카페를 만들고 3년을 운영, 옥상에는 옥탑 방 2개의 자고 숙식할 수 있는 시설을 만들어 놨고 … 이러한 곳에 있는 친구들은 사각지대에 있어야 돼요. 쉼터에 가고 싶은데 친구와 떨어지기는 싫다, 친구와 함께 지내고 싶은데 이 친구들과 함께 하기 위해서, 어떤 면에서는 더 취약한 형편의 친구들이 많이 오게 되고 … 초창기에 중학생 아이들이 많이 왔어요. 이 친구들이 외적인 측면으로 어른들이 편견을 가질 수 있는 경우가 많았어요. … 가족 문제는 존재하죠. 과거에 비해서 이혼 문제도 계속 존재하고 부모에게

학대를 받는 경우도 있고, 그렇기에 마을에 이런 공간이 있어서 마을이 이 아이들을 함께 돌볼 수 있으면 좋겠다고 생각했어요. 그렇기에 이들을 잘 수용할 수 있는 다양한 지원들이 있으면 좋겠어요." – 박신연숙 좋은세상 사무국장

그래서 좋은세상에서는 어른들의 편견을 배제하고, 친구와 함께 있을 수 있는 공간을 마련하면서 "누군가가 쓱 와 보고 싶은 공간"으로 쉼터를 만드는 구상을 한다.

4) BLANK

마지막으로 BLANK의 정치성은 구체적인 사안이나 활동으로 이어지지는 않는다. 그러나 이들의 정치는 지역 시민들의 욕구를 시민사회 안에서 조직화해서 지역 자본으로 네트워크를 형성했다는 점, 기존의 사회적 흐름에 대안적인 메시지를 던진다는 점에서 의미가 있다.

"저희가 하고 있는 구상은 슬로건이 '우리 동네 생활 공간 되살림'이에요. 과거에는 동네 미용실, 철물점, 이발관이 어떻게 보면 사랑방 같은 역할을 하면서 유지됐는데 지금은 카페 말고는 그런 역할을 하는 공간이 사라지는 상황에서 1인 가구들이 늘어나면서 공간에 대한 욕구들이 많아지고 있는 것 같아요. 집에서 할 수 있는 것이 한정되다 보니. 저도 원룸에서 살고 있는데 집에서 요리할 수 있는 공간이 마땅치 않고 … 그러면서 지역에서 공유할 수 있는 공간을 만들면서 이웃과 재밌는 것을 할 수 있고, 거기에서 재밌는 것들이 파생되지 않을까 싶어서 하게 되었어요. 공간들을 계속해서 만들어 가고 싶고, 지금은 어떤 생활 공간을 만들고 유지할 수 있을지에 대한 고민을 하고 있고 … 사람마다 추구하는 삶의 모습, 형태가 다르잖아요. 저는 획일화가 문제라고 생각해요. 선택할 수 있는 게 많아야 하는데, 지금 우리의 도시를 보면 천편일률적이에요. 집의 모양도 그렇고 공간의 모양도 그렇고, 같이 이야기 나눌 때는 카페 그런 식으로 한정되어 있는 게 문제라고 생각해서 선택할 수 있는 것들이 다양해지면 좋겠다고 생각해요. 모두가 소통하며 관계 맺는 것을 좋아하지는 않겠지만 선택할 수 있는 가능성이 있어야 하지 않을까. 저희

가 동네 주민들을 만나면서 느끼는 점은 다 마음속 그런 생각들을 가지고 있다는 것이었어요."

– 문성규 BLANK 대표

BLANK는 공간과 생활이 획일화되는 흐름 속에서 시민들의 다양한 공간에 대한 욕구를 해소하고자 동작구 안에서 청춘플랫폼과 청춘캠프를 운영하고 있다. 퍼트넘이 말한 것과 같이 사회적 자본을 형성할 때에는 만남의 반복이 중요하다(Putnam and Feldstein, 2003). 이때 이러한 지속적 만남에 선행하는 것이 바로 공동의 공간이다. 공동 공간에서의 지속적인 만남은 구성원들 간 겹치는 부분을 넓히고, 이것은 추가적으로 상호 의무감과 공감대 형성으로 확장된다. 사회학자들은 이러한 사회적 네트워크를 'multistrandedness'라고 부른다. 한 사람이 다른 사람을 시장에서, 시민단체에서, 공동 공간에서 계속 만나면 그들을 연결해 주는 층이 얽혀 그만큼 연대감이 높아지는 것이다.

BLANK는 시민정치가 지역민의 특징을 살리는 방향으로 가야 한다고 생각한다.

"동네에서 활동하는 단체들을 발굴하는 과정에 있는데, 거기에서 어떤 역할을 할 수 있을지 저희 내부에서 고민을 하고 있어요. 성과를 위해 과정을 만들어 내는 것 같아서 행정에서 생각하는 성과주의가 저희는 싫어요. … 그럼에도 불구하고 누군가는 고민해야 한다면 우리는 어떤 방식으로 참여할 수 있을지 고민하고 있어요. … 공공의 역할이 중요하다고 생각해요. 그런데 지금의 공공은 너무 사업, 프로젝트의 관점으로 보고 있는 것 같아요. 저는 그게 잘못되었다고 생각해요. 공공의 역할은 자발적인 활동이 있을 때 그걸 지원해야 하는데, 지금의 공공은 그것을 만들어 내고 있는 거예요. 이게 불안정한 구조를 만들 수 있어서 비판적으로 보고 있어요. 공공이 가져야 하는 역할에 대해 고민이 필요한 것 같아요. 시민참여라는 이슈가 오래되지 않은 거잖아요. 그렇기에 앞으로도 시행착오들은 많을 것 같아요. 가장 어려운 부분은 대안을 만들고 있는, 밑에 있는 주민들이 어려움을 겪고 있는데 그런 부분들을 어떻게 영리하게 지속할 수 있을지에 대해서 생각을 하고

있어요. 분명히 한계도 있는 것 같아요."　　　　　　　　　　　　　– 문성규 BLANK 대표

그래서 BLANK에서는 관 주도 사업에서 동네의 성격을 훼손하거나 간과하는 것을 막기 위해 할 수 있는 역할을 모색하고 있다.

4. 홍보성

홍보성 항목에서는 시민단체들이 인지도를 높이기 위해서 하고 있는 홍보의 현황과 한계를 분석한다. 동작구에서 네 개의 시민단체를 조사한 결과 동작구 시민단체의 홍보는 대체로 부족한 것으로 드러났다.

시민단체들의 홍보는 크게 세 가지 방편으로 분류할 수 있다. 첫 번째는 오프라인 홍보이고, 두 번째는 온라인 홍보, 마지막은 관과의 연계를 통한 홍보이다. 먼저, 오프라인 홍보 중에는 포스터를 통해 활동을 알리는 방편이 있었다. BLANK에서는 시민들의 의견을 묻는 포스터를 붙여서 시민이 직접 참여할 수 있는 포스터로 홍보를 하기도 했다. 동작FM에서는 아직 포스터를 활용하고 있지는 않지만, 더 다양한 사람이 볼 수 있도록 식당에 포스터를 붙일 계획을 하고 있다. 오프라인 홍보에서 가장 큰 비중을 차지한 것은 지인 네트워크와 입소문이었다. 동작FM은 후원자나 참여자 중 절반은 지인들이고, 절반은 새로 오는 사람들이다. 성대시장의 한 시민은 아들이 다니는 초등학교의 학부모가 방송을 해서 동작FM에 대해 알게 되었다고 전했다. BLANK도 알음알음 오는 사람들이 많았다. 올해에는 마을에서 3대째 거주한 터줏대감인 집안에서 자란 김수연 씨가 활동에 합류하면서 네트워크의 폭이 넓어졌다. 이렇듯 오프라인 지인 네트워크는 처음 시작하는 단체에게 가장 큰 홍보 수단일 수밖에 없다. 그러나 이는 그만큼 아직 입소문에 의존하고 있는 작은 네트워크라는 것을 보여 준다.

다음으로 온라인 홍보이다. 트위터, 페이스북, 카카오톡 페이지, 홈페이지 등을 이용한 온라인 홍보도 활발했다. 그러나 동작구에 있는 시민단체들은 동작구 시민들 중 온라인 홍보에 접근할 수 있는 사람들은 한정적이라고 입을 모아 말했다. 양승렬 동작FM 국장은 트위터와 페이스북 등 SNS 위주로 홍보를 하면

서 조만간 지금 준비 중인 홈페이지를 개방할 것이라고 말했다. 그는 "SNS는 주로 젊은 층에게 다가가는 매체인데, 동작구 안에서 SNS를 통해 라디오를 접할 수 있는 인구는 많아야 1,000명일 것"이라며 오프라인 홍보의 중요성을 상기시켰다. BLANK도 SNS를 활용해서 홍보를 하고 있다. 문승규 대표는 최근에는 카카오톡 페이지를 통한 홍보가 활발하다고 전했다. 성대골의 에너지슈퍼마켙은 온라인 쇼핑몰을 운영하고 있다. 에너지 절약 상품을 온라인으로 구매할 수 있는 경로를 열어둔 것이다.

마지막은 관과 연계를 통한 홍보이다. 이러한 홍보 방식은 에너지슈퍼마켙과 BLANK의 홍보에서 나타났다. 에너지슈퍼마켙은 박원순 시장과 연계해서 홍보 효과를 보고 있다. 박원순 시장은 현재 ICLEI(International Council for Local Environment Initiatives) 환경총회의 회장을 맡고 있는데, 작년 워싱턴 D.C.에서 발언을 할 때 성대골이 포함된 영상을 틀었다. 또한 김소영 대표는 서울시에는 약 170만 명이 등록되어 있는 에코 마일리지 시스템이 있는데, 여기서는 등록된 회원이 에너지를 절약하면 서울시에서 에너지슈퍼마켙 온라인 쇼핑몰 쿠폰 등을 주어 에너지슈퍼마켙의 판매를 장려한다고 말했다. BLANK의 경우 동작구청 마을공동체팀에서 진행하는 마을아카데미 사업에 협력하면서 홍보 효과를 봤다. 한 마을아카데미 참여자는 BLANK에 대해 원래 막연하게 알고 있었는데 동작구청에서 참여자 모집을 하는 것을 보고 오게 되었다고 한다.

동작구 시민단체의 홍보성을 분석할 때 특기할 만한 점은 규모가 크다고 좋은 것이 아니라는 생각이 있었다는 점이다. 청취율을 묻는 질문에 양승렬 동작FM 국장은 다음과 같이 대답했다.

> "이 질문을 되게 많이 받아요. 사실은 지상파 방송들, 기존의 방송들에 익숙해져 있는 질문이죠. 사실은 기존의 방송은 최대한 청취율을 높여야 하고 그래서 최대한 많은 광고를 따야 하고 최대한 돈을 벌어야 하는 것이 사실 가장 큰 목적이잖아요. 그런데 동작FM은 그렇게 할 수 없을뿐더러, 그게 첫 번째 목적도 아니에요. 물론 듣는 사람도 중요하고 고려해야 하는 게 맞는데, 듣는 사람들보다도 '말하는 사람'이 저희는 더 중요해요. 한 명이 듣더라도, 아예 안 듣더라도 그게 말할 필요가

있고 기록되어야 한다면 방송을 해요. 실제로 동작구의 인구가 41만 명인데, 여기에 만약 필리핀 출신 이주 여성 열 명이 산다. 하지만 필요하다면 방송을 만들 수 있죠. 41만 명을 위한 방송, 이런 건 사실 저희의 주목적이 아니에요. 동작구 안에 살면서 뭔가 커뮤니티가 필요하고, 힘이 필요하고, 채널이 필요한 사람들에게는 무조건 모든 것을 오픈을 하죠." – 양승렬 동작FM 국장

BLANK에서도 규모를 묻는 질문에 다음과 같이 대답했다.

"저는 규모가 소수라기보다는 가치에 공감하는 사람이 소수인 것 같아요. 참여를 하든, 안 하든 가치가 중요하다고 생각하는 사람들의 인식이 늘어야 활동이 힘을 받는데 아직 다들 관점이 달라요. 그런 것들을 어떻게 높여 나갈 수 있을지 고민되는 부분이고요. 저희도 활동하는 분들의 이야기를 들어보면 활동 자체에 반대하는 주민들이 많아요. 이게 시장의 논리에 비추어 생각하면 반박이 생길 수 있어요. 너희들끼리 놀려고 하는 게 아니냐, 그런 비판도 어쩌면 당연하고 자연스러운 것이죠. 그것을 어떻게 극복을 할 수 있을까가 필요한 것 같아요. 규모의 문제는 사실 조직의 규모나 참여하는 사람의 수에 대한 게 아니라 오히려 저는 조심스러워요. 어느 하나의 이슈가 되고 그런 것들이 사람들에게 많이 부각되고, 그러다 보면 지역의 땅값이 올라가고. 오히려 규모가 만들어지는 것에 대한 두려움도 있어요. 이게 서서히 규모가 커지면 되는데 갑자기 증가하면 거기에서 오는 부작용들이 있어서 그런 부분이 항상 조심스럽습니다." – 문성규 BLANK 대표

이들에 따르면 단순히 규모가 커져야 좋다는 기계적인 접근은 자본주의 사회에 익숙한 편견이었다. 소수의 의견이라도 이야기할 수 있는 것과 가치에 공감할 수 있는 사람들이 중요하다는 두 단체의 생각은 양적인 규모만 단체 성공의 척도라고 생각했던 기존의 시각과 다른 새로운 발상이었다.

5. 재정 상태

마지막 항목인 재정 상태는 지속가능성과 관련이 깊다. 정부의 재정적 지원과도 밀접하다. 영리단체가 아니기 때문에 자본주의 사회에서 이런 시민단체가 수익을 충원하는 것이 어려운 현실이다.

동작FM은 서울시 마을미디어 지원 사업을 계기로 출범했다. 그런데 정부의 지원은 한시적이고, 올해부터 정부의 지원이 끊길 수도 있다. 그래서 운영위원회는 여러 가지 사업 모델을 고민 중이다. 현재 동작FM은 마을미디어 지원 사업에서 받은 예산과 후원 회원 70여 명의 후원금으로 최소한의 재정을 충원하고 있다. 하지만 양승렬 국장은 십시일반으로 모인 돈은 건물 월세, 전기세, 인터넷 비용과 최저임금에 못 미치는 상근자 두 명의 월급밖에는 되지 못한다고 말한다. 그래서 두 상근자는 팟캐스트에 관심이 있는 사람들을 대상으로 교육을 하거나 공로 활동 등을 해서 부족한 부분을 충당한다. 동작FM 차원에서 추가 재정은 장비 대여를 통해서 얻는다. 양승렬 국장 인터뷰 중에도 미디어오늘 방송팀이 녹음실을 쓰기 위해 방문했다. 앞으로 마을미디어 지원금이 끝났을 때를 위해서 협동조합, 비영리단체, 마을조합 등 더 구체적인 모델을 모색하고 있다. 양승렬 국장은 주민이 주인인 것이 여전히 중요하기 때문에 주민들로 구성된 운영위원회는 유지할 것이라고 강조했다.

성대골사람들도 마찬가지로 재정상의 어려움을 겪고 있다. 그러나 이들은 자립 모델을 찾기에 앞서 언급했듯이 제도권에서 방법을 찾고 있다. 학교를 세우는 것이나 아이를 돌보는 것, 에너지 자립을 이루는 것은 시민의 손에 맡길 영역이 아니라 국가가 시민들에게 제공해야 하는 복지라는 문제의식 때문이다. 김소영 에너지슈퍼마켙 대표는 자신은 즐거워서 일을 계속하지만, 4대 보험도, 퇴직금도, 월급도 보장되지 않은 상황에서 에너지 자립이나 학교, 도서관을 만들고 운영하는 활동을 지속하는 것은 어려운 구조라고 말한다. 임대료와 인건비 모두가 문제이지만 가장 큰 어려움은 다른 시민단체와 마찬가지로 임대료이다. 김소영 대표는 동작구의 전 구청장은 흑석동에 빈 공간이 있으니 장소를 옮기라는 제안을 했다며 탄식했다. 현재 구청에 대해서는 '기다린다'는 입장이다. 열악한 상황이지만 구청에 대해서는 긍정적인 전망을 한다.

좋은세상도 십시일반으로 운영을 이어 가고 있다. 하지만 현재 사정은 나쁘지 않은 것으로 보인다. 좋은세상도 임대료를 충당하는 것이 어려운 과제였다. 현재 운영하는 카페는 서울시 지원을 받는 한 층을 제외하고 보증금이 2,000만 원이고 월세가 150만 원인데, 150명의 후원 회원이 1만 원씩 월세를 부담한다. 후원자뿐 아니라 카페 수익도 재정에 도움이 된다. 상황이 나아진 결과 예전에는 자원봉사제였던 카페 직원을 시급제로 바꾸어서 고용하고 있다.

BLANK도 동작FM처럼 서울시 공모전을 시작했다. 그리고 동작FM과 마찬가지로 앞으로의 수익 모델을 고민 중이다. 올해 초에는 활동을 통해서 직접적인 수익을 내는 방안도 고려했다. 그러나 현재는 1차 활동으로 수익을 내는 것은 마을에서 네트워크를 만들려는 활동의 취지와 모순된다고 보고 있다. 인터뷰에서 문승규 대표는 "1차적인 행위들이 수익 모델이 되는 것이 아니라 그것을 바탕으로 2차, 3차 수익을 만들 수 있는 고민"을 하고 있다고 말했다. BLANK는 현재 공간 운영이 아니라 상품을 시장에 유통하고 건축 설계, 공간 만들기, 연구 매거진이나 책 발간 등으로 부가적인 수익을 내는 방안을 모색 중이다.

전반적으로 시민단체의 재정 상황은 녹록지 않은 것으로 드러났다. 동작구의 시민단체들은 각자의 열악한 상황을 전하면서도 다른 단체들도 비슷한 고민을 하고 있을 것이라고 덧붙였다. 또한 다루는 의제에 따라 앞으로의 재정 수익 구조를 다르게 계획하는 특징도 나타났다. 이는 뒤에서 좀 더 자세히 다루겠다.

V. 동작 거버넌스: 동작구의 거버넌스 현황과 시민단체와 구청이 지향하는 거버넌스의 모습

이제 거버넌스의 시대가 왔다. 아래로부터의 목소리가 점차 정치사회에 반영되기 시작하여 시민들의 의사와 역량이 중요해졌고, 민을 바라보는 관의 의사와 태도 역시 중요해졌다. 이 장에서는 동작구 안에서 이러한 거버넌스의 요소가 얼마나 발현되었는지, 앞으로 얼마나 더 발전할 수 있을지 살펴본다.

성공적인 거버넌스를 위해서는 서울시, 동작구 등 관 차원과 동작구 내에 존재하는 다양한 시민자치 조직 등 민 차원의 협력 및 상호 연계가 필수적이다. 그렇다면 동작구의 관 역할을 주도적으로 담당하는 동작구청이 이러한 상호 협력을 어떻게 바라보며 어떤 계획을 구상하고 있는지 살펴봐야 할 것이다. 이와 더불어 동작구의 각 시민단체들이 구청과의 협력을 통해 거버넌스로 나아가는 것을 어떻게 인식하고 있는지 알아보는 것 역시 중요하다.

우선 동작구 내 다양한 시민단체들이 구청(관)과의 협력을 어떻게 생각하는지 알아본다. 그리고 구청장과의 인터뷰를 중심으로 거버넌스에 대한 관 차원의 시각에 대해서도 알아볼 것이다. 이렇게 민관 양 주체들의 입장을 서술한 뒤, 이를 바탕으로 동작구 거버넌스의 바람직한 발전을 위한 제언을 하고자 한다.

1. 동작공동체라디오동작FM

동작FM은 서울시의 지원 사업을 바탕으로 설립된 만큼 관의 지원을 적극적으로 활용하려는 모습을 보였다. 한편 관의 지원은 한시적이고, 이에 지나치게 의존하는 것은 단체의 주체성을 흐릴 수 있으므로 관과 적당한 거리를 유지하는 것을 바람직하게 보았다.

동작FM의 초기 설립 배경은 서울시에서 실시한 마을미디어 사업에 응모하여 당선된 것이다. 이후 2년 반 정도의 기간 동안 동작FM은 서울시나 동작구에서 실시하는 다양한 사업에 꾸준히 응모하여 참여하고 있으며, 지금도 다양한 사업을 구상, 추진 중이다. 이를 통해 동작FM이 관과 적극적으로 협력하려는 의사가 있음을 알 수 있다. 그러나 관 차원에서 민간단체를 지원해 주는 기간은 한시적이다.

"서울시나 동작구청의 지원 사업 모토는 자립이에요. 그래서 처음에는 지역 주민들이 뭔가를 하기 위한 물적 토대를 제공해 주고 사업을 지원해 주면서도, 지원 기간은 보통 7, 8개월, 길어야 3년 정도이고 지속적인 지원을 받기는 힘들어요."

– 양승렬 동작FM 국장

따라서 지원 기간이 끝난 이후에는 주민들이 자체적으로 자구책을 마련해야 한다. 동작FM도 새로운 자립 모델을 모색하고 있지만 재정 상황이 여의치 않아 고민 중에 있었다.

양승렬 국장은 이러한 사실에 주목해서 동작구청과의 관계를 바라보았다. 그는 관으로부터 지원을 받아 사업을 꾸려 나가는 것도 좋지만, 주민단체 역시 동작구청을 상호 견제하는 사이가 되어야 한다고 말했다. 또한 이러한 역할이 동작FM뿐만 아니라 동작구 시민사회 전체의 역할로 확장되어야 한다고 보았다. 따라서 양승렬 국장은 동작구청과 너무 긴밀한 협력 관계에 놓이는 것도, 또한 '일부러' 아주 먼 거리에 놓이는 것도 지양하며 적당한 거리를 유지하는 것이 바로 '건강한 거리'라고 보았다. 동시에 동작구나 서울시도 마을공동체 활동을 지원하는 프로그램을 구상하고 계획하여 시민정치 활성화를 도와야 한다고 언급했다. 그 밖에도 양 국장은 동작구 내 다른 단체들의 입장에 대해 덧붙였다.

> "관변단체가 아니라고 하더라도 지원 사업 중심의 활동을 하는 곳은 추진하는 사업의 특성상 더 많은 혜택을 지원받기 위해 목적의식적으로 구청, 공무원들과 친밀도를 형성해 가죠. 그런 곳들은 기본적인 시민단체의 성격과는 달라요."
>
> – 양승렬 동작FM 국장

이처럼 양 국장은 단체나 대표자의 성격에 따라 구청과의 관계를 바라보는 시각이 다를 수 있음을 설명했다.

2. 성대골사람들

성대골사람들의 김소영 대표는 성대골이 다른 단체들과는 달리 사업의 성격상 지원을 받아야 할 당위성이 충분함을 설명했다. 마을학교, 도서관, 에너지 문제와 같은 공공적 사안들은 장기적인 사업이며 정부의 품으로 돌아가는 하는 사업인 만큼, 지속적인 사업 성장을 정부가 도와야 한다고 보았다. 즉 그녀는 이러한 사업들이 '제도권으로 편입'•10되길 희망했다. 하지만 관에서 이를 수용하기 힘들다면 교육, 에너지 문제와 같이 성대골사람들이 다루고 있는 사안들이 거시적, 장기적 관점에서 추진되어야 할 사안인 만큼 최소한 일정 수준 이상의 지원은 필수적이라고 설명했다.

> "지금까지의 국가는 시민사회의 발전을 위해 적은 돈을 투자하고, 마을만들기 사업에서도 업무에 비해 지나치게 적은 지원비를 주었어요. 시민사회의 올바른 발전과 확장을 위해서는 주민들이 자발적으로 나서서 활동해야 하지만, 예산이 턱없이 모자라다면 아무리 주민들의 자발성, 봉사성이 투철하다고 하더라도 한계가 있어요."
> – 김소영 에너지슈퍼마켙 대표

김소영 대표는 정부가 '사소한 땅콩'을 던져 주고 큰 효과를 내라고 하기보다는 투자한 비용에 걸맞은 성과를 낼 수 있도록 방향이 바뀌어야 한다고 보았다. 더불어 자치단체들의 피나는 노력으로 특정한 성과를 낸 것을 정치인들이 자신의 역할로 포장하는 꼼수를 경계했다.

즉 그녀는 동작구 시민정치 활동의 지속적인 확대, 발전을 위해 사람들을 포용할 수 있는 공간, 지속적인 사업을 추진하기 위한 기금, 구의 미래를 위한 자본 등이 필요하다고 말한다. 시민정치와 거버넌스가 사회적 테제로 부상한 현 시점에서 그녀는 시민 스스로가 합당한 권리에 대해 판단할 줄 알고, 지속가능한 사업을 꾸려 나갈 수 있는 여건이 마련되어야 건강한 시민운동이 이루어질 것이라 보았다.

김소영 대표는 앞으로의 동작 거버넌스의 미래를 긍정적으로 조망했다. 그녀는 이창우 구청장을 "거버넌스에 대한 보수적인 생각을 가진 기존의 구청장들과는 달리 시민정치에 대한 생각과 의식이 있는 사람"이라고 말하며 동작구 시민정치의 미래에 대한 밝은 전망을 내비췄다. 민선 6기 이전의 관에서 잘못해 온 일들을 바로잡는 데에는 시간이 걸리겠지만, 현 구청장이 점차 인물, 조직,

---

10. 여기서 김소영 대표가 언급한 '제도권으로의 편입'이란, 성대골사람들에서 현재 진행 중인 사업이 관에서 공적으로 다루어야 할 사업이므로, 관에서 이를 직접 맡아 장기적 관점에서 책임성 있게 다뤄 주길 희망한다는 취지였음을 덧붙인다.

명성 등을 확보하게 될 것이고 이에 따라 자신이 원하는 정책을 펼 수 있을 정도로 지역적 영향력이 증대된다면, 보다 바람직한 거버넌스 관계 형성에 도움을 줄 수 있을 것이라고 그녀는 전망했다.

3. 좋은세상을만드는사람들

좋은세상의 박신연숙 사무국장은 민관 양측의 협력에 있어 서로의 역할이 다르다는 것을 인식하는 것이 중요하다고 말한다. 이러한 취지에서 관 주도의 행정보다는 시민단체들이 할 수 있는 다양한 역할에 주목하였다. 예를 들어, 시민단체 차원에서 의회를 방문해 방청, 모니터링을 하는 등 민 차원에서 관을 감시, 견제를 할 수 있다는 점에 주목했다. 그리고 실제로 좋은세상은 이러한 목적의 일환으로 현재 주민참여예산제도에 참여하고 있다고 박 사무국장은 언급했다. 그녀는 거버넌스의 발전을 위해 경직된 행정을 보다 부드럽게 바꿔야 한다고 덧붙였다. 좋은세상은 이러한 취지로 구청에서 만드는 공간과는 차별화된 특색이 있는 자신들만의 공간을 만들고자 했다.

> "구민들은 대체적으로 집단생활의 규칙에 잘 적응하지 못하거나, 집에서 나와서 살고 싶은데 쉼터가 집에 다시 연락을 한다는 점 때문에 쉼터를 방문하지 않아요. 그러한 친구들이 자유롭게 드나들고 한 번 오면 또 오고 싶은 그러한 공간, 누군가가 일하다가 와서 편히 쉴 수 있는 공간을 만들고 싶어요."
>
> – 박신연숙 좋은세상 사무국장

그녀는 관과의 관계에 대한 비판적인 분석을 곁들였다. 현재의 실정은 예산편성이 대부분 위로부터 결정되어 내려오기에 전문가와 주민이 참여한다고는 하지만 참여의 효과가 미비할 수 있으며, 관 차원에서 보통 어떤 일을 진행할 때 계속 담당자가 바뀌기 때문에 일관성이 상실될 수 있다는 점을 우려했다. 따라서 이러한 문제를 극복하기 위해서 "공무원들이 직접 정책의 이해 당사자들을 찾아가서 이들과 이야기하려는 노력이 필요하다."고 언급했다. 박 사무국장은 자신이 꿈꾸는 시민정치의 모습에 대해서도 언급했다.

"자치 활동 참여자들이 지역의 직장을 다니기도 하고, 이 단체의 멤버이기도 하고, 아이의 엄마이기도 하는 등 다양한 관계를 맺고 있어요. 좋은세상이 이러한 관계망들을 더 강화하여 마을의 친목을 도모하도록 하고 싶어요."

– 박신연숙 좋은세상 사무국장

즉 그녀는 자치 활동 참여자들이 위 단체를 매개로 어린이집, 학교 운영위원회, 마을 차원의 자원봉사 활동, 주민자치위원회 등에 적극적, 주도적으로 참여하는 모습을 꿈꾸면서도, 이러한 과정에서 나타날 수 있는 관과의 충돌에 대해 염려했다.[11]

한편 좋은세상은 다른 시민단체들과의 연대에 대해 많은 관심을 보였다. 동작구 내에서 416연대나 급식 문제를 다루는 이야기기획팀을 만들었는데, 이 기획팀에 동작구 내 각각의 단체에서 한두 명이 대표로 참여해 연대한 경험이 있다고 그녀는 말했다. 동작구의 마을 활동 역사가 짧다보니 신생 모임, 단체들을 보다 활발하게 만드는 것이 중요하다고 보며, 여러 시민단체들 간의 다양한 활동과 연대가 이를 촉진시킬 수 있다는 점에 주목한 것이다.

4. BLANK

BLANK의 문승규 대표는 "구청(민선 6기 이전)에서의 지원이 잘 이루어지지 않아 이에 대해 반감을 갖고 만든 게 BLANK"라고 언급했다. 그는 서울시에서 실시한 마을만들기 사업에 BLANK가 참여한 당시 상황을 털어놓았다. 사업을 원활히 시행하기 위해서 주민의 지지, 동의를 50% 받는 등 구 차원의 홍보 정책이 필요한데, 동작구청의 도움은 미미했다는 것이다.

---

11. 박신연숙 사무국장은 단체의 대표나 위원장이 대부분 남자이고, 행사를 할 때에도 남녀의 역할이 구분되어 있는 등 여전히 경직된 관행으로 인해 여성의 역할이 많이 축소되고 있는 상황을 염려했다.

이러한 상황을 겪은 BLANK는 지역에서의 힘을 자생적으로 키워 나가는 것을 조직의 목표로 삼았다. 이를 통해 지역사회에서 하나의 주민단체로서 인정받도록 성장하고자 하는 것이다. 문 대표의 발언에서 현재 BLANK가 이러한 목적을 어느 정도 달성했음을 알 수 있었다.

> "현재 BLANK는 지속적이고 꾸준한 활동을 통해 이러한 목표를 어느 정도 달성했어요. 그렇다 보니 오히려 지금은 구청에서 BLANK의 도움이 필요한 시점이 왔어요. 지금은 BLANK가 그동안 쌓아 놓은 자본을 바탕으로 동작구청과 협력하는 관계가 되었어요."
>
> – 문성규 BLANK 대표

문승규 대표는 시민단체의 지역 활동에 있어 민과 관의 협력을 중요하게 보았는데, 협력의 방향에 있어서 관 주도의 민관 관계보다는 시민단체의 주체성이 보장되는 것을 원했다. 실제로 BLANK는 이러한 주체성이 확보되는지의 여부에 따라 사업 참여 여부를 결정하였다. 우선 2014년 구청 자치행정과의 제안으로 제1회 마을아카데미에 참여하여 구청과 협력했는데, 이때 양측이 동등한 관계에서 파트너십을 유지하였다고 밝혔다. BLANK는 올해도 마을아카데미를 진행 중에 있으며, 마을 사업과 관련하여 지속적으로 협력하고 있다. 즉 상호 존중과 신뢰에 기반한 네트워크는 언제든지 환영한다고 그는 말했다.

하지만 문 대표는 시민단체가 도구화되는 형태의 참여는 경계했다. BLANK는 올해 상도4동이 도시재생 시범사업 대상지로 지정되면서 참여를 권유받았으나, 실제 거버넌스의 주체가 아니라 권한이 주어지지 않는 단발성 참여밖에 가능하지 않아 유보 중이며, 현재 용역사가 선정되어 사업이 진행 중에 있지만 아직까지 사업이 본격화하지 않아 앞으로 어떤 방식으로 진행되느냐에 따라 참여 여부를 결정할 것이라고 덧붙였다. 즉 그는 행정이 시민자치 사업을 사업적, 프로젝트의 관점으로 바라보는 것을 염려하고 경계하였다.

한편 BLANK는 거버넌스 발전을 위한 다양한 네트워크 형성 및 공간 창출에 힘쓰고 있었다. 우선 '청년허브'라는 공간을 만들어 청년 네트워크를 돕거나 마을만들기지원센터를 만드는 활동을 했다. 이 활동을 통해 함께 하는 팀들과의 관계 및 네트워크가 많이 형성되었다고 그는 언급한다. 최근에는 서울시에서 청년들의 네트워크를 위한 공간을 만들자는 프로젝트로 '무중력지대'를 만들었는데, BLANK 역시 이 활동에 참여하기도 했다.[12]

마지막으로 문 대표는 거버넌스에 대한 전망을 내보였다. 그는 정부와 시민사회가 동등한 위치에서 협력하여 시너지 효과를 보는 거버넌스가 필요하다고 말한다. 특히 관에서 제공하는 중간지원조직[13]들은 민관의 단계적인 협력을 가능하게 해 준다는 점에서 긍정적으로 평가했다. 그러나 그는 행정의 역할이 비대해지면 시민사회가 관에게 이용당할 수 있고, 단체의 주체성 및 역량 약화로 이어질 수 있기에 이를 경계했다. 정부의 지원에 지나치게 의존하면 '갑을 관계'가 생기고, 성과를 중시할 수밖에 없는 행정에 끌려가기 쉽다고 덧붙였다. 그는 원래 있던 시민사회 조직의 특징을 살리면서 역량을 키우는 것과 정부가 시민사회가 성숙할 수 있도록 기다려 주는 것이 필요하다고 말한다. 그러면서 이러한 시민단체 활동에 참여하는 사람의 가치가 극소수만의 가치가 아니라 보편적인 가치로 인정받을 수 있기를 희망했다.

5. 동작구청

여기서는 동작구청 및 구청장이 바라보는 거버넌스는 어떠한지에 대해 다룰 것이다. 시리아니(Sirianni)는 관에서 실시하는 정책이 시민사회의 역량 강화에 큰 역할을 할 수 있다고 보았다. 그는 민과 관이 함께 협력하여 시민사회 발전을 도모하는 '협력적 거버넌스' 모델에 주목하였고, 협력적 거버넌스 정책의 세 가지 역할로 "empower, enlighten, engage"를 제시한다.

시리아니는 이 세 가지 역할을 이루기 위해 정책이 갖추어야 하는 여덟 가지 원칙을 제시한다. 공공재의 공동 생산, 지역공동체 자산의 동원, 전문 지식의 공

---

12. 무중력지대의 경우 2013년 7월부터 TF팀에 참여하였고, 1호점인 G밸리의 경우 2014년 8월에 설계를 진행하여 11월에 완공하였다. 2호점인 대방동의 경우 현재 BLANK가 운영위원으로 참여하고 있다. 청년허브에서는 작년에 BLANK가 연구 사업에 참여하였고, 지속적인 소통을 하고 있다.
13. 중간지원조직은 민과 관 사이에서 다리 역할을 하도록 만든 조직이다.

유, 주민심의기제의 활용, 지속적인 파트너십 구축, 전략적인 네트워크 강화, 지방정부의 문화적 변혁, 상호 책임성의 확보가 그것이다(Sirianni, 2009).

이 중 네 가지의 원칙을 동작구청의 노력에서 파악할 수 있었다. 먼저 '공공재의 공동 생산'이다. 동작구청은 2011년부터 주민참여예산제를 운영하고 있으며 주민들은 주민참여위원으로 참여하고 있다. 이창우 구청장이 당선되고 난 뒤에는 전년 대비 260% 증가한 35억 원의 서울시 주민참여예산을 확보하며, 이에 대한 지원을 늘려 가고 있다. 이를 통해 주민들이 구의 예산집행에 대해 공동 생산하고 있는 비율이 늘어나고 있다. 다음은 '전문 지식의 공유' 항목이다. 2011년 박원순 시장의 당선과 함께, 서울시와 함께 마을공동체 지원 사업이 펼쳐지고 있다. 동작구청 역시 마을공동체 담당 사무관을 배치하고, 마을공동체 교육을 열어서 주민들에게 마을공동체에 대한 정보를 전달하고, 그들이 활동가로 성장할 수 있도록 하는 역량을 배양하고 있다. '지방정부의 문화적 변혁' 역시 구청의 노력 중 하나이다. 동작구는 2014년 혁신교육지구 선정 사업에 '청소년의회'라는 아이디어를 제출하여 선정되었다. 이는 실질적 의사결정 권한은 없지만 학생들이 자체적으로 의회를 구성, 사업을 구상하여 이들이 민주시민으로 성장할 수 있는 기반을 마련하자는 취지이다. 마지막으로 '상호 책임성의 확보'를 확인할 수 있었다. 기존 구청의 시민단체 지원은 매우 적었고, 기존 행정은 경직성, 성과주의적 성격이 돋보인다는 것이 시민단체들의 주요 의견이었다. 그러나 이창우 구청장은 이러한 기존 행정 문화를 쇄신하고, 시민단체들과 적극적인 관계를 맺음으로써 거버넌스를 추구하고 있다. 상호 책임에 기반을 둔 거버넌스로 변화하기 위한 노력이 진행 중인 것이다.

시리아니의 분석 기준을 바탕으로 볼 때 동작구의 협력적 거버넌스는 현재 시작 단계에 있지만, 구청은 다양한 방면에서 적극적인 노력을 하고 있음을 알 수 있다.

다음 이창우 동작구청장과의 인터뷰를 바탕으로 동작구청이 바라보는 거버넌스에 대한 시각을 보다 구체적으로 전달하고 분석하고자 한다.

'주민들에게 먼저 다가가서 가슴을 열어 제껴라!' 바로 이창우 구청장이 시민정치를 바라보는 핵심 모토이다. 실제로 그는 시민정치 발전을 위해 많은 노력을 쏟고 있으며, 이러한 시도가 속속 결실을 거두고 있다고 밝혔다. 그는 지역 내 모든 마을공동체와 대화가 가능할 정도로 친밀성을 가지길 희망했으며, 이를 위해 구청 내 마을공동체 사업팀과 함께 노력을 기울였다. 과거에는 구청에서 마을공동체 활동가들을 바라보는 시각이 마을 주민 그 이상이 아니었지만, 이제는 이러한 시각이 많이 바뀌었다고 그는 말한다. 또 "마을공동체가 구청을 바라보는 시각이 우리를 구청에 끌어들여 본인들의 업무 편의성을 좀 높이려고 하는 형식적인 과정으로 인식하고 있었다면, 이제는 그러한 인식을 바꾸기 위해 노력하고 있다."고 언급했다. 이러한 노력이 결실을 거두어 요즘에는 마을공동체 활동 공간에 와 달라는 초청을 받고 있다고 덧붙였다. 그는 구체적인 상황을 언급했다.

> "노량진 컵밥 거리 노점 이전과 관련해서 주민들과 끊임없는 대화를 시도했어요. 노점 관계자들과 대화를 통해 이전을 합의하는, 상호 간 합의하는 그런 모습도 있었어요. 또 하나는 상도4동에 도시재생 사업을 하는데 오히려 거꾸로 시민들의 역량에 의지하는, 그래서 성공적으로 사업을 관철시켰던 사례도 있습니다. 이 사업의 가장 핵심 부분을 참여했던 중요한 마을공동체가 BLANK고요."
>
> – 이창우 동작구청장[14]

이 구청장은 마을공동체, 동작구청, 서울시 및 중앙정부 삼자 간의 상호 신뢰를 바탕으로 한 협력적 관계를 지향하며, 중간 매개체로서 구청의 역할을 언급했다. 우선 그는 마을공동체와 구청의 관계에 있어서 "시민정치란 주민들과 더불어 함께하는 마을공동체를 실현하는 것"이라며 시민정치의 쌍방향성을 강조했다. 이는 주민들이 살면서 부딪히는 실질적 문제의 해결을 위해 마을공동체를 이루고, 의제를 발굴하고, 의견을 조정하고, 문제를 해결하기까지의 전 단계를 주민 스스로의 힘으로 지속해 가는 것을 말한다. 구청은 이를 위해 끊임없이 이들의 참여 공간을 보장하고 확장하는 견인의 역할을 해야 하면서도, 거꾸로

14. 이하 이 절의 인용문은 이창우 동작구청장과의 인터뷰에서 발췌한 것이다.

사진 6.6 이창우 동작구청장과의 인터뷰 모습

구청에서도 주민들의 공동체에 의지할 수 있다고 말했다. 초기에는 구청이 먼저 주민참여의 공간을 보장하고 확장하는 역할을 해야겠지만, 이와 동시에 구청도 주민들의 마을공동체에 의지하는 상호 협력적인 공간을 만들어 내야 한다는 것이다.

이 구청장은 온라인 카페 '관악동작맘모여라'와의 협력을 대표적 사례로 들었다. 이 조직은 회원수가 8,000명에 육박하는 동작구의 주요 시민정치 세력으로, 온라인에 머물지 않고 지역공동체들과 함께 여성 카페 만들기 사업을 신청하는 등 끊임없이 오프라인으로 진출을 시도하고 있었다. 동작구청은 서울시 여성 정책을 주도적으로 만들고자 노력하는 관악동작맘모여라의 활동을 지원하며 협력적 관계를 유지하고 있음을 언급했다. 이 단체 이외의 다른 온라인 단체들도 오프라인으로 끌어내기 위한 상호 노력이 필요하다고 그는 덧붙였다.

이어서 이 구청장은 구청과 서울시 및 중앙정부와의 관계에 있어 지금의 상하 관계를 극복하고 보다 협력적 관계로 나아가기를 희망했다.

"동작구청과 서울시의 관계는 동작구청도 기초이기는 하지만 자치단체이고, 서울시도 광역이기는 하지만 자치단체입니다. 따라서 서로는 협력적 관계이지 절대 상하 관계는 아닙니다. 그런 부분에서 서울시가 정책 결정을 할 때 기초단체 및 정책 이해관계자들과 미리 협의를 해 줬으면 좋겠습니다. 그러나 서울시는 여전히 기초단체를 하급 기관으로 인식하고 예산으로 통제하려 합니다. 이는 서울시뿐만 아니라 중앙정부도 마찬가지죠."

또한 그는 서울시 자치구 속에서의 동작구의 강점과 약점에 대해 언급했다. 동작구 시민정치 세력들의 활동 수준은 현재 전반적으로 걸음마 수준이며, 아직은 다른 구에 비해서 많이 뒤쳐져 있다고 말했다. 그리고 그러한 상황에 대해 다음과 같이 언급했다.

"박원순 시장이 시민정치를 하고자 하는 활동가들을 세력화시킨 공간에서 마을공동체 활동이 활발하게 일어나기 시작했어요. 우리 구는 정책적으로 이들에 대한 기반을 제공하지 못했어요. 그러다 보니 단체들이 흩어져 있죠. 또 이 마을 활동가들이 시와 직접적인 네트워크를 활용해서 활동을 하다 보니 구청 공무원들과 거리가 있어요. 하지만 이제 민선 6기에 들어서고 나서, 마음을 털어 놓을 수 있는 구청장이 있음으로 해서 우리도 상호 간에 벽이 허물어지고 있다고 생각해요."

이창우 구청장은 현재 동작구가 다른 자치구에 비해 부족한 점이 있다고 말하면서도, 최근 상황을 개선시키기 위해 노력하고 있음을 밝혔다. 2013년도에 마을공동체 예산은 약 13억 원 정도였지만, 작년에는 마을공동체와 주민들의 협의에 의해 서울시 주민참여예산 약 35억 원을 확보했다. 그리고 올해에는 동작구 자체 참여예산까지도 동별로 경쟁 체계를 갖춰서, 마을의 시민들이 참여하지 않으면 구 참여예산을 확보하지 못하는 제도를 구상하고 있었다. 그는 이러한 정책을 지속적으로 추진하여 구청과 자치 조직의 연계를 통한 시너지 효과를 전망하였다.

이러한 노력의 일환으로 동작구청에서는 '동 미래발전 특성화 사업'을 시행하였다. 지역 주민들이 직접 지역 발전 전략을 수립하고, 구에서 세부 집행 계획을 체계화하는 15개 전 동 대상의 사업을 전국 최초로 시도한 것이다. 이는 지역적, 대상자별 차이를 고려하지 않은 중앙정부나 서울시의 획일적 정책의 문제점을 보완하는 효과가 있으며, 마을의 공론을 제도화해 나가는 방안임을 언급했다.

또한 이 구청장은 국가 중심의 일방적 정책 추진의 시대가 지났음을 강조한다. 이제는 현장에서 실천적 싱크탱크의 역할을 하는 주민과 마을공동체가 중심이 되어 마을의 문제를 해결하는 패러다임으로 변해야 함을 언급했다. 이를 위한 우선적 과제로 '사람 사는 동작', 사람이 먼저라는 소박하고 당연한 원칙이 당당하게 인정받는 세상을 만드는 것이 동작의 지향점이라고 그는 말한다. 우리는 그의 야심찬 포부에서 이전과는 다른 동작구 시민정치의 새로운 변화를 기대할 수 있었다.

한편 동작구의 관 역할을 담당하는 또 하나의 중요한 기관이 바로 동작구 의회이다. 이 구청장은 두 기관이 그동안 서로 교류하거나 협력하여 시민정치의 발전을 위해 노력한 경험에 대해 이야기했다. 구청장은 구의회와 구청이 지역 발전을 위해, 그리고 지역 주민들의 행복을 위해 열심히 노력해야 하는 양대 기관임에 주목했다. 그렇지만 "의회는 집행부를 견제하고 감시하는 게 본연의 역할이고, 집행부는 끊임없이 의회의 견제와 감시에서 벗어나려고 하는 기관이기에 사실상의 상호 협력적 관계를 이루기는 쉽지 않다."고 말했다.

그럼에도 불구하고 동작구가 대외적으로 나아가야 할 정책적 방향에 있어서는 의회와 토론을 하고 있음을 밝혔다. 또 서울시의 공모 사업에 있어서 양 기관이 힘을 똘똘 뭉쳐서 하나의 기관처럼 대응한 사례를 언급했다. 예를 들어 상도4동의 도시재생 사업을 유치하기 위해 의회와 집행부가 협력을 했다고 한다.

이 구청장은 보다 중요한 것은 집행부와 의회의 권력이 아니라 시민 권력이라고 보았다. 그는 앞으로는 시민정치 세력들이 권력의 핵심부로 들어와서 양 기관들을 견인해서 끌고 가야 한다고 말했다. 물론 아직은 그러한 역량이 부족하지만, 점차 역량이 증가하여 이러한 역할을 수행할 수 있게 된다면 이 양대 기관을 시민정치 세력들이 견인할 것이라고 전망했다.

6. 거버넌스 소결

지금까지 동작구 내 시민자치 단체들 및 동작구청장의 거버넌스에 대한 입장을 들어보았다. 우선 시민자치 조직들은 관으로부터의 지원이 필요함을 언급하면서도 관에 지나치게 의존하여 주체성을 상실할 수 있다는 것을 염려했다. 그리고 올바른 시민정치의 발전을 위해서는 관 주도의 행정을 지양하고 시민 세력의 역량 배양을 조금 더 기다려 줄 필요가 있다고 보았다. 한편 성대골사람들처럼 에너지, 마을학교와 같이 특별한 의제를 다루는 단체는 구청의 보다 적극적인 지원을 희망하는 모습을 보였다. 이창우 구청장은 기존 동작구가 다른 자치구에 비해 마을공동체 수준이나 지원 수준에 있어 부족함을 인정했다. 민관협력을 통한 거버넌스의 발전이 앞으로 동작구가 나아가야 할 바람직한 방향으로 보았고, 실제로 이를 보완하고 발전시키기 위하여 많은 정책들을 계획하고 구상 중에 있음을 밝혔다.

기존 동작구에서 바람직한 거버넌스 모델을 모색하기는 쉽지 않았다. 낮은 예산 지원, 부족한 시민자치 조직, 사람들의 저조한 관심 등으로 동작구는 서울시 다른 자치구보다 불리한 입지에 있었다. 게다가 동작구는 박원순 시장의 마을공동체 1기 체계에 탑승하지 못했다. 이런 열악한 조건 속에서 시민단체들은 원하는 지원 및 협력을 관으로부터 받지 못했고, 관에 대해 부정적인 인식을 갖게 된 단체들도 많았다.

하지만 2015년 오늘날 동작구의 역량은 변화하고 있다. 우선 시민정치에 관심이 없었던 지난 구정과 달리 작년 7월 출범한 민선 6기 이창우 구청장은 적극적인 소통, 시민들에게 먼저 다가가는 구정을 추진 중이라고 밝혔다. 작년에는 재정난 때문에 마을공동체 지원 등에 투입하는 예산을 확대할 수 없었지만, 올해부터 점진적으로 확대해서 내년에는 서울시 지역구 평균 수준으로 지원 예산을 늘릴 계획을 전했다. 그는 동작구민들, 공무원들과 함께 '사람 사는 동작'을 만들고자 노력하고 있다고 덧붙였다. 한편 시민단체들의 의식과 역량도 개선되었다. 2004년 희망동네를 시초로 현재 동작구에는 60개 이상의 시민단체들이 자신들의 목소리를 내고자 힘쓰고 있다. 동작구민 8,000명 이상이 가입한 온라인 카페도 존재한다. 이들 단체들 중에는 동작구 내에서 의미 있는 사업을 주도적으로 진행하는 단체도 있다.

위와 같은 동작의 거버넌스 현실에 다음과 같은 제언을 하고자 한다. 바람직한 거버넌스는 민이나 관 어느 한 주체만으로는 실현될 수 없으며, 시민단체와 구청이 힘을 합친다면 기존보다 뛰어난 성과를 창출할 수 있다는 것이다. 민관 양측이 서로에 대해 부정적인 생각을 가지고 있던 과거의 인식이 변하고 있다는 것을 인지하고, 상호 협력을 지속적으로 시도하고, 그 협력을 성공적으로 진행하며 유대를 더욱 강화시키려는 과정이 필요하다. 이는 앤셀과 개쉬(Ansell and Gash)가 말하는 거버넌스의 협력 과정에서 드러나는 선순환적인 전망이라고 볼 수 있다. 상호 간의 지속적인 접촉을 통해 낳은 중간 결과가 다시 면대면 접촉을 낳고, 이것이 상호 간의 신뢰를 신장시키고 헌신과 공유된 이해를 만들어 내어 또 다른 거버넌스의 결과물을 창출한다는 것이다(Ansell and Gash, 2008).

먼저 시민단체들은 앞서 열악했던 동작구의 상황이 개선되고 있음을 인지했으면 한다. 민선 6기 구청장은 기존과 달리 시민단체에 대해 열린 입장을 갖고 있음을 밝혔다. 기존의 부정적 시각을 바탕으로 구청과의 협력을 지양하기보다는, 구청이 어떤 생각과 계획을 갖고 있는지 들어보려는 자세가 필요할 것이다. 아직 민선 6기가 시작된 지 채 1년이 지나지 않았다. 구청을 감시하고 견제하는 본연의 역할을 수행함과 동시에, 구청장에게 격려와 응원의 목소리를 보내는 것도 필요해 보인다. 이와 더불어 구청에 먼저 대화를 시도하여 자신의 입장을 이해시키기 위해 노력한다면 더 좋은 결과가 있을 것이다. 또한 구청 역시 서울시나 중앙정부로부터의 여러 제약에 의해 자유로울 수 없는 점을 고려하여 배려와 양보의 미덕을 함양하는 것도 중요하다.

한편 구청은 과거 동작구의 시민정치적 상황이 열악했고, 따라서 시민단체들이 구청에 부정적인 시각을 가질 수밖에 없었던 점을 알아 주었으면 한다. 시민단체의 역할은 구청을 감시하고 견제하는 것이며, 특히 동작구에는 민선 6기 이전의 구정이 쌓아 온 불신 관계가 존재한다. 이를 현명하게 극복하기 위해서는 시민단체에 다가가 적극적으로 대화를 요청하고, 그들의 목소리를 귀담아 듣는 자세가 필요해 보인다. 또한 구청이 현재 동작구의 마을공동체 수준이 다른 자치구에 비해 열악함을 인지했다면, 다른 사업보다도 이 부분에 우선적인 관심을 가져야 할 것이다. 시민단체들은 민선 6기에 대한 희망과 기대를 품고 있다.

구청은 이러한 기대를 저버리지 않기 위해 시민들의 욕구와 이해를 충족시켜 줄 수 있는 다양한 사업을 구상하고 추진해야 하지 않을까?

지금까지 시민단체와 구청, 민관 양측에 대해 제언을 했다. 동작구에 대한 넉 달간의 짧은 연구를 바탕으로 내린 제언이기에 부족한 점이 있을 수 있다. 하지만 동작구 지역 내에서 오랫동안 활동에 온 여러 시민단체들, 그리고 구청장 및 마을공동체 사무관을 방문하고 인터뷰하여 서로가 처한 상황을 입체적으로 파악하고자 노력했다. 서로가 각자 맡은 역할을 충실히 수행함과 동시에 양보, 배려의 미덕을 발휘한다면 더 나은 동작구 거버넌스의 시대가 열릴 것이라고 기대하는 바이다.

VI. 나오며: 동작구 시민정치의 현주소

지금까지 동작구 시민정치의 현황을 알아보았다. 구청에서 파악하고 있는 마을공동체는 64개였고, 이창우 구청장은 파악하지 못한 더 많은 공동체가 있을 것이라고 예측했다. 지역 분포는 상도동 권역에 집중되어 있었고, 의제 분포는 산발적이었다. 조직화나 견고성 측면에서도 시민단체별로 정도가 달랐는데, 시작 단계에 있는 단체부터 조직 운영 원리를 갖추고 체계적, 정기적으로 활동하는 단체까지 다양했다.

구체적으로는 동작FM, 성대골사람들, 좋은세상, BLANK를 선정하여 동작구 시민단체들의 활동, 운영 원리, 거버넌스에 대한 생각을 알아보았다. 글에서는 네 단체의 활동을 개방성, 분권성, 정치성, 홍보성, 재정 상태 등 다섯 기준으로 분석했다.

먼저, 네 시민단체에는 기성 정치나 단순한 친목도모와 구별되는 나름대로의 시민정치적 함의 혹은 정치성이 있었다. 각 단체의 의제는 마을언론에서부터 마을학교, 쉼터, 공유 공간까지 다양했다. 동작FM은 마을라디오로서 매주 인터넷 방송으로 진행하는 프로그램에서는 시민 개개인의 목소리를 담아내는 한편, 동작구 내 구정을 견제, 감시하기도 하는 마을언론이다. 성대골사람들은 상도4

동에서 에너지슈퍼마켙, 성대골어린이도서관, 마을학교 등을 중심으로 에너지 주권 실현을 위한 첫걸음을 떼고, 정부에서 제공하지 않는 복지를 자기조직화로서 해결하며, 정부의 지원을 확대하려는 노력을 병행하는 단체이다. 좋은세상은 여성, 청소년, 생태를 키워드로 여러 소규모 위원회에서 민주적인 활동을 전개한다. 한편으로는 시민들이 일상에서 스스로에 대한 결정력을 높이는 것을 추구하고, 다른 한편으로는 여건이 안 좋은 청소년을 돕기 위해서 행정이 제공하는 것과는 다른 성격의 쉼터를 제공한다. 앞의 세 단체들이 지역에서 활동하던 사람들을 중심으로 조직됐다면, BLANK는 외부에서 들어와서 지역 네트워크를 활성화시키려는 시도이다. BLANK는 서울시 공모전을 계기로 출범하여 동작구에서 마을 네트워크를 강화할 수 있는 대안적인 공간을 제공하면서 동작구의 특성이 반영된 사회적 자본이 성장할 수 있는 환경 조성에 기여한다.

또한 단체의 민주성도 비중 있게 다루었다. 시민정치는 시민을 신뢰하고 시민들, 아래로부터의 정치를 조직하는 과정이기 때문에 단체의 민주성이 중요하다. 우선 단체 외부에 있는 시민들이 차별 없이 활동에 접근할 수 있는가를 평가하는 개방성에 비추어 활동을 평가했다. 개방성을 제고하기 위해서는 진입 장벽을 최소화하는 것이 중요하다. 전문성을 요구하는 활동이라면 시민단체에서 교육 프로그램을 마련해서 문턱을 낮추려는 노력을 하는 것이 필요하다. 다음으로 조직 내 운영 원리의 민주성을 분권성에 비추어 살펴보았다. 동작구 시민단체를 조사한 결과 대체적으로 운영 원리는 민주적이었고, 각 참여자의 발언권을 존중하는 것으로 나타났다.

홍보성 항목에서는 활동 내용을 알리고 참여자를 늘리기 위해서 어떤 노력을 하는지 알아보았다. 동작구 시민단체들은 오프라인, 온라인, 관과의 연계를 통해서 다방면으로 홍보를 시도했으나 전반적으로 부족해 보였다. 관심 있는 소수 위주로 활동하는 현재에서 더 다양한 연령층에 다가가고 활동에 공감하는 주민을 키우기 위해서 오프라인 접촉을 늘리는 것이 시급하다. 마지막으로 재정 상태는 현실적인 운영과 지속가능성을 위해 중요했다. 자본주의 사회에서 비영리시민단체들의 입지는 좁고 재정 상황은 어려웠다. 시민단체들은 시민 후원금이나 정부 지원금 등으로 필요한 돈을 충원하는 경우가 대부분이었으며,

앞으로 안정적인 재정을 위해서 협동조합, 비영리단체 등의 모델을 고민했다. 이 지점에서 정부의 지원을 얼마나, 어떻게 받을 것인가에 대한 고민이 깊어졌다.

시민단체들은 공통적으로 정부의 지원을 받는 것에 관한 딜레마를 말했다. 시민단체들은 현재의 열악한 상황을 개선하기 위해 정부의 재정적, 제도적 지원이 필요하다. 그러나 동전의 다른 면에는 정부 지원이 활동의 자율성이나 단체의 자립도를 해칠 수 있다는 우려가 있다. 시민단체들이 다루는 의제의 성격에 따라 지향하는 거버넌스의 모습도 다르다는 것을 앞에서 확인했다. 의제에 따라서 '건강한 거리'를 유지해야 한다는 목소리부터 현재 상태에서 협력은 '갑을 관계'로 이어질 가능성이 농후하니 시민들의 특성을 살리고 역량을 강화해 점차적으로 정부의 계획에 반영해야 한다는 목소리, 정부가 제공해야 하는 복지에서 누락된 것을 시민들이 시작한 것이니 제도권이 수용해야 한다는 목소리까지 다양했다.

동작구 시민단체들과 동작구청의 협력적 거버넌스는 변화기에 있다. 시민정치에 대한 지원이 미미했던 지난 구정과 달리 민선 6기 이창우 구청장은 적극적인 소통, 시민들에게 먼저 다가가는 구정을 한다고 자부했다. 동작구 시민단체들도 이러한 변화를 인지한다. 지역 활동가들은 예전에 비해 현 구청장이 시민단체 지원에 더 우호적이라고 입을 모아 말했다. 또한 앞으로 협력을 하거나 예산을 지원받는 것에 대해서도 예전보다 수월할 것으로 전망했다.

동작구 시민정치의 발전 전망은 밝다. 이주율이 높아 지역 정체성, 지역에 대한 애착이 부족했던 지난 30여 년 역사와 지역 기반 시민단체가 양적, 질적으로 성장하고 있는 요즘은 매우 다른 모습이다. 다만 앞으로의 발전을 위해서는 구청과 시민단체 각각의 노력과 협력적 거버넌스를 위한 양측의 소통이 중요할 것으로 보인다.

우선 시민단체 측에서는 다양한 의제를 견지하면서도 단체 간 연대를 강화한다면 구청에 목소리를 낼 때 영향력을 키울 수 있을 것이다. 단체 상호 간의 연대는 서로의 발전에 도움이 될 수 있는 것은 물론 구 차원에서 목소리를 내야 할 때 조직력의 원천일 수 있다. 이미 동작구 시민단체들은 연대를 하고 있다. 예컨대 동작FM의 '하이파이브 1040'은 좋은세상의 활동가가 청소년들을 초청하여 진행하는 프로그램이고, 관악동작맘모여라에서는 '엄마는 방송 중'이라는 새로운 프로그램을 준비하고 있다. 이런 프로그램과 더불어 동작FM에서 시민단체들의 소식을 전하기 때문에 동작구 시민단체들은 든든하다. 또한 0416동작사람들이나 무상급식 투쟁을 할 때 동작구 시민단체들은 이야기기획팀을 만들어서 연대 활동을 벌였다. 이러한 연대를 현재 개인적인 친분이 있는 활동가들 사이의 연대에서 더 확대한다면 영향력의 자원이 될 수 있다.

다음으로 구청 측에서는 제도적으로 시민들의 목소리를 구정에 반영하기 위한 노력을 지속해야 한다. 이 구청장은 과거 경직되어 있던 구정과 차별화면서 시민들과 소통을 시도하는 것으로 나타났다. 주변 단체들이 동 청사 개보수를 위해 참여예산제를 악용하던 것을 시민들의 의논 체계를 갖추는 방향으로 개혁하려고 한 것이나 청소년의회를 출범해서 청소년들의 의견을 반영하려고 하는 점은 긍정적이다. 이처럼 제도권 안에서 시민의 목소리를 대변할 수 있는 공간을 보장함으로써 시민정치의 발전에 기여할 수 있다. 단, 이런 시도들이 과거처럼 명분으로 전락하는 것을 방지하기 위해 효과적인 견제 시스템을 갖추는 과제가 남아 있다.

마지막으로 동작구 거버넌스의 장기적인 번영을 위해 소통을 위한 열린 마음이 가장 중요할 것으로 보인다. 물을 물처럼 쓰지 말라는 말이 있다. 과거에는 물을 소중한 자원으로 생각하지 않았으나, 이제는 변해야 할 때라는 의미이다. 시민도 마찬가지이다. 과거 공무원들은 시민을 정책을 수동적으로 소비하는 사람 이상으로 보지 않았다. 그러나 이제는 시민의 목소리를 들어야 할 때이다. 구청에서는 시민을 지역의 진정한 주인으로 인식하고, 시민들의 목소리, 불만, 염려, 제안에 적극적으로 귀를 기울이려는 노력이 필요하다. 이창우 구청장은 마을공동체 담당팀 등에게 적극적인 소통을 당부함과 동시에 시민단체들이 마음을 닫지 않았으면 좋겠다는 바람을 전했다. 시민단체들이 구청을 견제하고 자신의 목소리를 지키는 것은 당연히 필요하다. 그러나 시민정치의 시작 단계에서는 목소리를 적극적으로 전달하는 것이 정책에 의제를 반영하는 데 효과적일 것이다. 동작구와 서울시도 변하고 있다는 점을 인지하고, 정부에서 제안하는 정책을 활용해서 적극적으로 의견을 표현하는 시민단체의 열린 마음이 거버넌스 협력 과정을 선순환으로 이끄는 데 필요할 것이다. 동작구의 새로운 동작에 응원의 목소리를 보낸다.

혼자 왔니? 같이 가자, 마포

윤재언, 장세정, 최서영

요약

마포구는 성미산 마을 이래로 국내에서 시민사회의 전통이 가장 강한 지역이다. 한편으로는 홍대와 같은 청년층의 거점과 지리적 접근성, 경제적 이유로 인해 1인 청년 가구가 지속적으로 증가하면서 모임과 교류 중심의 새로운 시민사회 조류가 확산하는 공간이다. 마포구의 시민사회를 1인 가구 공동체를 통해 분석함으로써 마포구의 사회적 자본의 확장과 거버넌스의 발전 방향성에 대해 고찰하고자 한다. 이를 위해 성미산 마을, 민중의집 독립생활자 모임, 함께주택협동조합, 그리다협동조합, 그리고 새로운 1인 가구 단체들을 소개하여 1인 가구 단체를 중심으로 마포구 시민사회의 넓어진 스펙트럼을 살펴본다. 또한 이러한 시민사회의 외연적 확대가 초래하는 사회적 자본의 확장을 조사하고, 이 과정에서 마포구의 전통 시민사회와 새로운 시민사회의 연계를 파악한다.

이 둘의 연계는 직접적인 인적 네트워크의 연결에 한정되는 것이 아니라, 축적된 사회적 자본의 활용 및 기존의 문제 해결 노력의 학습을 통한 광범위한 차원의 연계를 의미한다. 일례로 마포구에서는 시민들의 자치적 문제 해결에 대한 인식이 긍정적인 편이라서 마을공동체, 협동조합 등의 대안적 방식을 익숙한 것으로 받아들인다. 나아가 시민들의 결사체 조직과 자치 활동이 굉장히 활발하게 이루어진다. 이러한 의식은 다른 집단에 비해 연대에 취약한 1인 가구가 마포구에서 시민사회 단체를 결성할 수 있는 원동력으로 작용하였다.

최근에는 사회적 자본이 형성되는 과정, 즉 함께 모이고 가치를 공유하는 것 그 자체가 공익으로 새롭게 정의되는 추세이다. 사회문제의 해결을 위한 투신에 한정되는 기존의 공익 개념이 더 이상은 유효하지 않으며, 일상적 활동과 개별적인 이해관계의 추구에서 공공성이 도출된다. 따라서 모임을 중심으로 하는 마포구의 새로운 시민사회 조류를 이러한 흐름에 따라 공공성의 견지에서 바라보고자 한다. 추가적으로 확장된 시민사회가 가져올 수 있는 파생적인 문제를 함께 살핌으로써 새로운 시민사회를 균형 잡힌 시각에서 분석한다.

마지막으로 구청과 시민사회의 상호작용 및 구청의 시민사회에 대한 지원을 조사

함으로써 시민사회의 활성화와 지속가능성에 구청이 어떠한 기여를 하는지를 탐구하고자 한다. 특히 관청이 시민사회의 변화에 대응하여 보다 시민친화적인 지원을 제공하고자 허브 및 중간지원조직을 활용한 점에 주목하여, 시민자치를 지원하는 관청을 조력자의 시각에서 바라본다. 이를 통해 관청과 시민사회의 협력적 거버넌스를 협치의 방향성으로 제시한다. 시민사회가 확장됨에 따라 발생하는 필연적 문제의 해결은 거버넌스에 그 실마리가 있다고 생각한다. 1인 가구가 직면한 문제들을 해결하기 위한 시민사회의 자치적 노력 역시 큰 틀에서는 협력적 거버넌스의 정착에서 큰 도움을 받을 수 있다. 마포구의 시민사회는 여러 방면에서 성장하고 있으며 이러한 성장의 지속가능성은 시민사회와 관청의 조력을 위한 노력에 달려 있다.

Ⅰ. 마포구 시민사회 참여 관찰

1. 마포구와 마포구 시민사회

마포 지역 내 시민사회 운동은 서울에서 가장 활발하다고 해도 과언이 아니다. 정부 주도의 지방자치 도입보다 앞서 태동한 마포구 성산동 성미산 기반의 자생적 풀뿌리단체인 성미산 마을은, 1994년에 시작되어 무려 20년의 역사를 갖고 있다. 젊음의 거리인 홍대 앞에는 2002년 시작된 홍대 앞 플리마켓(Flea Market)을 비롯한 젊고 실험적인 문화예술인 단체와 철학, 미학, 사회학, 문화예술 등 인문학 강좌를 운영하는 아카데미가 밀집해 있다. 또 홍대의 문화 인프라를 주축으로 주민을 채용해 지역에 필요한 사회 서비스를 제공하는 사회적기업도 마포구 전역에 193개가 운영 중이다. 이는 서울시 자치구 중 가장 많은 수치이다. 이처럼 마포구 홍대 앞은 다양한 영역의 문화예술을 체험할 수 있는 독보적인 지역이다.

나아가 마포구는 지난해 말 4,000여 세대가 입주한 아현3구역 등 아현뉴타운을 비롯해 재개발, 재건축이 활발히 이루어지고 있다. 상암동의 경우 방송, 영화, 게임, 음반, e-교육 등 5대 디지털미디어 산업이 집약된 디지털미디어 산업단지로 변모하는 등 마포라는 도시의 형질이 변화하는 중이다. 이런 과정에서 마포구민의 계층 구성 변화는 불가피한 것이다. 2005년 56,883세대로 전체(155,664세대)의 36%를 차지하던 1인 가구 수는 2010년 66,379세대(전체 165,697세대), 40%로 증가했다. 2015년 4월 현재 70,188세대로 전체(171,155세대)의 41%이며, 10년 새 약 5% 포인트 증가한 것으로 조사되었다. 2015년 현재, 전체 마포구민 38만 명 가운데 7만 명, 약 18%가 1인 가구이다.•[1]

그러나 현재 주거, 복지, 조세 등과 관련된 국가와 지자체의 정책이 다인 가구를 중심으로 시행되고 있는 것이 현실이다. 대다수의 1인 가구가 경제적 약자임에도, 유교적 가치관과 초저출산 문제로 인해 정책 우선순위에서 밀리고 있다. 이러한 현실에서 1인 가구 구성원들은 시민사회 활동을 통해 자생적인 활로를 구축하고 있다. 함께 취미를 공유하고 가볍게 모이는 활동부터 시작해서 주거와 경제활동도 더불어 한다. 1인 가구는 흩어지면 이 사회에서 가장 약한 계층이지만, 한데 뭉치면 마포구 인구의 18%를 차지할 정도로 거대한 집단이다.

1인 가구가 모이면서 관청과 언론도 주목하기 시작했다. 처음 모일 때부터 이들이 정치적 의사를 표명하기 위해서 모인 것은 아니었다. 혼자 밥 먹기 적적한 이들이 같이 저녁을 먹기 위해 만든 모임이나 외로움을 달래고 취미 생활을 함께하기 위한 모임처럼 생활밀착형의 가벼운 모임이, 시민사회의 무거운 의제에 무관심했던 이들의 관심을 잡아 끌었다. 취미를 공유하는 동아리에 가깝다고 하더라도, 개인 단위로 파편화된 1인 가구 구성원들이 모이기 시작하면서, 이들은 강력한 영향력을 행사하는 새로운 시민사회 운동의 주체가 되었다.

자세한 내용은 후술하겠지만, 성미산 마을에서부터 축적된 시민사회 역량은 새로운 활동을 촉진하는 역할도 수행하고 있다. 성미산 마을 출신의 활동가가 직접 새로운 시민사회 운동을 진두지휘하는 경우도 있고, 성미산 마을에서 성공한 선례가 마포구 단위로 확장되기도 한다. 기존에 축적됐던 사회적 자본은

1. 박홍섭 마포구청장. 서면 인터뷰 일자: 2015. 6. 2.

새로운 시민사회 운동의 형성에 긍정적으로 이바지하였다. 다양한 계층의 유입으로 시민사회의 범위가 넓어지는 동시에 기존 시민사회가 안정적으로 유지되면서 시민사회의 성장에 지속적으로 기여하였다.

마포구청과 관청의 지원을 받는 중간지원조직은 시민사회 진입 장벽을 낮추어 새롭게 시민사회에 진출하는 이들이 성장할 수 있게 보호해 준다. 전문적인 능력이 필요한 부분을 교육하고 경제적 유인책을 제공해, 창의적인 활동가들의 시민사회 진입을 유도하고 새로운 활동을 끌어낸다. 성미산 마을을 통해 시민사회를 경험한 활동가들은 구청에게 시민사회 업무를 위탁받은 중간지원조직에서 활발히 활동하고 있다. 중간지원조직이 아직 완전히 대등한 입장에서 민간과 마주하고 있지는 않지만, 다른 자치구에 비해 시민사회가 발달해 있어 보다 수평적인 관계로 나아가는 중이다. 관 주도하에 협치를 시도하는 다른 자치구들과 달리, 마포구는 민간이 시민사회 활동을 주도하고 관청의 지원이 이를 뒷받침하는 민간 주도적 양태를 띤다.

이처럼 마포구의 시민사회 운동은 기존 시민사회 전통과 새롭게 유입되는 시민의 참여라는 두 가지 움직임을 동력으로 삼아 활발히 이루어지고 있다. 이러한 두 움직임 모두를 수용하는 함께주택협동조합과 그리다협동조합을 거쳐, 개인의 문제로 여겨지던 의제와 관련하여 새롭게 발생하는 시민사회 운동까지 다양한 양상이 마포에 공존한다. 강력한 구심점에 의한 일방적 발전이 아니라 다양한 경로를 통해 다원화된 이익을 대변하는 방향으로 발전이 진행 중이다. 이는 다른 지역에서는 대표되지 못했던 이해관계를 가진 이들이 시민사회의 전면에 나선 것을 뜻한다. 이러한 과정에서 참여 의식이 부족하고 이기적이라는 편견으로 인식되고 있는 1인 가구 구성원들도 유의미한 움직임을 보인다. 이렇듯 1인 가구가 진정한 의미에서 연대할 때, 이들은 지역의 골칫거리가 아니라 자랑이 된다.

2. '함께하는 것의 가치'를 잉태한 성미산 마을

서울에 위치한 마을공동체 중 대중들에게 가장 많이 알려진 곳이 마포구 성산동의 성미산 마을이다. 성미산 마을 방문객은 연간 4,000명에 이르며, 정치적인 의사를 표출할 수 있을 정도로 조직화하여 지방선거에 후보를 출마시키기도 하였다. 아이들에게는 생태학습장을 제공하여 자연, 이웃과 더불어 사는 행복한 삶을 알게 하고, 어른들에게는 도심 속에서 잃어버렸던 공동체를 찾아 주었다. 또한 시민사회의 일에 무관심했던 사람들이 이곳에서의 새로운 경험을 통해 마을 안의 시민으로 성장해 나갔다. 파생된 시민사회 단체 수만 해도 수십 개에 이를 정도로 성미산 마을은 마을의 경계를 넘어 그 영향력이 외부로 확장되었고, 마포구 시민사회 운동 전체의 기틀을 마련하였다. 즉 현재의 민간 영역이 주도하는 마포구의 시민사회 운동 모델은 성미산 마을이 마포구에 있었기 때문에 가능했다.

나아가 성미산 마을은 시민사회 운동의 성공 사례로 다른 많은 운동의 본보기가 되면서도 여전히 '마을'로서 기능한다는 점에서 지속가능한 마을공동체의 표본이다. 성미산 마을공동체는 이전 운동가들과 정부가 포착하지 못했던 새로운 대안적 공동체의 표본을 만들었다. 이들이 만든 공동체는 산속에 있는 수도원처럼 속세를 떠난 고립된 삶이 아니라 지금 우리가 마주한 현실과 연결된 실현 가능한 대안적 삶을 구현한다. 이들은 우리 이웃으로서, 공동체 없는 삶을 영위하는 사람들에게 함께하는 삶에 대한 영감을 불어넣어 주었다.

1) 성미산 마을에서 비롯된 새로운 시민사회 유형

성미산 주변이라는 단순한 위치와 지리적 경계만을 근거로 성미산 마을의 범위를 한정 지을 수는 없다. 성미산 마을은 성미산 마을이라는 생활과 문화를 공유하는 사람들의 결집체로서, 마을 내의 사람들이 맺고 있는 네트워크를 통해 정의할 수 있다. 스스로 성미산 주민이라 인식하고, 마을 주민들과의 관계 속에서 형성된 사회적 자본과 규범을 받아들인다면 누구나 성미산 마을 주민이다. 성미산 마을공동체는 처음에는 공동 육아를 위한 학부모들의 조직에서 시작되어, 현재는 다양한 사회적기업과 공익단체들을 포함하는 거대한 마을로 성장하였다. 공동 육아를 위한 조직, 학교, 공동주택, 이웃끼리 식사를 함께하는 네트워크 및 모임, 마을 카페, 각자 쓰던 물건을 나누는 가게, 도심 속에서 직접 기른

채소를 파는 유기농 가게 등 수많은 의미 있는 단체들이 성미산 마을에 자리 잡고 마을 주민 간의 네트워크를 강화해 나간다. 이러한 성미산에서 파생된 혹은 성미산 마을의 영향을 받은 단체들은 본 연구의 주제에 부합하도록 크게 세 가지 유형으로 분류할 수 있다.

① 마포연대와 마포두레생활협동조합

첫 번째 유형은 마을 전체의 집약적인 의사를 표출하기 위해 만들어진 단체들이다. 이들은 지역 주민들 간의 네트워크를 조직하고 주민들의 시민의식을 고취하여 공익을 실현하려는 목적으로 개설되었다. 성미산 살리기 운동이 진행되면서 성미산 주위에 거주하는 사람들 모두의 이익에 관한 문제에 대응하기 위한, 통일되고 체계적인 단체의 필요성이 대두되었다. 대표적으로 마포연대를 들 수 있다. 그러나 성미산 살리기 운동처럼 정치적 결사를 필요로 하는 일회적인 사건이 끝나자 이러한 단체는 영향력을 잃었다.

마포연대는 여러 활동을 맡았으나 마을 운동의 취지라는 맥락에 맞지 않았다. 마을 활동은 기존의 시민사회 운동과 달리, 하나의 이해관계를 가진 조직을 통한 정치적 영향력 행사를 목적으로 하지 않는다. 마을은 다양한 커뮤니티의 집합으로 필요한 사람들끼리 함께 생활에 필요한 문제를 해결하고자 노력하는 것에 의의를 둔다. 작은 취미 활동부터 거대한 의제까지, 통일된 접근보다는 다양성을 존중하는 공간이 마을이다. 마을 사람들이 마을에 대한 애착과 소속감을 느끼고 있지만, 이들이 동일한 이해관계를 가지고 있지는 않다. 이들에게 필요한 것은 다양한 이해관계에 대한 상호존중과 관용이다.

마포연대는 문을 닫았지만, 마포연대가 추구했던 방향성은 마포구 전체로 확산 및 발전할 여지가 있다. 비교적 작은 집단인 마을과 달리, 구와 시 단위로 확장하면 소외당하는 단일한 이해관계를 가진 계층이 있기 때문이다. 본 글에서 다루는 여성 1인 가구를 위한 협동조합인 그리다협동조합이 마포구 전체에서 활동하는 이러한 유형의 단체이다. 성미산 마을공동체의 초기 형성 단계에서도 그랬듯, 풍부하고 재미있는 마을이 되기 위한 기초 단계인 네트워킹과 시민교육을 담당한다.

② 카페 '작은나무', '성미산밥상', 마을극장, 그리고 문화제작소

두 번째는 마을 생활의 유희적인 목적을 충족시키는 놀거리, 볼거리, 재밋거리를 담당하는 단체들이다. 마을살이의 묘미는 함께 놀고 이야기하고 부대끼는 데 있다고 한다. 이웃이 모여 혼자서는 하지 못했을 시도들을 하나씩 현실로 만들어 나간다. 마을이 마을인 이유는 마을에 모이면 이러한 일을 즐기면서 해 낼 수 있기 때문이다. 이 과정에서 새로운 가치가 창출되기도 하지만, 그것이 목적이 되지는 않는다. 경제적 성공, 지속가능성과 같은 목표보다 함께하는 즐거움을 목적으로 하는 단체들이 마을의 바탕을 이룬다. 마을을 통해 네트워크를 형성하면서 그동안 경제적인 가치에 매몰되고 소외되어 온 인간으로서의 가치를 재발견한다.

이런 공동체적 풍조는 마포구의 자유롭고 활동적인 문화적 배경과 1인 가구 계층의 대대적 분포와 결합하여 새로운 시민사회 단체들로 확장된다. 이웃랄랄라, 명랑마주꾼, 아현동쓰리룸 등 새로운 시민사회 운동의 조류에 따라 이러한 유형의 단체들이 빈발하고 있다. 성미산 마을에서의 성공이 이러한 확장에 영향을 끼쳤을 것으로 추측할 수 있다. 새로운 단체들은 유희적인 가치를 넘어 1인 가구의 사회문제를 봉합하고 사회적 통합을 이루어 내는 역할도 수행한다. 이에 대해서는 후반부에 자세히 서술하겠다.

③ 소통이있어행복한주택과 성미산차병원

세 번째 유형에는 마을 주민들의 실질적인 필요를 충족시키고 이를 위해 경제적인 대가를 받아 지속가능한 운영을 추구하는 일종의 사회적기업들이 해당된다. 마을 활동 네트워크에서 비롯된 사회적 자본이 큰 역할을 하는 것은 이 유형의 단체들도 마찬가지이다. 경쟁적인 기업 플랫폼에 공동체적 요소를 포함하여 마을의 공동체적 필요를 만족시킨다. 소통이있어행복한주택은 기본적인 주거 형태에 함께 사는 이웃들과의 소통을 가능케 하는 소통 공간을 더했다. 차량 수리 내역을 공개함으로써 마을공동체를 통해 축적된 신뢰라는 자본을 활용하는 차량 수리 센터인 차병원 역시 마을기업의 사례이다. 두 번째 유형에 분류했던 카페들은 마을기업이지만, 유희와 네트워킹에 목적을 두고 있기에 사회적기업

과는 조금 다르다. 이렇듯 사회적경제 활동을 하는 단체들도 마포구에서 크게 확대 재생산되고 있다. 1인 가구의 주택 문제를 다루는 함께주택협동조합이 대표적인 사례이다. 그 외에도 마포구청이 중시하는 지속가능성을 만족하는 단체들은 대부분 이 유형에 해당한다고 할 수 있다.

2) 성미산 마을에서 확인한 사회적 자본의 선순환 구조

성미산 마을에서 탄생한 여러 유형의 단체들은 성미산 밖으로도 진출하여 유사한 단체들을 재생산하고 새로운 계층에게 새로운 형태로 전파되었다. 성미산 마을은 통일된 체계를 가지고 활동하는 조직적인 단체가 아니다. 마을 주민들의 필요로 만들어진 커뮤니티들의 모임이 성미산 마을이고, 커뮤니티를 통한 상호작용은 주민들의 의식을 성장시켜 더욱 창의적이고 재미있는 커뮤니티를 설립하는 아이디어를 탄생시킨다. 이러한 선순환 구조는 성미산 마을을 20년 넘게 지속시키는 원동력이 되었다.

마을살이를 통해 형성된 네트워크들은 점점 다양하고 촘촘해졌다. 이웃과의 소통이 늘고 함께할 것에 대한 인식이 넓어지는 과정에서 네트워크는 더욱 확대되고, 마침내 마을 사람들이 직접 마을 활동가가 되어 이 선순환 구조를 전파한다. 첫 번째 유형의 시민사회 운동에 참여하는 과정에서 신뢰라는 사회적 자본이 형성되고, 이를 바탕으로 두 번째 유형의 단체들이 활성화됨에 따라 더 많은 신뢰가 축적된다. 그리고 세 번째 유형의 단체들로 내실을 강화하여 마포 전체로 확산될 수 있는 기반을 마련하게 된다. 참여 관찰을 통해 확인한 사회적 자본 선순환 구조의 자세한 내용은 후반부에 서술하겠다.

① 마포구 1인 가구 네트워킹의 태동

위에서 살펴본 바와 같이 성미산 마을은 마포구뿐만 아니라 우리나라 시민운동의 대표 사례로 자리 잡았다. 지역에 뿌리를 내리고 무엇이든 같이 해결해 나가려는 움직임은 많은 사람들의 폭발적인 관심과 지지를 이끌어 냈다. 하지만 마포구에서는 곧 성미산 마을 운동만으로는 포착할 수 없는, 지역사회에 숨어 있는 또 다른 문제를 같이 풀어내려는 움직임의 필요성이 대두된다. 바로 마포

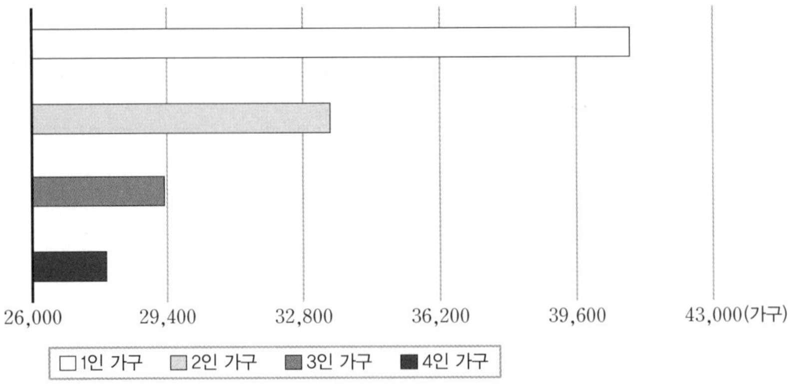

그림 7.1 마포구 가구원 수별 가구 수

구의 인구 구성적 특징을 반영하는 '1인 가구' 문제이다.[2] 마포구의 1인 가구는 인구 비율로 따지면 전체의 18%에 육박하며, 세대 수로는 40%가 넘는다.[3]

1인 가구에는 홍대, 망원동 일대를 중심으로 모인 문화예술인 및 청년들, 경제와 지리적 이점으로 마포를 택한 직장인들, 그리고 마포에 홀로 거주하는 독거노인들이 모두 포함된다. 즉 수적으로나, 구성된 사회계층의 다양성 측면에서나, 마지막으로 1인 가구가 점차 증가 추세라는 점에서 깊은 관심을 요하는 사회문제임에 틀림없다.

그러나 한국1인가구연합의 자료에 의하면 우리나라 총 4,310개의 법령 가운데 '1인 가구'로 검색되는 법령은 단 한 개도 없다.[4] 1인 가구를 표적으로 하는 마케팅은 많지만, 그들이 정말 필요로 하는 사회 서비스나 공공 서비스는 전무한 상태이다. TV 프로그램에서 그려지는 화려한 싱글의 삶은 1인 가구의 실제 삶과는 거리가 멀다. 상당수의 1인 가구는 극심한 빈곤과 소외, 단절로 힘들어 한다. 성미산 마을은 흔히 가족 하면 떠오르는 부부와 자식으로 구성된 세대들

2. 가구란 1인 또는 2인 이상이 모여서 취사, 취침 등 생계를 같이 하는 생활 단위로, 실제 함께 사는 사람만 포함하는 개념이라는 점에서 주민등록상 세대와는 다르다. 또한 혈연관계와 무관하게 주거와 생계를 같이 하면 한 가구로 볼 수 있다는 점에서 혈연, 혼인, 입양 등으로 한 집안을 이룬 사람들의 집단인 가족과도 다르다. http://stat.seoul.go.kr/jsp3/board.list.jsp?link=3 (검색일: 2015. 6. 13)

3. 서울통계. http://stat.seoul.go.kr/ (검색일: 2015. 6. 13)

4. 한국1인가구연합. http://www.singlesunion.or.kr/company/introduce.php. (검색일: 2015. 6. 2.)

이 많다. 공동 육아라는 시작점만 봐도 그런 특성이 명확하다. 이처럼 기존의 시민단체나 시민운동은 분명 1인 가구 문제를 미처 포용하지 못한 측면이 있다. 그러나 최근 몇 년 전부터 이에 관심을 두고 꾸준히 문제를 제기해 온 단체가 있다. 바로 민중의집 독립생활자 모임이다.

② 1인 가구 결사체의 시작, 민중의집 '독립생활자 모임'

노동자와 서민의 교육 문화 공간이자 생활 협동 네트워크 역할을 자처하고 있는 민중의집은 지역 주민들이 삶을 가꾸고 서로 나눔으로써 지역사회를 보다 건강하고 따뜻하게 바꾸기 위해 만든 주민들의 자치 공간이자 공동체이다.[5] 이러한 민중의집에서는 2008년부터 '독립생활자 모임'이라는 소모임을 만들어 활동한 경력이 있다. 그러나 활동 내역과 자료가 잘 드러난 다른 활동들과는 달리 독립생활자 모임에 관한 내용은 찾기가 어려웠다. 따라서 민중의집을 방문하여 독립생활자 모임에 대해 자세한 이야기를 실무자에게 직접 들어 보았다. 1인 가구의 모임이 생긴 계기는 비교적 명확했고, 어찌 보면 필연적인 수순이라는 생각마저 들었다.

"1인 가구라는 표현은 참 많습니다. 원래 저희는 망원동에서 활동을 시작했어요, 망원동뿐만 아니라 서교동, 합정동에 1인 가구의 비율이 높을 걸로 예상은 했지만, 역시나 민중의집에서 프로그램을 진행할 때 1인 가구인 분들이 많이 참여하시더라고요. 그래서 2008년에 시작한 게 독립생활자 모임입니다. 화요밥상 모임이 첫 시작이었어요. 요즘 한창 유행하는 소셜다이닝(social dining)의 시조 격이라 할 수 있죠. 그 당시에는 소셜다이닝이란 개념 자체가 생소했습니다. 1인 가구가 네트워크를 필요로 하고, 공동체가 필요하다는 생각에서 시작했습니다. 성미산 마을은 가족 단위 중심의 모임이지만, 그런 정상 가족이 아닌 다른 유형의 사람들의 커뮤니티는 어떻게 만들 수 있을까 하는 고민이 생긴 거죠."

– 오김현주 민중의집 사무국장[6]

---

5. 민중의집. http://www.peoplehouse.net/intro_080707.html (검색일: 2015. 5. 28.)
6. 인터뷰 일자: 2015. 6. 5.

사실 1인 가구 문제는 비교적 최근에야 사회적 이슈로 떠오르고 있지만, 마포구에서는 1인 가구 문제에 대한 고민이 훨씬 더 일찍 시작된 셈이다. 그런데 독립생활자 모임은 애초 1인 가구만을 대상으로 하는 모임은 아니었다. 독립생활자는 1인 가구를 포함하지만, 그보다 넓은 계층까지 포괄하는 광범위한 개념이다. 구성상 1인 가구가 중심이 되긴 했으나, 흔히 말하는 '정상 가족'으로 분류되기 어려운 자녀가 없는 부부, 1인 노인 가구 및 1인 청년 가구, 비혼 가구, 동거커플, 동성 커플 등 기존 가족 관념의 여집합을 통칭하는 용어다.

또한 1인 가구도 세대별로 다양한 모습을 가지고 있다. 부모의 품에서 갓 독립하여 새로운 생활을 시작하는 20대, 배우자 선택을 고심하는 중이거나 결혼할 생각이 없는 30대와 40대, 배우자와 사별하고 어쩔 수 없이 혼자 생활하는 노인에 이르기까지, 우리나라에는 무려 500만 명이 넘는 1인 가구가 존재한다. 이처럼 다양한 유형의 '비정상' 가구를 포용하려는 민중의집 독립생활자 모임은 그 취지에 맞게 많은 활동들을 펼쳤다. 독립생활자를 위한 밥상 모임, 반찬 만들기 모임, 생활재 만들기 모임, 독서 모임 등이 그 일부이다. 가장 주목할 만한 활동은 '독립생활자를 위한 경제 상담소'였다. 이는 민중의집에서도 강조하던 활동이다.

> "우리가 일반적으로 생각하는 경제는 재무 컨설팅 같은 거예요. 하지만 그런 건 부자들만 할 것 같은 느낌이죠. 사실 경제 문제는 빈곤과 밀접하게 연결되어 있다고 생각해요. 1인 가구나 독립생활자들이 한국 사회에서 살아가기 위해서는 주거비와 노동조건, 고용조건이 불안정하다 보니 경제적으로 빈곤할 가능성이 높아요. 그래서 독립생활자들의 경제적 생활에 대한 컨설팅 지원이 절실하다고 생각했습니다. 또 어떤 정책 의제에 접근할 때 생활, 문화뿐만 아니라 경제나 사회적, 구조적 문제까지 통합적으로 봐야한다는 생각이 들었죠. 그래서 이 모든 걸 지역사회에서 같이 어떻게 해결해 나갈 수 있을까 머리를 맞대게 되었습니다."
>
> – 오김현주 민중의집 사무국장

민중의집 독립생활자 모임은 단순히 생활 속의 문제만 당장 해결하는 것에 그치지 않았다. 결국 독립생활자들의 가장 큰 문제는 경제적 문제라는 사실을 직시하고, 그 문제를 어떻게 같이 해결해 나갈 수 있을지 고민하기 시작한 것이다. 시민들이 생활 속에서 문제점을 찾아내고 자발적으로 해결책을 사회적으로 강구하기 시작한 사례라 할 수 있다.

하지만 2015년 현재 독립생활자 모임은 잠정 휴업 상태이다. 1인 가구의 '주거 불안정성'이라는 특성상 참가자들이 이사를 가게 되면서 모임이 점점 뜸해진 것이다. 이러한 젠트리피케이션은 민중의집 측에서도 자각한 문제였으나, 그렇다고 그들이 별다른 해결책을 제공할 수 있는 것은 아니었다. 결국 1인 가구 연대의 가능성과 주거 문제에 대한 고찰만을 남긴 채, 민중의집 독립생활자 모임은 잠정적으로 휴식에 들어갔다.

그러나 민중의집 독립생활자 모임이 완전히 끝났다고 보기는 어렵다. 현재 활동을 하고 있지 않지만, 내년 즈음에 다시 독립생활자와 관련된 지역사회의 이슈를 어떤 식으로 풀어 나갈지에 대해 사업을 구상하고 있다. 또 독립생활자 모임이 더는 주최되지 않더라도 이 모임은 그 자체만으로도 가치와 의미를 지닌다. 바로 마포구에서 1인 가구를 모아 보자는 생각을 최초로 시도한 점이다.

이전에도 1인 가구가 소속된 시민사회 단체들이 있었으나, 독립생활자 모임은 1인 가구를 구성원 중 일부로 포괄하는 것에서 나아가 1인 가구를 직접적인 주체와 대상으로 명시했다는 점에서 특별하다. 1인 가구를 하나로 계층화하여 체계적으로 시민사회 내에 포섭하려고 시도한 것이다. 이 모임의 문제의식과 이를 해결하기 위한 아이디어, 그리고 모임을 통해 축척된 1인 가구 네트워크는 민중의집을 통해 하나의 사회적 자본으로 축적되었다. 그리고 이렇게 확장된 사회적 자본은 현재 마포구에 설립된 많은 단체들에서 계승되고 있다. 다만 1인 가구가 주류인 후발 단체들과 달리, 독립생활자 모임은 1인 가구가 만나고 교류할 수 있는 플랫폼을 제공했다는 점에서 차이가 있다. 이는 독자적인 단체를 조직할 힘이 부족했던 1인 가구가 시민사회적 역량과 경험을 얻을 수 있는 좋은 기회로 작용했다.

또한 독립생활자 모임은 1인 가구 문제의 기저에 존재하는 주거권 문제의 중요성을 조명했다는 점에서도 긍정적으로 평가할 수 있다. 감정적 소외, 경제적 자립, 복지에의 고려 등 1인 가구가 직면하는 사회문제는 다양하지만, 집값 때문에 철새처럼 이리저리 거주지를 옮겨야 하는 것이 그들이 느끼는 가장 커다란 위협이다. 이를 해결하기 위한 단편적인 생각들이 독립생활자 모임에서 제시되었고, 주거권 운동, 주택협동조합 등의 대안적 방안에 대한 고찰이 토론과 숙고의 과정을 거치면서 점점 구체적 아이디어로 발전하였다. 이렇게 발전된 아이디어를 가지고 현재 착수에 성공한 단체가 바로 다음에 소개할 함께주택협동조합이다.

③ 독립생활자 내 집 마련을 위한 함께주택협동조합

주거 문제가 서울의 심각한 사회문제로 대두한 지 수십 년이 지났다. 정부 차원에서는 이를 일괄적으로 해결할 대책을 내놓지 못하고 있다. 정부에서 제공하는 임대주택들이 있지만, 신혼부부나 저소득층 등 특정 계층만을 대상으로 함으로써 한계를 내포한다. 따라서 대안적인 해결의 움직임이 시민사회 내에서 태동하고 있는데, 누구도 보호해 주지 않는 1인 가구를 위한 함께주택협동조합도 그중 하나이다. 1인 가구의 주거에 관한 고민은 독립생활자 모임 시절부터 그 궤를 같이하고, 아이디어를 공유하던 함께주택협동조합 설립 구성원들이 2013년에 모인 장소 역시 민중의집이었다. 이들은 1년의 준비 끝에 1인 가구를 위한 공동체주택을 짓는 데 성공했다.

마포구 성산동 성미산 마을에 자리한 함께주택은 1인 가구 열 명이 사는 곳이다. 1인 가구에 안정적이고 합리적인 주거를 제공하기 위해 모인 사람들이 협동조합을 설립하고, 주택을 사서 방 열 개의 3층 집으로 개조하였다. 집은 조합이 소유하고 입주자는 조합원 내에서 신청을 받는다. 주방과 화장실 등은 공용으로 사용하여 1인실의 좁은 공간 문제를 해결하고, 공용 공간인 거실은 입주자들의 소통을 확대하는 교류의 장으로 사용한다. 한 지붕 열 가족이라는 새로운 주거 실험은 아직 1년이 채 지나지 않았지만 이미 유명한 사례이다.

우리는 복지의 사각지대에 있는 1인 가구를 위한 주택을 설립할 생각을 가진 박종숙 함께주택협동조합 대표와의 인터뷰를 통해, 조합 설립 목적과 구체적인 운영 방식, 앞으로의 전망에 대해 알아 보았다. 함께주택협동조합의 취지는 다

사진 7.1 함께주택 1호 전경

음과 같다.

"주택 문제는 누구나 다 가지고 있는 문제인거고 큰 문제잖아요? 그중에서도 비용의 문제가 가장 큰 부분을 차지하고 있다고 생각해요. 저희들의 가장 기본적인 철학은 주거는 사회가 보장을 해 줘야 된다는 건데, 우리 사회는 아직까지 그러지 못하고 있어요. 본인이 저금을 해서 집을 마련하면 좋고 그렇지 못하면 낙오자가 되는 상황이죠. 그런 상황에서 기본적으로 인간이 살기 위해서 가장 필요한 주택을 스스로 해결하려면 너무 힘이 드니까 같이 힘을 모아서 해결해 보자고 해서 주택협동조합을 만들게 되었어요. 주거 문제는 개인이 아닌 공동의 문제이기 때문에 함께 해결해 보자, 그래서 함께주택협동조합이라고 이름을 지었고요. … 그런 기본 철학 아래서 어떻게 실현을 해 나가느냐 여기에 관해 방법론적인 차원에서 보면, 조합이 조합의 이름으로 집을 사요. 그리고 그 집에 거주하고 싶은 조합원들이 빌려서 사용료를 내고 거주를 하는 방식인거죠. 물론 계약 기간이 있기는 하지만 본인이 살고 싶으면 계속 살 수 있도록 운영을 하고 있고, 주거 비용을 마련하는 데 들어가는 총 사업 비용은 들어가 사는 사람들이 어느 정도 나누면 되는 거죠. 시간이 흘러도 물가 상승분 정도의 변동은 있겠지만, 집주인이 집값을 올리는 것처럼 터무니없이 올린다거나 하지 않는다는 점에서 주거비의 안정을 유지할 수 있죠."

– 박종숙 함께주택협동조합 대표[7]

주거 문제는 사회와 공공에서 보장해 주는 것이 마땅한데, 이것이 현실적으로 어려우니 개인들이 모여 단체를 만들어 주거 비용과 비용의 상승이라는 경제적 문제를 합리적 가격과 안정적인 주거의 보장으로 해결하고자 나선 것이다. 또한 참여한 시민들이 스스로 문제를 해결할 수 있다는 참여 의식과 협력을 통한 민주적 덕성을 함양하고, 1인 가구의 고질적인 외로움과 소외 문제까지 보듬을 수 있다. 특히 민중의집 시절부터 주된 걱정이었던 경제적 부분에서 주택협동조합이 가지는 장점이 크다. 주거 비용이 거의 오르지 않아서 매달 걱정할 필요가 없기 때문이다. 오르는 월세로 인해 값싼 원룸을 찾아 전전하는 1인 가구들에게 기존 주거가 제공하지 못하는 '안정성'을 주는 것이 핵심이다. 이러한 안정성은 장기적으로 1인 가구가 뿌리를 내리는 지역사회의 토양을 제시하므로 시민사회에 긍정적으로 기여할 수 있다.

"기존 주택시장에서는 집을 내가 처음에 샀을 때는 3억이었는데, 몇 년 후에 봤더니 주변의 땅값도 오르고 해서 5억에 판다, 이러면 집값은 계속해서 오르는 게 되죠. 집값이 오르는 게 주거 비용이 그대로 반영이 되는 거잖아요. 근데 우리 주택의 문제는 집값의 변동이 너무 크기 때문에 비합리적으로 올라가는 거예요. 집을 소유한 사람이 일방적으로 집값을 책정하는 것은 불합리한데도 그 방식이 해소가 되지 않고 계속 있는 거죠. 반면에 함께주택은 조합이 주택을 소유하고 가격을 같이 책정하고, 그 가격은 주변 시장의 변동이라든지 자본의 발생이라든지 그런 거에 크게 영향을 받지 않고 고정되는 방식인 거죠. 또 하나는 개인이 대출을 받는 게 아니라 조합이 그 주택을 마련해서 그것에 대한 빚과 이자와 이런 것도 다 똑같이 조합원이 일정액으로 나누어서 부담을 지는 방식이죠."

7. 이하 이 절의 인용문은 함께주택협동조합 박종숙 대표와의 인터뷰에서 발췌한 것이다. 인터뷰 일자: 2015. 5. 8.

• 함께주택협동조합 이전의 공동체주택 실험

그런데 정작 1인 가구를 위한 주택을 설립한 대표는 1인 가구가 아닐뿐더러 함께주택에 거주하지도 않는다. 그렇다면 1인 가구를 위한 공동체주택이라는 아이디어는 어떻게 탄생한 것일까? 그 실마리는 마포구에서 유사한 공동주택 실험을 벌이는 소통이있어행복한주택(이하 소행주)에서 찾을 수 있다. 소행주 역시 치솟는 집값으로 주거를 걱정하던 마포구 주민들이 공동 주거의 형식을 통해 비용을 분담하고, 소통과 화합을 통해 즐거운 집을 만들자는 취지에서 출발하였다. 아직 역사가 짧은 함께주택과는 달리 소행주는 5호까지 성공적으로 설립하였고, 현재 함께주택협동조합의 대표는 소행주 창립 멤버이자 소행주 1호에 계속 살고 있다.

그러나 소행주와 함께주택은 집에 대한 소유권과 입주 대상에서 차이가 있다. 자신이 거주하는 방을 거주자가 직접 소유하여 집을 구분해서 소유한다는 점에서 소행주는 협동조합이 아니다. 조합이 아닌 거주자가 주택의 소유 주체인 셈이다. 반면 함께주택은 조합에게 소유권이 있고, 입주자들에게 방을 임대하는 형식이다. 또한 주로 가정을 꾸린 세대를 대상으로 했던 소행주와 달리, 함께주택은 1인 가구만을 대상으로 한다. 이는 1인 가구의 경우 자신의 방을 구매할 비용을 부담하기도 어려운 현실을 대변한다.

함께주택협동조합을 시작한 사람들 역시 이러한 문제의식에서 새로운 단체를 시작하였다. 소행주에 참여하면서 또 다른 문제의식을 느낀 사람들이 모여서 범위와 대상을 넓히고, 나의 주거가 아닌 타인의 주거까지 해결해 보자는 공공성을 갖고 협동조합을 만들었다. 두 단체 간의 연결성이나 계승성에 대한 예상과 달리, 함께주택협동조합은 소행주와는 별개의 독립적 단체였다. 이미 시민사회 활동을 통해 사회적 자본과 시민 역량이 축적, 함양되었기에 새로운 단체를 설립하는 데에도 크게 어려움이 없는 것이다.

"앞에서 이야기했던 주거 비용을 해결하는 방식, 그리고 소유를 하면서 나타나는, 주택이 주거의 용도가 아니라 자본 증식의 수단으로 쓰이는 방식을 차단하고 싶은 취지에서 주택협동조합을 하게 된 거예요. 1인 가구의 공동주택을 했던 거는 요즘 특히나 1인 가구를 비롯한 소규모 가족들이 많이 늘어나고 있고, 그들에게 해당되는 공적 부조나 사회 부조는 없는 상태이기 때문에 1인 가구의 주거 문제도 사회적으로 같이 좀 풀어야 되지 않을까? 하는 문제 제기에서 시작된 거죠."

이처럼 1인 가구는 복지의 사각지대에 놓여 있다고 해도 과언이 아니다. 명시적으로 차별받는 것은 아니지만, 1인 가구가 정부나 사회에서 제대로 인식되지 않고 있다는 점에서 사실상 1인 가구에게는 상당히 불리한 상황이다. 이렇듯 1인 가구가 정책 대상자로 고려되지 않는 이유는 1인 가구를 '잠시 거쳐 가는 단계'로 여기는 우리 사회의 인식에 기인한다. 1인 가구라고 하면 흔히 떠오르는 이미지는 대학 근처에서 자취하는 대학생들이나 부모님의 울타리는 떠났으나 아직 가정을 이루지 않은 사회 초년생들이다. 그러다 보니 자연스럽게 원룸, 고시원, 하숙집 등의 주거 형태가 1인 가구와 연결된다.

그러나 많은 경우 1인 가구는 이러한 과도기 상태가 아니다. 전통적 1인 가구는 20대 학생들이나 자식은 독립하고 배우자와 사별한 노인들이지만, 30~40대의 독신자나 기러기 가족 등도 새롭게 등장한 1인 가구에 해당한다. 많은 1인 가구들은 앞으로 이러한 주거 형태를 계속 유지할 것으로 보인다. 따라서 이들을 새로운 주거 형태로 인정하고, 주거 관련 정책의 대상에도 포함할 필요가 있다. 실제로 함께주택의 입주자 연령 역시 20~40대 사이로 다양하다. 이처럼 함께주택협동조합의 사례는 시민들의 자율적 문제 해결 움직임일 뿐만 아니라 1인 가구라는 우리 사회의 새로운 집단에 대해서도 고찰해 볼 계기를 제공해 준다.

④ 여성 1인 가구를 그리다, 그리다협동조합

1인 가구가 당면한 사회문제는 주택 문제만이 전부가 아니다. 소외, 경제적 자립성, 삶의 질 문제 역시 시급한 문제이며, 특히 1인 가구 중에서도 여성 1인 가구는 이러한 사회문제에 더 많이 노출된다. 지금부터 살펴볼 그리다협동조합은 여성 1인 가구가 직면한 문제에 초점을 맞추고 1인 가구 문제의 시야와 정체성의 외연을 넓혀 나가고 있다. 사실 이곳은 마포구의 1인 가구 단체를 연구 주제로 정하면서, 가장 먼저 관심을 가졌던 단체이다. 여성 1인 가구라는 구체적인 타깃을 갖고 있으면서 동시에 활발할 활동을 보이고 있어 그 성공 요인이 궁금했다.

그리다협동조합은 2014년 9월에 여섯 명이 뜻을 모아 시작한, 아직 1년도 채 되지 않은 새로운 모임이다. 하지만 여성 1인 가구의 존재와 그들이 당면하고 있는 문제는 꽤나 오래된 것이다. 그동안 사회의 한 구석에서 방치되고 있던 문제가 이제야 모임의 형태로 수면 위로 떠오른 것은, 여성의 문제와 1인 가구의 문제가 복합적으로 얽혀 있어 해결의 실마리를 찾기가 쉽지 않았기 때문이다.

여성 1인 가구가 스스로 당당하게 살아갈 수 있기를 바라는 마음에서 시작한 그리다협동조합은 예비 사회적기업이다.[8] 또한 마을기업으로서 서울시에서 공간 지원을 받아 어슬렁정거장이라는 카페도 운영하고 있으며, 조합원은 100명이 넘는다. 유경희 그리다협동조합 이사장의 그간 경력을 살펴보면 우리나라 시민사회의 인적 네트워크가 어떤 식으로 유연하게 확장되어 나가는지를 알 수 있다(안미선, 2014). 유경희 이사장은 과거 한국여성민우회의 대표를 지냈고, 지금은 녹색연합의 공동대표와 서울시 마을기업연합회의 이사장을 겸임한다. 또한 그리다협동조합은 마포사회적경제생태계조성지원사업단을 통한 네트워킹에 참여하고 있다. 사회적경제 단체의 네트워크에서 활발히 활동하는 것은 또 다른 시민사회 결사체 연대의 토양이 된다.

하지만 유경희 이사장이 한국여성민우회의 전 대표였다는 사실을 이유로 그리다협동조합이 여성민우회와 관계를 맺고 있다고 할 수는 없다. 인적 네트워크에서 뻗어 나가 새로운 활동을 하게 된 것이지, 기존 활동의 연장선상에서 이어진 것이 아니라는 점을 인터뷰를 통해 확인할 수 있었다.

그리다협동조합의 목표는 소박하지만 결코 사소하지 않은 꿈이다. 여성들의 경제적인 자립을 기본으로, 여성운동의 경험을 살려 여성들이 조금 더 풍요로운 일상을 누리게끔 돕는 것이다. 누구나 물질적으로나 정신적으로나 삶을 풍요롭게 꾸려 나가고 싶은 꿈을 가지고 있다. 하지만 우리나라에서 여성 1인 가구의 사회적 입지는 아직 좁다. 이들이 꿈을 이루기 위해서는 같이 모여 머리를

8. 그리다협동조합. http://www.greeda.com (검색일: 2015. 4. 3.)

맞대야 한다. 이러한 점에서 그리다협동조합의 목표는 그동안 여성 1인 가구가 얼마나 척박한 사회적 환경과 부딪쳐 왔는지를 간접적으로 보여 준다.

그리다협동조합 관계자는 해당 조합이 시민단체가 아니라는 점을 강조하였다. 조합에 정치라는 프레임을 덧씌우는 것을 부담스럽게 여기기 때문일 것이다. 하지만 국회에서 논쟁하고 선거 전략을 짜는 것만이 정치가 아니다. 모여 살면서 생기는 문제를 해결하기 위해 사람들이 머리를 맞대기 시작할 때, '정치'는 이미 자연스럽게 시작된다. 그리다협동조합도 명목상 '시민단체'는 아니지만, 흩어져 있던 여성 1인 가구의 구심점 혹은 그들이 쉬어 갈 수 있는 그늘의 역할을 자청한다는 점에서 시민사회의 중요한 행위자이다.

그리다협동조합은 각자 갖고 있는 재능을 조합에 기부하면서 다 같이 나눌 수 있는 활동을 주로 수행한다. 일례로, 여러 강좌를 개설하여 여성 1인 가구 간의 의사소통과 교류를 돕는다. 사주명리학 강의, 내 마음 들여다보기 강의 등 홈페이지에 올라와 있는 다양한 강의는 두서가 없어 보이지만 외부의 강사를 초빙해 오는 것이 아니라 조합원의 재능을 십분 활용한다는 점에서, 조합이 커질수록 훨씬 더 넓은 재능 기부 풀이 형성될 것이다. 즉각적인 이익이 나는 수익 사업을 크게 진행하고 있지 않지만, 재능 기부도 탄탄히 구축된다면 의외의 수익 창출 수단이 될 수 있다.

그러나 제조 위주의 협동조합 개념에서 진일보하여 무형의 교육 기반과 자기 성장의 가치를 중시하는 그리다협동조합의 가장 큰 문제는 재정이다. 아무래도 수익 창출의 기반이 탄탄하지 못한 상황이기에 임대료, 인건비, 공간을 유지하기 위한 각종 부대 비용, 조합 활동의 안정화 등 여러 재정 문제를 안고 있다. 서울시의 재정 지원이 있지만, 이는 협동조합이 공간을 대여할 때 5년간 보증금을 지원하는 방식에 한정된다.

"여기는 서울시 마을기업이라 보증금만 지원됩니다. 임대료는 수익을 내서 지불해야 하죠. 하지만 1층과 2층 임대료를 합치면 한 달에 350만 원입니다. 사실 임대료를 지금 발생하는 수익으로 충당하기는 어려워요. 그래서 저희 목표는 조합원을 350명 정도 모으는 것입니다. 만약 그분들이 월 1만 원씩 조합 운영비를 낸다

사진 7.2 어슬렁정거장 내부 게시판

면 임대료는 안정적으로 조달할 수 있겠죠? 그래서 안정적인 운영 인프라를 구축하기 위해 회원을 모집하고 있어요." – 여진 그리다협동조합 조합원[9]

3. 시민사회 운동의 새로운 흐름

지금까지 살펴본 민중의집 독립생활자 모임, 함께주택협동조합, 그리다협동조합은 기존 시민사회 행위자가 마포 1인 가구 문제에 어떤 식으로 접근하고 있는지를 보여 준다. 이러한 흐름과 동시에, 기존 시민사회의 문법으로는 해석하기 어려운 시민사회의 새로운 흐름이 등장하고 있다. 실생활에서 직접 겪게 되는 이슈에 대해 같이 고민하고, 1인 가구에게 마치 숙명처럼 여겨지는 외로움을 즐겁고 생산적인 방식으로 해소해 나가는 모임들이 출현한 것이다.

이들은 사회문제를 무겁고 엄숙하게 접근하기보다 누구나 쉽게 참여할 수 있는 방식을 선호한다. 심지어는 모임에 참가하는 사람들의 신상을 뒤늦게 파악하는 단체도 있다. 모여서 즐겁게 어울리는 것이 목적이기에 서로의 개인 정보

9. 인터뷰 일자: 2015. 5. 19.

까지 속속들이 알게 되면서 생기는 부담을 지양하려는 것이다. 이러한 새로운 흐름을 대표하는 단체로 이웃랄랄라, 아현동쓰리룸을 선정하였다. 두 단체 모두 기본적인 식생활에서 생기는 문제를 새로운 방식으로 접근한다.

1) 같이 길러 함께 먹는 기쁨, 이웃랄랄라[10]

이웃랄랄라는 2011년 이정인 대표의 개인 프로젝트로 출발하였다(이채린, 2011). 주변에서 끼니를 거르거나 대충 때우는 1인 가구를 자주 본 이정인 이웃랄랄라 대표는 1인 가구의 부실한 식생활 문제를 어떻게 같이 해결할 수 있을지 고민하였다. 이 대표는 그 해답으로 도시에 텃밭을 만들어 같이 농작물을 가꿔 수확해 먹는 것을 생각했다. 문화예술기획단 티팟이 합정동 카페의 옥상을 텃밭으로 내주면서 프로젝트를 시작하였다. 회원들은 합정동 근처에 사는 20~30대 1인 가구가 대부분이다.

이정인 대표가 제시한 1인 가구의 3대 요소는 '햇반, 듀오, 원룸'이다(박재동 외, 2015). 햇반은 인스턴트식품이 대부분인 1인 가구의 부실한 식생활, 듀오는 1인 가구 미혼 남녀에 대한 부정적인 인식, 원룸은 방 한 칸에 살면서 채광, 방음 등 기본적인 주거 조건조차 보장받기 힘든 1인 가구의 주거 현실을 뜻한다. 이웃랄랄라는 이 중 '햇반'의 문제를 같이 해결하고자 만들어진 단체로, 1인 가구들이 자발적으로 문제를 해결하려는 노력을 중요하게 생각한다. 이웃랄랄라에는 가입 절차의 일부로 여겨지는 호구조사도, 공식적인 임원도 존재하지 않는다. 함께 농사를 짓고 밥을 먹는 목적에 충실할 뿐, 위계적인 구조 없이 최대한 자유로운 분위기를 유지하고 있다.

2) 동네에서 즐기는 풍류, 아현동쓰리룸

아현동쓰리룸은 이름 그대로 아현동에 쓰리룸을 얻어 사는 청년들이 만든 단체이다. 이들은 음악 활동과 공연 기획, 마을 활동가를 겸하고 있다. 이들의 첫 활동은 이웃들이 일주일에 한 번씩 모여 다 같이 밥을 먹는 모임을 여는 것이었

10. 이하의 내용은 이정인 이웃랄랄라 대표(서면 인터뷰 일자: 2015. 6. 4.)와의 인터뷰를 토대로 작성하였다.

다(전여진, 2015). 하지만 공연 요청이 쇄도하자 집에서 밥도 먹고 공연도 볼 수 있는 장을 마련하였다. 사적 모임과 비슷해 보이지만, 아현동이라는 공간의 특수성은 청년들의 새로운 모임을 마을 활동과 연결하는 지점으로 작용한다.

아현동쓰리룸이 자리 잡기 전, 곧 대규모 재개발이 이루어질 산동네인 아현동은 이미 주민들의 마음이 떠난 곳이었다. 어차피 사라질 동네라는 인식으로 인해 골목길이 지저분해지고 낡은 건물도 그대로 방치되는 경우가 많았다. 하지만 아현동쓰리룸은 동네 주민들을 밥 먹는 자리에 불러 모으고 공연을 열면서, 동시에 위기에 처한 아현동 공동체를 재건하려 노력하고 있다. 아현동쓰리룸의 올해 목표도 마을 사람들에게 문화예술 교육을 제공하고, 공공 미술에 참여하는 것이다. 처음에는 심각한 문제로 시작하지 않고 밥 한 끼 함께하자는 제안으로 마을 사람들을 자연스럽게 초대한 아현동쓰리룸은 새로운 흐름 속에서 지역 기반 시민사회 결사체가 어떻게 생겨나고 활동을 지속해 나가는지를 잘 보여준다.

4. 마포구의 촉진적 리더십과 구청

새로운 흐름이 일어나고 있는 마포구 시민사회에는 그에 맞는 행정적 지원이 필요하다. 구청의 지원 또한 양적 팽창보다는 질적 성장에 초점이 맞춰져야 하는 바, 단체 간 연계와 원활한 소통을 돕는 역할이 필수적이다. 수직적 의사소통 체계에 익숙한 공무원들이 가장 어려워하는 부분은 소통이다. 따라서 마을공동체 사업을 위해서 구청에서도 주민과의 소통을 전담하는 팀을 구성했는데, 바로 마포구청 마을공동체팀이다. 마포구청의 입장을 들어보기 위해 윤동영 마을공동체팀 주무관과 인터뷰를 진행하였다.

1) 시민사회 조정자로서의 공무원의 역할과 한계

효율성과 성과를 중시하는 행정과 달리, 구청이 지원하는 마을공동체 사업의 목표는 효율성 극대화가 아니다. 중간에서 조율을 담당하는 공무원들은 '마을공동체가 추구하는 가치'를 항상 기억해야 한다.

"모든 마을 사업의 궁극적인 지향점은 주민 간 호혜적인 관계망을 형성해 마을자원을 결합하고, 이를 통해 독립적으로 진행되는 진정한 주민자치를 실현하는 데 있습니다. 다른 영역과 달리 마을 사업의 본질적인 특성은 사업을 수행함에 있어서 참여자인 주민의 만족도와 마을에 미치는 전체적인 공익성 등 수치적으로 환산하기 어려운 점이 있어요." – 윤동영 마포구청 마을공동체팀 주무관•11

주민의 실질적인 만족도와 공익을 중시하는 마을공동체 사업의 특성상, 마을공동체팀 공무원들이 업무를 수행하는 방식은 일반 공무원과는 다르다. 현장에서 실무자를 만나고 시민들의 네트워크에 참여할 뿐만 아니라 시민 활동에 구청의 원칙이 지켜지는지에 대한 피드백까지 겸한다. 또한 마을 아카데미를 운영하면서 시민들의 네트워크가 지속적으로 확장될 수 있도록 돕는다.

"성미산 마을이나 기타 여러 협동조합이나 주민들이 모여서 운영하는 시설이나 활동, 모임에 관해서는 그 부분을 눈으로 보여 주면서 교육합니다. 실제로 아카데미 교육을 받으시고 현재까지 활발하게 활동하시는 주민들 모임이나 단체가 많은 것 같아요." – 윤동영 마포구청 마을공동체팀 주무관

마을 아카데미에서는 기존의 사회적 자본을 바탕으로 마을 활동이 무엇인지, 새로운 환경에 어떻게 적용하는지를 가르친다. 또한 단체 형성에 필요한 기술적 노하우도 가르친다. 하지만 마을 아카데미에서 이루어지는 교육은 일방통행이 아니다. 마을공동체팀도 교육을 통해 배우는 점이 많다. 시민들과 함께 호흡하면서 제도의 비현실적 측면을 개선하고, 시민사회의 덕목도 자연스럽게 배운다. 이처럼 마포구청은 마을 사업을 홀로 주도하기보다는 시민사회의 호혜적 관계망에 참여하는 것에 목표를 둔다. 즉 사회적 자본의 선순환 구조 구축에 주력한다.

마포구청은 마을공동체팀을 통해 시민의 눈높이에 맞는 행정을 펼치려고 노

11. 인터뷰 일자: 2015. 5. 15.

력하지만, 마을공동체팀의 고군분투만으로 관청과 민간 부문의 틈을 없애기는 힘들다. 이 문제의 근본적 원인은 순환보직제도이다. 마을공동체팀은 시민들과의 수평적 구조에서 업무를 처리하는 것이 특히 중요하다. 시민들이 처음 구청과 협업할 때 느끼는 이질감과 괴리감을 해소하는 데 큰 도움이 되기 때문이다. 하지만 업무가 익숙해질 즈음 순환보직에 의해 다른 보직으로 옮겨가면서 기존 팀원이 수년에 걸쳐 쌓은 사회적 자본이 유지되기 어렵다. 이러한 상황에서는 마을공동체팀 사업의 장기적인 성과를 기대하기 어렵다. 하지만 팀의 특수성을 이유로 관료 조직 전체의 원칙을 어길 수는 없다는 점이 현재 마을공동체팀이 직면한 딜레마이다.

박홍섭 마포구청장은 한평생을 노동운동과 시민운동에 투신한 활동가이다. 1987년 한국노동조합총연맹의 홍보실장직을 역임했고, 근로복지공사 이사장, 남북민간교류협의회 공동대표, 한국여성상담센터 이사 등 다양한 영역에서 사회운동에 참여한 경력을 가지고 있다.[12] 경력에서 나타나듯 시민사회에 대한 관심과 애정이 남다른 박 구청장은 이미 시민사회의 새로운 동향을 파악하고 이에 대한 현실적인 문제점도 지적하였다.

"홍대 문화 거리는 예술가들이 모여 홍대 거리에서 작품 활동을 하며 형성되었습니다. 자본주의 사회에서는 필연적으로 돈이 되는 곳에 상업자본이 투입되죠. 이들이 건물을 통째로 사 버리면 그 안에서 생활하던 사람들은 타격이 이만저만이 아니에요. 문래동으로도 밀려가고 서강동, 연남동으로도 밀려나게 됩니다. 그런 부분은 작가들 개인이나 예술 단체한테만 알아서 하라고 말하기에는 상황이 엄중하여 그들을 위한 공간을 만들기 위해서 애를 쓰고 있으나 현실적으로 쉽지가 않은 부분이 있어요. 예산과 결부되는 사항이므로 적정한 보상을 주고 공간을 만들려고 하더라도 이 사람들이 턱없이 돈을 달라고 합니다. 화가 나는 점이 공공시설로 이용하려 하면 집값이 확 뛰어 버린다는 거예요. 일반인에게 반값도 안 하던 것

---

12. 박홍섭 마포구청장 프로필. 마포구 열린구청장실.
http://www.mapo.go.kr/CmsWeb/viewPage.req?idx=PG0000002461 (검색일: 2015. 5. 29.)

이 관에서 뭘 하려고 하면 1억 원을 달라고 해 버립니다."

– 박홍섭 마포구청장[13]

인터뷰 내용과 같이, 시민사회를 위한 공간을 마련하려는 목적으로 구청이 개인의 토지를 매입할 때 사람들이 구청을 상대로 과도한 보상금을 요구하는 경우가 있다. 하지만 구청의 직접적인 개입이 비효율적이라는 이유로 시민단체를 무조건적, 무차별적으로 지원하는 것 역시 어려운 일이다. 시민단체가 행정이 원하는 수준만큼 재정 운용의 투명성을 충족하지 못하는 경우가 많기 때문이다. 또한 시민사회가 구청 예산에만 의존하는 것 자체도 바람직하지 않다.

"넉넉히 지원해 줄 수 있는 만큼 충분한 예산이 있지는 않습니다. 또한 다 그런 건 아니지만, 시민단체가 불투명한 면이 있어요. 명확하게 예산 지원에 대한 결과가 안 나오는 거예요. 공무원은 책임이 따르기 때문에 기피하는 경향도 있고요."

국민의 세금으로 이루어진 예산을 시민사회의 적재적소에 투입하기 위해서는 우선 시민사회의 다양성에 대한 이해와 소통이 이루어져야 한다. 그런데 구청장은 예산이 직능단체 위주로 편성되는 현실을 꼬집는다.

"넓은 의미에서 시민사회이기는 하지만 정치적인 필요에 의해서 만들어진 직능단체가 수도 없이 많습니다. 자유총연맹, 바르게살기, 새마을운동 등, 많지도 않은 돈이 이쪽으로 분산되어 지원의 규모가 더 작아진 측면도 있어요. 이번이 마지막 임기라고 생각하기 때문에 한 번은 시민사회를 돕기 위해 직능단체로 가는 예산을 전면적으로 시민단체 쪽으로 지원해 주는 것도 생각하고 있습니다. 물론 현실적인 어려움이 뒤따르기는 하겠죠."

– 박홍섭 마포구청장

마포구청장의 시민사회 지원에 대한 의지에도 불구하고 한정된 예산, 민간 부

---

13. 인터뷰 일자: 2015. 6. 3.

문과의 소통과 신뢰 부족 등 여러 요소가 협력적 거버넌스에 대한 장애물로 작용한다. 이러한 상황에서 시민사회를 제대로 이해하고 시민단체 구성원들의 신뢰를 얻기 위해서는 전문가의 도움이 필수적이다. 이들은 구청보다 더 가까이 시민사회에 접근하여 현장의 소리를 들을 수 있기 때문이다. 이러한 전문가의 역할을 수행하는 단체가 바로 중간지원조직이다. 중간지원조직은 관청과 민간의 이질감과 괴리감을 최소화하고 양측의 원활한 의사소통을 유도하는 역할을 수행한다.

2) 새로운 관청 행위자, 중간지원조직

마을공동체지원센터, 사회적경제지원센터, 청년일자리지원센터, NPO지원센터는 모두 정부에서 시민사회 관련 업무를 위탁받아 운영하는 중간지원조직이다. 마을공동체지원센터는 2012년 2월에 제정된 조례에 의해 광역시별, 자치구별로 만들어졌다. NPO지원센터는 2013년 8월에 제정된 조례를 바탕으로 생겼다.

이들 조직은 오랜 경력의 시민사회 전문가로 구성되어 지원 대상이 되는 시민단체의 특성에 대해 속속들이 파악하고 있다. 시민사회 이슈 형성에도 주도적으로 참여하여 앞으로 나아갈 방향을 제시한다. 이들은 시민단체에 유용한 지식을 제공하여 공익적 목표 수행을 돕기 위해 관청보다 세심하고 세밀한 차원

사진 7.3 박홍섭 마포구청장

사진 7.4 마포구청 마을공동체팀

까지 시민사회 조직을 지원한다. 소액 지원을 받기 위해 관청과 소통하는 과정에서 지원금보다 더 큰 무형의 거래 비용을 치르는 것을 꺼리던 시민단체가 중간지원조직이 인센티브를 제공할 때는 적극적으로 참여한다. 또한 중간지원조직은 순환보직제의 제약에서 자유롭다. 이들은 관청의 업무를 위탁하여 수행할 뿐, 공무원이 아니기 때문이다.

> "지원금은 서울시 재원으로 운영되는 것이라 저희도 서울시 규정에 따르지만, 저희는 이런 것들을 잘 안내해 드리죠. 사전에 이런 교육을, 덩그러니 모여서 가이드라인 던져 주고 패널티를 알려 주는 식으로 진행하는 것이 아니라, 단계별로 나누어서 처음 해 보는 단체들은 전부 도와주기도 하고, 선수들이 할 수 있는 프로젝트는 따로 세팅을 하는 형식으로 진행합니다. 처음 오시는 분들은 규모를 크게 드리면 안 되거든요. 이런 것에 대한 감은 현직 경험이 있어야 잡을 수 있는데, 저희가 이런 경험이 있기 때문에 이런 세팅이 가능한 것이지요. 똑같은 가이드라인과 서류 양식이 있어도 저희한테 오시면 보다 편하고 쉽다고 느끼시는 것이 있고요, 서울시로 가면 왠지 긴장되고, 숙제 검사받으러 가는 그런 느낌이 있으신 거죠."
>
> – 서울시 NPO지원센터•14

NPO지원센터는 기존 시민사회 경력자들을 '선수'라 부르면서, 초보 시민사회 운동가와 구분한다. 초보 운동가는 단체 구성 및 운영을 위한 기본적인 사항도 모르는 경우가 많아, 관청의 공모 사업 경쟁에서 '선수'들에게 밀리곤 한다. 센터의 지원금이 적더라도, 지원을 받을 수 있는 확률이 높기 때문에 중간지원조직의 사업 공모에는 새로운 단체들의 참여가 활발하다.

마포마을생태계조성사업단은 마포구 맞춤형 중간지원조직이다. 마포구 시민단체 네트워크인 마포마을넷이 구청 마을생태계사업단 공모에 선정되어, 구청의 시민단체 지원 업무를 3년간 돕게 되었다. 서울시 차원의 중간지원조직만으로는 마포구의 특성에 맞는 시민단체를 지원하기 어려웠기 때문이다. 이들은

---

14. 인터뷰 일자: 2015. 6. 5.

풍부한 마을 활동 경험을 바탕으로, 마포구청과 시민사회 사이에서 동시통역사 역할을 자처한다. 사람들도 2~3년에 한 번씩 바뀌는 낯선 공무원들보다는 이들과의 소통을 선호한다.

"저희는 행정이 절대 할 수 없는 활동을 하고 있어요. 교육을 해도 행정에서 하면 돈을 많이 들여도 별로 결과가 안 좋습니다. 행정이 직접 하던 사업들을 중간지원조직에 예산을 지원해서 위탁하게 되는 일이 많아졌고, 사업성과는 행정이 직접 하는 것보다 더 좋은 것으로 평가하고 있습니다."

– 마포마을생태계조성사업단•15

마포구에 예전부터 대규모 시민단체는 많았지만, 정작 마포구를 기반으로 하여 구민들이 이끄는 단체는 드물었다. 최근에야 서울시와 마포구의 노력으로 시민사회 진입 장벽이 낮아져 새로운 지역 기반 단체가 많이 생겼다. 마포구 시민사회의 양적 팽창은 환영할 일이나, 대부분 단체가 예산 지원이 끊기면 사라질 위기에 노출되어 있다. 이러한 상황에서 중간지원조직은 시민단체의 자생력을 키워 네트워크에 지속적으로 참여할 수 있도록 돕는다. 일시적인 몸매 가꾸기를 넘어 꾸준한 지도로 체질 개선을 돕는 시민사회의 트레이너 역할을 수행하고 있다.

"도시에 살아가면서 어떤 지역의 주민이란 정체성을 갖고 살기는 힘들죠. 특히 직업을 가지고 이사를 자주 다니다 보면 어느 지역의 주민이란 정체성을 갖고 지역에 협력하려는 의식을 가지기는 더욱 힘들어요. 이런 상황에서 지역에서 의미 있는 커뮤니티를 만들어 보겠다고 생각하는 의식을 갖고 있는 분들이 자리 잡아 나가는 데 도움을 주는 것이 우리의 목표입니다." – 마포마을생태계조성사업단

자원을 분배하는 관청의 권위적 태도는 시민사회와의 수평적 관계 형성에 걸

15. 인터뷰 일자: 2015. 6. 12.

림돌이 된다. 중간지원조직은 시민사회에 처음 진입하는 주민들이 관청에 가까이 다가갈 수 있도록 계단을 놓아 주는 역할을 한다는 점에서, 앞으로도 마포구 시민사회에서 큰 활약을 할 것으로 예상된다.

Ⅱ. 참여 관찰 내용의 시민사회적 함의 분석: 사회적 자본과 공익, 협력적 거버넌스

1. 사회적 자본

1) 사회적 자본의 확장: 새로운 참여자 유입

전반부에 자주 등장한 사회적 자본이라는 개념은 기본적으로 사회적 관계에서 비롯된 자원의 총합을 의미한다. 구체적으로는 사람들의 네트워크 형성에 기초한 신뢰와 상호 협동으로 인해 증대된 사회적 생산성의 증가분을 의미한다. 긴밀한 네트워크에 귀속되는 사람이 많아질수록 사회적 거래 비용은 감소하고 협동의 횟수는 증가한다. 관계에서 비롯되는 생산성의 증대는 물질적인 측면과 아울러 심리적인 부분에서의 영향력까지도 포괄한다. 특히 감정적인 요소는 사회적 자본에서 매우 중요한 부분을 차지한다. 공동체와의 연대감, 소속감, 그로 인한 심리적 만족감, 외로움의 경감 등 감정적인 부분을 충족하는 것 역시 사회적 자본이다.

마포구 시민사회의 새로운 흐름을 단적으로 보여 주는 현상이 바로 사회적 자본의 확장이다. 네트워크에 참여하는 사람과 협동이 점점 늘고 구민들의 심리적 안정과 소속감이 전반적으로 증가하는 추세이다. 이렇듯 현실에서 복잡하게 나타나는 사회적 자본의 확장은 외연적 확장의 측면과 구체적인 사례별로 도출되는 사회적 자본의 확장 가능성으로 나누어 분석할 수 있다.

사회적 자본의 외연적 확장은 새로운 참여 계층의 유입으로 정의가 가능하다. 전통 시민사회는 시민단체에 투신한 열성적인 활동가들이 핵심을 이루었다. 소수의 한정된 활동가들이 시민사회 전반을 이끌어 나갔다고 해도 과언이 아니다. 이는 대중들에게 시민사회가 폐쇄적이라는 인상을 심어 줌으로써 새로운 유입을 억제하고 실제로 폐쇄성의 악순환에 일조하였다.

하지만 '개방성'을 대표적 속성으로 가지는 새로운 시민사회의 조류는 기존의 제한적 참여 계층을 벗어난 자유로운 형태를 띤다. 20대 등 청년층의 참여 확대도 두드러지지만, 청년층에 한정된 것이 아니라 다양한 시민들의 관심과 이해를 포착하여 전반적인 시민들의 광범위한 참여를 이끌어 냈다. 이는 시민사회 활동이 긍정적으로 인식되는 사회적 분위기에 기인한다. 시민사회 활동의 의제가 확장되고 일상에서 실천할 수 있는 일, 대중들의 사소한 이해관계와 관련 있는 활동들도 포괄하면서 시민사회 단체에 대한 관심은 늘고 거부감은 줄어들고 있다. 특히 대중들에게 쉽게 선택 가능한 대안적 통로로 인식된 것이 참여자 확대에 결정적이었다.

또한 참여자의 확대는 새로운 참여자의 주도성에서 두 가지로 분류할 수 있다. 첫째, 새로운 참여자들이 기존의 시민사회 단체에 포섭되는 과정에서 단체의 구성원으로 가입하는 형태이다. 함께주택협동조합과 그리다협동조합이 이에 해당한다. 전통적인 시민사회의 경험자가 운영진의 역할을 담당하고, 새로운 시민사회 참여 계층이 단체의 일원으로 활동한다. 전통적인 시민단체의 틀이 적용되어 대표와 핵심 구성원, 일반 구성원의 구분이 확실하다.

박종숙 함께주택협동조합 대표는 시민단체에서 일한 경력이 있으며, 함께주택 이전에 공동체주택을 설립한 소행주의 핵심 멤버로 활동하였다. 전체 조합원 약 40명 중 함께주택에 입주한 조합원은 10명이며, 나머지는 차후에 입주하고자 하는 사람들과 함께주택의 모토에 공감하여 지지 의사를 표명한 사람들이다. 이처럼 함께주택협동조합은 주거 문제 해결이라는 시민들의 이해관계와 직접적으로 관련이 있는 의제를 통해 참여를 유도한다.

그리다협동조합의 구성원 120명은 민우회 출신의 대표진과 여성 1인 가구로 이루어진 주된 구성원, 여성 1인 가구 문제에 공감하는 사람들까지 포함한다는 점에서 함께주택협동조합과 멤버 구성이 유사하다. 여성 1인 가구를 출발점이자 구심점으로 삼지만, 결코 여성 1인 가구 외부의 구성원들을 배제하지 않는다. 협동조합이 지향하는 바에 공감하는 사람이라면 누구나 기꺼이 받아들여,

시민사회가 자생적으로 범위를 넓혀 나갈 수 있는 가능성을 보여 준다. 한편, 그리다협동조합은 교육 및 취미 강좌를 제공함으로써 시민들의 흥미를 자극하여 참여를 이끌어 냈다는 점에서 함께주택협동조합과 차이가 있다. 구성원들은 재능 기부를 통해 서로의 성장에 직접적인 도움을 줄 뿐만 아니라 구성원 개인의 성취감과 자존감도 고취된다. 딱딱한 시민교육에서 벗어나 각자 가진 재능을 나누는 것만으로도, 함께 나누고 더해 가는 것의 효능감을 알 수 있다.

> "네트워킹을 하는 이유는 그 안에서 1인 가구든 아니면 여성이든 네트워킹 하는 사람들의 삶의 만족도가 높아지고, 그 관계 안에서의 커뮤니티들이 공동체적인 관계를 통해서 행복해지는 것들을 목적으로 하기 때문이에요. 또 네트워킹을 활발히 하면 어떤 마을이라는 것이 공간에 한정이 되는 것이 아니라 관계라든지 공동체성과 관련되기 때문에 여기서 만난 친구가 인터넷 등 동호회로 확대되어 갈 수 있다고 생각해요. 여성 1인 가구 같은 공동체적인 것들이 이전에 보이지 않았던 사람들이 모여서 네트워킹을 할 수 있고 즐거울 수 있다는 것을 다양하게 보여주고 다양하게 만들었으면 좋겠어요. 이 공간에 다양한 분들이 오셨으면 좋겠습니다. 또 공동체적인 의미가 점차 확장되어 나가길 소망합니다."
>
> – 여진 그리다협동조합원

동시에 이러한 역할의 구분은 수직적인 위계가 아니라 정기적 토론, 발언권 보장, 합의 지향적인 의사결정과 같은 민주적 규정에 의한 것이다. 협동조합 내부의 개방성, 민주성, 민주적 가치 지향은 참여를 통해 시민적 덕성을 함양하기 위해서는 필수적인 조건이다.

특히 함께주택협동조합은 그러한 면이 두드러지는 단체이다. 자주 모이기는 어렵지만 조합원들이 집주인인 만큼, 1년에 한 번은 모든 조합원들이 모일 수 있는 총회를 개최한다. 이 자리에서 입주자가 아닌 조합원들이 이야기기를 나눌 수 있다는 점에서 의미가 있다. 그 외에 입주자가 아닌 조합원들이 모일 수 있는 기회의 창은 비공식적인 형태로 열려 있다. 또한 함께주택 내부에도 입주자들을 위한 모임이 있다. 한 달에 한 번 거주자들이 만나는 회의가 있고, 그 내부에서 투표를 통해 선발된 대표가 회의를 주재하는 역할을 한다.

그런데 박종숙 함께주택협동조합의 대표는 그 회의에 적극적으로 나서지 않는다. 조합에 운영 관련 사항을 전달하거나 부탁할 일이 있는 경우에만 참석하고, 자신이 할 말을 전달한 뒤 회의를 위해 자리를 비켜 준다. 대표이지만 함께주택의 입주자가 아니므로, 입주자의 자율성을 존중해 주어야 한다는 취지에서이다. 입주자들은 운영진보다 시민사회의 활동이나 운영 방식이 익숙하지 않고 서툴지만, 자체적으로 시행착오를 통해 스스로 배우는 것이 더 중요하다는 것이다.

나아가 조합의 의사결정은 대부분 만장일치로 이루어지며, 합의를 지향한다. 이는 다수결을 가장 큰 폭력이라고 보는 대표의 가치관과도 연결되어 있다. 많은 정치적 결정에서는 시간과 비용을 효율적으로 활용하는 것이 중요하기에 필수 불가결하게도 다수결을 사용하는 경우가 많다. 하지만 시민사회의 정치는 정부의 정치와는 다른 가치를 추구한다. 박종숙 함께주택협동조합 대표의 말에서 이러한 민주성과 시민적 가치의 추구가 명확하게 드러난다.

> "제가 아까 다수결이 제일 폭력적이라 했듯이, 다수결보다는 합의나 만장일치에 의한 결정을 추구해요. 그중에는 몇 월까지는 이렇게 해 보고, 그다음 다시 한 번 이야기를 해 보자, 이런 방식의 결정도 있을 거고, 몇 월까지는 A를 해 보고 몇 월까지는 B를 해 보고 다시 이야기해 보자, 이런 방식도 있는 거죠."
>
> – 박종숙 함께주택협동조합 대표

즉 효율성 측면에서 비판을 받을지라도 합의와 만장일치를 추구해 한 사람의 목소리도 놓치지 않고 반영하겠다는 것이다. 이는 시민사회가 정치 참여의 통로로서 갖는 특색과 관련이 있다. 시민사회를 통한 참여는 하나의 대안적인 참여 방식이며, 시민단체는 주류 사회에서 목소리를 내기 어려운 시민들이 모여 만든 협의체이다. 따라서 시민사회 단체의 다수결 지향은 소수 의견의 표출이라는 시민사회 활동이 가지는 본질에 어긋나는 모순을 초래한다.

둘째, 시민사회의 새로운 참여 계층이 주도적으로 모임을 조직하는 양상이 있다. 기존 단체에 가입하는 것이 아니라 아예 단체를 자치적으로 설립하는 것이다. 주로 교류와 모임에 주목하며 함께 만나고 즐기는 유희적 측면이 강하다. 흔히 소모임이나 동아리가 가지고 있는 속성을 띤다. 이웃랄랄라, 아현동쓰리룸을 통해 살펴본 새로운 시민사회 단체들이 여기에 해당한다. 이들은 딱딱한 규정과 역할 구분에서 벗어나 네트워킹과 교류에 집중한다. 이러한 단체의 경우 별다른 노력 없이도 참여가 가능하다는 이점이 있어, 구성원 수는 적지만 구성원 모두가 핵심 구성원으로 분류될 수 있을 만큼 전체적인 참여가 활발하다.

또한 이들 단체는 시민사회 단체가 가지는 위계의 틀에서 벗어나 구성원의 역할 구분이 뚜렷하지 않고 대표, 상근자 등의 위치도 명확하지 않다. 대표가 있더라도 명목상, 편의상의 호칭인 경우가 많다. 이러한 평등한 관계는 구성원 간 거리를 좁히고 참여 유인을 높일 뿐만 아니라 대중의 시민단체에 대한 시각을 호의적으로 변화시킨다. 하지만 정기적 회의나 일관된 의사결정 구조, 소수의 발언권 보장 등 내부적 민주성을 위한 공식적 장치가 부재하여 오히려 비민주성을 유발할 가능성을 내포한다. 즉 '내부적 민주성'의 척도에서는 기존 단체보다 취약할 수 있다.

이러한 단체들의 경우 활동의 규모가 작고 스스로가 시민사회 단체라는 의식도 낮은 만큼 관청의 직접적인 지원을 받는 경우는 많지 않다. 단체의 규모가 크지 않아서 대규모 지원금이 필요하지 않고, 공적 의제의 추구라는 원대한 목표를 가지고 있지 않기에 그 목표의 실현을 위한 수단으로서의 지속가능성에 집착하지 않는다. 그로 인해 자본과 경제적 지원에 대한 의존도가 낮고 대체로 공식적인 루트로 경제적 지원을 신청하지 않는다.

반면 중간지원조직과의 교류와 연계는 활발한 편이다. 중간지원조직은 관청의 엄격성에서 조금 더 자유롭기에 적은 액수이기는 하나 복잡한 규정과 심사에 따르지 않고 소규모 단체 및 일회성 모임을 지원할 수 있다. 나아가 중간지원조직의 실무자들은 스스로가 시민사회 활동가 출신으로 시민사회 전반에 대한 이해도가 높다. 시민사회 행위자의 입장에서 보면, 공무원들은 우리를 이해하려고 노력하는 외부인이지만, 중간지원조직 실무자들은 내부인, 즉 우리 중 일부이다. 이로 인해 새로운 시민사회 단체들은 중간지원조직과의 협업을 더 선호한다. 관청에서도 이 사실을 알기에 최근에는 중간지원조직을 통해 시민사회와의 간접적 연계에 주력하고 있다.

2) 사회적 자본의 확장: 구체적 사례에 적용

구체적인 사례에서 도출되는 사회적 자본의 확장 가능성은 미래의 대중적, 공간적 확대와 연관되는 사회적 자본을 의미한다. 함께주택협동조합과 그리다협동조합이 마포구라는 경계를 넘어 단체의 확장을 추구하는 것이 이러한 경우에 해당한다.

함께주택협동조합과 그리다협동조합이 마포에 뿌리를 내린 데에는 여러 가지 이유가 있다. 마포구는 다른 자치구에 비해서 높은 1인 가구 비율을 보이지만, 1인 가구의 급증 자체는 모든 지역에서 공통적으로 발견되는 사회현상이다. 반면 다른 자치구에 비해 시민사회의 역사가 강한 것은 마포구만의 특색이다. 또한 마포구 자체가 가지는 지리적, 경제적 이점을 간과할 수 없다. 마포구는 지리적으로 접근성이 좋아 1인 청년 가구들이 선호하는 지역이자 집값이 서울의 타 지역에 비해 낮아 공동주택 실험에 적합한 장소이다. 조합이 카페를 운영하고 교육을 위한 공간을 마련하기에도 수월하다. 마포구에 시민사회 단체가 많은 것은 이러한 복합적 요인들의 혼합이며, 그중 마을의 자치적 문제 해결의 역사가 큰 영향력을 발휘하였다.

함께주택은 두 번째 집을 준비 중이며, 그 역시 마포구에 자리 잡을 예정이다. 그런데 앞으로의 함께주택은 마포나 1인 가구에만 국한되지 않을 예정이다. 함께주택 2호부터는 1인 가구와 2, 3인 가구의 혼합 형식으로 운영될 것이며, 장기적으로는 서울시의 다른 자치구들에 함께주택을 제공하고자 하는 비전을 가지고 있다. 즉 미래에는 1인 가구와 마포구라는 함께주택협동조합의 핵심 주제를 넘어선 사회적 자본의 확장을 꿈꾸는 것이다.

그리다협동조합 또한 서로 다른 단체의 연대로 시작하여 마포구 외부 지역에도 카페를 운영하며 여러 사업을 위탁받아 진행하고 있다. 주된 활동인 여성 1인 가구의 경제적 자립을 위한 바리스타 교육도 마포구 외부에서 진행한다. 여성 1인 가구가 아니어도 강좌를 자유롭게 수강할 수 있다는 점에서 사회적 자본의 확장을 적극적으로 추진해 나가고 있으며, 실제로 마포구 외부에서 온 사람들과 남성들도 강좌에 참여한다.

사실 이러한 사회적 자본의 확장 '가능성'은 아직 실현된 것은 아니다. 또한 외연적 확장에 따른 내실화가 선행되지 않으면 실패할 수도 있다. 함께주택협동조합의 경우 공동주택의 주거 형태가 우리 사회에 소개되는 단계에서 이러한 주거 형태의 전국적 확산까지 생각하는 것은 지나치게 원대한 목표가 아닌가 하는 의심을 불러일으킨다. 하지만 조합은 공동주택을 원하지 않는 사람들의 존재를 인정하고, 모두를 위한 해답이 아니라 하나의 대안적 선택지를 제공하는 것을 목표로 삼는다. 함께주택협동조합이 바라고 추구하는 미래는 공동주택을 원하는 사람이 소수라도 있다면 그들이 어려움이 없이 공동체주택을 선택할 수 있는 사회의 구현이다.

나아가 역설적이게도 함께주택협동조합은 이전의 공동체주택에 비해 지역사회와의 직접적인 연계에 성공적이지 못한 측면이 있다. 1인 가구의 주거 안정을 위한 임대주택에서 지역사회를 위한 공간을 제공하는 것은 어려운 일이지만, 함께주택은 소행주의 전례를 따라 마을사랑방이라는 공간을 마련하여 커뮤니티에 기여하고 지역사회와의 교류를 통한 사회적 자본의 확장을 목표했다. 다만 이러한 시도는 아쉽게도 실패로 돌아갔다.

> "저희가 처음에는 맨 아래층 넓은 공간을 조합원이나 이웃에게도 열었으면 하는 바람이 있어서 마을사랑방이라 해서 별도의 방을 비워 놨었어요. 근데 아무래도 거기가 거주 공간이다 보니까, 거주하는 사람도 그렇고 외부인도 그렇고 들어가고 나오는 걸 보는 게 자연스럽지가 않더라고요. 사실상 마련했던 마을사랑방이 실제 의도한 만큼은 쓰이지 못해서 5월부터는 새로운 거주자를 한 분 더 받기로 결정했어요."
>
> – 박종숙 함께주택협동조합 대표

물론 서로 모르던 사람들이 한 집에서 같이 생활하는 과정에서 새로운 사회적 자본이 형성될 것이기에 마을사랑방이 사라진다는 이유만으로 함께주택협동조합이 가지는 사회적 자본의 형성 가치를 부인할 수는 없다. 다만 이웃에 공간을 빌려 주고 마을과 소통, 교류하면서 발생할 것이라고 의도했던 사회적 자본에 대해서는 목표한 바를 이루지 못했다. 거주자가 아닌 대표와 입주자들이 바라는 것에는 차이가 존재할 수밖에 없다. 함께주택협동조합이 사회적으로 확장되기 위해서는 이러한 식의 입주자 편의를 극대화하는 방식으로의 변화가 불가피할 것이다.

또한 그리다협동조합의 경우 규모가 커지는 만큼 단체가 느슨해지면서 교육 강좌 활동과 단체의 지향점 사이에 괴리가 더 커지지 않을까 하는 우려가 생겼다. 그리다협동조합은 시민단체가 아니라는 점을 강조하지만, 그만큼 사람들을 끌어들일 유인의 강도가 약해졌다. 대중의 참여를 끌어내기 위해 정체성을 명확히 확립해야 하는 문제에 곧 직면할 수도 있다.

그럼에도 미래의 사회적 자본의 확대 가능성은 밝다. 시민사회에 있어 지리적 경계 및 거리적 한계가 무너지고 있다. 타 지역에서의 참여는 직접적 만남뿐만 아니라 인터넷 공간의 활용을 통해 용이해진 측면이 있다. 대중적으로도 시민사회에 대한 경계심이 사라지고, 직접적 이해관계자가 아닌 사람이 단체의 취지에 공감해서 시민사회 활동에 참여하는 경향이 늘고 있다. 시민들의 전체적 수준과 덕성은 이미 어느 정도 무르익은 상태이기에, 좋은 취지의 단체라는 기폭제만 있으면 더 큰 참여를 이끌어 내는 것도 시도해 볼 만한 과제인 셈이다.

그런데 새로운 시민사회 단체들은 소규모의 모임 위주라는 점에서 아직 기존 시민사회 단체들과 같은 공간적, 대중적 확대를 추구하지 않는다. 그렇다면 이들에게는 새 참여자의 유입 외에 사회적 자본의 확장 가능성은 없는 것일까? 이웃랄랄라, 아현동쓰리룸과 사회적 자본의 연계는 다른 측면에서 더욱 명확히 드러난다. 바로 사회적 자본이 단체의 목적으로서 추구된다는 점이다. 사회적 자본은 단체의 목표를 이루기 위한 수단적 기제로 취급, 인식되는 경향이 있다. 이러한 견지에 따라 많은 경우 사회적 자본의 형성 그 자체를 의미 있게 평가하기보다 네트워크 조직을 통한 목적 달성에 얼마나 효율적으로 작용하였는지에 집중한다. 하지만 이웃랄랄라, 아현동쓰리룸 등의 새로운 시민사회 단체는 모임, 교류 등의 네트워킹 그 자체를 목표로 한다. 즉 사회적 자본의 형성 그 자체가 단체의 목적 또는 가장 귀중한 가치가 되는 것이다. 이러한 새로운 조류에서 네트워킹을 통해 개별 구성원의 행복과 만족도가 증진됨으로써 이전의 공익 개념에 관한 의문이 제기되기 시작한다.

2. 공익 개념의 확대

시민사회에서의 공익 개념이 모호해지고 있다. 사회의 구성이 다양해지면서 그동안 당연히 받아들여지던 개념에 의문이 제기되고, 이를 통해 개념적 재정의가 활발하게 이루어지고 있다. 같은 맥락에서 기존에 시민단체가 내세우던 절대적 권위인 공공의 가치가 최근에는 추상적인 개념을 들어 설명도 없이 시민단체가 표방한다는 이유로 공익으로 인정되는 시대는 지났다. 왜 그것이 중요하며 시민들의 삶에 필요한지에 관한 고찰과 설득 작업이 필요하다. 현재 공익 개념은 고정된 개념이 아니라 경쟁을 통해 대중의 공감을 이끌어 낸 결과물을 뜻하게 되었다. 공익 개념이 공공의 이익을 추구할 뿐 아니라 공공의 승인에 의해 추구되는 것이 된 것이다.

이러한 경쟁은 기존 시민사회 활동가들에게도 새로운 고민을 안기고 있다. 소외된 이들을 모아서 정치의식을 길러 주어 그들 자신의 이익을 지키도록 투쟁하게 만드는 것만 권익, 공익이 아니다. 그들을 모아서 소규모 네트워킹을 하는 일도 공익의 범주에 포함될 수 있다. 그리다협동조합이 기존 여성운동의 포괄적이고 추상적인 강령에서 벗어나 생활과 직접적으로 관계되는 소외된 이들의 이익을 대변하게 된 것이 하나의 사례이다.

함께주택협동조합과 그리다협동조합은 설립 취지와 활동 내용에 이미 전통적인 공익 개념이 내포되어 있다. 이 단체들은 기존 시민사회의 특성인 사회문제 해결을 위한 공공성의 담보를 공유한다. 함께주택협동조합은 주거 문제라는 커다란 사회문제를 해결하려는 대안적 움직임이고, 그리다협동조합은 여성 1인 가구의 삶의 질 제고를 통해 여성 1인 가구가 당면한 사회문제를 간접적으로 해소하려고 노력한다. 이러한 공공성은 두드러지는 특성이자 구청의 지원금을 받을 수 있는 요소이다.

시민사회의 새로운 흐름과 맞물려 탄생한 단체들은 외관상으로 공공성, 공익과 거리가 멀어 보인다. 같이 만나서 놀고 즐기는 유희적 활동에 주력하는 단체들은 시민사회 단체라기보다는 동아리나 소모임에 가까워 보인다. 또한 일회적 만남과 이벤트를 위한 단체도 있기에 도대체 시민사회 단체와 공공성의 범위는 어디까지인지에 관한 의문이 심화되고 있다.

> "시민단체라는 것이 사회를 더 좋게 만들기보다는 사회를 더 불편하게 만드는 사람들이잖아요. 기존 사회에 계속 의문을 제기하고 질문하면서 사람들을 불편하게 만드는 사람들이죠. 하지만 당연히 그런 질문이 자기한테도 돌아오죠. 자기성찰 없이 남한테만 말하면 아무도 들어주지 않습니다. 시민사회도 스스로에게 질문을 할 때가 온 거죠."
>
> – 서울시 NPO지원센터[16]

그 경계가 모호하기에 누구도 답을 단정할 수 없지만, 질문을 제기하는 것은 그 자체로 가치를 지닌다. 개인의 행복과 사익을 추구, 실현하기 위한 모임과 교류가 유의미한 무언가를 산출한다면, 이는 공익에 기여한다고 할 수 있다.

유의미한 무언가는 눈에 보이는 산출물일 수도 있고, 공공성과의 연관성을 판단하기 어려운 무형적 가치일 수도 있다. 일례로 모임을 통해 사회적 자본이 축적되어 후일 유사한 네트워킹에 지속적으로 도움과 교훈이 된다면, 이는 후자의 경우에 해당한다. 그런데 예시를 통해서도 알 수 있듯이 무형적 가치는 시간이 지나야만 혹은 변형적으로 드러날 때에만 판별이 가능하다. 이러한 판별의 어려움에도 불구하고, 관청에서 지원을 받기 위해서는 공공성에 기여했음을 입증해야 하는 경우가 많다. 시민사회 활동 지원금은 세금에서 나온 것이기에 관청의 입장에서는 공공성에 대한 입증이 선행되지 않으면 지원을 하기 어렵다.

이러한 고민에 대해, 실제 시민사회 활동을 지원하며 매일 같은 문제를 고민하는 NPO지원센터는 어떠한 기준을 가지고 있을까? 미트앤드셰어(meet & share)라는 사업에서 공익성에 대한 그들의 고민이 드러난다. 미트앤드셰어는 시민 세 명이 모여서 시민사회 활동과 경험을 나누고자 하면, 그 모임의 모임비

16. 이하 이 절의 인용문은 서울시 NPO지원센터와의 인터뷰에서 발췌한 것이다.

를 지원하는 사업이다.

"미트앤드셰어 모임을 지원하는 대신 그분들은 본인이 아닌 다른 사람들이 봐도 좋을 콘텐츠를 저희한테 주셔야 해요. 저희가 그 콘텐츠를 미트앤드셰어 보존소에 올려서 비슷한 공익 활동을 하려고 하는 사람들에게 도움이 될 수 있는 자료로 남기는 거죠. 이건 새롭게 등장하는 공익 활동을 활성화시키기 위한 것이기도 하고, 이분들도 이런 활동을 본인들이 좋아서 하는 것이지만 응원을 받아본 적이 거의 없거든요. 그래서 작은 지원금이지만 이런 활동이 의미가 있다고 저희가 말해주는 역할을 하는 것이죠."

이렇듯 단체가 스스로 재정의한 공익 개념을 바탕으로 사업을 선정한다고 한다. 현실 적용의 과정에서는 선정 기준을 두고 늘 갈등과 고민을 경험한다.

"목적이 없이 네트워킹만 하는 모임도 있었죠. 그렇지만 이러한 모임이 다른 사람들에게도 무언가를 남길 수 있는 것, 공유할 수 있는 것, 그리고 도움이 될 수 있는 무언가가 되어야 한다는 기준이 있어요. 그냥 친목 모임 혹은 친목을 통해서 나누는 경험들, 다시 말하자면 그냥 술 마시고 친목을 하는 건 저희도 지원하기 어렵죠. 특히 고민이 되는 부분은 요즘 공익 활동은 취미와 기여의 경계선에 있는 것들이 많아요. 예를 들어 목도리를 뜬다면 목도리를 뜨는 맥락이 어떤 것이냐에 따라 공익이 될 수도 있고 안 될 수도 있죠. 공익이 맥락 안에서 해석되어야 하는 부분들이 있는데, 그 맥락에는 취향과 사교가 포함이 되고 어떤 경우에는 지원하기 어려운 요소가 되기도 하는 거죠. 이처럼 공익의 해석의 여지가 넓어지고 있어서 저희도 미트앤드셰어를 하면서 많이 배우고 저희를 시험에 들게 하는 선택을 많이 접하게 돼요. 이러한 새로운 요구와 만나지 못하는 조직들은 경직되잖아요. 자기 프레임 안에서 그 프레임에 맞는 단체들만 만나는 것이 관료화의 시작인데, 저희는 시민들과 계속 전화해서 왜 이것이 공익이냐 아니냐를 서로 토론하고 납득시키고 이해하는 과정에서 공익이 확장되는 부분도 있는 것 같아요."

공익에 대해 토론하고 서로를 이해하고 납득시키는 과정에서 공익이 확장된다는 말은 결국 확장된 공익 기준에 맞춘 고찰 자체가 지니는 의미와 공익에의 기여를 설명함으로써 공공성 고찰의 또 다른 의의를 제공한다.

다원화된 시민사회 운동의 경향은 공익 개념을 한정하려는 압력에 저항한다. 과거 한국의 사회운동에는 저항할 악이 있었고 지켜야 할 기본적인 인권이 있었다. 달라진 사회에서 공익의 개념에 대해 고민하는 것은 당연한 수순이다. 민주주의를 추구하는 시민사회 운동이 지금은 시민사회 운동의 방식에서 민주화를 이루고 있다.

"공익은 일종의 과정인데, 이 과정을 즐기고 체험하는 것은 서로 부딪혀야 하는 거잖아요. 부딪히고 체험하고 토론하고, 폭력 충돌은 아니지만 때로는 격렬하게. 저는 그런 논쟁이 많아지는 것 자체가 거대한 민주주의 학교인 것 같아요. 때로는 갈등도 좋은 일이 되는 거죠."

공익 개념의 확장과 민주화는 상호 존중을 통해 이루어진다. 논쟁이 전쟁이 되지 않으려면 생각의 다양성을 인정하는 것이 선행되어야 한다. 기존 시민사회와 새로운 시민사회가 서로를 부정하기보다는 협력하고 인정하면서 서로의 장점을 탐구하고 성찰의 계기로 삼아야 한다.

시민사회는 경제적인 지속가능성만으로는 설명하기 어렵다. 경제 논리에 맞지 않아도 시민사회와 국가의 지원을 통해 지켜야 하는 가치가 있기 때문이다. 경제적 지속가능성과 별개로, 시민사회는 공익적 지속가능성을 기준으로 평가받아야 한다. 이들이 내세우는 공익이 경제적 지원의 출처인 세금을 내는 국민 전체의 이해와 얼마나 부합하는지 평가받아야 한다.

"NPO가 우리 사회에 구체적으로 어떤 긍정적인 변화를 만들어 낼 수 있는가라는 곁가지를 보지 않으면 단체가 운영만 되면 되지, 뭐가 그렇게 고민이냐는 의문이 생길 수 있어요. 단체가 경제적 지속가능성을 가지는 것이 중요한 것이 아니고 사회와 시민의 입장에서 왜 이 단체가 지속가능 해야 하느냐에 대한 구체적인 효용

감을 갖게 하는 것이 우리가 함께 만들어 가야 하는 지속가능성이라고 생각해요. 운영하고 연명하는 것만으로 단단해지는 거면 기업이랑 다를 게 없잖아요. 단체도 이슈 하나 만들어 내면 쭉 할 수 있는데, 이것만으로 공익이라고 할 수는 없죠. 공익적 필요성, 지속가능성이 중요해요."

다양한 종류의 시민사회 활성화는 시민사회 내부의 경쟁을 통해 시민사회 단체들이 스스로 정체성을 고민하게 만든다. 시민사회의 소비자인 시민들 역시 시민사회 내부의 경쟁이 주는 혜택을 누리고 있다. 공익적 가치와 무관한 활동들도 공공성을 규정하기 위한 고민과 토의의 과정에서 공익 개념의 논의에 긍정적인 영향을 줄 수 있다. 가장 중요한 변화는 다양한 가치가 공공성 내에서 존중받으며 시민사회의 포럼, 공론장에 오를 수 있게 된 점이다.

3. 확장된 시민사회의 부작용: 젠트리피케이션

마포구의 시민사회가 발전하면서 사회적 자본이 확장되고 공익 개념이 확대된 긍정적 면을 살펴보았다. 하지만 시민사회가 영역을 넓혀 가는 과정에서는 여러 부작용도 발생할 수 있으며, 대표적인 부작용인 젠트리피케이션 현상이 마포구에서도 관찰된다.

젠트리피케이션이란, 도시 환경이 변하면서 중·상류층이 도심으로 유입되고 이로 인해 주거 비용이 상승하면서 이를 감당할 수 없는 원주민들이 다른 곳으로 밀려나는 현상을 말한다. 시민단체는 경제적 자립을 위해 카페나 공방을 겸하여 운영하는 경우가 많다. 기존에 볼 수 없었던 독특한 콘텐츠를 가진 카페와 공방이 입소문을 타기 시작하면서, 문화예술의 새 중심지로 떠오르는 동시에 지가를 상승시키는 요인으로도 작용한다. 지역 기반의 시민단체가 지속가능성을 가지기 위해서는 임대료가 감당 가능한 선에서 유지될 필요가 있다.

홍대가 문화예술의 메카로 자리 잡으면서 처음에 홍대를 일구었던 예술인들이 연남동, 망원동, 합정동과 같이 지가가 상대적으로 저렴한 주변 지역으로 밀려난 현상이 바로 젠트리피케이션이다. 그런데 문화예술 종사자들이 밀려간 주변 지역도 다시 젠트리피케이션의 대상이 되면서 이는 시민사회 전반이 도외시할 수 없는 중요한 문제가 되었다. 앞서 소개했던 민중의집 독립생활자 모임이 현재 활동하지 못하는 것 역시 젠트리피케이션 때문이다.

"왜 사람들이 2~4년에 한 번씩 옮겨 다닐까요? 전부터 망원동 일대에 독립생활자가 많았던 이유가 문화적으로 발전한 홍대와 적당히 가까우면서도 집값이 저렴했기 때문이었어요. 옛날에는 이곳이 물에 자주 잠기는 지역이었다고 하더라고요. 그래서 문화예술계에 종사하는 사람들이 홍대에 가까이 살 수 있으면서도 지역운동이나 대안적 공동체 커뮤니티 활동을 활발하게 펼칠 수 있었죠. 그런데 또 이게 결국 집값을 올려놓게 되었어요. 이 지역의 문화 수준이 올라가고 대안 공간이 많이 생기면서 상권이나 전체 지역이 활성화된 거죠. 그래서 독립생활자 모임도 첫 3년 정도는 잘되다가 한 번 물갈이가 되었어요. 세를 감당할 수가 없으니까요. 또다시 사람들이 모여들고 있기는 하지만 현실적으로 이 지역을 본격적으로 바꿔나가기에는 아직 여력이 부족해요." – 오김현주 민중의집 사무국장

결국 1인 가구가 당면한 여러 문제를 지역사회 차원에서 같이 해결해 보자는 의미에서 시작했던 민중의집 독립생활자 모임은 경제적 문제로 인해 지속되지 못했고, 1인 가구가 모이기 위해서는 젠트리피케이션 문제가 먼저 해결되어야 한다는 사실을 확인시켜 주었다.

특히 홍대를 포함한 마포구의 젠트리피케이션은 시민사회 활동의 문화적 가치가 젠트리피케이션을 유발했다는 점에서 특색을 가진다. 동시에 젠트리피케이션이라는 해악을 해결하기 위해 시민사회 활동의 근절이라는 또 다른 해악이 필요한 딜레마가 발생한다.

그렇다고 이 과정에서 개별 시민단체가 독자적으로 젠트리피케이션 문제에 대응한다는 것은 불가능에 가깝다. 함께주택협동조합도 넓게 보면 젠트리피케이션의 해결과 연계된 단체이지만, 함께주택을 설립하는 과정에서 서울시 사회투자기금인 '소셜하우징'에서 약 5억 4,500만 원을 융자받아 재정적으로 관청에 의존한 부분이 크다. 또한 박종숙 함께주택협동조합 대표는 주거 문제는 본질

적으로 국가에서 해결하는 문제라는 의식이 강하다. 소행주와 함께주택 등 마포구의 주택문제 해결을 위한 시민사회 활동과 거버넌스를 통해 정부를 보조하는 사례라고 보는 것이다.

"토지임대부 공동체주택이나 서울시의 사회주택 움직임이요? 이거는 국가가 해줘야 되는 일이라고 제가 제안을 했죠. 국가가 가지고 있는 땅을 빌려주고, 우리는 빌려 쓰는 것에 대한 사용료를 내면 되지 않겠냐는, 땅을 빌려주지만 공사를 했을 때 들어가는 비용은 실제 거주자나 민간의 주머니에서 나오는 돈이니, 한마디로 공공과 민간의 지원이 결합된 사회주택을 하자, 이런 거죠. 그것이 실현되는 여러 과정들이 있었고, 지금도 서울시는 그런 형태의 사회주택을 하려고 준비 중인 걸로 알고 있어요. 그리고 끊임없이 공공의 결합을 유도하려고 하는 거고, 그것은 도와 달라, 이게 아니라 공공이 그동안 당연히 해야 될 몫인데 하지 않았던 것에 대해 문제 제기를 하는 거죠." – 박종숙 함께주택협동조합 대표

그러나 시민사회의 기대와 달리 마포구청 또한 젠트리피케이션 문제의 심각성에는 공감하지만 이렇다 할 대책을 내놓지는 못하고 있다.

"지금 마을사업에서는 공간 부분이 화두예요. 언제나 마을사업은 기반형인데 공간을 보장받지 못해 이동하게 된다고 하면 마을사업이 뿌리내릴 수가 없거든요. 그래서 공간에 대해서 관심이 많은데, 실제로 그 공간의 숫자가 턱없이 부족하고 공공기관이 공간을 제공함에 있어서도 개인이나 단체에 영구적으로 제공할 수가 없거든요, 아무래도 공익 서비스 차원으로 공간이 활용되니까. 따라서 그 부분에 있어서는 상당히 심각한 딜레마가 있죠. 마을 활동을 하려는 분들에게는 이런 거점 공간에 관한 의지가 있는데, 행정적 입장에서는 그걸 당신들에게 특정하게 줄 순 없다, 공공의 공간을 한 번 잘못 개방하면 그에 대해 다른 단체들이 가지는 상대적 비교를 어떻게 평가할 것인가의 문제도 있죠. 지금 마을사업에 관한 전체적 논의가 일어나는 부분은 마을사업을 열심히 했더니 집값이 오르고 내가 쫓겨나더라, 이런 거죠. 과장을 조금 하면, 2012년에 마을사업이 활발하게 되었던 곳에 지

금 가면 그 사람이 없더라, 이런 이야기기도 나오죠. 집값 상승과 더불어 공간 부분에 관해서 공간을 유지하는 비용을 조합 형식의 사회적 단체가 이윤을 창출해서 낼 것인가 하는 부분에 관한 연구가 화두죠."

– 윤동영 마포구청 마을공동체팀 주무관

선량한 건물주가 호의를 베풀지 않는 이상 우리나라의 법적, 제도적 환경은 건물주가 문화예술 부흥으로 인한 부가가치를 독점하는 상황이다. 이러한 상황에서 시민사회의 연대는 생존이 달려 있을 정도로 필수 불가결한 요소이다. 시민사회가 젠트리피케이션에 대한 공론을 형성하고 법적, 제도적 환경 변화를 촉구하는 움직임 없이 이 문제가 알아서 해결되기를 바라는 것은 무리이다. 결국 다양한 욕구와 관심사로 출발한 여러 시민 결사체가 모두의 당면 과제를 해결하기 위해 연계하는 현상이 마포구 시민사회에 조만간 나타날 것으로 보인다. 이 과정에서 민관의 협력적 거버넌스는 더욱 중요해질 것이다.

4. 협력적 거버넌스의 필요성과 가능성

민간 부문의 새로운 시민사회 단체와 관과의 원활한 소통을 위해 생겨난 중간지원조직은 민관 협치의 가장 중요한 행위자이다. 민간 부문에서 볼 때는 가장 관청과 가까운 곳이지만, 관에서 보면 민간의 일선에 맞닿아 있는 곳이기 때문이다.

마포마을생태계조성사업단과 같은 중간지원조직은 젠트리피케이션 문제에서도 민관의 교량 역할을 할 것으로 예상된다. 오는 11월 다정한사무소•[17]가 주최할 젠트리피케이션 컨퍼런스가 그 시발점이 될 수 있다. 젠트리피케이션 문제를 해결하기 위한 해결책이 시민사회와의 토론을 통해 강구될 것으로 기대된다. 민관 양측의 협력으로 젠트리피케이션 문제를 해결하려는 움직임은 아직 걸음마 단계지만, 이 문제의 공론화가 성공적으로 이루어진다면 앞으로 다른

17. 마포마을생태계조성사업단의 다른 이름이다.

시민사회 문제의 민관 협력에서도 모범이 될 것으로 보인다. 이처럼 확장된 시민사회는 공동의 문제 해결을 위한 연대의 첫걸음을 내딛는다. 개인 단위로 파편화된 상태의 1인 가구였다면 반영되지 못했을 정치적 이해관계가 연대를 통해 조직화되고, 이렇게 조직화된 단체들이 중간지원조직을 통해 연계되면서 하나의 압력을 행사하게 된다.

이전의 거버넌스에서는 민과 관의 근원적인 위계로 인해 지속적 협치가 이루어지지 못했다. 관청을 낮추는 데 한계가 있다면, 민간이 능력을 배양해서 수평적인 위치로 올라가야 한다. 권력 관계를 의식적으로 배제하는 것에는 한계가 있다. 마을공동체팀이 겸손을 표방하더라도, 그들의 의지와 상관없이 위화감이 생기고 진정한 신뢰가 쌓이기 어렵다. 민간 조직의 연대는 민관 간 권력 관계의 불균형을 해소할 실마리이다. 시민사회의 팽창은 내적 연대가 수반될 때 강한 힘을 발휘할 수 있다. 협력적 거버넌스에 있어 필수적인 힘의 균형은 내부의, 그리고 중간지원조직을 통한 연대에서 발견할 수 있다.

그림 7.2~7.4는 시간에 따른 시민사회와 관청의 협력적 거버넌스 양상을 도식화한 것이다. 그림 7.2는 관청과 시민사회 사이에 위계적 구조를 통한 일방적 지원이 존재했던 기존 마포구 시민사회의 모습이다. 권력 불균형이 강해 사실상 제대로 된 민관 협치가 이루어지기 어렵다. 그림 7.3은 현재 시민사회의 양태로, 관청과 중간지원조직 사이에는 위계가 있지만, 시민사회 단체들과 중간지원조직 사이에서는 평등한 지원과 피드백의 상호작용이 이루어진다. 마지막으로 그림 7.4는 앞으로 예상되는 마포구 협력적 거버넌스의 미래이다. 시민사회 내부의 연대가 이루어질 때(점선 화살표는 실선 화살표에 우선함) 시민사회 단체들, 중간지원조직, 그리고 관청 사이의 협력적 거버넌스가 발생함을 도식화한 것이다. 관청의 일방적 지원이 존재했던 기존 시민사회 행위자 분석이나 시민사회와 중간지원조직 사이의 쌍방향 상호작용은 있으나 관청과 중간지원조직의 수직적 위계를 상정하고 세 단체의 유기적 연결이 부재했던 두 번째 분석과는 달리, 세 행위자가 모두 연결되며 쌍방향적으로 상호작용한다.

이러한 시민사회 내부의 연대가 어떤 계기로 촉발될 것인지는 알 수 없으나, 혼자서는 대응하기 어려운 공통된 의제를 해결하기 위해서 뭉칠 것으로 예상된다. 각각의 단편적 시민사회 단체는 서로에 대한 정보가 부족하기에 이러한 연대를 시민사회 데이터베이스를 보유한 중간지원조직에서 지지할 것이다. 이를 통해 젠트리피케이션 등 거대한 사회문제를 해결하기 위한 시도가 이루어지고 시민사회를 통한 사회문제 해결이 더 이상 꿈이 아니라 현실에 가까워질 것이다. 또한 문제가 커질수록 대규모 연대와 지원이 필요하게 되어 관청이 이전의 위계적 태도에서 벗어나 문제를 해결하기 위한 한 명의 파트너로서, 진정으로 평등한 행위자의 역할을 담당할 것이라고 본다.

일례로, 현재 함께주택협동조합의 프로젝트는 이미 민관 협치의 모범적인 사

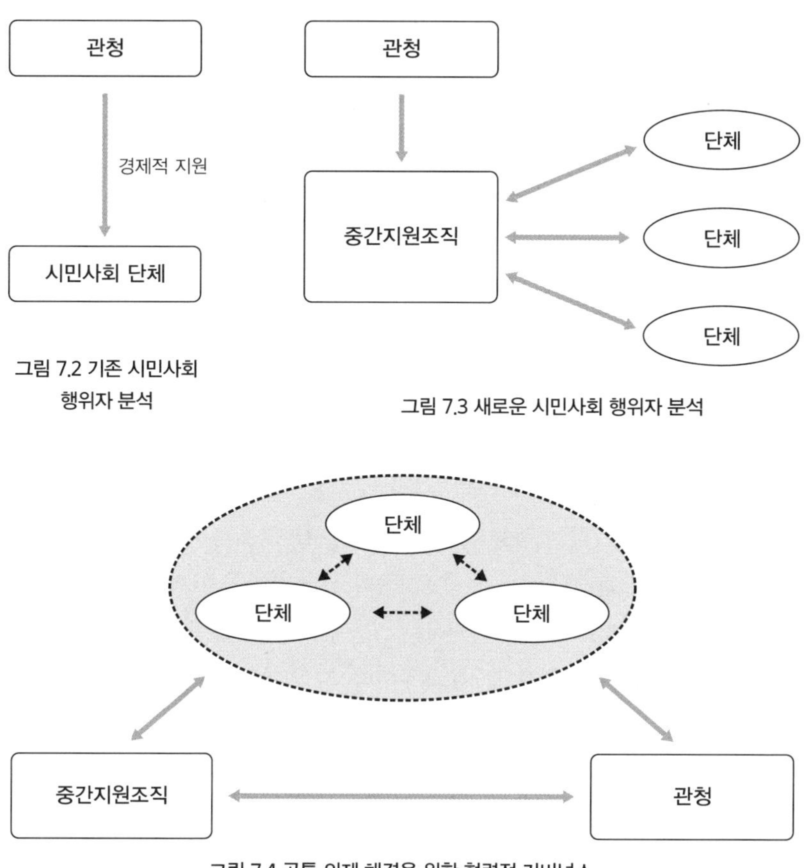

그림 7.2 기존 시민사회 행위자 분석

그림 7.3 새로운 시민사회 행위자 분석

그림 7.4 공통 의제 해결을 위한 협력적 거버넌스

례로 평가된다. 주택문제 해결에 있어 정부와의 적극적 협력을 시도한 함께주택의 사례는 분명 고무적이고, 관과의 공조가 늘어나는 현상 역시 민간의 재원이 부족한 것이 현실인 만큼 충분히 긍정적 현상이다. 그러나 정부와의 협력이 강화되고, 정부에서 재원을 제공받을 경우 정부에 의존하거나 지나친 정부 주도의 일처리가 일어날 가능성을 배제할 수 없다. 서울시에서는 토지임대부 공동체주택 등 여러 협력적 공동체주택 사업을 실행함에 있어서 시민사회에 자율권을 보장할 것을 강조하였으나, 이것이 지켜질 수 있을지는 앞으로 지켜봐야야 할 문제이다. 앞으로 민관이 함께 사회주택 사업을 벌임에 있어서 시민사회의 자율성과 주체성이 보장될 수 있도록 시민사회의 꾸준한 감시와 투명한 상호작용이 필요하다.

또한 민과 관의 시각이 투명성 문제에서 가장 극명하게 차이나는 만큼, 앞으로 상호 신뢰를 바탕으로 투명성 문제를 적정선으로 조율하려는 노력이 필요하다. 관료 사회에서는 예산 문제가 중요한 만큼, 재정적인 투명성을 구조적으로 중시할 수밖에 없다. 하지만 민간에서는 인력과 시간 부족으로 인해 관료 조직처럼 철저한 예·결산 집행 및 회계 시스템의 구축이 어렵다. 이처럼 민관 사이에 간극이 존재하기에 관청 측에서 시민사회의 열악한 환경을 고려하지 않고 투명성을 지나치게 엄격하게 요구하는 것은 상호 신뢰 구축에 부정적인 영향을 미친다. 앞으로 투명성 문제에 대한 민관의 신뢰와 협력은 민관 협치의 성패 요인으로 작용할 것이다.

마지막으로 민관 협치가 효과를 발휘할 수 있는 또 다른 분야는 시민교육이다. 시민교육은 장기적 비전을 갖고 체계적인 프로그램을 수립하여 실시하여야 하나, 민간에서는 안정적으로 시민교육을 위한 예산을 마련하기 어렵다. 관청에서 민과의 의견 교류 없이 실시하는 일방통행적 시민교육은 실패할 확률이 높다. 현실성과 시의성이 떨어지기 때문이다. 만약 관청이 민간 부문의 역량을 신뢰하여 시민교육에 대한 법적, 제도적 지원을 충분히 하고, 민간 부문은 관청의 지원을 토대로 내실 있는 시민교육 프로그램 콘텐츠를 제공한다면 시민교육의 효과가 더욱 증대될 것이다.

그리다협동조합의 활동은 민관 협치가 시민교육 분야에서 어떤 시너지 효과를 낼 수 있을지 예측할 수 있는 사례이다. 그리다협동조합은 교육 인프라와 자기 성장의 가치를 전면에 내세우는 협동조합이다. 무형의 가치를 창출한다는 점에서 기존 협동조합과 차별되는 그리다협동조합이, 지금 하고 있는 새로운 시도에 더불어 안정적으로 예산까지 확보한다면 최상의 결과를 끌어낼 수 있을 것이다. 소수의 엘리트만 주도하는 폐쇄적인 시민사회의 부작용이 이미 확인된 만큼, 활발한 시민교육을 통한 시민사회의 개방성 증대는 앞으로 시민사회의 동력으로 작동할 것으로 보인다.

Ⅲ. 결론

본 연구는 다양한 단체를 들어 마포구 시민사회가 새로운 참여자의 유입을 통해 확장되는 과정을 조사하였다. 이 과정에서 기존 시민사회에 몸담았던 행위자, 시민사회에 새롭게 등장한 행위자, 관청 및 중간지원조직이라는 세 부류가 어떻게 상호작용을 하는지 살펴보았다. 또한 시민단체 구성원, 구청, 중간지원조직 등 여러 분야의 활동가와 인터뷰함으로써 앞으로 마포구에서 새로운 시민사회의 흐름은 어떤 방향으로 나아갈 것인지도 대략 예측할 수 있었다.

이제는 마포구뿐만 아니라 시민사회 전체에서 상징적인 존재로 자리 잡은 성미산 마을은 지금도 마포 시민사회에 인적 자원을 비롯한 생명력을 불어넣어 주는 심장 역할을 하고 있다. 하지만 성미산 마을이 마포 시민사회에 여러 가능성을 보여 주고 네트워크의 출발점이 될 수는 있으나, 결코 마포 시민사회가 '성미산에서 시작하여 성미산으로 끝난다'라고 할 수는 없다. 마포구의 다양한 문제와 관심사, 이해관계는 한 단체의 영향력과 통제만으로 조율, 해결되기 어렵기 때문이다.

점점 다양해지는 목소리를 시민사회가 고루 반영하는 과정에서 1인 가구 문제는 민중의집 독립생활자 모임에서 제기되기 시작하였다. 1인 가구의 증가는 거스를 수 없는 시대적 흐름임에도 불구하고, 아직 정책적으로나 정서적으로나 소외되어 눈길이 잘 닿지 않는 곳에 존재한다. 민중의집은 전통적인 시민사회 단체로서 1인 가구라는 새로운 시민사회 문제를 먼저 포착하고 공론화시켰다. 순수한 의미의 1인 가구뿐만 아니라 비혼 가구, 동거 가구 등 다양한 형태의 '비정상적인' 가구를 아우르던 이 모임은 몇 년간은 성공적으로 운영되었다. 하지만 젠트리피케이션으로 인해 1인 가구들이 떠나면서 현재는 활동하고 있지 않다.

이처럼 독립생활자 모임에서 제기된 1인 가구의 주거권 운동은 함께주택협동조합이라는 실천 사례를 통해 구체화되었다. 함께주택협동조합은 조합에서 주택을 매입하여 1인 가구 조합원에 빌려주는 형태로 함께주택 사업을 진행한다. 주거 문제는 원래 정부에서 해결해야 한다는 생각을 가진 함께주택협동조합은 서울시에서 지속적으로 지원을 받고, 동시에 여러 사회주택 아이디어를 관에 제공한다. 이는 민관 협력적 거버넌스의 방향성을 잘 보여 주는 사례이다. 관이 일방적으로 주도하여 민을 동원하던 이전의 방식에서 탈피하여, 이제 시민이 문제를 먼저 제기하고 해결책의 실마리를 제공함으로써 관의 지원과 협력을 끌어내는 것이다.

그리다협동조합은 1인 가구 전체의 주거권 운동에서 나아가 여성 1인 가구라는 특정 타깃을 설정하여, 그들의 실질적인 어려움을 네트워킹을 통해 해결하려는 움직임을 보여 준다. 여성민우회에 몸담았던 그리다협동조합의 창립 멤버들은 사회적 자본의 확장 과정을 잘 드러낸다. 기존 시민사회 행위자가 새 단체를 만들어 사회문제에 대처하는 것이다. 하지만 그리다협동조합의 바람직한 활동 취지에도 불구하고, 새로운 참여자를 끌어들일 동력이 부족하다는 점에서 시민사회 결사체가 지속가능성을 확보하기 위해 정체성을 확립해야 한다는 결론이 도출된다.

한편 마포구 시민사회로의 새로운 행위자의 유입 및 움직임은 사회적 자본과 공익 개념이 확장되는 방향을 암시한다. 이웃랄랄라, 아현동쓰리룸은 1인 가구의 식생활이라는 지극히 개인적 문제를 같이 모여 해결한다는 신선한 관점을 제시한다. 식생활뿐만 아니라 네트워크의 형성 자체를 목적으로 삼으면서 새로운 단체들이 추구하는 이익은 사적이면서도 공적인 차원과 연계된 셈이다. 이러한 움직임을 통해 앞으로 공익이 더 넓은 차원을 포괄할 것임을 유추할 수 있다. 기존 시민사회의 관점에서는 공적인 의제로 보기 어려운 문제들이 다양한 소규모 단체에 의해 다루어지기 시작하면서, 공익은 거창하고 생활과 동떨어진 개념에서 나아가 실생활 속에서도 소규모 결사를 통해 추구할 수 있는 개념으로 정의된다.

이처럼 사회적 자본과 공익이 확장되면서, 시민사회 행위자와 관청 사이에 새로운 징검다리가 필요해졌다. 또한 시민사회에 익숙하지 않은 새로운 참여자가 유입되면서, 관청과 민간의 상호작용을 보다 유연하게 하고 민간의 세심한 요구에 대응하는 중간지원조직이 등장하였다. 서울시 NPO지원센터와 마포마을생태계조성사업단이 이러한 중간지원조직의 대표적 사례이다. 이들 행위자는 민관 양쪽의 특성을 모두 가지고 있어 앞으로 중요성이 더욱 부각될 것이다.

마포구청 마을공동체팀 실무자 및 마포구청장과의 인터뷰는 시민사회에서 관청의 역할과 현재의 위상을 보여 준다. 마포구청 마을공동체팀은 관청의 입장에서 시민사회 결사체의 설립과 운영을 법적, 제도적 차원에서 지원하는 행위자다. 시민사회 단체가 지속가능성을 확보하려면 재정 안정성이 필수 불가결한 요소인데, 시민사회 단체가 이러한 재정 안정성을 스스로 확보하기는 어렵다. 이 과정에서 마을공동체팀은 시민단체가 필요로 하는 재정 지원과 조언을 제공하고 고압적인 태도에서 벗어나 시민사회 구성원들에 대한 신뢰를 바탕으로 협력한다.

한편 마포구청장과의 인터뷰에서는 마포구 시민사회 고유의 특성을 인정하면서도 어떠한 지원을 해야 하는지에 대한 지자체의 고민이 현재도 진행형임을 알 수 있다. 마포구는 서울시의 다른 자치구에 비해 민간 차원의 활동이 훨씬 활발한 편이다. 이는 지자체에서 시민사회에 관심을 갖기 전부터 시민사회가 이미 역동적으로 활동해 온 마포구의 고유한 역사 때문이다. 마포구 시민사회가 그동안 보여 준 역량을 고려할 때, 지금처럼 민간 차원에서 끊임없이 새로운 움직임을 주도하는 방향이 시민사회의 장기적 지속가능성에는 더 긍정적으로 작용할 것이다.

역동적인 마포구 시민사회의 새로운 흐름은 사회적 자본과 공익 개념의 확장을 가져왔지만, 그 이면에는 여러 주체의 이해관계가 복잡하게 얽힌 젠트리피케이션 문제가 존재한다. 마포구의 많은 시민단체가 시민사회 활동을 통해 문화적 가치를 창출하면서, 이로 인해 지가가 올라 본거지에서 쫓겨나고 있다. 마포구 시민사회 활동의 무대가 서교동, 연남동, 합정동, 상수동, 망원동으로 점차 확장되는 것은 이러한 젠트리피케이션의 영향이다. 시민사회가 활동 반경을 넓혀 나가는 능동적인 작용이라기보다는 상승하는 임대료를 감당하지 못해 점점 외곽으로 밀려나가는 수동적 작용의 결과인 것이다. 마포구 시민사회 활동의 안정성과 지속가능성을 위해서는 젠트리피케이션 문제에 대한 담론 형성과 공동적인 대응 노력이 요구되는 바, 이는 공동의 문제 해결을 위한 여러 단체의 협력과 연대를 필요로 한다.

지금까지 1인 가구 문제의 시각에서 살펴본 마포구 시민사회는 성미산 마을로부터 시작하여 오랫동안 쌓인 사회적 자본이 다각도로 확장되는 과정을 거치고 있다. 이는 실생활의 문제도 연대로 해결하자는 새로운 움직임을 촉발하여 시민사회의 공익 개념에 대한 문제 제기와 확장에 일조한다. 또한 시민사회의 기존 행위자의 경험과 역량, 새로운 참여자의 넓은 관심사, 관의 제도적 지원, 민관 간 교량 역할을 담당하는 중간지원조직의 역동적인 상호작용은 마포구 시민사회의 특성이자 다양성과 가능성을 지닌 마포구 시민사회의 미래를 시사한다. 이 복잡한 상호작용 속에서 시민사회와 관청 행위자 모두를 아우르는 협력적 거버넌스의 씨앗이 배태되고 있다고 생각한다.

생동하는 성동, 변화의 움직임

이소영, 이어진, 장예은

요약

"성동구는 변화하고 있다." 성동구 지역사회의 여러 가지 운동들과 성동구청의 노력들을 살펴본 우리의 결론이다. 성동구는 제조업을 중심으로 한 오래된 도시였다. 그러나 지금 성동구, 특히 성수동은 과거 가로수길, 홍대 거리, 경리단길이 그랬던 것처럼 '트렌드 세터'들이 몰려드는 개성 있는 거리로 새롭게 자리매김하고 있다. 수제화 제조업이나 축산업처럼 전통적인 산업 부문에서는 지역 경제에 근거한 협동조합이, 서울숲 인근에는 마을 주민들이 직접 삶터를 녹색으로 물들이기를 꿈꾸는 환경단체가, 그리고 성수동 신시가지에는 젊은 디자이너들과 사회운동가들의 보금자리가 되려는 소셜벤처들이 생겨났다. 취임 한 돌을 맞이한 신임 구청장도 지역 거버넌스를 마련하는 데 의욕적이다. 우리는 성동구에 부는 새 바람을 가까이서 관찰하고, 운동을 움직이는 '사람'을 써 내려가려고 한다. 성동제화협회와 마장축산물시장상점가진흥사업협동조합, 환경단체 그린트러스트, 그리고 독특한 소셜벤처 루트임팩트를 만나 그들의 시작과 걸어온 길, 그리고 시민정치적 특성을 자세히 알아보며 현재 어떤 문제에 직면하고 있는지 살펴보았다. '변화'라는 키워드로 압축되는 성동구 시민운동이 지금 어떤 특징을 가지고 있는지를 정리하고, 성동구 시민사회의 이러한 변화를 성동구청은 어떻게 인식·대응·주도하고 있는지 보여 주고자 한다. 성동구에 불고 있는 변화의 바람이 글에서 느껴졌으면 하는 바람이다.

Ⅰ. 성동구의 지난 50년

성동구는 왕십리를 중심으로 강남과 강북을 연결하는 교통의 요충지 역할을 하고 있으며, 청계천, 중랑천, 한강 등과 접하고 있어 서울에서 가장 긴 수변을 가진 물의 도시이다. 동시에 생산과 유통, 주거 기능을 모두 갖춘 복합형 도시이기도 하다. 성동구는 20세기 전반에 걸쳐 공업 지역으로서의 성격이 강했다. 성동구 내에서도 특히 성수동은 한강변에 위치하고, 도심부에 가까운 지리적 이점으로 인해 일제 시대부터 물류·운송의 중심이 될 수 있었고, 1936년 경성부의 도시계획에 따라 공업 기반이 형성되었다. 이후 1962년 "도시계획법"이 제정됨에 따라 상업, 주거, 녹지 지역으로 용도지역이 구획되면서 준공업지역으로 지정되었다(이한나, 2013). 이후 성수동 일대에 공장들의 입지가 가속화되어 1968년에는 50인 이상 공장이 97개에 이르렀다.

하지만 1970년대에 들어서며 상황은 바뀌었다. 도시화가 진행되면서 성수동 공업 지역의 유휴 공간에 주택들이 들어서기 시작했고, 주거 기능이 강화되면서 공해, 소음의 문제로 주민들과 기존 공업 시설 간의 갈등이 발생했다. 이와 더불어 주택의 유입으로 성수동의 지가가 상승하여 공업 시설 사업장의 유지가 어려워졌다. 성수동 인근의 공업 지역이 쇠퇴하게 된 결정적 원인은 1980년대 수도권 입지규제정책이었다. 성수동의 공장들이 지방 공단과 반월공단으로 이전하면서 성수동 공업 지역의 규모가 축소되었다. 특히 대기업 공장들이 이전하면서 성수동에는 영세한 소규모 제조업 시설들만 남았다(이한나, 2013). 그 결과 성수동은 공장들은 많지만 산업의 활기는 잃어버린 회색빛 도시가 되었다.

그러나 2000년대 이후, 성수동은 다시 한 번 변화의 바람을 맞이했다. 전통 산업 부문에서 지역 경제와 밀접한 연관성을 지닌 협동조합, 2005년 개장한 서울숲을 중심으로 그들의 삶터를 녹색으로 가꾸려는 환경단체, 그리고 사회적 가치를 품고 모여든 소셜벤처(사회적기업)들이 그 주역이다. 기존에 수제화 산업이 발달해 온 성수동에는 성동제화협회가, 이와 유사하게 마장동에는 전통 산업인 축산업을 바탕으로 한 마장축산물시장상점가진흥사업협동조합(이하 마장협동조합)이 생겨났다. 성동제화협회를 중심으로 수제화 산업이 되살아나면서 주변에는 젊은 디자이너들이 모여 성수동에 활기를 더한다. 또한 그린트러스트가 개최하는 동네꽃축제는 주민들이 모이는 계기가 되고, 서울숲역 인근으로 들어서고 있는 20여 개의 소셜벤처들은 각자가 지향하는 사회적 가치를 전파하고 있다.

그림 8.1 성동구 내 성수동 위치 및 면적

1. 왜 성수동인가?

이 글은 성동구 안에서도 특히 성수동에 초점을 맞출 것이다. 성동구 내에 수많은 협동조합과 마을기업들, 그리고 소셜벤처들이 있는 가운데 왜 하필이면 성수동을 선택했을까?

앞서 말했듯이, 성동구는 다른 지역에 비해 소상공인과 제조업의 비중이 큰 지역이다. 그러한 지역 경제의 특징을 가장 잘 보여 주는 것이 성수동이다. 성수동 일대는 서울시에서 영등포동과 구로동 다음으로 많은 공장이 입지해 있기 때문이다. 즉 공장들이 밀집해 회색 도시를 이루던 성수동이 지금처럼 개성 있고 활기 넘치는 공간이 된 과정은 성동구가 변화해 온 구체적인 양상을 상징적으로 보여 준다.

성수동에서의 변화를 이끌어 온 수제화 산업과 서울숲에 대해 간략히 살펴보자. 1970년대부터 발달한 성수동의 수제화 산업은 경제구조의 고도화로 인해 침체되었지만, 수제화 관련 산업의 소상공인들이 모여 성동제화협회를 만든 이후 제2의 전성기를 맞았다. 생산 과정에서의 비용을 줄이고 독자적으로 유통 판로를 개척해서 소비자와 직접 거래하는 방식으로 부흥을 도모한 것이다. 현재 성수역 주변 지역이 수제화를 테마로 꾸며져 있을 정도로 수제화는 성수동의 상징이 되었다. 서울시에서도 손꼽힐 정도로 마을은 성공적으로 되살아났다.

서울숲은 본래 골프장과 승마장이 있던 지역이었으나, 시민들에게 휴식 공간을 제공하기 위해 2005년 6월에 공원으로 조성되었다. 한강과 중랑천이 공원 근처에 흐르고 있으며, 마포구 월드컵공원과 송파구 올림픽공원에 이어 서울에서 세 번째로 큰 규모의 공원이다. 서울숲은 지리적, 환경적 상징성을 지닌다. 우선 지리적 측면에서 서울숲은 접근성이 매우 높은 곳이다. 서울의 중심에 위치하여 어디로든 쉽게 접근할 수 있으며 교통도 잘 갖춰져 있다. 도시고속도로, 내부간선도로, 순환도로와 연결되어 있고, 지하철도 서울숲역에서 한 정거장만 가면 2호선, 5호선, 분당선, 중앙선과 연결되는 왕십리역이 있기 때문이다. 서울숲이라는 공간이 주는 환경친화적, 공공적 이미지도 있다. 그래서인지 최근 서울숲역 근처에는 많은 소셜벤처들이 들어서고 있다. 청년들이 세운 소셜벤처들은 개별적인 단체들로 활동하는 것에서 나아가 그들끼리의 네트워크를 형성하고, 주민들과의 연대를 넓혀 가는 모습을 보이고 있다. 이들을 중심으로 성수동의 주민들이 모이고 있다는 점은 충분히 주목할 만하다.

2. 각양각색의 변화

앞서 언급한 성수동에서의 변화의 흐름은 크게 세 가지로 구분할 수 있다. 지역 경제를 기반으로 한 협회나 협동조합, 그린트러스트와 같이 이익보다는 환경을 생각하는 환경단체, 그리고 사회적 가치를 추구하는 소셜벤처가 그것이다.

우선 지역의 전통적 산업을 바탕으로 만들어진 협동조합은 이익 추구의 과정에서 공동의 문제를 해결하기 위해 사람들이 모인 경우가 다수이다. 수제화 산업 중심의 성동제화협회나 축산업을 바탕으로 하는 마장협동조합 등은 공익 혹은 사회적 가치의 추구가 아니라 집단의 경제적 이익을 위해 만들어진 것이다. 성수동의 수제화 타운, 마장동의 '고기익는마을' 등 이들 단체가 유지·성장하는 과정에서 구성원 개인의 이익보다는 지역 경제 전체의 발전을 이끌었다는 특징도 있다. 다음으로, 환경보호와 같이 공동체적 가치를 추구하는 단체들이 있다. 그린트러스트는 서울숲을 중심으로 주변 지역 곳곳을 녹색으로 바꾸고 있다. 사람들의 쉼터를 비롯해 동네의 버려진 공간을 개선하는 것이다. 마지막으로 서울숲역을 중심으로 밀집해 있는 다양한 종류의 소셜벤처들이 존재한다. 20여 개의 소셜벤처들은 공정무역, 문화예술 등 각기 다른 분야에 종사하지만, 이윤 추구보다 사회적 가치를 지향한다는 공통성을 가진다. 젊은 사업가들이 모여 성수동 소셜벤처밸리를 형성했고, 덕분에 성수동에 역동성이 꿈틀거리기 시작했다.

한편, 성수동에서 제법 주목받았던 디자이너 협동조합 '보부상회'는 얼마 전 성수동을 떠나 다른 지역으로 보금자리를 옮겼다. 이들은 왜 성수동을 떠났을까? 보부상회는 성동제화협회, 마장협동조합, 그린트러스트, 성수동 소셜벤처밸리와 어떤 차이가 있었던 것일까? 보부상회에 대한 소개 및 발전 과정, 그리고 성수동을 떠난 이유를 살펴본 후, 보부상회와 달리 성동구에 성공적으로 자리매김하고 있는 단체들을 앞선 세 분류로 나누어 설명하고자 한다. 지역의 전통적인 산업을 바탕으로 경제적 이익을 추구하는 성동제화협회와 마장협동조합, 삶터를 자연으로 가꾸고자 하는 그린트러스트, 그리고 사회적 가치를 추구하는 소셜벤처 중 하나인 루트임팩트를 이들의 시작과 시민정치적 특성, 그리고 현재 직면한 문제들을 면밀히 살펴봄으로써 성동구의 변화를 읽어 낼 것이다.

작년 새로 취임한 정원오 성동구청장 또한 성동구의 변화에 든든한 지원자 역할을 하고 있다. 성동구청은 서울시, 중앙정부 등과의 연계를 바탕으로 한 각종 지원 사업을 유치하고 있으며, 성동구에 위협이 되고 있는 젠트리피케이션 문제를 해결하기 위한 실질적인 방안을 제시하고 있다. 또한 정 구청장은 구민들과 지식을 공유하고 함께 문제를 해결하는 지역 거버넌스의 비전을 제시하고 있다. 성동구청이 지역의 단체들과 어떤 관련을 맺고 있고, 어떤 비전을 가지고 있는지를 자세히 알아볼 것이다. 마지막으로, 성동구의 시민정치가 가지고 있는 특징이 무엇인지를 정리하며 글을 마치고자 한다.

Ⅱ. 모두가 성수동에 뿌리내린 것은 아니다: 보부상회

성동구, 특히 성수동의 변화가 항상 긍정적이고 성공적이기만 한 것은 아니다. 사람이 북적이는 곳에는 언제나 돈 냄새가 나는 법이다. 사람이 모인다는 것은 상권이 커진다는 것이고, 같은 공간으로 더 큰 이윤을 만들어 낼 수 있다는 뜻이다. 처음 거리의 발전을 일구었던 사람들이 높아진 임대료를 감당하지 못하면 같은 자리에 발붙이기는 어려워진다. '보부상회'가 성수동을 떠난 과정은 이 점을 분명하게 보여 준다.

보부상회는 2014년 7월 성수동으로 들어온 디자이너들의 협동조합이다. 포부는 컸다. '디자이너 스스로가 자랄 수 있는 토양을 만들고, 생산과 판매의 주체가 되어 지역사회와 함께 성장'하는 것이 보부상회의 가치였다. 디자이너들이 갑을 관계에서 벗어나 자유롭게 창작할 수 있는 환경을 만드는 것, 그 목표를 위해서 황병준 이사장을 비롯한 네 명이 협동조합 보부상회를 발기했다. 쉽지 않은 과정이었다. "협동조합 기본법"을 숙지하고 협동조합의 원칙들에 대해서 공부했다. 공부한 것을 나누고, 새로운 조합원을 교육시켰다.

무엇보다 중요한 것은 '공간'이었다. 디자이너가 자신이 만든 것을 남들에게 보일 수 있는 공간이 필요하기 때문이다. 보부상회가 자리 잡은 곳은 성수동 청바지 워싱 공장이었던 건물이다. 먼지가 수북하고 곳곳에는 염색 가루들이 날렸다. 비가 오면 천장에서 물이 샜고, 2층에는 화재의 흔적이 고스란히 남아 있었다. 그래도 보부상회가 이곳을 선택한 것은 전시를 충분히 할 수 있을 정도로 공간이 넓었고, 임대료도 다른 지역에 비해 저렴했기 때문이다. 수제화 공장이

사진 8.1 '공방에 살어리랏다' 전시 현장

많이 있는 곳이라 가죽 같은 소재를 구하기 쉽다는 점도 디자이너들에게 있어서는 장점이었다. 1년의 계약이었지만 보부상회는 이 건물에 공을 많이 들였다. 구석구석 물청소를 하고, 페인트칠도 새로 했다. 비가 샜던 천장도 고쳤다.

그렇게 보부상회가 성수동에 자리 잡는 동안, 다섯 명으로 출발한 보부상회의 조합원은 어느새 열 배 가까이 늘었다. 활동도 활발했다. 보부상회는 조합원들의 작품을 전시하는 자리를 만들었다. 사진 8.1은 보부상회가 2015년 처음으로 연 전시회인 '공방에 살어리랏다' 현장이다. '계절장'이라는 이름으로 플리마켓을 개최하기도 했다. 저녁이 되면 휑했던 공장 지대에 사람들이 몰려들어 지역 주민들도 좋아했다. 언론에도 여러 차례 보도되었다. 보부상회는 성수동에 자연스럽게 녹아들고 있었다. 4월 27일까지는 그랬다.

> "처음에 들어올 때부터 임대료 상승은 이미 예견되어 있었고, 문제는 얼마나 오르느냐였어요."
>
> – 황병준 보부상회 이사장•1

임대인이 요구한 인상분은 10%였다. 300만 원 임대료에 30만 원 추가. 황 이사장은 "임대료를 더 받고 싶은 것이 임대인으로서는 자연스러운 일"이라면서도, 그 과정에 대해서는 씁쓸한 기색을 감추지 못했다. 임대 기한 종료를 채 한 달도 남겨 두지 않고 일방적으로 임대료 인상을 통보받은 것이다. 돈을 들여 직접 지붕을 고친 지도 얼마 되지 않은 시점이었다. 보부상회는 임대받은 공간을 청소하고, 꾸미고, 그 안에서 살아왔다. 애초에 보부상회가 출발한 것도 디자이너들이 '갑'에 의해 좌지우지되지 않을 수 있는 자유로운 공간을 만들고 싶어서였다. 다음 임차인이 나타나기 전에는 보증금을 돌려주지 않겠다는 임대인의 통고에 보부상회는 성수동을 떠나기로 결심했다.

황 이사장은 단순히 임대료 때문만은 아니라고 몇 번 힘주어 말했다. "무엇보다 가장 중요한 협동조합의 가치는 자립"이라고 말하는 황 이사장은 그 자립을 위태롭게 하는 '부조리'에 저항하기 위해 떠난다는 것이다. 임대료를 인상하기

---

1. 이하 이 절의 인용문은 황병준 보부상회 이사장과의 인터뷰에서 발췌한 것이다. 인터뷰 일자: 2015. 5. 14.

위해서는 그 이전에 쌍방 고지를 통해 합의하는 기간을 거쳐야 한다. 문제는 그러지 않을 경우 임대인과 임차인이 동등한 책임을 진다는 점이다. 미리 계약 기간 연장과 임대료 문제에 대해 말을 꺼내지 않은 책임이 임차인에게도 있다는 의미이다. 황 이사장은 이러한 현행법이 "임대인이 임대를 종료하는 것을 보호하는 법"이나 마찬가지라고 했다. 임대인이 임대료를 더 받고 싶은 만큼 임차인은 임대료를 덜 내려는 것이 자연스러운 마음이어서, 땅값이 계속 오르는 마당에 임대료에 대해 임대인에게 먼저 묻기가 어렵기 때문이다. 황 이사장은 "법이 사회적 약자의 편에서 다시 해석되어야 한다."고 말했다. 결국 지난 5월 19일, 보부상회는 성수동을 떠났다.

보부상회는 독특한 조직이었다. 관으로부터의 지원을 일절 바라지 않았다는 점에서 그렇다. 성동구에서 보부상회에 관심을 갖지 않은 것은 아니다. 성수동의 동장도 몇 번 보부상회를 방문했고, 성동구청에서는 창조경제지원단을 파견하기도 했다. 계약 기간이 1년이라는 말에 너무 짧다며 우려하기도 했다. 그러나 보부상회는 자립이라는 자신의 원칙에 처음부터 끝까지 충실했다.

"저희가 구청에 기대한 것은 아무것도 없습니다. 협동조합은 지원을 바라면 안 된다고 생각합니다. 지원이 끝나면 동시에 협동조합도 동력을 잃게 될 테니까요."

황 이사장은 소상공인시장진흥공단에서 협동조합 활성화 사업을 하고 있다는 사실을 알고 있었다. 해당 사업의 지원 대상으로 선정되면, 1억 원 한도 안에서 20%의 자부담 비율로 작업장 임차료를 지원받을 수 있다. 그러나 보부상회는 사업을 신청하지 않았다. 서류 작업에 치여 '원래 하려던 일'에 집중하지 못할 것을 염려했기 때문이다.

보부상회가 성수동에서 겪은 현상, 즉 임대료 등이 올라 원래 지역의 발전을 일구었던 주민들이 오히려 이탈하게 되는 현상을 젠트리피케이션이라고 한다. 이는 성수동처럼 소위 '뜨는' 동네에서는 아주 흔한 일이다. 그러나 젠트리피케이션과 같은 난관을 겪는 모든 운동이 지역에서 떨어져 나가는 것은 아니다. 실제로 성동구에 부는 변화의 바람 한가운데서도 길게는 십 년이 넘게 버텨온 운동들이 있다. 자체적인 수익 모델, 관으로부터의 충분한 지원, 외부 펀딩, 비슷한 단체들과 협력 관계 구축 등 이유는 다양하다. 그들은 어떻게 변화의 와중에서도 살아남았을까? 좀 더 자세히 살펴보기로 한다.

Ⅲ. 지역 경제에 근거한 협동조합 1: '구두와장인' 그리고 성수동, 성동제화협회

1. 성동제화협회의 발자취, 그리고 성수동의 부흥

요즘 성수동이라고 하면 편집샵이나 독특한 콘셉트의 카페, 갤러리, 디자이너들의 작업실을 먼저 떠올리지만, 과거에는 수제화가 유명했다. 지하철 2호선 성수역에서 내리면 바로 스크린도어에 붙어 있는 구두 모양의 일러스트를 볼 수 있다. 온통 구두, 구두다. 성수동 변화의 선봉에 선 것도 구두 장인들이다. 침체되었던 성수동에서 소공인들 몇 명이 모여 협회를 만들고, 수제화 제조의 활로를 찾았다. 현재 성동제화협회는 성동구뿐만 아니라 서울시에서도 대표적인 지역 부흥의 사례로 손꼽힌다. 구두 장인들이 지금과 같은 성수동의 변화에 물꼬를 튼 셈이다. 그렇다면 그 과정은 어땠을까?

성수동은 1970년대부터 구두 제작의 중심지로 떠올랐다. 시장 근처에 위치해야 하는 업종의 특성 때문이다. 성수동은 도심과 적당히 가까우면서도, 적당히 지가가 저렴한 외곽이었다. 그러나 영광은 오래가지 않았다.

> "요새 누가 본드 냄새 맡아 가면서 기술 배우려고 하나요. 이분들 돌아가시면 기술 이어받을 사람이 없어요. … 여기 사람들은 완전히 소외된 계층으로만 살아가다 보니까, 굉장히 힘드신 분들이 많아요." – 박동희 성동제화협회장[2]

2. 이하 이 절의 인용문은 박동희 성동제화협회장과의 인터뷰에서 발췌한 것이다. 인터뷰 일자: 2015. 6. 2.

사진 8.2 성수역사 내부 인테리어

사진 8.3 성수동 SSST 매장 전경

대부분 영세했던 성수동의 많은 수제화 업체들이 IMF를 미처 견디지 못하고 사라졌다. 장인들은 나이 들어갔고 더 이상 구두 만드는 기술을 배우러 오는 젊은이들도 없었다. 성수동은 점차 쇠락하고, 낙후되었다. 이런 위기를 함께 극복하기 위해 2009년 11월 10명의 사업주가 모여 성동제화협회를 만들었다. 목표는 '공동임대공장, 공동생산시설, 공동판매장 마련, 후진양성' 네 가지였다.

이후 2011년, 성동제화협회는 공동판매장 SSST를 설립하고, 막 시작하던 마을기업 프로젝트에 선정되어 그 운영에 5,000만 원을 지원받았다. 성동제화협회에 가장 필요한 것은 판로였다. 한편으로는 중국의 저렴한 수제화가, 다른 한편으로는 39%에 달하는 백화점의 입점 수수료가 수제화 장인들을 압박하고 있었다. OEM(Original Equipment Manufacturer)•3 방식으로는 한계가 있었다.

"보통 부자재 값은 일 년에 두 번씩 오른단 말이에요. 근데 브랜드에서는 (그 값을) 계산을 안 해 주거든. 그래서 공장들이 열악한 환경에서 일을 하고 있어요. 더 나아가지도 못하고 그 자리에서 맴도는 거예요. 문을 닫는 사람은 많아지고."

SSST는 그 판로를 개척하기 위한 시도였다. 사업은 성공적이었다. 브랜드 구두와 동일한 품질을 갖춘 제품을 수수료를 제하고 팔 수 있었기 때문이다. 입소문이 퍼지면서 매출은 해가 갈수록 늘었고 2013년에는 월매출 1억 2,000만 원

---

3. 주문자 상표 부착 생산은 판매 회사가 제품 생산 회사로부터 완제품을 납품받아, 판매 회사가 요구하는 브랜드 상표를 부착해 판매하는 방식이다. 전국에 보급되는 대규모 제조업체 제품의 대부분을 차지한다.

을 돌파했다.

2. 관과 '친구' 되기

박동희 성동제화협회장은 2011년에 협회원의 투표로 선출되어 지금까지 직을 이어 오고 있다. 그는 자신이 하는 일이 "성수동의 구두 장인들과 공무원들을 연결하는 창구" 역할이라고 했다. 그는 성수동의 소공인들에게 필요한 것이 무엇인지를 파악하고, 그것을 관에 전달하며 관과 소통한다. 성동제화협회는 서울시, 성동구, 중소기업청과 이전부터 밀접한 관계를 맺어 오고 있다.

"최대한 판로를 많이 열어서, … 대기업에 치중해 있지 말고 공동으로, 공동 브랜드를 해 가지고, … 이 일을 개인으로 하기는 힘들어요. … 정부 지원금을 주더라도 소공인들 눈높이에 맞춰서, 맞춤식 정책을 해 줘라, 그런 걸 내가 주로 관에 이야기하고 있거든요."

그렇게 '얻어 낸' 지원들이 많다. SSST가 마을기업으로 선정된 것 이외에도, 성동구청에서는 후진 양성을 위한 '수제화 학교' 운영비를 두 차례 지원했다. 중소기업청에서도 '수제화 학교' 운영에 1억 2,000만 원을 지원했다. 성동제화협회는 성수역사의 난간 아래 빈 공간에 매장을 내 달라고 서울시에 요구하기도 했다. 지금 그 자리에는 7개의 매장이 들어서 있다.

특히 흥미로운 부분은 협회가 만든 100% 수제화 브랜드 '구두와장인'이 롯데백화점에 입점한 과정이다. 애초 성수동의 수제화 장인들이 OEM 방식의 판매에 내몰린 것은 독자적인 브랜드를 운영하는 비용을 감당할 수 없었기 때문이다. 주기적으로 들어가는 인테리어 비용이 큰 부담이 되었고, 높은 입점 수수료도 걸림돌이었다. 그러한 상황에서 '구두와장인'이 롯데백화점에 입점하게 된 것은 서울시의 도움이 컸다고 박 회장은 전한다.

"서울시와 롯데백화점이 의논을 해서, 다른 개인 브랜드에 비해 저희는 수수료를 롯데에서 많이 봐 줬어요. 저희는 수수료율이 정상 매장 25%예요. 그렇기 때문에 '구두와장인' 쪽에는 굉장히 힘이 되죠. 고맙게 생각해요."

시가 나서서 '상생 협력'이라는 이름으로 백화점 측을 설득해 수수료를 통상의 60% 수준으로 조정한 것이다. 매장의 인테리어 비용을 지원해 주는 방안 역시 검토 중이다. 특히 박원순 서울시장은 취임 이후 네 번이나 방문할 정도로 성수동에 관심을 가지고 있다. 지난해 4월 개최된 '업계와 공공이 함께하는 성수 수제화 산업 발전 방안 토론회'에서는 박원순 시장 외에도 박동희 회장, 성동구의 지역경제과장, 수제화 명장, 제화패션학과 교수 등 성수동의 발전과 관련된 각계각층의 사람들이 한데 모이기도 했다.

3. 지역 주민들이 스스로, 서로 도우며

이러한 지원들이 협회가 매개하는 장인들 간의 협력을 계속해서 유지하는 데 큰 도움이 되었음은 물론이다. 함께 모여 성수동 제화 장인들이라는 이름으로 연대해서 목소리를 내지 않았다면 불가능했을 일들이다. 박 회장이 말한 것처럼, '개인으로는 힘들다'. 소공인들의 이러한 움직임은 물론 누군가를 밀어내야만 이익을 얻을 수 있는 '제로섬(zero-sum) 게임'이 아니다. 성동제화협회는 언론에 호소하거나 제품의 질을 향상시키거나 회원들의 의견을 수렴해서 관에 전달하는 등 다양한 방식으로, 경쟁이 아닌 협력의 방식으로 공동체의 이익을 추구한다. 회원들은 그 과정을 통해 연대하는 법, 집단의 의사결정에 참여하는 법을 배운다. 성동제화협회의 시민정치적 특성이 드러나는 부분이다.

그뿐만이 아니다. 성동제화협회에는 특별한 '룰'이 있다. 협회의 규약상 성동구에 사업자등록증이 자기 앞으로 되어 있고, 100% 수제화를 만드는 사람만이 협회의 임원을 할 수 있다. '성수동 수제화'의 이름을 지키기 위해서이다.

"정부에서 지원금이 나온다 뭐가 나온다 하니까, 또 왜 협동조합들이 막 난립이 되잖아요. 그러다 보니까 성수동에 뿌리가 없는 협동조합들이 많이 생겼어요. …

사진 8.4 성수역사 난간 밑 판매점

그렇게 장사하러 다니는 분들은 성동제화협회 임원으로 못 들어오게 돼 있어요."

성동제화협회는 그 구성원이나 운영 방식에 있어 뚜렷한 지역성을 가지고 있다. 이는 성수동을 떠난 보부상회와 가장 달랐던 부분이기도 하다.

두 조직 모두 가입이 강제되지 않는, 자발적이고 자유로운 시민들의 결합이라는 점에서는 유사하지만, 시민정치적 자발성은 단순히 자신의 의지로 무언가 한다는 것만을 의미하지 않는다. 그것은 지역민이 지역의 의사결정에 상향적으로 참여한다는 의미이기도 한 것이다. 관의 지시가 아니라 자신들에게 필요한 것을 자신들의 판단으로 결정하고 관에 능동적으로 도움을 요청하는 것이야말로 시민정치에 필요한 자발성의 덕목일 것이다. 그러기 위해서는 자발성에 더해 지역성을 가질 필요가 있다. 그런 경우에 전통적인 관료제보다 지역 문제 해결에 더 효과적·효율적일 수 있다는 거버넌스 모델의 장점이 충분히 발휘될 수 있을 것이다.

4. 자산 특정성: 지역에 뿌리내리기

또 다른 차이도 있다. 보부상회는 애초에 지역에 근거를 둔 조직이 아니었고,

그렇기 때문에 임대료 인상으로 성수동이라는 지역에 대한 이점이 감소하자 상대적으로 쉽게 다른 지역으로 옮길 수 있었다. 그러나 성동제화협회는 다르다. 성동제화협회는 수제화 제조업이라는 성수동의 지역 경제에서부터 출발한 조직이다. 제조업의 특징은 물리적 제약의 영향이 크다는 점이다. 상품을 제작할 공간, 보관할 공간, 판매할 공간이 필요하다. 이들이 서로 멀어질수록 비용은 증가한다. 수백 개의 수제화 관련 업체들이 성수동에 집적된 이유이다. 보부상회는 지방에서 농장을 운영하는 사람부터 홍대 출신 디자이너까지 다양한 배경을 가진 사람들이 참여한 시도였다. 또 디자인이란 제조업과는 다르게 원격에서도 쉽게 전달될 수 있는 것이어서 구성원들이 반드시 인접한 공간에 모여 있어야 하는 것도 아니다. 반면 성동제화협회는 이름에서 드러나는 것처럼 성동구를 떠나서는 존속할 수 없는 조직이다.

성동제화협회의 이러한 특징은 '자산 특정성(Asset Specificity)'이라는 개념과 연결 지어 이해할 수 있다. 자산 특정성이 높다는 것은 해당 자산이 특정의 기업 혹은 산업에만 유용해서 다른 산업 분야로의 전환 비용이 매우 크거나 불가능하다는 것을 의미한다(정하용, 2005). 즉 특정성이 높은 자산은 특정한 산업에 특화되어 있는 탓에 이동성이 낮은 자산인 것이다. 이러한 특정성은 완전히 고정된(fixed) 것 혹은 완전히 이동 가능한(perfectly mobile) 것과는 구분되는 개념이다. 자산 특정성은 본래 산업 생산요소의 특징을 파악하기 위한 것으로 시민정치운동에 그대로 적용될 만한 개념은 아니다. 다만 그 의미를 확장시키면 시민정치운동이 지역적인 특색을 반영하는 것이 그 지속에 왜 중요한지를 보다 쉽게 이해할 수 있다. 요컨대 성동제화협회가 구축한 네트워크는 성수동이라는 특정한 지역의 경제구조에 특화된(specified) 것이어서 임대료 상승 등 외부 조건이 변화할지라도 쉽게 다른 지역으로 이동할 수 없었다.

5. 한계 넘어서기

특정성이 높은 조직이라 쉽게 다른 지역으로 옮길 수는 없지만, 그럼에도 불구하고 여전히 젠트리피케이션과 공간 확보의 문제는 성동제화협회에게 있어 완전히 해결되지 않은 숙제이다. 박동희 회장은 인근의 임대료가 평당 2,000~2,500만 원에서 4,000~4,500만 원으로 두 배 가까이 올랐다고 했다. 물건을 만들고 보관하고 팔 공간이 확보되지 않으니 장인들이 개인 브랜드를 갖기도 어렵다. 매장을 차린다고 하더라도 인테리어 비용까지 생각하면 만만치 않다. 관에 적극적으로 해결을 요구하고 있기는 하지만, 아직은 불투명한 상태다.

"인테리어 비용이 너무 많이 들어가요. 최하가 몇 천이거든요. 성수동 '구두와장인' 매장 인테리어 하는 데 1억이 들어갔단 말이에요. 우리가 인테리어 비용이 부족하니까, 서울시나 중소기업청에서 인테리어 비용을 지원을 해 주면, 인건비는 저희들이 알아서 할 테니까 좀 지원을 해 줬으면 좋겠다, 그런 바람이에요. … 관에서는 100%는 안 되고, 일부는 할 수 있게끔 노력해 보겠다고 이야기하고 있어요."

또 다른 문제도 있다. 성동제화협회의 설립 목표 중 하나였던 '후진 양성' 문제이다. 성동제화협회는 이전에 성동구청과 중소기업청으로부터 운영비를 지원받아 '수제화학교'를 설립, 학생들을 받아 가르친 적이 있었다. 8개월간 월요일부터 토요일까지, 아침 10시부터 오후 5시까지 이어지는 강도 높은 과정이었다. 문제는 그만큼 돈을 들여 교육을 받을 수 있는 학생들이 많지 않았다는 점이다.

"8개월 하니까 뭐가 문제냐면 기술은 어느 정도 따라가려고 노력은 하는데, 그중에서도 감각이 있고 손이 빠른 애들은 어느 정도 해요. 근데 생활비를 보전해 줘야 된단 말이야. 왜냐면 우리가 돈은 안 받지만, 무료로 교육을 해 주지만은 교육생들이 생활비가 부족하다 보니까 도중 하차하는 사람들이 많더라고요. 먹고 살아야 하니까. 그러한 어려움이 있어 가지고 이거는 내가 봤을 때 실패라고 생각해요. 현재로서는 실패다."

박동희 회장이 생각한 해결책은 교육과정과 실습을 결합시키는 것이다. 실제 현장에서 구두를 만들어 팔면서 생활비도 보충 받고, 기술도 빠르게 배울 수 있으리라는 것이 박 회장의 구상이다. 그러나 그러기 위해서는 "성수동 수제화 공장 구조를 바꿔야 한다."고 강조한다.

"아무것도 모르는 사람들을 데리고 와서 같이 열악한 공장에서 이거 이렇게 해야 된다, 하려면 고급 인력인 기술자가 따라붙으면서 매일 가르쳐 줘야 돼요. 그럼 또 그 만큼의 손실 때문에 안 되는 거예요. 그래서 이것도 숙제야 지금, 풀어야 될 숙제. 그래서 정부기관에다가 재정적인 보조를 좀 해 줘라, 그러면 수제화 기술 전수 문제를 풀어 갈 수 있는 방법이 있지 않겠느냐. 그거는 지금 정부기관 하고 협의하에 있어요."

6. 소결

성동제화협회가 출범해서 활동을 시작한 지도 올해로 6년째다. 그동안 성수동은 수제화 거리로 유명해졌고, 변화의 바람을 타고 개성 있는 가게들도 많이 생겼다. 그만큼 권리금과 임대료도 치솟고 있지만, 성동제화협회는 협력을 통해 지역의 부흥을 일구어 냈다. 그 운영 과정에서 지역 주민을 기반으로 지역의 정책 결정에 자발적으로 참여하는 민주적 덕목을 보여 주기도 했다. 또 한편으로 성동제화협회는 굉장히 '특정적'인 조직이다. 앞으로도 보부상회처럼 쉽게 성수동을 떠나지는 못할 것이다. 성동제화협회와 성수동은 '운명 공동체'로 맺어진 것이다. 몇 가지 한계들이 눈에 보이는 상황이지만 성동제화협회는 충분히 거기에 대응해 나갈 수 있을 것이다. 기술력을 바탕으로 한 재정적 자생력도 갖추고 있고, 관과 소통해서 원하는 지원을 얻어 내는 능력도 탁월해 보인다. 더 많은 장인들이 더 적극적으로 참여하도록 끌어모을 수 있다면, 언젠가 성동제화협회가 목표하는 것처럼 성수동이 이탈리아 못지않은 명품 구두 제작의 본산으로 인정받을 수 있을 것이다.

Ⅳ. 지역 경제에 근거한 협동조합 2: '고기익는마을' 마장동, 마장축산물시장상점가진흥사업협동조합

1. 마장협동조합의 발자취, 그리고 시장의 부흥

마장시장은 수도권 육류 공급의 70%를 담당하고 있는 국내 최대 규모의 육류 전문 시장이다. 이곳에는 지난 2003년 시장 부흥을 위한 협동조합(마장협동조합)이 결성되었다. 마장협동조합도 성동제화협회와 마찬가지로, '전통적' 산업이 발달한 특정 지역에 기반을 둔 단체라는 특징이 있다. 즉 특정 산업이 국소 지역에 밀집해 있었고, 시간이 지남에 따라 그 산업이 쇠퇴하여, 위기를 느낀 종사자들이 단합하여 결국 극복해 냈다는 내러티브가 있다. 그 성과로 상권은 부활하고 사람들이 새롭게 몰려든다. 성동제화협회가 성수동 변화의 촉매제였다면, 마장협동조합은 마장시장의 변화를 이끌었다.

마장동에 우시장이 처음 생긴 것은 1958년이다. 도축장과 경매장이 함께 생기면서 마장동은 '서울의 푸줏간' 역할을 했다. 그러나 피가 떨어지고 살이 갈라지는 도축장이 예뻐 보이지는 않았던 모양이다. 1998년 도시재개발 사업의 일환으로 마장동에서 도축장이 사라지게 되었다. 지금의 마장시장은 도매 전문의 축산물 시장으로, 여전히 수도권 한우 유통의 대부분을 담당하고 있는 중요한 판매처다. 그러나 도매로 판매하는 탓에 이른 아침 개장 시간이 지나면 시장에서 사람을 찾아보기 어려웠다.

"도매는 지방에서 도축을 해 가지고 새벽에 가져와요. 한 12시 지나면 가져와서 … 새벽부터 고기를 분류해서 아침 5시면 작업이 끝나요."

–이춘근 마장협동조합 상무[4]

주변은 낙후되어 갔고 상인들은 시장을 살릴 방법을 찾아 머리를 맞대기 시작

4. 이하 이 절의 인용문은 이춘근 마장협동조합 상무와의 인터뷰에서 발췌한 것이다. 인터뷰 일자: 2015. 6. 2.

사진 8.5 1960년대 마장동 우시장의 모습 (서울역사박물관 청계천문화관 제공)

사진 8.6 마장시장 '고기익는마을' 안내 표지판

했다. 마장시장을 진흥하기 위한 협동조합이 설립되어 인가를 받은 것은 이미 2003년의 일이지만, 본격적인 변화가 시작된 것은 2011년 식당 '고기익는마을'이 마을기업에 선정되면서부터다. 아이디어를 얻은 것은 노량진 수산물시장에서였다. 협동조합은 횟집에서 회를 사면 근처의 식당에서 상차림비만 내고 바로 먹을 수 있는 방식을 벤치마킹해 마장동에 적용했다. 고기익는마을은 마장시장에서 산 고기를 구워 먹을 수 있도록 상을 차려 주는 식당이다. 사업은 성공적이었다. 성동제화협회의 경우처럼, 기본적으로 상품의 경쟁력이 있었기 때문이다.

"경쟁에서도 대기업에 뒤지지 않죠. 가격 경쟁력에서도 우리가 앞서고, 시중 가격보다 한 30% 싸죠. 신선하고, 정품이고, 정량으로 팔고. 이걸 3정(正) 제도라고 해서, 거의 시장에 뿌리를 내렸어요. 이제 외국 관광객들도 많이 와요."

매출은 시작 3년 만에 다섯 배 넘게 증가했다. 연간 방문객 수는 6만 명 돌파를 목전에 두고 있다. 시장 상인들이 자발적으로 협동조합을 결성해, 시장에 무엇이 필요한지를 생각하고 사업을 구상한다. 그리고 그것을 관에 전달해 재정적, 행정적 보조를 받는다. 지원을 받아 사업을 실행한 결과, 실제로 지역의 이익을 달성하는 데 도움이 되었다. 마장협동조합이 시장 인근을 활성화시킨 과정에서는 지역 거버넌스의 효과성이 두드러지게 드러난다. 관은 정책의 제안자나 시혜자가 아니라, 주민들이 제안한 사업의 타당성을 평가하고 지원하는 보조자의 자리에 위치한다.

올해 마장협동조합의 목표는 마장시장이 '문화관광형시장'으로 허가받는 것이다. 문화관광형시장으로 선정되면 3년간 18억 원을 지원받을 수 있다. 마을기업으로서는 엄청난 액수다. 협동조합은 이 목표를 향해 차근차근 나아가고 있다. 국내외 관광객들이 찾는 시장으로 변모하기 위해 가장 필요한 것으로 이 상무는 '통역 서비스 제공'과 '관광버스 주차장 설립' 두 가지를 들었다. 이 중 주차장 문제는 이미 중소기업청의 승인을 받아 15억 원의 예산을 확보한 상태다. 통역 서비스뿐 아니라 고객 불만 접수, 전국 택배, 기타 품질관리를 할 수 있는 고객센터 건립 건은 28억 5,000만 원의 예산 규모로 현재 서울시를 통과해 중소기업청의 최종 승인을 기다리고 있다. "문화관광형 시장이 될 수 있는 여건이 좋죠. 그렇게 가야 되고. 왜냐면 우리나라의 최고의 축산물 시장인데."라며 이 상무는 기대감을 내비쳤다.

2. 지역 주민들이 스스로, 서로 도우며

마장협동조합은 시장 상인들에게도 꽤 지지를 받고 있다. 시장에 있는 2,000여 개의 업체 중 절반 이상 되는 1,260개 업체가 협동조합에 참여하고 있다. 1만

원씩 받는 조합비는 한 달에 700만 원 정도가 걷힌다고 한다. 수금률이 50%를 웃도는 셈이다. 높은 참여도의 배경에는 조합의 민주적 운영 방식이 자리하고 있다. '일요휴무제'를 둘러싼 조합의 해결 방식을 보면 그 단면을 짚어 볼 수 있다.

원래 마장협동조합에서는 한 달에 두 번, 격주로 일요일에 쉬는 것을 시장 상인들에게 어느 정도 강제하고 있었다. 회원들의 복지를 위해서다. 쉬는 날에는 다 같이 쉬는 분위기가 되어야 지친 사람들이 마음 편하게 쉴 수 있다. 그런데 앞서 말한 대형 버스 주차장 건립 건이 가시화되면서 상황이 조금 달라졌다. 조합은 관광객들을 안정적으로 유치하기 위해서는 시장 전체가 쉬는 날이 있으면 안 된다고 판단했다. 그런데 북문 쪽의 상인들이 여기에 반대하고 나섰다. 그들의 주장은 "우리가 무슨 쇳덩어리냐. 이제는 옛날같이 시장이 어렵지 않고, 한 달에 한두 번 쉬어도 되지 않느냐"는 이야기다. 쉬는 것을 강하게 권고할 수는 있어도, 쉬지 '않고' 일하라는 것을 강제할 수는 없었다. "휴무제를 조례나 법으로 규제해서 한다면 모르지만 사실 재래시장이 그러기는 힘들다."라며 이춘근 상무는 내내 '휴무제는 강제할 수 없는 문제'라고 말했다.

> "휴일제가 시장을 위해 필요하지만 꼭 강제로 시행할 수 있느냐면 그럴 수 없다는 거예요. 그리고 우리 시장은 재래시장이니까, 조합에서 강제할 수 있는 권한이 없어요. 권유하고 홍보하고 계도할 수는 있지만. … 이거는 조합에서 자율로 가자, 휴무제로 가자고 강제할 수 있는 사안이 아니에요. 우리가 법을 가지고 있는 것도 아니고, 행정관청도 아니잖아요. 조합원이 많이 원하는 쪽으로 가는 것이 조합이 할 일이고요."

정책은 실제 마장시장에서 고기를 팔고 있는 조합원의 투표에 의해서 결정된다. 조합의 간부들은 의사결정 과정에 대해 상당히 민주적인 태도를 가지고 있었다. 지난 4월, 조합은 이사회를 열어 휴무제를 상인들의 자율에 맡기기로 결정하였다. 그 과정에서 조합과 시장 상인들은 서로의 의견을 교환하고 인정했다. 다름을 좁혀 나가기 위해 설득했고, 만장일치가 여의치 않자 투표를 통해 가능한 서로의 입장을 존중하는 방향으로 결정했다.

그뿐만 아니라 협동조합은 조합에 가입하지 않은 시장 상인들도 배제하지 않는다. 조합이 운영하는 차림식당 '고기익는마을'에서는 마장시장 상인 중 '누구에게' 고기를 샀는지 따져 묻지 않는다. 조합원, 비조합원 할 것 없이 마장시장이라는 이름으로 함께 번영을 꾀하는 것이다. 조합은 경쟁보다는 협력을 중시하며 지역 공동의 발전을 추구했다. 그 성과로 지금 마장시장은 연간 5만 7,000여 명이 방문하는 명실상부 국내 최대 육류 시장으로 자리매김했다.

3. 자산 특정성: 지역에 뿌리내리기

마장협동조합도 성동제화협회처럼 '자산 특정성'을 가지고 있다. 특히 마장동의 경우에는 지역에 근거한 경제적 결합이 더욱 긴밀한 형태로 이루어져 있다고 할 수 있다. 마장시장 정육업자들은 각지의 도축장에서 고기를 떼 오는 운임을 공동으로 부담한다. 그뿐만 아니라 필요한 소(小) 부위를 이웃 가게에서 얻어 쓰는 융통성 있는 분위기도 있다. 공동으로 부담하니 한 명의 상인이 지불하는 운임도 낮아지고, 적은 부위를 얻기 위해 소 혹은 돼지 한 마리를 모두 살 필요도 없다. 도제식으로 전수되며 숙달하기에 무척 긴 시간이 걸리는 발골(고기의 살과 뼈를 분리하는 작업) 기술이 마장시장을 중심으로 전수되고 있는 점도 한 몫을 한다. 마장협동조합 역시 마장시장이라는 지역에 '특화된' 네트워크인 셈이다. 시장 상인들은 축산업에 계속 종사하는 한 마장시장에 있고자 한다. 성동제화협회와 마장시장 사례 모두 지역의 동질적인 경제구조와 그에 기반을 둔 특정성(specificity) 있는 조직, 그 결과 구축된 상호 협력이라는 특징을 가지고 있다. 이러한 조직은 쉽게 지역을 떠나지 못한다. 그 비용이 엄청나거나 혹은 이전 자체가 불가능하기 때문이다.

4. 한계 넘어서기

그렇다면 마장협동조합이 직면하고 있는 어려움은 어떤 것일까. 협동조합과 마장시장은 지금 성공적인 마을 부흥 사례로 손꼽히며 전반적으로 발전 일로를 걷고 있지만, 모든 것이 완벽하기만 한 것은 아니다. 이춘근 상무는 시장 내 균형 발전 문제를 지적했다.

"북문 쪽이 서문 쪽보다 조금 빈도가 낮다고 해야 하나, 장사하는 여건이 서문 쪽이 좀 더 활성화가 됐어요. 옛날에는 북문 쪽이 활성화됐는데, '고기익는마을' 같이 가게들이 많아지면서 서문 쪽이 더 활성화가 됐어요. … 조합에서는 시장 전체가 발전해야 되는 거지, 한쪽만 발전해 가지고는 안 되잖아요. 북문 쪽의 수준을 끌어 올려야죠."

앞서 소개했던 휴무제 문제도 조합에서는 시장 내 불균등한 발전을 조화시킨다는 취지에서 주장한 것이기도 하다. 덜 활성화된 북문 인근에 대형 버스 주차장이 생기니, 이 기회에 휴일 없이 일해서 북문 쪽을 활성화시키자는 주장이다. 결국에는 상인들의 자율로 휴무일을 결정하기로 했지만, 북문 쪽에 유동 인구가 늘어 매출이 늘어나면 우려하고 있는 균형 발전 문제도 어느 정도 해소될 것으로 보인다.

5. 소결

마장협동조합도 성동제화협회와 마찬가지로 오랜 시간 동안 활동을 이어 온 조직이다. 그러면서 침체되었던 마장시장의 부흥을 견인했다. 젠트리피케이션 같은 문제가 상대적으로 덜한 지역이었기 때문에 순탄하게 발전을 지속해 왔다. 마장시장 부흥의 두 큰 축은 협동조합과 '고기익는마을'의 설립이라고 볼 수 있다. 시장 상인들은 협동조합이라는 형태로 협력하고 공동의 발전을 도모하고 있다. 또 갈등 상황에 대해 소통하고 합의점을 찾아나가는 법도 배워 나가고 있다. '민주주의 학교'로서의 협동조합이 제 역할을 하고 있다고 볼 수 있다. 그뿐만 아니라 중소기업청, 서울시, 성동구청으로부터 여러 가지 사업 지원을 성공적으로 획득하면서, 시장에 필요한 여러 가지 변화들을 협동조합이 앞장서서 이끌고 있다. 마장동은 주민들이 지역의 한계와 극복 방안을 스스로 판단하고 관으로부터의 협력을 이끌어 내는 지역 거버넌스의 장점이 잘 드러난 사례다. 변화한 마장동의 미래가 긍정적으로 그려지는 이유다.

V. 환경단체 그린트러스트, 함께 만드는 '녹색'

1. 성수동 안녕?

성동구 서울숲2길, 대문이 활짝 열린 집 한 채가 사람들의 이목을 끈다. 꽤나 넓은 마당에는 파릇파릇한 초록빛이 가득하다. 바로 비영리단체 '서울그린트러스트(SGT)'가 활동하는 아지트, '녹색공유센터'이다. 서울그린트러스트는 자연과 사람이 공존하는 도시를 만들고자 시민들이 자발적으로 만든 '나무를 심는 공익재단'으로, 서울시 안의 26개 자투리 공간을 녹지로 만드는 '우리 동네 숲' 사업, 게릴라 가드닝을 주제로 한 모임 개최, 꽃축제 개최 등 다양한 프로그램들을 기획, 실행하고 있다.

> "서울숲이라는 큰 공원이 있지만 그 주변은 되게 황량했거든요. 그래서 그 주변 역시도 우리 동네 숲이라고 생각하고 조금씩 녹색을 확장해 가는 개념으로 접근해 보려고 했어요."
>
> – 김현좌 그린트러스트 국장●5

대학로에서 시작해 서울숲 사거리를 거쳐 마포구로 갔던 그린트러스트는 서울숲의 지속적인 관리, 그리고 마을을 보다 녹화시키고자 하는 두 가지의 핵심 목표를 고려하여 새로운 터전을 성수동으로 선택하였다.

---

5. 이하 이 절의 인용문은 김현좌 그린트러스트 국장과의 인터뷰에서 발췌한 것이다. 인터뷰 일자: 2015. 5. 19.

2. 관계의 시작, 성수동 꽃축제

서울그린트러스트가 이사 오던 당시 '아시아공정무역네트워크'와 '더나은미래' 등 먼저 활동하던 몇몇 단체들이 있었다. 이들 단체들 역시 성수동 주민들을 대상으로 하는 프로젝트를 기획하고자 했으나 실행에 옮기지 못하고 있었다. 김 국장은 "저희가 한 일은 '같이해요' 하고 말한 것뿐이었어요."라며 웃음을 터뜨렸다. 알음알음 성수동 일대의 단체들이 함께 모여 2013년 개최한 첫 번째 꽃축제 '성수동 안녕?'에 이어, 2014년 두 번째로 개최된 '사람들 사이에 꽃이 피었습니다'는 참여 단체와 참가 주민 수가 첫 해의 두 배에 이르는 약 2,000여 명이었다. 첫 축제가 성수동에 이사 온 뒤 주민들에게 인사하는 것이었다면, 두 번째 축제는 함께 동네를 꽃피워 가고자 하는 목적을 갖고 있었다.

축제 기간 동안 그린트러스트의 '화목한수레단'은 사람들과 만나 인사하고, 이야기하고, 꽃을 심고, 씨앗 퀴즈를 내며 바삐 움직였다. 부동산 아저씨와 함께 하는 성수동 투어, 나만의 미니 부케 만들기, 희락공방의 도자기 체험, 나만의 가죽 팔찌 만들기, 하이퍼루파(시멘트 화분) 만들기 등 골목골목마다 색다른 이벤트들이 이어졌다.

사진 8.7 녹색공유센터에서 열린 주민들의 공연 모습

“우리나라에서 축제라고 하면 머릿속에 떠오르는 시끌벅적하고 화려하고 정신없는 느낌들이 있는데, 여기에서는 굉장히 소소하지만 이야기가 있는 작은 스팟들이 있었어요. 그것들을 느끼고 다녔기 때문에 폭발력 있게 '팡' 하지는 않았지만 잔잔한 재미와 감동이 있지 않았나 싶어요.”

꽃축제는 성수동의 다양한 단체들이 주민들과 직접적으로 만나고, 교류하는 장(場)을 마련해 준다. 며칠 동안의 축제 기간을 함께 보내며 단체들은 각자가 추구하는 공적인 가치를 직간접적으로 성수동 주민들에게 전달한다. 평소와는 다른 독특한 분위기 속에서 이루어지는 홍보이기에 그 효과에 대한 기대 또한 크다. 행사에 참여하는 주민들이 일시적으로 단체의 '내부인'이 되며, 가치를 스스로 내면화할 수 있는 기회를 제공하기 때문이다. 그린트러스트가 세운 서울숲의 관리와 녹색의 확장이라는 목표는 단독으로 달성할 수 있는 성격이 아니다. 주민들 각각이 환경에 더욱 관심을 가지고 먼 곳이 아닌 자신의 집, 마당, 동네를 푸르게 가꾸고자 하는 마음을 갖도록 만드는 것이 그린트러스트 활동의 성패를 가른다고도 볼 수 있다. 따라서 축제 기간 동안 그린트러스트는 축제 참여자들이 꽃과 잎사귀들을 직접 만지고 엮으며 아름다움을 느낄 수 있도록 도와준다. 이와 같은 축제 등의 행사는 지역 구성원 사이의 벽을 허무는 계기로 작용할 수 있다. 퍼트넘(Putnam)은 미국 포츠머스(Portsmouth) 시의 신흥 커뮤니티와 해협을 사이에 두고 위치한 조선소 커뮤니티의 소원한 관계를 복원하고 간극을 메우기 위하여 조선소를 모티브로 한 참여적 무용 공연을 시도했던 사례를 들어 예술을 통한 연결적(bridging) 사회적 자본의 생성이 가능하다고 이야기한다(Putnam and Feldstein, 2003). 성미산 부근에서 소규모의 다양한 조직들이 생기고 '마포연대'라는 전체 조합 차원으로 규모가 확대됨에 따라 결사체 조직의 구성원 간 거리감이 생기자, 지역 주민들이 마을 축제를 기획하여 문제를 극복하고자 했던 것도 유사한 맥락이다(김의영·한주희, 2008).

행사는 주민과의 교류뿐 아니라 단체와 단체들 간의 네트워크 형성에도 영향을 미친다. 이웃에 있지만 평소에는 각자의 업무에 집중하던 단체들은 함께 행사를 준비하며 친목을 쌓고 공동의 프로그램을 마련하며 이야기를 나눈다. 그린트러스트의 축제에 타 단체들이 도움을 주는 것이 아니라 애초부터 모두 함께 만들어 가는 축제의 형태이기 때문에 무임승차자(free-rider)로 인한 문제는 찾기 힘들다. 참여 단체들 각각이 축제에 주인의식을 가지고 있는 것이다. 그린트러스트는 이 때문에 의도적으로 행사의 초점을 '녹색'에 한정시키지 않는다. 네트워크 안에 있는 단체들이 각자 가지고 있는, 동네 주민들과 교류하고자 하는 요소들을 섞을 수 있도록 하기 위함이다. 구성원들이 가지고 있는 재능들을 발휘할 수 있는 공간을 마련하고, 거기에 녹색을 입히는 과정으로 축제를 기획한다. 꽃축제로 더욱 친밀해진 단체들은 서로의 소식에 항상 귀를 기울인다. 누가 어떠한 프로그램을 진행하고 있는지, 각자가 어떤 어려움을 겪고 있는지 관심을 갖게 되는 것이다. 서로 다른 일을 하지만 하나가 된다는 일체감의 형성은 성수동에 위치한 단체들이 '성수에 위치함'을 자랑스러워하게 만드는 계기가 되기도 한다.

3. 구청·주민과 '친구' 되기

단체와 단체, 단체와 주민들의 교류가 꽃축제라는 일회적인 이벤트에 한정되어 일어나는 것은 아니다. 한 달에 한 번씩 녹색공유센터 마당에서는 '열린정원'이라는 티 파티가 열린다. 도시락을 가져와 함께 먹고, 차를 마시며 회의를 하고 담소를 나누는 행사다. 품앗이 개념으로 행사를 열 때 서로 도와주기도 하고, 서울숲 투어에서 공정무역의 개념을 함께 설명해 자연스럽게 양측의 시너지 효과를 내기도 한다. 한편 주민들과의 교류는 꽃시장과 열린정원 등의 행사로 이어지고 있으며, 별일이 없어도 활짝 열린 녹색공유센터의 문을 지나 단순히 '놀러 오는' 주민들도 있다.

성수동의 행정을 담당하고 있는 구청과의 관계 유지도 원만한 활동 지속에 필수적인 요소이다. 당장 녹색공유센터의 마당 밖으로만 나가도 성동구 소속의 공간이기에 행사나 프로젝트를 기획하고 진행하기 위해서는 구청의 승인이 필요한 경우가 많다. 초기 단계에 이는 쉽지 않은 일이었다. 성동구의 몇 군데 임시 나대지를 녹화시키고 싶다고 구청에 협의를 구했을 때, 어떻게 용도가 바뀔

사진 8.8 녹색공유센터 모습

지 모르는 땅에 시민들이 돈을 모아 나무를 심는 것이 부담스럽다는 이유로 받아들여지지 않았다. 시민 참여로 조성한 녹지를 행정 편의에 따라 좌지우지하기 어렵다는 것이었다. 하지만 협의가 무산된 시점부터, 구청이 대신 꽃씨를 뿌리기 시작했다. 야생화들이 자라나고 가로수가 생겼으며, 연못도 조성되는 등 결과적으로 녹지가 많이 늘어난 상태이다. 시민의 제안으로 행정이 적극적으로 녹지를 조성하고 관리하게 된 셈이다. 목표를 달성함에 있어 시민 단체가 자체적으로 움직이는 방법 외에도 이와 같이 관의 태도를 긍정적인 방향으로 변화시키는 방식이 있음을 알 수 있다. "반 발짝, 한 발짝 먼저 제안하는 것이 필요"하다는 것이 김 국장의 귀띔이다. 너무 앞서 나가지 않고 행정도 예측 가능한, 이해 가능한 범위에서 변화를 만들어 나간다는 의미이다. 이제는 성동구청도 그린트러스트에 '함께'할 것을 제안한다. 첫 해에 비해 두 번째 해에 좀 더 협조적이었으며, 세 번째 해부터는 구에서 하는 행사를 함께하자고 하는 단계에 이른 것이다. 이처럼 공동의 목표를 추구하는 파트너가 된 민과 관은 시너지 효과를 낼 수 있다. 민은 관이 미처 생각하지 못한 영역에서의 변화를 유도해 낼 수 있지만 그것을 실행할 때에는 새로운 의견의 등장이나 행정적 문제의 미해결 등 여러 장애 요인들로 인해 속도가 떨어진다. 반면 관은 새로운 것을 받아들임에 있어서는 느릴 수 있지만, 일단 결정된 사안에 대해서는 일정에 맞추어 재빠른 실행 능력을 보인다. 따라서 관과 민의 협력은 각자의 장점을 결합시킴으로써 더욱 폭발력 있는 에너지를 만들 수 있다.

4. 소결

그린트러스트는 성수동의 터줏대감 격인 대표적인 환경단체이다. 성수동, 나아가서 성동구의 상징 중 하나라고 할 수 있는 서울숲을 근거로 하고 있기에 그린트러스트는 마을에 보다 깊이 뿌리내릴 수 있었다. 더욱이 환경단체의 특성상 행사의 많은 부분이 지역 주민들을 대상으로 하고 있으며, 자원봉사를 모집함에 있어서도 지역 주민들의 활발한 참여가 요구된다. 이러한 기본적인 성향으로 인해 그린트러스트는 마을에 안정적으로 정착한 것 이외에도 주민들과 깊게 교류하며 활동을 이어 나갈 수 있었다. 두 차례 개최된 꽃축제는 이 과정을 보다 수월하게 만들어 주는 계기였다. 주목할 만한 점은 축제가 그린트러스트로 하여금 주민들과의 교류에서 한 걸음 더 나아가 바로 주변에 위치한 이웃 단체들과 네트워크를 형성할 수 있도록 이끌었다는 점이다. 연례행사를 바탕으로 지역 주민들과 마을의 각종 단체들이 함께하는 모습을 보이며 그린트러스트의 성수동 내에서의 활동이 점차 확장되자, 구청과 주민센터 역시 도움을 주고 협력하는 태도를 보였다. 물론 그린트러스트가 가야 할 길은 여전히 험난하다. 그럼에도 불구하고 혼자가 아닌 '함께 가는 길'을 걷는 만큼 그린트러스트는 천천히, 하지만 멀리 갈 수 있을 것이다.

VI. 성수동 소셜벤처밸리: 모험의 시작, 시민정치로 이어지다

최근 새로운 변화를 꿈꾸며 도전하는 젊은 사업가들이 성수동으로 모여들고 있다. 노숙인들에게 일자리를 제공해 사회의 선순환을 도모하는 '두손컴퍼니,' 모든 이에게 동등하게 배움의 기회를 제공한다는 목표를 갖고 1인 1멘토를 만들어 주겠다는 비전을 품은 '공신닷컴,' 공정무역 단체가 운영하는 소품 매장 '펜

두카' 등 각양각색의 단체들이 성수동을 활동 무대로 설정한 것이다. 각자의 목표와 지향은 모두 다르지만 그 과정에서 이루어지고 있는 공통의 변화가 있다. 바로 성수동 주민들에게 '새로운 가치'를 전달하는 것이다. 이를 이해하기 위해서는 성수동이라는 공간의 특성, 바로 주거 공간과 상업 공간, 즉 단체들이 활동하는 공간이 주민들이 생활하는 공간과 분리되지 않는다는 점에 주목해야 한다. 집에 가는 길 혹은 집 앞에서 공정무역 커피 시음회를 하고 꽃시장이 열리며 공유 도서관과 예술단체들이 들어선다. 성수동 주민들은 이러한 행사들을 옆에서 지켜보고, 직접 참여하기도 하며 관심의 지평을 넓혀 갈 수 있는 것이다. 주민들로 하여금 자신과 자신의 가족에서 한 발 나아가 지역사회에 대한 관심을 가지고, 더 넓게는 환경과 인권에 대한 민감도를 높임으로써 공적 가치를 내면화하도록 만든다는 점에서 소셜벤처밸리는 단순히 젊은이들의 새로운 사업, 그 이상의 의미를 지닌다. 시민정치 발전의 기본이 되는 '주민참여'를 활성화하기 위한 가장 기본적인 요건이 지역사회에 대한 관심, 그리고 참여를 통해 변화를 일으킬 수 있다는 정치 효능감이라는 점을 생각하면 소셜벤처밸리는 시민정치의 기틀을 닦고 있다고 할 수 있다. 한편, 성수동의 소셜벤처밸리는 조금 더 특별한 점이 있다. 소셜벤처를 돕는 소셜벤처가 존재하는 것이다. 소셜벤처 간의 네트워크 형성을 돕고 물질적, 비물질적 지원을 통해 보다 나은 결과를 이끌어 내고자 하는 '새로운 시도'가 바로 '루트임팩트'에 의해 이루어지고 있다.

1. 소셜벤처의 든든한 지원자, 루트임팩트

비영리사단법인 루트임팩트는 새롭고 혁신적인 방법으로 더 나은 세상을 만들고자 노력하는 사람들을 '사회혁신가(change maker)'라 칭하며, 그들의 역량 향상을 위한 다양한 교육을 제공하고, 그들 사이에 커뮤니티를 만들어 함께 더 큰 변화를 일으킬 수 있도록 돕고 있다. 또한 사회혁신가와 다양한 이해관계자 및 자원을 서로 연결하여 비영리 부문이 성장할 수 있도록 도움을 주기도 한다.

2012년, 루트임팩트가 태어날 당시부터 이러한 목표가 있었던 것은 아니다. 초기에 루트임팩트는 사회혁신가들을 돕기 위한 명확한 방향을 설정하지 않은 채 막연하게 그들을 도와주고자 하는 의지만으로 집약되지 않은, 분산된 활동 양상을 보였다. 하지만 조금씩 시간이 지남에 따라 루트임팩트의 지향점은 명확해졌다.

> "처음에는 모든 신생 조직이 그러하듯이 이런저런 일들을 여러 가지 하다가 조금씩 우리가 잘 할 수 있는 부분에 대해서 고민을 하게 되었습니다. 가장 큰 것이 사회혁신가의 커뮤니티를 조성하는 것이라 생각했어요. 한국에서는 사회혁신가라는 것이 굉장히 생소한 개념입니다. 이미 그러한 삶을 살아가고 있는 분들이 있지만 그 수가 많지는 않단 말이죠. 그러한 분들은 만성적으로 자원의 부족, 정보의 부족, 지인의 부족, 친구의 부족 이런 것들에 시달리고 있기 때문에 비슷한 분들끼리 원활하게 서로 교류하고 만날 수 있는 곳을 만드는 것만으로도 이분들이 상호간의 협력과 시너지를 일으킬 것이라고 믿었어요. 그래서 커뮤니티를 만들기 위한 일들을 진행하고 있습니다."
>
> – 정경선 루트임팩트 대표•6

2. 네트워크 형성: 지역에 뿌리내리기

루트임팩트의 활동은 무형적, 유형적인 형태를 모두 망라한다. '임팩트챌린저스'는 19개의 소셜벤처를 대신해 공동으로 인턴을 선발하고, 교육을 진행한 다음 각 소셜벤처에 그들을 파견하는 루트임팩트의 프로그램이다. 소셜벤처의 영역에 진입하고자 하는 대학생들, 즉 유능한 새로운 인재들을 임팩트챌린저스 프로그램을 통해 계속해서 사회적 영역으로 수혈하는 것이다. 저소득층 대학생들을 대상으로 사회적 영역, 공익을 추구하는 회사에 들어가기 위해 직무 영역을 강화하는 프로그램인 '임팩트베이스캠프'도 있다. 약 100여 일의 시간 동안 실제 소셜벤처의 사례 연구와 기본적인 업무 태도, 그리고 design thinking 등 여러 가지 내용들을 종합적으로 교육한다.

---

6. 이하 이 절의 인용문은 정경선 루트임팩트 대표와의 인터뷰에서 발췌한 것이다. 인터뷰 일자: 2015. 5. 19

"인턴들이 단순히 잔무를 하는 존재가 아닌, 각 대표들과 교류하며 사회적 영역의 인재로 성장할 수 있도록 프로그램을 진행하고 있습니다."

커뮤니티를 위한 유형적 활동의 핵심은 바로 '디웰' 건물이다. 2층과 3층에는 16명의 사회혁신가들을 위한 공동 주거 공간이 마련되어 있다. 정경선 루트임팩트 대표는 "16명의 사회혁신가들 사이에 굉장히 끈끈한, 가족과 같은 관계를 형성함으로써 이들이 서로 감정적으로, 실제적으로 돕고 협력할 수 있는 기반을 만들어 가고 있으며, 실제로도 좋은 결과가 나오고 있다."고 설명했다. 1층과 지하의 '디웰살롱'은 커뮤니티의 외연을 확장하는 역할을 한다. 디웰은 사회혁신가들과 외부 혁신가들의 만남의 장이 되기도 하며, 각종 강연과 행사를 위한 공간을 제공하기도 한다. 이러한 행사에는 성수동의 주민들도 함께 참여하기에 사회혁신가들과 정경선 대표는 사회혁신이라는 목표에 지역 주민들이 조금씩 익숙해질 수 있도록 노력하고 있다.

네트워크를 결성하여 소셜벤처의 활동을 더욱 왕성하게 하고자 하는 루트임팩트의 노력은 뜬금없는 것이 아니다. 후쿠야마(Fukuyama)는 제도화된 사회적 자본의 축적이야말로 민주주의 발전에 가장 핵심적인 요인이라고 설명하며, 그것이 곧 강한 국가의 조건이 된다고 강조한 바 있다. 반대로 사회적 자본의 결

사진 8.9 사회혁신가를 위한 건물 디웰의 모습 (베네핏 제공)

여로 인한 사회적 규범과 시장경제에 대한 이해의 부재야말로 선진적인 제도의 유입 유무와 관계없이 국가의 역량을 약화시킨다(Fukuyama, 2004). 또한 사람들 사이에 다양한 결사가 활성화되고 이를 통해 사람과 사람 사이의 결속이 다양한 방법으로 교차하여 증진될 때에만 사회 전체적인 공동의 목표를 성취할 수 있는 집합적 능력이 향상될 수 있다는 주장도 존재한다(임승빈·이승종, 2001). 지역사회 차원에서 연대 활동과 파트너십 강화를 통해 거버넌스 영역이 확대된다는 의견도 동일한 맥락이다(정규호, 2008). 이처럼 루트임팩트의 노력은 어느 정도 축적된 이론과 성과를 바탕으로 하고 있다고 볼 수 있다. 향후의 결과가 더욱 기대되는 이유이다.

3. 소결

루트임팩트의 활동이 언제나 즐거운 것만은 아니다. 무엇보다 어려운 점은 '새로운 길을 개척하는 것'이라고 한다. 한국에 루트임팩트와 같은 새로운 시도를 하는 단체의 사례는 많지 않으며, 더욱이 루트임팩트의 규모로 그것을 진행하는 일이 상당히 드물다. 따라서 처음부터 길을 만들어 나간다는 것은 막연한 불안감을 만들어 내기도 한다.

"길을 저희가 만든다는 것이 나중에 지나고 보면 저희가 선구자로서 포지셔닝을 한다는 점에서는 좋을지 몰라도 하는 중간에는 힘들죠. 저희가 맞는 길을 가고 있는지에 대해서 확신을 할 수 없고, 보통 한국 사회의 특성상 남들이 안 하는 것에 사람들은 도움은 못 줄 망정 방해를 하는 경우까지 있으니까요."

그럼에도 불구하고 루트임팩트는 오늘도 사회혁신가들을 돕기 위해 하루를 보낸다. 사회의 긍정적 변화를 도모하고자 하는 이들을 모아 정보를 교환하고 교류하고 유대감을 갖도록 도움으로써 시너지 효과를 발생시켜 사회를 바꾸어 나가고자 하는 것이다. 그런 면에서 루트임팩트는 소셜벤처밸리의 든든한 동반자이자, 지원자이다.

Ⅶ. 관의 역할: 더 높이, 더 길게, 더 많이

1. 관에서 민으로: 매칭 사업과 상위 레벨 거버넌스

그렇다면 이러한 성동구의 변화에 구청은 어떠한 역할을 하고 있을까? 사실 앞선 단체들과 만나 본 바로는 구청의 역할이 그다지 뚜렷하지 않다는 인상이 강했다. 그러나 정원오 성동구청장과의 인터뷰 이후, 우리들은 생각을 바꿀 수밖에 없었다. 정 구청장은 '잘해야 본전'인 구청의 역할을 다음과 같이 표현했다.

"쉽게 말하면 정치인에게는 생색이나 이런 게 중요하잖아요. 그래서 기초자치단체장들이 고민이 좀 있어요. 자기가 하고 싶은 사업이 있는데, 주민들 입장에서 필요한 사업들을 매칭하다 보면 그 사업들에 주요 예산이 거의 다 들어가요. 그렇다고 그걸 안 하면 주민들이 혜택을 못 받으니까 …." – 정원오 성동구청장[7]

매칭(matching) 사업이란 국가가 법률 등에 따라 지원하는 **국비**와 지방자치단체들이 **지방비**로 부담하는 재원을 매칭해 벌이는 사업이다. 이 사업이 늘어날수록 지자체의 예산 재량권은 줄어들게 된다.[8] 주민들 입장에서는 사업 공모의 주체인 서울시나 중소기업청으로부터'만' 도움을 받는다고 생각하기 쉽다. 지자체장들이 '생색'을 내기 어려운 부분이다.

"예를 들면 내가 시장인데, 뭔가 일을 내 뜻대로 하고 싶어요. 근데 그 사업 대상이 되는 지역의 구청장들은 시장과 생각이 다를 수 있잖아요. 내(시장)가 전통시장의 시설을 현대화하는 쪽으로 지원하고 싶은데, 구청장은 시설 현대화가 아니고 오히려 시장의 규제를 완화해서 시장을 활성화하려고 한다고 쳐요. 그러면 시장은 자기가 예산을 주는데 집행은 구에서 하잖아요. 이걸 매칭이라고 해요. 이 매칭 사

---

7. 이하 별도의 표기가 없는 한 이 절의 인용문은 정원오 성동구청장과의 인터뷰에서 발췌한 것이다. 인터뷰 일자: 2015. 6. 10

8. 한경 경제용어사전. '매칭사업'.

사진 8.10 정원오 성동구청장, 안지훈 구정기획단장과의 인터뷰 모습

업을 하는 거죠. 시가 원하는 사업을 할 구는 신청해라. 그러면 예컨대 80%를 시에서 지원할 테니까 대신 20%를 구청에서 부담해서 이 사업을 해야 된다. 이렇게 시 이름으로 공모 사업을 하는 거예요. … 구에게서 공모를 받고 그중에서 준비가 잘된 곳을 시에서 선정하는 거죠."

매칭 공모 사업에 선정되기 위해서는 정책 실행에 대한 구체적인 계획뿐 아니라 사업마다 정해진 자부담률만큼의 재정을 지불할 능력도 있어야 한다. 바로 이 지점이 구청의 역량이 드러나는 부분이라고 할 수 있다. 재정이 부족해 그런 공모 사업을 신청조차 하지 못하는 구들도 있다고 정원오 구청장은 전한다. 해당 구의 지역 단체들이 '구에서 돈 없다고 신청도 못 한다고 했다'고 하소연을 한다는 것이다. 정 구청장에 따르면 실제로 구비 가운데 상당 부분이 매칭 사업을 위해 지출된다고 한다. 구청장 입장에서는 자기 이름으로 내걸 수 있는 사업보다, 시나 국가의 보조를 더해 더 큰 사업을 구에 벌일 수 있기 때문에 가능하면 매칭 사업을 많이 하게 된다고 한다. 구비 2억 원에 국비 8억 원을 더해 10억 원짜리 사업을 할 수 있는 셈이다.

성동구는 매칭 사업 공모를 가장 적극적으로 추진하는 구 중 하나다. 대표적으로 마장시장에 확보된 대형 주차장을 건립하기 위한 예산 15억 원도 성동구가 매칭 사업에 지원한 결과다. 공모 지원을 위한 기획서나 사업비를 지원받은 뒤 보고서를 작성하는 것도 물론 성동구청의 몫이다. 마장협동조합 같은 민간 단체에서 행정적 절차를 진행하기 어렵기 때문이다. 그뿐만 아니라 공공기관들 사이의 '인적 네트워크' 또한 더 많은 예산을 구에 끌어오는 데 보탬이 된다.

> "사업을 공모하는 과정에서 인맥이 총동원되는 거죠. 저 같은 사람들이 국회에 찾아가기도 하고. 유관기관 사이의 협력이 잘 되어야지 사업을 따올 수 있는 거예요. 청장님이 그런 네트워크를 잘 활용하고 계세요."
>
> – 안지훈 성동구청 구정기획단장[9]

이처럼 지역단체–지역자치단체–중앙행정기관 등 유관기관 사이의 거버넌스를 '상위 레벨 거버넌스(macro–level governance)'라고 한다(유재원·홍성만, 2004). 이것은 지역단체가 단체 내부, 부녀회나 동호회 같은 지역 주민들의 작은 모임들을 대상으로 하는 '하위 레벨 거버넌스(micro–level governance)'와는 분리되는 개념이다. 성동구청이 상당히 많은 수의 매칭 사업을 공모, 지원받을 수 있었던 것은 이와 같은 유관기관 사이의 상호 소통의 과정이 잘되어 있기 때문이다. 성동구의 경우, 구청은 시나 국가 등 대형 지원 사업의 발주처와 구내에서 지원을 필요로 하는 사업을 발굴해 연결시켜 주는, 글자 그대로 '매칭'의 역할을 수행하고 있다. 구청이 주로 하는 기획서나 회계안, 보고서 제출과 같은 행정적 처리 과정들은 민간과 공공의 서로 다른 언어를 번역하는 일이라고 볼 수 있다. 아무리 해도 티가 나지 않는 일이다.

2. 다 같이 알고, 다 같이 결정: 성동구의 지역 거버넌스 모델

그렇다면 정원오 구청장은 성동구의 구정과 거버넌스에 대해 어떤 비전을 가지고 있을까. 정 구청장은 지난해에 선출된 '새내기'다. 민선 지방자치제가 본격

9. 인터뷰 일자: 2015. 6. 10.

적으로 시작된 1995년 이후 2014년에 이르기까지 성동구가 단 두 명의 구청장만을 배출했음을 감안하면, 새로운 구청장이 선출되었다는 것 자체로 새로운 변화라고 할 수 있다. 그는 구정에 거버넌스 모델을 도입하는 것을 적극적으로 구상하고 있었다. 그가 꿈꾸는 지역 거버넌스 모델은 '지식의 공유'를 기반으로 한다. 정 구청장은 이 점을 설명하며 고 김대중 대통령의 표현을 인용했다.

> "김대중 대통령이 돌아가시기 전에 '지식을 누가 갖고 있느냐에 따라서 사회의 지배계급이 만들어졌다'는 표현을 쓰셨는데, 나도 여기에 동의해요. 지금은 정보화 사회가 돼서 모든 국민이 그 지식을 공유하고 있잖아요. 그래서 일방적으로 지배를 못해요. 지식이 공유된 사회기 때문에 권력도 나눠야 된다. 권력도 공유해야 한다. 지식은 이미 공유가 돼 있는데 권력을 잡고 있다고 통치가 되겠느냐? 아니다, 공유해서 거버넌스를 만들어야 한다. 이게 철학적인 바탕이고, 그럼 모든 일에 대해서 공개하고 공유하고 시민들의 자발적이고 자주적인 의지들에 기초해서 일을 해야 한다는 생각을 하는 거죠."

정원오 구청장은 이제 통치(govern)를 관이 독점하는 것은 '불가능'해졌다고 생각했다. 시민은 충분히 교육받았고, 때로는 관 이상의 지식을 가지고 있기 때문이다. 현장의 정보에서도 한 발 앞선다. 그렇다면 이제 시민들을 통제하고, 이끌고, 인도하는 시대는 지나간 것이다. 성동구의 지역 거버넌스 모델은 관이 정보를 독점할 수 없는 시대에 시민들의 정보와 노하우를 보다 적극적으로 정책에 반영하려는 시도다. 여기에서 성동구는 지역의 문제에 대한 이해 당사자들을 한데 모으고, 시민들의 충돌하는 주장과 이해를 중재한다. 그 과정에서 관이 할 일이 있다면 뒷받침한다. 정 구청장은 성공적인 지역 거버넌스의 사례로 성동구 사근동의 한양대학교 부지 울타리 철거 문제를 들었다.

한양대학교는 사근동에 부지를 매입하고, 사람들의 출입을 막기 위해 높이 2m가량의 울타리를 설치했다. 이 울타리가 오래되고 녹슬면서 지역의 '혐오 시설'이 되었다. 주민들은 울타리 철거를 주장했지만, 한양대학교는 출입을 막지 않으면 관리가 어려워진다며 거부했다. 울타리가 세워진 지역은 주민들이 교회 등을 가기 위해 자주 이용하는 통로였고, 이 때문에 울타리 문제는 '장기 민원'화 되었다. 정 구청장은 이 문제를 해결하기 위해 거버넌스를 구성했다. 한양대학교 대표와 지역 주민 대표, 구청 공무원, 경찰서와 파출소 담당자가 모였다. 한양대 측과 주민들은 각각의 걱정거리를 이야기했다. 경찰에서 우선 학교를 안심시켰다. 사람들이 무단으로 들어가는 게 보이면 조치를 취해 주겠다고 약속한 것이다. 주민들 측에서도 함부로 출입하지 않겠다고 다짐했다. 결국 한양대학교에서는 이를 믿고 내년까지 철거하기로 합의했다. 예정보다 철거 계획이 일찍 잡혀 올해 안에 일부 철거되었으며, 해당 부지를 주민들이 공동으로 관리하게 되었다고 한다.

정 구청장이 구상하는 지역 거버넌스는 이처럼 지역의 특정한 문제에 대해 즉시적이고 유동적으로 구성된다. '만들기 위해 만들 필요는 없다'는 것이다. 그러나 반면 상시적으로 구축되어 있는 거버넌스도 있는데, 정 구청장은 '지역사회복지협의체'를 그 예로 들었다. 이는 민·관·학을 아우르는 상호 협의체로, 성동구의 각 복지단체의 장과 정원오 구청장, 그리고 한양대학교 교수가 포함되어 있다. 성동구의 복지 계획은 이 협의체에서 이루어진다. 복지는 장기적인 안목이 필요한 분야이기 때문에 상설적으로 운영할 필요가 있다는 것이 정 구청장의 설명이다.

이외에도 정 구청장은 '구청장과의 대화', '현장 구청장실', '변화의 시나리오' 등 다양한 대민 접촉 프로그램을 운영하고 있다. '변화의 시나리오'는 일 년에 한 번 정도 성동구 내 지역을 구청장이 방문해서 주민을 상대로 구정에 대한 프레젠테이션을 진행하는 행사다. '구청장과의 대화'는 주민이 직접 구청장을 만나는 것으로, 이 프로그램에 신청하면 우선 해당 부서에서 구청장까지 가지 않고도 해결할 수 있는 민원을 걸러 낸다. 부서 수준에서 해결되지 않는 문제들이 구청장까지 올라가는 것이다. 한 달에 10~20건 정도의 민원이 '구청장과의 대화'에 접수되고, 이들 중 건축 문제처럼 현장을 직접 방문할 필요가 있는 경우에는 구청장이 주민을 찾아가는 '현장 구청장실'을 운영하게 된다. 그중 대다수의 민원이 구청장의 중재로 해결된다고 한다.

3. 집값, 꼼짝 마!: 성동구의 젠트리피케이션 대책

성동구에서는 이전부터 부흥 지역, 특히 성수동의 지가 상승 문제에 촉각을 곤두세워 왔다. 구에서 구상한 젠트리피케이션 대책은 크게 다음의 세 가지로 구분할 수 있다. 첫째는 조례 제정이고, 둘째는 건물주들과의 자율 협약, 셋째는 임대 산업 공간을 구에서 확보하는 것이다. 특히 조례 제정은 젠트리피케이션 문제를 자치구 차원에서 해결하려는 것으로 서울시 안에서는 전향적인 시도다. 조례안을 확정하는 과정에서 주민참여형 의사결정, 곧 지역 거버넌스가 큰 영향력을 발휘했다.

젠트리피케이션 관련 조례(이하 조례)는 주민협의체가 젠트리피케이션을 유발하는 업체와 업종의 유입을 제한할 수 있는 구역을 지정하는 것을 골자로 한다. 주민협의체를 구성한다는 아이디어는 뉴욕 시의 '커뮤니티 이사회(Community Board)'에서 따왔다. 커뮤니티 이사회는 이사의 50%는 지자체장이, 나머지 50%는 해당 지역의 시의원이 임명하도록 되어 있다. 커뮤니티 이사회는 제도권 공공기관은 아니지만, 지자체로부터 행정 처리를 지원받고, 결정한 내용을 대부분 공공 정책 의사결정에 반영시킬 수 있는 실질적인 권한이 있다. 커뮤니티 이사회에서 지역 내 사안과 관련된 정보는 투명하게 공개되고, 이사 외에도 주민 누구나 참여해서 3분간 발언을 보장받을 수 있다. 또 의견을 밝히는 데 필요하다면 법률가나 관련 전문가를 대동할 수도 있다. 조례안은 이처럼 민에 권한을 전면적으로 위임하는 방식의 거버넌스를 구상하고 있다. 해당 지역에 진입하려는 사업자는 지역 협의체의 승인을 받아야만 한다.

"홍대 앞이 술집, 카페 때문에 거의 넘어간 거 아니에요? 그다음에 가로수길은 대형 유통업체, 메이저 브랜드들 때문에 그렇게 됐고요. 젠트리피케이션 해결을 위해서는 이 두 가지를 잡아야 돼요. 성수동은 이제 재생 사업에도 선정되고 엄청난 투자가 이루어지기 때문에 그 문제가 곧 드러날 거거든요? 예술인들 조금씩 들어오고 있는데 저런 업종, 업체들이 들어오면 예술인들이 다 나가요. 그걸 막기 위해서 커뮤니티 위원회를 형성해 민간 거버넌스에서 해당 구역에 진입하지 못하도록 막을 업종, 업체를 정해 주는 거죠. 이건 된다, 안 된다를 주민협의체에서 결정하는 거예요. 지역협의체 구성까지 포함하는 내용을 조례로 만들려고 해요."

즉 조례에 의해 '지속가능 발전 지역'을 지정한다. 그리고 주민협의체에 해당 구역의 입점 제한 업종과 업체를 선정할 권한을 준다. 지역에 신규 진입을 원하는 사업자는 협의체의 승인을 받아야 하는 구조다. 여기에서 탈락된 업체는 구청에서 '이런 부분을 보완해 오라'고 반려하게 된다. 대자본이 지역에 무분별하게 침입해서 임대료가 상승하고, 거리의 개성이 없어지는 일을 막기 위해서다.

두 번째 젠트리피케이션 대책으로 성동구가 생각한 것은 건물주들과의 자율협약이다. 앞서 순천과 신촌에서 시도되었던 방법으로, 법적인 강제력은 없지만 건물주들의 시민의식이 뒷받침된다면 가장 효과적일 수도 있다. 성동구에서는 이미 성수동 등 젠트리피케이션 위험 구역의 건물주들을 설득하고 있다. 성수동에 실제로 거주하고 있는 건물주들의 경우에는 반응이 나쁘지 않다고 한다. 문제는 투자 목적으로 건물을 매입한 경우다. 이들에 대해서는 재건축할 때 용적률을 상향시켜 주는 등의 인센티브를 법적으로 제공할 계획이다. 이 내용은 앞서 언급한 조례안에 포함되어 있다. 해당 지역을 '리모델링 활성화 지역'으로 설정해서 용적률을 기존 400%에서 480%로 확장시켜 주는 방식의 인센티브다. 용적률을 높여 주는 대신, 지역공동체를 유지시키고 지역 상권을 파괴하지 않는다는 조건을 요구하는 것이다. 이외에도 해당 지역에는 구에서 각종 환경 개선 사업도 병행하게 된다. 보도를 개선하고, 녹지를 확충하고, 놀이터를 만들고 가로등이나 CCTV를 늘리는 식이다.

세 번째 대책은 젠트리피케이션 위험 구역 내에 공공이 소유한 부지의 비율을 확대하는 것이다. 성동구에서는 지역의 30% 이상이 되는 공간을 확보하면 지역 상권의 지가를 조정하는 역할을 할 수 있으리라고 전망하고 있다. 가장 근본적인 해결책이지만 예산이 많이 든다는 게 단점이다. 다행히도 성동구에서는 서울시에서 공모한 '도시재생 사업'에 선정되어 4년간 100억 원을 지원받게 되었다. 이 예산은 일종의 '마중물'이다. 성수역 난간 아래에 매장을 만들고 구두를 만드는 소상공인들에게 임대한 것처럼 '자투리' 공간을 활용할 수도 있다. 방치된 대형 물류 센터 건물을 매입할 계획도 있다. 서울숲 앞의 공지 약 1,400평에 107개 정도의 컨테이너를 세워 공간을 만들려고도 한다. 여러 가지 수단으로 관이 30%의 공간을 확보해, 가격의 '균형추' 역할을 하려는 구상이다.

4. 성수동 가꾸기: 도시재생 사업

성수동 도시재생 사업은 앞서 언급했듯이 서울시의 공모에 선정되어 2018년까지 진행될 사업이다. 현재 계획수립 단계에 있는 성수동 도시재생 사업은 안전하고 쾌적한 생활환경 재생, 일자리를 창출하는 산업경제 재생, 지역 정체성을 살리는 역사·문화 재생, 주민 간 상호 협력을 통한 커뮤니티 재생의 네 가지 기본 방향을 가지고 있다. 이를 바탕으로 일자리, 삶터, 쉼터, 공동체의 네 가지 분야로 나누어 기획하고 있는데, 도시재생 사업은 실질적으로 도시를 바꾸는 사업이라기보다는 성수동에 지원이 필요한 부분을 찾아내는 데 초점을 맞춘다.

> "100억으로 뭔가를 다 지원하기는 굉장히 힘들어요. 성수동도 땅값이 비싸니까 땅 사서 건물 하나 지으면 100억이 그냥 끝나거든요. 그래서 재생 사업이 아니라, 재생 구역에서 연계 사업으로 하려고 해요. 순수 재생 사업은 100억이지만 서울시 아니면 예를 들어 수제화 관련 부서에서 별도로 추진하게끔 저희가 요청을 해서 목적은 재생이되, 다른 사업을 추진하도록 계획하고 협의해 나가고 있어요."
>
> – 성동구청 도시계획과 담당 공무원•10

위의 언급에서 알 수 있듯이 성수동 도시재생 사업은 관련 부서와의 협력을 필요로 한다. 따라서 현재 정보 수집 단계에서부터 아이디어를 주고받고 필요한 정보를 교환하고 있다. 또한 도시재생 사업을 위해 정기적으로 성동구청장 주재하에 각 부서장들이 모여 회의를 가지는 등 협력을 위한 노력이 진행되고 있다.

---

10. 인터뷰 일자: 2015. 5. 12.

도시재생 사업을 기획하는 과정에서 주민들과의 교류도 중요한 축을 차지한다. 성동구청의 도시재생팀은 직접 동네로 나가 도시재생 사업에 대해 홍보하고, 주민들의 이야기를 듣고 있다. 성수역에 도시재생센터를 별도로 설립해 주민참여단 및 주민협의체를 모집하고 있는데, 이는 주민들을 비롯해 성수동 내 각종 단체들의 대표들이 참여해 지금 가지고 있는 문제점, 구청과 같이 풀었으면 하는 부분, 건의 사항 등을 수렴하기 위해 설립된 것이다. 도시재생팀은 필요한 경우 단체들을 직접 방문하고 그들의 회의에 참여하기도 한다.

이와 같이 현재 진행되고 있는 성수동 도시재생 사업은 변화하는 성동구의 현 시점에 중요한 사업이라 할 수 있다. 단체들을 중심으로 시작된 변화에 대해, 구청의 입장에서 정보를 수집하고 현황을 파악해 개선할 부분을 체계적으로 수립하는 것이다. 도시재생 사업을 통해 성동구청은 제한된 예산을 적재적소에 효과적으로 사용하는 동시에 성동구의 변화를 촉진할 수 있을 것이다.

Ⅷ. 맺음말: 성동구의 시민정치, 왜 특별한가?

이상에서 살펴본 바와 같이, 성동구에 위치한 여러 단체들에 의해 행해지는 직간접적인 시민정치는 몇 가지 특징을 갖는다. 첫 번째는 지역 이슈에 대한 시민의 참여 및 각종 목적을 염두에 둔 단체 형성이 비교적 최근에 시작되었다는 점이다. '성동희망나눔'과 같은 성동구의 역사 있는 시민단체들의 활동은 우리 사회에 복지라는 개념이 지금처럼 보편화되지 않았던 시기에 자발적으로 나서서 그것을 실행했다는 점에서 치하할 만하다. 하지만 이는 앞서 설명했듯 파급력과 양적 규모의 측면에서 한계를 보인다. 현재와 같이 성동구가 커다란 변화를 맞이하고 있는 것은 최근의 일이다. 공장이 연기를 내뿜던 회색의 성수동에는 알록달록한 구두를 판매하는 수제화 조합이 들어섰으며, 그린트러스트의 활동으로 점차 푸른 기운이 감돌고 있다. 소셜벤처밸리가 들어오고 세간의 주목을 받으며 골목골목은 더욱 활력을 띤다. 마장시장 역시 생기를 잃어 가던 와중 마장협동조합을 만들며 많은 사람들의 발걸음을 이끌고 있다. 이처럼 최근 성동구에 생겨나고 있는 많은 단체들은 자신들의 삶의 터전을 변화시키며 시민정치의 새로운 지평을 열고 있다.

두 번째 특징은 전문가 위주의 집단이 변화의 중심이 되고 있다는 점이다. 성동구의 변화를 이끌고 있는 사람들은 성동구에 주거 공간이 아닌 '일터'가 있는 사람들이다. 따라서 이때의 전문가는 민주주의적 가치를 함양할 수 있는 지식을 가진 자발적인 엘리트라기보다 특수한 영역의 직업적 전문 지식, 기술 혹은 열정을 가진 사람들로 볼 수 있다. 예컨대 성동제화협회의 회원들은 모두 구두를 만들거나 팔 수 있는 사람들이다. 이들은 구두에 관한 전문적인 기술을 가지고 성수동의 일터로 출근한다. 마장협동조합 조합원들 역시 마찬가지이다. 축산물 유통·판매 기술을 갖고 있는 이들이 함께 모여서 협동조합을 만들어 낸 것이다. 한편 그린트러스트와 루트임팩트의 활동가들은 긍정적인 변화, 그 자체를 목표로 설정하여 각자가 가장 두각을 드러낼 수 있는 분야를 선택했다. 그린트러스트는 마을의 녹화와 서울숲의 보존을, 루트임팩트는 소셜벤처 활동가들 간의 네트워크 형성과 사회적 자본 구축을 각각 담당하고 있다. 이들은 정경선 루트임팩트 대표가 이야기했듯 사회혁신가이며, 각자가 걷고 있는 길을 혁신하는 열정을 가진 전문가들이다.

마지막으로 짚어 낼 특징은 성동구라는 공간적인 활동 영역이 각 단체들에게 있어 특별한 매력을 발산하고 있다는 점이다. 먼저 성동제화협회와 마장협동조합의 구성원들은 오래전부터 각각 성수동과 마장동에서 수제화 제작 및 판매, 축산물 유통 사업을 하고 있었다. 오랜 기간 동일한 장소에서 유사 업종의 사람들이 모여 일을 했기에 사회적 자본과 인프라가 갖추어졌다. 또한 수제화를 구매하고자 하는 사람들이 성수동으로, 저렴한 가격에 질 좋은 고기를 사고자 하는 사람들이 마장동으로 향하게 됨에 따라 해당 업종의 종사자 입장에서는 공간적 특성의 이점을 무시할 수 없게 되었다. 이렇듯 수제화로 유명한 성수동, 그리고 한우로 유명한 마장동은 자산 특정성을 가지고 있으며, 이로 인해 해당 업계 종사자들은 성수동과 마장동을 활동에 유리한 입지로 생각하게 되었다. 한편 그린트러스트는 성동구 내의 '서울숲'을 활동의 가장 매력적인 요소로 보고 있다. 서울숲이 그린트러스트의 가장 큰 유지·관리 대상이며 그 주변부의 황량

했던 마을 또한 녹화시키고자 했기 때문이다. 루트임팩트는 서울시의 중심부에 위치하여 다른 곳으로의 접근성이 높으며 낙후된 교육 등 지역의 문제를 해결하여 발전할 가능성이 있었기에 성동구, 특히 성수동을 활동의 터전으로 선택했다고 한다.

위와 같은 특징을 가진 성동구의 단체들이 발전해 나가는 데에는 성동구청의 든든한 지원이 큰 역할을 하고 있다. 정원오 성동구청장이 취임한 이래, 성동구청은 서울시, 중앙정부 등 유관 단체들과 협력해 사업을 진행하는 매칭 사업에 적극적으로 참여하고 있다. 매칭 사업을 함으로써 비록 구청의 이름으로 지원하는 사업은 줄어들었지만, 시민들이 필요로 하는 더 큰 지원을 해 줄 수 있게 되었다. 즉 유관 기관들과의 상호 소통을 원활히 하고 매칭 사업과 같이 협력할 수 있는 제도들을 적절히 이용하는 등 상위 레벨 거버넌스를 구축함으로써 성동구 내 단체들에 도움을 주고 있다.

다음으로, 성동구청은 현재 성수동 단체들에게 가장 현실적인 위협이 되고 있는 젠트리피케이션 문제를 해결하기 위해 오래 고민한 결과, 실질적인 결과를 이끌어 냈다. 크게 세 가지 방안이 존재하는데, 그중 첫 번째 방안은 젠트리피케이션 관련 조례의 제정이다. 주민협의체에서 젠트리피케이션을 유발할 수 있는 업체와 업종을 선정해 이들의 유입을 제한하는 내용의 조례가 통과될 예정이다. 두 번째 방안은 건물주들과의 자율 협약 체결이다. 성수동에 실제로 거주하고 있는 건물주들은 그들의 삶의 터전의 장기적인 전망을 고려해 긍정적인 반응을 보이고 있다. 반면 성동구 외의 지역에 거주하는 건물주들의 경우에는 재건축 시 용적률을 높여 주는 등 인센티브를 제공함으로써 자율 협약을 이끌어 내고 있다. 세 번째는 공공 명의의 부지를 늘리는 방안이다. 성동구 내 젠트리피케이션 위험 지역의 30% 이상을 공공이 확보할 경우 지가를 조정할 수 있을 것으로 보고 지역 내 방치된 건물을 매입하고, 자투리 공간을 활용하는 등의 방법을 통해 공간을 확보해 나가고 있다.

정원오 성동구청장은 "더 이상 관이 독점하는 통치는 불가능하다."고 말한다. 그가 생각하는 지역 거버넌스는 지식의 공유를 기반으로 한다. 더 이상 관에서 정보를 독점할 수 없으며, 어떤 사안에 대해서는 구민들이 더 상세히 알고 있는 경우도 종종 있다. 따라서 지역 내 문제가 발생할 경우 구청과 주민 및 유관 단체들이 모여 공동으로 문제를 해결해 나가는 것이 현 성동구청장이 생각하는 지역 거버넌스다.

지금까지 성동구의 변화를 이끌어 내고 있는 여러 단체들의 특징 및 성동구의 노력을 살펴보았다. 지역 경제를 살리고 공적인 가치를 추구하는 단체들이 회색 도시 성동구에 생동의 바람을 일으키고 있다. 이들이 지금의 모습으로 성장하는 과정에서 젠트리피케이션을 비롯한 여러 현실적인 문제가 존재했다. 하지만 이들은 단체들 간의 네트워크, 관과의 협력적 관계를 통해 어려움을 극복해 나가는 과정에 있으며, 새로운 성동구청장 또한 지역 거버넌스에 대한 자신의 비전을 가지고 이를 실제로 실천하고 있다. 이와 같이 성동구를 '살기 좋은' 도시로 가꾸기 위해 노력하는 각종 단체들과 관의 활동에 지속적인 관심을 가지고 성동구의 변화를 지켜볼 필요가 있다.

성북의 마을에는 민주주의가 있다

김찬우, 서희경, 오현주, 조현익

Ⅰ. 들어가며: “구청장의 의지가 가장 컸죠”

Ⅱ. 마음이 모여 마을이 된 성북구: 성북구의 시민정치 모델

Ⅲ. 마음을 모으려면?: 마을민주주의 사업에 대한 고민들

Ⅳ. ‘참 어려운’ 마을민주주의의 정착을 기다리며

요약

2010년 김영배 성북구청장의 취임 이후 주민참여를 바탕으로 한 행정 개혁을 추진하고 있는 서울시 성북구는 2015년부터 마을 커뮤니티를 복원하고, 마을 주민이 구정에 참여하는 '마을민주주의' 사업을 진행하고 있다. 주민들은 토론회, 주민총회, '주문주답' 등을 통해 성북구의 의사결정 과정에 참여할 수 있으며, 이를 통해 성북구 거버넌스에는 구청-구의회 중심의 대의민주주의 체제를 보완하는 직접민주주의적 요소가 도입되었다. 주민참여를 활성화시키기 위하여 성북구는 공무원과 시민사회 활동가의 협치를 통해 마을자원조사를 시행하고 마을/사회적경제를 활성화시키며 공무원, 시민사회 활동가, 주민 사이의 신뢰를 구축하는 작업을 진행하고 있다. 이 과정에서 성북구청의 행정 체계가 효과적으로 개편되고, 시민사회가 보다 조직화되며, 지역 주민의 활동으로 마을 커뮤니티가 활성화되는 효과가 나타났다. 그러나 마을민주주의 사업에 대한 구청, 주민, 시민사회의 입장 차이가 여전히 존재하는데, 이는 사업 진행 속도, 사회적 자본과 신뢰, 공무원의 역할 등이 마을민주주의 사업의 중요 요소와 관련되어 있기 때문이다. 또한 마을민주주의의 지속가능성과 주민참여 활성화를 위해 지역 주민의 역량과 사회경제적 기본권을 확보해야 하는 문제도 있다. 이 글에서는 성북구 마을민주주의 사업의 배경과 사례를 분석하고, 마을민주주의를 구성하는 주체인 성북구청의 마을담당관과 구 내 지역 활동가를 인터뷰한 내용을 바탕으로, 성북구의 시민정치 모델을 구조화해 보고 이를 평가한다. 더불어 앞으로 마을민주주의 사업과 성북의 시민정치가 나아가야 할 방향을 제안하고자 한다.

Ⅰ. 들어가며: "구청장의 의지가 가장 컸죠"

'시민정치'라는 표현을 접하면, 흔히들 '정부 행정과는 무관하게 자발적으로 활동하는 시민'을 떠올릴 것이다. 마치 시민정치 영역은 정부 행정의 영역과 겹치지 않는 것으로, 심지어 정부 행정과 시민정치는 서로 앙숙 관계일 수밖에 없다고 생각할 수도 있다. 그러나 정부에서 앞장서서 시민정치를 정부 행정의 의사결정 영역에 끌어들인다면 어떨까. 이때 정부, 시민사회, 그리고 각 시민 한 사람 한 사람은 어떤 역할을 맡고 어떤 행동을 할 수 있을까. 이런 크고 막연한 질문에 답하기 위해 실마리를 찾다 보면, 성북구의 '마을민주주의 사업'을 발견하게 된다.

성북구는 면적 24.57㎢(서울시의 4.06%), 인구 466,354명(193,258세대, 2015년 5월 현재)•[1]이 살고 있는 서울 동북부에 위치한 자치구이다. 도시기반시설 확충과 주택개량 사업이 활발히 추진되고 있다는 특징이 있으며, 특히 2010년 김영배 성북구청장이 당선된 이후로는 공공성의 정치, 마을정치, 생활정치를 주된 구정 기조로 하여 단체장을 중심으로 한 활발한 시민정치가 이루어지고 있다.

사실 성북구에는 역사가 오래된 풀뿌리 시민단체의 활동이 부재했다. 작은 조직들이 여럿 존재하기는 하였으나 그들 간의 네트워크는 이루어지고 있지 않아 단체 간 소통과 협력이 어려웠던 것이다. 이는 언제든 성북의 시민정치가 무너질 수 있을 정도로 기반이 약하다는 것을 의미하지만, 한편으로는 기존에 기득권을 가진 조직이 없기 때문에 함께 합의한 방향으로 새로이 기반을 조성하는 것이 용이하다는 장점으로 작용하기도 한다.

성북구의 시민정치는 기초단체장 중심, 정확히는 김영배 현 구청장을 중심으로 이루어져 온 측면이 강하다.•[2] 김영배 구청장은 2010년 서울시 25개 구 중

---

1. 성북구청 홈페이지. http://www.seongbuk.go.kr/sb_new/seongbukgu/introduce/introduce/introduce.jsp
2. 풀뿌리자치연구소 이음 연구위원인 하승우 박사의 편의상 분류를 인용하였다. 분류 기준에 의하면, 성북구는 노원구, 은평구, 도봉구와 더불어 단체장이 지방정부의 개혁을 주도하는 경우로 볼 수 있다. 이외에도 단체장과 지역단체의 역할이 어느 정도인지 따라서 분류할 수 있다.

처음으로 친환경 무상급식을 실시하면서 민관 거버넌스의 첫 성공 사례를 만들기도 했을 만큼 공공성의 정치, 마을정치, 생활정치를 강조하고 있는 구청장이다(김영배, 2013). 또한 2010년 선거 공약서 부문에서 매니페스토 약속 대상을 수상한 것을 시작으로 2013년까지 4년 연속으로 매니페스토상을 수상하여, 시민정치 분야를 포함한 성북구정 운영 전반에서 적극적인 의지를 보여 주기도 하였다. 실제로 성북구는 동북사구발전협의회에서 결정한 4대 의제 중 마을만들기와 사회적경제 활성화를 담당했을 만큼 지역 단위의 사회적경제가 발전한 자치구이다.[3]

성북구의 시민정치가 활성화되면서 시민사회에서 활동하는 사람들도 특히 2015년을 기점으로 관이 소통하는 자세에서 많은 것이 달라졌다며, 매우 긍정적으로 평가하고 있었다. 구청 직원들이 민간에서 진행하는 워크숍에 참여해서 주민의 의견을 적극적으로 듣고, 부서장들도 권위를 내세우지 않고 협조를 구하는 방식으로 소통을 한 점이 민관 간의 더 원활한 협력을 가능하게 했다는 것이다. 이는 공무원들의 민관 협치에 대한 의식이 변화한 것으로 그 배경에는 김영배 구청장의 촉진적인 리더십이 큰 역할을 했다고 볼 수 있다.

이 글에서는 지방자치단체장이 지방정부의 개혁을 주도하는 대표적인 사례인 성북구의 특징을 고려하여 최근 시작한 마을민주주의 사업을 중심으로 성북구 시민정치의 모습을 살펴보려고 한다. 마을민주주의 사업 자체는 시작한 지 얼마 되지 않았기 때문에 성과에 대한 구체적인 평가를 내리기는 아직 이르다. 따라서 이 글에서는 마을민주주의 사업과 그 토대가 된 마을민주주의 사업 시행 이전의 주민참여 중심의 구정 운영 모습을 함께 살펴보고, 현재 성북구의 시민정치 모델을 구조화해 보고자 한다. 그리고 마을민주주의 사업과 성북구의 시민정치가 보다 발전하기 위해서 어떠한 방향으로 나아가야 할지 고민해 보았다.

---

3. 동북사구발전협의회는 지역 내 일자리 비율이나 안정적인 고용 기반을 창출하는 제조업체의 비율, 평균 재정자립도 등의 통계에서 상대적으로 열악한 모습을 보여 온 서울 동북 지역의 네 개 구(성북구, 도봉구, 강북구, 노원구)가 협력을 통한 상생의 균형 발전을 이루기 위해 2012년 구성한 협의회이다. 이들은 문화와 관광, 사회적기업 육성 등의 사업을 공동으로 추진하기로 하고 4대 의제를 결정하였다(김영배, 2013).

Ⅱ. 마음이 모여 마을이 된 성북구: 성북구의 시민정치 모델

최근 성북구청은 민선 5기 사람 중심 구정의 성과에서 나타난 협력과 신뢰의 경험, 그리고 거버넌스의 학습 효과로 공동체 문제를 풀어 보자는 문제의식으로부터 마을민주주의 사업을 시작하였다. 이는 인간의 이성과 합리적 토론을 신뢰하는 철학을 기본 바탕으로 한다. 마을민주주의는 주민자치 역량을 길러 일상적인 삶의 문제를 마을 중심으로 스스로 해결할 수 있도록 민주 질서 체계를 구축하고자[4] 하기 때문에, 마을민주주의를 중심으로 한 성북구의 시민정치는 '거버넌스 패러다임'을 따른다고 할 수 있다. 거버넌스 패러다임이란, 민과 관이 모두 통치 주체이면서 동시에 통치 객체가 되어 서로 쌍방적이고 상호 의존적인 영향력을 행사하는 문제 해결 방식을 의미한다. 이는 관은 통치 주체가 되고 민은 통치 객체가 되어 관이 일방적이고 하향적인 영향력을 행사하는 '정부 패러다임'과 구분된다(유재원·홍순만, 2005). 이러한 성북구의 시민정치는 그림 9.1과 같은 모델로 이해할 수 있다.

성북구 시민정치 모델의 주요 행위 주체는 '성북구청', 성북구에 거주하는 '주민', 그리고 성북구의 '시민사회'이다. 먼저 성북구청은 마을민주주의 사업이라

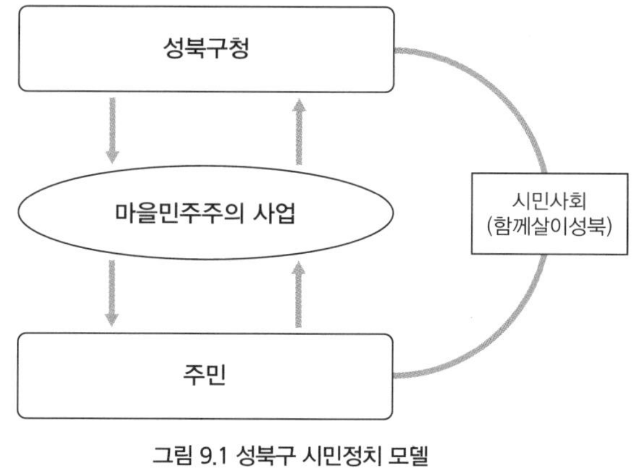

그림 9.1 성북구 시민정치 모델

4. 성북구청. 2015. "마을민주주의 체계 구축 추진 기본계획."

는 큰 그림을 그리는 역할을 한다. 이를 통해 보다 많은 주민참여를 이끌어 내고 나아가 주민자치의 수준까지 실현하고자 한다. 따라서 주민 역시 마을민주주의의 주요한 행위 주체가 된다. 주민은 성북구청이나 시민사회처럼 하나로 결집되어 있기보다는 상대적으로 조직화되지 않은 행위 주체이다. 한편 시민사회는 주민의 일부를 대표하면서 구청과도 직간접적으로 협력한다. 특히 마을민주주의와 관련해서는 구청과 지속적으로 소통하고 조율함으로써 동등한 파트너십의 관계를 맺고 있다. 성북구 시민사회 안에도 다양한 시민단체들이 존재하지만 그중에서도 '함께살이성북사회적협동조합'을 중심으로 성북구 시민정치에서 시민단체 활동가의 역할을 알아본다.

1. 성북구청

1) 마을민주주의 초석을 다지다(2010~2014년)

성북구청은 마을민주주의 사업이 시작된 2015년 이전부터 주민참여 중심의 구정을 운영하며 마을민주주의 사업의 초석을 다져왔다. 구청의 여러 제도들과 그 제도를 운영하는 방법 모두에서 주민 중심적 모습이 드러난다.

주민의 자치 역량을 기르기 위해 시도된 주요 제도 중 하나는 2011년부터 시행된 주민참여예산제이다. 주민참여예산제란 지방자치단체장이 주도해 왔던 예산편성 과정에 해당 지역 주민들이 직접 참여하는 것을 법적, 제도적으로 보장하는 주민참여제도이다. 성북구 주민들 중 위촉된 주민참여예산위원들로 구성된 주민참여예산위원회에서 각 동별 사업에 예산을 배정하고, 구청은 이를 반영한 구 예산안을 구의회에 제출하는 방식으로 운영된다. 또한 2012년에는 5대 분야(교육·아동, 복지, 인권, 여성, 통장)를 중심으로 '열린토론회'가 개최되기도 하였다. 열린토론회에서는 공무원이 아닌 주민이 직접 정책을 발굴하는데, 이는 현재까지도 꾸준히 이어져 오고 있다. 비슷한 맥락에서 시행되고 있는 주민정책제안제 역시 주민들로부터 성북구 행정 업무 운영을 개선할 정책적 아이디어를 제안받고 좋은 제안일 경우 실제 행정에 도입하는 방식으로 운영된다. 한편 성북구에는 각 정책 분야의 전문가들로 구성되어 정책 자문을 수행하는 다양한 위원회도 운영되고 있다. 예를 들어, '생활구정위원회', '동 지역사회복지협의체', '책 읽는 성북 추진위원회' 등이 있다. 각종 아카데미도 활발히 진행되고 있는데, '도시아카데미', '성북동마을학교', '2012 통장리더십교육' 등이 있다. 교육 이슈 외에 인권 이슈에 대한 논의도 활발히 전개되어, 2012년 11월에는 국내 최초로 참여연대, 노원구와 함께 '생활임금제'를 도입하였고 2013년에는 '성북주민인권선언문'을 제정하기도 하였다(김영배, 2013). 이 밖에도 성북절전소 사업이나 돈암1동 주민센터 교차로 교통정리 사업, 아파트 작은도서관 활성화 지원 사업 등 주민참여에 기반한 각종 사업들이 다양하게 시행되어 왔다(성북구청, 2013). 또한 성북구는 마을만들기 사업과 사회적경제를 적극적으로 활성화하고 있는 자치구로도 유명하다. 마을만들기란 마을 환경을 물리적으로 개선하는 것뿐만 아니라 주민 간의 신뢰에 기반한 주민공동체를 회복하고자 하는 일련의 활동을 말한다.[5] 사회적경제도 마찬가지 맥락에서 지역을 살리고 건전한 경제구조를 만들기 위한 목적으로 활성화되어 왔다.

성북구의 이러한 참여 거버넌스 제도들은 소기의 성과를 달성했다고 볼 수 있다. 예를 들어, 2013년 1월에 개최된 열린토론회 주민평가회에서, 주민들은 열린 토론회를 통해 소통의 장이 마련되어 새로운 아이디어를 구상할 수 있었다며 위의 제도들에 대해 긍정적인 평가를 내렸다. 그러나 제도가 보다 효과적으로 운영되기 위해서는 보완할 점들이 있다는 지적도 있었다. 예를 들어 정책 제안을 위한 충분한 의견 수렴 시간이 필요하며, 아직 토론에 익숙하지 못한 참석자가 많다는 의견도 있었다. 또한 소외 계층의 입장이 정책 내용에 보다 적극적으로 반영될 필요가 있고, 더 많은 예산과 후속 작업을 마련하는 등의 지원 시스템을 구축할 필요가 있다는 의견도 나왔다(성북구청, 2013). 성북구의 주민참여제도들은 아직 도입 초기 단계이므로 이러한 피드백을 바탕으로 지속적인 수정, 보완을 해 나간다면 보다 나은 방향으로 발전할 수 있을 것이라 생각된다.

한편 성북구청은 마을정치, 생활정치를 실현하기 위하여 이러한 제도들의 운

5. 성북구청. "마을만들기 소개." http://www.seongbuk.go.kr/sb_new/information/community/introduce/introduce.jsp (검색일: 2015. 7. 28.)

영 방법도 새로이 도입함으로써 구정 운영의 효율성과 효과성을 높이고자 하고 있다. 예를 들어, 2010년부터 시행된 '과제관리체계'는 업무를 부서별로 나누어 수행하던 기존 방식과 달리, 부서의 행정적인 경계를 넘어 구체적인 정책 과제를 중심으로 업무를 분담하는 방식이다. 이를 통해 소위 '칸막이 행정'의 문제를 해결하고 특정한 과제를 중심으로 하여 여러 부서가 유기적인 협력을 할 수 있게 되었다. 또한 행정의 수요자이자 평가자인 지역 주민들도 개별 과제의 진행 상황을 보다 쉽게 알 수 있기 때문에 이를 바탕으로 구청과 적극적인 의사소통을 할 수 있게 되었다. 이러한 제도의 운영은 성북구 시민정치 모델의 구조를 갖추는 바탕이 되었다는 점에서 의의가 있다.

성북구청은 또한 과학적인 제도 운영 방법을 새로 도입하여 데이터를 수집하고 통계 자료를 만든다. 이를 위해 2011년부터 매년 "성북구 사회 및 지표 조사·분석"을 책자 형식으로 발간하고 있다. 과학적으로 수집된 데이터와 통계 자료는 공무원들이 각 지역과 계층에 어떤 정책이 필요한지를 파악함으로써 보다 효율적, 효과적으로 구정을 운영할 수 있는 객관적 판단의 근거가 된다. 또한 일반 주민이 성북구 정책 의제에 대한 방향을 제시할 때에 객관적 판단의 근거가 되어 유권자로서 주민들의 안목과 구정 참여자로서의 의사결정 능력을 높여줄 수도 있다. 현재 성북구청은 홈페이지를 통해 "성북구 사회 및 지표 조사·분

사진 9.1 김영배 성북구청장과의 인터뷰 모습

석"을 주민에게 공개하고 있으나, 주민들이 이 자료를 의사결정 과정에 주요 참고자료로 적극 활용하도록 독려하는 방법은 발견하지 못하여 한계가 있음을 알 수 있었다. 그러나 김영배 구청장의 표현처럼 이는 "사익과 공익을 구분하는 객관적인 자료"가 될 수 있다는 점에서 의의가 있다.

> "예를 들어 길 닦아 달라고, 골목에 뭐 해 달라고 주민들의 요구가 있을 수 있잖아요. 그것이 특정 세력의 요구인지 보편적인 마을민주주의 요구인지, 공공적인지 사익을 추구하는 것인지, 공론이 열린 것인지 사적 이익들이 판치는 일종의 장밖에 안 되는 것인지, 이런 것들을 객관적으로 가늠해 볼 필요가 있는 거 아닙니까. 그때 필요한 게 객관적인 통계, 지표에 의한 객관적인 자료들, 문제를 객관화시킬 수 있는 여건들 입니다."
>
> –김영배 성북구청장[6]

2) 마을민주주의를 시작하다(2015년~)

2010년부터 시행된 주민참여 중심 구정 운영의 경험을 바탕으로 2015년부터는 성북구 마을민주주의 사업이 시작되었다. 마을민주주의 사업은 "참여에서 자치로! 주민의 힘으로 지역의 변화를!!"이라는 내용을 비전으로 하여 민주 질서 체계를 구축하고자 하는 사업이다. 동별, 구별 의사결정에 직접 참여하는 주민의 비율을 전체 주민의 3%, 그리고 간접 참여하는 비율을 30%로 늘리는 것을 목표로 한다. 성북구청에서는 마을민주주의의 다섯 가지 핵심 전략을 '공공 분야 혁신', '마을계획 운영', '깨어 있는 시민 양성', '마을정보 공유', '민관(민민) 협력 플랫폼 활성화'로 선정하고,[7] 이를 위해 2015년 1월부터 구청 내에 '마을담당관'이라는 부서를 신설하였다. 마을담당관은 마을기획팀, 마을사업팀, 마을미디어팀, 그리고 주민참여팀이 하부 조직으로 구성되어 있다.

마을담당관이 신설되기는 했지만 마을민주주의 사업은 민선 5기의 주민참여를 위한 기존 제도의 기반 위에서 시행된다. 예를 들어, 주민참여예산제와 주민

---

6. 인터뷰 일자: 2015. 5. 26.
7. 성북구청. 2015. "마을민주주의 체계 구축 추진 기본계획."

정책제안제는 계속해서 시행되며, 마을만들기 사업과 각종 마을학교 관련 업무는 각각 마을담당관의 하부 조직인 마을사업팀과 마을기획팀에서 담당한다. 그러나 주민참여를 넘어 주민자치로까지 나아가기 위한 새로운 노력들도 있다. 예를 들어, 주민참여의 질을 높이기 위해서는 민간 차원의 역량을 강화하는 것도 필요하지만 구청에서도 보다 많은 정보를 공유하는 것이 필요하기 때문에 지난 1월에는 성북마을미디어지원센터가 설치되었다. 여기에서 마을미디어 교육, 마을미디어 큐레이터 및 마을 기자단 양성, 콘텐츠 제작 지원 등이 이루어진다. 이러한 시도들의 전반은 민관과 민민 간의 협력 플랫폼을 활성화하여 민을 서비스 공동 생산의 주체로 인식하고자 한다.

기존 정책과 마을민주주의 사업이 가장 차별화되는 부분은 기존의 주민참여예산제와 통합되어 시행되는 '마을계획'이다. 이는 소수의 '관심 있는' 주민들의 참여에 머물던 주민참여예산제나 주민정책제안제의 수준을 넘어서, 모든 마을주민이 '마을총회'를 통해 마을예산을 배정하고 정책을 제안할 수 있는 장이 마련되었다는 점에서 의미가 있다. 마을계획 제도를 통해 주민들은 마을의 장기 비전과 구체적 사업 계획을 마을계획의 형태로 만들어, 마을총회에서 통과시켜 구청에 전달한다. 또한 마을예산에 있어서는 이전과 달리 주민참여예산위원회가 주민들의 결정을 최종 인준하는 권한만을 가진다.[8] 소수의 관심 있는 주민들의 사업 공모에 대해 지원금을 주는 방식으로 운영되던 마을만들기 사업 역시, 모든 마을주민이 마을총회를 통해 사업을 결정할 수 있게 된다. 2015년 6월 현재, 성북구는 월곡2동과 길음1동의 두 개 행정동에서 마을계획과 마을총회를 시범적으로 시행하고 있다. 구체적으로는 4~5월에 마을자원을 조사하고, 6~9월에는 주민이 참여한 '동네계획단'이 일반 주민의 제안을 수집하고 마을계획으로 수립한 뒤, 10월에는 마을총회를 개최하며, 12월에는 그 결과에 대하여 구의회의 승인을 받고, 다음 해 1~3월에 평가 및 피드백을 하는 일정으로 추진된다. 2016년 이후부터는 이러한 과정을 전 행정동에 적용할 예정이다.

---

8. 성북구청. "주민참여예산제 소개." http://www.seongbuk.go.kr/resident/budgeting/introduce/introduce.jsp.

한편 과장급 기구인 마을담당관은 보통의 과장급 기구와 달리 국으로부터 독립된 구청장·부구청장 직속 부서로서, 보다 적극적으로 마을 관련 정책을 추진하려는 성북구청의 의지를 보여 준다. 실제로 마을담당관에서는 마을 이슈와 관련하여 상당히 깊은 정책적, 철학적 고민을 하고 있었다.

> "2014년 9월부터 준비를 했어요. 전문가들하고 협의하고, 회의하는 거죠. 마을민주주의가 뭔가, 정의부터 내려 보자. '마을'은 뭐고, '민주주의'는 뭐고, 둘을 융합했을 때에는 어떤 거냐. 이것이 이론적으로 담보되지 않으면 어디에서 이야기할 수 없는 거예요. 이런 자료를 찾아 놓고, 이 책 갖다 놓고 읽어 보고, 이것에 대해서 다 토론해 보자고 한 거죠."
>
> – 한재헌 성북구청 마을담당관 과장[9]

마을담당관에는 2015년 6월 현재 21명의 행정 공무원이 배치되어 있으며, 이름 그대로 마을민주주의와 마을커뮤니티에 관련된 업무 전반을 전담하여 총괄한다. 구체적인 사업 내용으로는 주민의 구정 참여 유도, 마을자치 환경 조성, 마을·사회적경제 활성화, 마을 커뮤니티 복원, 활동가로서의 일반 주민 역량 강화 등이 있다. 마을담당관이 신설되기 이전인 민선 5기에는 이러한 사업들이 서로 다른 국/과에 분산되어 있었는데, 실제로는 각 사업들이 유기적으로 연결되어 운영되기 때문에 '마을'이라는 큰 과제를 다루는 통합적 전담 부서로서 마을담당관을 설치한 것이다. 대부분의 다른 자치구에서는 마을만들기 사업 담당 인력이 한두 명에 불과하여 관련 사업 지원금이 잘 쓰이는지 회계를 관리하는 정도의 역할밖에 하지 못하는 것과 비교할 때, 성북구청의 마을담당관은 상당한 인력과 권한을 부여받고 마을에 대한 깊은 고민과 기획을 하고 있음을 알 수 있다.

특히 마을민주주의 사업과 관련해서는 이전에 시민사회나 마을에서 적극적으로 활동한 경험이 있는 사람들을 마을담당관 공무원으로 채용하여 매주 회의하며 일반 공무원들에게 상대적으로 부족한 현장 경험을 보충하고 있다. 이들

---

9. 인터뷰 일자: 2015. 5. 8.

은 마을민주주의 시범동 두 곳에서 '마을코디네이터'로 활동함으로써 구청과 실제 현장 사이에 존재할 수 있는 괴리를 줄이고 협업을 돕는 역할을 한다. 실제로 서울시 차원에서도 박원순 현 서울시장이 당선된 이후로 마을 활동가들을 많이 채용하는 추세인데, 이는 관에서 주민들을 접촉하는 데 한계가 있다는 것을 인정하고 "전문 지식의 공동 생산자로서의 시민(Siriani, 2009)"을 적극적으로 활용하는 민관 협력의 사례라고 할 수 있다. 이를 통해 성북구청이 마을담당관의 형식적인 운영에 그치는 것이 아니라 그 운영의 실질적 효율성까지 담보하고 있음을 알 수 있다.

아직 마을민주주의 사업이 시작된 지 얼마 되지 않았기 때문에 실제로 사업이 운영되는 모습은 지난 5월 9일에 열렸던 '주문주답'을 통해 확인할 수 있었다. 주문주답은 '주민이 묻고 주민이 답한다'는 뜻으로 성북구 주민정책제안 토론회의 이름이다. 이 토론회에서는 쓰레기 문제 해결을 당면 과제로 하여 회의가 진행되었다. 그리고 올해 하반기에는 '9시 등교제' 등 성북구의 교육 혁신에 관한 주제의 주문주답이 예정되어 있다. 특히 지난 회의가 의미 있었던 이유는 참여한 성북구 주민 50명이 모두 무작위 추첨을 통해 선정되었다는 점 때문이었다. 무작위 추첨 방식으로 선정된 주민들의 정책 제안은 어느 자치단체에서도 하지 않은 최초의 시도로서, 마을민주주의에 관심이 있는 소수의 주민들만이 반복적으로 참여하는 것을 넘어서 보다 넓은 주민참여를 확보하기 위해 도입된 방법이다.

> "그다음에 직접적으로 마을민주주의를 운영하는 과정에서는 추첨에 의한 방식, 이걸 구정 전반에 도입하려고 하고 있어요. 그 첫 번째 시도가 얼마 전에 있었던 주문주답입니다. … 그래서 '참여'가 가지고 있는 여러 가지 한계들을 극복할 수 있는 무작위성, 그리고 대표성을 최대한 높일 수 있는 고민들을 하려는 겁니다."
>
> – 김영배 성북구청장

사실 이처럼 별도의 절차 없이 선정된 주민들이 모인 '추첨제 민주주의'의 효과성에 대해서는 의문이 제기될 수도 있다. 하지만 우려와는 달리 주민들은 구

내 쓰레기 문제와 관련된 여러 가지 정책을 다양하게 제안하였다. 성북구는 이 제안을 모아서 새로운 쓰레기 관련 정책('청소행정 주요정책')을 수립하여 실행할 계획이다. 이는 무작위 추첨을 통해 선정되어 높은 대표성을 가진 주민들에 의해 제안된 정책이기 때문에 보다 높은 정책 타당성을 갖추었다고 할 수 있다.

그러나 주문주답의 과정과 결과가 모두 긍정적인 것만은 아니었다. 예를 들어 가정용 음식물 감량기 설치 의무화는 막대한 예산이 필요하기 때문에 실제 정책을 시행하는 과정에서는 재정적 문제가 발생할 여지가 있다. 또한 소관기관의 의견과 배치되는 정책이 채택되거나, 구청의 소관이 아닌데 구청에 정책을 제안하는 등의 경우 갈등이 발생할 여지도 있다. 실제 토론회에서 주민들이 제안한 정책 중 많은 부분은 이미 시행 중이었는데, 이는 구청에서 주민들에게 정보를 제공하지 않았거나 정책에 대한 주민들의 관심이 여전히 부족함을 보여준다. 주문주답뿐 아니라 성북구청의 각종 시민정치 제도가 잘 운영되기 위해서는 이러한 문제들을 해결할 필요가 있다.

주민들이 마을민주주의에서 힘 있는 주체로 기능하지 못하고 있다는 문제점은 지난 5월 29일에 있었던 '2차 공동주택 아카데미'에서도 드러났다. 참여 관찰 결과, 아카데미에 참여한 주민들 중에는 동 대표직을 맡는 등 공동주택의 리더로서 실제로 경험한 난관을 해결하기 위해 자발적으로 참여한 사람도 많았지만, 자신의 의사와는 상관없이 속한 동의 순번에 의해 의무적으로 참여한 사람들도 있었기 때문이다. 이는 마을민주주의가 직접 참여 3%, 간접 참여 30%라는 목표를 달성하더라도 그 참여의 질이 보장되지 않는다면 진짜 마을민주주의라고 할 수 없을 것임을 시사한다. 그러나 주문주답이나 공동주택 아카데미를 통해 무관심했던 주민들의 참여를 독려할 수 있었다는 점에서는 여전히 의미가 있다.

2. 시민사회

2012년 이전까지만 하더라도 성북구에는 시민사회 전체를 아우를 만한 영향력 있는 시민단체가 없었기 때문에 시민 조직들 간에도, 구청과 시민사회 간에도 의미 있는 협력 관계가 형성되지 않았다. 그러나 2011년 말 구청에서 마을만들기 지원 조례를 제정함에 따라 '마을만들기지원센터'가 설립되었고, 성북구 중심의 주거 복지 분야 사단법인인 '나눔과미래'에 이 센터의 운영을 위탁하였다. 그리고 마을만들기지원센터를 중심으로 성북구에서도 지역의 역량을 모아 주민 간의 상생과 지역 발전을 도모할 수 있는 시민단체 네트워크를 설립하려는 움직임이 생겨나기 시작했다.[10] 그 결과 7개월간의 설립 준비 기간을 거쳐 2012년 7월 20일, 마을과 시민사회의 소조직들의 모임인 '함께하는성북마당'(이하 함성)이 설립되었다.

이후 함성은 마을공동체의 지속가능성을 담보하기 위해 성북구를 근간으로 하는 사회적경제 기반이 조성되어야 할 필요성을 느끼기 시작하였다. 동시에 사회적경제 조직들도 지역 주민 조직에 기반한 사회적경제가 필요하다고 인식하기 시작하였다. 초기에는 사회적경제 영역의 활동 통합에 대한 논의가 지지부진하였으나, 2013년 말 즈음부터 시민사회의 일부 활동가들과 구청을 중심으로 본격적인 논의가 시작되었다. 민간에서도 마을공동체와 사회적경제의 통합을 위해 융합추진위원회를 만드는 등 적극적인 노력을 기울였다. 그 결과 '함성', '성북구협동조합협의회', '성북구사회적기업협의회'를 중심으로 '함께살이성북사회적협동조합'(이하 함께살이성북)이라는 성북구의 대표적인 시민사회단체가 탄생하게 되었다.

함께살이성북의 주 사업으로는 크게 네 가지가 있다. 첫 번째는 지역공동체 네트워크 협력 사업으로, 조직 내 조합원활동위원회를 구성하고 이 위원회를 중심으로 지역의 네트워크 자원 조사를 수행하는 것이다. 두 번째는 사회적경제 활성화 사업으로, 조직 내 사업전략위원회를 구성하여 협업할 수 있는 사업과 조직들을 연결하는 사업이다. 이를 통해 공공 발주를 확대하고 홍보 및 마케팅 채널을 확보한다. 세 번째 사업은 지역 역량 강화 및 교육 사업이다. 이를 위해 지역 플랫폼 역할을 할 지역자원연구회를 구성하여 추진하고 있다. 네 번째 사업은 지역사회 연대와 소통을 통한 공동체 가치 확산 사업이다. 그 일환으로

10. 성북마을. "함께하는 성북마당 소개." http://www.sbnet.or.kr/xe/new_hamsung_01

지역 행사를 계획하고 다양한 마을미디어를 통해 조합의 사업을 홍보하고 있다. 이 밖에도 함께살이성북은 소액대출 사업을 운영하여 지역 내 민간 조직의 힘을 지탱하는 데에도 기여하고 있다(함께살이성북사회적협동조합, 2015).

한편 구청 차원에서도 2014년 말 마을만들기지원센터와 사회적경제지원단, 사회적기업허브센터를 통합한 마을·사회적경제센터(이하 통합센터)를 설립하고, 이듬해 4월 1일부터 통합센터의 운영을 함께살이성북에 위탁하였다. 이렇게 마을만들기 사업과 사회적경제를 통합하여 운영하는 것은 전국에서 성북구가 처음이다. 또한 이를 민간 단체에 위탁한 것은 구청의 공무원들이 직접적으로 주민들을 대면하여 사업을 추진하는 데 어려움이 있기 때문에 기존에 마을과 사회적경제 영역에서 활동하던 주민들을 채용하여 민과 관 사이의 간극을 좁히고자 한 것이다. 이를 통해 마을과 사회적경제 부문에서 활동하는 주민들을 보다 효과적으로 지원할 수 있게 되었다. 이는 구청의 마을담당관 부서에서 마을코디네이터를 고용하여 주민들과의 소통을 전문화시킨 것과 같은 맥락이다.

마을담당관은 통합센터와 2주에 한 번씩 정례회의를 열어 서로가 진행하는 업무의 내용을 공유하고 그에 대한 의견을 주고받는다. 예를 들어 마을담당관에서 진행하는 사업의 개선점을 통합센터에서 제안하거나, 서로의 업무에서 중복되는 부분들을 조율하는 것이다. 민관 거버넌스가 활성화된 데에는 관뿐 아니라 민에서의 변화도 크게 기여하였다. 시민사회에서도 정책 제안을 더 활발히 하기 시작했기 때문에 상호 피드백이 늘어나고, 거버넌스가 활성화될 수 있었던 것이다. 처음 시민단체들 사이에서는 지나치게 성과 위주의 정책을 추진하는, 이른바 '갑질'을 하는 구청에 대한 부정적인 인식이 존재했던 것이 사실이다. 이 때문에 함께살이성북의 인력을 관리하는 과정에서 구청의 간섭으로 인해 양자 간에 갈등이 발생한 일도 있었다. 그러나 관이 변화하기 시작하고, 시민사회 내에서도 구민의 세금으로 운영되는 구정 사업에 보다 적극적으로 개입하여 시민의 뜻이 반영되도록 해야 한다는 인식이 커지면서 관과도 정치를 해야겠다는 방향으로 바뀌게 되었다. 시민사회와 구청과의 관계에 대해 이소영 함께살이성북 이사장도 협력의 필요성을 강조했다.

"한 4~5년 전에는 아예 구청이나 이런 데 들어가지 않고 그렇게 살아 왔어요. 이건 아니다 싶은 거예요. 우리의 세금을 쓰는 기관인데 좀 더 국민들이 깊게 들어가서 바로 하게 했어야 했는데. … 지금도 진보 쪽에서는 '아, 이제 이소영 님도 변했어. 관변단체에…' 이렇게 이야기해요. 근데 관변단체면 어때요. 관변단체도 잘만 하면 되잖아요. … 우리만 변화하면 안 된다, 관도 변해야 된다. 그럼 같이 손을 잡아야 되는 거잖아요. 그래서 그 사람들을 변화하게 해 줘야 사회가 변한다는 거예요."

– 이소영 함께살이성북 이사장[11]

이를 통해 현재 성북구청과 시민사회 간의 관계가 보다 협력적인 방향으로 변화하고 있음을 알 수 있었다.

3. 주민

성북구에 거주하는 일반 주민들의 자발적 움직임은 하나의 조직화된 움직임으로 표현할 수는 없다. 개별 주민들이 모두 조직적으로 똑같은 행동을 할 수는 없기 때문이다. 따라서 지역주민의 자발적 참여를 크게 두 갈래, 즉 동네 단위의 마을이 복원되는 방향과 복원되지 못하는 방향으로 나누어 보았다.

먼저, 주민들의 자발적 활동으로 마을 커뮤니티가 재생되는 경우이다. 성북구에는 주민들이 자발적으로 진행하는 교육이 특히 활성화되어 있다. 주민들이 구청이나 시민단체에서 진행하는 교육을 이수받는 수준을 넘어서서, 스스로 강사를 섭외하는 등 마을학교를 조직하여 다양한 교육을 제공하고 또 제공받는 것이다. 활발한 교육은 주민들이 모일 수 있는 시간과 공간을 제공하고, 같은 주제에 관심을 가진 주민들을 연결하는 역할을 한다. 교육의 주제도 취미, 교양 학문, 육아 등으로 다양하다.

"주민들과 같이 학교에서 배우면서 하나의 공동체가 만들어지는 거예요. 서로 서

11. 인터뷰 일자: 2015. 4. 24.

먹서먹한 이웃들이 어느 집 누구더라 하면서 이웃 간의 관계가 복원돼요."

– 한재헌 성북구청 마을담당관 과장

또한 마을학교를 통해 마을 안에서 여러 가지 사업을 조직할 마을 리더를 육성하기도 한다. 지역 내에서 협동조합과 같은 마을·사회적경제 주체의 리더를 육성하는 교육 또는 마을계획과 같은 마을민주주의 사업에 대한 교육을 통해 시민정치에 적극적으로 참여할 주민을 양성하는 것이다.

"성북구협동조합협의회에서 생협 쪽으로는 지금 협동조합 마을학교 7기를 하는데 한국에서 이렇게 하기 쉽지 않아요. 한 해에 봄, 가을 두 번 해요. 한국에서는 일반적으로 협동조합 교육하면 사람이 안 모여서 폐강이 돼요. 근데 우리는 정원을 항상 넘어, 이번에도 70명 정원인데 130명이 왔어요."

– 이소영 함께살이성북 이사장

한편 성북구에는 지역 주민들이 자발적으로 시민정치에 참여하는 독특한 사례인 '삼태기마을'이 있다. 삼태기마을은 성북구 월곡2동 24번지 일대의 400여 세대가 살고 있는 마을로, 성북구나 서울시의 마을만들기 예산 지원 사업과 별도로 주민 주도로 '마을기금'을 모아 마을 사업을 진행한 최초의 사례이다. 삼태기마을은 원래 간단한 마을 축제를 열어 왔던 마을 커뮤니티였다. 이곳의 시민사회 활동가와 일부 주민들은 2012년 서울시 건강마을만들기 사업에 공모하여 건강마을만들기 사업에 참여했으나, 서울시의회 예산심의 과정에서 삼태기마을에 배정된 예산이 대폭 삭감되면서 사업 운영 자체가 힘들어졌다. 이에 삼태기마을 주민들은 스스로 마을기금을 모으기 시작하였다. 그리고 마을장터를 통해 모은 기금으로 부족한 예산을 채우고, 일주일에 한 번은 실무회의를, 한 달에 한 번은 정기회의를, 1년에 한 번은 마을총회를 열어서 주민 스스로 사업의 방향을 결정하고 집행하였다. 이 과정에서 마을만들기 사업에 적극적으로 참여하는 주민의 숫자가 늘어났고, 건강마을만들기 사업이 종료된 이후에도 서울시 주거환경관리 사업에 새롭게 참여하는 등 주민참여를 바탕으로 한 마을만들기가 지속적으로 진행되었다.

한편 마을민주주의 사업에 자발적으로 호응하는 사례가 있는가 하면, 마을민주주의를 도입하면서 기존의 갈등이 증폭되거나 마을민주주 자체에 반발하는 주민들의 움직임도 있다. 특히 성북구에서 두드러지게 나타났던 뜨거운 감자는 길음뉴타운, 장위뉴타운으로 대표되는 주거지구 재개발 문제이다.

실제로 성북구는 전국에서 뉴타운, 재개발, 재건축 사업장이 가장 많은 자치구일 만큼 재개발 관련 문제가 두드러진다. 2015년 1월 1일 기준 완료된 정비사업구역이 102개, 진행 중인 구역이 52개로서 정비사업 면적이 성북구 전체 면적의 25%에 달하고, 전체 성북구민 49만 명 중 31%가 정비사업 예정지에 거주하고 있다. 이러한 지역적 특성 때문에 하루는 뉴타운 지역의 세입자들이 "절대 재개발은 안 된다."고 주장하고, 그다음 날은 조합 관계자가 와서 "빨리 진행시켜 달라."며 구청에 몰려와 농성하고 몸싸움까지 벌이고 있는 실정이다.•12 재개발을 둘러싼 주민 갈등은 대부분의 인터뷰 대상자들이 지적했을 정도로 성북구의 시민정치에 큰 영향을 미치는 맥락적 요인이다.

주거지구 재개발은 마을민주주의 사업에 두 가지 측면에서 큰 영향을 끼친다. 먼저, 재개발로 인해 짧은 기간 동안 전출/전입 인구가 많아지면, 기존 주민들 간의 네트워크가 붕괴될 수 있다. 이는 마을민주주의의 성공을 위한 필수 요소인 마을공동체 형성과 이웃 간의 관계 복원에 심각한 위협이 될 수 있다. 또한 재개발 사업은 부동산 자산 가치나 (강제) 주거 이전 문제와 같은 지역 주민의 이해관계에 큰 영향을 미치는 문제들과 밀접하게 연관되어 있어, 재개발 사업 지속 여부를 놓고 지역 주민 간의 첨예한 갈등이 유발된다. 이 갈등이 지나치게 악화되면 마을민주주의를 통해 재개발과 관련된 마을의 문제를 원만하게 해결하기 매우 힘들어진다.

특히 장위뉴타운 13구역과 같이 부동산 경기 침체로 인해 재개발 사업 주체가 등장하지 않아 구역해제된 지역에서는 주민들 간의 갈등이 매우 크다. 현재 이 구역에서는 마을민주주의의 마을공동체적 요소를 도입하여 중·소규모의 도시

12. 김영배 성북구청장. 서면 인터뷰 자료.

재생이 진행될 예정인데, 이에 찬성하는 주민들은 이에 대하여 마을민주주의가 사실상 대규모 재개발이 무산된 구역을 재생하려는 노력이라고 긍정적으로 평가한다. 그러나 반대하는 주민들은 언젠가 부동산 경기가 되살아나면 재개발이 다시 추진될 수 있는데 그 가능성을 성북구청의 마을민주주의 사업이 원천 봉쇄했다고 평가하고 있다. 이렇게 마을민주주의 사업에 대한 적대감이 커진다면 극단적인 경우에 마을민주주의 자체를 거부하는 주민들이 생길 가능성도 무시할 수 없다.

> "재개발을 원하시는 분들은 마을민주주의 사업에 대해 부정적인 시각을 가지시죠. 뉴타운이 해제된 장위동 13구역이 있는데, 거기도 마을민주주의, 마을계획 요소를 도입해서 도시재생을 하려고 하고 있어요. 그런데 쉽지가 않고, 골이 굉장히 깊어요. 뉴타운 재개발이 개인의 재산과 관련되어 있어서 갈등이 엄청나게 심해요. 그래서 사실 마을민주주의는 반목이 심한 곳에서는 하기가 쉽지 않아요."
>
> – 한재헌 성북구청 마을담당관 과장

주거지구 재개발로 대표되는 주민 사이의 갈등을 마을민주주의를 통해 해결하기 위해서는 어떻게 해야 할까? 앤셀과 개쉬(Ansell and Gash)의 협력적 거버넌스 모델에 따르면, 갈등 그 자체가 반드시 협력적 거버넌스의 장애물이 되는 것은 아니지만 주민들이 갈등 상황을 '우리 대 그들'의 대결 구도로 인식하는 것은 협력에 치명적일 수 있다(Ansell and Gash, 2008). 따라서 이러한 대립의 경험이 원한과 같은 강력한 적대감으로 귀결되지 않도록 조정하는 과정과 리더의 역할이 중요하다. 이를 위해서는 두 가지 방법을 사용할 수 있다.

첫째, 시간이 걸리더라도 문제와 직간접적으로 관련되는 모든 당사자들이 참여하는 지속적인 심의 과정이 필요하다. 오랜 기간 심사숙고하고 토론과 토의를 거친다면 갈등을 유발하는 동인이 사라질 수 있기 때문이다. 이를 통해 지역주민 간 연대의식과 책임감을 높이고 쟁점과 문제들을 새롭게 깨닫는다면(김의영·한주희, 2008) 갈등과 대립이 성공적인 협력의 경험을 축적하는 하나의 기회로 작용할 수 있다. 실제로 만약 장위뉴타운 13구역의 재개발 정책 의제 설정 과정이 구청이 아니라 그 지역 주민들에 의해 진행되었다면, 지금까지 있었던 갈등을 크게 줄이고 협력을 이루어 낼 수 있었을지 모른다는 아쉬움이 있다.

둘째, 재개발에 찬성하는 주민과 반대하는 주민이 적대적 갈등 구조를 벗어나 서로 이해하고 '우리'의 이야기로 묶일 수 있는 방법을 찾아야 한다. 두 집단의 입장을 설명하는 이야기(서사)를 꺼내서, '그들'의 이야기를 '우리'의 이야기(Putnam and Feldstein, 2003)로 만들 수 있다면 심의가 보다 용이해질 수 있기 때문이다. 예를 들어, 주민 모두가 참여하는 마을 축제와 같은 마을 공통의 이슈를 구성하는 방법이 가능하다. 또는 찬성/반대 측 주민이 같은 구역에서 살아왔던 역사를 함께 스토리텔링 해서, '그들'의 이야기를 '우리'의 이야기로 함께 공유할 수도 있다.

III. 마음을 모으려면?: 마을민주주의 사업에 대한 고민들

성북구의 시민정치는 아직 싹트고 있는 단계라고 할 수 있다. 지금까지 성북구의 시민정치에는 많은 발전이 있었지만 아직 완전한 모습은 아니기 때문이다. 2015년 10월에는 마을민주주의 사업의 시범동인 길음1동과 월곡2동에서 마을총회를 앞두고 있고, 2016년부터는 전 동에 마을계획을 시행할 예정이기 때문에 그 결과들은 성북구 마을민주주의의 중요한 이정표가 될 것이다. 또한 설립된 지 몇 개월 되지 않았지만 함께살이성북의 행보도 주목할 만하다. 성북구청과 시민사회 활동가들에게서 들을 수 있었던 내용도 사업의 결과보다는 과정으로서의 시민정치에 대한 고민들이었다. 이러한 마을에 대한 고민, 시스템에 대한 고민, 성북구 시민사회의 환경에 대한 고민으로부터 시민정치에 대한 의미 있는 시사점을 발견할 수 있었다.

1. 사회적 자본

"함성을 처음 만들 때 '우선 친해지자, 서로를 잘 알자, 이해하고 나서 미션은 나중에 만들자'고 했어요 창립을 보통 보면 막 번드르르하게 미션 탁 해서 만든 조직들은 조직만 있지 하부가 없잖아요. '그러면 과연 우리가 왜 모였을까, 다시 한 번 생각해 보자,' 이런 식으로 했어요. … 함께살이성북 설립을 위한 워크숍에 갔을 때는 그날 나이가 제일 어린 친구가 27살이었고 나이가 70대이신 신협 이사장님까지 세대도 굉장히 긴 데다 … 그때 굉장히 신뢰가 돈독해졌죠. 그때부터는 사회적 기업, 협동조합, 이렇게 나뉘는 게 아니라, 회의할 때 보면 자기 가치관에 따라 나뉘더라고요. 그 전에는 약간 기존 조직대로 나뉘는 게 있었어요. 그런 변화가 보이더라고요."

– 이소영 함께살이성북 이사장

함성과 함께살이성북 공동 설립자인 이소영 이사장이 중요하게 강조한 것은 바로 친밀함과 신뢰와 같은 사회적 자본이었다. 함성이 설립되는 데 7개월이 걸리고 함께살이성북이 설립되는 데 2년이라는 시간이 걸렸다는 사실은 이러한 친밀함과 신뢰에 기반한 관계가 하루아침에 형성되지 않는다는 점을 함의한다. 함성과 함께살이성북은 철저히 사람과 사람 간의 관계에서 출발하였고, 단체가 나아갈 방향을 정함에 있어서도 서두르지 않았다. 거창한 목표를 정하기 전에 구성원들 간의 관계를 먼저 다진 이유는 구성원들 간에 긍정적 관계가 형성되는 것이 목적을 달성하기 위해서도, 더 나아가 단체가 지속가능하기 위해서도 중요하다는 것을 알았기 때문이다. 그들은 회의를 할 때에도 타인의 의견에 더욱 열린 자세를 가지고자 하였고, "서로에게 힐링을 주는 관계로 발전할 수 있도록" 노력하였다.

구청의 마을민주주의 사업에 있어서도 사회적 자본(Putnam, 1995)은 마을민주주의가 성북구의 시민사회에 뿌리내릴 수 있도록 하는 역할을 한다. 미래에 정책이 바뀌거나 재정적인 지원이 줄어들더라도 주민들 간의 긴밀한 네트워크가 유지된다면, 주민들이 지속적으로 공동체를 형성하고 관과의 거버넌스를 요구할 수 있기 때문이다. 그런 점에서 성북구청에서 마을민주주의 사업의 궁극적인 목적을 '이웃과의 관계 복원'으로 설정한 것은 긍정적으로 평가할 수 있다.

홍수만 마을코디네이터도 "제가 하는 일이라면 믿고 할 수 있겠다는 신뢰 관계가 형성되다 보니까 … 진짜 1년 동안은 기다리기만 하고 의견만 들었어요."

사진 9.2 이소영 함께살이성북 이사장과의 인터뷰 장면

라며 마을민주주의 주체들 간의 신뢰와 기다림의 중요성을 강조하였다. 이는 마을에서 사회적 자본이 가지는 중요성을 보여 주는 한편, 이를 만들어 나가는 데에는 오랜 시간이 걸린다는 사실을 보여 준다. 퍼트넘이 분절된 지역사회에서 사회적 자본이 형성되는 과정을 "두꺼운 판자를 천천히 뚫는 것"으로 표현한 것과도 일맥상통하는 이야기이다(Putnam and Feldstein, 2003). 이 때문에 홍수만 마을코디네이터는 구청의 마을민주주의 사업의 추진 속도가 너무 빠르다며 비판적인 의견을 보이기도 했다. 속도가 너무 빠르면 주민들이 사업의 기본 취지를 받아들이는 데 어려움이 있고, 결국에는 주민이 구청의 사업에 동원되는 식으로 흘러갈 수밖에 없다는 것이다. 홍수만 마을코디네이터는 아주 작은 것부터 차근차근 실현해 나갈 필요가 있고, 마을민주주의 사업을 지금보다 더 천천히 진행할 필요가 있다고 주장했다.

이소영 함께살이성북 이사장도 구청이 사업을 진행하는 속도가 빠르다는 점을 지적했다. 외국의 시민정치 성공 사례들도 오랜 기간에 걸쳐서 이루어진 것이기 때문에 성북구에서도 보다 장기적인 관점을 가지고 사업을 추진할 필요가 있다는 것이다. 함께살이성북을 설립할 때에도 설립 준비 속도에 대한 구청과의 시각 차이를 언급하며, 일을 빨리 추진하는 것보다도 참여 주체들의 다양한 의견을 모으는 것이 중요하다고 하였다. 그러나 한편으로는 관이 분명한 목표를 추진하며 그 결과를 데이터와 수치로 정리하는 능력에 대해서는 시민사회가 본받을 필요가 있다고 인정했다. 민과 관이 서로에게서 배울 점이 있는 것이다. 이처럼 서로의 한계를 인정하고 이를 보완하기 위해 노력할 때에 마을민주주의 사업을 비롯하여 성북구의 시민정치가 더 나은 방향으로 발전할 수 있다.

마을 주민 간의 신뢰를 쌓고 서로 대화를 하는 것은 시민정치의 기본이다. 축적된 사회적 자본은 제도와 정책이 완전히 뒤바뀐다고 해도 일시에 사라지지 않는 자원이기 때문이다. 현재 시행하는 구청의 정책들도 기본적으로는 주민 간의 관계를 회복하는 것에 중점을 두고 있다. 예를 들어 마을 교육은 민주주의 교육을 위한 것이기도 하지만 마을 사람들이 소통할 수 있는 장으로 가능하기도 한다. 또한 동네계획단이 마을계획을 수립하는 것 역시 이웃 간의 관계를 복원하기 위한 것이다. "마을민주주의 사업의 가장 중요한 목표가 마을 생태계를 복원"하는 것이라고 말한 양현준 성북 통합센터장의 의견도 같은 의미로 이해할 수 있다.[13] 신뢰를 통한 마을공동체 회복은 사회적 자본의 축적으로 개별화된 주민들을 조직화하는 데까지 발전할 수 있다. 김영배 구청장 역시 주민 간의 신뢰의 문제를 넘어 '깨어 있는 시민의 조직된 수준'이 시민정치의 성패를 판가름할 것이라며 사회적 자본의 중요성을 다시 한 번 강조하였다.

2. 분권화

현재 마을민주주의 사업은 시작 단계이기 때문에 그 사업의 운영에 있어 아직은 공무원의 역할이 상대적으로 클 수밖에 없다. 하지만 마을민주주의의 궁극적인 목적이 마을자치인 것을 고려하면, 마을민주주의가 완전히 정착한 성북구에서 공무원의 역할은 현재보다 더 줄어들어야만 한다. 이 때문에 공무원의 역할이 어디까지여야 하는지, 분권화가 어느 정도까지 이루어져야 하는지에 대한 고민이 존재한다.

실제로 지금도 마을민주주의 사업에서 공무원이 지나치게 개입하여 오히려

---

13. 인터뷰 일자: 2015. 5. 2.

마을의 자생적인 성장을 저해한다는 비판이 존재한다. 구청은 예산을 배분하는 등 주민들의 자치를 보조하는 역할만을 맡는 것이 바람직하다는 것이다. 이러한 비판에 따르면 마을민주주의는 20~30년의 오랜 시간이 걸리더라도 마을커뮤니티 내부에서의 대화를 활성화시킴으로써 자연스럽게 강화될 수 있다. 따라서 공무원들도 빠른 시일 내에 사업의 성과를 내기 위해 압박을 가할 것이 아니라 주민들 내부에서 자생적인 변화가 나타날 때까지 기다려 주어야 한다.

반면 사업을 추진할 예산을 관에서 지원받는 이상 공무원의 개입은 불가피하다는 시각도 존재한다. 성북구청의 입장에서는 한정된 자치구 예산 내에서 마을민주주의를 발전시킬 수 있는 곳을 집중적으로 선택하여 지원할 수밖에 없기 때문에 정기적으로 공무원이 개입하여 사업의 성과를 평가해야 하는 것이다. 더구나 상급기관인 서울시가 지원하는 예산일 경우 각 자치구의 사업 성과에 의해 예산 배분액이 정해지기 때문에 더더욱 구청이 적극적으로 관여할 수밖에 없다. 2015년 기준 재정자립도가 22.4%(25개 서울시 내 자치구 중 공동 19위)인 성북구의 입장에서 이는 큰 딜레마가 아닐 수 없다. 결국 재정문제를 해결하지 않으면 마을민주주의 사업을 진행할 때 관의 사업 진행 속도에 쫓기는 문제는 계속해서 발생할 수밖에 없는 것이다. 따라서 삼태기마을의 마을기금과 같이 마을 단위에서 안정적으로 재정을 확보할 수 있는 방안을 고안하는 것도 중요한 과제이다.

그러나 마을민주주의가 주민참여를 넘어 주민자치의 수준에까지 이르기 위해서는 구청이 가진 권력을 지금보다 더 분권화할 필요가 있다. 주민들이 그저 들러리가 되지 않도록 정책 의제를 형성할 수 있는 실질적인 권한과 영향력을 주어야 한다(김의영, 2011). 마을민주주의 사업이 기존에 성북구가 진행하던 마을만들기 사업이나 서울시의 마을공동체 사업과 차별화되는 점이 바로 여기에 있다. 이러한 문제의식은 현장에서 직접 활동하는 시민 활동가들이나 주민들에 의해서도 여러 번 지적되었다.

예를 들어 이소영 함께살이성북 이사장은 4월 10일 '성북형 마을만들기 실현을 위한 마을민주주의 포럼'에서, "계획은 구청에서 했지만 실행하는 사람은 시민단체, 활동가들, 아니면 주민이다. 계획을 구에서 너무 디테일하게 하는 것보다는 주민들의 창의적인 의견을 수용하는 것이 더 바람직하다고 생각한다."며 문제를 제기하였다. 또한 포럼에 참석한 한 주민도 "민주주의가 변색되고 왜곡돼서 관주주의로 바뀌는 경우를 가끔 본다."며 시민정치의 주체는 시민이 되어야 하는데 관이 지나치게 개입하면 시민정치 전체가 흔들릴 위험이 있다고 말하였다.

특히 마을민주주의와 관련해서는 사업을 기획 및 수립하는 공무원과 실제 현장에서 실행하는 시민사회 활동가 사이의 견해 차이에서 이러한 문제가 드러났다. 시민단체 활동가 출신의 공무원으로서 주민들과 직접 대면하여 그들의 이야기를 듣는 홍수만 월곡2동 마을코디네이터의 의견은 일반 공무원과는 차이를 보였다.

"성북구청장이 급해요 좀. 앞서 나가는 건 나쁜 게 아니지만 너무 앞서 나가 버리면 주민들이 따라가질 못해요. 내가 여기다가 이 도화지를 드렸어요. 근데 내가 여기다 그림을 다 그려 놓고 그림 그리세요 하면 그리실 수 있겠어요? 아주 작은 의견부터 실현을 해 보고 나서 그게 돼야지 주민들이 아, 이게 할 만하구나, 하는 감이 올 거 아니에요. 그럼 그때부터 이것도 해 보자, 저것도 해보자 이렇게 돼야 하는데."

– 홍수만 성북구 월곡2동 마을코디네이터[14]

예를 들어 마을민주주의 사업의 일환인 '마을자원조사'의 목표에 대해 구청 공무원과 마을코디네이터는 서로 다른 견해를 보이고 있었다. 마을자원조사란, 주민들을 대상으로 FGI(Focus Group Interview) 방식의 인터뷰를 진행하여 마을의 인적 네트워크가 어떻게 형성되는지, 주민들이 주로 이용하는 시설은 무엇인지, 주민들이 많이 모이는 장소에 시급하게 필요한 것이 무엇인지, 또 개별 주민이 그리는 마을의 발전상은 무엇인지 등을 정성적으로 조사하는 사업이다. 마을자원조사는 마을계획 사업의 시범동인 월곡2동과 길음1동에서 지역 활동을 한 경험이 있는 마을코디네이터를 중심으로 진행된다.

14. 인터뷰 일자: 2015. 4. 18.

구청 공무원이 생각하는 마을자원조사의 목표는 마을 내의 요구와 필요한 자원을 파악하여 구청이 행정적으로 지원해 주는 것이다. 예를 들어, 구청은 주민 조직화에 재활용(Putnam and Feldstein, 2003)할 수 있는 기존의 지역 소모임들이 무엇이 있는지를 조사한다. 또한 조사 결과 만약 노인들이 많이 모이는 장소에 벤치가 없다는 것이 발견되었다면 이를 더 설치하여 행정적으로 마을공동체가 형성될 수 있는 물리적 공간을 마련한다. 공무원은 주민들의 요구를 잘 파악하고 충족하기만 하면 주민참여가 활성화되고 마을공동체가 형성되도록 구청이 유도할 수 있다고 보는 것이다.

반면 마을코디네이터는 마을공동체를 복원하고 필요한 자원을 조달하는 것까지도 주민들이 담당할 역할로 본다. 따라서 단순히 조사만 하는 것이 아니라 자원조사 결과를 수합하여 보다 효과적으로 마을 자산을 활용하고자 한다. 그리고 그러한 자산의 활용이 주민들이 직접 주체가 되어 이루어지도록 유도한다. 예를 들어, 마을코디네이터는 공간자원조사를 통해 특정 지역에서 어디를 적절한 마을회의 장소로 지정할지를 고민한다. 각 동네마다 참여와 심의를 할 수 있는 거점을 만드는 것이다. 또한 인적자원조사 결과, 어떤 주민은 소화기 사용법 교육에 대한 수요가 있고, 어떤 주민은 경비원으로 일한 경험을 바탕으로 안전 교육을 실시할 수 있는 재능이 있음을 발견했다면 이 둘을 엮어 내기도 한다. 사실 마을코디네이터가 언급한 이러한 마을자원조사 방식은 시리아니(Siriani)가 강조한 '지역 자산 동원(Mobilize Community Assets)'의 대표적인 사례라고 할 수 있다. 시민을 고객이 아닌 자산 보유자로 인식함으로써 시민에게 투자하는 것이 사회적 이익에도 승수효과를 가져올 수 있음(Siriani, 2009)을 뒷받침해 주고 있기 때문이다.

마을자원조사, 나아가 마을민주주의 사업 전반에 대한 마을코디네이터의 이러한 지적은 의미가 있다. 즉 마을민주주의 사업의 핵심인 마을계획이 주민 자치에 의해 운영되기 위해서는 이러한 자원조사 결과가 투명하게 지역 활동가와 지역 주민들에게 공개되어야 한다. 만약 이를 구청 내에서만 공유한다면 개별 주민의 재능을 필요에 따라 커뮤니티 단위로 연결하고, 모임을 주선하는 등의 절차를 관료가 일방적으로 진행하게 되기 때문이다. 현실적으로 구청이 구의 모든 자원을 일괄적으로 관리할 수 있는 역량도 없을뿐더러, 마을민주주의를 실현하기 위한 마을자원조사 본래의 목적이 퇴색되어 또 다른 형태의 '관 주도의 동원'이 되는 것을 막기 위해서라도 분권화를 위한 정보 공유가 필요하다.

이처럼 분권화의 정도에 대한 관점은 구체적인 사업 수행의 방향을 정하는 데 큰 영향을 미친다. 김영배 구청장도 이와 관련하여 많은 고민을 하고 있었는데, 특히 마을민주주의에서는 공무원이 더 이상 전문가나 공급자가 아니라 기술자, 조정자(coordinator), 촉진자(facilitator)의 역할을 해야 한다고 보았다. "민간인들이 대등한 파트너로서 주체로 활동할 수 있도록 하는 여건"을 조성하는 것이 관의 역할이라는 것이다.

"관료제는 없을 수는 없는 거예요. 다만 그 권한의 크기 같은 건 조절이 가능하겠죠. … 이제까지의 국가에서 관료제는 자기들이 스스로 결정하고 이끌어 가는 주도자의 역할을 해 왔어요. 근데 이제는 그 주도성을 상당 부분 시민들에게 넘기고, 본인들은 조정자와 촉진자의 역할을 하면서 시민들의 수요를 파악하고 시민들의 요구대로 이게 만들어져 가는 촉진자의 역할에 방점을 찍어야 한다는 것이 마을민주주의에서 공직자들의 역할인 거죠. … 모든 일의 성과는 민관 거버넌스를 강화하고 민간 활동가들을 축적시키는, 양산시키는 것에 있습니다."

– 김영배 성북구청장

관의 역할이 어디까지인지에 대한 근본적인 고민은 시민정치에서 매우 중요한 부분이다. 김영배 구청장은 공무원의 역할 변화를 강조하면서도 관료제 자체의 필요성에 대해서는 의문을 제기하지 않았는데, 이 점에 대해서도 한 번쯤 생각해 볼 여지가 있다. 바람직한 시민정치를 위해서는 관 차원에서의 보다 많은 분권화가 필요하다고 했는데, 그 분권화는 어느 정도까지 이루어져야 하는지, 그렇다면 현재 성북구에서처럼 자치단체장이 시민정치를 주도하는 것이 과연 가장 이상적인 형태인 것인지 등의 질문을 끊임없이 던져야 할 것이다.

3. 사익과 공익

현재 마을민주주의 사업에서 일부 주민이 이기적인 행태를 보이는 것에 대해 우려를 보내는 시각도 있다. 즉 개인의 사익이 과연 공익으로 합치될 수 있느냐는 것이다.

성북구에서는 특히 아파트 이기주의 문제가 사익과 공익 간의 갈등 관계를 잘 보여 주고 있었다. 다른 주거 형태에 비해 개별성이 강한 아파트에서는 주민들 간의 관계망 형성이 상대적으로 더 어렵고, 관계망이 형성되더라도 이것이 전체 지역공동체 차원이 아닌 아파트 수준에서의 이익만을 추구하는 데 동원되는 형태로 나타나기 때문이다. 성북구의 주거 공간 중 아파트가 차지하는 비율은 51%로 서울시 평균보다 높은데, 이 때문에 아파트가 많은 지역에서는 마을공동체를 형성하기 어렵다는 문제가 존재하였다. 구청에서는 이를 마을민주주의 사업의 초기 단계에서 나타날 수 있는 부작용 정도로 보고, 성격이 다른 마을계획 시범 동 두 곳에서 서로 다른 전략을 취하고 있었다. 즉 단독주택이 대부분인 월곡2동과는 달리 대부분이 아파트로 구성되어 상대적으로 폐쇄적인 뉴타운 지역 길음1동에서는 입주자대표회의나 동대표회의 등 아파트 내의 소모임을 재활용(Putnam and Feldstein, 2003)하여 협력의 발판으로 삼고자 한 것이다.

이처럼 사익과 공익이 합치되도록 하는 것은 마을민주주의의 성공을 위한 중요한 조건 중 하나이다. 주민들이 사익만을 추구하게 된다면 이상적인 마을민주주의는 실현이 불가능하기 때문이다. 그러나 둘을 어떻게 합치시킬 수 있는지는 사익과 공익의 관계를 어떻게 정의하느냐에 따라 그 양상이 달라진다. 예를 들어 공익과 사익의 합치를 둘 사이의 교집합을 찾는 것이라고 본다면 그 교집합을 넓힐 수 있도록, 즉 사익이 보다 많은 공공성을 가질 수 있도록 공적 시민의 역량이 강화되어야 한다. 이는 주로 시민교육을 통한 시민의식의 변화로 가능할 것이다. 반면 사익과 공익이 본질적으로는 같은 것이라고 본다면, 사람들이 각자의 의견을 표출할 수 있는 공간만 마련되면 이들이 결국 하나의 의견으로 수렴되어 곧 공익이 될 수 있다. 사익과 공익은 공적인 영역 안에서 영향력의 차이만 있을 뿐이므로 사익이 확대되면 공익이 되기 때문이다. 그러나 현실적으로는 의견 수렴 과정이 일어나는 공간이 제도적으로 보장되어야 하고, 사람들이 서로의 의견을 조율하여 하나의 합의를 도출하는 소통 방식에 익숙해지도록 이를 체화할 시간도 필요하다. 여기에도 시민교육이 일정 부분 기여할 수 있다.

사익과 공익의 합치에 대해서는 성북구 내에서도 다양한 의견이 있었지만, 교육을 통해서든 체화를 통해서든 그 과정에는 시간이 필요하다는 것이 공통된 의견이었다. 즉 주민 개개인이 민주주의라는 체제에 익숙해질 수 있도록 반복적인 연습이 필요하다. 시민교육이 이를 완벽히 가능하게 하지는 못하겠지만 공익과 사익의 합치를 위한 첫 단계로서 의미를 갖는다.

4. 시민 역량

마을민주주의가 '마을관주주의'가 될 수 있다는 우려에서부터 사회적 자본, 공무원의 역할, 공익과 사익이라는 성북 마을민주주의의 주요한 고민들에 이르기까지 사실상 대부분의 이슈에서 시민의 역량은 중요한 변수로 작용하였다. 주민참여를 넘어 주민자치를 실현하고자 하는 마을민주주의 사업의 성패 자체에도 시민 역량 강화가 큰 영향을 미치지만, 앞으로 마을민주주의와 성북구의 시민정치가 지속적으로 발전하기 위해서도 시민들의 역량이 기본으로 갖추어져야 하기 때문이다. 특히 구청장의 강력한 의지가 시민정치의 가장 큰 원동력이 되고 있는 성북구에서는 대의민주제적 원칙하에 구청장이 교체될 경우를 고민하지 않을 수 없다. 구청장이라는 사업의 강력한 동력이 사라진 뒤에도 마을민주주의가 지속가능하기 위해서는 제도적 기반에 더하여, 구청에 자발적으로 분권화와 참여의 통로 마련을 요구할 수 있는 시민의 수준 높은 역량이 요구되기 때문이다.

이때 시민 역량이란 시민 개개인이 시민정치에 대한 지식을 쌓고 긍정적인 인식을 가지며, 이를 바탕으로 시민사회 전체에 사회적 자본이 축적되는 것을 의미한다. 그 결과 관의 의사결정 과정에 시민들의 의견이 반영되는 것이 당연시되고, 나아가 이로 인한 시간이나 재정적 비용이 결코 불필요한 비용으로 여겨지지 않는 사회적 인식이 자리 잡아야 한다. 성북구청 역시 시민의 역량을 증진하는 것이 중요하다는 것을 인식하고 이를 위한 여러 주민 교육 정책들을 추진하고 있다.

마을민주주의 사업의 5대 핵심 전략 중 하나인 '깨어 있는 시민양성'의 일환으로 운영되고 있는 마을학교나 각종 아카데미가 대표적인 시민교육 프로그램이다. 마을학교는 주민 주도의 마을학교와 시범 지역 주민참여 마을학교로 나뉜다. 주민 주도의 마을학교는 주민들 스스로 학교를 만들어 자신들이 배우고 싶은 분야를 공부하는 것으로, 현재 7개가 운영되고 있다. 그리고 시범 지역 주민참여 마을학교는 마을계획 시범동 두 곳에서 시행되는 것으로 현재 네 개가 운영되고 있다. 여기에서는 마을계획이 무엇이고 성북이라는 지역은 어떤 특징을 가진 곳인지 등을 배운다. 마을학교와 더불어 각종 아카데미를 통한 시민교육도 다양하게 실시되고 있는데, 성북구청은 한옥 아카데미, 공동주택 아카데미, 독서토론 아카데미 등 다양한 주제의 아카데미를 선보이고 있다. 이를 통해 주민들은 자신의 관심사를 충족시켜 주는 교육을 받을 수 있는 기회를 가진다.

주민 교육을 통해 성북구청은 세 가지 효과를 기대하고 있다. 첫 번째는 주민들 개개인이 시민정치에 대한 지식을 쌓음으로써 민주시민으로 성장하는 것이다. 그리고 두 번째는 교육을 통한 주민 간의 면대면 상호작용이 늘어나 사회적

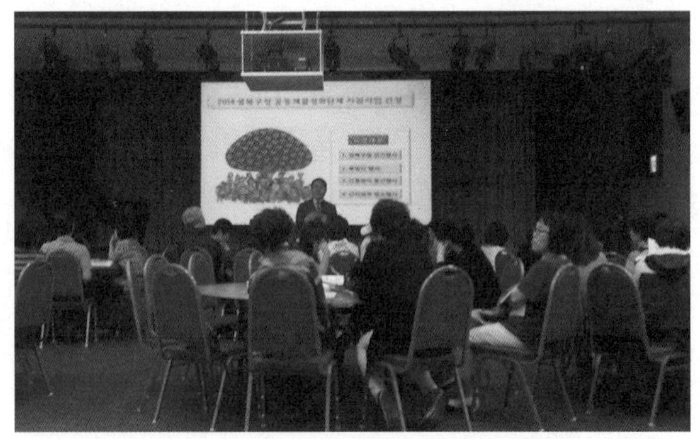

사진 9.3 5월 29일에 열린 '2차 공동주택 아카데미'의 모습

자본이 확충되는 것이다. 최종적으로는 “민간인들로서 관의 구조도 이해하고, 예산 구조도 이해하고, 우리 사회의 문제도 깊이 있게 이해하여 함께 토론도 할 수 있는”, 구청과 상호작용할 수 있는 민간 리더가 성장하는 것이다. 그러나 모든 마을학교나 아카데미가 주민 주도로 운영되는 것이 아닌 이상 이들 역시 성북구청의 구정 운영 방향에 의해 쉽게 좌지우지될 수 있다. 따라서 근본적인 시민 역량 강화를 위해서는 자치구를 넘어서 서울시 차원의, 나아가 국가 차원의 민주주의 교육이 함께 이루어져야 한다.

5. 기본권

시민 역량과 마찬가지로 궁극적으로 주민이 변화하기 위해서는 자치구 수준을 넘어서 보다 거시적인 수준의 환경적 조건이 충족되어야 한다. 특히 기본권 보장은 마을민주주의 실현을 위한 필수적인 조건이다. 지난 1월 함께살이성북에서 개최한 마을민주주의 워크숍에서 30명의 주민들이 가장 먼저 이야기한 것도, 먹고 사는 것이 충족되어야 마을공동체가 실현될 수 있다는 주장이었다. 일자리가 보장되고 안정적인 주거 정책이 마련되어 기본권이 우선적으로 충족되고 주민들이 여유가 생겨야 마을민주주의도 실제로 가능하다는 것이다. 시간적, 경제적 여유가 없는 주민이 자신의 시민 역량을 강화하기 위해 시간적·물질적 자원을 들이는 것은 실질적으로 불가능하기 때문에 환경의 개선이 우선적으로 필요하다.

주민들이 마을민주주의 사업에 참여할 수 있는 여유를 갖기 위해서는 무엇보다도 노동시간이 줄어야 한다. 한국은 1인당 연간 노동시간이 2,163시간으로 OECD 국가 중 멕시코에 이어 2위이다. 이는 주민이 마을민주주의를 비롯한 시민정치에 참여할 수 있는 절대적 시간이 부족하다는 것을 보여 준다. 밤 8~9시가 되서야 일을 마치는 주민들이 퇴근 후 마을회의에 참여한다는 것은 현실적으로 거의 불가능하다. 한재헌 마을담당관 과장 역시 “나 같은 경우도 아침 7시에 나와서 밤 10시에 들어가는데, 공동체에 참여할 시간이 부족하다.”라며, “주민들의 시간적 여유가 부족하다.”는 점을 지적하였다. 마을민주주의의 근간이 주민들 사이의 상호작용을 통해 마을의 문제를 함께 토의해 나가는 데 있음을 고려하면, 서로 면대면으로 마주할 수 있는 시간 자체가 부족한 것은 큰 문제가 된다. 홍수만 마을코디네이터의 경우는 지나치게 긴 노동시간에 대한 문제 제기에서 더 나아가 모든 주민들의 경제적 안정성이 보장되어야 하다는 말도 덧붙였다. "정말 마을민주주의가 되려면 밑바닥부터도 돼야겠지만 기본적으로 노동시간이 줄어들어야 되고, 두 번째로 기본소득제 비슷한 뭔가 안정적인 재원이 있어야만 사람들이 활동할 수 있다."는 것이다. 기본적인 생계가 안정적으로 보장되어야만 그 토대 위에서 마을민주주의와 같은 활동이 가능하다.

성북구의 재개발 문제와 관련하여 주거 안정성이 보장되지 않는 것도 민주주의로 가는 길을 저해하는 요인 중 하나로 지적되고 있다. 집의 소유주와 거주자가 일치하지 않는, 전월세가 많은 서울의 거주 형태는 주거 안정성을 떨어뜨려 건강한 지역공동체를 형성하는 데 걸림돌로 작용한다.

> "삼선동 천사마을 용역 발주해서 토론회 하고 그랬는데, 원주민(지역의 소유자)들이 한 40%, 임차인들이 한 60% 되는 것 같았어요. 마을공동체 사업을 할 때 이런 문제에 대해 고민했으면 좋겠는데, 소유권 문제이다 보니 쉽게 건드릴 수 없어요. 이렇다 보니 마을이 바뀌어 살기 좋은 동네가 되면 집주인이 집값을 올려서 임차인이 바뀌게 되는 역효과가 생기기도 합니다." –양현준 성북통합센터장

임차인의 경우 자신이 그 마을의 주민이라는 내집단의식이 떨어지고, 마을을 살기 좋은 동네로 만들었다고 해도 도리어 그 동네에서 쫓겨날 수도 있다 보니 마을공동체 사업에 소홀해지기 쉽다.

실제로 성북구청은 이러한 문제를 인식하고 2013년 전국 최초로 행정명령을 통해 생활임금제를 시행하는 등 주민들의 기본권을 보장하기 위한 노력을 계속해 나가고 있다. 생활임금제란 물가 등을 고려하여 노동자의 최저생활비를 보장하는 개념으로, 성북구는 노동자 평균임금의 58%를 적용하고 있다. 그러나 이런 문제들은 비단 성북구만의 문제도 아니며 성북구라는 자치구 수준에서 해결할 수 있는 문제도 아니다. 따라서 이러한 현실적인 한계를 고려하여 마을민

주주의 사업을 디자인하고 운영해 나갈 필요가 있다.

Ⅳ. '참 어려운' 마을민주주의의 정착을 기다리며

김영배 성북구청장과 성북구청은 성북구 주민들의 다양한 의견을 모아서 성북구의 문제를 공공 영역에서 해결하고자 마을민주주의를 제시한다. 이는 지역사회 문제를 '공공의 영역에서 해결한다'는 것만으로도 충분히 거대한 도전이다. 그러나 성북구청에는 더욱 큰 도전이 기다리고 있다. 그것은 바로 마을민주주의에 대한 수많은 인식과 입장을 조율하고 이를 하나의 제도로 정착시키는 것이다. 이 글에서는 마을민주주의 사업의 정착 가능성을 질문하였고, 여러 당사자의 입장을 종합하여 고민할 거리들을 제시하였다.

특히 성북구 시민정치를 연구하기 위한 인터뷰에서 매우 흥미로웠던 점은 여섯 차례의 인터뷰 모두에서 언제나 "민주주의란 참 어렵다."는 언급이 나왔다는 것이다. 여덟 명의 인터뷰 대상이 각각 다른 입장을 가지고 있지만, 지금의 성북구 마을민주주의 사업이 하나의 체제로 정착하기란 쉽지 않다는 인식을 모든 당사자가 공유하는 셈이다. 현재 한국에서 시행되는 지방자치제도는 그 역사가 20년이 조금 넘었을 뿐이고, 마을민주주의 제도는 한국에서는 성북구가 최초로 시도하고 있다. 어떤 방식의 마을민주주의가 '성공'한 것이고 '실패'한 것인지 판단할 수 있는 선례조차 없는 상태에서 민주주의의 어려움을 토로하는 것은 당연하다.

'성북구 시민정치 모델'의 세 주요 행위자들 간에도 마을민주주의에 대한 서로 다른 이해가 존재하고 있었다. 예를 들어 성북구청은 관료가 앞장서서 체계적인 일정과 제도를 마련하여 주민들의 의견 개진과 활동을 장려하고자 한다. 반면 시민사회 활동가는 주민과 구청 사이에서 마을 안의 신뢰를 회복하고 천천히 논의의 장을 마련하기를 원한다. 한편, 주민 안에는 적극적으로 마을공동체를 회복하려는 사람부터 마을민주주의 사업을 거부하는 사람까지 다양한 입장 차이가 존재한다.

이러한 차이를 관통하는 질문, 즉 "성북구의 마을에는 진정한 민주주의가 있을까?"라는 물음은 매우 중요하다. 마을민주주의에 대한 경험이 없는 상태에서 관료가 주도하는 마을민주주의 사업은 관료가 모든 진행 과정을 너무 빠르게 처리하면서, 자칫 지역 주민과 시민사회로부터 '마을민주주의'가 '마을관주주의'로 전락했다는 비판을 받을 수 있기 때문이다. 또한 상호 간의 신뢰가 붕괴되어 마을민주주의 사업이 제도로 정착하지 못하고 종료될 위험도 있다. 현 시점에서 마을민주주의 사업 운영을 주도하고 있는 성북구청은 언제나 "지금 성북구의 마을에는 마을민주주의가 있을까?"라는 질문을 던져야 한다. 마을 구성원 간의 신뢰와 사회적 자본, 관료의 역할, 공익과 사익, 마을민주주의에 참여하는 주민의 역량과 기본권 문제 등 여러 가지 이슈를 깊이 고민하며, 지역 주민과 시민사회와 함께 이 질문의 답을 구해 나가야 할 것이다.

일반적으로 한 국가의 민주주의가 정착되고 발전하는 과정은 결국 의사결정 과정과 집행에 대한 권한을 두고 시민과 정부 관료가 갈등을 일으키고 각자의 역량을 키우는 과정이다. 국가가 아닌 자치구 단위의 지역사회는 과연 어떨까? 성북구의 마을민주주의 역시 비슷한 과정을 필연적으로 겪을 것이다. 구청 관료와 주민과 시민사회는 때로는 서로의 권한을 놓고 갈등을 벌이고, 때로는 마을민주주의 사업의 큰 방향과 구체적인 실행 방식에 대해 갑론을박할 것이며, 또한 각자 역량을 키워 마을민주주의를 실현하기 위해 노력할 것이다. 우리는 그 과정과 결과에 흥미를 가지고 주목한다.

에이브러햄 링컨의 유명한 발언을 빌리면, 마을민주주의는 결국 "마을 주민의, 주민에 의한, 주민을 위한" 제도로 정착되어야 한다. 성북구의 마을민주주의는 "주민을 위한" 목적에서 이제 막 시작하였다. "주민의, 주민에 의한" 제도로 정착하는 것은 이제 성북구청과 시민사회 활동가, 그리고 주민들 모두의 몫이 되었다.

축제, 너와 나의 연결고리, 이건 은평 안의 소리

김세영, 이다혜, 탁지영

Ⅰ. 들어가며
Ⅱ. 은평은 축제가 필요해
Ⅲ. 축제, 나비효과를 일으키다
Ⅳ. 은평 시민사회, 축제 밖으로 뚜벅뚜벅
Ⅴ. 축제로 연결되는 '사람 사는 은평'

요약

은평구에는 2007년 결성된 은평지역사회네트워크가 있다. 복지관, 자원봉사단체, 협동조합 등 은평구 내 다양한 분야의 시민단체들은 은평지역사회네트워크를 통해 연대, 협력하고 있다. 이러한 연대의 배경에는 2004년 처음 개최된 '어린이날잔치한마당'이 있었다. 함께 축제를 기획하면서 서로 존재도 알지 못하던 은평구 내 여러 단체들은 연대를 통해 지역사회의 문제를 해결하고 공동체 생활을 영위하는 즐거움을 알게 되었다. 작은 축제에 불과했던 어린이날잔치한마당은 은평지역사회네트워크의 탄생, 역량 강화와 더불어 은평마을상상축제, 은평골목상상축제 등으로 확장되었다.

축제와 이에 기반한 시민단체의 연대 활동들은 은평구의 시민단체뿐 아니라 구청, 주민들에게까지 큰 영향을 미쳤다. 나아가 축제는 구 단위 축제의 변화를 이끌어 내면서 민의 확장과 민관 협력을 가능케 했다. 이 글은 축제를 중심으로 은평구 시민사회의 연대의 역사를 알아보고 그 과정에서 지역사회의 시민정치의 흐름을 살펴본다. 나아가 은평구에서 시민단체와 주민, 구청이 각자 그리고 함께 성장하면서 축제를 넘어선 시민정치의 가능성이 나타나고 있음을 보이고자 한다.

Ⅰ. 들어가며

"보통 옷 같은 경우는 1,000원, 두툼한 잠바 같은 경우는 5,000원이에요." 초등학생처럼 보이는 아이가 있는 힘껏 소리친다. 또래로 보이는 몇몇 아이들은 치파오를 입고 서로 잡기놀이를 한다. 또 다른 아이들은 얼굴에 물감을 잔뜩 묻힌 채 붓을 들고 열심히 그림을 그린다. 마치 초등학교에서 열리는 아나바다 장터나 학예회 같은 이 상황은 바로 서울시 은평구의 한 동네 골목에서 벌어지는 축제 현장이다.

2015년 5월 23일, 은평구 갈현2동 길마공원 일대에서 제4회 '갈현2동골목상상축제'가 열렸다. 이번 축제는 특별히 '재미난장'이라는 아트마켓과 결합하여 문화예술이 어우러졌다. 축제의 시작을 알린 것은 '밥心프로젝트'와 '재미난몸풀기'였다(이지선, 2015). 밥心프로젝트는 은평도시농부학교에서 과정을 수료한 도시농부 19명이 '텃밭이 차린 밥상'이라는 테마로 진행한 프로그램이다. 이들은 직접 400평의 텃밭에서 수확한 제철 채소들로 대형 비빔밥을 만들어 주민들에게 큰 호응을 얻었다. 재미난몸풀기는 살림의료복지사회적협동조합(이하 살림의료생협) 데조로 선생님이 진행하였다. 이 프로그램은 각자의 체력이나 운동수준을 고려해 각 개인에 맞는 운동을 하는 특징이 있다.[1]

축제의 중심인 갈현2동 골목에는 차 대신 소규모 공연장과 아트마켓이 펼쳐졌는데, 공연장은 마을기업 매장 앞에 마련되었다. 마을N카페 앞에서 중년의 주민 두 분이 기타와 젬베 공연을 펼쳤고, 이외에도 아빠맘두부, 카페WITH 앞에서 7080세대를 위한 노래 공연, 동네 청소년들의 댄스 공연, 마술 쇼가 축제의 열기를 더하고 있었다.

아트마켓은 은평구를 기반으로 하는 시민단체 및 사회적기업들과 공방들의 부스로 이루어져 있다. 아이들은 도자기 공방에서 부모님과 함께 도자기를 만들어 보기도 하고, 지역 내 결혼이주여성들을 위한 마을기업인 '마을무지개' 부스에서 치파오, 기모노 등과 같은 세계 전통 의상을 입고 각 나라의 문화를 체험

1. 2015 은평예술공감 재미난장 소식지.

사진 10.1 갈현2동골목상상축제 '텃밭이 차린 밥상', 마을기업 마을무지개의 '세계의상체험' 모습 (은평시민신문 제공)

하였다. 이러한 체험 부스 외에도 지역 내 수채화 동아리인 '물, 색, 그리다' 부스에는 아이들이 직접 그린 수채화 그림이 전시되어 있었으며, 펠트, 목공예 등 다양한 분야의 개인 공방에서는 판매 부스를 만들어 아기자기한 작품들을 판매하고 있었다.

이번 골목상상축제는 마을 주민들이 일회적으로 한데 모여 노는 장에서 나아가, 사회적 문제에 대해 생각할 수 있는 기회를 마련했다는 데 의의가 있다. 은평구 청소년문화센터인 '신나는애프터센터' 산하 청소년 동아리 '하이폴리'가 진행한 한 캠페인에서 이러한 변화의 움직임을 찾아볼 수 있다. 학생들은 위안부 피해 할머니들을 위한 캠페인을 하고 있었다. '일본군 위안부와 여자근로정신대는 같은 말일까?'라는 질문으로 O, X 설문조사를 하거나, 위안부 할머니들의 이야기와 그림들을 전시하였다. 또 할머니들께 편지를 쓰는 활동도 진행하고 있었다. 이렇게 은평구의 마을 축제는 지역 공동체 차원을 넘어 우리 사회 전반의 문제까지 담아내고 풀어내는 축제로 발전하고 있다.

Ⅱ. 은평은 축제가 필요해

1. 은평, 지역, 동네, 마을 사람들[2]

골목상상축제처럼 은평구에는 마을 주민들이 직접 만드는 마을 축제가 매우 다양하다. 이렇게 되기까지는 살기 좋은 마을을 어떻게 만들 것인지에 대해 고민한 사람들의 노력이 있었다. 지금부터 그 사람들의 노력을 살펴보도록 하자.

"은평구는 일단 서울시 내의 다른 자치구들에 비해 재정자립도가 낮아요. 주택 가격이 비교적 낮아서 베드타운(bed town)으로서의 역할을 하고 있어요, 그래서 그런지 큰 기업체나 대학교 같은 자원이 상대적으로 많이 부족해요. 그리고 청년에 비해 어린이와 노인 인구 비율이 높아서 복지 대상자 비율 또한 높죠. 그런데도 어린이들을 위한 제대로 된 문화 시설이 하나도 없었어요. 아이들을 위한 것뿐만 아니라 지역 내에 이렇다 할 자원들이 많이 없었죠. 그래서 자연스럽게 주민들 스스로 협동조합, 복지관 같은 것들을 만들기 시작했고, 아이들을 비롯해서 마을 사람들 모두가 즐겁게 살아갈 수 있는 동네를 어떻게 만들어 갈 것인가에 대한 고민을 하게 되었어요."

– 김다현 열린사회은평시민회 사무국장[3]

이렇게 은평에서 지역을 시민운동의 기반이자 본격적인 변화의 대상으로 놓고 활동한 사람들이 점점 모였고, 이들은 '열린사회은평시민회'(이하 시민회)를 창립하였다. 시민회가 창립되기 전, 1986년부터 풍물패 '터울림'이 있었고, 시민회와 비슷한 시기에 '생태보전시민모임'이 활동하고 있었으며, '작은소리학교'도 있었다. 하지만 시민회는 은평에서 지역을 운동의 단위로 생각한 사람들의 첫 출발로 평가받는다(강화연 외, 2014).

시민회는 1998년에 창립한 '열린사회시민연합'의 은평 지부로 활동을 시작했

---

2. 강화연 외. 2014.
3. 인터뷰 일자: 2015. 5. 12.

다. 열린사회시민연합의 서울 지부는 1999년도 당시 9개 지역에 있었는데, 오래된 지부(동대문, 구로, 영등포, 서대문, 강북, 강서, 양천 등)는 이미 1980년대 후반과 1990년대 초반부터 민주화 운동과 지역 시민교육 사업을 해 오고 있었다. 열린사회시민연합은 지역 주민들의 참여를 이끌어 내고, 지역 의제를 해결하기 위한 사업들을 다양하게 추진해 왔다. 구체적으로는 빈곤·취약 계층 지원 사업, 시민교육 사업, 지역사회 커뮤니티 기능 활성화, 교육·육아 대안 모색 활동, 생활환경 개선 사업 등이 있다.[4] 이러한 사업들을 각 지부가 지역 여건에 맞추어 다양한 형태로 활동하면서 '지역공동체 활동'이라는 모델을 만들어 가고 있었다.

사진 10.2 김다현 열린사회은평시민회 사무국장

시민회도 열린사회시민연합의 은평 지부로 등록하기 전, 1999년부터 '준비위원회'의 이름으로 실직 가정 생계비 지원 사업, 사랑의 의료결연 사업, 결식아동 방과 후 교실 열린학교, 불광천 지키기 사업, 새천년 맞이 시민교육, 다양한 지역 인사 만나기, 회원 모임 및 동아리 활동을 하고 있었다.[5] 하지만 지속적으로 사업을 추진하기에는 회원 구조나 사업 구조가 안정적이지 못했고, 단체의 상근 활동가 또한 없었다. 이를 보완하기 위해 보다 조직화된 단체로 탈바꿈하는 것이 필요했다. 이런 상황에서 은평시민회가 지향하는 '사람, 공동체'라는 가치를 열린사회시민연합에서도 추구하고 있다는 것을 알게 되었고, 1999년 열린사회시민연합의 마지막 지부로 열린사회은평시민회를 등록하였다.

시민회 창립 이후 은평구 내에서 뜻을 함께하는 지역 주민들이 자생적으로 단체를 조직하는, 이른바 토종 '풀뿌리시민단체'의 흐름이 발생하였다. 2002년 대선 전부터 일부 은평 주민들은 정치 개혁과 정당 혁신 활동을 벌였다. 이들은 지

4. 열린사회시민연합 홈페이지. http://www.openc.or.kr/ (검색일: 2015. 7. 20)
5. 열린사회시민연합 은평시민회 홈페이지. http://blog.daum.net/openep (검색일: 2015. 7. 20)

역 단위부터 참된 자치와 참여민주주의를 뿌리내리는 것이 중요하다고 판단하였고, 시민운동단체 창립과 풀뿌리 지역언론 창간을 모색하였다. 이후 2003년 5월 '은평사랑방'이라는 온라인 카페를 개설하고 약 1년간의 활발한 커뮤니티 활동을 바탕으로 2004년 8월 '은평시민넷'(이하 시민넷)을 창립하였고, 두 달 후에는 인터넷 지역언론을 창간하였다. 이것이 지금의 '은평시민신문'이다.

시민회와 시민넷은 은평 시민사회를 이루는 두 개의 큰 축이라고 할 수 있다. 이 두 단체는 지방자치를 자치단체장이나 구의원을 뽑는 행위나 제도 정도로 인식해 오던 때에 지역 문제 해결을 위해 주민참여를 이끌어 내고, 생활자치 커뮤니티를 운영하면서 '함께 하는 운동체'(강화연 외, 2014)를 모색했다.

하지만 그 운영 방식에 있어서는 다소 차이가 있는데, 시민회는 전담 활동가가 주도하여 각종 사업을 진행하는 반면, 시민넷은 온라인 커뮤니티를 통해 회원들이 돌아가면서 활동의 책임을 맡는다. 말 그대로 시민넷은 마을 주민들이 관심 가져야 할 지역 의제들을 선정하는 방식에서부터 의식을 공유하여 대안을 찾아가는 방식까지 지역 주민의 '참여민주주의'를 실현하고 있다.

이러한 차이는 시민회와 시민넷 조직 구성의 차이에서 비롯된다. 시민회는 전담 활동가 중심이며, 시민넷은 가족 단위 모임으로 시작한 회원 중심의 단체이다. 이러한 특성은 시민넷에 약이 되기도 하고, 독이 되기도 하였다. 가족 단위 모임이다 보니 지역에서 하는 활동에 꾸준히 결합할 수 있었고, 지역 내 사정이 어려운 단체들의 성장을 지원해 주는 일종의 '어머니' 같은 역할을 하였다.[6] 하지만 실제 단체가 운영되기 위해서는 정기적으로 이루어지는 주요 사업과 일정 수의 정회원이 필요하다. 그러나 시민넷은 지역 현안에 대해서 다른 단체와 밀접하게 결합을 할 뿐, 이렇다 할 만한 시민넷만의 독자적인 사업이 없었다. 또한 안정적인 조직 체계를 마련하지 못했다. 이러한 사정으로 결국 시민넷은 사라지게 되었다. 하지만 기존의 구성원들은 은평 지역 내 다른 단체들에 소속되어 마을미디어, 재미난장 등 여러 분야 시민 활동의 주축으로 활동하고 있다.

이렇게 시민회와 시민넷이 논의 단위, 대책위 역할, 서명 단위, 행사 지원, 민

6. 김다현 열린사회은평 시민회 사무국장 인터뷰.

관 협력, 대표성 자임(강화연 외, 2014) 등 수많은 역할들을 서로 나누었기 때문에 지난 10여 년간 은평 시민사회가 발달할 수 있었고, 이후 나타날 시민사회의 연대가 가능했다고 현재 은평 시민사회를 위해 힘쓰는 사람들은 자평한다.

2. 지속가능한 마을, 살기 좋은 마을에 대한 고민

은평 시민사회는 시민회와 시민넷 외에 풍물패 터울림, 생태보전시민모임, 작은소리학교, 은평두레생협을 비롯한 각종 협동조합, 꿈나무어린이도서관 등의 도서관, 복지관 등 여러 분야의 단체들로 이루어져 있다. 이 중 협동조합, 도서관, 복지관 등과 같은 단체들은 은평 지역에서 자생적으로 창립된 단체였으나 터울림, 생태보전시민모임과 같은 단체들은 새롭게 은평에 자리를 잡은 외부 단체였다.

이러한 상황에서 은평 시민사회를 구성하는 모든 단체들이 처음부터 은평 지역사회에 대한 관심이 높은 것은 아니었고, 각자 담당 분야 사업을 추진하기에 바빴다. 특히 생태보전시민모임의 경우, 주로 서울시 전역을 대상으로 활동하다 보니 지역보다는 중앙의 이슈에 민감하였고 중앙 활동에 집중하였다. 하지만 차츰 조직 내부에서 지역에 관심을 가져야 한다는 문제의식이 생겼는데, 단체에 대한 지역 주민의 요구가 조금씩 늘어난 것이 계기가 되었다.

> "생태보전시민모임 사무실이 은평에 있다 보니까 마을 주민들이 전화를 걸어 오는 경우가 종종 있었어요. 주로 지역 환경문제를 고발하거나, 나서서 해결해 달라는 요청이 많았죠. 하지만 우리가 아는 게 없으니까 난감한 경우가 많았어요."
>
> – 민성환 은평상상 이사[7]

이런 일들이 종종 일어나면서 서울의 자연 생태계를 보전한다는 단체가 정작

---

7. 이하 별도의 표기가 없는 한 이 절의 인용문은 민성환 은평상상 이사와의 인터뷰에서 발췌한 것이다. 인터뷰 일자: 2015. 5. 12.

지역 환경문제에는 무관심하다는 것에 대한 반성이 내부적으로 일어났다. 이를 계기로 차츰 지역사회에 관심을 갖기 시작했다. 하지만 이는 비단 생태보전시민모임만의 고민은 아니었다. 시민회도 비슷한 시기에 비슷한 고민을 하고 있었다. 그렇게 시민회와 생태보전시민모임의 구성원 모두가 모여 지역사회 문제를 함께 고민하고 해결하기 위해 노력하자는 결의를 모았다.[8] 이후 은평두레생협, 작은소리학교, 시민넷, 소리나는어린이집, 대조동꿈나무어린이도서실, 갈곡리를사랑하는주민모임, 은평동화읽는어른모임 등의 단체가 이 흐름에 결합하였다. 이 단체들은 '지속가능한 마을, 살기 좋은 마을을 만들려면 지역사회 내의 단체들이 무엇을 해야 하는가', '지역에는 무엇이 필요한가'에 대해 고민하기 시작하였다.

3. 마을 주민의, 마을 주민을 위한, 마을 주민에 의한 마을 축제의 탄생

그러던 중 지역 내에 제대로 된 문화시설이 없어 5월이 되어서도 마음껏 뛰어놀지 못하는 어린이들, 이런 자녀들을 보고 스트레스를 받는 부모님들이 보였다. 이를 해결하자는 문제의식에서 '문화로 꿈꾸는 아름다운 은평 만들기'(강화연 외, 2014)라는 슬로건을 제시하였고, 시민회, 생태보전시민모임을 비롯한 9개 단체가 2004년 5월 어린이날을 맞아 지역 아이들을 위해 '어린이날잔치한마당'이라는 문화 행사를 개최하였다. 이 축제가 바로 은평 지역사회에서 시민단체 주도로 만들어진, 주민들을 위한 최초의 문화 행사였다.

주민이 함께 참여하고 즐거움을 나눌 수 있는 행사를 만들어 보자는 취지로 시작된 제1회 은평 어린이날잔치한마당은 "가족, 이웃과 함께! 놀이로 신나게! 쓰레기 없이 건강하게!"(강화연 외, 2014)라는 테마로 진행되었다. 주관한 9개 단체들은 각각 신나는 체험과 놀이 부스를 기획하였다. 구체적으로 갈곡리를사랑하는주민모임은 굴렁쇠 굴리기, 훌라후프 돌리기 등과 같은 놀이마당을, 소리나는어린이집은 인형, 나무 목걸이 만들기와 같은 만들기마당을, 생태보전시민

8. 김다현 열린사회은평시민회 사무국장 인터뷰.

모임은 나무 이름 맞추기, 동물 발자국 탁본 뜨기와 같은 자연놀이마당을, 마지막으로 시민회는 어린이 제안문 쓰기, 종이비행기에 소원 적기와 같은 꿈나무마당을 진행하였다.[9] 이러한 놀이와 함께 '어린이날에도 함께 더불어 가는 사회'라는 주제를 축제에 담아내려는 노력이 시민넷의 주도로 이루어졌다. 시민넷은 사진전, 통일 관련 어린이 도서 전시 및 판매 부스로 당시 범국민적으로 진행된 '북한 용천역 폭발 참사-동포 돕기 성금모금행사'를 진행하였다(강화연 외, 2014). 이는 주민들이 사회적 의제나 관심사에 접근하기 쉽게 풀어내려는 시도로서 어린이날잔치한마당을 더욱 풍성하게 하였을 뿐만 아니라 주민 주도 축제와 관제 행사와의 차이를 드러냈다. 성공적으로 제1회 어린이날잔치한마당이 끝남으로써, 이 축제는 매년 어린이날에 가족들이 함께 즐길 수 있는 지역 문화행사로 자리 잡았다.

이 행사를 통해 은평 지역사회에서 외떨어져 활동하던 각각의 시민단체들은 서로 교류하고 협력할 수 있게 되었으며, 나아가 생태보전시민모임의 주도하에 '은평가족알뜰장'이라는 벼룩시장도 추진하였다. 은평가족알뜰장은 매달 열리는 행사로 보다 일상적으로 지역 주민과 단체가 교류하고 만날 수 있는 일상문화사업이다. '은평구 최초 55여 가구의 벼룩시장'(김화연, 2014)이 열리는 성과를 만들어 내며 초기 은평 지역사회의 중요한 사업으로 자리 잡았다.

어린이날잔치한마당과 은평가족알뜰장이라는 시민사회 공동 사업은 시민들의 지속적 교류와 연대의 틀을 필요로 하게 되었다. 어린이날잔치한마당을 추진한 9개 단체와 은평열린학교, 꿈이있는푸른학교, 씨앗학교가 모여 2005년 '은평마당'이라는 초기 공동체를 형성하였다. 이후 2006년 16개 단체가 모여 '은평지역사회네트워크'(이하 은지네)를 만들고 각 분야별로 지역사회에서 많은 변화를 이끌어 내고 있다.

그 후 10년 동안 어린이날잔치한마당은 은지네의 주요 사업으로 자리매김하였다. 매년 이 행사를 기획하면서 은지네 회원들은 축제가 담아내고자 하는 주제와 방향성에 대해 고민하는 과정을 거쳤다. 축제의 대상이 어린이이기 때문

9. 은평두레생협 홈페이지. http://cafe.daum.net/epdoore (검색일: 2015. 7. 20)

에 자연스럽게 교육과 관련된 은평 지역 현안을 축제에서 다루었고, 이를 축제에서 어떻게 풀어낼 것인가에 대한 논의도 이루어졌다.[10] 즉 은지네는 축제를 통해 교육이라는 지역사회의 공통 과제를 공유하고 해결하고자 하는, 보다 광범위한 단체로서 기능하게 된 것이다. 이러한 고민들을 거치고 거쳐 만들어진 어린이날잔치한마당의 슬로건은 '꿈꾸는 아이들, 꿈을 키우는 마을'[11]이다.

현재 어린이날잔치한마당은 공식적으로 은지네 소관이 아니다. 2015년부터 은평지역아동센터연합회가 전담하여 추진하기로 하였다. 은평구 NPO 중간지원조직인 은평상상 민성환 이사의 말에 따르면 "은지네가 처음 이 행사를 시작할 때 이루고자 했던 목표들을 일정 부분 달성했다고 여겨, 은지네 내부에서 더 이상 은지네가 주관할 필요가 없다고 결론 내렸다."[12]고 한다. 또한 예전과는 다르게 어린이, 아동 대상 단체들이 많이 생겨 관련 조직 단체들이 역할을 분담해서 어린이날잔치한마당을 추진하게 되었다.

4. 은지네, 예술로 상상하고 문화로 통하자

2008년 터울림이 주관한 정월대보름굿, 단오한마당, 동지해보내기굿 등 '은평 지역 세시풍속 전통연회 한마당 행사'는 그동안 어린이날잔치한마당에 머물러 있었던 지역 문화에 새로운 계기를 마련하였다. 그해 어린이날잔치한마당이 5회에 접어들면서 새로운 지역 문화의 필요성이 대두되었고, 어린이날잔치한마당은 어린이 축제로 성장해야 한다는 방향성이 논의되기 시작하였다. 앞서 언급했듯이 더 이상 은지네가 아닌, 지역의 전교조와 지역아동센터, 은지네 단체 중 어린이 청소년 사업을 하는 단체들이 주축이 되어 어린이날잔치한마당을 기획해야 한다는 고민도 싹트기 시작했다.

게다가 어린이날잔치한마당은 지역 문화 행사 정착과 단체 간 교류의 장 역할

---

10. 은평지역사회네트워크 홈페이지. "2014 은지네 상상포럼 회의록." http://cafe.daum.net/eunjinet (검색일: 2015. 7. 20)
11. 위와 동일.
12. 민성환 은평상상 이사 인터뷰.

을 했으나, 정작 주민이 축제의 주체가 되지 못한 문제가 있었다. 이에 대한 반성으로 은지네는 2009년 초반 마을 축제에 대한 비전과 방향성에 대한 내부 회의를 진행하였다. 그 결과 주민 스스로 '문화 주체'로서 창조하고 소통하며 활동하는 마을 축제를 방향점으로 삼게 된다. 또한 어린이날잔치한마당으로 만들어진 은지네의 역량을 확장시키기 위해서도 새로운 축제의 틀이 필요했다. 이러한 마을 축제의 변화 과정은 다음과 같은 민성환 은평상상 이사의 말에서 잘 드러난다.

> "(어린이날잔치한마당에서 은평마을상상축제로 진행하게 된) 특별한 계기가 있다기보다는 '의식의 성장'이라고 해야 할까? 왜냐면 어린이날잔치한마당을 쭉 하면서 이제 사람들도 만나게 되고, 그다음에 지역의 역량도 커지고, 연대 조직도 늘어나고 그러잖아요. 그러면 이제 이 흐름들을 강하게 견인하거나 확장시켜야 하는 고민들이 필요한 거고, 그 과정에서 '문화'라는 키워드가 매우 중요하겠다는 인식들이 생기게 되는 거예요. 그 문화를 매개로 '지속가능한 마을'이라던지 '좋은 마을'을 만들고자 하는 의기투합이 되는 거고, 그 과정에서 상상축제라고 하는 틀거리를 한 번 해 보자 하게 된 거죠."

2009년, 은지네는 '예술로 상상하고, 문화로 통하자'는 슬로건을 내걸고 주민이 주체가 되는 지역 문화의 새로운 판을 만들기 위한 인프라 형성과 역량 강화 사업을 1년간 추진한다. 먼저 지역 내 문화 실태 조사부터 시행하였다. 사실 이런 실태 조사는 구청에 요청하면 바로 얻을 수 있으나, 당시에는 민관 협력이 지금처럼 제대로 이루어지지 않았기 때문에 구청에 적절한 자료를 요청할 수 없었다. 그리하여 은지네가 지역 주민을 대상으로 문화 실태 조사, 문화 욕구 조사를 직접 시행했고, 500부 정도의 설문지를 직접 은평 주민들에게 배포하고 나서야 주민들의 문화 욕구에 대한 객관적 자료를 가질 수 있었다.[13]

이 자료를 분석한 결과, 과거에 관 주도로 시행되었던 '통일로 파발제'에 대한

---

13. 은평지역사회네트워크 홈페이지. "2014 은지네 상상포럼 회의록."

주민들의 인식도가 현저하게 낮았으며 만족도 역시 비슷한 수준을 보였다. 이에 은지네는 문화는 일상생활에 녹아 있다는 것을 주민들이 느끼게 하고, 주민들이 스스로 마을 축제를 만들 수 있는 역량을 키우기 위해 '문화지기 양성교육'을 실시했다. 또한 은평 지역 문화를 진단하고 활성화하기 위한 토론회도 진행하였다.

이렇듯 '은평마을상상축제'는 1년간의 기나긴 프로젝트를 통해 탄생하였다. 2009년 봄, 은지네는 '내가 꿈꾸고 우리가 함께 만들어 가는 지역 문화 만들기'라는 주제의 워크숍을 통해 새로운 축제의 방향—'주민이 주체가 되는 문화예술 활동을 꿈꾸는 사람들이 만나고', '지역공동체 삶의 질을 고양시키는 문화적 활동을 꿈꾸는 사람들을 만들고', '함께 만나 배우고 서로 마주보고 꿈을 꾸자(강화연 외, 2014)'—을 세웠다. 이러한 가치를 담아 '상상(相想)'이라는 단어를 만들었고, 이를 활용해 '함께 꿈꾸면 신나는 마을, 은평마을상상축제'라고 이름 붙였다.

> "누가 일방적으로 축제를 기획해서 시민들이 수동적으로 수혜자 역할을 하는 것은 진정한 축제가 아니라고 생각하는 거죠. 같이 모여 고민하면서 축제를 기획하고, 함께 즐기고 하는 것이 축제이지 않겠냐는 생각에서 … 단체 상황이나 사정이 다르기 때문에 자발적으로 얼마씩 내요. 5만 원 내는 곳도 있고 50만 원 내는 곳도 있어요. 천차만별이죠. 강제하지도 않고 계좌를 설정하지도 않아요. 저희는 이게 더 민주적인 방식이라고 생각하는 거죠. 여력도 안 되는데 일괄적으로 얼마씩 내라고 하면 얼마나 부담스럽겠어요. 돈을 못 내면 훨씬 더 많은 일을 하든지, 조금 더 좋은 프로그램들을 기획하는 방향으로 하고 있어요."

인터뷰에서 느낄 수 있듯이 은평마을상상축제는 기본적으로 축제의 모든 진행 과정에 공동체 문화가 살아 있다. 물적 자원은 십시일반으로 모으고, 단체들이 각기 가진 재능과 자원을 함께 나누고, 협동과 연대의 마음으로 축제를 만들어 간다. 특히 은평마을상상축제는 주민이 주체가 되어 스스로 만들고 즐기는 공동체 축제가 지역에 첫발을 내딛기 시작했다는 것에 큰 의의가 있다.

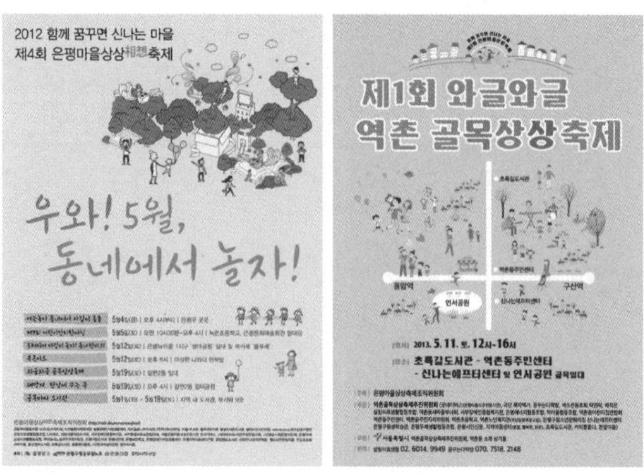

그림 10.1 은평마을상상축제 포스터

은평마을상상축제는 축제조직위원회를 구성하여 축제를 기획한다. 축제조직위원회에는 60~70개의 시민단체들과 일부 주민들이 참여한다. 아직은 여건상 시민단체들과 비교해 현저히 적은 인원의 지역 주민들이 조직위원으로 활동하지만, 시민회가 주축이 되어 프로그램들을 기획했던 어린이날잔치한마당에 비해서는 주민참여의 측면에서 굉장한 발전이 있었다고 볼 수 있다.

5. 은평마을상상축제, 동네로 들어오다

2011년부터 은평마을상상축제는 '골목상상축제'로 분화되어 동네 축제를 성장시키고 있다.

"은평마을상상축제를 진행하는 과정에서 방향성에 대한 고민들이 생겼어요. 기존에 '마을공동체' 내지는 '마을살리기' 운동이라고 하는 흐름들이 있었는데, 저희가 지향하는 건 풀뿌리 단위들이 삶의 공간 안에서 실현되는 것이거든요. 그런데 이게 과연 실현되고 있느냐에 대한 고민이 든 거죠. 은평구 자체는 굉장히 큰 규모다, 좀 더 작은 단위의 지역 관점에서 접근해 보자, 그러면 '골목'이나 골목으로 상징되는 '동' 단위로 접근할 수밖에 없다. 뭐 이런 흐름들이 나타나기 시작한 거죠."

골목상상축제는 마을 속으로 더 깊숙이 들어가 주민과 함께 만나는 동네 축제의 전형을 만들고 있다. '골목마당도서관축제', '상림마을물푸레상상축제', '갈현2동골목상상축제', '와글와글역촌골목상상축제' 등이 현재 추진되고 있다. 골목상상축제가 개최되는 곳은 오래전부터 시민단체들이 활동하고 있었던 지역으로 갈현동, 역촌동, 은평뉴타운 상림마을이다. 축제의 추진 주체도 시민단체와 주민자치위원회, 주민들로 점차 확장되고 있으며, 프로그램도 다양해지고 있다. 또한 골목상상축제는 김우영 현 은평구청장이 2010년 은평구청장에 당선된 후 추진한 주민참여형 구 축제인 '은평누리축제'를 기획하는 데 영향을 미쳤다는 데 의의가 있다.

"갈현2동이 은평구의 시민, NGO 단체들의 활동이 가장 먼저, 또 적극적으로 일어났던 곳이에요. 이제 주민들이 그 어린이공원을 중심으로 해서 하나의 골목에 다양한 문화적인 기업이나 단체가 입주를 해 가지고 문화의 거리가 됐으면 좋겠다는 소망을 가지고 자발적으로 만든 조직이 골목상상축제 조직이에요. 갈현2동의 골목상상축제를 보면서 은평누리축제를 생각할 정도로 상당히 골목상상축제는 전통이 있고, 잘해 온 축제거든요."

– 김우영 은평구청장[14]

6. 쑥쑥 자라라! 은평 마을 축제!

2009년 봄, 14개 단체로 시작한 은평마을상상축제는 2013년 '어린이날잔치한마당 10년, 상상축제 5년'을 거치며 60여 개에 달하는 지역사회 단체들이 만들어 내고 참여하는 마을 축제가 되었다. 2015년 현재는 어린이날잔치한마당, 골목상상축제, 마을난장이 합쳐져 은평 지역사회의 가장 큰 축제로 성장하였다. 은평마을상상축제는 5월 한 달 동안 매주 토요일에 진행되는데, 개막식으로 어린이날잔치한마당이, 그 이후부터는 각 동에서 골목상상축제가, 5월 마지막 주에는 폐막식으로 마을난장이 열린다. 이 속에서 마을공동체가 살아 숨 쉬고,

---

14. 인터뷰 일자: 2015. 6. 10.

자연과 더불어 지속가능한 은평 만들기를 향한 문화적 풍토가 점차 만들어지고 있다.

축제를 통해 마을공동체를 살리려는 은평 시민사회의 움직임은 마을을 너머 전 사회공동체에 대한 관심으로 확장되었다. 안타깝게도 세월호 참사로 인해 2014년 은평마을상상축제는 열리지 못했다. 세월호 소식을 접하기 전까지 은지네는 제6회 은평마을상상축제를 준비하고 있었고, 역촌동 골목상상축제에서는 처음으로 동 축제준비위원회를 꾸려 주민들이 직접 축제를 기획할 계획을 짜고 있었다. 하지만 세월호 참사 이후 은지네는 은평마을상상축제 대신 '은평상상촛불 문화제'[15]를 진행하였다.

촛불문화제에서는 200여 명의 시민들이 참여하여 염원을 담은 종이배를 연신내 물빛공원 곳곳에 띄웠다. '은평 인터내셔널 유스 오케스트라'와 청소년 밴드인 '로사리오', '울림' 등 지역 내 예술가들의 추모 공연도 있었다. 또한 여러 은평 지역 활동가들로부터 세월호 참사 이후 한 달간의 이야기를 듣기도 했다. 이러한 은평상상촛불문화제는 정치, 문화, 사회를 담아내었으며, 지역의 다양한 단체들이 역량을 모아 함께 진행하였고, 세월호 사건 관련 시민 활동을 지속적으로 진행하는 계기가 되었다.

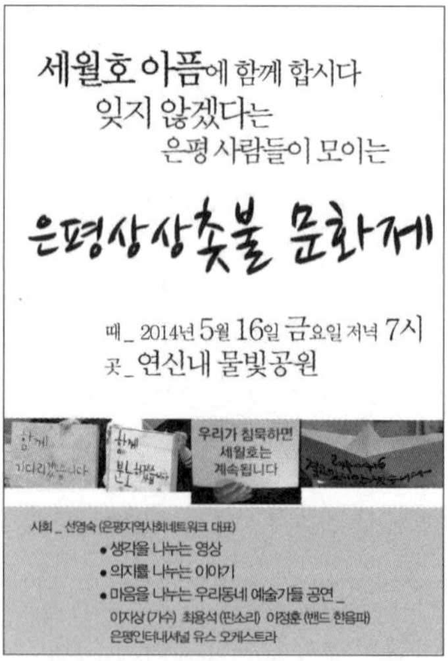

어린이날잔치한마당에서 시작한 마을축제 기획의 움직임은 은평마을상상축제, 골목상상축제 등으로 다양화되었다. 지역 내의 놀이 문화 공간을 마련했던 은평의 마을 축제는 은지네의 탄생과 역량 강화의 계기가 되었을 뿐 아니라 세월호 참사와 같은 사회적 문제까지 함께 생각할 수 있는 폭넓은 장이 되었다.

그림 10.2 은평상상촛불문화제 포스터

이러한 축제의 질적 성장은 이론적 분석

15. 은평지역사회네트워크 홈페이지. "2014 은평상상축제 해단식 회의록."

틀을 적용하여 분석해 볼 수 있다. 정치학자 앤셀과 개쉬(Ansell and Gush)는 이러한 네트워크를 '협력적 거버넌스(collaborative governance) 모델'로 분석한다(Ansell and Gush, 2008). 협력적 거버넌스 모델은 크게 선행 조건, 제도적 디자인, 촉진적 리더십, 협력 과정, 결과로 구성된다. 먼저 협력적 거버넌스가 이루어지기 위해서는 이해 당사자들 사이에 자원과 영향력에 있어서의 '불균형', '협력과 갈등의 전력', 이해 당사자들이 협력해야 할 만한 '유인과 제약'이 존재해야 한다. 이러한 선행 조건을 바탕으로 제도적인 디자인과 촉진적 리더십을 통해 협력 과정을 거친다. 촉진적 리더십이란 거버넌스 주체들 사이의 협력 과정을 관리하고 주체들이 폭넓고 적극적으로 참여할 수 있도록 장려하는 리더십을 말한다. 제도적 디자인은 협력 과정의 절차적 정당성에 중요한 것으로 '참여의 포용성', '절차적 투명성', '명확한 기본 규칙'이 있다. 선행 조건, 촉진적 리더십, 제도적 디자인의 작용으로 협력 과정이 이루어지게 된다. 앤셀과 개쉬는 이 협력 과정을 소통, 신뢰, 헌신, 이해, 결과 사이의 '선순환'으로 분석한다. 거버넌스의 주체들이 서로 협력하고 면대면으로 만나 소통하면서 자연스럽게 신뢰를 쌓고, 협력 과정에서의 헌신을 통해 상호 의존에 대한 이해를 공유하면 작은 성과가 생긴다는 것이다. 이러한 작은 성과는 또 다른 네트워크, 더 많은 협력적 거버넌스 모델을 만들게 한다.

앞서 말했듯이 은평구에는 주민들이 누릴 수 있는 문화 자원이 상대적으로 부족했다. 이러한 자원의 부족이 선행 조건으로 작용하여 은평 지역사회를 기반으로 한 시민단체들이 많이 조직되었다. 시민단체들은 이제껏 지역 내에서 연대 경험을 해 본 적이 없지만, 보다 살기 좋은 동네를 만들어 보자는 고민을 공유하였다. 이 모든 것들이 시민단체들 간의 연대를 촉진시켰다. 먼저 시민회와 생태보전시민모임이 면대면으로 일상적 연대에 대해 논의하고, 이 문제의식을 여러 단체들과 공유하였다. 이후 은평가족알뜰장, 어린이날잔치한마당을 비롯한 공동의 사업을 진행하면서 지역에 대한 서로의 헌신을 보게 된다. 이렇게 어린이날잔치한마당이 성공적인 지역의 연례행사로 자리 잡으면서 시민단체들이 모여서 은평 지역에 좋은 영향을 미칠 수 있다는 성취감 또한 얻었다. 이러한 작은 성과는 시민단체가 연대하여 마을을 위해 더 많은 사업을 추진하자는 원동력을 부여해 은지네라는 커다란 시민사회 네트워크를 형성하였다. 이러한 소통, 신뢰, 헌신, 이해, 성공적 결과 사이의 선순환이 축제의 질적 성장을 가져오고, 더 나아가 은평 시민사회를 발전시키고 있는 것이다.

이뿐만 아니라 은지네의 축제는 정치학자 퍼트넘(Putnam)이 말한 '연결적 사회적 자본(Bridging Social Capital)'과 '결속적 사회적 자본(Bonding Social Capital)'을 바탕으로 만들어진 긍정적 결과물이라고도 분석할 수 있다(Putnam and Feldstein, 2003). 퍼트넘은 조선소 프로젝트(The Shipyard Project)•16에 대한 연구에서 이를 설명했는데, 연결적 사회적 자본이란 서로 다른 지역 주민들, 즉 이 프로젝트에서는 조선소 지역과 그 바깥 지역 주민들 사이의 사회적 자본을 뜻한다. 이와 반대로 결속적 사회적 자본이란 같은 지역 내 주민들 사이의 사회적 자본, 즉 조선소 주민들이 프로젝트를 같이 준비하면서 형성한 대내적 공동체를 뜻한다.

은평 시민사회는 축제라는 문화·예술적 활동을 추진함으로써 은평을 기반으로 한 풀뿌리시민단체들과 외부 단체들이 결합하여 은지네라는 하나의 연결적 사회적 자본을 만들었다. 그뿐만 아니라 축제를 통해 좁게는 은지네 내부, 넓게는 지역 주민들까지 '사람 살기 좋은' 은평구민이라는 공동체 의식을 불러일으켜 결속적 사회적 자본까지 창출했다. 더 나아가 은지네의 축제는 조선소 프로젝트가 지녔던 한계점을 보완하였다는 점에서 유의미하다. 조선소 프로젝트는 두 지역의 갈등을 좁히기 위한 예술적 활동이었으나, 그 활동에 있어서 지역 갈등의 직접적인 원인이 되는 정치적 안건은 다루지 않았다는 데 한계가 있다. 하

---

16. 1990년대 중반, 미국 뉴햄프셔 주 포츠머스 시에서 현대 무용가 리즈 러먼의 주도 아래 도시 곳곳에서 진행된 춤 공연이다. 포츠머스 시는 서로 다른 두 지역이 공존하는 곳이다. 대부분 관광과 상업이 발달한 지역이지만, 이와 연결된 Portsmouth Naval Shipyard라는 해군 조선소는 다른 지역과는 완전히 다른 모습을 보여 주는 지역이다. 그렇기 때문에 대다수의 사람들은 조선소 지역에 대한 이해가 거의 없었고, 몇몇은 '군사시설', '환경오염 지역'이라며 반감을 드러내기도 했다. 결정적으로 1969년에 'Thresher 사건'이라고 하는 잠수함 침몰 사건이 발생하여 많은 사람들이 죽었다. 이후 오랜 시간이 흘렀음에도 불구하고 희생자 가족들은 조선소 지역에 대해 여전히 반감을 표했다. 이렇게 두 지역 사이의 깊은 감정의 골을 좁히기 위해 시작된 것이 조선소 프로젝트이다. 리즈 러먼의 지도 아래, 전·현직 조선소 노동자뿐만 아니라 다양한 주민들이 그들의 일상을 춤과 패션쇼 등 다양한 예술로 표현하였다. 이를 통해 조선소 바깥의 사람들과 그들 사이에 깊었던 간극이 어느 정도 줄어드는 효과를 보았다고 한다(Putnam and Feldstein, 2003).

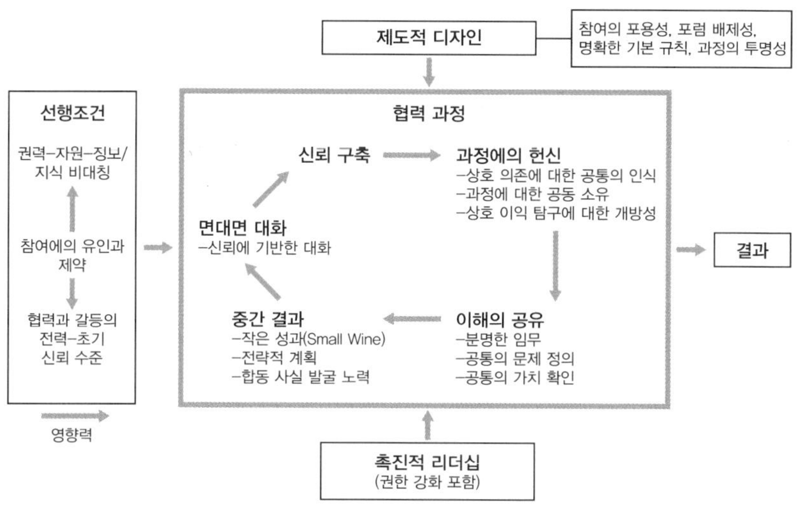

그림 10.3 앤셀과 개쉬의 협력적 거버넌스 모델

지만 은지네는 마을 축제 초기 단계에서부터 축제가 담아야 하는 주제와 방향성에 대해 지속적으로 논의해 왔으며, 이에 따라 마을 축제가 단순한 놀이 공간이 아니라 사회 공공의 문제를 다루는 장으로까지 확장될 수 있었다.

Ⅲ. 축제, 나비 효과를 일으키다

축제라는 날갯짓은 은평구 전체를 변화시켰다. 시민사회를 구성하는 세 주체인 구청, 시민단체, 지역 주민은 축제를 통해 협력하며 서로 영향을 미쳤다. 구청은 시민을 '협력자'로서 인식하게 되었다. 시민단체들은 은지네라는 시민단체 네트워크를 결성했다. 시민은 축제에 참여할 뿐 아니라 직접 축제를 기획했다. 특히 문화 인프라, 복지 시설이 부족한 은평구에서 직접 지역의 변화를 가져온 시민의 능동적 행위는 지역사회의 주체로서 주민의 위치를 공고히 했다는 점에서 의의를 갖는다. 지역 축제를 통한 세 주체들의 변화를 구체적으로 살펴보자.

1. 구청과 시민, 축제로 만나다

시민단체들이 자발적으로 기획한 어린이날축제한마당과 은평마을상상축제는 점차 확장되어 마을 전체에 활력을 불어넣는 중요한 행사로 자리 잡았다. 하지만 그 이전에 은평구에 축제가 아예 없었던 것은 아니다. 은평 지역에는 오래전부터 '은평파발축제'가 개최되어 왔다. 이는 은평 지역이 조선 시대 파발의 거점이었던 것을 기념하여 파발제 전통과 통일에 대한 염원을 담아낸 축제로, 파발 행렬이 구파발에서 통일로를 따라 은평구청까지 약 5km를 걸으며 파발을 재현하는 행사였다(강화연 외, 2014).

단순히 파발의 재현에 그치는 은평파발축제는 '보여주기식' 행사의 성격이 강했고, 지역 주민들의 참여도 거의 없었다. 파발 행렬에 참가하는 단체들이 모두 지역 외부의 단체이고, 지역 주민들의 축제에 대한 인식과 참여율이 낮다는 사실은 은평파발축제의 한계를 명확하게 보여 준다. 은평구에 오랫동안 거주했다는 70대의 한 주민은 은평마을상상축제는 알고 있었지만, 은평파발축제에 대해서는 들어본 적이 없다고 했다. 이처럼 은평파발축제는 주민들의 축제가 아닌, 관이 중심이 되어 일방적으로 기획한 행사에 불과했다.

그러나 2010년 김우영 구청장이 당선된 이후 축제의 양상이 바뀌기 시작했다. 2010년 은평구는 은평파발축제 대신 '2010 은평구민축제'라는 이름 없는 축제를 기획했다. 은평구민축제의 공식 명칭은 폐막식에서 시민 공모를 통해 '은평누리축제'로 채택되었다. 이는 관 주도의 축제에서 벗어난 주민참여형 축제의 공식적인 탄생이었다. 김우영 구청장은 '주민들이 주체로서 참여할 수 있는 축제'에 대한 고민이 은평구 축제의 변화로 이어졌다고 말했다.

> "은평누리축제는 제가 취임해서 그동안의 축제를 보니까 이벤트성, 유명 가수들 불러서 공연하고 박수치고 주민들은 대상이 되는 것이고, 이렇게 해서는 안 되겠다는 생각이 들었어요. 그리고 축제 예산이 너무 적었어요. … 적은 자원을 가지고 어떻게 하면 좀 더 많은 주민들이 참여하면서 대상이 아닌 주체로서 주민들을 문화 행사에 참여할 수 있도록 할 건가를 고민하다가 축제를 관 주도가 아니라 아예

사진 10.3 김우영 은평구청장과의 인터뷰 모습

민간이 주도하도록 하자, 그래서 은평누리축제위원회를 구성해서 공모를 했죠. … 생활과 관련되어 있는 작은 문화적 콘텐츠들을 지역사회의 누리축제라는 걸로 받아들인 거죠. 그래서 적은 예산, 2~3억 원 가지고 1년 동안에 지역의 작은 문화단체들의 성과가 집약, 집중되는 거예요." – 김우영 은평구청장

2. 시민, 끌어라! 구청, 밀어라!

2010년의 축제는 구의원, 시민단체와 여러 지역 기관, 지역의 문화예술 전문가와 시민들로 구성된 '은평구민 축제추진위원회'가 주축이 되어 기획했다. 처음으로 시민들이 중심이 되어 기획한 축제에는 청소년, 노년층, 시민단체 등 다양한 주체들이 마련한 프로그램들이 포함되었다. 덕분에 축제는 풍성하게 구성될 수 있었는데, 시민들이 제안한 '차 없는 거리' 프로젝트가 채택되어 축제의 광장이 만들어진 것은 시민이 중심이 되어 기획한 축제의 특성을 잘 드러낸다.

김우영 구청장은 2010년 첫 주민참여형 축제를 기획하는 과정에서 걱정도 많이 했다고 말했다. 그러나 우려와 달리 은평누리축제는 시민단체와 주민들의 적극적인 참여로 주민이 만드는 축제라는 이상을 잘 실현할 수 있었다. 특히 구청장과 공무원이 반대했던 차 없는 거리 프로젝트는 결국 주민의 토의를 거쳐 통과되어 지금까지 은평누리축제의 중요한 특성으로 자리 잡았다. 4차선 도로를 통제하고 이를 축제의 광장으로 활용한 차 없는 거리 프로젝트는 교통 혼잡을 우려하는 행정의 사고방식에서는 나오기 힘든 발상이다. 축제추진위원회는 공무원들의 소극적인 태도를 극복하고 '축제의 광장'이라는 아이디어를 실현했고, 이는 많은 주민들의 호응을 얻었다.

"처음에는 걱정을 많이 했어요. 공무원들이 할 때는 안정적으로 큰 사고 없이 잘 할 수 있을 텐데, 이걸 주민들한테 맡기면 과연 잘할 수 있을까? 주민들이 길을 막아서 길 위에서 축제를 하자는 거예요, 광장 축제를. 그래서 나는 2010년도에 취임하자마자 그건 아닌 것 같다, 축제를 하는데 길을 막고까지 할 필요가 있겠느냐, 그런 나의 의미를 전달했지만, 그분들이 토론을 해서 아니다, 광장축제 해야 한다, 그래서 길을 막고 축제를 하게 된 거예요. 했더니 맨날 도시에 살던 사람들이 소음에, 인도도 좁고 하는 이런 데서 살다가 짧은 기간이지만 그래도 축제 기간 동안에는 큰 길을 가면서 다양한 문화를 즐길 수 있으니까 도시 서민들에게는 하나의 해방감 같은걸 느끼게 하나 봐요. 뭐 경찰 협조도 잘 받고 해서 아예 정착이 됐죠."

– 김우영 은평구청장

2개월이라는 짧은 준비 기간으로 인해 축제에 대한 홍보가 부족했지만, 2010년 은평구 축제는 3만 5,000명이 자발적으로 참여한 주민들의 놀이 공간으로서 큰 성공을 거두었다.

2010년 은평구의 축제는 관 주도형에서 주민참여형으로의 급작스러운 변화를 겪었음에도 큰 혼란 없이 치러졌다. 여기에는 다년간 어린이날잔치한마당, 은평마을상상축제를 기획해 온 여러 시민단체들의 경험과 역량이 밑거름으로 작용했다. 축제 프로그램 기획 및 추진 등 실무를 맡는 집행위원 체계를 이끄는 집행위원장은 홍성민 은지네 대표가 맡았다. 집행위원에는 은지네 소속 단체인 은평두레생협, 서부장애인종합복지관, 시민회, 생태보전시민모임, 마을N도서관 등의 활동가들이 대거 참여했다. 이렇듯 시민단체에서 어린이날잔치한마당, 은평상상축제를 기획했던 역량이 바탕이 되어 구 단위의 축제 역시 주민들의 힘으로 만들어 낼 수 있었다(부미경, 2010). 2009년부터 은지네가 해 온 '주민이 주체가 되는 지역 문화'를 실현하기 위한 고민들과 이를 위한 실천들, 은평문화지기 양성 교육, 지역 문화 실태 조사, 주민 문화 의식 조사 등도 구 단위의 대

사진 10.4 민성환 은평상상 이사와 필자들

규모 축제를 성공적으로 개최할 수 있는 요인으로 작용했다.

시민단체들이 먼저 관 주도의 축제에 문제의식을 갖고 축제의 변화 방향을 모색했다는 점 역시 축제의 성공적인 개최에 중요한 기반이 되었다. 민성환 은평상상 이사와의 인터뷰에서 은평누리축제가 시민이 중심이 되어 관 주도의 축제를 시민참여형 축제로 변화시킨 사례임을 알 수 있었다.

> "관 축제가 문제가 많아서 구청장이 바뀔 때 관 축제를 주민 축제로 만들어야 되지 않느냐라는 제안들을 많이 했었고, 구에서 그러면 시민단체가 생각하는 방식으로 한 번 구 축제를 바꿔 봐라, 이렇게 판을 만들어 줬어요. 시민사회단체들이 적극적으로 참여해서 누리축제를 아예 처음부터 세팅을 했죠."
>
> – 민성환 은평상상 이사

2015년 제5회를 맞는 은평누리축제는 민관이 함께 만드는 축제로서 확고한 입지를 굳혔다. 매년 구청에서는 축제를 기획할 60여 명의 축제준비위원을 모집한다. 축제준비위원회는 축제의 기획 단계에서부터 진행, 축제에 대한 평가까지 하며 약 5개월간 활동하는데, 구청은 축제준비위원회의 구성원들이 의무적으로 축제 기획자 양성 과정 교육에 참여하도록 함으로써 시민 중심의 축제 기획을 위해 노력하고 있다. 이는 형식적으로 기획 단계에 시민을 '참여시키는 것'이 아니라, 시민들의 역량을 키워 줌으로써 그들이 축제를 주체적으로 '기획할 수 있도록' 돕는다. 이러한 시도는 은평구 축제 기획 과정에서 주민참여가 단순히 참여하는 시민 수의 증가라는 양적 측면의 성장을 넘어서 그들의 참여가 실질적으로 중요한 역할을 하는, 참여의 질적 성장을 이루는 데 기여했다(김의영, 2011). 축제준비위원회뿐만 아니라 축제 포스터, 각종 프로그램 등에 대한 공모도 활발하게 진행되어 다방면에서 주민들의 축제 참여가 이루어지고 있다.

3. 관과 민의 동상이몽?!

하지만 이러한 민관 협력을 통한 축제의 기획이 축제와 주민참여에 대한 구의원들의 인식까지 바꾸지는 못했다. 2011년 은평구의회 예산결산위원회에서 유명란 의원은 2012년 축제 예산의 전액 삭감 의견을 냈다. 총선과 대선 양대 선거 기간 중간에 2012 은평누리축제를 개최해서 주민들을 모이게 하는 것에 문제가 있다는 것이었다. 은평구 문화체육과장이 축제 개최가 선거법에 저촉되지 않는다는 점, 은평누리축제가 구민 화합과 소통을 위한 상징성 있는 축제라는 점을 언급했음에도 뜻을 굽히지 않았다. 또한 고영호 의원은 은평 브랜드를 높이기 위해서는 은평파발축제로 회귀할 필요가 있다며, 이를 반영하지 않을 시 축제 예산 1/3을 삭감하겠다는 입장을 밝혔다. 또한 그는 축제 부스 운영 단체가 진보 성향의 시민단체인 점 때문에 주변에서 축제 예산 삭감에 대한 이야기가 많이 들린다고 덧붙였다(은평시민신문, 2011).

축제의 변화 이후 주민들의 축제 참여가 눈에 띄게 증가했음에도 이전 방식의 축제를 고집하는 구의회의 태도는 이들이 여전히 시민단체와 시민들을 동등한 위치에서 협력해야 할 대상으로 인정하지 않고 있음을 보여 준다. 주민들이 즐길 수 있는 축제보다 은평 브랜드를 구축할 수 있는 축제를 목표로 하는 이들은 여전히 주민들의 입장에서 축제를 바라보지 못하고 있는 것이다. 특히 '축제 부스를 운영하는 시민단체가 진보적 성향'이라는 점을 지적하는 모습은 축제를 지역 내 소통의 장으로서 보지 못하고 정치적인 요소와 관련지어 생각하는 인식의 한계를 알 수 있다.

한편 이러한 구의원들의 시선은 주민참여형 축제의 실현에 여전히 구조적 제약이 존재함을 보여 준다. 주민들은 축제를 기획하지만, 축제의 실행 여부, 규모

등은 여전히 지역 예산에 대한 의결권을 갖는 구의회에 달려 있다. 구의원들과 구청장의 생각과 결정이 축제의 기획에 큰 영향을 미치는 것이다. 은평구의 시민단체는 오랫동안 관 주도의 축제 기획에 대해 문제의식을 갖고 있었지만, 축제의 변화가 실질적으로 실현된 것은 김우영 구청장의 취임 이후였다. 시민자치에 대해 긍정적 입장을 가진 구청장이 취임하고 나서야 비로소 시민들의 의견이 반영될 수 있었던 것이다. 이렇게 의사결정권을 가진 구청장이나 구의회에 의해 시민자치의 방향이 결정되어 버리는 구조는 시민정치가 갖는 본질적인 문제이기도 하다. 이러한 한계를 극복하기 위해서는 대표의 변화와 관계없이 지속적으로 시민자치가 유지될 수 있는 제도적 장치를 마련하는 것이 중요하다.

김우영 구청장은 현재 한국 사회의 지방자치가 구청장의 변화나 구의회의 정당별 의석 수의 변화에 민감할 수밖에 없는 이유를 지방의회의 조례 제정권의 취약성에서 찾았다. 구청장의 이러한 문제의식에서 중앙정부로부터 독립적인 지방자치의 역량 강화가 시민들의 자발적인 움직임을 지속가능하게 이끌어 낼 수 있는 중요한 요소라는 점을 생각해 볼 수 있었다.

> "지방의회의 조례 제정권이 매우 취약해요. 지방자치가 5할 자치도 아니거든요. 지방자치는 지방 입법권, 조세권 이런 게 있어야 되는데, 다 중앙정부의 보완적 수단, 딱 그 정도밖에 안 되거든요. 앞으로 경쟁력은 국가 단위가 아니고, 세계 경쟁은 도시 단위예요. 도시에 입법권이나 행정권을 많이 줘서 도시의 특성을 가지고 세계하고 경쟁할 수 있도록, 그렇게 지방자치가 훨씬 더 강화되어야 하고, 그렇게 할수록 시민사회의 독립성이나 역량도 커질 것이다, 이런 거죠."
>
> – 김우영 은평구청장

4. 시민단체들, 축제를 통해 손을 잡다

1) 은평지역사회네트워크 결성되다

어린이날잔치한마당을 개최하는 과정에서 은평구 내의 개별 단체들은 '연대의 힘'을 알게 되었다. 이후 시민단체들은 매년 꾸준히 축제와 벼룩시장을 함께 만들어 나갔고, 2007년 2월 드디어 은평구 내 12개 단체들이 모여 은지네가 탄생했다. 은지네는 은평구 내 단체들이 연합하여 관련된 사업 및 자원을 공유하고 함께 운영하고자 자발적으로 형성한 시민단체의 네트워크이다. 은평구를 '더불어 함께 살맛 나는 지역'으로 만들자는 큰 목표를 가진 은지네는 조그마한 축제에서 비롯되었다. 마을 어린이들이 놀 수 있는 공간과 즐길 수 있는 축제를 만들자는 작지만 소중한 생각이 은지네의 씨앗이 된 것이다.

은평구 내 여러 축제를 준비하는 과정은 개별 지역단체들이 서로를 이해하는 과정이기도 했다. 축제를 기획하는 것은 많은 의사소통을 필요로 하고, 사소한 것 하나하나 신경 쓸 일이 많다. 특히 축제 직전에는 한 달에 수차례 회의가 있을 만큼 단기간에 집중적으로 만나는 일이 많다. 축제를 기획하면서 자주 만나고, 서로의 생각을 듣는 과정에서 개별 단체들은 개인적인 친분을 쌓을 수 있었다. 그리고 그 과정에서 서로의 역할과 가치관을 이해하게 되었다. 이전에는 서로의 존재도 모르고 있던 단체들이 서로를 알게 되고, 서로 활동하는 분야는 다르지만 모두 지역사회에 관심을 갖고 있다는 것을 인식한 것은 그들이 연대할 수 있었던 큰 배경이 되었다.

개별 단체들 또한 연대의 필요성을 느끼게 되었다. 여러 가지 측면에서 손이 많이 가는 축제를 추진하는 과정에서 각 단체들은 일상적이고 사소한 연대의 중요성을 인식하게 되었다. 이후 은평구 시민단체들 사이에서 여러 가지 행사를 추진하는 과정이나 지역의 문제를 해결하는 과정에서 다른 단체들에게 연대를 요청하는 것이 당연한 흐름으로 정착되었다. 이는 지역사회의 문제를 함께 해결하고 공동의 마을을 가꾸어 나가는 단위로서 연대 형태의 네트워크를 결성하자는 담론으로 이어졌고, 이 과정에서 은지네가 탄생했다.

축제의 특성상 시간을 들여 자주 만날 수밖에 없는 프로젝트를 함께 진행하는 과정에서 은지네의 구성원들은 함께 많은 시간을 보냈다. 이렇게 오랜 시간의 만남을 통해 서로를 신뢰하게 되었고, 나아가 개별 단체의 한계를 극복하기 위한 협력의 필요성을 느끼고 상호 의존하게 되었다. 앞서 제시한 앤셀과 개쉬에 따르면 시간과 신뢰, 상호 의존은 그 영향이 광범위하기 때문에 특정한 변수로 분석하기는 어렵지만, 협력의 성패를 결정짓는 중요한 요소이다(Ansell and Gush, 2008). 은지네는 축제를 매개로 하여 자연적으로 이 세 가지 요소들을 이끌어 냈다.

2) 은지네, 축제와 함께 성장하다

은지네의 결성을 통해 은평구 내의 축제는 은평구 전역으로 확대되고 다양화되었다. 마을 곳곳에서 열리는 축제는 시민단체들뿐 아니라 지역 기반의 사회적기업, 시민들이 서로를 만날 수 있는 소통의 장이 된다. 은평구 내 학교의 동아리들이 공연을 하고, 마을기업에서 생산된 상품들을 소비하며, 마을 내 다양한 시민단체들과 접촉하는 과정에서 지역사회는 하나의 공동체를 형성한다. 퍼트넘은 공원, 커뮤니티센터, 도서관과 같이 사람들이 많이 모일 수 있는 공유 공간(multi-stranded place)에서 사회적 그물망이 만들어질 수 있다고 말한다(Putnam and Feldstein, 2003). 마찬가지로 축제는 마을 주민들이 관계를 형성할 수 있는 공동의 공간이 되면서 지역의 관계망을 형성하는 역할을 한다.

한편 축제는 그 크기에서뿐 아니라 축제의 내용과 그것이 담당하는 역할의 측면에서 질적 성장을 이루었다. 단순히 지역 내 문화 활동의 장을 넘어서, 은평구의 축제는 주민들이 사회문제에 대해서 함께 고민할 수 있는 공간이 되었다. 자원봉사 조직, 복지관, 협동조합 등 다양한 분야의 단체들이 속해 있는 은지네의 회의를 통해 축제가 기획되는 만큼, 은평구의 축제는 더 풍부한 내용으로 구성될 수 있었다.

은평구다문화가족지원센터, 서부장애인종합복지관 등 은지네 소속 단체들이 진행한 여러 프로그램들은 지역 주민들이 장애인, 다문화가정 등 사회적 소수자에 관심을 갖는 계기가 되었다. 올해 5월에 열린 갈현2동골목상상축제에서 전통 의상 체험 부스를 운영한 다문화가정 사회적기업 '마을무지개'의 전명순 대표는 서면 인터뷰에서 다문화가정에 대한 인식 변화와 다양성 수용의 측면에서 축제가 "다른 어떤 활동보다 기여도가 높다고 생각한다."라고 말했다. 은평구 내 여러 축제에 음식 체험, 의상 체험, 공연 등 다양한 프로그램으로 참여하면서 "마을주민들이 다문화 여성들을 단지 '외국에서 시집온 여자'가 아니라, 내 아이 학교에 다문화 강사로, 전문 공연자로, 축제 운영진으로 새롭게 인식하게 됐다."라는 것이다.•[17] 청소년 동아리가 위안부 피해자를 돕는 캠페인을 진행한 것 역시 축제가 단순히 놀고 즐기는 공간을 넘어서서 사회문제에 대해 생각해 볼 수 있는 장의 성격을 띠게 되었음을 보여 준다.

특히 세월호 참사라는 가슴 아픈 사건이 일어난 2014년, 은지네는 은평상상촛불문화제를 개최함으로써 지역 내에서 세월호 사건을 추모하고 그 의미를 되돌아볼 수 있는 기회를 가졌다. 당초 5월 10일 골목 퍼레이드로 시작해 17일까지 이어질 예정이었던 은평마을상상축제는 4월 16일 세월호 참사 이후 급히 그 내용을 변경하게 되었다. 4월 21일 열린 은평마을상상축제 추진위원회 긴급 회의에서는 예정된 은평마을상상축제를 취소하고, 세월호 희생자들을 추모하고 무사 귀환을 기원하는 행사를 갖기로 결정했다. 이틀 뒤 열린 기획단 회의에서는 은평구가 어떤 방식으로 세월호 사건을 추모할 수 있을지에 대한 다양한 의견이 제시되었다. 그중 하나는 은지네의 회원인 마을N도서관의 주도로 4월 19일부터 매주 토요일에 진행될 예정이던 촛불문화제를 은지네와 은평구 단위로 확장하는 것이었다. 이 의견이 실행되어 '제6회 은평상상축제 조직위원회', 은지네, 은평지역아동센터연합회의 주도하에 5월 16일 은평상상촛불문화제가 개최되었다.•[18]

그림 10.4 『금요일엔 돌아오렴』 북콘서트 포스터

세월호 참사라는 거대한 국가적 재난이 발생하면서 다른 많은 축제들이 취소되었지만 은지네는 이러한 상황에 빠르게 대처하여 축제를 촛불문화제

17. 마을무지개 전명순 대표. 서면 인터뷰 일자: 2015. 6. 2.
18. 은평지역사회네트워크 홈페이지. "2014 역촌골목축제 5차추진위회의록."

로 변경하여 진행할 수 있었다. 이러한 유동성은 개별 시민단체들의 연대라는 은지네의 특성으로 인해 가능했다. 개별 단체에서 그 단체의 성격에 맞는 작은 행사를 기획할 수 있는 독립성이 보장되어 있고, 은지네라는 네트워크를 통해 이 개별 단체의 활동을 확장시킬 수 있는 환경이 만들어져 있었기에 빠른 시간 안에 문화제를 기획, 실행할 수 있었다. 문화제 이후 은지네는 정기회의에서 세월호 활동에 관한 논의를 꾸준히 진행시켰다. 그 결과 은지네는 세월호 특별법 제정 관련 플래카드를 게시했고, 재난 안전에 대한 특강과 유가족과의 간담회를 기획하고 진행하였다. 또한 416연대와 함께한 '4.16 일주기 추모마당', '『금요일엔 돌아오렴』 북콘서트 in 은평' 등도 추진했다.

3) 은지네의 이모저모

축제라는 문화 사업을 통해 탄생한 은지네는 축제를 확장, 발전시키고 더 나아가 사회문제에 대한 논의가 가능한 축제를 이끌어 냈다. 또한 축제 기획을 비롯한 여러 활동들을 함께 기획하는 과정에서 은지네는 더 체계적인 네트워크로 나아갈 수 있었다. 올해 10주년을 맞이하는 은지네는 은평 시민사회를 대표하는 네트워크로 성장했다.

시민단체가 자발적으로 결사체 민주주의를 구현해 냈다는 점에서 은지네의 사례는 은평구 내 시민정치의 가능성을 보여 준다. 은지네의 발전은 마포구 성미산 마을에서 결사체 민주주의가 실현된 사례를 떠올리게 한다. 김의영·한주희(2008)는 성미산 마을 사례를 통해 특별한 문화적 자본이 형성되어 있지 않았던 마포구에서 지역공동체 차원의 결사체 민주주의가 실현될 수 있었던 성공 전략으로 '주의주의적 요인'을 제시한다. 현실적 어려움이나 문화적 장애가 있더라도 행위자와 결사체 차원의 노력과 적합한 전략 및 제도가 뒷받침된다면 시민 결사체들이 민주주의적, 공적 역할을 담당하는 결사체 민주주의를 실현할 수 있다는 것이다. 김의영·한주희(2008)의 연구에서는 성미산 사례의 성공을 가져온 구체적인 '주의주의적 요인'으로 심의(deliberation), 연방제적 전략, 재활용 전략, 마을 축제 전략, 인터넷과 라디오 방송을 꼽는다.

성미산 사례의 주의주의적 요소 중 심의, 연방제적 전략, 재활용 전략은 은지네의 사례에서도 잘 나타난다. 심의란 '이야기 나누기를 통한 관계 구축' 전략이라 할 수 있는데, 이 과정을 통해서 구성원들은 서로의 벽을 허물고, 커뮤니티 차원의 문제를 새로운 공동의 시각에서 바라보게 된다. 연방제적 전략이란 여러 시민 결사체들이 어떤 상위 조직에 종속되는 형태가 아닌 연합의 형태로 구성되는 것을 의미한다. 이런 평등한 관계가 유지되면서 심의를 통한 의사결정의 원칙도 지켜질 수 있다. 마지막으로 이미 조직화되어 있던 공동체 네트워크를 활용하여 시민 결사체를 조직하는 재활용 전략은 지역 주민들이 빠른 시간 안에 조직화될 수 있었던 힘이 되었다(김의영 · 한주희, 2008).

은지네는 지역 내에 존재하던 시민단체를 재활용함으로써 빠르게 은지네라는 조직을 만들어 낼 수 있었다. 또한 하나의 단체가 지배적, 독점적 권위를 갖고 의사결정 과정에 영향을 미치는 구조가 아닌 모든 개별 단체들의 독립성을 인정하는 형태를 취함으로써 연방제적 전략을 활용하고 있다. 이렇게 네트워크 형태의 구조 속에서 단체들 간의 평등성, 독립성이 보장될 수 있었고, 이는 심의를 통한 의사결정이 이루어질 수 있는 배경으로 작용했다. 이렇게 은지네는 심의, 연방제적 전략, 재활용 전략을 활용함으로써 지역공동체 차원에서 결사체 민주주의를 실현할 수 있었다.

은지네는 2015년 현재 18개 단체의 정회원, 2개 단체의 준회원과 5개의 참관단체, 연계 단체인 은평상상으로 구성되어 있는 거대한 네트워크이다. 은지네에는 연대를 이끌었던 시민회를 비롯해 꿈나무어린이도서관, 마을N도서관 등의 자원봉사 조직, 마을N카페등의 사회적기업과 살림의료생협, 은평두레생협 등의 협동조합, 늘봄장애인자립생활센터, 녹번종합사회복지관과 같은 복지관 등 다양한 분야의 단체들이 속해 있다. 은지네의 단체들은 1년에 한 번 총회를 갖고, 한 달에 한 번 정기회의를 갖는다. 매년 1월에 진행되는 정기총회는 지난 1년간 은지네의 활동을 되돌아보고 평가하며, 다음 1년을 그려 보는 시간이다. 총회에서 정해진 1년의 활동 방향은 정기회의를 통해 구체화된다.

한 달에 한 번 있는 정기회의를 통한 지속적인 대면 만남, 은지네 홈페이지를 통한 온라인상의 지속적인 소통은 은지네가 개별 단체로 흩어지지 않고 지속적인 연대를 할 수 있는 큰 동력으로 작용한다. 정기회의는 밥 모임, 차 모임과 결합되어 자유롭고 편안한 분위기에서 이루어진다. 서로의 안부와 각 단체들의 활동 사항을 묻는 가벼운 대화에서 시작되는 정기회의는 은지네를 뒷받침하는 힘이 끈끈한 유대 관계에 있음을 보여 준다. 은지네에서 개별 단체의 연대는 의무감이 아니라 지속적인 만남, 공동의 행사 개최 과정을 통한 유대와 상호 관계에 기반 한다.

5월 14일에는 은지네 구성원들의 동의를 얻어 2015년 은지네의 제4차 정기회의에 참관할 수 있었다. 은평 지역 내 NPO 및 사회적경제 허브인 은평상상허브에서 진행된 회의는 다과를 나누고, 서로 농담을 건네는 자유롭고 친근한 분위기에서 이루어졌다. 정기회의는 단체별 인사 및 소식 나눔으로 시작한다. 은지네의 개별 단체들이 그들의 활동 현황을 알리고 앞으로의 행사를 홍보하는 시간이다. 시민회의 수채화 강좌, 은평두레생협의 먹거리 강좌, 은광지역아동센터의 인권 교육, 은평상상의 혁신 파크 토론회, 축제준비위원회 모집 등이 이루어진다. 단체들의 활동 보고를 들으면서 은평 지역 곳곳에서 일어나는 크고 작은 일들을 속속들이 알 수 있었다. 각 단체들이 추진하는 작은 행사도 소홀히 하지 않고 각자의 일정표에 은평 지역 내 행사들을 적는 모습이 인상 깊었다.

단체별 소식 나눔 이후에는 은지네 전체 안건에 대한 논의가 이어진다. 각 단체는 은지네의 비전, 외부 단체들과의 연대, 프로그램의 기획에 대한 자신의 입장을 자유롭게 제시한다. 은지네의 의사결정은 전형적인 심의의 방식을 통해 이루어진다. 단체들은 모두가 각자의 의견을 말하고 서로의 말에 경청하며 끊임없는 대화를 통해서 해결 방법을 찾아낸다. 자칫 비효율적이라 여겨질 수 있는 심의를 통한 의사결정 과정은 은지네의 의사결정 과정에서 평등성이 지켜지고 있음을 보여 준다(김의영·한주희, 2008).

한편 은지네는 매해 기획단과 대표를 새로 선출한다. 매년 총회 전에 선출되는 1명의 대표와 3개 이상의 단체로 구성되는 기획단 역시 한 달에 한 번 기획단 회의를 갖는다.[19] 기획단에서 미리 논의된 안건들은 은지네 정기회의에서 더 자세하고 폭넓게 다룬다. 기획단 회의와 정기회의의 회의 자료와 회의록은 은

19. 은평지역사회네트워크 홈페이지. "은평지역사회네트워크 운영규정."

지네 홈페이지에 꾸준히 업로드 되어 정리된다. 은지네 공식 홈페이지의 활성화, 정기회의, 안정된 기획단 및 대표 체제는 은지네가 성공적으로 여러 행사들을 개최할 수 있는 역량의 바탕이 된다. 특히 은지네에 속한 단체들 간의 유대와 연대의식은 은지네가 갖는 가장 큰 힘이라 할 수 있다. 이러한 배경이 있었기에 은지네의 가장 큰 행사 중 하나인 축제의 기획이 매년 꾸준히 이루어질 수 있었고, 성공적인 발전을 이룰 수 있었다.

4) 은지네의 성장통

그러나 유대감에 기반한 은지네의 운영은 은지네의 장점이자 단점이기도 하다. 친분, 편안함에 기반한 연대가 자칫 체계성의 부족으로 이어질 수 있기 때문이다. 특히 은평학부모네트워크, 장애인이살기좋은은평을만드는사람들, 은평아동청소년네트워크 등 은지네 이외에 다양한 분야별 네트워크가 존재하고, 새로운 네트워크들이 계속해서 생겨나는 상황에서 체계적인 조직을 갖추는 일은 은지네의 발전을 위해 필수적이다.

특히 정돈된 회의 운영과 업무 분담의 체계 마련이 필요할 듯하다. 5월 14일에 있었던 은지네의 정기회의에서는 회의 규칙이 느슨하게 적용되는 모습을 쉽게 찾아볼 수 있었다. 회의 자료에는 정족수를 확인하면서 회의가 시작되는 것으로 나와 있었지만 실제 회의에서는 정족수를 따로 확인하지 않았고, 정해진 회의 시간이 엄격하게 지켜지지도 않았다. 편안한 회의 분위기 탓인지 정해진 시간보다 늦게 회의에 참석하는 단체들과 길어지는 회의 중간에 자리를 뜨는 단체들도 있었다. 이러한 상황에서 투표를 통해 의사결정을 내릴 때, 자리에 없는 단체들이 많아 어려움을 겪기도 했다. 불참 단체들의 의견 수렴은 기획단이나 대표가 불참 단체들과 전화를 하거나 직접 만남으로써 이루어지지만, 이와 관련한 특별한 규정은 없다고 한다.[20] 은지네의 정기회의와 이를 통한 의사결정이 정당성을 갖기 위해서는 관련된 규정을 마련하고 이를 철저히 시행하는 일이 필요하다.

20. 김다현 은평시민회 사무국장. 서면 인터뷰 일자: 2015. 5. 28.

한편 연대에 기반한 네트워크라는 은지네의 특성은 책임 소재가 불분명하다는 문제점으로 이어졌다. 은지네는 개별 단체들이 모인 '네트워크'이다. 따라서 은지네 전체의 일을 담당할 만한 부서가 존재하지 않고, 이는 은지네 공동 업무의 실행력 약화로 이어졌다. 현재 은지네 공동 업무는 유대감, 연대의식에 기반한 자발적인 참여를 통해 이루어지는 성격이 강하다. 개별 단체들의 자발적인 참여는 은지네를 지탱하는 힘이고 앞으로도 지켜 나가야 할 가치이다. 하지만 상호 신뢰와 자발적 참여에만 의존하고 업무를 분담하는 공식적인 규칙이 마련되지 않으면 업무 분담이 공정하게 이루어지지 못하는 문제를 낳을 수 있다. 공동 업무 분담과 관련된 체계의 부재가 자칫 한 단체의 과중한 업무 부담으로 이어질 수 있는 것이다. 특히 더 다양해지고 복잡해진 업무를 효율적으로 해내고 은지네의 자원인 상호 신뢰와 연대의식을 지키기 위해서는 체계적인 시스템의 구축과 실행력의 확보가 필요하다. 인터뷰에서 김다현 시민회 사무국장은 이러한 문제에 대한 고민을 내비쳤다.

> "저희는 실제로 일을 하는 사람들이 많아요. 입만 산 사람이 없어요. 어디를 돋보이게 하거나 나오게 하는 사람이나 기관들도 없고, 그래서 머뭇거리게 되는 거죠. … 참여하는 건 좋은데 역할을 많이 맡는 건 부담스러운 거예요. … 체계성이 많이 부족하죠. 아까 말씀드린 정기회의 때의 예가 있어요. 제안만 하고 조용해지는 거예요. 안건들이 나오면 해도 그만, 안 해도 그만, 뭐 적당한 사람들이 하면 되지 이런 식으로 책임 소재가 불분명하고 …"
>
> – 김다현 시민회 사무국장

한편 은지네는 자체적으로 내부적 역량을 키우기 위한 방법을 모색하고 있다. 특히 외부적 상황 변화에 따른 은지네의 위상과 역할 변화에 대한 필요성을 느낀 은지네는 2015년 설립 10주년을 맞아 올해를 '은지네 재정비의 해'로 지정하고 은지네의 역량 강화를 위한 방법을 모색하고 있다.

5. 축제, 마을기업을 품다

1) 시민단체와 사회적경제의 만남

은평구의 여러 축제들은 지역 경제를 활성화시킨다. 2015년 갈현2동골목상상축제는 재미난장과 결합되어 진행되었다. 골목상상축제와 문화예술장터 재미난장의 결합은 축제를 더 풍성하게 만들었을 뿐 아니라 재미난장이 보다 활성화되는 계기가 되었다. 매달 열리는 재미난장이 축제와 결합되고 시민들이 참여할 수 있는 프로그램이 축제를 통해 제공되자 더 많은 시민들이 아트마켓을 찾았고, 더 많은 마을 내 문화예술가들이 시민들과 소통할 수 있었다.

재미난장은 은평구의 주민참여예산제의 주민제안 사업의 일환으로 진행된 아트마켓이다. 즉 재미난장은 주민참여예산제라는 구 차원의 제도적 장치와 시민들의 적극적인 의견 제시가 결합된 민관 협력의 결과물인 것이다. 특히 주민제안 사업은 온전히 동 주민들이 자체적으로 회의를 열고 투표를 통해 결정한 사항이라는 점에서 의미를 갖는다. 재미난장은 은지네 소속 사회적기업인 마을N카페와 작은예술공방 작가들이 만나 형성한 마을N문화예술학교가 수년간 실행해 온 소규모 아트마켓 운영 경험을 바탕으로 탄생할 수 있었다. 갈현2동 주민자치회 등 주민들이 길마공원 일대를 문화예술거리로 만들겠다는 열의를 갖고 함께 힘써 준 것도 큰 보탬이 됐다. 고은경 재미난장 대표는 은평시민신문과의 인터뷰에서 "행정적 지원과 주민들의 협조, 마을N문화예술학교 예술가들의 아이디어와 활동 등 삼박자가 잘 맞았다."고 말했다(최승덕, 2014).

사진 10.5 아트마켓 재미난장 모습 (제공: 재미난장 홈페이지)

2014년 참여예산 사업으로 선정된 재미난장은 그 성과를 인정받아 올해 문화관광 사업으로 서울시의 재정적 지원을 받아 운영된다. 박영수 은평구 홍보 담당 주무관은 서면 인터뷰에서 재미난장이 "최종적으로는 구의 지원을 벗어나 자생적으로 운영되어야 하는 마을 축제"라며, "구에서는 재미난장의 좋은 파트너가 되어 (재미난장이) 자생적으로 운영될 수 있도록 여러 가지 재정적, 행정적 지원을 할 계획"•21이라고 밝혔다. 고은경 재미난장 대표는 "문화예술 시장으로 일상적인 문화예술 활동이 이루어질 수 있도록 하는 일상 사업, 재미난장만의 색을 가질 수 있는 예술 시장으로서의 활동, 문화예술가들을 네트워킹 하는 활동, 은평 곳곳의 예술가들의 활동을 지원하는 활동 등을 통해 은평 문화예술의 거점 역할을 하는 것"이 재미난장의 목표라고 밝혔다.•22 재미난장이 상상축제, 은평누리축제 등과 결합되어 더욱 활성화되는 모습은 길마공원 일대가 문화예술거리로 거듭날 가능성에 대해 기대하게 한다.

한편 은평구 마을 축제에는 은평구 내 다양한 사회적기업들이 참여한다. 2015년 갈현2동골목상상축제에는 마을기업인 마을무지개, 마을N카페 등이 축제추진위원회로 참여했다. 아빠맘두부, 마을N카페, 여자커피 등 13개의 사회적 기업들도 참여 가게로 축제에 동참했다. 특히 아빠맘두부는 축제 상품을 지원하는 방식으로 축제에 참여했는데, 이전에도 두부 시식회, 두부 만들기 체험 등의 프로그램을 진행하며 은평구 내 여러 축제에 참여했다. 마을기업이 참여하고, 가게가 곧 축제 장소가 되는 골목상상축제는 마을기업들이 자신의 존재를 마을에 알리는 좋은 기회가 된다.

사회적기업이자 마을기업인 마을무지개의 전명순 대표는 마을무지개의 역할을 '안정적이고 지속적인 일자리 창출', '다문화가정의 자녀들을 함께 아우르는 2세대 지원 사업', '결혼이주여성들의 사회적 지지대 역할'을 꼽았다. 이는 마을무지개의 성과로 결혼이주여성들이 "단순 업종 경제활동이 아닌 자신의 정체성에 도움이 되는 경제활동을 하게 된다는 점"과 "기업 내 이주민 여성들과의 관

---

21. 서면 인터뷰 일자: 2015. 6. 4.
22. 위와 동일.

계 속에서 사회 안전망을 경험하게 된다는 점"을 언급했던 것과 같은 맥락이다.

이렇게 단순히 경제적 이윤만을 추구하는 것이 아니라 지역사회 활성화에 관심을 갖고 지역 주민의 다양성을 포용하기 위해 노력하는 등 사회에 기여할 수 있는 방안을 모색한다는 점에서 사회적기업은 시민단체와 유사점이 있다. 축제는 지역공동체와 사회문제에 관심을 갖는다는 목표를 공유한 두 영역, 즉 시민단체와 사회적기업이 소통할 수 있는 장이 된다. 축제 준비 과정에서 사회적기업과 시민단체는 축제추진위원회에 함께 소속되어 회의를 하고 의견을 조율해 가는 과정에서 소통과 연대의 계기를 마련한다. 두 영역의 협력과 연대가 필요한 상황에서, 은평마을상상축제는 시민단체와 사회적기업이 서로가 지향하는 가치와 각자의 일들에 대해 자연스럽게 알 수 있는 계기가 된다.

2) "Let's Collabo!" 은평상상허브

사회적기업과 시민단체가 서로의 영역을 넘어 협력을 통한 지역사회의 발전을 모색하는 움직임은 축제뿐 아니라 은평상상허브에서도 드러난다. 은평상상허브는 녹번역 4번출구에 위치한 시민단체들과 사회적기업들의 사무 공간이다. 은평상상허브는 지속적인 시민사회 활동가를 양성할 수 있는 공간으로 NPO허브를 계획 중이던 시민단체들과 신생 사회적기업을 키워 나가고 역량 강화를 도모할 수 있는 사회적경제 허브를 설립하고자 했던 사회적기업들의 필요가 만나 2013년에 탄생했다. 은평상상허브라는 연대의 공간을 형성한 시민단체와 사회적기업들은 "Let's Collabo!"라는 슬로건 아래 함께 은평구의 미래를 그려 나가고 있다.

여러 사회적기업들과 시민단체들이 모여 있는 은평상상허브는 축제와 마찬가지로 서로 다른 영역인 시민단체와 사회적기업이 '자연스럽게' 서로에 대해 알아갈 수 있는 공간이다. 은평상상허브 내에서 시민단체와 사회적기업의 협력이 어떤 방식으로 이루어지고 있느냐는 질문에 민성환 은평상상 이사는 아직 1년밖에 지나지 않은 상태에서 객관적 평가 지표를 제시할 수는 없다고 말하면서도 NPO허브, 사회적경제의 허브라는 공간이 탄생한 것의 장점을 언급하며, 두 영역이 만들어 낼 수 있는 협업에 대한 기대감을 비쳤다.

사진 10.6 사회적기업과 NPO가 공동 설립한 공간인 은평상상허브 내부 모습

"예를 들면 이런 거예요. 만약에 우리 조직이 별도로 떨어져 있고 다른 조직들이 섬처럼 존재했다면 하다못해 내가 실무를 보더라도 막히는 것들이 있거든요. 그러면 전화를 해 보든지 아니면 직접 찾아가서 하든지 그래야 되는데 상상허브는 뭔가 '아, 막히는 게 있다' 그러면 저쪽 단위 가서 물어보기도 하고 자문을 받기도 하고 이런 것들이 일상적으로 일어나는 거죠. … 이 공간은 영역들이 전부 있다 보니까 개별 영역에서 지향하는 가치나 프로그램이 일상적으로 돌아가요. 그래서 다른 영역의 사람들도 그걸 스치기도 하고 참관하기도 하고 직접 참여하기도 하면서 사고 자체가 훨씬 더 말랑말랑해지는 것도 나는 굉장히 중요한 성과라고 봐요. 딱 경계를 규정하는 게 아니라 넘나들면서. 이게 조금 더 심화되면 아마 개별 영역에서 다루는 고유의 영역과 프로그램들을 넘나들면서 콜라보레이션이 일어날 거예요."

– 민성환 은평상상 이사

협업을 가치로 은평상상허브가 설립된 지 1년이 지난 지금 NPO와 사회적경제는 '친목 다지기'를 진행 중이다. 각자의 업무들로 바쁜 상황에서 일상적인 만남을 통해서 친목을 다지려는 노력을 곳곳에서 찾아볼 수 있었다. 작년에는 생태보전시민모임과 시민회가 연합해 건물 옥상에 텃밭을 만들자고 제안했다. 사회적경제 조직과 함께 옥상에 텃밭을 만들었고, 텃밭의 먹거리들을 함께 먹는 밥 모임이 결성됐다. 매주 수요일마다 이루어진 밥 모임은 영화 상영과 결합되기도 하고, 자그마한 파티가 되기도 했다. 올해에는 한 달에 두 번 '지혜의 점심'이 추진된다. 이는 상상허브 사람들이 모여 이야기를 나누고 점심을 먹는 자리이다. 5월 13일 지혜의 점심 모임은 사회적기업 '에코맘' 주도로 친환경 주방 세제를 만드는 행사가 포함되어 있었다.

이러한 소모임뿐 아니라 은평상상허브 곳곳에서는 각자의 활동을 알리고 프로그램을 홍보하는 작은 전단지들을 찾아볼 수 있었다. 오며 가며 서로를 알아갈 수 있는 구조이다. '근처 맛집 추천', '상상 알림이' 등의 게시판이 빼곡히 차 있는 모습은 이들의 친목도모가 활발하게 이루어지고 있고, 이를 토대로 앞으로 시민단체와 사회적경제 활동가들의 협력과 연대로 이어질 수 있을 거라는 기대를 가지게 했다.

6. 축제, 주민의 손으로!

축제 기획의 중심에는 은지네와 여러 시민단체들이 있었지만, 지역사회의 변화를 가장 많이 실감한 것은 직접 축제에 참여하고 이를 즐긴 주민들일 것이다. 놀이 공간과 문화 시설이 부족한 은평구에서 축제의 활성화는 큰 파급력을 가져왔다. 멀리 나갈 필요 없이 일상생활 공간, 동네 안에서 즐길 수 있는 축제의 존재는 주민들의 공동체의식을 높이는 기능을 한다. 또한 축제에 참여하면서 자연스럽게 만나게 되는 지역 내 시민단체들, 사회적기업의 존재는 마을에 대한 이해를 높일 수 있는 배경이 되었다. 특히 동 단위의 축제는 주민센터, 공영주차장과 같은 일상생활의 공간에서 이루어지기 때문에 주민들이 쉽게 참여할 수 있는 놀이의 장이 되었다.

은평구에 거주하는 반순미 씨는 갈현2동골목상상축제에서 중학교 시절 선생님, 같은 빌라에 살던 분 등 오랜만에 반가운 얼굴들을 만나 좋았다고 말했다. 자주 보는 얼굴도 축제의 거리에서 만나니 더 반갑다고 덧붙였다. 축제가 마을 내의 이웃을 자연스럽게 마주칠 수 있는 소통의 공간이 되었음을 알 수 있다. 특히 마을 축제는 '같은 마을의 구성원임'을 확인하고 공동체 의식을 느낄 수 있는 소중한 기회가 된다.

또한 그는 "길마공원 근처를 가득 메울 정도로 다양한 단체들이 동네에 있다는 것이 참 기쁘다."고 말하며 여러 부스에서 열리는 행사들에 참여하면서 새로

생긴 가게나 단체들을 찾는 재미도 있었다고 말했다. 축제가 주민들이 마을 안의 시민단체나 사회적기업의 존재를 알 수 있는 계기가 된 것이다. 한편 "이리저리 뛰어다니며 행사를 준비하는 단체들의 모습에 고마운 마음을 느꼈다."는 답변에서는 축제가 마을 내 단체들에 대한 긍정적인 인식을 가져왔다는 점도 확인할 수 있었다.

한편 주민들은 단순히 축제에 참여할 뿐 아니라 축제를 직접 기획하기도 한다. 주민들은 갈현2동, 역촌동, 은평뉴타운 상림마을 등 골목상상축제의 기획에 동 축제추진위원회로서 참여한다. 구청은 약 300만 원의 마을 축제 예산을 지원하고, 그 외의 비용은 직능단체의 협찬금과 주민의 자발적 지원으로 이루어진다. 축제의 진행 역시 주민자치위원, 직능단체원, 자원봉사자들의 자발적인 참여로 이루어진다.•23

이는 은평마을상상축제를 추진하는 단체가 시민단체 중심에서 지역 주민 중심으로 변화하는 모습을 보여 준다. 은평마을상상축제가 지역에 가져온 영향을 묻는 질문에 대한 민성환 은평상상 이사의 답변에서는 이러한 변화에 대한 긍정적 인식을 찾아볼 수 있었다.

> "축제의 틀이나 흐름들을 만들어 냈다는 것 자체만으로 의미 있는 거죠. 그렇게 이제 틀이 만들어지면 축제는 일정 정도 우리 손을 떠난 거예요. 이제 지역에서 스스로 준비를 하겠죠. 예전에는 우리가 주도적인 역할을 했겠지만 이제는 (동) 단위에서 준비해서 하는 거예요. 그것만으로 성장한 거죠. 의미가 있고."
>
> – 민성환 은평상상 이사

시민단체들에 의해 계획되었던 축제가 주민들 손으로 기획되고 운영되는 모습은 축제를 통해 지역에 대한 주민들의 관심이 증대하고, 지역 행사 기획의 주체로서 주민들의 역량이 증진되었음을 보여 준다.

23. 역촌동 주민센터. 서면 인터뷰 일자: 2015. 6. 1.

Ⅳ. 은평 시민사회, 축제 밖으로 뚜벅뚜벅

앞서 축제를 통해 은평 시민사회가 뭉치고, 성장하는 과정을 확인했다. 이제 축제를 넘어 보다 거시적으로 은평구 시민사회를 바라보고자 한다. 축제를 거치며 형성된 여러 사회적 자본들이 보다 다양한 시민사회 활동에 활용되고 있고, 보다 많은 사회적 자본을 축적하고자 여러 행위자들이 노력하고 있는 모습을 볼 수 있을 것이다.

먼저 은평구청장의 인터뷰를 통해 알아본 은평구청의 시민사회에 대한 비전과 축제를 기획한 은지네의 현재 모습과 활동에 대해 살펴본다. 마지막으로, 이러한 변화 과정과 함께 이루어진 주민들의 변화에 대해 알아본다.

1. 구청, 은평 시민사회를 상상(相想)하다

은평구청은 시민사회의 발전에 많은 영향을 주었다. 2015년 현재 은평구청장에 재임 중인 김우영 구청장은 은평구의 마을만들기 사업에 관한 논문을 쓰기도 하는 등 시민사회의 발전에 대해 많은 관심을 가지고 있다. 이러한 관심에서 알 수 있듯이 김우영 은평구청장은 은지네와 그 활동에 대해 다음과 같이 대답한다.

> "은지네의 존재에 대해 아주 잘 알고 있었어요. 은지네는 환경, 주민자치, 마을공동체 생태, 교육 등 다양한 분야에 있어서 시민사회 조직들이 자발적으로 결성이 됐고, 네트워크도 아주 잘 되어 있었어요. … 우리 은평구는 이런 NGO 기반이 잘 구축되어 있는 지역이라는걸 잘 알았고, 그 점 때문에 제가 주민 주도의 지방자치를 이룰 수 있다는 나름의 판단이 있었죠." – 김우영 은평구청장

이는 구청 측에서도 은지네로 대표되는 지역 시민사회의 네트워크 역량과 연대 수준을 높이 평가하고 있고, 이를 시민사회 발전의 밑거름으로 바라보고 있음을 보여 준다. 앞서 구청에서 마련한 축제 전문가를 양성하는 과정에서 지역

사회에서 축제를 진행한 경험이 있는 시민 활동가를 섭외했듯이, 구청은 지역사회의 시민단체들을 적극적으로 활용하기 위한 방안을 탐색하고 있다. 즉 구청이 지역 시민사회에 대해 이해와 협력의 태도를 보여 주고 있다고 평가할 수 있다.

또한 김우영 은평구청장은 "정책 결정에 주민의 참여 기회를 높이고, 시민공동체가 스스로 성장하게끔 옆에서 도와주는 역할을 해야 한다."라며 "구에서 지속적으로 더 많은 주민들의 의견이 정책에 반영되고 결정될 수 있도록 노력할 것"이라 밝혔다. 구체적으로 은평구는 마을공동체 지원을 위해 2012년 내부적으로 조직, 조례를 정비하고 협의체를 구성하는 등 사업의 토대를 구축하였고, 2013년부터 마을 단계에 따른 맞춤형 지원, 마을 간 연계를 통한 복합적인 마을공동체 육성 등 마을공동체 배양기로 내실화를 다지는 사업을 진행하고 있다.

이 과정에서 관심 있게 볼 부분은 구청이 관 주도의 마을만들기 사업을 진행하지 않고, 시민단체들과 함께 노력하고 있다는 점이다. 구청장은 "주민들이 마을공동체를 구성하는 과정에서 시민단체는 훌륭한 선생님 역할을 할 수 있다."라고 밝히며 구청의 지원과 시민단체의 참여, 주민들이 참여한 마을공동체의 협력은 필요가 아닌 '필수'라고 말한다. 즉 은평구는 축제를 통해 이미 은지네를 비롯한 시민단체들과의 소통을 경험한 바 있고, 이러한 경험의 자산이 다른 분야로 확장되고 있다고 평가할 수 있다.

2. 은지네, 더불어 상상하다

1) 관심 영역의 확장

은지네가 축제에 관심을 가지고 지속적으로 축제를 추진해 온 것은 네트워크에 소속된 여러 단체가 함께 지역사회에 관심을 가질 수 있는 공통 분모가 문화이기 때문이었다. 여러 분야의 단체들이 함께 할 수 있는 접점이 문화이기에 마을 축제 사업을 지속적으로 진행해 왔지만 은지네는 축제 이외의 분야에도 관심 영역을 확장했다. 축제를 위해 모여 단체들 간의 협조가 강화되었지만, 정작 서로에 대한 이해가 부족하다는 점을 인식하고 이를 극복하기 위한 노력을 기울인 것이다. 은지네는 '은평마을상상포럼'을 통해 네트워크 간 교류와 상호 이해를 증진시키고, 네트워크와 지역사회의 관계를 강화하는 활동을 진행해 왔다. 해마다 상상포럼의 주제와 목표를 설정하고 그에 맞는 내용을 논의해 왔다. 이를 통해 서로에 대해 관심을 갖고, 네트워크 내 단체들의 멤버십을 강화하고자 하였다.

상상포럼의 시작은 상호 기관의 소개와 이해를 목적으로 한다. 2010년, 은지네에 소속된 각 단체들의 활동 분야를 서로 이해하고 사고를 확장하기 위해 여덟 번에 걸친 은평마을상상포럼을 실시하였다.•[24] 은평구 주민도 참여할 수 있던 이 자리에서는 여러 단체들이 자신의 활동 분야에 대해 이야기하는 시간을 가졌다. 예를 들어, 생태환경 분야로 '우리의 꿈-지속가능한 생태도시, 은평'을 주제로 생태보전시민모임이, 지역 문화 분야로 '문화로 소통하고 예술로 꿈꾸기'를 주제로 풍물패 터울림이 포럼을 추진하였다. 이러한 은평마을상상포럼은 여러 단체들에게 동네 안에 생각보다 많은 단체가 각자의 특색을 지니며, 다양한 활동으로 주민들을 만나고 있다는 사실을 느끼게 해 주었다.

2011년에는 '상상의 날개짓'을 주제로 은평마을상상포럼Ⅱ를 진행하였다. 포럼 과정을 통해 내부 연대를 강화하고 단체별로 지역사회와의 연관성을 높이는 것을 목표로 '지속가능한 은평을 만들기 위한 밑그림 그리기' 활동이 이루어졌다.•[25] 2011년 상상포럼의 특징은 지난 2010년의 여덟 번의 상상포럼과 달리 은지네 소속 단체들 간의 워크숍 형태로 진행되어 공동 사업 발굴 등 은지네 내부의 고민을 다루었다는 점이다.

2012년 은평마을상상포럼은 은평 시민사회의 민관 협력 성과와 과제, 그리고 미래를 주제로 이루어졌다. 각 분야의 민관 협력 사례를 공유하고 개별 민관 협력 사례를 통해 앞으로 나아갈 방향을 모색하기 위해 모인 포럼에서 교육, 복지, 여성, 건강 등 9개 분야의 단체가 분야별 발제를 진행하였고 이를 바탕으로 종합 토론이 진행되었다.•[26]

---

24. 은평지역사회네트워크 홈페이지. "2010년 11월 정기회의록."
25. 은평지역사회네트워크 홈페이지. "2011년 11월 상상포럼 속기록."
26. 은평지역사회네트워크 홈페이지. "2012년 상상포럼 녹취록."

2013년 한 해를 거른 뒤 다시 열린 2014년 11월 은지네 상상포럼 회의는 '보고 듣고 말하고 꿈꾸는 시간'이라는 이름으로 창립 10주년을 맞아 은지네 10년의 발자취를 돌아보고 지금까지의 성과와 앞으로의 과제에 대해 논의하는 시간을 가졌다. '은지네 요리보고 조리보고: SWOT 분석', '은지네 마구마구 상상: 2020 미래의 비전, 미션, 고유 사업 만들기' 등의 활동을 진행했다. 이 자리에서 최순옥 시민회 대표는 상상포럼을 "우리가 꿈꾸는 은평마을에 대한 다양한 경험과 생각을 나누는 기회"라고 하였다.[27]

상상포럼은 지속적으로 다양한 목표와 주제 아래 진행되었고, 이는 각 시기 은지네의 고민을 반영하고 있다. 상상포럼은 처음의 목적이었던 네트워크 내 단체들의 상호 이해 증진 및 네트워크 멤버십 강화를 성공적으로 이루었고, 나아가 시민사회의 토론의 장으로서 은지네의 연례행사로 자리 잡고 있다.

2) 변화하는 은지네, 두려움과 설렘 사이

매회 상상포럼의 주제를 바꿔 가면서 논의를 진행해 온 데서 확인할 수 있듯이 은지네는 지속적으로 네트워크가 나아가야 할 방향에 대해 고민해 왔다. 먼저, 축제를 통해 형성된 연대를 확장하는 것에 대해 고민하고 있다. 기존의 은지네 활동은 각 단체가 은지네에 여러 활동을 제안하고 은지네가 이를 받아들여 네트워크 차원에서 추진하는 형식이었다. 그러나 이러한 제안들은 산발적으로 이루어질 뿐만 아니라 은지네의 정기적인 활동이 아니기에 지속적으로 이루어지지 못하고, 네트워크에 소속된 모든 단체들의 관심을 이끌어 내기에도 적합하지 않았다. 이에 은지네는 문화 영역을 넘어선 다른 분야의 활동에 대해 고민하고 있다. 이러한 고민은 앞서 다룬 은평마을상상포럼에서 확인할 수 있으며, '은지네 공동 사업 발굴 워크숍'을 통해서도 이루어졌다.

내부적으로 은지네에 참여하는 단체들이 각각 성장함에 따라 네트워크 내부의 문제점을 발견하기도 한다. 네트워크가 커지다보니, 정기회의에서 심도 있는 토론이 이루어지기보다 정기적으로 처리해야 하는 의제들이 많아지고, 이로

---

27. 은평지역사회네트워크 홈페이지. "2014년 11월 상상포럼 회의록."

인해 네트워크의 방향 설정 및 네트워크 고유의 새로운 사업 발굴이 힘들어진 것이다. 2015년 은지네 운영위원장을 맡고 있는 김다현 시민회 사무국장은 다음과 같이 말한다.

> "회의 시간에 제일 안타까운 건, 안건들이 나오면 단체들이 적극적으로 사안에 대해서 공감하고, 해결보다는 처리하는 것처럼 기능들을 해서 … 사실 민간 기능에 토론이라든지 의견 개진 등이 좀 활발하게 이루어져야 되는데 그게 많이 떨어졌어요. 사실 우리의 의제가 아니라 외부에서 들어온 의제들, 예를 들어서 심의위원회를 추천해 달라고 하는데 누가 좋을까요, 뭐 이런 것을 하고 있고 … 우리가 만드는 이슈가 아니라 외부에서 민간에 요구하는 기능들에 대응하는 역할밖에 못하던 때가 여러 번 있었어요."
>
> – 김다현 시민회 사무국장

즉 네트워크의 확장과 참여 단체들의 성장에 따라 은지네의 구조 및 기능을 다시 고민해야 할 때가 온 것이다. 이러한 고민을 바탕으로 은지네는 현재 변화를 위한 시도를 하고 있다. 2015년 1월 27일에 있었던 은지네 정기총회의에서는 2014년 은지네의 주요 활동에 대한 평가가 있었다.[28] 이러한 자체적인 평가를 통해 은지네는 첫째, 분야별 네트워크가 발달하고 지역 주체들이 다양화된 상황에서 은지네의 새로운 위상과 역할에 대한 고민의 필요성, 둘째 각 단체들의 정보와 일정이 혼재되는 문제를 정보 공유와 소통을 통해 해결해야 할 필요성, 마지막으로 시민사회 활성화와 활동가들의 성장을 지원하는 세부 계획과 프로그램의 필요성을 인식하였다.

은지네는 2015년을 은지네의 역할과 향후 방향성에 대해 논의하는 네트워크 재정비의 시기로 보고 있다. 올해 은지네는 '상상건설팀', '역량강화팀(쑥쑥끈끈팀)', '지역현안팀'으로 나뉘어 이러한 움직임을 본격적으로 진행하고 있다. 연례행사인 축제도 쉬고 포럼과 워크숍으로만 행사를 운영하는 쪽으로 구조 변화를 시도하고 있다. 한 예로 상상건설팀의 경우, 비전 워크숍 '은지네 10년 상상을

28. 은평지역사회네트워크 홈페이지. "2015 정기총회 회의록."

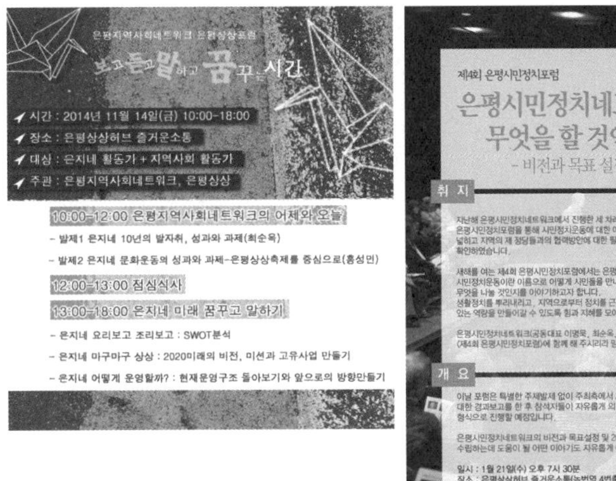

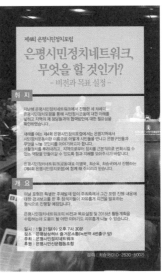

그림 10.5 은평상상포럼 소개 포스터(좌)와 은평시민정치포럼 포스터(우)

건설하기'를 갖자고 제안하였다. 이 워크숍에서는 은평 지역사회에서 은지네가 활동한 지난 10년을 돌아보고, 지역사회를 함께 살아갈 유관 네트워크와 단체들이 그리는 은지네의 역할과 비전, 변화하는 환경에 맞는 은지네의 역할과 위상, 그리고 꿈에 대해 논의할 예정이다.[29]

이러한 은지네의 고민은 조직 내부 변화와 외부 환경 변화에 적절하게 대응하고 있는 것으로 보인다. 네트워크의 규모가 커지면서 단체들의 관심사가 다양해지고, 이에 따라 단체들의 네트워크에 대한 몰입도가 감소하게 되었다. 이러한 상황은 네트워크 내부의 토론 기능 약화 등으로 이어져 네트워크의 실행력을 감소시킨다. 이에 따라 연대와 결속력 또한 약화되는데, 연대와 결속의 가치를 유지하기 위해서는 잠시 쉬어가더라도 네트워크를 다시 강화시키기 위한 생산적인 고민의 시간이 필요한 것이다.

---

29. 은평지역사회네트워크 홈페이지. "2015년 2월 상상건설팀 회의록."

3) 은정네: 우리 손으로 꾸리는 지역 정치

은지네의 또 다른 고민은 정부와 시민단체 간의 협력의 한계를 인식한 데에서 출발한다. 시민운동이 지역이라는 공간에서 각자가 관심을 두는 영역에 한정된 활동으로 이어져 왔기 때문에 그 과정에서 정치 영역에 대한 관심이 상대적으로 부족했다는 자기반성이 일어났다. 또한 은지네는 은평마을상상축제 등 여러 지역 사업을 추진하는 과정에서 지역 정치의 중요성을 절감하였다. 시민단체들이 추진하는 사업의 예산 심의 및 결정에 구의회가 영향을 미치고, 구청장의 성향 및 지원 여부에 따라 시민단체의 활동 범위가 큰 영향을 받기 때문이다. 이에 지역 정치에 대한 관심이 대두되었다.

시민사회 영역에서 그리는 바람직한 정치란, '삶의 근거지 영역을 기반으로 제도와 관계망을 만들고, 주민들에게 직접적으로 와 닿는', 소위 지역정치인데, 이를 과연 현 제도권 정치에서 논의할 수 있는가에 대한 의문이 시민단체들에게 들기 시작하였다. 그리하여 시민단체들 내에서는 시민사회의 정치세력화에 대한 논의가 진행되었다. 구체적으로 지역 정당의 필요성 여부, 시민사회의 정치적 중립성에 대한 타당성, 시민운동가 양성과 시민정치 교육의 필요성 등에 대한 논의가 시작되었다.

은지네는 이러한 고민을 2014년 6월 4일 지방선거에 대응하여 구체화한다. 2014년 은지네 정기총회에서 역점 사업으로 6·4 지방선거 정책채택운동과 6·4 지방선거 은평시민정치네트워크 연대 활동을 계획하였다. 보다 효과적인 활동을 위해 시민사회운동을 자율적으로 펼쳐 나갈 수 있는 개인과 조직 단위를 중심으로 '은평시민정치네트워크'(이하 은정네)를 조직한다(조충길, 2014).

은정네는 앞으로의 방향에 대해 두 가지를 제시한다. 하나는 시민정치 활성화이다. 이는 정치에 대한 주민들의 부정적인 인식을 개선하고 좋은 정치 감수성을 갖게 하는 것이다. 다른 하나는 시민정치의 정치세력화이다. 이러한 지향점을 두고 2014년 6월 4일 지방선거에 시민 후보를 세웠고, 시민단체들의 요구를 정책화하여 13개의 정책안을 제안하였다. 비록 시민 후보는 낙선하였지만, 시민단체의 요구를 김우영 현 은평구청장이 받아들여 '정책추진협의회'가 발족되었고, 이를 통해 지역사회와 관련된 의제들을 낼 수 있는 통로를 확보할 수 있었다. 회의에서 나온 의제는 시민단체들이 서로 협력하여 해결하고 있다. 이러한 제도권 정치의 대안으로서 시민단체 활동이 아닌 지역 정당을 내세워 정당정치로 위시되는 제도권 정치에 편입하려는 특징이 있다.

2014년 10월에는 은정네가 은평시민정치포럼을 주최하여 민선 6기를 맞고 있는 은평구의 지방자치를 평가하고 은평구민들의 지방자치 활성화를 위한 대안 토론을 가졌다. 1차 포럼 '지방자치와 지방분권, 그리고 생활정치'와 2차 포럼 '시민정치운동의 현재와 미래' 등 세 번의 포럼에 이어 2015년 1월 제4회 은평시민정치포럼을 개최하여 지속적으로 시민정치운동에 대한 논의를 진행하고 있다(최승덕, 2015). 은정네가 비록 시민정치에 대해 지속적으로 논의하고 있지만, 은정네의 활동 기반은 아직 취약한 상황이다. 안정적인 예산이 확보된 것도 아니며, 사무국이 운영되고 있지도 않다. 많은 사람들이 함께하고 있지는 않지만, 시민정치포럼을 지속하면서 시민들과 만나는 자리를 넓히고 시민들이 인식하는 정치 영역을 새롭게 바라보려는 시도를 계속하고 있다. 은정네의 이러한 노력은 축제를 통해 형성된 시민사회의 연대가 확장되어, 지역사회의 제도권 정치에까지 관심을 기울인다는 점에서 고무적이다.

3. 그리고 시민이 있었다

축제를 통해 지역사회에 대한 관심을 키운 시민들은 지역사회의 다른 현안에도 점차 관심을 갖기 시작했다. 그 대표적인 예로 친환경 무상급식을 위해 은평구 내 시민단체들이 지역 주민들에게 조례 제정을 위한 서명운동을 진행할 때, 조례제정운동본부가 발족한 지 불과 2개월만에 조례 제정에 필요한 주민발의 서명 최소 인원인 7,800명을 훨씬 뛰어넘는 9,551명의 서명을 받은 것을 들 수 있다.

또한 은평구 주민들은 협동조합을 통해 지역사회에 참여하는 모습을 보인다. 자원이 부족하고 베드타운의 성격이 강한 은평구의 특성상 은평구의 주민들은 협동조합에 뜨거운 관심을 갖는다. 대표적으로 은평두레생협, 살림의료생협 등 다양한 협동조합이 있다. 은평두레생협은 2014년 9월 조합원 수가 3,635명을 넘어섰고, 살림의료생협은 2015년 4월 1,515명을 넘어섰다.

물론 조합원의 숫자나 협동조합에 참여하는 것이 주민들의 시민사회에 대한 관심을 그대로 반영한다고 보기는 어렵다. 그러나 은지네에 참여하여 활동하는 각 협동조합에서 조합원들에게 사업 보고를 할 때 지역사회 현안에 대해 언급하게 되고, 이러한 정보 전달은 지역사회에 대한 주민들의 관심을 이끌어 내고 참여를 유도함으로써 협동조합은 지역 주민들과 은평 지역사회를 잇는 통로로 기능한다. 협동조합에서 발간하는 정기 소식지는 은평 지역의 현안을 담고 있어, 은평구민들이 지역사회에 관심을 갖고 참여할 수 있도록 한다. 그 예로 살림의료생협의 경우 협동조합의 인터넷 커뮤니티에서 은평구 내 다른 단체들과의 연대 사업을 소개하여 지역사회에 관심 있는 조합원들이 사업에 직접 참여할 수 있는 장을 마련하고 있다.

아직 협동조합의 관심이 교육 등의 주요 현안에 집중되어 있고, 참여 또한 협동조합 내의 활동에 집중되어 있지만, 지속적인 소통을 통해 지역사회에 대한 이해와 관심이 증진된다면 지역사회에 참여하는 시민들이 보다 많아지리라 기대된다.

V. 축제로 연결되는 '사람 사는 은평'

축제는 은평구 시민사회를 연결하는 하나의 연결 고리가 되었다. 축제는 많은 시민들이 자연스럽게 받아들일 수 있다는 장점을 갖는다. 놀이 문화 공간으로서의 축제는 진입 장벽이 낮아 남녀노소 구분 없이 참여할 수 있다. 갈현2동 어린이공원처럼 은평 주민들의 일상생활 공간에서 이루어진 축제는 은평 주민들의 자연스러운 참여를 이끌어 냈고, 그들을 하나로 잇는 중요한 역할을 했다. 한편 축제는 그 준비 과정에서 다양한 사람들의 참여와 지속적인 관심이 필요한 특성을 갖는다. 이러한 꾸준한 만남과 소통에 기반한 은평구의 축제는 지역 주민과 시민단체, 나아가 사회적기업까지 협력할 수 있는 공유된 공간(multi-stranded place)으로 기능했다. 특히 은평구 내에 존재하던 시민단체와 사회적

기업들이 참여하면서 지역 안에 있던 기존의 자원들을 효과적으로 재활용할 수 있었다. 이에 더해 구에서 주최한 축제에 시민들이 준비위원으로 참여하게 된 변화는 민관 협력이 강화된 것을 의미한다.

그러나 축제를 통한 협력과 연대가 축제를 넘어 시민사회 전체가 사회적, 정치적 문제를 함께 고민하는 단계로 성장하는 것은 아직 이루어지지 않았다. 여전히 사회문제나 지역정치에 관한 논의는 시민단체 차원에서만 이루어지고 일반 시민들에게까지 확대되지는 못한 한계를 보인다. 하지만 점차 축제를 기획하는 주체가 시민단체에서 주민으로 변화하는 모습은 그들이 점차 지역사회의 주체로 등장하고 있음을 나타낸다. 이러한 변화는 앞서 언급한 한계를 극복하고 주민 역시 지역을 넘어선 사회의 공적인 논의에 참여할 수 있을 것이라는 기대를 갖게 한다.

변화의 바람은 시민사회 네트워크의 확장에서도 확인할 수 있다. 은지네 이외에도 같은 분야에서 활동하는 시민단체들이 연대하여 다양한 분야의 네트워크들이 만들어졌다. 은평학부모네트워크, 장애인이살기좋은은평을만드는사람들 등 네트워크의 확장은 더 많은 시민들이 다양한 분야의 시민사회 영역에 참여할 수 있는 기회가 만들어졌다는 것을 의미한다. 즉 시민의 관심이 확대되고 참여의 폭이 넓어진 것이 네트워크의 확장을 불러일으킨 것이다.

이렇듯 은평 시민사회는 축제를 통해 형성된 연대를 확대, 재생산하며 발전해왔다. 단체 간 네트워크의 강화 및 확장, 시민의 확대된 참여, 민관 협력의 공고화는 은평 시민사회 발전의 든든한 토대가 되어 사람 살기 좋은 은평구로의 성장을 기대하게 한다.

살아나는 상권, 사라지는 주민 -종로구 서촌의 고민

백운중, 서연, 손성동

요약

대부분 낮은 건물에 가게도 많지 않은 저개발 지역이던 서촌이 최근 관광지로 개발되기 시작하면서 골목마다 가게가 새로 생기고, 유동인구가 늘어나는 등 조용한 동네가 활기를 띄기 시작했다. 그러나 홍대, 가로수길, 경리단길 등 비슷한 과정을 겪었던 곳과 마찬가지로 기존 상권을 괴롭혔던 '젠트리피케이션' 문제가 서촌에도 모습을 드러내기 시작했다. 젠트리피케이션은 개발되지 않던 구도심이 번성하면서 임대료가 증가하고, 이에 따라 기존 주민들이 쫓겨나는 현상을 뜻한다.
서촌의 젠트리피케이션은 빠른 속도로 진행되고 있다. 이 글에서는 이러한 젠트리피케이션의 전개 과정을 살펴보고, 이에 따른 변화와 문제점을 분석한다. 이어 이 문제에 대한 서촌의 주민들을 대표하는 지역 커뮤니티 품애, 서촌의 관광명소 중 하나인 통인시장 상인회 통인커뮤니티, 종로구청을 입장을 살펴본다. 각 입장을 굿 거버넌스 모델하에 살펴봄으로써 서촌 지역공동체의 위기 극복 방향을 제시하고자 한다.

Ⅰ. 들어가며

종로구는 조선 시대 한양이 도읍으로 정해진 이후 지금까지도 서울의 25개 구 가운데 행정 서열 1위로 국가의 주요 공공기관들이 존재하는 서울의 중심지이다. 이뿐만 아니라 경복궁, 창덕궁, 창경궁, 종묘, 사직단 등 많은 문화유산이 존재하며 한옥이 보존된 곳이 많아 전통과 현대가 조화를 이루고 있다.

이런 종로구에는 오래전부터 외국인들의 관광 필수 코스로 손꼽히는 인사동, 전통 한옥들이 모여 있는 북촌 한옥마을 등의 관광지가 존재한다. 이 중에서 비교적 최근에 주목받고 있는 지역이 바로 서촌이다. '세종마을'이라는 이름으로 불리기도 하는 서촌은 경복궁 서쪽에 있는 마을이다. SNS나 대중매체를 통해 젊은 층에게 새로운 데이트 명소로 알려지고 있다. 서울의 중심지에 있지만 높지 않은 건물들, 작은 공방들과 카페, 박노수 가옥, 통인시장 등과 인왕산의 자연환경이 어우러져 화려하기보다는 도시 속에 존재하는 시골처럼 투박하기도 하고 아기자기한 모습을 가지고 있다.

서촌은 원래 거주하는 주민의 수가 많지 않은 한적한 동네였다. 바로 옆 광화문 일대에 높은 빌딩들이 가득한 것과는 대조적으로 대부분 낮은 건물에, 가게도 많지 않은 비교적 저개발 지역이었다. 최근 관광지로 떠오름과 동시에 서촌은 골목마다 가게들이 생겨나기 시작했고 많은 사람들이 찾아오면서 조용한 동네에 생기가 찾아오는 듯 보였다. 하지만 홍대, 가로수길, 경리단길 등의 여느 서울의 관광지들과 마찬가지로 '젠트리피케이션'이라는 먹구름이 서촌에 드리우기 시작했다. 젠트리피케이션은 구도심이 번성하며 임대료가 오르고 원주민들이 쫓겨나는 현상을 말한다. 서촌에서는 지금 그 어느 곳보다도 빠른 속도로 젠트리피케이션이 일어나고 있고, 주민들은 위협받고 있다. 평온하던 동네가 해체되는 '위기 상황'이 온 것이다. 우리는 이런 위기 상황이 찾아온 마을을 다시 살릴 수 있는 것은 결국 시민정치라고 생각하였다.

이에 따라 서촌의 시민정치를 구성할 수 있는 세 가지의 구심점을 정하였다. 서촌의 주민들을 대표할 수 있는 지역 커뮤니티 품애, 서촌의 관광 명소 중 하나로 자리 잡은 통인시장의 상인회에서 발전한 통인커뮤니티 그리고 종로구청이 바로 그것이다. 이 셋은 서촌에서 일어난 상당한 변화의 한가운데에 있다.

우리는 먼저 서촌에 나타난 젠트리피케이션의 전개 과정과 이로 인해 생겨난 변화와 문제점을 분석하고 이에 대한 셋의 입장을 비교할 것이다. 마을에 닥친 위기 상황을 현명하게 대처하고 이것이 시민정치의 발전으로까지 나아갔다고 여겨지는 여러 사례들을 통해 서촌이 어떠한 모습을 취해야 하는지에 대한 단서를 찾고 앞으로의 방향성을 모색하고자 한다.

들어가기에 앞서 시민정치의 이상적인 모습을 정리해 보자. 우리가 생각한 시민정치는 첫째로, 지역 주민들이 자신의 주변에 대한 관심을 갖기 시작하고 그것이 지역과 지역 단체에 대한 애정으로 이어져 소속감을 갖게 되는 것이다. 이것은 나아가 자신이 속한 지역에 대한 소속감을 넘어서 이익에 대한 정의를 넓히고 공동체의식을 성장시켜 공공선을 지향하여야 한다. 둘째는 거버넌스의 관점에서 주민들이 자신들의 문제에 대해 관과의 협력을 통해 보다 구체적, 실질적, 효과적인 해결책을 모색하는 것이다.

우리는 서촌을 품애와 통인커뮤니티라는 두 가지의 성공 사례에 비추어 분석하고, 나아가야 할 방향성을 고민하며, 우리가 생각하는 시민정치의 모습으로 향할 수 있도록 이정표를 제시하고자 한다.

Ⅱ. 성공 사례: 품애와 통인커뮤니티

1. "있는 것을 잇고, 다른 것을 품는" 품애

품애는 서촌을 중심으로 활동하고 있는 종로구의 마을공동체이다. 1984년 옥인동 서울교회의 야학에서 시작하여 2009년 5월, 본격적인 지역 활동을 시작했다. 2012년 예비 사회적기업 '품애'로 시작하여 현재는 비영리단체가 되었으며, 서촌에 위치한 서울맹학교, 서울농학교 장애우들과의 산행 행사를 통한 이웃들 간의 화합을 계기로 단체 '마을공동체 품애'가 되었다. 서촌에 있는 리즈숍공방의 변민숙, 배인용 부부가 각각 대표와 운영책임자를 맡고 있으며, 대표적인 프

그림 11.1 품애 로고 (품애 홈페이지)

로젝트는 '착한잔치 프로젝트', '효자동 프로젝트', '방방 프로젝트' 등이다.

착한잔치 프로젝트는 재능과 물품의 지원을 잔치를 통해 이루는 프로젝트다. 김장을 담가 생필품과 함께 지역 차상위 계층에 전달하는 김장잔치를 시작으로, 착한 혼인, 미혼모 돌잔치 등이 진행되었다. 이 중 착한 혼인의 경우는 '틀에 박히고 거품 낀' 결혼식 문화를 깨고 신랑 신부의 개성과 가치관이 묻어나는 결혼식 문화를 만들고자 한다. 결혼식 비용 절감과 질적인 한계를 극복하기 위해 웨딩 전문가가 상담부터 진행까지 돕고, 공공기관을 활용해 저렴한 가격에 식장을 대여한다. 축가나 사진 촬영은 재능 기부를 통해 나눈다. 이 활동은 품애의 사람들뿐 아니라 서촌에 존재하는 작은 모임이나 재능을 가진 사람들, 서촌 일대에 살고 있는 사람들에 의해 기획되고 진행된다. 품애는 비영리단체이기 때문에 현재 착한 잔치 프로젝트는 '착한 잔치 좋은 날'이라는 사회적기업으로 독립하여 운영된다. 이처럼 품애는 어떠한 사업이 커지면 이를 파생시켜 별도의 것으로 운영하는 방식을 택하고 있다. 하지만 이들 간의 네트워크는 여전히 유지된다. 품애에서 파생되어 다른 사업을 진행하고 있다고 해도 이들은 품애가 또 다른 사업을 할 때 조합원으로 함께해 줄 든든한 지원군이 된다.

효자동 프로젝트는 효자동이라는 타이틀을 가지고 있기는 하지만 청운효자동과 사직동 지역을 아우르며 부암동 지역으로까지도 활동을 넓혀서 진행하였다. 효자동 프로젝트는 이 지역 안에서 도시농업의 여러 가지 실험과 연구를 하며, 텃밭의 구성과 확장에 주목하고 마을 텃밭을 만들기도 하였다. 또한 서울맹학교와 서울농학교가 위치한 서촌의 지역 특성에 주목하며 이들 학교 학생들과 마을살이를 함께 시도해 보기도 하였다. 그 과정의 일환으로 영화제를 진행하고 벼룩시장을 여는 등의 행사를 진행하였다.

방방 프로젝트는 본래 '공간 빌리기'에 집중한 프로젝트이다. 마을에 위치한 큰 교회나 강당을 영화관으로 빌린다거나 실제 이용 인원이 적은 마을문고를 일정 시간 동안 공부방으로 활용하는 방법 등이 그 대표적인 활동이다. 2012년 프로젝트가 재구성 되면서, 공부방 운영 강화와 마을학교 개교에 역점을 두는 프로젝트로 정리되었고, 그 결과 청운효자동 주민센터에서 샘맑은공부방을 운영하였다.

품애는 주민들이 다 같이 모여 영화를 보는 행사 '영화해', 시장 근처에서 벼룩시장을 열거나 공연을 하는 등에 행사 '시장해'와 같이 소규모 프로젝트에 '~해'라는 이름을 붙인다. 이를 통해 주민들에게 이런 활동들이 조금 더 이해하기 쉽고 친근하게 다가갈 수 있는 계기를 만들고자 한다.

품애는 또한 3년 동안 한 달에 한 번씩 주민들과 함께 수성동 계곡, 통인시장 앞 등 장소를 옮겨 다니면서 벼룩시장을 열었다. 하지만 서촌이 뜨는 지역이 되고 관광객이 늘어나면서부터는 대부분의 활동을 멈춘 상태이다. 품애의 활동이 관광객을 끌어들이는 하나의 관광 요소가 되어 주민들에게 또 다른 피해를 낳게 될까봐 적극적인 활동을 하지 못하고 있는 것이다(백조연, 2015). 그렇다고 해서 품애가 현재 아무 것도 하지 않는 것은 아니다. 현재는 단체가 직접 일을 주체하기 보다는 "있는 것을 잇고, 다른 것을 품는"이라는 품애의 슬로건처럼 주민들의 목소리를 모으고, 여러 작은 단체들과 사업들을 도와주거나 공모를 지원해 주며 지역 행사를 같이 하는 방식을 취하고 있다.

2. 떠오르는 재래시장, 통인커뮤니티

통인커뮤니티는 서촌에 위치한 통인시장의 상인회에서 시작된 마을기업이다. 2011년부터 안전행정부가 마을기업 육성 정책을 추진하자 같은 해 11월 안전행정부에 ㈜통인커뮤니티로 정식 등록하여 정부의 지원을 받기 시작했다. 이후 마을기업으로 법인 등록하여 통합콜센터 및 배송센터를 운영하고, 홈페이지와 온라인 쇼핑몰을 개설하여 고객의 편의를 도모하고 있다. 이 밖에도 도시락카페, DIY 목공방, 커피공방, 지역 벼룩시장을 운영한다.

조직 형태를 보면 마을기업과 상인회가 별도로 분리되어 있지 않고, 상인회 인원이 모두 마을기업 임원이 되어 마을기업의 운영에도 적극 참여하고 있다.

사진 11.1 통인시장 내부 모습

현재 대표 1인, 임원 3인, 위원 7인으로 구성되어 있다. 마을기업이 설립되기 전까지 통인시장의 활성화를 위한 사업 재원은 상인회비나 정부 및 지자체의 지원으로 제한되어 시장 활성화를 위한 제안이나 방법이 도출되어도 능동적으로 실행하는 데 한계가 있었다. 이에 통인시장의 자체적인 수익 모델을 개발하여 지원 없이 실행할 수 있는 기반을 마련하기 위해 마을기업을 설립했다. 마을기업과 상인회는 적극적인 마케팅과 정부 지원에 맞는 다양한 기획을 통해 시장 활성화를 위해 노력하고 있으며, 마을기업 홍보를 위한 마케팅 활동으로 이미 많은 언론에 보도된 바 있다. 특히 도시락카페 프로그램은 다양한 방송 매체와 잡지, 그리고 수많은 블로그에 소개됨으로써 통인시장을 알리는 홍보 역할을 톡톡히 하고 있다(박소연·박인권, 2013).

이뿐 아니라 통인시장은 서촌의 변화를 이끈 중요한 주체 중 하나이다. 정부의 정책적 지원에 상인들의 노력이 더해지면서 상당히 큰 규모의 자금이 통인시장에 투자되었다. 덕분에 서촌의 변화로 인한 이익은 대부분 통인시장으로 향했고 통인커뮤니티 역시 서촌의 활성화에 통인시장이 기여한 바가 크다는 것을 인정한다. 하루에 200명 남짓의 손님이 방문하던 통인시장은 도시락카페를 시작한 첫해에 15만 명의 손님이 찾는 시장으로 변화했다. 그 후로 방문객 수는 꾸준히 늘어 2014년에는 75만 명의 손님이 통인시장을 찾았다.

또한 통인시장 입구 근처에는 시장 측에서 조성한 정자와 광장이 마련되어 있다. 전통시장의 긍정적인 측면들, 즉 단순히 물건을 사고파는 기능 이상의 역할

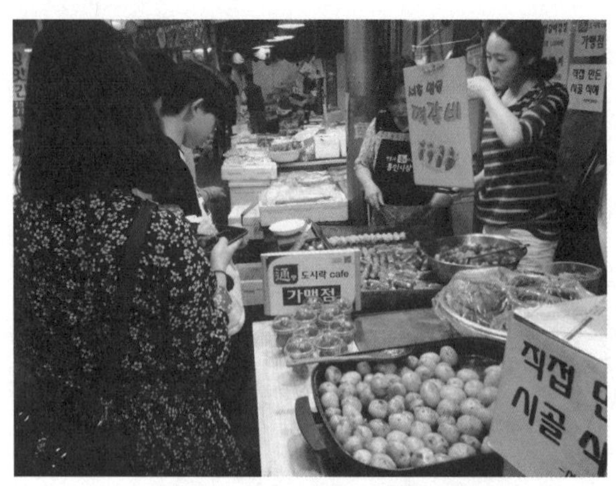

사진 11.2 통인커뮤니티 도시락카페

을 하던 전통시장의 모습을 복원하기 위해 구청과 함께 마련한 공간이다. 이곳에서는 판소리, 무용, 연주회 등 다양한 문화 행사가 열린다. 주민들은 공연을 보거나 사람들을 만나거나 또는 휴식을 취하러 정자를 찾는다. 또한 통인시장에서는 1년에 두 번 정도 주민들을 위한 장터와 지역 공방을 위한 플리마켓도 개최하고 있다. 시장이 지역 친화적이지 못하면 살아남지 못한다는 생각으로 지역에 녹아들기 위해 노력하고 있다.

또한 통인시장은 대형 마트와 차별점을 두어 사람들이 시장을 찾을 수 있게 노력했다. 일례로 시장 상인들의 삶을 스토리텔링 형식으로 엮은 책을 나눠준 적이 있었는데, 상인들의 삶에 공감할 수 있어서 주민들의 반응이 매우 좋았다고 한다. 이외에도 통인시장은 주민들을 위한 저렴한 바리스타 교육을 실시하고 있으며, 공방을 운영하며 지역 주민들이 부담 없이 목공예를 체험할 수 있도록 하고 있다.

또한 통인시장의 주력 사업인 도시락카페는 마을 주민들이 저녁 시간에 편하게 장을 볼 수 있도록 오후 4시에 마감한다. 나아가 현재는 시장 주변에서 장사하는 사람들도 시장의 손님이며, 상권의 왜곡으로 인한 피해를 막고 지역 상권과 공존하기 위해, 오전 11시부터 오후 4시까지인 도시락카페 운영 시간을 오히려 단축하는 것을 고민하고 있다.

3. 다르지만 같은 곳을 지향하는 품애와 통인커뮤니티

품애와 통인커뮤니티의 차이점 중 하나는 서로 다른 이익이 단체의 중심이 된다는 것이다. "서울특별시 종로구 마을공동체 지원 등에 관한 조례"에 따르면 두 단체는 "주민 개인의 자유와 권리가 존중되며 상호 대등한 관계 속에서 마을에 관한 일을 주민이 결정하고 추진하는 주민자치 공동체"(제2조), 즉 마을공동체에 해당된다. 하지만 그중에서도 통인커뮤니티는 경제 공동체이자 마을주민이 주도적으로 지역의 각종 자원을 활용하여 안정적 소득 및 일자리를 창출하는 마을기업[1]이다. 이와 다르게 품애는 마을을 살기 좋은 환경으로 만들기 위한 포괄적인 활동들을 더 중심적으로 하고 있다.

통인커뮤니티는 마을기업으로서 단순히 서로의 편의를 도모하는 것이 아닌 '경제적인 이익'을 창출해야 하고 마을기업원들의 이익을 대변해야 하기 때문에 '상인'들의 이익에 초점이 맞춰질 수밖에 없다. 그러나 품애는 여러 가지 프로젝트가 '주민'을 위한 활동이 아니라 관광 상품으로 전락할 것을 우려하는 모습을 보이고 있다. 주민들에게 오히려 피해가 될까봐 큰 프로젝트를 진행하기 보다는 가급적 주민들의 논의를 통해 진행되는 사업이나 조합을 도와주는 역할을 하고 있다. 이런 입장에서 통인커뮤니티는 서촌의 관광 활성화에 큰 역할을 한, 주민들에게는 조용하던 서촌을 시끌벅적한 곳으로 만든 '주범'으로 여겨지기도 한다. 이처럼 두 단체는 지역의 발전에 대해 입장 차이를 보이고 있다.

그뿐 아니라 이 두 단체는 서로 이질적인 리더십의 특성을 가지고 있다. 품애의 배인용 대표는 어떠한 사업을 주도하는 역할보다는 주민들이 사업을 구상하면 그것을 도와주고 틀을 잡아 주는 '조력자' 역할을 하고 있다. 그는 "마을을 살리기 위해서는 '관'과 같은 어떤 한 곳의 힘에 의해 주도되기보다는 그곳에 살고 있는 주민들의 생각을 중심으로 이루어져야 한다."는 생각을 가지고 주민들의 자립을 중요하게 여기고 있다. 또한 최근에는 구청과 민을 이어 주는 중간지원조직인 종로구청의 마을공동체지원센터에서 일하며 시민들의 활동을 보조하는

1. 안전행정부. 2011. "마을기업 추진지침(안)."

것에 주력하고 있다.

이에 비해 통인커뮤니티의 정흥우 대표는 주도적인 리더십을 보여 준다.

> "푸른마트 주인 분이 통인시장 상인회장일거야. 그분이 활성화시켰지. 그 건물 주인이고 목욕탕도 하고. 그분이 '으쌰'가 좋은 것 같아."
>
> – ○○○ 서촌 ○○약국 약사•2

30년 동안 약국을 운영해 오며 서촌을 지켜본 약사의 말에서 알 수 있듯, 서촌 토박이로 통인시장 끝자락에 위치한 슈퍼를 부모님에게 물려받아 운영하던 정흥우 대표는 낙후된 통인시장을 일으킨 주역으로 평가받고 있다. 변화를 꺼리던 상인들을 도시락카페 가맹점으로 만들기 위해 한 명, 한 명 설득시키며 사업을 성공시키고, 관의 도움을 받아 시장을 발전시키기 위해 구청에 제출해야 하는 각종 서류들에 승인 사인을 받으러 다니는, 시장을 위한 사업을 위해 자신의 본업을 미루어 두고 발 벗고 나서는 주도적인 지도자 그 자체였다.

이렇듯 품애의 배인용 대표와 통인커뮤니티의 정흥우 대표는 리더로서 다른 성격을 띠고 있지만, 두 사람 모두 지역의 토박이로서 서촌에서 일어나는 여러 문제점에 대해 깊은 관심을 가지고 있다는 공통점이 있다. 이 둘은 각자의 방식으로 두 단체의 발전과 지속에도 중추적인 역할을 하고 있다.

사진 11.3 통인커뮤니티 정흥우 대표(좌)와 품애 배인용 대표(우)

2. 인터뷰 일자: 2015. 5. 2

품애와 통인커뮤니티는 관과의 관계에서도 조금 다른 모습을 보였다. 통인시장은 관의 도움을 많이 받았을 뿐 아니라 때로는 관에 의해 끌려가는 모습을 보이기도 한다. 종로구청에서 진행 중인 전통시장 살리기의 일환으로 초기에는 시장 골목을 치우기 위해 소방차를 보내 주기도 하고, 시장 끝에 위치한 정자와 광장을 만들어 주기도 하였다. 또한 시장 입구 디자인이나 건물 개선 등 시장의 미화와 관련된 부분뿐 아니라 자금 면에서도 많은 도움을 받았다. 그렇지만 무엇보다도 통인커뮤니티는 안전행정부에 등록된 마을기업이라는 점에서 관과 밀접한 관계를 맺고 있다고 볼 수 있다.

품애는 종로구에 마을공동체지원센터가 생겨나며 관과 민의 중간지원조직 역할을 할 수 있게 되었다. 과거보다 관에서 마을공동체에 대한 관심을 더 크게 보이며 더 많은 공모전들을 열며 관의 지원을 받기가 수월해졌고, 실제로 몇몇 사업에서도 관의 지원을 받은 경험이 있다. 비록 품애가 통인커뮤니티에 비해 관과 직접적인 관계를 맺고 있지는 않지만 두 단체 모두 관의 도움과 함께 발전해 왔다는 것을 알 수 있다.

Ⅲ. 서촌의 변화, 젠트리피케이션

1. 우리 서촌이 달라졌어요

서촌 지역은 최근 몇 년 사이에 급격히 변화했다. 조용하던 동네가 관광객으로 북적거리는 관광 명소가 되었으며, 외국인들의 방문도 크게 늘었다. 몇몇 식당들은 맛있다고 소문이 나 줄 서서 기다려야 맛볼 수 있는 '서촌 맛집'이 되었고, 새로운 관광객들을 타깃으로 하는 카페와 상점도 많이 생겨났다. 서촌의 이러한 변화는 일련의 요인들의 복합적인 결과였다. 서촌의 변화에 앞서 인근의 북촌, 삼청동의 변화가 있었다. 오세훈 시장의 '한옥 선언' 이후로 이 지역이 주목받으면서 땅값이 크게 올랐고, 관광지로 이름을 날리기 시작했다. 서촌 근처의 경복궁은 '야간 개장'을 시작한 이후로 남녀노소는 물론 외국인들에게도 꼭 가봐야 할 관광 명소로 재조명되었다(온라인 중앙일보, 2015).

2010년부터 종로구를 이끌고 있는 김영종 구청장은 종로구의 문화 인프라를 활용하여 브랜드 가치를 높이는 데 초점을 맞췄다(아시아경제, 2010). 통인시장의 도시락카페는 전통시장의 특색을 보존하면서도 새로운 재미, 볼거리, 먹거리를 제공하는 효자 상품으로 거듭났으며, 통인시장은 전국의 모든 전통시장들이 주목하는 가장 성공적인 전통시장이 되었다. 2013년 문을 연 종로구립 박노수 미술관은 서촌의 아기자기한 아름다움을 더욱 부각하며 문화예술에 관심이 많은 사람들을 서촌으로 끌어들였다. 관광객이 늘어나면서 도심 속의 작은 마을 서촌이 갖는 아기자기한 매력이 바깥으로 알려졌고, 아기자기한 모습 자체가 서촌을 찾는 또 하나의 이유가 되었다.

서촌의 활성화에는 김영종 구청장의 역할이 컸다. 김영종 구청장은 '세종마을'이라는 이름으로 서촌을 문화예술의 마을로 탈바꿈시켰다. 서촌은 원래 통인시장과 금천교시장 외에는 별다른 특색이 없었고 따라서 상권도 활성화되지 않은 마을이었다. 하지만 김영종 구청장 부임 이후로 '문화와 예술이 함께하는 전통시장 조성 사업', '윤동주 문학관 건립', '수성동 계곡 복원', '구립 박노수 미술관 건립', '한옥 구립 청운문학도서관 건립' 등 환경 개선 및 문화 인프라 조성 노력으로 빠르게 관광 명소가 되었다. 이와 더불어 김영종 구청장은 지역의 소득 증대 및 일자리 창출에도 관심을 가졌다. 환경 개선, 문화 인프라 조성이 실질적으로 지역 주민의 소득 증대에도 기여할 수 있어야 한다는 것이었다. 김영종 구청장은 마을만들기에 대해서도 관심이 높은 편이었다. 마을만들기를 통해 주민들이 지역의 문제에 직접 참여하면서 지역의 환경을 주민들의 입맛에 맞게 개선할 수 있었다. 하지만 김영종 구청장은 마을만들기가 환경 개선에 그치지 않고 관광객의 유입, 상권의 활성화로까지 이어져야 더 의미 있는 마을만들기가 될 수 있다고 말했다. 실제로 서촌의 환경 개선, 문화 인프라 조성은 서촌의 경제를 크게 활성화시켰다.•3

짧게는 3년, 길게는 5년 사이에 이렇듯 서촌은 크게 변화했다. 서촌을 찾는 관

---

3. 김영종 종로구청장. 인터뷰 일자: 2015. 6. 19.

광객이 많아지면서 서촌 지역의 경제가 활성화되었고, 상권이 살아났다. 정적이고, 조용하며, 동네 주민들의 생계와 관련된 경제활동이 대부분이었던 과거와는 달리, 현재의 서촌은 매우 역동적이고, 시끌벅적하며, 관광객을 중심으로 하는 경제로 탈바꿈하였다. 중·장년층, 노년층 중심의 동네 분위기는 젊은 관광객들이 만들어 내는 활발한 분위기로 바뀌었다. 자연스레 이들을 타깃으로 하는 카페, 주점, 디저트 가게, 액세서리 가게 등이 우후죽순 생겨났으며, 외부에서 많은 상인들이 유입되었다. 통인시장은 특히 주말이면 발 디딜 곳이 없을 정도로 손님들로 가득찼고, 그야말로 '시장통'의 모습을 되찾았다.

하지만 서촌의 변화가 긍정적인 결과만을 불러온 것은 아니었다. 서촌의 활성화는 의도치 않은 부정적인 결과를 야기했다. 가장 중요한 측면은 땅값의 상승이었다(음성원, 2014). 관광객, 소비자가 늘자 건물주들은 자연스레 임대료를 올리기 시작했다. 정흥우 통인커뮤니티 대표에 따르면 과거의 서촌 지역, 특히 통인시장은 서울 도심과 가까움에도 불구하고 임대료가 상대적으로 낮은 편이었다고 한다. 하지만 서촌이 활성화되기 시작하면서 임대료가 주변과 비슷해졌고, 급기야 그 이상의 수준으로까지 치솟았다. 매출이 늘고, 수입이 늘었지만, 임대료도 함께 올랐기 때문에 상인들 입장에서는 긍정적이기만 한 것은 아니었다. 외부 상인들, 외부 자본들의 유입은 임대료 상승 문제를 가속화시켰다. 배인용 품애 대표는 소위 '권리금 장사'를 하는, 즉 투기를 목적으로 서촌에 가게를 내는 사람들이 늘어나면서 서촌의 땅값이 크게 왜곡됐다는 점을 비판했다. 기존 상인이 높은 권리금을 받고 가게를 넘기거나 기존의 건물주가 높은 가격으로 건물을 팔면 당장에는 그들에게 이익이 될 수 있다. 하지만 그들은 오랜 삶의 터전을 떠나야 하고 주민들은 필요한 시설들을 잃게 된다. 서촌에서 30년이 넘게 약국을 운영해 오고 있다는 한 약사는 서촌의 임대료가 오르면서 쌀집, 미장원, 신문 배급소, 우유 배급소, 세탁소 등이 없어졌다고 말했다. 서촌에 몇 개 남지 않은 세탁소를 운영하는 한 상인에 따르면 주로 피해를 입은 사람들은 세 들어 장사하던 상인들이었다.

"외부 상인들이 권리금 줄테니까 그 자리를 달라고 해서 뺀 자리들이 많아. 내가 아는 것만도 세 군데나 돼. 권리금을 건물 주인한테 주고 들어온 거야. … 쫓겨난 거라고 봐야지. 자기들 의지로 나간 게 아니었으니까." – ○○○ 서촌 상인[4]

이러한 서촌 변화의 문제는 젠트리피케이션으로 요약된다. 젠트리피케이션이란 영국 산업혁명 이전 옛 토지 귀족을 뜻하는 '젠트리'가 특정 지역에 들어와 그곳의 물리적 환경을 바꾼다는 의미로 1964년 영국의 사회학자인 루스 글래스(Ruth Glass)가 처음 쓴 용어다. 도시 환경의 변화로 중·상류층이 도심의 주거지로 유입되면서 주거 비용을 끌어 올리고, 비싼 월세나 집값 등을 감당할 수 없는 원주민들이 다른 곳으로 밀려나는 현상을 뜻한다(음성원, 2014). 젠트리피케이션 현상은 우리나라에서도 이미 많은 지역에서 일어나고 있었다. 홍대, 삼청동, 신사동 같은 경우 처음에는 지역 고유의 특색으로 인기를 끌었지만, 이후 대형 자본이 들어오면서 이들의 입맛에 맞는 상업지구로 변질되었다. 서촌 역시 홍대, 삼청동 같이 변질되지 않을까 하는 우려가 생겨나기 시작했다. 서촌이 대형 자본의 상업지구로 전락한다면 주민들은 오랜 기간 지켜 온 삶의 터전을 잃게 되고, 상인들 역시 쫓겨나거나 높은 임대료에 시달려야 하기 때문이다. 무엇보다도 서촌이 관광객을 유인할 수 있었던 본질적인 측면들, 예컨대 전통시장, 아기자기한 동네의 모습, 그리고 그 속에서 피어나는 문화예술이라는 측면이 변질되고, 마을공동체가 붕괴된다면 결국 서촌에는 아무것도 남지 않을 것이기 때문이다. 만약 이러한 최악의 시나리오가 펼쳐진다면 서촌의 변화, 서촌의 활성화는 결국 서촌의 붕괴로 귀결될 것이라는 걱정이 주민들, 상인들을 중심으로 생겨난 것이다.

2. 통인시장의 고민 "전통시장의 특색을 잃지 않아야죠"

통인시장에서도 시장 활성화 이후에 생겨난 몇 가지 문제점에 대해 우려하고 있었다. 첫째는 통인시장의 임대료 상승이었다. 통인시장의 임대료가 지속적으

4. 인터뷰 일자: 2015. 5. 2.

로 오르고 기존의 상인들이 자꾸 떠나다 보면 결과적으로 통인시장이, 나아가 서촌이 다시 옛날처럼 침체되고 슬럼화될 수 있다는 우려였다. 두 번째는 통인시장이 단순한 먹자골목으로 전락하는 것이었다. 통인시장은 도시락카페를 운영하기 이전에 전통시장이며, 관광객들이 통인시장을 찾는 핵심적 이유는 전통시장의 모습을 느낄 수 있기 때문이다. 도시락카페는 전통시장의 모습을 살리면서도 관광객들, 특히 젊은 층이나 외국인들을 끌어들이는 중요한 요인이 되었다. 하지만 한편으로 도시락카페의 대성공으로 인해 시장 내 많은 점포들이 도시락카페에 가맹하고자 하며, 커피숍이나 분식 프랜차이즈 같은 전통시장과 큰 관련 없는 점포들이 늘어났다. 이렇게 통인시장이 단순한 먹자골목으로 변한다면, 주민들에게 시장으로서의 기능을 하지 못한다. 또한 전통시장의 모습을 잃어버린다면, 관광객들에게도 매력도가 떨어진다. 맛있는 음식을 파는 곳은 통인시장 외에도 많기 때문이다. 시장이 먹자골목으로 변하는 것을 방치한다면 결국 시장은 다시 과거의 모습으로 돌아갈 것이다.

시장 내부에서도 통인시장의 변화에 대한 부정적인 입장이 있었다. 통인시장을 찾는 관광객이 늘고 시장 전체적인 수입도 늘었지만, 그 혜택이 모든 상인들에게 골고루 돌아가지는 않았다. 통인시장이 도시락카페로 유명해졌기 때문에 관광객들 역시 도시락카페 가맹점을 중심으로 몰렸다. 혼자서 반찬가게를 운영하던 점포에서 2~3명의 직원까지 고용하는 경우도 생겼다. 반면 도시락카페 비가맹 점포는 몰려드는 관광객으로 인한 혜택이 거의 없었다. 통인시장에서 10년 넘게 정육점을 운영해 온 한 상인은 통인시장의 활성화가 "시장 전체의 활성화가 아니라 먹거리 중심의 활성화"라고 비판했다. 그는 도시락카페를 처음 추진할 당시, 시장을 위하는 마음에서 상인회 총무를 맡아 자신의 생업마저 일부 포기하면서 도시락카페 도입에 반대하던 상인들을 설득하러 다녔다고 한다. 처음에는 도시락카페에 대한 개념조차 생소했고, 성공에 대한 가능성도 높지 않았기 때문이다. 정작 본인은 반찬 가게를 운영하지 않지만 시장 발전을 위해 노력한 것이다. 하지만 통인시장이 활성화된 지금, 정육점은 도시락카페 비가맹 점포이기에 혜택을 받지 못했다고 한다. 오히려 손님들이 줄을 서는 다른 점포를 보면서 상대적 박탈감이 커졌고, 통인시장 자체가 관광객들 위한 시장이 되면서 정육점 같은 비가맹 점포의 손님이 줄었다고 한다. 마을 주민들 입장에서는 관광객으로 북적거리는 통인시장을 찾을 이유가 점점 사라지고 있기 때문이다. 그럼에도 불구하고 통인시장이 유명세를 타고 관광객이 몰리면서 정육점의 임대료도 덩달아 올랐다. 이러한 복합적인 이유로 비가맹 점포 입장에서는 힘든 점이 많다고 한다. "시끄럽고, 안 팔아 주니까. 쉽게 말해서 안 팔아 주니까. 그냥 차라리 사람들 없으면 조용하게 책도 보고 그러는데, 책도 못 보고 그냥 짜증만 난다"는 토로다.

서촌 주민의 입장에서도 통인시장의 활성화는 마냥 반갑기만 한 소식이 아니었다. 통인시장의 활성화로 인해 오히려 주민들은 이전보다 더 큰 불편을 느끼기 때문이다. 과거의 통인시장은 주민들의 시장이었다. 원래 통인시장은 작은 규모의 시장이었으며, 인왕시장에서 물건을 사 왔기 때문에 물가가 많이 싼 편은 아니었다. 그래도 동네에서 가깝고 싱싱한 물건을 파는 시장이라는 점에서 주민들이 꾸준히 이용해 왔다. 하지만 시장이 활성화되면서 주민들이 느끼는 시장으로서의 장점이 점점 줄어들고 있다. 시장이 관광객들로 가득 차면서 주민들이 천천히 둘러보며 장 보기는 어려워졌고, 가격 또한 올랐다. 가장 큰 문제는 품질이 예전만 못하다는 점이었다. 반찬 가게가 관광객들의 입맛에 맞추다 보니 자극적인 맛으로 변하였고, 다른 상품들도 신선함이 예전보다 못한 경우가 많아졌다.

서촌은 주민 수가 적은 편이다. 인근에 대형마트까지 등장하자 통인시장의 손님은 더욱 줄었고, 통인시장은 더더욱 관광객을 늘리기 위한 다양한 노력을 할 수밖에 없었다. 통인시장의 활성화로 인해 관광객들은 늘었지만 정작 서촌의 주민들은 시장으로부터 더욱 멀어지게 된 것이다. 이외에도 많은 관광객이 몰리면서 뒤따르는 쓰레기 문제, 소음 문제 등도 서촌 주민들의 골머리를 앓게 만들었다.

이러한 문제점들에 대해 통인커뮤니티 측도 인식하고 있었고, 다양한 방법으로 이를 해결하고자 노력하고 있었다. 관광객 증가에 따른 쓰레기 문제, 소음 문제를 줄이고자 캠페인, 홍보 등을 기획하고 시장에서 돈과 시간을 들여서라도 정화 활동을 계획하고 있으며, 양심적으로 장사하는 분위기를 조성하기 위해 많은 대화를 나누고 있다고 한다. 또한 주민들과 힘을 모아 건전한 서촌 관광 분위기를 조성하기 위해 노력하고 있다.

통인커뮤니티에서는 지역신문, 리플렛 등 서면을 통해 꾸준히 홍보하면서 주민들과 함께 서촌만의 느낌과 분위기를 유지하는 데 초점을 맞추고 있다. 통인커뮤니티는 이런 외부의 문제뿐 아니라 내부의 문제에도 관심을 갖는다. 상인들 간의 불균형 문제와 관련하여 올해의 목표를 '상인들 간의 균형 발전'에 둔 것이다. 도시락카페에 가맹하지 않은 상인들의 매출을 늘리기 위해서 올해 5월 1일부터 도시락카페 가맹점주들이 가맹을 유지하기 위해서는 식자재의 최소 20%를 통인시장에서 구매하도록 했다.

또한 지나친 임대료 상승으로 통인시장이 다른 지역처럼 변질되는 것을 막기 위해 대표를 비롯한 상인들은 건물주들을 찾아가 지나친 임대료 상승을 자제해 달라고 설득한다고 한다. 도시락카페 가맹 점포에 다른 상인이 들어와 장사하더라도 도시락카페의 가맹을 양도받을 수 없도록 해 임대료의 급등을 막고자 했다. 하지만 통인커뮤니티에서 현재 무엇보다 중요하게 생각하는 것은 바로 주민들과 공감대를 형성하고 힘을 합쳐야 한다는 것이다. 임대료의 지나친 상승은 단순히 기존 상인들의 생계를 위협하는 수준을 넘어서 마을 자체의 모습을 바꾸고 주민들의 불편을 가중시킬 수 있다는 점에서 더욱 그렇다. 이를 위해서 통인시장에서는 정자에서 다양한 공연이 열리는 금요일과 토요일을 활용하여 이러한 내용을 주민들에게 홍보하고 있다.

마지막으로 통인커뮤니티는 통인시장이 단순한 먹자골목으로 전락하지 않도록 시장 내 도시락카페의 가맹점 수를 23개로 고정해 놓고 있다. 많은 상인들이 가맹을 원하지만, 전통시장으로서의 정체성을 유지하기 위해서라도 가맹점 수를 늘리지 않고 있다. 이들이 생각하는 통인시장의 가장 중요한 과제는 전통시장의 명맥을 계속 유지하는 것이고, 그다음의 과제는 상인들 간의 균형적인 발전 및 상인과 주민 모두가 만족할 수 있는 시장을 만드는 것이다. 더 나아가 주민들 및 지역 청년들과 상생할 수 있는 방법을 마련하는 것도 중요한 목표이다. 통인커뮤니티는 현재 시장 2층 공간에 청년들을 위한 창업 인큐베이팅 공간을 마련해 주는 것 등을 계획하고 있다. 전통시장의 가치를 유지하면서 상인, 주민,

그리고 청년이 상생할 수 있는 시장이 되는 것이 통인커뮤니티가 궁극적으로 지향하는 부분이다.

3. 품애의 고민 "차라리 예전이 나았어요"

서촌 주민들의 편의를 도모하고, 주민들 간의 공동체를 유지, 발전시키는 데 초점을 맞추는 마을공동체 품애는 서촌의 변화로부터 직격탄을 맞았다. 서촌의 변화로 품애의 마을공동체 관련 다양한 프로젝트가 이전보다 훨씬 줄었다. 예컨대 서촌이 관광지로 주목받기 전에는 품애에서 벼룩시장, 사진전, 영화제 등 마을 단위의 행사를 자주 열었는데, 서촌이 관광지로 개발되면서 이러한 행사들을 더 이상 개최하지 않고 있다. 마을 주민들을 위한 행사를 열어도 이것 또한 일종의 관광 상품이 되기 때문이다. 벼룩시장 같은 경우 관광객의 유입으로 인해 수익이 늘어날 수도 있겠지만 주민들의 축제가 되지 못한다. 마을 주민들을 위해 개최하는 행사가 오히려 마을을 더 소란스럽고 혼잡하게 만들기 때문에 품애는 마을 행사 개최에 소극적이 되었다. 실제로 품애에서는 예전과 같은 활발한 활동이 이루어지지 않고 있다. 과거에는 직접 다양한 주민참여 프로젝트를 기획하고 실행했다면, 지금은 주민들이 협동조합을 만들거나 사회적기업을 만들 때에 지원을 하는 정도의 활동만 하고 있다. 마을공동체라는 개념 자체가 아직 주민들에게는 새롭고, 한창 다양한 활동의 경험을 쌓아가는 과정에서 젠트리피케이션으로 인해 제동이 걸린 것이다.

배인용 품애 대표는 도시락카페로 통인시장이 활성화된 것에 대해서는 긍정적으로 평가했다. 그리고 그에 따른 임대료 상승 문제도 어쩔 수 없다고 말했다. 하지만 건물주들이 임대료를 지나치게 올리는 것에 대해서는 비판적인 입장이었다. 건물주들도 미래를 생각해서 적당히 임대료를 올리고, 상인들과 함께 살아갈 수 있는 상황을 만들어야 하는데, 지금처럼 임대료 올리는 것에만 혈안이 되면 결국 시장 생태계 자체가 흔들릴 것이라고 주장했다. 최근에 통인시장이 '뜨면서' 시장에 터키 아이스크림도 들어오고, 전주에서 인기를 끈 문어꼬치도 들어왔다. 이런 식으로 통인시장이 변화한다면 지금의 인기를 유지할 수 없을 것이며, 그렇다면 결국 건물주들도 후회할 것이라는 지적이다. 하지만 건물주들은 당장의 이익에만 관심을 가질 뿐이다. 상가 건물 외에 주민들의 집값이 오르는 것 역시 주민들 입장에서는 당연히 긍정적이다. 집값을 후하게 받고 판 뒤 다른 지역으로 이사를 할 수 있기 때문이다. 하지만 과연 이러한 변화가 의미 있는지에 대해 품애 대표는 의문을 제기했다. 오랜 시간의 추억이 담긴 삶의 터전을 떠나야 하고, 오래도록 정을 쌓아 온 이웃들과도 이별해야 하기 때문이다. 품애와 지역 주민들이 서촌의 지나친 집값 상승을 억제하고 마을공동체를 유지하기 위해 노력하는 이유는 그저 이 지역의 환경이 좋고, 자신들의 자식들도 여기서 살았으면 하기 때문이라고 말했다. 하지만 이런 소박한 생각을 현실로 만들어 내는 것은 결코 쉽지 않다. 임대료 상승을 억제할 수 있는 뾰족한 수가 없기 때문이다. 이러한 생각을 공유하는 사람들이 마을을 지키고 살아남기 위해서는 다양한 측면에서 대응책을 강구할 필요가 있다.

품애 활동가 수준에서뿐만 아니라 일반 주민의 입장에서도 서촌의 변화로 인한 불편은 크다. 기존의 마을 주민들이 주로 이용하던 중국 음식점, 세탁소, 약국 등은 사라지고 그 자리를 관광객들을 위한 카페, 주점이 차지했기 때문이다. 서촌의 경제는 활성화되었을지언정 주민들은 오히려 필요한 물건을 사기 위해 더 멀리 나가야 한다. '박원순식 재개발'이란 비판은 이러한 문제점을 잘 요약한다. 과거의 토건 중심 재개발과 현재의 주민참여 중심의 '마을만들기'는 작용 방식이나 바탕으로 하는 철학이 크게 다르다. 하지만 마을만들기 역시도 외부 관광객, 외부 자본의 유입을 초래하고 결과적으로 원주민들, 기존 상인들이 오랜 터전을 뜨거나 피해를 입는다는 점에서 기존의 재개발과 같은 결과를 초래한다는 비판을 받는다. 마을만들기, 주민참여의 부작용을 요약하는 말이 바로 '박원순식 재개발'이다.

서촌이 변화하는 상황에서 마을 주민들이 할 수 있는 것은 많지 않다. 주민들과 활동가들이 원하는 것은 지역에서 살아가는 사람들이 떠나지 않고 계속 마을을 가꾸며 살아갈 수 있는 환경을 만드는 것이다. 하지만 관광객들이 많아지고, 그에 따라 쓰레기나 소음 문제 등이 동반되면서 주민들은 점점 불편을 느끼고 있다. 최근에 품애는 이러한 문제를 해결하기 위해 북촌 사람들 및 다른 몇몇 단체들과 연대하여 조용하고 건전한 관광 문화를 만들기 위해 노력을 하고 있다. 구청이나 서울시의 공모 사업에 지원하여 건전한 관광 문화 조성을 위한 캠페인, 예컨대 영상 제작, SNS를 통한 홍보, 길거리 캠페인 등을 준비하고 있다.

이러한 노력도 중요하지만 결국 가장 중요한 것은 캠페인에서 그치는 것이 아니라 제도와 정책을 바꾸는 수준으로 나아가는 것이다. 특히 임대료 문제 같은 경우에는 주민들과 건물주들 간의 서로 다른 이해관계가 갈등하는 문제이기 때문에 캠페인 수준을 넘어 제도, 정책, 법의 제정이 함께 해야만 실질적인 효과를 낼 수 있다. 젠트리피케이션 문제는 주로 상업 자본에 의해 발생하였고, 지역의 모습을 그들의 입맛에 맞춰 바꾸는 문제를 초래했다. 하지만 주민들이 관심을 갖고 적극적으로 참여하여 결과적으로 제도, 정책 변화를 이끌어 낸다면 지역을 주민들이 원하는 모습으로 만들 수 있다. 지역을 지키고 마을을 유지하기 위해서는 반드시 제도화, 정책화가 필요하며, 이때 무엇보다도 중요한 것은 주민들의 의견과 지혜를 적극 반영하는 것이다. 이는 품애의 목표이기도 하다.

4. 종로구청의 고민 "마을만들기는 섬세하게 접근하는 것이 중요"

종로구청장[5]도 젠트리피케이션 문제를 충분히 인지하고 있었다. 종로구에서는 이미 서촌 이전에 북촌이나 인사동 같은 지역에서 젠트리피케이션이 큰 문제가 되었다. 따라서 종로구는 젠트리피케이션이 불러오는 문제와 그에 대한 해결책에 대해 비교적 경험이 많았다. 김영종 구청장은 젠트리피케이션 문제를 해결하기 위해 다각적인 노력이 필요하다고 주장했다. 다양한 이해관계가 얽혀 있는 만큼 단순한 방식으로는 젠트리피케이션의 문제를 해결할 수 없기 때문이다.

김영종 구청장은 구청이 서로 다른 이해관계를 갖는 집단 사이의 윤활유가 되어야 한다고 강조했다. 예컨대 구청은 건물주와 세입자들 사이의 징검다리가 되어 쌍방 간의 의사소통이 원활히 이루어지도록 돕고 이해관계를 조정하는

5. 김영종 종로구청장 인터뷰.

역할을 해야 한다는 것이다. 서로 다르거나 서로 충돌하는 이해관계를 갖는 집단 사이에는 서로 다른 입장, 심하게는 서로에 대한 적대심으로 인해 원활한 의사소통이 불가능하다. 하지만 구청이 중간자 역할을 하면 달라질 수 있다. 실제로 김영종 구청장은 금천교시장에서 임대료 문제를 두고 건물주와 상인들 간에 MOU를 체결하도록 구청에서 중간자적 지원을 했다고 말했다.

그 외에도 김영종 구청장은 구청에서 주민들에게 젠트리피케이션에 대해 많은 정보를 제공해야 한다고 말했다. 특히 장기적인 관점에서 지역과 주민들에게 진정으로 이익이 되는 것이 무엇인지를 구청에서 충분히 인지하고 이를 주민들에게 알려 주는 노력이 필요하다. 젠트리피케이션 문제는 이미 다른 지역에서 많이 일어난 문제이다. 따라서 그에 대한 부작용 및 대안도 충분히 알려진 편이다. 구청의 역할은 젠트리피케이션에 대한 이러한 정보들을 모아 종로구의 젠트리피케이션 해결에 대한 노하우를 얻고 이를 지역 주민들에게 알려 주는 것이다. 건물주의 입장에서는 임대료를 최대한으로 올려서 최대의 수익을 추구하는 게 단기적으로는 가장 이익이 되는 행동일 수 있다. 하지만 이렇게 단기적으로 임대료를 올리다 보면 마을이 지나치게 상업화되어 마을의 특색을 잃게 된다. 그러면 마을은 다시 관광객들의 외면을 받고 침체될 수 있다. 따라서 장기적인 관점에서는 적정 수준의 임대료를 유지하는 것이 중요하다. 구청은 바로 이러한 정보들을 지역 주민들에게 전달하고 더 많은 의사소통을 통해 주민들이 장기적인 이익, 공동체적인 이익을 추구하도록 설득해야 한다.

장기적이고 공동체적인 목표는 결국 마을의 회복에 있다고 김영종 구청장은 말한다. 서로에 대해 잘 모르고 교류가 없다 보면 당연히 자신의 관점으로만 생각하게 된다. 따라서 단기적이고 사적인 이익만을 중시하게 된다. 하지만 이웃에 관심을 갖고 그들과 교류하다 보면 자연스레 공동체적 인식이 생기기 마련이다. 공동체적 인식은 지역의 문제를 해결하는 데 있어 가장 중요한 요소이다. 김영종 구청장은 마을만들기의 가치는 주민들이 지역과 이웃에게 관심을 갖고 공동체적 인식으로 지역의 문제를 해결하는 데 있다고 주장한다. 젠트리피케이션 문제의 경우 경제적인 이익이 걸린 문제이기 때문에 해결이 어려울 수밖에 없다. 특히 서로 다른 집단 간의 이해관계가 충돌한다면 문제는 더더욱 심각해진다. 그렇다고 해서 과거의 방식으로 구청이 일방적으로 이래라 저래라 할 수는 없다. 김영종 구청장은 서로 다른 이해를 가진 사람들 간의 상호 교류 및 의사소통이 확대될 수 있도록 구청이 중간에서 윤활유의 역할을 해야 하며, 이를 통해 젠트리피케이션 문제도 가장 효과적으로 해결할 수 있다고 주장한다. 결코 쉽지 않은 문제이지만 해결의 실마리는 주민들의 참여 및 의사소통에 있다는 것이다.

Ⅳ. 다시 시민정치에 답을 묻다

"삼청동처럼은 되지 말자."라는 정흥우 통인커뮤니티 대표의 말은 서촌이 당면한 현실에 대한 고민을 그대로 보여 준다. 젠트리피케이션은 비단 서촌뿐 아니라 외국 곳곳에서도, 그리고 서울 여기저기에서도 이미 진행된 일이지만, 서촌에서는 그 속도가 심상치 않다. 이에 대해 신현준 성공회대 동아시아연구소 HK교수는 "1990년대 인사동 지역에서 시작된 젠트리피케이션이 완료되는 데는 10년이 걸렸다. 그런데 2000년대 삼청동에서는 5년, 2010년대 서촌에서는 2~3년 만에 변화가 끝날 정도"라고 그 속도의 변화를 설명한다. 물론 젠트리피케이션이 나쁜 것만은 아니다. 정부의 지원 없이 시민들의 자발적인 활동으로 도심을 되살리는 것은 젠트리피케이션의 긍정적인 면이라고 할 수 있다(송화선, 2015). 하지만 그것이 주민과 마을을 위한 것인가라고 물어본다면 그렇다고 답하기에는 어려운 면이 있다. 특히 직접적인 피해를 입는 사람들이 소상공인, 영세 거주민 등 비교적 사회적 약자라는 점에서 더욱 문제가 된다.

서촌의 변화가 불러온 부정적인 결과에 대해 우려하고, 이러한 문제점들에 적절히 대처하고자 한다는 점에서 마을기업 통인커뮤니티와 마을공동체 품애, 그리고 종로구청은 모두 공감대를 형성하고 있었다. 마을기업이든 마을공동체이든 두 단체는 모두 서촌의 변화에 대해 어느 정도 유사한 문제의식을 가지고 있으며, 대응책으로서 공통적으로 마을 주민들의 참여와 연대를 중시하고 있다. 지나친 임대료 상승을 억제하거나 건전한 관광 문화를 조성하기 위해서는 결국 서촌 주민들이 뭉쳐서 하나의 목소리를 내야만 실질적인 결과를 낼 수 있기 때문이다.

어느 한 주체가 문제를 해결할 수 없다면 민관의 주체들이 함께 노력해야 할 것이다. 결국 이 문제의 해법을 다시 지금의 품애와 통인커뮤니티를 만들어 왔다고 볼 수 있는 시민정치에 묻는 것이다. 즉 젠트리피케이션을 해결하고자 하는 공동의 목적 아래에서 주민들과 지방자치단체가 각기 제 역할을 수행하여 이 문제를 해결할 가능성을 생각해 보고자 한다. 이는 '좋은 거버넌스'가 젠트리피케이션을 해결하기 위한 하나의 가능성이 될 수 있다는 점을 고민하는 것이기도 하다. 또한 우리는 지역의 문제를 주민들의 힘으로 혹은 거기에 관의 협력을 더해서 해결해 나간 사례들을 여럿 알고 있다. 그 사례들에서 제기되었던 문제가 비록 젠트리피케이션과는 직접적으로 관련이 없을지라도 이를 통해서 품애나 통인커뮤니티와 같은 마을공동체나 주민들이 어떻게 스스로를 조직하고 운영해야 하는지, 그리고 정부나 지방자치단체의 입장에서는 어떤 역할을 해야 하는지에 대해서 배울 수 있을 것이다.

1. 품애와 통인커뮤니티의 시민정치적 가능성

우리는 그 가능성을 모색하기 위해서 로컬 거버넌스(지방자치 차원의 거버넌스)와 관련된 연구들을 검토하여 로컬 굿 거버넌스 연구를 위한 분석틀, 지표, 기준, 가설 등을 제시한 김의영(2011)의 굿 거버넌스 연구를 참고하고자 한다. 이 연구는 기존의 다양한 사례와 연구들을 비판적으로 분석하여 다음과 같은 분석틀을 제시한다.

즉 "무엇이 굿 거버넌스의 목표인가?", "굿 거버넌스의 목표를 실현하기 위하여 행위자들이 고안해 내는 정책과 제도 및 전략은 무엇인가?", "굿 거버넌스의 실현에 필요한 행위자의 역량은 무엇인가?", "굿 거버넌스의 성패에 영향을 미치는 맥락적, 환경적 요인은 무엇인가?"라는 네가지 하위 질문을 통해 무엇이 좋은 거버넌스인가 혹은 좋은 거버넌스가 되기 위해서 어떤 요인이 필요한가를 제시한다.

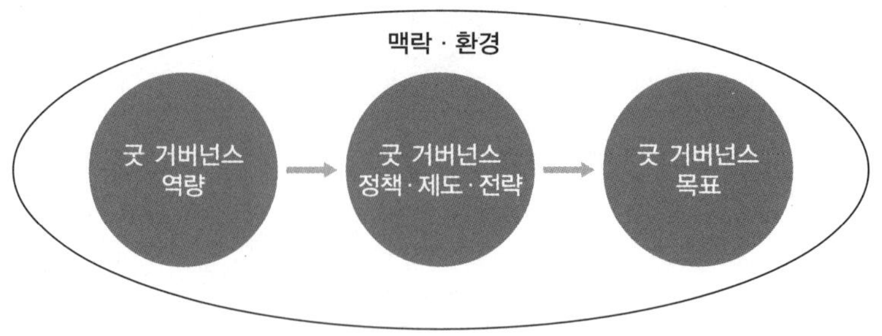

그림 11.2 굿 거버넌스 연구 분석틀

표 11.1 굿 거버넌스 틀을 적용한 종로구 거버넌스의 역량과 정책 · 제도 · 전략[6]

	역량	정책 · 제도 · 전략	
		실행 중인 정책 · 제도 · 전략	실행 가능한 정책 · 제도 · 전략
시민사회	네트워크 신뢰	·	연방적, 중층적 구조화 관계적 조직화 기존 지역사회 네트워크의 재활용
지방정부	리더십	교육 및 학습 local unit 간 조정 관료 · 주민 간의 관계 조직화	성과지향적 모니터링과 평가 심의 포럼 등의 도입 주민참여에 대한 인센티브 제공

그중에서도 우리는 서촌의 젠트리피케이션 문제를 해결하기 위한 방안을 모색하고자 굿 거버넌스의 역량 요인으로서 지금 통인커뮤니티와 품애가 보여 주는 가능성에는 어떤 것이 있는지를 살펴본다. 이를 바탕으로 현재 어떤 정책과 제도 및 전략을 실행하고 있으며 또한 앞으로 거버넌스의 목표를 실현하기 위해서 어떤 정책과 제도 및 전략이 가능할지를 생각해 보기로 한다. 표 11.1은 그것을 간단히 정리한 것이다.

우선 굿 거버넌스의 역량 요인은 구체적으로 지역 주민의 사회적 자본, 지방정부의 제도적 자본, 지역사회의 개혁적 역량[7]으로 나뉜다. 먼저 주민의 사회

6. 굿 거버넌스 분석틀이 제시하는 역량 요인과 정책 · 제도 · 전략 전체 목록은 김의영(2011, pp.222-224)의 연구를 참조하라.

7. 지역 주민의 사회적 자본은 다시 신뢰, 네트워크, 상호 호혜의 규범으로, 지방정부의 제도적 자본은 리더십, 자원, 인프라, 기본적 제도로 나뉘고, 지역사회의 개혁적 역량은 기존 기득권 세력에 대한 개혁적 견제 세력

적 자본을 살펴보면, 서촌 지역에서 품애와 통인커뮤니티가 형성하고 있는 네트워크와 이로 인한 신뢰가 중요한 요인이 될 것이다. 품애와 통인커뮤니티는 스스로 자신들이 할 수 있는 역할이 제한적이라고 하지만, 이미 서촌을 기반으로 한 네트워크를 형성하고 있고, 이를 만드는 데 중요한 역할을 해 온 리더가 있기 때문에 주민들을 적극적으로 조직할 수 있을 것이라 기대된다.

이를 구체적으로 설명하자면, 우선 품애의 활동은 지역의 다른 주민 단체들과 함께하는 경우가 많다. 단적으로 작년 말에 열린 제4회 '김장해'의 경우만 보아도, 그 내용이 비교적 단순함에도 불구하고 네트워크 고리, 서울교회, 서울환경운동연합, 서촌주거공간연구회, 에코밥상, 종로연대회의, 참여연대 등과 함께 이를 진행하였다. 이러한 방식으로 다양한 네트워크를 형성하고 있기 때문에 이들과의 연대를 통해서 서촌의 다양한 주민들을 조직할 수 있을 것이라 기대된다. 정흥우 통인커뮤니티 대표가 구상하고 있는 서촌상인연합회도 또 다른 네트워크가 될 수 있다. 앞서 보았듯이 통인커뮤니티는 단순히 통인시장의 단기적인 이익에만 몰두하는 것이 아니라 지역 상권을 고려하는 모습을 보였다. 즉 통인시장보다 더 큰 범위에서 서촌 지역 상권을 대상으로 서촌상인연합회라는 공론의 장을 만듦으로써 서촌 상인들의 이익을 집약하고 그 속에서 생길 수 있는 문제들을 해결하고자 하는 것이다. 보다 넓게 종로구 전체를 아우르는 노력으로 품애와 통인시장상인회 등 종로구 마을공동체들이 2012년 2월에 종로구 마을공동체 네트워크를 만들어 활동하기도 하였다. 그리고 이는 또한 젠트리피케이션의 문제에 대처함에 있어서 하나의 네트워크가 될 수 있을 것이다. 젠트리피케이션은 주민들의 문제이기도 하지만 또한 소상인들의 문제이기도 하기 때문에 그러한 문제를 다루는 중요한 기반이 될 수 있을 것으로 보인다. 또한 배인용 품애 대표와 정흥우 통인커뮤니티 대표가 지역 주민들에게 인지도가 높고 큰 영향력을 가지고 있다는 점 역시 앞으로 적극적인 역할을 기대할 수 있는 점이다. 이러한 시민사회의 네트워크와 리더십이 활동가 혹은 단체 간에 신뢰를 형성하고 있기 때문에 이 또한 긍정적인 요인이 될 수 있다.

의 존재 유무로 판단된다.

또한 지역사회의 개혁적 역량 측면에서 개혁적 견제 세력이 뚜렷이 보이는 것은 아니지만, 수년간 진행되었던 종로구청과 서촌주거공간연구회, 품애 등을 대표로 한 서촌 주민단체들 간에 벌어진 서촌의 이름 논쟁에서 시민사회의 개혁적 전통 내지는 문화로서의 개혁적 역량이 다소 드러났다고 할 수 있다. 즉 이 지역을 '세종마을'이라 명명하고 관광을 활성화하고자 하는 종로구청의 의지에 맞서 일반인들이 자연스럽게 부르던 '서촌'이라는 명칭을 고수하고자 한 것(손정미, 2011; 정윤수, 2013; 서촌주거공간연구회, 2012)은 기득권 세력에 저항하여 마을을 지키고자 하는 동력을 제공한 것이라 볼 수 있다.

한편 종로구의 시민정치에서 지방정부의 제도적 자본 중에 눈에 띄는 것은 종로구청장의 리더십이다. 종로구청장은 마을만들기에 대한 관심과 종로구에서 진행되었던 젠트리피케이션에 대한 풍부한 경험으로 구정을 이끌고 있다. 이를 객관적으로 다른 자치구와 비교하여 측정하거나 평가하기는 어렵지만, 배인용 품애 대표나 구청의 마을공동체 담당 직원 모두 구청장의 의지를 인정할 것이다.

단순히 이를 바탕으로 종로구의 굿 거버넌스 역량이 충분하다 혹은 불충분하다고 판단내리기는 힘들다. 또한 굿 거버넌스 연구는 이러한 역량 요인이 굿 거버넌스 실현에 도움을 줄 수 있을지는 몰라도 절대적으로 필요한 것은 아니라는 점 또한 설명한다. 즉 후견주의 문화가 팽배했던 포르투알레그리에서도 참여예산제를 바탕으로 한 거버넌스가 가능했던 것처럼, 이어서 설명할 행위자들의 정책, 제도, 전략에 따라 얼마든지 굿 거버넌스를 이룰 수 있을 것이라는 점이다.

정책, 제도, 전략 요인은 종로구의 시민정치적인 가능성을 보다 분석적으로 이해하기 위해서 이미 실행하고 있는 정책, 제도 및 전략과 지금은 아니지만 앞으로 실행할 수 있을 것이라 기대되는 정책, 제도 및 전략으로 나누어 살펴본다.

우선 지금 실행하고 있는 부분에서는 종로구청의 역할이 보다 두드러진다. 그 까닭은 앞의 배인용 품애 대표와의 인터뷰에서도 밝혔듯이, 젠트리피케이션이 진행되고 있는 상황에서 주민단체들 또한 그 현상에 기여하고 있기 때문에 현재 직접 나서는 것이 상황을 긍정적으로 변화시킬 수 있을지에 대한 의문을 가지고 있기 때문일 것이다.

종로구청은 교육 및 학습, local unit 간 조정, 관료·주민 간의 관계 조직화에 있어서 나름의 정책과 제도, 전략을 실행하고 있다. 우선 교육 및 학습에 관해서는 구청장이 주도하여 자주 압구정, 가로수길, 이태원 등 젠트리피케이션이 진행되고 있거나 진행되었던 현장을 방문하여 현상을 이해하고 대응 방법을 고민하고 있다. 또한 이를 통해서 얻은 지식을 바탕으로 종로구의 건물주들을 자주 만나서 임대료 상승을 비롯한 변화가 결국은 건물주와 주민 혹은 상인 모두에게 악영향을 미칠 수 있음을 교육한다. 구청장과의 인터뷰에 따르면, 건물주들은 의외로 구청장의 이러한 설명에 잘 따른다고 한다.

두 번째로 local unit 간의 조정의 경우에는 금천교시장에 있었던 건물주와 상인 간 상생협약을 맺은 사례가 있다. 물론 이는 시장의 지속적인 발전을 위해 임대료의 상승을 적정 수준으로 제한하자는 것을 골자로 한 상인과 건물주 간의 협약이지만, 그 과정에서 종로구청장이 적극적인 중재자로서 역할을 했다는 것 또한 간과할 수 없다.

마지막으로 관료·주민 간의 관계 조직화와 관련해서는 기존에 형성된 마을공동체 활동을 지원하고 새로운 마을공동체 사업을 지속적으로 돕기 위해 2014년에 만들어진 마을공동체생태계조성단과 지난 4월에 설치된 종로구 마을공동체 지원센터를 예로 들 수 있다. 여기에 구청 직원과 마을 활동가들을 함께 참여시킴으로써, 단순히 마을공동체 사업을 지원하는 것뿐만 아니라, 마을만들기와 관련된 민과 관이 함께하는 일종의 네트워크를 형성한 것이다.

기존의 연구를 종로에 적용해 보면 먼저 주민들의 입장에서는 주민 결사체의 조직화를 통해서 자치적 역할을 제대로 수행하는 것이 핵심적이다. 특히 이 과정에서 기존 지역사회 네트워크를 재활용하여 이를 연방적 혹은 중층적으로 구조화하는 것이 중요하다. 연방제적 구조란 작은 단체와 큰 단체의 장단점을 합하여 큰 조직 내에 작은 그룹들이 모여서 친밀성과 넓은 범위라는 두 가지 장점을 모두 얻을 수 있는 것을 의미한다. 이를 통해 주민들의 참여를 유도하고 집단행동의 딜레마를 극복할 수 있다. 앞서 살펴본 것처럼 서촌과 종로구에는 이미 다양한 주민단체들을 중심으로 네트워크가 형성되어 있기 때문에 이를 효과적으로 재활용하는 것이 중요할 것이다. 또한 서촌은 종로구에서도 비교적 작은 지역에 주민들이 밀집해서 살고 있기 때문에 자연스러운 대화와 이에 따른 관계를 통해 조직을 이루는 관계적 조직화(relational organizing)에 유용한 조건을 갖추고 있다고 할 수 있다.[8]

지방정부인 종로구청에도 이를 적용해 보면 먼저 성과지향적 모니터링과 평가 도입이 가능하다. 서촌의 젠트리피케이션 문제 완화가 목적이므로 거버넌스가 이를 얼마나 효율적으로 해결하고 있는지를 모니터링하고 평가하는 것이 가장 기본이 될 것이다. 두 번째는 심의 포럼 등의 도입이다. 심의 포럼은 구청에서 주도해서 개최하는 경우라도 많은 주민들이 참여하여 다양한 견해가 개진되는 토론의 장의 역할을 할 수 있다. 앞서 말한 바와 같이 민관이 함께하는 네트워크를 형성하고 있고, 그뿐만 아니라 구청과 활동가들이 모두 참여하는 '지속가능한 종로마을을 상상하라'를 이미 개최한 경험이 있기 때문에, 이를 발전시켜서 젠트리피케이션 문제를 점검하고 해결책을 논의하는 심의 포럼의 장으로 만들 수도 있을 것이다. 마지막으로, 주민참여에 대한 인센티브를 제공하는 것이다. 이미 진행 중인 마을공동체 사업, 지원 유지 노력에 더해 젠트리피케이션 문제에 있어서 주민참여를 유도하는 인센티브를 제공할 수 있다면, 거버넌스를 보다 효과적으로 만들고 주민들 입장에서 집단행동의 딜레마를 해결하는 좋은 방법이 될 것이다.

나아가 젠트리피케이션이 화두가 되고 있는 서울과 세계 곳곳의 상황과 관련하여 중요한 정책, 제도, 전략으로서 이러한 주민들의 노력들을 법제화하는 것이 효과적인 방법이 될 수 있다. 무엇보다도 법만큼 규제력이 강한 것은 없다는 점에서 이를 효과적으로 활용하는 것이다. 실제로 세계적인 도시 뉴욕에서도 임대료의 급상승으로 인해 세입자들이 쫓겨나는 일들이 많아지자, 이에 대항해서 예술가와 소상공인을 중심으로 'Take Back NYC'라는 단체를 결성하여 운동을 전개해 나가고 있다. 이 단체는 목적을 이루기 위하여 Small Business Jobs

8. 퍼트남은 이를 "활동가 그룹이 먼저 어젠다를 세팅하고 이를 주민들에게 수용하도록 요구하는 것과는 달리", 또한 어떤 공식적인 미팅을 통한 것이 아닌, 열린 마음과 자연스러운 대화를 통해서 형성되는 조직을 말한다고 설명하였다(Putnam and Feldstein, 2003).

Survival Act(SBJSA)라는 법안의 입법을 그들의 핵심 수단으로 여기고 운동을 진행하고 있다. SBJSA는 임대 기간을 최소 10년 보장하고, 임대 갱신 시 구속력 있는 중재자를 개입시킴으로써 임대료가 지나치게 높아지지 않도록 하는 내용을 포함하고 있다. 2008년경부터 시작된 운동은 법안을 수차례 위원회에 상정하는 데에는 성공하였으나, 번번히 위원회 단계에서 좌절되었다.[9] 서촌의 경우에도 주민들의 운동이 실질적인 효과를 내기 위해서 시민사회 차원에서 움직이는 동시에 직접적으로 입법에 참여하는 지방의회나 자치구가 적극적으로 나선다면 더욱 효과적인 결과를 낳을 수 있다. 여기서 가까운 성동구의 사례를 참고할 수 있다.

성동구는 지역 주민들이 지역 임차인의 권리를 보호할 수 있도록 제도적으로 뒷받침해 주기 위한 조례를 입법예고 했는데, 이는 지방정부가 최초로 직접 젠트리피케이션 문제 해결에 나선 사례로 평가된다. 조례는 "특정 지역을 '지속가능발전구역'으로 지정하고, 그 지역 내에서 건물주들이 지속가능발전계획을 수립하는 단계에서 임대 기간을 최대한 늘린다든지, 임대료를 크게 올리지 않겠다는 등의 자율상생협약을 이끌어 내는 방식으로 임차인을 보호"한다. 성동구는 도시재생 사업에 배정된 사업비를 이러한 자율상생협약의 인센티브로 사용하여 협약을 이끌어 낸다는 방침이다. 또한 지속가능발전구역에 들어오는 업체도 주민들이 직접 관리할 수 있게 되는데, 지역 상권이나 공동체에 중대한 피해를 입힐 수 있을 것이라 생각되는 업체에 대해서 '입점 거부' 등의 결정을 내릴 수 있게 하는 것이다. 성동구의 이러한 노력은 비록 자율상생협약의 실질적인 효과와 기본권 침해 소지에서 그 한계가 지적되지만, 지방정부가 직접 문제를 해결하기 위해 나섰다는 점 자체만으로도 큰 의미를 가진 것으로 평가된다(음성원, 2015).

이러한 사례를 참고하여 종로구 역시 상생협약을 맺거나 더 나아가 이를 뒷받침할 수 있는 조례를 고려할 수 있다. 종로구는 특히 서울의 도심으로서 인사동,

---

9. https://www.change.org/p/support-the-small-business-jobs-survival-act-sbjsa ; http://thevillager.com/2015/03/12/let-the-s-b-j-s-a-finally-come-up-for-a-vote/; http://savenycjobs.org/history-of-sbjsa (검색일: 2015. 7. 10)

북촌, 서촌 등 다양한 지역에서 젠트리피케이션이 일어나고 있기 때문에 상인(혹은 주민)-건물주(혹은 종로구청) 간의 양자 혹은 삼자 간의 상생협약에 더불어 보다 포괄적인 법이 제정될 수 있다면 젠트리피케이션의 흐름을 억제하고 주민들의 운동에 탄력을 줄 수 있다는 점에서 큰 효과가 있을 것이라 기대할 수 있다.

V. 맺음말

서촌은 원래 전통적인 모습과 현대적인 모습이 묘하게 어우러진 조용한 동네였다. 그러한 상황에서 통인커뮤니티와 품애는 각각 마을기업과 마을공동체로서 시민정치적으로 문제를 해결하고 공동체를 만들어 나가기 위해 노력해 왔고, 최초의 목적을 달성했다는 점에서는 지금까지 성공적이었다고 볼 수 있다. 이 과정은 단순히 문제를 해결하는 과정이 아니라 주민들이 지역에 관심을 갖고, 앞으로 서촌 지역에 생길 문제를 대처할 수 있는 역량이 될 수 있는 네트워크, 신뢰, 규범 등을 형성해 가는 과정이었다고도 볼 수 있다.

그러나 서촌의 매력이 대중들에게 드러남과 동시에 통인시장이 뜨고, 구청에서도 적극적으로 이 지역의 전통문화를 장려하고 홍보하자, 많은 관광객들과 자본이 유입되었다. 주민들의 인터뷰에서도 알 수 있었듯, 마을의 발전이라는 측면에서 이러한 변화는 긍정적인 측면을 가지고 있다. 그러나 젠트리피케이션으로 요약될 수 있는 서촌의 변화 속에서 이 지역에 세입자로서 오래 거주했던 주민, 이곳을 일구어 왔던 소상공인에게는 큰 문제로 다가올 수밖에 없다. 이로 인해 그동안 공들여 왔던 마을공동체가 악영향을 받은 것 또한 문제가 되었다.

이러한 상황에서 우리는 시민정치가 이를 개선할 방법이 될 수 있다는 점에 주목하였다. 우리는 시민정치의 이상적인 모습을 지역 주민들이 지역에 대해 소속감과 관심을 갖고 공공선을 지향하며, 관과의 협력을 통해 공동의 문제를 해결하는 것이라 이야기한 바 있다. 품애와 통인커뮤니티가 이미 그들의 활동을 통해서 만들어 온 네트워크와 젠트리피케이션 문제에 대한 고민, 그리고 종로구청에서 가지고 있는 행정 능력과 관심을 이상적인 모습에 가깝게 결합한다면 문제를 해결할 수 있다는 가능성을 모색하였다.

위기는 또 하나의 기회일 수 있다. 성미산 지키기 운동[10]에서 보듯, 성미산 배수지 사업이라는 위기 상황이 인근 결사체들을 통합하고 보다 적극적인 활동을 할 수 있었던 계기가 된 것처럼, 서촌 역시 지금의 위기를 기회로 만들 수 있다. 이를 위해서는 지금의 상황에 비관적인 태도로 낙담하기보다 주민들은 그동안의 경험과 네트워크를 바탕으로 자신들의 뜻을 모으려는 활동을 이어나가고, 관도 이들과 함께 노력하고 이들을 지원함으로써 위기에 적극적으로 대응하려는 노력이 필요하다.

10. 서울시 마포구에 위치한 성미산은 1993년 공원조성 계획이 수립된 이후로 주민이 이용하는 생태공원이자 생태학습장이었다. 성미산 일대의 지역 주민들을 중심으로 공동 육아 등을 위한 지역 결사체들이 형성되던 쯤 서울시에서는 성미산 배수지 사업 계획을 발표한다. 이에 '성미산을 지키는 주민연대'가 조직되고 반대운동을 펼쳐나간다. 즉 성미산 지키기 운동이 시작되고 주민들을 큰 조직으로 통합하여 적극적인 활동을 할 수 있었던 것은 성미산 배수지 사업이라는 위기 상황이 있었기 때문이다. 그러나 이러한 상황적 요인이 성미산지키기 운동 이후의 공동체 활동을 설명해 주지는 못하며, 지역 주민과 결사체 차원의 주의주의적 요인이 이를 설명하는 데 있어 더욱 중요한 요인으로 여겨진다(김의영·한주희, 2008).

참고문헌

• 논문 및 단행본

강남구 기획예산과. 2014. 『2014 구정백서』. 서울: 강남구청.

강태구. 2007. "사회단체보조금 지원 법제의 개선방안에 관한 연구." 『법과 정책연구』 제7권 2호.

강화연·김영미·민성환·부미경·이미경·최순옥·홍기복·홍성민. 2014. 『으랏차차! 은평』. 서울: 은평상상.

고경민·김혁. 2005. "시민중심적 전자정부 구현을 위한 정책 방향: 서울시 전자정부 서비스에 대한 시민평가를 중심으로." 『한국정책과학학회회보』 제9권 2호.

구로시민센터. 2007. 『지역에서 희망을: 구로시민센터와 지역 시민운동』. 서울: 구로시민센터.

구은정. 2009. 『우리들의 구로동 연가—구로공단과 구로디지털 산업단지 사이 월드』. 서울: 이매진.

김순은. 2014. "사회적 자본의 관점에서 본 주민자치 시범실시 사례 분석: 역촌동을 중심으로." 『지방행정연구』 제28권 3호.

김영배. 2013. 『동네 안에 국가 있다』. 서울: 백산.

김의영. 2011. "굿 거버넌스 연구 분석틀: 로컬 거버넌스를 중심으로." 『한국정치연구』 제20집 2호.

_____·한주희. 2008. "결사체 민주주의의 실험: 성미산 지키기 운동과 마포연대의 사례." 『한국정치학회보』 제42집 3호.

김정수·김소영·이유진. 2014. 『도시의 에너지 경작자들』. 서울: 서울특별시.

김찬곤. 2007. "구로구의 전자 시민참여 운영현황 및 평가." 『한국지역정보화학회지』 제10권 1호.

김찬동·이정용. 2014. 『지방자치시대 주민참여 제도화방안』. 서울: 서울연구원.

김혁. 2010. "거버넌스와 인터넷 시민참여의 제도화." 『한국정당학회보』 제9권 1호.

꿈마을공동체. 2011. 『공릉동 마을 사람들 이야기』.

류태건·차재권. 2014. "어떤 자원결사체가 어떤 신뢰를 증진시키는가?: 사회자본론의 관점에서 실증연구." 『동서연구』 제26권 2호.

민병익 · 이시원. 2009. "전자정부에서 시민참여의 특성: 기초단체 웹사이트 온라인 주민참여를 중심으로." 『사회과학연구』 제25집 4호.

박소연 · 박인권. 2013. "마을기업에 의한 전통시장 활성화 메커니즘 분석: 통인시장 사례." 『공간과 사회』 제45권.

박재동 · 김이준수 · 서울시 마을공동체 담당관. 2015. 『마을을 상상하는 20가지 방법』. 서울: 샨티.

배성기. 2015. 『민간위탁 현황분석 I: 전국지방자치단체』. 서울: 한국민간위탁경영연구소.

변미리. 2005. "전자정부의 시민활용과 시민참여." 한국행정학회 동계발표논문집.

서울광역자활센터. 2015. 『자활 in 서울: 2014 서울광역자활센터 활동보고집』. 서울: 서울광역자활센터.

서울특별시. 2013. 『2013 서울특별시 마을공동체 기본계획』. 서울: 서울특별시.

서울특별시 사회적경제과. 2014. 『다른 경제, 새로운 희망 서울시 마을기업: 2013 서울시 마을기업백서』. 서울: 서울특별시.

성북구청. 2013. 『주민과 함께 만드는 참여 거버넌스를 이야기하다』. 서울: 성북구청

송경재. 2013. "사회적 자본과 한국의 시민참여: 관습적 · 비관습적 참여와 사회적 자본." 『한국정당학회보』 제12권 2호.

송창석. 2013. 『주민참여예산을 통한 지역공동체 만들기: 서울특별시 참여예산제도 운영을 중심으로』. 서울: 희망제작소.

신명호. 2000. "한국 지역주민운동의 특성과 교훈." 조효제 편역. 『NGO의 시대』. 서울: 창작과비평사.

오스트롬, 엘리노. 2010. 『공유의 비극을 넘어』. 서울: 랜덤하우스[Ostrom, Elinor. 1990. *Governing the Commons*. Cambridge: Cambridge University Press.].

유재원 · 홍성만. 2005. "정부의 시대에서 꽃핀 Multi-level Governance: 대포천 수질개선 사례를 중심으로." 『한국정치학회보』 제39집 2호.

윤성이. 2007. "전자정부의 진화와 시민참여: e-거버넌스의 관점에서." 『사회과학연구』 제33권 3호.

이영원. 2009. "주민조례 청구제도의 성공요인에 관한 연구: 서울시 구로구 사례를 중심으로." 서울대학교 석사학위논문.

이한나. 2013. "도시 공업지역의 문화활동 형성과 변화-성수동 대림창고를 중심으로." 서울시립대학교 도시사회학과 석사학위 논문.

임승빈 · 이승종. 2005. "지방정부 역량과 자치구의 사회적 자본과의 관계: 서울시 12개 자

치구간 비교분석을 중심으로."『지방행정연구』 제19권 3호.

정규호. 2008. "풀뿌리 사회경제 거버넌스의 의미와 역할: 원주 지역 협동조합운동을 사례로."『시민사회와 NGO』 제6권 제1호.

정예빈. 2011. "성대골 소식지."『성대골 소식 한마당』 제1호.

정하용. 2005. "자산 특정성(Asset Specificity)과 정치경제제도의 다양성."『국제정치논총』 제45집 1호.

조기현·하능식. 2008. "지방자치단체 민간이전경비 실태와 정책대응." 서울: 한국행정연구원.

조민경·김렬. 2007. "비영리민간단체에 대한 지방자치단체의 보조금 지원대상 선정기준."『대한정치학회보』 제15권 1호.

좋은예산센터. 2013.『주민참여로 행복한 예산 만들기: 2013년 주민참여예산제 조사보고서』. 서울: 좋은예산센터.

진관훈. 2012. "지방정의 사회적 자본 증대 방안 연구."『지방정부연구』 제16권 3호.

통계청. 2014.『국내 나눔실태 2013』.

한국도시연구소. 2001. "지역주민조직과 지방정부의 관계에 대한 시론: 관악주민연대를 사례로."『도시와 빈곤』 제48호.

함께살이성북 사회적협동조합. 2015.『함께살이성북 사회적협동조합 제2차 정기총회 자료집』.

행정안전부. 2013.『자원봉사활동 진흥을 위한 제2차 국가기본계획(2013−2017)』.

행정자치부.『자원봉사센터 운영 현황』. (각 년).

황주성. 2015. "전자정부가 공공데이터 개방의 성과에 미치는 영향: 사회·제도적 조절변수를 중심으로."『한국지역정보학회지』 제18권 2호.

Ansell, Chris and Gash, Alison. 2008. "Collaborative Governance in Theory and Practice." *Journal Public Administration Research and Theory*. Vol. 18 No. 4.

Dryzek, John. 1987. *Rational Ecology: Environment and Political Economy*. Oxford: Blackwell.

Fukuyama, Francis. 2004. *State−Building: Governance and World Order in the 21st Century*. Ithaca New York: Cornell University Press.

Fung, Archon and Wright, Eric Olin. 2003. *Deepening Democracy: Institutional Innovations in Empowered Participatory Governance*. London: Verso.

Gordon, C. Wayne and Nicholas, Babchuk. 1959. "A Typology of Voluntary

Associations." *American Sociological Review*. Vol. 24 No. 1.

Putnam, Robert. 1993. *Making Democracy Work: Civic Traditions in Modern Italy*. Princeton: Princeton University Press.

_______. 1995. "Bowling alone: America's declining social capital." *Journal of Democracy*. Vol. 6 No. 1.

_______ and Feldstein, Lewis. 2003. *Better Together: Restoring the American Community*. New York: Simon & Schuster.

Saward, Michael. 2003. *Democracy*. Cambridge: Polity Press.

Sirianni, Carmen. 2009. *Investing in Democracy: Engaging Citizens in Collaborative Governance*. Washington D. C.: Brookings Institution Press,

Smith, Graham. 2009. *Democratic Innovations: Designing Institutions for Citizen Participation*. Cambridge: Cambridge University Press.

• 언론보도 및 기사

김경숙. 2007. "주민발의 4년만에 '통과' 학교급식 우리농산물 예산지원." 구로타임즈. 2007년 12월 20일자.

_____. 2014. "[인터뷰] 제6대 민선 이성 구로구청장 '구로교육환경 개선 확실하게'." 구로타임즈. 2014년 6월 30일자.

나라살림연구소. 2014. "서울시 자치구 2015년 예산안 분석 보도자료." 2014년 12월 11일자.

박병국. 2012. "관악구, '마을공동체 육성분야' 최우수구 선정." 헤럴드경제. 2012년 11월 29일자.

박종일. 2010. "김영종 종로구청장 "문화,예술 함께하는 명품 도시 만들겠다"." 아시아경제. 2010년 6월 30일자.

박주환. 2014. "구의원 개인사무실 설치 예산 철회해야-지역주민·시민단체 기자회견 의회방청." 구로타임즈. 2014년 12월 6일자.

_____. 2015a. "구로구, 혁신교육지구 선정." 구로타임즈. 2015년 1월 31일자.

_____. 2015b. "민관거버넌스 온마을 교육회의 출범." 구로타임즈. 2015년 5월 3일자.

백조연. 2015. "도시에서 마을을 그리다-마을공동체 '품애'." 서촌라이프. 2015년 2월호.

부미경. 2010. "은평구민축제 주민 손으로 만든다." 은평시민신문. 2010년 8월 23일자.

서울특별시. 2011. "도봉구-동네뒷산공원 조성." http://parks.seoul.go.kr/park/

common/citizen_board/communication.jsp?pagenum=31&search=&board_id=B22
서촌주거공간연구회. 2012. "김영종 종로구청장의 '세종마을', 역사와 주민에 대한 부정."
성태숙. 2015. "구로교육 혁신과 맛깔 있는 그녀." 구로타임즈. 2015년 2월 16일자.
손정미. "[수도권] 외국인도 아는 西村, '세종마을'로 바뀌나." 조선닷컴. 2011년 4월 22일자.
송화선. 2015. "뜨는 동네의 역설-집값 오르니 카페, 식당만 남더라." 주간동아. 2015년 5월 26일자.
송희정. 2012. "구로구 혁신교육지구 될까?" 구로타임즈. 2012년 8월 13일자.
_____. 2013a. "10명 중 9명 '효과 있다'-남부교육청, 구로금천 혁신교육지구 설문결과." 구로타임즈. 2013년 8월 12일자,
_____. 2013b. "혁신교육지구 지원단 '시동'." 구로타임즈. 2013년 3월 18일자.
안미선. 2014. "일인여성가구, 어슬렁정거장에 모여라." 여성주의 저널 일다. 2014년 7월 28일자.
양준영. 2000. "관악주민연대, 저소득층 각종 지원, 주민권익보호." 한국경제. 2000년 5월 16일자.
온라인 중앙일보. 2015. "경복궁 창경궁 야간 개장 … 서촌·삼청동·북촌이 요즘 뜨는 이유는?" 온라인 중앙일보. 2015년 4월 23일자.
음성원. 2014. "'서촌'에 사람과 돈이 몰려오자 …꽃가게 송씨·세탁소 김씨가 사라졌다." 한겨레. 2014년 11월 24일자.
_____. 2015. ""토박이 밀려난 서촌처럼 되지 말자"…'뜨는 동네' 성동구의 실험." 한겨레. 2015년 6월 29일자.
은평시민신문 편집부. 2010. "은평누리축제 아예 열지 말라구요?" 은평시민신문. 2011년 12월 8일자.
이지선. 2015. "문화예술에 흠뻑 빠진 상상골목." 은평시민신문. 2015년 5월 28일자.
이채린. 2011. "이웃끼리 랄랄라 새싹도 랄랄라." 이대학보. 2011년 5월 9일자.
정윤수. 2013. "[정윤수의 도시 이미지 읽기] '세종마을'에 담긴 관광활성화 욕망." 주간경향. 2013년 11월 5일자.
조충길. 2014. "은평시민정치네트워크 발족." 은평타임즈. 2014년 4월 5일자.
전여진. 2015. "아현동쓰리룸." 동네문화예술 활성화를 위한 커뮤니티. 위시루프 2015년 1월 27일자.

최승덕. 2014. "재미난장 1년, 문화예술 멀리있지 않았네." 은평시민신문. 2014년 12월 4일자.
_____. 2015. "은평시민정치네트워크, 시민정치 진로 모색하는 토론회 열어." 은평시민신문. 2015년 1월 26일자.

• 인터넷 자료

기획재정부. "협동조합 통계." http://www.coop.go.kr/COOP/
법제처 국가법령정보센터. "자치법규." http://prc.law.go.kr/
서울특별시 사회적경제 포털. https://sehub.net/
안정행정부 지방행정실. "지방자치단체 행정구역 및 인구현황." http://www.mogaha.go.kr/frt/bbs/type001/commonSelectBoardArticle.do?bbsId=BBSMSTR_000000000055&nttId=41986
중앙선거관리위원회 선거통계시스템. http://info.nec.go.kr/
한국행정학회 행정학전자사전. "지방자치단체 민간이전경비." http://www.kapa21.or.kr/